Entstehung und Geschichte

des

Westgothen-Rechts

von

Adolf Helfferich.

Berlin,
Druck und Verlag von Georg Reimer.
1858.

F. K. von Savigny.

Vorwort.

Die Gelegenheit, die mir auf einer Reise durch die Bibliotheken der pyrenäischen Halbinsel geboten wurde, habe ich unter Anderem dazu benutzt, Urkunden, welche auf die ältern Rechtsverhältnisse des Landes Bezug haben, einzusehen und die im Drucke erschienenen vielfach zu ergänzen. So kam mir unter dem Sammeln der Gedanke, eine Geschichte des Westgothen-Rechts zu schreiben, nachdem ich mich überzeugt hatte, dass was inner- und ausserhalb Spaniens und Portugals an darauf bezüglichen Schriften erschien, den Anforderungen der heutigen Wissenschaft nicht mehr genügt, so verdienstlich für ihre Zeit auch die Arbeiten Marina's, auf dessen Schultern Sempere sich stellt, und Lardizabal's, an den Türk sich anlehnt, waren.

Hätte ich irgend hoffen dürfen, einer unserer vielen und ausgezeichneten Rechtshistoriker von Fach würde der Arbeit, deren nahe Beziehung zu unserem einheimischen Rechte Niemand läugnen wird, sich unterziehen, wäre ich mit meinen schwachen Kräften zuverlässig einem so schwierigen Unternehmen ferne geblieben: so aber dürfte es mir wenigstens zur Entschuldigung gereichen, dass grossentheils die Bahn erst zu brechen und ausserdem der erste Versuch einer ausführlichen Monographie eines germanischen Volksrechts zu wagen war. Für die Gesetzgebung des ersten Reichs zwar fliessen die Quellen kärglich genug und auch meinen eifrigsten Bemühungen hat es nicht gelingen wollen, wesentlich Neues zu Tage zu fördern; doch schmeichle ich mir, durch das eingehende Zuratheziehen der Reichsversammlungen von Toledo mehr als einen dunkeln Punkt aufgehellt und überhaupt die Geschichte des 7. Jahrhunderts in ein neues Licht gestellt zu haben.

Oft genug hatte ich während der Abfassung der Schrift es zu bedauern, dass Merkel's kritische Ausgabe des westgothischen Gesetzbuchs noch im Rückstand ist; gleichwohl sehe ich dem Erscheinen derselben mit Ruhe entgegen, überzeugt wie ich bin, dass im Grossen und Ganzen meine Aufstellungen keinen Abbruch erleiden und überhaupt die Probe der Kritik bestehen werden. Die Rechtsgeschichte des zweiten Reichs habe ich mit Urkunden reichlicher ausstatten zu müssen geglaubt, weil selbst die gedruckten Texte doch nur Wenigen, und auch diesen kaum vollständig, zugänglich sind. Den schicklichsten Abschluss aber bot das 13. Jahrhundert dar, das rücksichtlich der Rechtsbildung, wie bei den übrigen von Germanen errichteten Staaten so auch in Spanien, einen Wendepunkt bezeichnet und der unmittelbaren Geltung des alten Rechts ein Ende machte.

Was mir noch zu thun bleibt, um das Wurzelwerk zu vervollständigen, aus dem der stattliche Baum der spanischen Nation allmälig heranwuchs, das ist eine geschichtliche Darstellung des spanischen Arianismus, von dem zwar nach der Bekehrung Reccared's in den Handbüchern der Kirchen- und Dogmen-Geschichte nirgends die Rede ist, dessen Vorhandensein aber für Jeden, der die religiösen Anlagen und sittlichen Bedürfnisse der menschlichen Natur einigermassen kennt, vorweg ausgemacht sein müsste, selbst wenn die schärfer als bisher angesehenen Quellen die Thatsache nicht ausser Zweifel setzten. Ein Volk wechselt seine Religion ebenso wenig als sein Recht wie einen Handschuh, und es lässt sich erwarten, dass die geheimen Nachwirkungen des Arianischen Lehrbegriffs auch auf die gleichzeitige Rechtsbildung nicht ohne Einfluss blieben.

Inhalt.

Anhang.

Erste Abtheilung.

Von Leovigild bis auf Roderich.

(572 — 711 n. C. G.)

I.

Den Versuch, eine Geschichte der *Lex Wisigothorum*, oder richtiger: des *Codex Wisigothicus* zu schreiben, glaube ich nicht angemessener einleiten zu können, als mit der bekannten Erzählung des Orosius (*Lib. VII. c.* 43) über König Ataulf: *Nam ego quoque ipse virum quemdam Narbonensem, illustris sub Theodosio militiae, etiam religiosum prudentemque et gravem, apud Bethleem oppidum Palaestinae beatissimo Hieronymo presbytero referentem audivi, se familiarissimum Ataulpho apud Narbonam fuisse, ac de eo saepe sub testificatione didicisse, quod ille, cum esset animo, viribus ingenioque nimius, referre solitus esset, se in primis ardenter inhiasse, ut obliterato Romano nomine Romanum omne solum Gothorum imperium et faceret et vocaret: essetque, ut vulgariter loquar, Gothia quod Romania fuisset, fieretque nunc Ataulphus quod quondam Caesar Augustus. At ubi multa experientia probavisset, neque Gothos ullo modo parere legibus posse propter effrenatam barbariem, neque reipublicae interdici leges oportere, sine quibus respublica non est respublica, elegisse se saltem, ut gloriam sibi de restituendo in integrum augendoque Romano nomine Gothorum viribus quaereret, habereturque apud posteros Romanae restitutionis auctor, postquam esse non potuerat immutator.*

Ist die Geschichte, so wie sie hier erzählt wird, auch nicht wahr, so ist sie doch gut erfunden: sie kennzeichnet ein hervorstechendes Merkmal in dem Charakter der Westgothen-Könige und ihres gesammten Volkes — ich meine die rasche und gründliche Aneignung römischen Wesens. Diese Vorliebe, die ihre nützliche, aber auch eine höchst nachtheilige Seite hatte, wurde massgebend für das spanische Volksthum und dessen Geschichte, und man kann es ohne Uebertreibung ein schweres Verhängniss nennen, dass den Westgothen ihr nationales Bewusstsein, der ureigene Sinn des Germanenthums, so rasch abhanden kam. Ihre Entwickelung konnte darum keine normale sein: was sie an äusserem Schliff und gesittetem Zuschnitt gewannen, büssten sie reichlich an innerer Tüchtigkeit ein, weil es ihnen durch eigene Schuld nicht vergönnt war, ihren geschichtlichen Faden weiter zu spinnen; derselbe riss, und wenn ihnen auch nicht das traurige Loos der Vandalen, Ostgothen und selbst der Langobarden beschieden war, so kann man dennoch nicht sagen, dass sie mit dem von ihnen unterjochten Volke zu einer vorherrschend germanischen Nationalität verschmolzen.

Wie ist es nur gekommen, dass wir von der culturgeschichtlichen Entwickelung des in jeder Beziehung merkwürdigen Stammes bis zu seiner verhältnissmässig späten Bekehrung zum Katholicismus so gut als gar nichts wissen, auf blosse Vermuthungen angewiesen sind? Es wurde uns wohl überliefert, welche Schlachten die spanischen Westgothen geschlagen, wie seit dem Untergang des Tolosanischen Reiches bis auf Leovigild innere Zwietracht das Königthum und das Land zerrüttete [1]), wogegen alle Nachrichten darüber fehlen, wie dieser westgothische Arianismus sich bürgerlich und kirchlich einrichtete. Gab es Reichsversammlungen, Kirchenversammlungen? wie kamen die Gesetze zu Stande, wie die Canones? welcher Art war die Stellung der Bischöfe, sowohl der Staatsgewalt als der katholischen Geistlichkeit gegenüber? — die Nachrichten lassen uns gänzlich im Stiche und zu abgeleiteten Schlüssen mangeln alle Elemente. Ja, wenn nur ein einziges arianisches Zeugniss erhalten worden, dem rechtgläubigen Zerstörungseifer entgangen wäre! So aber können wir nur aus katholischen, folglich viel-

[1]) Bezeichnend Gregor von Tours (Lib. III. c. 30): *Sumserant enim Gotthi hanc detestabilem consuetudinem, ut si quis eis de regibus non placuisset, gladio eum adpeterent, et qui libuisset animo, hunc sibi statuerent regem.* Dazu Marina (*Teoría de las Cortes. P. II. c.* 1): *De los 32 reyes godos que contiene el periodo anterior á la restauracion, hubo ocho usurpadores, cuatro despojados de la corona, y ocho asesinados, entre ellos dos victimas de fratricidio; es decir, en todo 20 crimenes en* 32 *sucesiones.*

fach getrübten Quellen schöpfen und es muss schon als ein glücklicher Umstand angesehen werden, dass ein geborner Gothe, der jedoch in der katholischen Religion wenn auch nicht geboren, so doch erzogen wurde, Joannes Biclarensis, nachmals Bischof von Gerona, in seinem Chronicon [2]) von Leovigild berichtet: *Anno IV. Tiberii, qui est Leovigildi XII. annus. Leovigildus Rex in urbem Toletanam synodum episcoporum sectae Arrianae congregat, et antiquum novello errore emendat, dicens: de Romana religione ad nostram catholicam fidem venientes* [ganz offenbar hat sich der Chronist hier verschrieben; der Beschluss selbst wird ihm wohl vorgelegen und etwa gelautet haben: *de Romana religione ad nostram* — vielleicht mit dem Beisatz *Arrianam?* — *fidem venientes;* anstatt nun, wie er wollte, zu sagen: *ad fidem Arrianam venientes*, lässt er die Worte des arianischen Canons stehen] *non debere baptizari, sed tantummodo per manus impositionem et communionis praeceptionem pollui* [— ja, in den Augen des katholischen Biclarensers; im arianischen Texte dagegen: *ablui* —] *et gloriam Patri per Filium in Spiritu Sancto dare* [— nicht *dari*, wie Gallandi verbessert —]. *Per hanc ergo seductionem plurimi nostrorum cupiditate potius impulsi in Arrianum dogma inclinant.* [Möglich wäre auch die andere Erklärung, dass die Worte: *de Romana* — *praeceptionem* dem arianischen Canon entnommen sind und *nostra catholica fides* das arianisch-katholische Glaubensbekenntniss bedeutet.]

Daraus ersieht man Zweierlei: einmal, dass die Westgothen, zum Theil wohl um der Vermischung gothischen Blutes mit römischem vorzubeugen, von den Katholischen, die zum Arianismus übertraten, verlangten, sich noch einmal taufen zu lassen [3])

---

[2]) In der Ausgabe von Gallandi (*Bibl. Patr. T. XII. p.* 366).

[3]) Die Frage war schon früher einmal in Spanien, und zwar von katholischer Seite, angeregt worden. Papst Siricius schrieb an den Bischof Eumerius von Tarragona: *Prima itaque paginae tuae fronte signasti baptizatos ab impiis Arianis plurimos ad fidem catholicam festinare, et quosdam de fratribus nostris eosdem denuo velle baptizare, quod non licet* (*Epistolae decretales Romanorum Pontificum. Matriti* 1821. *p.* 4). Später unterwies Papst Vigilius den spanischen Bischof Profuturus dahin: *De his etiam qui, baptismatis gratia salutaris accepta, apud Arianos iterum baptizati profundae voraginis sunt morte demersi . . . . reconciliatio non*

und überhaupt ihr früheres Glaubensbekenntniss feierlich abzuschwören; sodann dass Leovigild, in der Absicht den Katholischen den Uebertritt möglichst zu erleichtern, durch ein arianisches Concil verordnen liess, priesterliche Handauflegung, Theilnahme an der Abendmalsfeier und das Aussprechen des *Gloria Patri per Filium in Spiritu Sancto* genüge, um in den Schoos der arianischen Gemeinschaft aufgenommen zu werden. Natürlich musste dem Könige und der arianischen Geistlichkeit Alles daran liegen, den Beschluss allerseits zur Kenntniss der katholischen Einwohner zu bringen und so entstand jener Libellus, der auf dem dritten Concil von Toledo (589) verdammt wurde [4]). Erwägung verdient darin hauptsächlich das in dem Verwerfungsartikel zweimal vorkommende *a nobis*. Wer sind die *Nos?* Die 23 Anathemas bilden einen der wesentlichen Bestandtheile der *„Fidei confessio episcoporum, presbyterorum vel primorum Gothicae gentis qui infra scripserunt;"* es liegt sonach die Vermuthung nahe, dass zu dem genannten Libellus nicht die arianische Geistlichkeit allein, sondern auch die weltlichen Grossen des Reichs beitrugen, und dass die von dem Biclarenser erwähnte Synode eine gemischte Reichsversammlung war, ähnlich den späteren Concilien von Toledo. Und dafür sprechen noch andere Gründe. Es wäre kaum denkbar, dass die Könige, an ihrer Spitze Reccared, den Einfall gehabt hätten, den Concilien weltliche Angelegenheiten zur Berathung vorzulegen, falls der Gebrauch nicht schon während der arianischen Zeit Regel gewesen, zumal da nach der Bekehrung der Westgothen die Geist-

---

per illam impositionem manus, quae invocatione sancti spiritus fit, operatur, sed per illam, quae poenitentiae fructus adquirit, et sanctae communionis restitutione perficitur (*ib. p.* 155). Jaffé, *Regesta pont. Rom. n.* 65 u. 589.

[4]) Collectio Canonum Ecclesiae Hispanae (Matriti, 1808), *p.* 344. *Conc. Tol. III. anath.* 16: *Quicumque libellum detestabilem duodecimo anno Leovigildi regis a nobis editum, in quo continetur Romanorum ad haeresem Arianam transductio, et in quo gloria Patri per Filium in Spiritu Sancto male a nobis instituta continetur; hunc Libellum si quis pro vero habuerit, anathema sit in aeternum.* Dass darin kein weltliches Recht, sondern nur arianische Lehrsätze enthalten waren, leuchtet ein, und Türk (Forschungen. I. 41) hat richtig erkannt, dass jener *libellus detestabilis* sich auf nichts Anderes beziehe als auf die Beschlüsse des arianischen Concils unter Leovigild.

lichen romanischer Abstammung ganz entschieden in der Mehrheit waren und die gothischen Grossen, selbst wenn die gothischen Prälaten anders dachten, gewiss nicht dahin zu bringen gewesen wären, durch eine derartige Neuerung das politische Uebergewicht des gothischen Blutes einer ernstlichen Gefahr auszusetzen. Anders wenn solche Mischconcilien schon vor Reccared herkömmlich waren: in dem Falle setzte man bloss eine durch den Gebrauch längst geheiligte Einrichtung fort, und sowohl die Sitte anderer deutscher Stämme als die vielen Beispiele nach der arabischen Eroberung setzen es beinahe ausser Zweifel, dass die hohe Geistlichkeit von jeher an den Reichsversammlungen Theil nahm, wenn man auch, was mir übrigens sehr wahrscheinlich zu sein scheint, nicht annehmen will, dass nur geborne Adelige zu der Würde von Bischöfen erhoben wurden. Bei den heidnischen Germanen war das Priesterthum nichts weniger als eine Kaste, vielmehr aufs engste verknüpft mit der bevorzugten Stellung des Familienoberhaupts; es verstand sich desshalb im Grunde von selbst, dass die Priester mehr oder weniger an allen öffentlichen Angelegenheiten, namentlich also an den Volksversammlungen, sich betheiligten, als Diener des höchsten Gottes (*Wuotan*), dessen alldurchdringende Macht die sittliche Ordnung der Dinge nicht minder als die natürliche gestaltet und lenkt. Die arianische Geistlichkeit der bekehrten Westgothen hat zuverlässig eine ganz ähnliche Stellung eingenommen: Allem nach was wir darüber wissen, war ein Gegensatz der kirchlichen und der politischen Interessen nicht vorhanden, einmal weil den Germanen eine solche Trennung überhaupt widerstrebte, und dann weil der Rückhalt, den die katholische Geistlichkeit Spaniens an dem römisch-byzantinischen Kaiserthum hatte, laut genug dafür sprach, unter den arianischen Glaubensgenossen Conflikte zwischen Staat und Kirche um jeden Preis zu vermeiden. Dass es den Westgothen mit ihrem Christenthum Ernst war, ohne dass dasselbe den Ausbrüchen roher Gewalt und selbst grober Verbrechen überall Einhalt zu thun vermocht hätte, sollte man aus der schweren Niederlage schliessen, welche das von Theudes (545) zur Eroberung Ceuta's abgesandte Gothenheer desshalb traf, weil es, an einem Sonntag mit seinen religiösen Pflichten beschäftigt, vom Waffenwerk ruhete und sich überfallen liess [5]).

Wenn daher Isidor (*Histor. Wisigoth.*) von Eurich bezeugt: *sub hoc rege Gothi legum statuta in scriptis habere coeperunt, nam antea tantum moribus et consuetudine tenebantur* — so hat zuverlässig die arianische Geistlichkeit dabei mitgewirkt, und was die später hinzutretenden Gesetze betrifft, so mögen, wo nicht alle so doch die wichtigsten, auf Concilien oder gemischten Reichsversammlungen entstanden, wenigstens gutgeheissen worden sein. Nur freilich muss das Ansehen der Gesetze in dem unruhigen, mehrfach durch Bürgerkriege heimgesuchten Zeitraum von Theudes bis auf Leovigild schwere Einbusse erlitten haben, so dass die von dem aufrührerischen Adel absichtlich genährte Rechtsunsicherheit schleunige und durchgreifende Abhilfe erheischte. Die spanischen Westgothen haben keinen stattlicheren und mächtigeren König gehabt als Leovigild; seit Theoderich II., und in höherem Grade als dieser, zum ersten Mal wieder ein Fürst, dem der Beruf des Königthums in seiner ganzen Grösse vorschwebte. Sein scharfes Auge und sein starker Arm trieb die gesetzlosen Adelsgeschlechter zu Paaren, nahm den Griechen fast ganz Andalusien ab und beschränkte sie auf ihre Festungen an der Seeküste, unterwarf sich im Norden die Sueven und Basken, schaffte mit unsäglicher Mühe dem Reiche den lang entbehrten Frieden und eine feste Residenzstadt in der Mitte des Landes. Ihm allein verdankt Toledo seine nachmalige Bedeutung, wenn auch früher schon gothische Könige zeitwierig ihren Aufenthalt daselbst genommen

---

[5]) Salvianus, *De Gubernatione Dei* (*Lib. VII.*): *Quid accedit insuper ad mala nostra? Inter pudicos barbaros impudici sumus. Plus adhuc dico: offenduntur barbari ipsi impuritatibus nostris. Impudicitiam nos diligimus, Gothi execrantur; puritatem nos fugimus, illi amant. Pudeat nos Romani ubique populi, pudeat vitae nostrae: nullae pene urbes lustris, nullae omnino impuritatibus vacant, nisi illae tantum, in quibus barbari esse coeperunt.* Ein so günstiges Urtheil erleidet freilich sofort eine erhebliche Einschränkung: *Cum utique etiam paganae ac ferae gentes, etsi habeant specialiter mala propria, non sint tamen in his omnia execratione digna: Gothorum gens perfida, sed pudica est, Alanorum impudica, sed minus perfida.*

hatten. Und auch an unmittelbarem Glanze sollte es dem Scepter und der Krone nicht fehlen: *primus inter suos regali veste opertus solio resedit; nam ante eum et habitus et consessus communis ut genti ita regibus erat* (*Isid.*) [6]).

Abgesehen von den Römern, für die ganz andere Gesichtspunkte massgebend waren, hat Leovigild den Gedanken eines alle Länder der pyrenäischen Halbinsel umfassenden Reiches klar gedacht und energisch verfolgt. Zu dem Behufe sollten die widerstrebenden Elemente der verschiedenen Nationalitäten, Glaubensbekenntnisse und Standesunterschiede möglichst homogen gemacht und einheitlich verknüpft werden, was nicht möglich war, ohne dass der Herrscher nachhelfende und verbessernde Hand an die theils veralteten, theils ausser Gebrauch gekommenen Gesetze legte [7]). Ob er sich dabei der Beihilfe des Adels und der Geistlichkeit bediente, ihre Zustimmung einholte, wissen wir nicht zu sagen, doch vermuthen lässt es sich nach der Analogie des von Leovigild im zwölften Jahre seiner Regierung nach Toledo einberufenen Concils. Unduldsamkeit war es gewiss nicht, die ihn dazu bestimmte, seine katholischen Unterthanen zu der arianischen Lehre herüberzuziehen, vielmehr die Ueberzeugung von der Nothwendigkeit, die sich feindselig gegenüberstehenden Gegensätze der Abstammung, des Rechts, der Religion nach und nach und friedlich auszugleichen, wenn dauernde Ruhe des Reiches unter dem Schutze einer festbegründeten und erblichen Königsgewalt hergestellt werden sollte. Diese wahrhaft staatsmännische Auffassung in einem Zeitalter arger Verwirrung und roher Gewaltthätigkeit kann man nicht genug bewundern: allein auch hierbei bestätigte es sich, dass die Ver-

---

[6]) Immer mehr Goldmünzen von Leovigild kommen in Spanien zu Tage, auf denen der König mit allen Auszeichnungen der Königsgewalt abgebildet ist. Es hängt diess mit dem Umstand zusammen, dass er zuerst einen Staatsschatz schuf, um auch darin hinter den römischen Kaisern nicht zurückzustehen. Möglich jedoch, dass die obige Stelle bei Isidor eingeschoben ist (*Esp. Sagr. VI.* 499).

[7]) *In legibus quoque ea, quae ab Eurico incondite constituta videbantur, correxit, plurimas leges praetermissas adjiciens, plerasque superfluas auferens* (*Isid.*). Ganz dasselbe sagt die Chronik von Cardeña: Leovigild habe das Gesetzbuch verbessert.

hältnisse mächtiger sind als die bestersonnenen Anschläge der Menschen. Die Gier nach Geld und Machtstellung hatte den gothischen Adel längst schon über das ungleiche Blut hinwegsehen lassen, wenn es sich um die Hand einer reichen und angesehenen Römerin handelte, und die Vermählung Ataulf's mit des Kaisers Honorius Schwester Placidia fand Nachahmer in Menge unter den Westgothen. Leovigild selbst war in erster Ehe vermählt mit Theodosia, Tochter des griechischen Statthalters Severianus, einer rechtgläubigen Griechin, die von ihrem Gemahl in dem freien Bekenntniss ihres Glaubens so wenig behindert wurde, dass es ihr vergönnt war, die Gemüther ihrer beiden Söhne Hermenegild und Reccared schon in frühester Jugend dem Arianismus abhold und dem katholischen Glauben geneigt zu machen.

Von dem Augenblick datirt der lebhafte Verkehr, den die katholischen Spanier mit Constantinopel unterhielten. Zwar mochten dieselben in fortwährender Verbindung mit den Griechen stehen, die lange vorher Athanagild unter Justinian ins Land gerufen hatte; ja, als die Griechen die Zerrüttung des Westgothen-Reiches sich zu Nutze machten und immer weiter in Andalusien vordrangen, kamen viele eingeborne Katholiken, die bisher den Gothen-Königen gehorcht hatten, unter griechische Botmässigkeit. An Berührungspunkten also fehlte es nicht, wohl aber an einem überlegenen Kopfe, der die Sache in die Hand nahm und einen tödtlichen Schlag nach dem bereits wankend gewordenen Arianismus führte. Ein solcher Kopf und zugleich Charakter war der Bischof L e a n d e r, dem seine Brüder treulich an die Hand gingen. Leander war selbst in Constantinopel, wo er die Bekanntschaft des nachmaligen Papstes Gregors des Grossen machte, und ermuthigt durch den Zuspruch seiner Glaubensgenossen wagte er sich an ein Unternehmen, das in seiner Art so grossartig, falls nicht noch grossartiger war als der staatsmännische Gedanke Leovigild's. Der spanische Arianismus sollte durch das Königthum selbst untergraben und gelegentlich gestürzt werden, und hierzu bemächtigte sich Leander der weichen und lenkbaren Seele Hermenegild's, dem seine fränkische Gemahlin Ingundis, eine Tochter der berüchtigten Brunhilde, fortwährend anlag, den entscheidenden und gefährlichen Schritt zu thun.

Wie weit die Zettelungen schon vor Hermenegild's Empörung gediehen waren, und ob sie bis auf Theodosia zurückreichten, lässt sich nicht ermitteln; aber wundern kann man sich nicht darüber, dass Leovigild darauf Bedacht nahm, dem seine eigenen Plane offen durchkreuzenden Treiben ein Ziel zu setzen, auch ohne dass es der Zureden seiner zweiten streng arianischen Gemahlin Goswintha, Wittwe des verstorbenen Königs Athanagild, bedurfte. Der ernstlich bedrohte Arianismus musste sich zur Wehre setzen, wollte er seine Sache nicht selbst verloren geben, und so wurden von Seiten des Königs Verfolgungen über die Katholischen verhängt, wie sie unter der Westgothen-Herrschaft von Zeit zu Zeit sich immer wiederholt hatten, aber in den meisten Fällen gewiss nur durch die Katholiker selbst provocirt [8]). Die Misshandlung der Ingundis durch Goswintha erinnert gar sehr an die Abscheulichkeiten, die man der Mutter der fränkischen Prinzessin nachsagte, nicht immer mit Recht und mit starken Uebertreibungen. Seitdem die katholische Par-

---

[8]) *Iniquae perfidiae furore repletus, in Catholicos persecutione commota, plurimos episcoporum exilio relegavit, et ecclesiarum reditus et privilegia tulit. Multos quoque terroribus suis in Arianam haeresin et pestilentiam impulit: plerosque sine persecutione illectos auro rebusque decepit. — Ausus quin etiam inter caetera haeresis suae contagia rebaptizare Catholicos, et non solum ex plebe, sed etiam ex sacerdotalis ordinis dignitate, sicut Vincentium Caesaraugustanum de Episcopo apostatum factum et tanquam a coelo in inferna projectum.* Isidor und nach ihm Lucas von Tuy haben offenbar den Leovigild richtig wenigstens in den Worten gezeichnet: *Hispania magna potitus est ex parte, nam antea gens Gothorum angustis finibus arctabatur*, und ihn wegen der über die Katholiken verhängten Verfolgungen schon damit entschuldigt, dass viele Katholische weit weniger der Verfolgung wegen, als durch Versprechungen und zeitliche Vortheile sich haben verleiten lassen, Arianer zu werden. Nicht das Glaubensbekenntniss hat Leovigild verfolgt, wohl aber die hinter der religiösen Maske sich versteckende Meuterei, und nur so ist es zu verstehen, wenn Isidor (*Histor.*) hinzufügt: *Extitit autem et quibusdam suorum perniciosus; nam quoscumque nobilissimos et potentissimos vidit, aut capite truncavit, aut proscriptos in exilium misit.* Es werden dieselben Grossen gewesen sein, von denen Isidor im Chronicon sagt: *Gothi, per Hermenegildum bifarie divisi, mutua caede vastantur.*

tei durch griechische Listen den Verrath in des Königs eigener Familie zu pflanzen anfing und dem leicht zu bethörenden Hermenegild gegenüber durchblicken liess, er würde durch seine Bekehrung zum Katholicismus nicht bloss ein Gott wohlgefälliges Werk thun, sondern auch in den Besitz der Krone gelangen, ohne erst den natürlichen Lauf der Dinge abzuwarten — seitdem waren strengere Massregeln einfach durch die Selbsterhaltung geboten: Griechen, Franken, Sueven, die Katholischen in seinem eigenen Lande und als deren Werkzeug der Königssohn, im Bunde mit einer starken Partei des unruhigen, über Leovigild's Herrschertugenden erbosten westgothischen Adels — Alle wollten über den energischen Monarchen herfallen und aus dem Sturze des Arianismus Gewinn ziehen.

Ungeschreckt durch die Masse der von allen Seiten auf ihn einstürmenden Feinde, nahm Leovigild den Kampf mit seinen verbündeten Gegnern auf und schlug sie der Reihe nach, bis er zuletzt auch den Hermenegild, der in Sevilla und zwar als Mitregent seines Vaters, offen die Fahne des Aufruhrs entfaltet hatte, in seine Gewalt bekam [9]). Durch kluge Unterhandlungen hatte er sich mittlerweile die Franken vom Halse geschafft, und wenn er sich damit begnügte, den aufrührerischen Sohn zur Strafe in die Verbannung nach Valencia zu schicken, so kann man darin noch keine übertriebene Strenge erblicken. Ueber den weitern Verlauf der dem Sohne gewiss nicht zur Ehre gereichenden Misshelligkeit fehlt es an zuverlässigen Berichten: nur das Eine steht fest, dass Hermenegild später in Tarragona durch (den Grafen) Sisbert hingerichtet wurde. Ob auf Befehl seines Vaters, ob desshalb weil er sich weigerte, das katholische Glaubensbekenntniss wieder abzuschwören, oder weil er seine hochverrätherischen Verbindungen mit den treulosen Griechen fortsetzte? niemand kann es sagen, da der Biclarenser darüber schweigt, übrigens aber die Handlungsweise Hermenegild's ebenso

[9]) In der durch Columbus Gefangenschaft so berühmt gewordenen Karthause von Sevilla verwahrte man ehedem einen Stein aus Alcalá de Guadayra, mit der Inschrift: *In nomine Domini anno feliciter secundo regni domini nostri Erminigildi regis quem persequitur genitor sūs dōm Liuvigildus rex in cibitate ispū ductiaione* (ĐVЧIΛIONE ?).

wenig gut heisst als Gregor von Tours. Das Schweigen des Biclarensers über einen so wichtigen Punkt und der Umstand, dass Reccared nach seinem Regierungsantritt den Sisbert hinrichten liess, könnte man so deuten, dass Leovigild an dem gewaltsamen Tode seines Sohnes nicht unmittelbar schuld war, dem Sisbert vielleicht bloss Verhaltungsmassregeln für gewisse Fälle ertheilt hatte. Die griechische Ränkesucht behauptete ihren alten Ruf dadurch, dass die Wittwe Hermenegild's und ihr Söhnlein, anstatt dieselben zu ihren Verwandten nach Frankreich zu bringen, ungewiss ob durch Ueberredung oder Gewalt, nach Constantinopel eingeschifft wurden.

Als Sieger über die Franken zu Wasser und zu Land, jedoch ohne den ersehnten Frieden erlangt zu haben, starb Leovigild. So beschaffen war ungefähr die äussere Lage der Dinge, als Reccared die Herrschaft und mit ihr, wie Jedermann zugeben wird, eben keine leichte Aufgabe überkam. Sein Vater hatte nur mit Gewalt die im ganzen Reiche gährenden Elemente des Widerstandes in einer seither unerhörten und desshalb um so gefährlicheren Bundesgenossenschaft der gothischen und der romanischen, der politischen und der kirchlichen Opposition niederzuhalten vermocht. War diess auf die Länge möglich? darauf lässt sich nur nach genauer Abwägung der innern Situation antworten. Wohl mochten die Gothen der vortheilhaften Schilderung, die Orosius von ihnen entwirft [10]), nicht mehr durchweg entsprechen, und wenn sie im Vergleich zu ihrem ersten Erscheinen auf spanischem Boden auch nicht roher geworden

[10]) *Post graves rerum atque hominum vastationes, de quibus ipsos quoque modo poenitet. — Quisque egrediens quo abire vellet, ipsis barbaris mercenariis ministris ac defensoribus uteretur. Hoc tamen ultro ipsi offerebant. Et qui auferre omnia interfectis omnibus poterant, particulam stipendii ob mercedem servitii sui et transvecti oneris flagitabant. — Quamquam et post hoc continuo barbari execrati gladios suos ad aratra conversi sunt, residuosque Romanos ut socios modo et amicos fovent, ut inveniantur jam inter eos quidam Romani, qui malint inter barbaros pauperem libertatem, quam inter Romanos tributariam sollicitudinem sustinere* (*Lib. VII.* c. 40. 41. 38). Aehnlich Isidor: *Unde et hucusque Romani, qui in regno Gothorum consistunt, adeo amplectuntur, ut melius sit illis cum Gothis pauperes vivere, quam inter Romanos potentes esse et grave jugum tributi portare.*

waren, so hatte die Ansässigkeit unter einer geistig und sittlich überlebten Bevölkerung gleichwohl eine Art Verwilderung zur Folge gehabt, die im Politischen wie im Religiösen einer Erneuerung bedurfte. Die feste Lebensordnung war bis zur Auflösung gelockert; an politischen und kirchlichen Formen war kein Mangel, dagegen die innere Tüchtigkeit, die sie frisch und lebendig erhalten sollte, entwichen. Einmal musste die Scheidewand, welche noch immer die Sieger von den Besiegten trennte, fallen und die Frage war nur die, wer von Beiden den andern Theil in sich aufnahm, sich aneignend verhielt und so den Ausschlag gab. Die Auffindung, oder eigentlich Wiederherstellung von Bruchstücken der „Westgothischen Antiqua" hat den nicht hoch genug anzuschlagenden Gewinn gehabt, dass man im Stande ist, mit ziemlicher Sicherheit den allgemeinen Befund der gothischen Rechtszustände schon zur Zeit Leovigild's zu ermitteln. Die Gründe, womit Bluhme [11]) seine Vermuthung unterstützt, dass Reccared I. (586—601) allein die Sammlung veranstaltet haben könne, sind für mich so überzeugend, dass ich mich einfach darauf berufe. Auf das Zeugniss des Lucas von Tuy zwar: „*(Reccaredus) anno regni sui gothicas leges compendiose fecit abreviari*", lege ich das Gewicht nicht, das Merkel [12]) darauf legt; Lucas erweist sich in seiner ganzen Chronik als einen höchst unzuverlässigen, mit leichtfertigen Einschaltungen freigebigen Schriftsteller aus einer ohnediess späten Zeit, und im gegebenen Falle spricht ausserdem gegen ihn der sehr bedenkliche Umstand, dass der Zeitgenosse Reccared's, der heilige Isidor, die gesetzgebende Thätigkeit des von ihm hoch genug gestellten Fürsten ganz unerwähnt lässt. Dennoch wird man so wegwerfend wie Lardizabal im „*Discurso sobre la legislacion de los wisigodos*" (als Einleitung zur Madrider Ausgabe des

---

[11]) Wie Westgothische Antiqua oder das Gesetzbuch Reccared des Ersten. Herausgegeben von F. Blume (Bluhme). Halle, 1847. p. X. Bluhme, Uebersicht der in Deutschland geltenden Rechtsquellen. 2. Ausgabe. 1854. S. 114.

[12]) v. Savigny, Geschichte des römischen Rechts im Mittelalter. 2. Ausg. 1851. S. 44: „das ist eine in ihrer Glaubwürdigkeit schwer zu gefährdende Stelle."

„Fuero Fuzgo", 1815) thut, schon desshalb nicht über Lucas urtheilen dürfen, weil er, allerdings oft genug mit grenzenlosem Unverstand, den Sebastian von Salamanca ausschreibt, ohne seine Quelle zu nennen, woraus man folgern darf, dass er auch die den Reccared betreffende Notiz einem ältern Chronisten entnommen haben wird. Das diessfallsige Stillschweigen des Isidor findet einen genügenden Erklärungsgrund darin, dass Reccared an dem Inhalt des Gesetzbuchs, so wie er es von seinem Vater überkam, keine wesentlichen Veränderungen vornehmen, sondern bloss eine zweckmässigere Redaction besorgen liess, wobei jedoch gar manche Härte, welche Leovigild's Gesetze gegen die Romanen enthielten, ausgemerzt, oder doch abgeschliffen worden sein dürfte. Davon ob Reccared eigene Gesetze erlassen hat, wird in der Folge die Rede sein. Wie die Sachen liegen, muss es nahezu als ausgemacht gelten, dass die mit dem Merkmal „Antiqua" bezeichneten Gesetze der späteren Redaction der Hauptsache nach aus Reccared's Zeit stammen, obschon auch in dieser Beziehung viele Ueberschriften irrthümlich und, was aus den Bruchstücken der Antiqua zur Genüge erhellt, nicht selten ein altes Gesetz nach Form und Inhalt verändert sind. Hat aber Reccared das Gesetzbuch seines Vorgängers wenigstens in seinen Grundzügen beibehalten, so wird nahezu das Nämliche von der Gesetzsammlung des Leovigild im Verhältniss zu der des Eurich gelten: die Continuität des Westgothen-Rechts zu unterbrechen, dazu lag für Jenen kein Grund vor und sein Absehen wird zumeist darauf gerichtet gewesen sein, in Vergessenheit gerathene Gesetze wieder aufzufrischen und den Richterstand an den ganzen Umfang seiner Pflichten zu erinnern. Wenn die Antiqua fast unverändert in die letzte Redaction aufgenommen wurde, nachdem seit Reccared's Tod gerade ein Jahrhundert verflossen war, so wird Leovigild dieselbe Rücksicht seinem Vorgänger Eurich haben angedeihen lassen, ohne welche die Rechtsverhältnisse der Gothen ohne Noth und aufs bedenklichste gefährdet worden wären. Das Gesetzbuch liess sich zweckmässiger abfassen und ergänzen, aber nicht in seinen Grundzügen alteriren, womit freilich nicht gesagt sein soll, jedes einzelne Gesetz hätte der Bestätigung durch eine Reichsversammlung bedurft, von der die ältesten Quellen überhaupt nichts wissen. Der König erliess Gesetze unter Mitwirkung seiner Hofbeamten: allein einmal durften solche Gesetze dem Herkommen des Volkes nicht widersprechen, und wenn es sich gar um den Erlass eines Gesetzbuchs handelte, mussten die übrigen Grossen des Reichs zuverlässig ebenfalls befragt werden.

Nichtsdestoweniger ist es so leicht nicht, den Inhalt und Umfang des alten Gesetzbuchs auch nur annähernd zu bestimmen, so lange es an einer kritischen Sonderung der Codices fehlt. Ohne mich auf das schwierige Geschäft, wozu eine Vergleichung aller älteren Handschriften in- und ausserhalb Spaniens erforderlich ist, hier näher einzulassen, glaube ich wenigstens für die spanischen Handschriften einige Gesichtspunkte feststellen zu können, wodurch die Frage ein wesentlich verändertes Aussehen bekommt. Die Madrider Herausgeber des *Forum Judicum* haben einen grossen Missgriff dadurch begangen, dass sie die Handschriften zählten, anstatt sie zu wägen, und überhaupt sich der Mühe für überhoben hielten, über das Alter, den Werth und die Eigenthümlichkeiten der ihnen zur Verfügung gestellten Manuscripte auch nur das Mindeste laut werden zu lassen [13]). Die reichste Ausbeute sollte man von dem

[13]) Zu Rathe gezogen wurden 9 Handschriften, darunter der *Codex Vigilanus* aus dem Kloster Albelda in der Rioja (beendigt den 25. Mai 976 und anderwärts bekannt als *Codex Albeldensis*); der *Codex Emilianensis* (aus dem Kloster San Millan de la Cogolla; beendigt XXIX. Jul. DCCCCX2, wogegen im Vorwort der Madrider Ausgabe, sowie in der Madrider *Collectio Canonum Ecclesiae Hispanae*, die Jahreszahl 994 angegeben ist). Hierzu kommen drei weitere Manuscripte aus dem Escurial, das werthvollste ein Geschenk Cardona's, Bischofs von Vich, für König Philipp II., ein Manuscript aus S. Isidro in Leon, von dem die Herausgeber bemerken, es sei aller Wahrscheinlichkeit nach im 13. Jahrhundert die castilianische Uebersetzung danach gemacht worden; endlich ein Codex aus Alcalá, ein zweiter aus dem Archiv der Hauptkirche und ein dritter aus S. Juan de los Reyes in Toledo. Letzterer ging im Peninsular-Krieg zu Grunde. Für den castilianischen Text wollen die Herausgeber sehr alte (*muy antiguos*) Manuscripte benutzt haben, während eingestandener Massen die Uebersetzung nur wenige Jahre vor der Mitte des 13. Jahrhunderts entstand.

kostbaren Kirchen-Archive in Toledo erwarten, und in der That enthält dasselbe nicht weniger als 7 Handschriften von dem lateinischen Texte des westgothischen Gesetzbuchs: allein mit Ausnahme einer einzigen gehören alle erst einer späteren Zeit an und nur No. 43. 5 stammt aus dem 9., wenn nicht aus der zweiten Hälfte des 8. Jahrhunderts. Der Behauptung Hänel's [14]), die Madrider Akademie habe gerade diesen werthvollen Codex nicht benutzt, muss ich entgegentreten: die Angabe in dem Vorwort, dass derjenige Codex aus dem genannten Kirchen-Archive, den die Herausgeber fortlaufend verglichen, arabische Randbemerkungen enthalte, passt nur auf No. 43. 5. Leider war mir nur ein flüchtiger Blick in die Handschrift gestattet [15]), welche die letzten Abschnitte des Lib. XII. nicht enthält und Tit. II. c. 13 mit der Zahl c. 12 aufführt, so dass schon eines der früheren Gesetze ausgefallen sein muss. Der *Vigilanus* und *Emilianensis* (*Aemilianus*) erweisen sich als unverkennbare Klostererzeugnisse: *Lib. V. Tit.* 1. *c.* 5 (*Fl. Egica R. De reparatione ecclesiarum, vel diversis aliis causis*) steht allein im *Vigilanus*, wogegen *V.* 7. 19 (*Fl. Egica R. De libertis regum eorumque posteritate, qualiter exercitus tempore ad regiam potestatem concurrant, et cum quibus eos in publica utilitate proficisci oporteat*) zuverlässig nicht ohne Absicht weggelassen ist. Aehnlich verhält es sich mit dem Zusatz, den der Emil. zu IV. 2. 11 enthält, als Ergänzung aus dem canonischen Recht (*Si quis vir uxorem duxerit, et post connubium aliquid ex rebus adquisierit, in extremis ex ambobus unus obierit, qualiter ex rebus medietas licitum habere habeat, reliqua vero medietas vivens vindicatur. Quod si liberos habuerint in ejus memoria medietatem possideant, ut jam qui prius obiit, praecipimus ex canonica sententia quintam partem ex rebus Deo offerant, reliquas vero liberi habeant*). Auch die Ueberschrift derselben Handschrift: „*Judicum liber seu Judiciorum a Cindasuinto et Recesuinto et Egica regibus*" verdient Beachtung.

---

[14]) *Cat. Libr. manuscr. F. III. p.* 992: *Codice* 43. 5 *Academia matritensis non usa est in editione Fori Judicum.*

[15]) Knust, der gleichfalls gerne Einsicht davon genommen hätte, scheint keinen bessern Erfolg gehabt zu haben. Pertz, Archiv. Bd. VIII. S. 236. 244.

Ein ohne Vergleich grösseres Gewicht hat man auf den Codex Cardona's zu legen darum, weil er catalonischen Ursprungs ist und allem Anschein nach in richterlichem Gebrauche war. Sein Alter zwar wird, wie mir scheint, im Cataloge des Escurial zu hoch ins 11. Jahrhundert hinaufgerückt: diess verhindert gleichwohl nicht, dass die in ihm enthaltenen Zusätze dafür bürgen, wie schon frühzeitig in Catalonien zu dem Westgothen-Recht allerlei neue Verordnungen und Erläuterungen gefügt wurden. Der *Lib. II. Tit.* 4. zwischen *c.* 5 und 6 eingeschaltete Paragraph (*Ut testes priusquam de causa interrogentur, sacramento constringantur*) ist wörtlich aus der *Interpretatio* zu *Cod. Theod. XI.* 14. 2 in der *Lex Romana Visigothorum* (*G. Haenel inst.* 1847. *p.* 232) entlehnt, und daran knüpft sich die weitere Verordnung: *De sacramentis leviter non jurandis.* Zwischen *c.* 6 und 7 findet eine ähnliche Einschaltung Statt: *Antiqua VII: De his qui animas suas perjurio necant* [16]), nachdem am Schlusse des *c.* 6 eingeschärft worden war: *Et insuper ad aliorum terrorem centenis flagellis publice verberati* (die Meineidigen), *turpiter decalvati perenni infamio subjacebunt.* Sehr merklich abweichend ist in Card. ferner III. 4. 13 (Bestrafung der Ehebrecherin), anderer minder erheblichen Abweichungen, wie namentlich bei XII. 2. 14 und am Schlusse des Buches, zu geschweigen. Wunderlich nimmt sich daselbst die Einleitung zu II. 1. (1) aus, wogegen eine Stelle in II. 1. 1, verglichen mit der Leoner Handschrift, eine beachtenswerthe Notiz darüber enthält, um wie viel weniger das Volk in Catalonien berücksichtigt wurde als in Leon [17]), ein Fingerzeig, dass in den beiden Reichen der Feudalismus sehr verschieden geartet war. Was indessen an den Handschriften stets auch vermerkt werden sollte, das sind die etwaigen Zusätze, die in keinem unmittelbaren Zu-

---

[16]) Der oben näher beschriebene Codex in Toledo, so wie der aus San Juan de los Reyes, endlich der Leoner enthalten statt dessen ein Gesetz Erwig's: *De derogandis testibus.* In den beiden letzten Handschriften steht die Antiqua des Card. unter VI. 5. 21.

[17]) Cod. Card. *Ut sicuti sublimi in throno serenitatis nostrae celsitudine residente, videntibus cunctis sacerdotibus Dei, senioribusque palatii atque gardingiis.* Cod. Legion. *Audientibus cunctis Dei sacerdotibus, senioribus palatii atque gardingiis, omnique populo.*

sammenhang mit dem Texte stehen. Auf die Wichtigkeit der Königsregister [18]) hat L. Bethmann hingewiesen: ich erwähne eine Reihe Gebetsformeln und Anweisungen über die Gottesurtheile, die der Cod. Card. enthält, z. B. *Incipit exorcismus vel benedictiones aquae calidae in qua manci. ad juditium Dei mittitur. — Item, incipit exorcismum aquae frigidae* [19]).

Entschieden vom grössten Belang ist die Leoner Handschrift, und man kann sich nicht genug darüber wundern, dass die Madrider Akademie, dass Marina namentlich, der in der spanischen Rechtsgeschichte so bewandert war, auch nicht die geringste Ahnung davon hatten. Aus zahlreichen Belagstellen, auf die ich später ausführlicher zurückkommen werde, geht hervor, dass von dem Augenblicke an, da die in den äussersten Norden zurückgedrängten Fürsten der zweiten Gothenherrschaft den Arabern das Königreich Leon entrissen und mit Asturien verbunden hatten, in Leon ein höheres Instanz-Gericht errichtet wurde, an welches in zweifelhaften Fällen Richter sowohl als Parteien Berufung einlegen konnten. Kam eine Berufung vor, so hatten die Richter in Leon zunächst das Erkenntniss erster Instanz zu prüfen, worauf sie sich nach S. Isidro el Real begaben, um aus dem daselbst aufbewahrten und allein für authentisch geltenden Exemplar des *Forum Judicum* ihren Entscheid zu schöpfen. So hielt man es seit unvordenklichen Zeiten und die Richter von Leon hiessen desshalb „*Jueces del libro y del foro.*" Man begreift darum auch, warum die castilianische Uebersetzung des *Forum Judicum* nach dem Leoner Original-Texte angefertigt wurde, und andererseits steht fest, dass der Leoner Codex, den die Herausgeber des Madrider Fuero Juzgo zu Rathe zogen, aus S. Isidro stammte und noch andere

[18]) Der C. Card. enthält ausser einem Register der Gothenkönige ein zweites der Frankenkönige: *anni notati quando dominus Ludovicus rex prendidit barchinona — Ledovicus minor. rg. XLIIII. Filipus filius ejus rg. XX.* Daraus liesse sich auf die Zeit, wann der Codex geschrieben wurde, ein Schluss machen. Indessen sind Schrift und Tinte nicht die gleichen.

[19]) Baluze's „*Formulae veteres exorcismorum.*" Walter, *Corpus juris germanici. III.* 559.

Schriftstücke enthielt, die höchst wahrscheinlich ebenfalls rechtsgeschichtlichen Inhalts waren [20]).

Diess vorausgeschickt, wird man nicht anstehen, der Leoner Handschrift, wenigstens in gewissem Betracht, den Vorzug vor allen andern spanischen Handschriften des Westgothen-Rechts zuzugestehen: es war das einzige vollkommen beglaubigte Exemplar des Landes-Gesetzbuchs. Nicht etwa als ob das Exemplar von allen Einschaltungen rein erhalten geblieben wäre; vielmehr war es Aufgabe des Richtercollegiums, das in Berufungsfällen darnach zu entscheiden hatte, für nachträgliche Einreihung solcher gesetzlichen Bestimmungen zu sorgen, die auf Reichsversammlungen ergänzend oder berichtigend zu dem Landesgesetze

---

[20]) Der Benediktiner Fr. Juan de Sobreira fand in dem Augustiner-Kloster Benevivere, ungefähr eine Wegstunde von Carrion de los Condes, nahe bei Leon, eine Handschrift, die er folgendermassen beschreibt: *Es un tomo en papel en fólio menor forrado en pasta, escrito en letra cursiva del siglo trece, sin foliatura, escrito asimismo en idioma castellano, coetáneo á la copia hasta la ley XXVI. del titulo primero del libro segundo, y de allí adelante muy anterior. Es uno de los ejemplares mas completos del Fuero Juzgo, que este rótulo tiene por fuera, aunque de la parte de adentro no dice lo que es. Su contenido consiste en muchas piezas que hacen un todo:* 1) *Una tabla indice de libros, títulos y leyes que contiene el principal cuerpo, en la que se anuncian doce libros; pero no se sigue á dicha tabla la obra correspondiente sino la siguiente.* 2) *Una coleccion de cánones tomados de los primeros concilios toledanos, que son cánones precisamente civiles, y forman en este Fuero Juzgo como un libro aparte.* 3) *El Fuero Juzgo que, como va dicho, contiene doce libros.* 4) *Las leyes de los judíos, á las que precede el indice que espresa diez y ocho titulos. En el quince está la constitucion que enviaron los judíos al rrey Rescindo, doze dias andados de calendas marzas en no sesto anno que vos regnastes.* 5) *Una colleccion de ocho leyes sin rúbrica, ni título, ni separacion alguna, que constituyen un libro aparte, y que merecen llamarse leyes del denuesto, porque son prohibitivas y punitivas de los denuestos podrido de la cabeza ó de la cerviz, tiñoso, gotoso, lisgo, toposo, deslaido, circuncidado, señalado, corcobado, sarracino & &.* Man ersieht hieraus, wie allerlei Bestandtheile späterhin zu dem *Forum Judicum* hinzukamen und in der abschliessenden Redaction des 7. oder 8. Jahrhunderts noch nicht enthalten waren. — Die Einrichtung mit der in Leon aufbewahrten officiellen Handschrift des Landrechts könnte einem schon in Toledo bestandenen ähnlichen Gebrauch nachgeahmt sein, wie ja auch die Nachtragsverordnungen zum *Corpus juris* im Staatsarchive niedergelegt wurden.

gefügt wurden und dem ungeschriebenen Herkommen gesetzliches Ansehen verliehen. Dergleichen Abweichungen sind zahlreich: I. 2. 6 als Zusatz; II. 1. zwischen c. 6 und 7 zwei eingeschaltete Gesetze Egica's; II. 1. 28 in anderer Fassung und Ordnung; II. 4. (8), sowie Einschaltungen zwischen c. 9 und 10; II. 4. 12 ein Scholion; IV. 2. zwischen c. 13 und 14 ein besonderes Gesetz; VI. 2. (3) neu; IX. 2. 9 wesentlich abweichend; XII. 2. (3) ein Toledanischer Synodalbeschluss; XII. 2. 18 mehrere neu hinzugekommene Verordnungen. Auf welchem Wege die Abänderungen und Zusätze entstanden, wird sich später zeigen, das aber darf hier nicht verschwiegen werden, dass zwischen den beiden Toledanischen, der Leoner und Vicher Handschrift in Betreff der Lesarten eine überraschende Aehnlichkeit stattfindet, und dass Lindenbrog's Text auf den catalonischen Codex mittelbar oder unmittelbar zurückweist [21]). In Toledo, sollte man meinen, hätte das Gesetzbuch, schon weil es daselbst redigirt wurde, am ursprünglichsten sich erhalten; es kommt jedoch in Betracht, dass die daselbst unter maurischer Herrschaft lebenden Christen von ihrem früheren Wesen, zumal was Sprache und Recht betrifft, gar Manches einbüssten und mit dem Interesse auch das Verständniss des alten Rechtes verloren. Die nach dem Norden geflüchteten Adelsgeschlechter hatten schon den Antrieb der Freiheit, um ihr altes Recht möglichst rein zu erhalten [22]), und an Mitteln dazu kann es ihnen auch nicht gefehlt haben, da sie Zeit genug hatten, ihre kostbarste Habe, unter der sich doch wohl ihre Gesetzbücher befunden haben werden, zu retten. Einmal aber zu der hervorragenden Stellung eines Appellationshofes gelangt, werden die Richter in Leon wohl darüber gewacht haben, einen möglichst reinen Text herzustellen und in späteren Abschriften zu erhalten.

Da ist es nun höchst auffallend, wie gerade in der Handschrift von S. Isidro, deren Werth überdiess durch schätzbare Malereien erhöht wird [23]), die Ueberschriften der einzelnen Ge-

---

[21]) Schon Türk (Forschungen I. 15) hat darauf aufmerksam gemacht.

[22]) So heisst es im Cronicon Albeldense (c. 58): *omnemque Gothorum ordinem, sicut Toleto fuerat, tam in ecclesia quam in palatio in Ovieto cuncta statuit.*

[23]) *Un códice gótico en folio, con dibuxos iluminados, propio del cabildo de*

setze in der Mehrzahl von den Angaben der gewöhnlichen Handschriften in einem Grade abweichen, dass die zu verschiedenen Malen veranstalteten Sammlungen in einem ganz anderen Lichte erscheinen. In der Madrider Ausgabe enthält das Gesetzbuch (lateinischer Text) 573 Nummern, wovon 101 auf Chindaswind, 74 auf Receswind, 4 auf Wamba, 11 auf Erwig, 9 auf Egica kommen, 185 unter der Bezeichnung „Antiqua", endlich 189 als anonym aufgeführt sind. Im Cod. Leg. werden dagegen von den 101 Gesetzen des Chindaswind diesem als eigene Gesetze bloss 10 und ausserdem 5, die in der Ausgabe unter andern Namen stehen, zugeschrieben. Von den 74 Gesetzen des Receswind legt diesem die Handschrift 14 bei, wozu 5 weitere kommen, welche in den andern Handschriften verschieden untergebracht sind. Auf Wamba kommt ein einziges von den 4 der Ausgabe, auf Erwig fallen 10 von den 11, auf Egica 5 von den 9 und ein weiteres, das von Andern der Antiqua zugezählt wird. Letztere hat von ihren 185 Nummern der Ausgabe bloss 26 eingebüsst, dagegen einen ungeheuren Zuwachs erhalten durch 25 Nummern Chindaswind's, 26 Nummern Receswind's, 90 der anonymen Gesetze, 2 Wamba's, 1 Erwig's, 2 Egica's, im Ganzen 146, die zu den 159 frühern gezählt eine Gesammtsumme von 305 bilden.

Aber auch neue Königsnamen treten zu den bisherigen, so Sisebut und obenan der Name Reccared's. Dass III. 5. 2 mit Cod. Emil. und Lind., und XII. 1. 2 mit S. Juan d. l. R. nicht dem Reccared, vielmehr dem Receswind beigelegt werden müssen, ist, wenigstens in Betreff jenes Gesetzes, fast ausgemacht; bei letzterem, das in den andern Handschriften ohne Ueberschrift steht, schon weniger, und vollends VI. 5. 5, was die Handschriften dem Receswind, Legion. allein dem Reccared (*Fls. Recaretus R.*) zuschreiben, kann bloss aus innern Gründen, wie Bluhme (Die Westgothische Antiqua. XIV.) meint, dem

---

San Isidro de la ciudad de Leon, que ademas del Fuero Juzgo contiene otros varios opúsculos, y por el qual, ó por otro muy semejante puede creerse que se hizo la version castellana en el siglo XIII, atendida su mayor conformidad con este códice segun resulta de los cotejos hechos por la Academia.

Reccared nicht abgesprochen werden. Vielmehr stimmt die Form genau zu der Antiqua und eine Unterscheidung zwischen *Dolus* und *Culpa* könnte dem Reccared nach seinem Uebertritt sehr wohl von seinen katholischen, in römischen Rechtsbegriffen aufgewachsenen Berathern empfohlen worden sein, obschon nicht verschwiegen werden soll, dass der Zusatz „Antiqua" die Frage in etwas verändert. IV. 3. 3 (anonym) bezeichnet der Leoner: *Fls. Gls. Suintls. Rex. Antiqua noviter emendata* und gleich darauf IV. 4. 1 (anonym): *Fls. Gls. Suinds. R. Antiqua.* Wie es geschehen mochte, das Suintila's Name absichtlich von der Spitze der ihm von Rechtswegen zukommenden Gesetze entfernt wurde, wird sich später zeigen. Von den anonymen Gesetzen wird XII. 2. 14 dem Sisebut durch unsern Codex beigelegt, und andere kleinere Abweichungen mehr.

Im Einzelnen vertheilen sich dieselben folgendermassen. Von den 91 Gesetzen, die in der Ausgabe einfach Chindaswind's Namen an der Stirne tragen, werden in der Leoner Handschrift aufgeführt unter der Bezeichnung: Chindaswind. Antiqua, 41. Receswind. Antiqua, 7. Receswind, 1. Erwig. Antiqua, 1. Antiqua. Flavius, 1. Antiqua, 25. Antiqua noviter emendata, 9. Nova, 1. Anonyma, 5. Von den 60 des Receswind: Receswind. Antiqua, 15. Chindaswind. Antiqua, 3. Chindaswind, 1. Receswind. Chindaswind. Antiqua, 1. Reccared, 1. Erwig. Antiqua, 1. Antiqua, 26. Antiqua noviter emendata, 4. Anonyma, 8. Von den 4 des Egica: Antiqua, 2. Receswind. Antiqua, 1. Egica et Witiza. Antiqua, 1. Von des Wamba 3: Antiqua, 2. Wamba. Antiqua, 1. Das eine Erwig's findet sich als Antiqua aufgeführt. Von den 26 Antiqua: Chindaswind, 1. Receswind, 2. Receswind. Antiqua, 1. Egica, 1. Antiqua noviter emendata, 6. Anonyma, 15. Von den 111 Anonyma: Chindaswind, 3. Chindaswind. Antiqua, 2. Receswind, 2. Receswind. Antiqua, 1. Sisebut, 1. Suintila, 2. Fls. R. 1.[24]). Antiqua, 90. Antiqua noviter emendata, 7. Nova lex, 2. Im Ganzen hat von den 189 ano-

[24]) Card. und Lind. Fls. gls. Rcs. Rex. S. J. R. Reccds. Rex. Es ist das Gesetz: *Ne Judaei quaestione christianos inscribant*, eine im Vergleich zu den spätern Judengesetzen ungemein milde Verordnung, die jedenfalls von Reccared herrühren könnte.

nymen Gesetzen der Ausgabe die in Rede stehende Handschrift 78, wozu 13 neue kommen, was zusammen 91 macht.

Es wäre vermessen leugnen zu wollen, dass in den Angaben des Cod. Legion. Verwechselungen, Unrichtigkeiten und Ungenauigkeiten mitunter laufen: einige Male, wie bei dem Fls. R., kann man sie mit Händen greifen, und überhaupt stände es mit der vorausgesetzten Trefflichkeit und Glaubwürdigkeit der Leoner Handschrift mehr als misslich, wenn sie bloss durch abgeleitete Beweise gestützt werden sollte. Dem ist aber glücklicher Weise nicht so, und ich rechne es zu den erfreulichsten Ergebnissen, wozu die Kritik an der Hand der erhaltenen Bruchstücke von der Antiqua gelangen kann, in der Handschriftenfrage einen directen Beweis ermöglicht zu haben. Zwar sind für den vorliegenden Fall die ebenso dürftigen als kostbaren Bruchstücke noch wesentlich dadurch verkümmert, dass ein höchst widerwärtiger Zufall in der Leoner Handschrift die Blätter, welche IV. 1. 5 — IV. 2. 9 (inclus.) enthielten, verlieren liess, wovon die Bruchstücke: IV. 2. 1 und die folgenden 2, 3, 6, 7, 8, 9 enthalten. Um so nothwendiger erscheint es, das Uebrige gewissenhaft zu Rathe zu halten, in der Reihenfolge, in welcher die Gesetze bei Bluhme stehen. Gleich das erste Gesetz, X, 3. 5, das in der Madrider Ausgabe anonym aufgeführt wird, bezeichnet die Handschrift richtig als Antiqua. Das lange Gesetz CCLXXVII der Fragmente zerfällt in der spätern Redaction in vier einzelne Gesetze: X. 2. 1, X. 2. 2, X. 3. 1, X. 2. 3, und von diesen, die in der Ausgabe sämmtlich anonym stehen, wird das erste von Legion., Card., Toled. got. (in dem Archiv der Kathedrale aufbewahrt) als Antiqua aufgeführt; desgleichen das zweite allein von Legion., für das dritte (X. 3. 1) hat nur Toled. got. die richtige Bezeichnung „Antiqua", während bei dem vierten wiederum Legion. in Gemeinschaft des Card. das Rechte trifft. — V. 5. 1—8 (incl.) führt die Ausgabe der Wahrheit gemäss mit der Bezeichnung Antiqua an, während irrthümlich V. 5. 2 in Legion., Toled. got. und S. I. R. anonym erscheint, vielleicht weil einige, allerdings minder wesentliche Veränderungen mit dem Texte vorgenommen wurden. Die übrigen Gesetze, wie auch V. 4. 3 zählen Ausgabe und Handschrift in

Uebereinstimmung mit den Fragmenten zu der Antiqua. V. 4. 13, in der Ausgabe ohne weiteres mit dem Namen Chindaswind's bezeichnet, giebt allein Legion. richtig mit Fls. Rcds. Rex. Antiqua; V. 4. 14 heisst in der Ausgabe und in der Handschrift „Antiqua"; desgleichen V. 4. 8, wogegen in beiden die Bezeichnung von V. 4. 11 als einer Antiqua nur zur Hälfte wahr ist, insofern das Gesetz später ganz und gar überarbeitet wurde. V. 4. 15, in der Ausgabe anonym, geben Legion. und Card. richtig als Antiqua; V. 4. 16 stimmt in der Ausgabe und in der Handschrift mit den Bruchstücken, ebenso V. 4. 1, V. 4. 7, V. 4. 2, V. 4. 5, V. 4. 4, V. 4. 9, V. 4. 12. Bei V. 4. 10, einer Antiqua in der Ausgabe, trifft Legion. allein das Richtige mit der Bezeichnung: *Antiqua noviter emendata;* auch hat er V. 2. 2 zu dem *Cinctasvintus* der Ausgabe mit gutem Grunde den Beisatz „Antiqua" gefügt, wogegen er bei V. 1. 3 in der wahren Benennung Antiqua mit der Ausgabe zusammentrifft. V. 1. 4 sollte in beiden nicht als anonym, sondern als Antiqua aufgeführt sein, wiewohl der spätere Text mit dem frühern nicht ganz zusammenstimmt. V. 2. 7 heisst hier wie dort Antiqua und bei V. 2. 6 hat zu dem *Cintasvintus Rex* der Ausgabe nur der Leoner den Zusatz Antiqua. V. 2. 1 stimmt in der Ausgabe und Handschrift mit der Antiqua, das anonyme Gesetz V. 3. 1 der Ausgabe aber erhält durch Legion. und Card. die wahre Bezeichnung Antiqua; V. 3. 2 ist in Druck und Handschrift eine Antiqua, wogegen zu V. 4. 20, jenem merkwürdigen Gesetze über Schenkungen, welche Römer an Gothen machen, Legion. zu dem Namen Antiqua der Ausgabe die offenbar begründete Zugabe: Recesvindus Rex. Antiqua setzt. V. 2. 5 heisst beiderseitig altes Gesetz, wie es auch eines ist; IV. 2. 1 umgekehrt sollte so heissen und steht in Ausgabe und Handschrift ohne Bezeichnung. Auf guter Fährte ist Legion. bei IV. 2. 13, das in der Ausgabe anonym, in der Handschrift als *Antiqua noviter emendata* aufgeführt wird. IV. 2. 14 steht als Antiqua fest, das anonyme Gesetz der Ausgabe IV. 2. 15 hat keiner ausser dem Legion., mit den Fragmenten zusammentreffend, als *Antiqua noviter emendata* charakterisirt. Ebenso zutreffend ist der Beisatz unserer Handschrift zu IV. 2.

18: *Cintasvintus Rex* (der Ausgabe), *noviter emendata.* IV. 2. 6, eine verbesserte Antiqua, wird von Ausgabe und Handschrift ohne Bezeichnung gelassen, desgleichen IV. 2. 7, wogegen bei IV. 2. 8 die wahre Benennung wiederkehrt. Der beiderseitige *Cintasvintus* von IV. 2. 9 könnte auf Irrthum beruhen; IV. 2. 11 erhält wiederum den richtigen Namen, während IV. 2. 12 nur von Legion. der Wahrheit gemäss überschrieben wird. IV. 2. 2 wird irrthümlicher Weise in Buch und Codex anonym gelassen, dagegen sachgemäss IV. 2. 3 zu der Antiqua gezählt.

Weitere Wiederherstellungsversuche der zuweilen nur aus wenigen Buchstaben bestehenden Texte hat Bluhme mit richtigem Takte sein lassen: für den vorliegenden Zweck genügt die Bemerkung, dass keine der zu der Madrider Ausgabe des Westgothen-Rechts verwendeten Handschriften in gleichem Masse zu der Antiqua stimmt wie der Leoner Codex, der eben darum auch ein besonderes Vertrauen verdient. Dass derselbe hin und wieder eine Antiqua ohne diese Bezeichnung lässt, verschlägt nicht viel, wohl aber kann ich es nicht gerathen finden, die anonymen Capitel ohne weiteres und unterschiedlos der Antiqua beizuzählen. Bluhme schlägt die Capitelzahl der neueren Sammlung nur etwa um die Hälfte höher an als die der älteren, welche die Zahl von 360 wohl jedenfalls überstiegen zu haben scheine, da wir nach allen Umständen das noch vorhandene c. 336 für keines ihrer letzten halten dürfen. Diess ist richtig nur wenn man die 189 anonymen Capitel der Ausgabe zu den 185 mit Antiqua bezeichneten schlägt, wo dann im Ganzen 374 Capitel herauskommen. Indessen hat ein derartiges Zusammenwerfen eine sehr bedenkliche Seite, wesshalb ich es der Leoner Handschrift besonders hoch anrechne, die Capitelzahl der Antiqua bis auf 305 gebracht zu haben. Viele der anonym gebliebenen Capitel können aus innern eben sowohl als aus äussern Gründen nicht in der Antiqua gestanden haben und erfordern schon darum eine andere Erklärung, dessen zu geschweigen, dass die Unwissenheit derer, so die letzte Redaction besorgten, und die Nachlässigkeit der Abschreiber sich wohl für Einzelnes, aber nicht für die ganze Summe als Grund anführen lassen.

II.

Gleich seinem unglücklichen Bruder Hermenegild hatte Reccared, darin sehr verschieden von seinem Vater, das weiche, empfängliche, zarte Gemüth der griechischen Mutter, von der er zuverlässig auch mit griechisch-römischer Bildung bekannt gemacht worden war. Aber Reccared war nicht so schwach und unselbständig wie sein Bruder, vielmehr bei aller Empfänglichkeit für fremde Meinungen von mehr als gewöhnlicher Biegsamkeit und Klugheit, schlau und berechnend wie die Griechen und von einer so liebenswürdigen Leutseligkeit, dass er durch Ueberredung mehr ausrichtete als sein Vater durch Gewalt. In der That bedurfte es auch einer solchen zur Hälfte gothischen, zur Hälfte romanischen Natur, um das dringend gebotene Werk der Einigung und nationalen Verschmelzung zu vollziehen. Der leitende Gedanke war im Grunde derselbe, wie bei Leovigild — religiöse und in Folge dessen politisch-nationale Einheit; nur steuerte Reccared nicht gegen den Wind wie sein Vorgänger, sondern liess sich allmälig in das entgegengesetzte Fahrwasser hinübergleiten, wo er sich bloss der natürlichen Strömung zu überlassen brauchte, um sicher in den Hafen zu gelangen. Leovigild war ein soldatischer Politiker, Reccared ein diplomatischer und als solcher trug er mit seltener Staatskunst den Umständen volle Rechnung, ohne dass ich damit sagen will, er habe nicht zugleich auch auf die Stimme seines Gewissens gehorcht.

Einen trefflicheren Rathgeber als Bischof Leander konnte er sich gar nicht wünschen, und dass derselbe nicht verfehlt haben wird, die politische Seite der in ihrem Ursprung religiösen Frage in ein für den Katholicismus möglichst günstiges Licht zu stellen, liegt am Tage. Wenn man von dem jüngeren Bruder Isidor einen Schluss machen darf auf den um vieles älteren Leander, so muss dieser eine höchst bedeutende Persönlichkeit gewesen sein, was auch aus den Schilderungen Isidor's und anderer Chronisten zur Genüge hervorgeht. Ohne solche persönliche Stützen würde der Katholicismus nicht den raschen Erfolg gehabt, den glänzenden Triumph gefeiert haben. Isidor's Gelehrsamkeit war himmelweit entfernt von den rhetorischen Fechterkünsten der morgenländischen Kirche: in seiner ganzen schriftstellerischen Thätigkeit schlägt das praktische Interesse vor und man wird ihn nach dieser Seite hin erst dann ganz zu würdigen lernen, wenn die Einleitungen, womit er zahlreiche Schriften des Bibelbuchs begleitete, endlich einmal aus der Vergessenheit gezogen sind [25]). Noch werden zwei weitere Brüder und eine fromme Schwester genannt [26]), die gemeinschaftlich mit Leander und Isidor das schwierige Werk einer Restauration des spanischen Katholicismus in Angriff nahmen.

Reccared schlug zur Erreichung seines Zweckes den versöhnlichen Weg der Ueberredung ein und versammelte bald nach Leovigild's Hinscheiden [27]) die Spitzen der arianischen und katholischen Geistlichkeit in Toledo zu einem Religionsgespräche, das nicht gleich so vielen ähnlichen Vermittelungsversuchen erfolglos blieb, nachdem der König im Stillen bereits sich entschieden hatte. Fünf Jahrhunderte später machte es Alfons VI. bei der Verdrängung des altgothischen (muzarabischen) Ritus durch den gallicanischen (römischen) ebenso: zwei Gottesurtheile, der Zweikampf und die Feuerprobe, hatten zu Gunsten der althergebrachten Liturgie gegen die neueinzuführende entschieden, allein der König, gleichfalls von politischen Rücksichten geleitet, kehrte sich nicht daran und begünstigte den Gallicanismus, der

---

[25]) In der „*Carta al Dr. Amaya sobre los Fueros y Leyes del Reyno*" bemerkt darüber Burriel: „*El santo arregló tambien una nueva y mas correcta edicion de los Sagrados Libros del viejo y nuevo Testamento, á exemplo de S. Geronimo, formando prologos para cada libro, cuyos exemplares de Biblias Goticas duran todavia.*" Die meisten dieser Einleitungen haben mir vorgelegen.

[26]) *N. Antonii Bibliotheca Hispana Vetus. ed. Bayer. T. I.*

[27]) *Non multos post discessus genitoris nostri dies* -- sagt Reccared in der Anrede an die Väter des dritten Concils von Toledo.

denselben Vorzug grösserer Bildung besass, dessen die katholische Kirche in Spanien unter Reccared im Vergleich zu der gothischen sich erfreute. Nur gewaltsam verfuhr Reccared nicht: er nahm den katholischen Glauben an und mit ihm viele Geistliche und Grossen des Gothenvolkes, so dass die Bekehrung der Uebrigen getrost der Zeit und dem Sonnenschein königlicher Huld anheimgegeben werden konnte. Nicht bloss in der unmittelbaren Umgebung Reccared's, sondern überhaupt in und um Toledo ging Alles nach Wunsch: sowie Leovigild und seine Geistlichkeit den Katholischen den Uebertritt zum Arianismus hatten leicht machen wollen, zeigte sich nunmehr die katholische Kirche ausserordentlich nachsichtig und nahm Jeden in ihren Schooss auf, der sich von einem katholischen Priester segnen liess [28]) und an dem katholischen Gottesdienste Theil nahm.

---

[28]) Ich schliesse diess aus dem i. J. 592 (*anno VII. Recaredi Regis. Era DCXXX.*) in Çaragoça gehaltenen Concil (*Caesaraugustanum secundum*) das sich ausschliesslich mit dieser Angelegenheit beschäftigte, wie es ausdrücklich heisst: „*ex permissu gloriosi atque sanctissimi principis Recaredi regis.*" Es wurde in den drei *Canones* festgesetzt: *ut presbyteri qui ex haeresi Ariana ad sanctam catholicam ecclesiam conversi sunt, qui sanctam et puram fidem atque castissimam tenuerint vitam, accepta denuo benedictione presbyteratus sancte et pure ministrare debeant: ceteri vero, qui hanc suprascriptam vitam adimplere vel tenere neglexerint, ab officio depositi sint in clero. Ita et de diaconibus sicut et de presbyteris constitutum est. — Statuit sancta synodus, ut episcopi de Ariana haeresi venientes, si quas ecclesias sub nomine catholicae fidei consecraverint, necdum benedictione percepta, a catholico sacerdote consecrentur denuo. — Statuit sancta synodus, ut reliquiae, in quibuscumque locis de Ariana haeresi inventae fuerint, prolatae a sacerdotibus, in quorum ecclesiis reperiuntur, pontificibus praesentatae igne probentur: quod si a quibuslibet occultatae fuerint et deteguntur, a sacrosanctae catholicae ecclesiae coetu segregentur.* (*Collectio Canonum Ecclesiae Hispanae. Matriti*, 1808. *p.* 306). Ich benutze diese Gelegenheit, um einige *Canones* früherer spanischer Concilien, die zum Theil das Verständniss des Nachfolgenden erleichtern, hierorts einzuschalten. Aus dem *Concilium Eliberitanum* (gleichzeitig mit dem *Nicaenum*) c. 34 — 37: *Cereos per diem placuit in coemeterio non incendi, inquietandi enim sanctorum spiritus non sunt. — Placuit prohiberi, ne foeminae in coemeterio pervigilent, eo quod saepe sub obtentu orationis latenter scelera committunt. — Placuit picturas in ecclesia esse non debere, ne quod colitur et adoratur in parietibus depingatur. — Eos qui ab immundis spiritibus vexantur, si*

Anders in den entfernteren Grenzprovinzen, wo das Ansehen der Krone sich nicht unmittelbar fühlbar machte und die Blicke der Unterthanen ganz anders wohin als nach der Hauptstadt des Reiches gerichtet waren. In Septimanien pflanzten ein arianischer Bischof und zwei Grafen die Fahne des Widerstandes auf und sahen nichts Arges darin, den katholischen König Guntram von Burgund um Hilfe anzugehen. Gross muss in Septimanien die Abneigung gegen den Glaubenswechsel dennoch nicht gewesen sein, da die von Reccared dahin entsendete Heeresmacht mit den Aufständischen und ihren burgundisch-fränkischen Bundesgenossen ungewöhnlich schnell fertig wurde.

Weit befremdender wird man es finden, dass in Lusitanien arianische Unruhen ausbrachen, da die von Leovigild gewaltsam zum Arianismus bekehrten Sueven am allerwenigsten Ursache hatten, mit dem veränderten Stand der Dinge unzufrieden zu sein. War doch ihr König Mir als Vorkämpfer des katholischen Bekenntnisses dem Hermenegild zu Hilfe geeilt, sobald dessen Vater Miene machte, den aufrührerischen Sohn in Sevilla einzuschliessen. Und aus der Regierungszeit desselben Suevenkönigs sind uns die Beschlüsse eines in Braga abgehaltenen [29]) Concils erhalten, das zur Aufklärung der so dunkeln

---

in fine mortis fuerint constituti, baptizari placet; si fideles fuerint, dandam esse communionem. Prohibendum etiam ne lucernas hi publice accendant; si facere contra interdictum voluerint, abstineantur a communione. — c. 55. *Sacerdotes qui tantum coronas portant, nec sacrificant, nec de suis sumptibus aliquid ad idola praestant, placuit post biennium accipere communionem.* — *Concilium Caesaraugustanum I.* c. 5. *Ne quis doctoris sibi nomen imponat praeter has personas, quibus concessum est, secundum id quod scriptum est.* — *Concilium Ilerdense* (*XV. Theodorici Regis*) c. 2: *Hi vero qui male conceptos ex adulterio factos vel editos necare studuerint, vel in uteris matrum potionibus aliquibus colliserint, in utroque sexu adulteris post septem annorum curricula communio tribuatur, ita tamen ut omni tempore vitae suae fletibus et humilitati insistant, officium eis ministrandi recuperare non liceat; attamen in choro psallentium a tempore receptae communionis intersint: ipsis veneficis in exitu tantum, si facinora sua omni tempore vitae suae defleverint, communio tribuatur.*

[29]) *Concilium Bracarense II. habitum anno secundo Regis Mironis die Calendarum Juniarum Era DCX* (572 *p. C.*). Die 12 anwesenden Bischöfe hiessen: Martinus, Nitigis, Remisol, Andreas, Lucretius, Adoricus, Witi-

Suevenherrschaft schätzbare Beiträge liefert, beachtungswerth schon darum, weil sich das letzte Aufflackern eines bald darauf aus der Geschichte verschwindenden und dem Katholicismus zugethanen germanischen Stammes kund giebt. Feierlich wurde in Gemässheit der frühern morgenländischen Concilien die arianische Lehre verworfen, mit dem Beisatz: *(quod) opitulante Christi gratia de unitate et rectitudine fidei in hac provincia nihil est dubium;* die Hauptsache war aber die Kirchenzucht Portugals in Uebereinstimmung zu bringen mit Schrift und Concilien. Die Bischöfe sollen ihre Sprengel regelmässig bereisen und dafür nicht mehr als zwei Solidi beanspruchen, nicht aber ein Drittel des Kirchenopfers, das für Erleuchtung und Reparaturen zu verwenden. Für die Ordination, Ertheilung des Chrisma, Taufe, Einweihung einer Basilica hat der Bischof nichts zu fordern, und wird es ihm untersagt, die Pfarrgeistlichen zu Knechtsdiensten anzuhalten. Baut Einer eine Kirche bloss in der Absicht, um sich mit den Geistlichen in das Opfer zu theilen, so darf der Bischof ein solches Gotteshaus nicht einweihen. Der Metropolitanbischof hat jedes Jahr auszuschreiben, auf welchen Sonntag Ostern fällt, damit Jedermann weiss, wann die Fastenzeit ihren Anfang nimmt [10]).

Da das Concil von Braga bloss 14 Jahre vor Reccared's

---

mer, Sardinarius, Viator, Anila, Polemius, Mahiloc. Das erste Concil von Braga (561 p. C.), besucht von den Bischöfen Lucretius, Andreas, Martinus, Cottus, Ildericus, Lucetius, Timotheus, Maliosus, verdammte den Priscillianismus und ordnete in 32 *canones* den Gottesdienst, darunter c. 4: *ut eodem ordine missae celebrentur ab omnibus, quem Profuturus quondam hujus metropolitanae ecclesiae episcopus ab ipsa apostolicae sedis auctoritate suscepit scriptum.*

[10]) Erheblich und lange nicht nach Gebühr benutzt sind die 84 Canones morgenländischer Synoden, die im Anschluss der Akten sich befinden: *Capitula sive canones ex orientalium antiquorum patrum synodis a venerabili Martino episcopo, vel ab omni Bracarensi synodo excerpti vel emendati tituli, ubi clericorum seorsum et laicorum seorsum sententias restauravit, ut quod translatores a graeco in latinum obscurius dixerunt, vel scriptorum ignavia depravaverat aut immutaverat, simplicius et emendatius omnia uno hoc contineantur in loco, ut de quo capitulo quis scire voluerit, possit celerius invenire.* Man bemerke, dass die Sammlung ansehnlich früher ist als die von Isidor veranstaltete.

Regierungsantritt Statt fand, kann zur Zeit des Uebertritts der Gothen der Katholicismus unter den Sueven unmöglich schon so ganz beseitigt gewesen sein, dass die einheimische Bevölkerung, von der die Erwachsenen noch sämmtlich im katholischen Bekenntniss erzogen worden waren, sich für den Arianismus bis zur Empörung erhitzte. In Betracht kommt freilich, dass nach Isidor (*Suevor. Hist.*) erst der Vorgänger Mir's, Theodemir, zum katholischen Glaubensbekenntniss zurückgetreten war, nachdem die Sueven längere Zeit Arianer gewesen. Nun ist allerdings wahr, dass Merida die Hauptstadt der Provinz Lusitania war, wogegen das Suevenreich seine eigentlichen Stützpunkte auf den beiden Ufern des Minho hatte: allein ein anderes unverwerfliches Zeugniss belehrt uns, dass noch unter Reccared in Lugo, Tuy, Porto Arianer die bischöfliche Würde bekleideten. Es empfiehlt sich desshalb von selbst die Annahme, dass in Folge der Unterwerfung des Suevenlandes durch Leovigild gothische und selbstverständlich arianische Bischöfe und Adelige in Portugal und Galizien das geistliche und weltliche Regiment in die Hand bekamen, und dass sie es waren, die zur Abwehr der Katholisirung zu den Waffen griffen [31]). Dass Reccared's Stiefmutter in Gemeinschaft und wohl auf Antrieb eines Bischofs Verrath gegen den König und gegen das katholische Bekenntniss, das sie zum Scheine angenommen hatte, zettelte, und dass Goswintha [32]) nach Entdeckung ihrer Umtriebe sich selbst den

---

[31]) In der Schrift des Paulus Diaconus: *De vita et miraculis patrum Emeritensium* (*Esp. Sagr. XIII.* 335) wird erzählt, Leovigild habe den katholischen Bischof von Merida, Namens Masona, verbannt und mit Gewalt zum Arianismus bekehren wollen, statt seiner aber den arianischen Bischof Sunna eingesetzt, der unter Reccared sich empörte.

[32]) Goswintha war die Wittwe Athanagild's und in zweiter Ehe mit Leovigild vermählt. Ihre Anhänglichkeit an den Arianismus hat eine wahrhaft tragische Seite: denn ihre und Athanagild's beide Töchter, Brunhilde als die Gemahlin Siegbert's von Metz und Galswintha mit dessen Bruder Chilperich vermählt, wurden eifrige Katholiken, daher Goswintha, indem sie den katholischen Bekehrungseifer der mit Hermenegild verheiratheten Ingundis, einer Tochter der Brunhilde, verfolgte, gegen ihr eigenes Fleisch und Blut wüthete. Die traurigen Familiengeschichten der Merowinger reichten mit dem an ihnen haftenden Fluche bis nach Toledo. Selbst

Tod gab, sagt der Biclarenser. Im Ganzen aber ging die Bekehrung ausserordentlich leicht von Statten und hätte bei der für den gemeinen Mann unerheblichen Verschiedenheit der beiden Bekenntnisse eine Verschmelzung von Gothen, Sueven und Romanen noch rascher herbeiführen müssen, wenn es sich nicht zugleich um festgewurzelte nationale Antipathien gehandelt hätte. Einleuchten wenigstens muss es Jedem, dass Reccared einsichtig genug war, die Beseitigung der Glaubenstrennung bloss als Voraussetzung und Mittel für die national-politische Einigung, sowie zur Beseitigung des bisher geltenden persönlichen Rechts durch ein gemeinsames Landrecht zu betrachten. Und dann schwebte ihm der genau damit zusammenhängende Gedanke vor, von den humanen Grundsätzen des Christenthums Behufs Milderung und allmäliger Abschaffung der schroffen Standesunterschiede und der durch diese bedingten Sklaverei Gebrauch zu machen [33]).

Dass seine katholischen Rathgeber zu ihrem unverwelklichen Ruhme in diesem Sinne gewirkt haben, verräth schon ein Blick in die Toledanischen Concilien, wiewohl sie in anderer Beziehung ihre menschenfreundliche Gesinnung nur allzu fühlbar verleugneten. Dem natürlichen Verlauf überlassen, hatten die Dinge, mit Einschluss der äussern durch Frankreich gefährdeten Politik, eine solche Wendung genommen, dass Reccared schon im vierten Jahre seiner Regierung (589) eine gemischte Reichsversammlung einberufen konnte, theils um seinen Uebertritt durch einen feierlichen Akt zu bestätigen, theils aber und hauptsächlich um in Kirche und Staat die durch die Umstände gebotenen Veränderungen vornehmen zu lassen. Durch den herkömmlichen Namen dieser Reichsversammlung als drittes Toledanisches Concil [34]) konnte die durchaus irrthümliche Auffassung, König, Geist-

alt und betagt hat Brunhilde ihren Enkel Theodorich mit dem gothischen Witterich überworfen.

[33]) Lucas von Tuy: *Antiquos Hispanos et Romanos sibi subditos una cum Gothis ejusdem conditionis esse instituit, nulliusque captivi christiani filium jugo servitutis opprimi passus est.*

[34]) *Concilium Toletanum tertium sexaginta duorum episcoporum, in quo Ariana haeresis in Hispania condemnatur.*

lichkeit und Adel der Westgothen hätten in Toledo den Arianismus abgeschworen, bis zu dem Grade Platz greifen, dass ein Geschichtschreiber es dem andern geduldig nachschreibt. Das Wahre ist, dass auf dem sogenannten dritten Toledanischen Concil zuerst Reccared und seine Gemahlin Baddo das Glaubensbekenntniss von Nicäa und Chalcedon unterschrieben, dass sodann die Reihe an diejenigen Bischöfe und Adelige kam, die bisher noch nicht förmlich zum Katholicismus übergetreten waren [35]), worauf zuletzt die Berathung und Entschliessung über kirchliche Angelegenheiten folgte. Es heisst freilich nach dem Bekenntniss und der Unterschrift der jetzt erst übertretenden Arianer: „*post confessionem igitur et subscriptionem omnium episcoporum et totius gentis Gothicae seniorum*" — allein der Zusatz wurde augenscheinlich bei der Redaction der Protokolle willkürlich eingeschoben, in der leicht zu errathenden Absicht, auf die Versammlung den Schein einer feierlichen Abschwörung des gesammten Gothenvolkes fallen zu lassen. Man braucht nur die Namen der 8 wirklich abschwörenden Bischöfe mit den 62 Unterschriften am Schlusse zu vergleichen, um das Richtige herauszufinden. Die vorgeschriebene Formel lautete: *N. N. anathematizans haeresis Arianae dogmata superius damnata, fidem sanctam hanc catholicam, quam in ecclesiam catholicam veniens credidi, manu mea de toto corde subscripsi;* worauf sich zuerst unterzeichnet *Ugnas in Christi nomine episcopus,* ohne Angabe wo er Bischof war. Allein im Schlussverzeichniss steht derselbe Ugnas unmittelbar hinter den 5 Metropolitanen von Merida, Toledo, Sevilla, Narbonne und Braga als Bischof von Barcelona. Die nämliche Bewandtniss hat es mit dem zweiten arianischen Bischof Ubiligisclus, der am Schlusse als Bischof von Valencia sich unterzeichnet und einen katholischen Collegen an Celsinus, *Valentinae ecclesiae episcopus,* hatte. Diess ist nicht der einzige Fall einer doppelten Besetzung von Bischofsstühlen und noch besonders auffallend dadurch, dass

---

[35]) *Fidei confessio episcoporum, presbyterorum vel primorum Gothicae gentis qui infra scripserunt.* Diese Verdammungsformel des Arianismus haben nur 8 Bischöfe und 5 *viri illustres* unterschrieben.

zwei Bischöfe nur da vorkommen, wo einer davon arianisch, der andere katholisch war, so dass entweder schon vor dem Uebertritt Reccared's in manchen Städten ein katholischer Bischof neben einem arianischen sass, oder der katholisch gewordene König aus eigener Machtvollkommenheit einen katholischen Bischofssitz auch da errichtete, wo es früher nur arianische Bischöfe gegeben hatte [36]). Der drittunterschriebene arianische Bischof, mit Namen Murila, unterzeichnet sich unmittelbar hinter Ugnas, ebenfalls als Bischof von Valencia, so dass auf diese eine Stadt nicht weniger als 3 Bischöfe, 2 arianische und 1 katholischer kämen, wenn man nicht lieber annehmen will, was weitaus das wahrscheinlichere, dass die Bezeichnung *ecclesiae Valentiae episcopus* hinter Ubiligisclus auf ein anderes Bisthum Valentia, in der Provinz Carthagena gelegen, zu beziehen ist. Der vierte, der die arianische Ketzerei verdammte, fügte, wohl auf Zureden oder mit Genehmigung seiner Collegen, seinen Bischofssitz Viseu (Vesensis) hinzu, und hat als Becensis auch am Schlusse unterzeichnet. Seinem Beispiele folgten die übrigen: Garding zeichnete beide Male als Bischof von Tuy und hatte zu seinem katholischen Nebenbischof den Neufila. Bechila (Beccila), Bischof von Lugo, theilte sein Amt mit Niemand, Arvitus (Argiovitus) aus Porto dagegen sass neben dem katholischen Constantius. Endlich hat mit dem Froisclus (Frosclus) als Bischof von Tortosa mitunterzeichnet Julianus, so dass nach allen diesen Bischofssitzen zu schliessen, der Arianismus in dem äussersten Westen, in Galizien und Portugal, und hinwiederum in dem äussersten Osten, in Catalonien und Valencia, sich am längsten behauptete.

[36]) Sollte man die Thatsache, dass es in Valencia und Barcelona noch Jarhe lang nach Reccared's Uebertritt arianische Bischöfe gab, nicht damit in Verbindung bringen dürfen, dass Leovigild den Hermenegild gerade nach Valencia und Tarragona in die Verbannung schickt? Auch der aus Lusitanien gebürtige Biclarenser wurde, weil er dem katholischen Bekenntniss nicht untreu werden wollte, von Leovigild nach Barcelona verbannt, von wo aus er das Kloster Valclara (Biclaro) gründete, ehe er Bischof von Gerona wurde. *Hunc supradictus Rex, cum ad nefandae haeresis credulitatem compelleret, et hic omnino resisteret, exilio trusus et Barcinonem relegatus per decem annos multas insidias et persequutiones ab Arianis perpessus est* (*Isid. De vir. ill.*).

Von den 5 *viri illustres*, Gussini (Gusiani, Quissini), Fonsa, Afrila, Aila (Agila), Ella (Eila), denen sich *„omnes seniores"* angeschlossen haben sollen, wie auf die Bischöfe die namenlosen arianischen Presbyter und Diaconen folgten, ist weiter nichts zu sagen, doch wäre es nicht unmöglich, dass an angesehene Palatini, oder Hofbeamte, gedacht werden muss.

Man wird es gerne glauben, dass es keine leichte Aufgabe für das Concil war, die, wie es heisst, durch Ketzerei und Heidenthum zerrütteten kirchlichen Zustände einigermassen in Stand zu setzen, und die darauf Bezug habenden 23 Canones sind geschickt genug abgefasst. Obenan die Verordnung, dass alle Concilienbeschlüsse und päpstlichen Decretalen [37]) gewissenhaft beobachtet, jeden Sonntag das Glaubensbekenntniss verlesen, ohne Noth kein Kirchengut veräussert werden soll. Es soll dem Bischof gestattet sein, eine Parochialkirche in ein Kloster umzuwandeln; die verheiratheten arianischen Geistlichen sollen enthaltsam mit ihren Frauen zusammenleben, die Andern aber, die von jeher unter der canonischen Regel gelebt, falls man bei ihnen unzüchtige Frauensleute antreffe, canonisch bestraft und die Weiber vom Bischof zum Besten der Armen verkauft werden. Ein vom Bischof Freigelassener darf niemals aus dem kirchlichen Schutzverbande treten, und hinwiederum hat der Bischof sich der von Andern Freigelassenen und der Kirche Empfohlenen anzunehmen, auch dafür zu sorgen, dass der König sie nicht von neuem verschenkt. Ueber Tisch soll bei den Geistlichen aus der Bibel vorgelesen werden: *quia solent crebro mensis otiosae fabulae interponi*. Geistliche, die zu den Leuten der Krone gehören, sollen nicht vom Könige verschenkt, sondern, wenn sie ihre Kopfsteuer bezahlen, lebenslang bei ihrer Kirche belassen werden. Die ehemaligen Kirchen der Arianer hängen von den Bischöfen ab, in deren Sprengel sie liegen. Schonung der Wittwen und Jungfrauen, strenge Beichte werden zur Pflicht gemacht, dagegen untersagt Leichengesänge, das Tanzen und Singen an Heiligenfesten, die Verklagung eines Geistlichen

---

[37]) *Maneant in suo vigore conciliorum omnium constituta, simul et synodicae sanctorum praesulum Romanorum epistolae.*

durch einen andern vor dem weltlichen Richter, die Verwendung von Geistlichen oder Kirchensklaven durch Staatsbeamte bei Frohnarbeiten, die Belastung der Diöcesangeistlichen durch den Bischof. Haben Kronsklaven Kirchen erbaut oder beschenkt, so soll der Bischof sich die Schenkung vom Könige bestätigen lassen. Alle die Synodalbeschlüsse hat Reccared zuerst unterzeichnet und zu mehreren wird überdiess vermerkt, sie seien mit seiner Zustimmung gefasst worden. Noch aber kamen Bestimmungen vor, wo die kirchliche Gewalt ganz unzweifelhaft in das weltliche Gebiet übergriff und der Canon, um Gesetzeskraft zu haben, der königlichen Bestätigung nothwendig bedurfte. So wenn die Richter angehalten wurden, gemeinschaftlich mit den Bischöfen die in Spanien und Gallien noch immer häufig vorkommenden Gözenbilder zu zerstören und der schmähligen Abtreibung der Leibesfrucht bei Eheleuten Einhalt zu thun, übrigens ohne Anwendung der Todesstrafe. Und damit nicht zufrieden, dass den Metropoliten einmal des Jahrs die Abhaltung von Provinzialsynoden zur Pflicht gemacht wurde, schärfte man zugleich den Richtern und Fiscusbeamten (*actores fisci*) ein, sich am ersten November bei der Synode einzufinden und sich von den Bischöfen unterweisen zu lassen, wie sie das gemeine Volk zu behandeln hätten [38]).

Erwägt man, dass die tief in die bürgerliche Gesellschaft einschneidenden Verordnungen lediglich auf einer Verabredung zwischen dem Könige und der hohen Geistlichkeit beruhten, ohne dass des Reichsadels dabei nur mit einer Sylbe erwähnt wurde, so wird man eine gründliche Umgestaltung der noch immer zu Recht bestehenden Verfassung nicht länger in Abrede stellen, und es so übertrieben nicht finden, wenn man die neue Regierung eine theokratische [39]) genannt hat. Die nächste

---

[38]) c. 18. *Sint prospectatores episcopi secundum regiam admonitionem, qualiter judices cum populis agant, ut aut ipsos praemonitos corrigant, aut insolentias eorum auditibus principis innotescant; quod si correptos emendare nequiverint, et ab ecclesia et a communione suspendant: a sacerdote vero et a senioribus deliberetur, quod provincia sine suo detrimento praestare debeat judicium.*

[39]) So namentlich Dunham in der spanischen Uebersetzung seiner Geschichte Spaniens. T. I. p. 83.

Folge war, dass zu gleicher Zeit und an verschiedenen Orten Provinzialsynoden auftauchten. Die Abhaltung von Kirchenversammlungen war den katholischen Bischöfen unter der Herrschaft des gothischen Arianismus nicht unbedingt untersagt gewesen: in Toledo selbst hatte im 5. Regierungsjahre König Amalrichs II. (527) das sogenannte zweite Toledanische Concil Statt gehabt, indessen müssen derartige Fälle, zumal später, zu den Ausnahmen gehört haben, da Reccared in der Anrede an die zum dritten Concil in Toledo versammelten Bischöfe ausdrücklich hervorhob: *quia decursis retro temporibus haeresis imminens in tota ecclesia catholica agere synodica negotia denegabat.* Nur unter Theodorich dem Grossen erfreuten die Katholischen in Spanien sich uneingeschränkter Gewissensfreiheit: im 6. Jahre seiner Regierung (516), nämlich über das westgothische Reich, wurde eine katholische Kirchenversammlung in Tarragona, im darauf folgenden Jahre eine in Gerona, im 15. Jahre seiner Regierung gleichzeitig eine in Lerida und Valencia gehalten [40]). Schon im nächsten Jahre nach der in Toledo abgehaltenen Reichsversammlung berief Leander eine Provinzialsynode nach Sevilla, zumeist um die Angelegenheit wegen der zu den Kirchen gehörigen Sklaven und Freigelassenen genauer zu ordnen [41]). In Narbonne allein kamen die Bischöfe dem in Toledo

---

[40]) In den Handschriften sind die Zeitangaben durchaus ungenau, ja unmöglich. So ist das *Concilium Ilerdense* überschrieben: *gestum era DLXXXIV. anno XV. Theodorici Regis*, und das *Concilium Valletanum: habitum era DLXXXVII. anno XV. Theodorici Regis.* Damals war Theodorich schon längst todt. Sollte vielleicht Theudes oder Theudisclus zu lesen sein? Theudes wenigstens wird als gnädig gegen die Katholischen gerühmt.

[41]) Die Beschlüsse des unter Bischof Leander's Vorsitz gehaltenen Concils sind zugleich ein Fingerzeig, wie grundlos die Annahme ist, als ob die spanischen Romanen sich bis auf Reccared streng an ihre *Lex Romana* gehalten hätten. Das westgothische Recht war auch in diese Kreise gedrungen und die katholischen Bischöfe waren keineswegs blöde, im Widerspruch mit dem kirchlichen und bürgerlichen Gesetze Sklaven zu halten. Die *Interpretatio* zu C. Th. IV. 7. 1 bestimmt: *Qui manumittendi in sacrosancta ecclesia habuerit voluntatem, tantum est, ut sub praesentia sacerdotum servos suos velit absolvere, noverit eos, suscepta libertate cives esse Romanos: nam si clerici suis mancipiis dare voluerint libertatem, etiamsi extra conspectum fecerint sacerdotum vel sine scriptura verbis*

gefassten Beschlusse wegen Einberufung der Synode auf den ersten November noch in demselben Jahre nach, und hatten sich unter Anderem gegen die üble Gewohnheit, welche den Donnerstag (*dies Jovis*) als Feiertag beging, zu erklären. Die von Osca dagegen brauchten geraume Zeit, um sich zurecht zu finden, bis sie zuletzt doch im 13. Regierungsjahre Reccared's sich dahin einigten, jeder Bischof solle alljährlich seine Aebte, Presbyter und Diaconen um sich versammeln und ihnen Verhaltungsmassregeln ertheilen.

So schwer hielt es, auch nur den kleinsten Theil des in Toledo Beschlossenen zu verwirklichen. Am meisten machte die geistliche Buhlerei zu schaffen, wie denn die spanische Priesterschaft mehr als irgend eine andere die Lehre predigt, dass Naturgesetz und Gewohnheit mächtiger sind als die strengsten canonischen Vorschriften. Darüber konnte man indess hinwegsehen, nicht aber über den sehr misslichen und bedenklichen

---

fuerint absoluti, manebit, sicut civibus Romanis, integra et plena libertas. Damit stimmte es schlecht genug, wenn Leander, allerdings gestützt durch den 6. Canon des dritten Concils von Toledo — *si qui ab episcopis facti sunt liberti, sint liberi, et tamen a patrocinio ecclesiae tam ipsi quam ab eis progeniti non recedant* —, an der Spitze von 7 Bischöfen, deren Namen alle, oder doch mit Ausnahme eines einzigen (*Sinticius*) romanisch klingen, beschloss (*magis humanius quam severius cogitantes!*): *ut liberati in jure ecclesiae maneant ut idonei, et peculium suum non aliis personis, sed tantum filiis suis derelinquant. Ipsis quoque filiis et nepotibus cum peculio ipsorum quasi idoneis in jure ecclesiae permanentibus in extraneam eis non liceat personam quidpiam transmutare. Sed si quis eorum sine haerede discesserit, peculium eorum sanctae proficiat ecclesiae. — Ea vero mancipia, quae memoratus episcopus de jure ecclesiae sublata suis proximis contulit, si similia de proprio suo ecclesiae ipsius non compensavit, ecclesia vestra absque aliqua oppositione recipiat.* Wie mag es erst in frühern Zeiten zugegangen sein! Man wird gewiss nicht zu weit gehen, wenn man in Anbetracht dessen es als allgemeine Regel aufstellt, dass schon vor Reccared die *Lex Romana* selbst unter den Romanen vielfach dem Gothengesetze ganz oder theilweise hatte weichen müssen, und V. 7. 15, ein Gesetz Chindaswind's in der Ausgabe, jedoch richtiger in der Leoner Handschrift Antiqua überschrieben, muss von der katholischen Kirche längst angenommen gewesen sein. Der Freigelassene behielt sein Peculium nur in dem Falle, wenn in dem Beibriefe nicht das Gegentheil vermerkt war. Eine weitere Bestimmung traf das 4. Concil von Toledo (c. 73).

Umstand, dass die ihrer Grundanschauung nach durchaus bürgerliche Gesetzgebung der Gothen nun mit einem Male auf ganz gleicher Linie stand mit dem canonischen Recht, oder vielmehr diesem in wesentlichen Punkten untergeordnet wurde. Statt der dringend gebotenen nationalen Verschmelzung bildete sich eine Rechtsmengerei, der unausbleiblich eine Sprachmengerei zur Seite gehen musste. Das vermeintliche Landrecht war nicht nur kein Ersatz für das nicht einmal förmlich aufgehobene persönliche oder Blut-Recht der Gothen, sondern lediglich der Sieg unduldsamer Grundsätze, von denen die katholische Anschauung, aufgeblasen durch ihre überraschenden Erfolge, um keinen Preis Abstand nehmen wollte und consequenter Weise auch nicht konnte. Ganz natürlich, dass den Juden zuerst das Gastrecht gekündigt wurde, dessen sie nach gothischen Rechtsbegriffen, allerdings vorzugsweise zum Nachtheil der Katholischen, bisher im vollsten Masse froh geworden waren. Die barbarische Strenge, in welche die Anfangs noch milden Judengesetze in kürzester Frist ausarteten, ward grossentheils von dem Rachedurst der Katholischen eingegeben, die es nicht verwinden konnten, dass das Gesetz der arianischen Gothen die Kinder Israel durchaus auf demselben Fusse behandelt hatte wie die katholischen Christen. Da sie den Schutz der Obrigkeit nicht anrufen konnte, hatte die katholische Geistlichkeit ruhig zusehen müssen, wie die Juden immer zahlreichere Verbindungen, geschlechtliche sowohl als geschäftliche, mit römisch-katholischen Christen eingingen, wogegen der canonische Bannstrahl nichts vermochte. Das freie Gothenblut mochte, mehr aus Naturinstinkt und ohne dass es eines gesetzlichen Verbots bedurfte, derartige Vermischungen meiden, oder sie den Sklaven und Freigelassenen anheim stellen. Es lässt sich mit Sicherheit behaupten, dass die Antiqua Reccared's sich mit Judengesetzen nicht befasste, nachdem ein für alle Mal die Ehen zwischen Gothen und Nichtgothen gesetzlich verboten waren.

Schon darum ist es dringend geboten, auf das Judengesetz, welches das Concil von Toledo in seinem 14. Canon erliess, näher einzugehen, weil sich daran Folgerungen knüpfen, die für den ferneren Gang der Rechtspflege entscheidend waren. Aber auch aus einem besondern Grunde ist der Canon von Wichtigkeit und verdient seinem ganzen Inhalt nach näher geprüft zu werden:

De judaeis.

Suggerente concilio id gloriosissimus dominus noster[42]) *canonibus inserendum praecepit, ut judaeis non liceat christianas habere uxores vel concubinas, neque mancipium christianum in usus proprios comparare; sed et si qui filii ex tali conjugio nati sunt, assumendos esse ad baptisma; nulla officia publica eos opus est agere, per quae eis occasio tribuatur, poenam christianis inferre: si qui vero christiani ab eis judaico ritu sunt maculati vel etiam circumcisi, non reddito pretio ad libertatem et religionem redeant christianam.*

Wenn den Juden verboten werden musste, Christinnen zu Weibern und Beischläferinnen zu haben, inskünftige christliche Sklaven zu eigenem Gebrauch zu kaufen, was voraussetzt, dass man sie in dem Besitz ihrer bisherigen Sklaven beliess und ihnen den Ankauf oder Handel mit Sklaven gestattete; wenn man sich damit begnügte, die aus einer derartigen Mischehe gebornen Kinder zu taufen und die christlichen Sklaven, welche die Juden beschnitten hatten, ohne Lösegeld frei und ihrer Religion zurückzugeben; endlich aber und namentlich, wenn es seither vorkam, dass Juden das Richteramt (*judices* und wohl auch *actores*) bekleiden konnten — so setzt diess Alles eine so günstige Stellung voraus, dass den Uebertritt Rěccared's Niemand schmerzlicher empfunden haben muss als eben die Juden. Was dagegen geschah, ist für jene Zeit über alle Massen mild, aber für die Romanen von grossem Werthe schon desshalb gewesen, weil offenbar streng arianische Könige wie Leovigild sich ein Ver-

[42]) Die auf den König bezügliche Wendung lautet in den einzelnen Beschlüssen verschieden: c. 2. *consultu piissimi et gloriosissimi domini Recaredi regis.* c. 6. *a principe hoc episcopus postulet.* c. 8. *jubente autem atque consentiente domino piissimo Recaredo rege.* c. 10. *annuente gloriosissimo domino nostro Recaredo rege.* c. 15. *hoc procuret episcopus prece sua auctoritate regia confirmari.* c. 16. *cum consensu gloriosissimi principis.* c. 17. *nefas ad cognitionem gloriosissimi domini nostri Recaredi regis perlatum est.* c. 18. *ex decreto domini nostri.* c. 21. *omne concilium a pietate gloriosissimi domini nostri poposcit.*

gnügen daraus machten, über die Romanen Juden als Beamte zu setzen. Hatte nun aber der betreffende Canon bürgerliche Gesetzeskraft? Derselbe beruhte, wie alle andern Beschlüsse die in das weltliche Gebiet mittelbar oder unmittelbar eingriffen, auf einer blossen Uebereinkunft zwischen König und Geistlichkeit, gleichwohl muss er in der einen oder in der andern Form als Gesetz gegolten haben. In der *L. W. XII.* 2. 13 heisst es: *dudum latae constitutionis auctoritas a domino et praecessore nostro Reccaredo rege sufficere poterat, ut mancipia christiana nullatenus in hebraeorum jure manerent obnoxia.* Damit stimmt genau eine Stelle in dem Briefe Papst Gregor's des Grossen an Reccared: *quum vestra excellentia constitutionem quamdam contra judaeorum perfidiam dedisset* [43]). Und selbst die Quelle, aus welcher der Canon stammte, lässt sich fast wörtlich nachweisen. In der *Lex Rom. Visigoth.* (*p.* 250. *L.* 1. *C. Th. XVI.* 4.) lautet die darauf Bezug habende Interpretation: *Si quis Judaeorum servum christianum vel cujuslibet alterius sectae emerit et circumciderit, a Judaei ipsius potestate sublatus in libertate permaneat.* Sodann *Nov. Theod. II.* 3. *Interpretatio* (*p.* 258): *ut nullus Judaeus ad nullum militiae aut administrationis honorem possit accedere, neque defensoris officium ulla ratione suscipere. — — ne qui inimici legis nostrae sunt, legibus nostris aliquos aut condemnare aut judicare praesumant. — — hoc etiam specialiter in hac lege comprehensum est, ut nullus Judaeus servum aut ingenuum Christianum audeat quacunque persuasione in suam legem transferre. Quod si fecerit, amissis facultatibus, capite puniatur.* Aber ich gehe noch einen Schritt weiter und behaupte, dass *L. W. XII.* 2. 11, ein anonymes Gesetz, von Reccared herrührt, wenn auch in einer vielleicht später etwas abgeänderten Gestalt: *Nulli Judaeo liceat christianum mancipium comparare, vel donatum accipere. Quod si comparaverit, vel donatum acceperit, et eum circumciderit, et pretium perdat, et quem acceperat liber permaneat. Ille autem, qui christianum mancipium circumciderit, omnem facultatem suam amittat,*

---

[43]) *Epistolae decretales ac rescripta Romanorum Pontificum. Matriti,* 1821. *p.* 160.

et fisco adgregetur. Servus vero vel ancilla, qui contradixerint esse Judaei, ad libertatem perducantur.

Zur Beurtheilung des ferneren Modus der Gesetzgebung ist damit ein fester Boden gewonnen: wir wissen, was die Toledanischen Concilien zu besagen hatten; und nicht allein das, wir wissen auch aus einer Stelle der Antiqua, die dem Scharfsinn Bluhme's entging, dass für Reccared aus der veränderten Gesetzgebung Schwierigkeiten entstanden, deren Andeutung in den Fragmenten es allein schon ausser Zweifel setzen würde, dass Niemand die Antiqua in der Form erlassen haben kann, als Reccared. Zu X. 2. 3 enthalten die Fragmente einen nicht in die spätere Redaction aufgenommenen Zusatz, des Inhalts: *omnes autem causas quae in regno bonae memoriae patris nostri. seu bonae seu male actae sunt non permittimus penitus commoveri. sane si qui lidicaverunt cumde habeant ratum. de illis vero causas unde duo judicia proferuntur nobis jubemus afferri ut quas cum lege videremus admissas et praecipientibus dibeāt probari.* Nach allem Bisherigen kann der Sinn der an sich dunklen Worte nicht zweifelhaft sein. Dürfen wir dem Chronisten von Tuy Glauben schenken, so fällt die Abfassung der Antiqua Reccared's ins Jahr 591, somit kurze Zeit nach Abhaltung des dritten Concils von Toledo, dessen canonische Verordnungen den ersten Anstoss gegeben haben mochten, die Leovigildische Gesetzsammlung zu überarbeiten. Dass die gänzlich veränderten Umstände Ausmerzungen und Abänderungen an dem alten Gesetzbuch erheischten, haben wir oben gezeigt; diess sowohl als die wesentlich erweiterte Rechtssphäre der Romanen musste in Vielen den Wunsch rege machen, unter Leovigild gefällte richterliche Erkenntnisse reformiren zu lassen, insbesondere um Rückerstattung der über sie verhängten Geldbussen und Confiscationen einzukommen. Welche Rechtsunsicherheit entstehen musste, wenn man dergleichen Ansuchen willfahrte, konnte dem Könige und seinen weltlichen und geistlichen Räthen unmöglich entgehen, und so ward festgesetzt, dass keine unter dem verstorbenen König abgeurtheilte Streitsache von neuem sollte aufgenommen und anhängig gemacht werden dürfen (*non permittimus penitus* — schlechterdings — *commoveri*). Jedes durch den ordentlichen

Richter gesprochene Urtheil behält Gesetzeskraft (*sane si qui lidicaverunt cumde* [44]) *habeant ratum*). Und eine solche Verordnung war auch für die Zukunft geboten schon desswegen, weil Mancher auf den Einfall kommen konnte, sich über ein von dem ordentlichen Richter gefälltes Urtheil beim Bischof zu beschweren, was bei der bereits erfolgten Vermischung des canonischen und des bürgerlichen Rechts so ungebührlich nicht war. Hinwiederum wird es nach der Absicht des Gesetzgebers zugleich eine rückwirkende Kraft gehabt haben, dass wenn in einem Rechtsstreite zwei abweichende Erkenntnisse, das eine vielleicht nach der *Lex Wisigothorum*, das andere nach der *Lex Romana*, gefällt worden waren, die Sache vor das Hofgericht zur endgültigen Entscheidung gebracht werden sollte [45]). Schon auf diesem Wege konnten manche Härten und Unbilligkeiten früherer Urtheilssprüche wieder gut gemacht werden, und was von Rechts wegen sich nicht abändern liess, blieb der königlichen Gnade überlassen, wie denn auch die Chronisten es nicht genug zu rühmen wissen, dass Reccared's Freigebigkeit in Rückerstattung von eingezogenen Besitzungen an Privaten und Kirchen unerschöpflich gewesen.

Nichts wäre ungerechter, als die menschenfreundliche, wohlwollende Gesinnung Reccared's nicht in ihrem ganzen Umfang anzuerkennen: nur freilich hat er selbst da, wo er recht klug zu verfahren glaubte, seinen katholischen Rathgebern ein williges Ohr schenkend, den Menschen und den Dingen nicht tief

---

[44]) Sollte es nicht *comite* — *ante comitem? per comitem?* — heissen? oder *cunctum?* Dieselbe *Lex CCLXXVII.* verordnete im Vorhergehenden: *antiquos vero terminos sic stare jubemus, sicut et bonae memoriae pater noster in alia lege praecepit.* Es sollte dadurch der Besitzstand gesichert werden, und es hat viel für sich, dass CCCIII., wovon leider nur wenige Wörter erhalten sind, die angedeutete Verordnung Leovigild's, von der in diesem Falle Spuren in X. 1. 16 und X. 1. 8 und 9 vorkommen, enthielt. Diess vorausgesetzt, hätte die Leoner Handschrift Recht, wenn sie die anonymen Gesetze X. 1. 9 und X. 1. 16 zu der Antiqua rechnet. Dagegen wird X. 1. 8 als *nova lex* von ihr aufgeführt.

[45]) Hinter *praecipientibus* dürfte entweder *capitulis* oder *palatinis* ausgefallen sein. Collisionen zwischen der alten bürgerlichen und der neuen bischöflichen Richtergewalt musste unter allen Umständen vorgebeugt werden.

genug auf den Grund gesehen. Wie er der erste Westgothenkönig war, der sich salben und krönen liess, wodurch er dem Scepter, das Leovigild aus eigener Machtvollkommenheit in die Hand genommen, recht eigentlich die Spitze abbrach, so hat er gleichfalls nach dem Beispiel der byzantinischen Kaiser eine glänzendere Hofhaltung eingeführt. Die Pfalzgrafen (*comites palatini*) waren die Einzigen, die in der Gesetzgebung den weltlichen Factor, den hohen und den niedern Adel, vertraten und zugleich das Hofgericht bildeten, an welches in einzelnen Fällen Berufung gestattet war. Die Frage ob ausser XII. 2. 11 noch andere Gesetze Reccared's in der späteren Sammlung sich nachweisen lassen, glaube ich bejahen zu müssen: VI. 5. 5 [46]) hat ganz den Anschein, sich durch romanischen Einfluss dem Reccared empfohlen zu haben; VI. 3. 7, als Gesetz Chindaswind's in den meisten Manuscripten, dagegen in der Leoner Handschrift mit dem Zusatz Antiqua aufgeführt, ist weiter nichts als eine Ueberarbeitung eines auf dem dritten Toledanischen Concil beschlossenen Canon (c. 17); eine ganz ähnliche Bewandtniss hat es mit II. 1. 28 (*de data episcopis potestate distringendi judices nequiter judicantes*), einem Gesetze Receswind's, das jedoch im *Cod. Legion.* mit verändertem Texte als *Ervigius R.* *Antiqua* überschrieben ist, und lediglich nur eine Bestimmung aus dem 18. Canon des genannten Concils in Gesetzesform bringt; XII. 1. 2, eine *Anonyma*, die *Cod. S. J. R.* geradezu dem Reccared zuschreibt, wendet denselben Grundsatz, der im 21. Canon den Geistlichen und den Kirchensklaven zu gute kommt, auf die Schonung an, die alle Beamte ohne Unterschied ihren Untergebenen schuldig sind, wobei auch die Bischöfe an ihre Pflicht gemahnt werden. Im Canon wie im Gesetze ist von den *Angariae* die Rede. Das in den Fragmenten durch einen erwünschten Zufall erhaltene alte Gesetz V. 1. 3 steht in unverkennbarer Beziehung zu *Conc. Tol. III. c.* 3, was *Conc.*

---

[46]) Das Strafmaass für unabsichtliche Tödtung und Verwundung wird darin abgeändert. Eine ähnliche Verordnung steht Novell. Valent. tit. III. (Haenel. p. 276), und kommt ausserdem in Betracht, dass in der L. W. VI. 5. 7 (*si jocans aut indiscretus occidat hominem*), und VI. 5. 11 (*si homo voluntarie occidat hominem*) dieselbe Rechtsfrage entschieden wird.

Narbon. c. 8 auf die untere Geistlichkeit anwandte [47]). Von allen diesen Verordnungen ist mit Sicherheit anzunehmen, dass sie in Reccared's Antiqua standen und später nur aufgefrischt wurden; oder wie sollte man es sich erklären, dass Synodalbeschlüsse, für welche die Bischöfe ausdrücklich die Bewilligung des Königs einholten, erst lange Jahre später in das Gesetzbuch aufgenommen wurden? Weiter wage ich mich: nur wo sie festen Boden unter den Füssen hat, darf die Kritik mitreden.

---

[47]) Merkel (Reyscher, Zeitschr. für deutsches Recht. XII. 281) erinnert an die *Capitula a Martino episc. Bracar. excerp. c.* 15, und es wäre wohl möglich, dass das Toledaner Concil sich mit dem Ausdruck „*antiquioribus canonibus*" darauf bezog.

III.

Reccared war ein guter, aber schwacher Regent, friedliebend und unkriegerisch. Als König scheint er kein einziges Mal persönlich zu Felde gezogen zu sein, was ihn in den Augen des kriegerischen Gothenadels fast verächtlich machen musste. Um so weniger wird der gemeine Mann, von den Geistlichen gar nicht zu reden, Ursache gehabt haben sich über Reccared zu beklagen, der das Reich in Frieden regierte. Sah es jedoch auf der Oberfläche ruhig und geglättet aus, so gährte es um so gewaltiger in der Tiefe. So bequem war der aufbrausende und stolze Sinn der Gothen nicht zu beugen, wie die katholische Geistlichkeit glauben und dem Könige einreden mochte: schon waren die Parteien fertig und es bedurfte nur eines Funken, um den Hass des bei Seite geschobenen Adels gegen die allvermögende Geistlichkeit in lohen Flammen ausschlagen zu machen. Wer das Vorhandensein und den ununterbrochenen Kampf der beiden Parteien, deren eine das byzantinische Kaiserthum, die andere den altgermanischen Geschlechterkönig zum Wahlspruch nahm, nicht in seiner vollen Geltung anerkennt und danach die Berichte der ausschliesslich den clerikalen Standpunkt vertretenden Chronisten beurtheilt, der fällt das ganze 7. Jahrhundert hindurch von einer Ueberraschung in die andere und sieht sich ausser Stande, den Ereignissen einen irgend vernünftigen Sinn unterzulegen, weil überall die Ursachen zu den Wirkungen, die Triebfedern zu den Handlungen fehlen. Kann man im Hinblick auf die Hauptergebnisse unserer Untersuchung auch nur einen Augenblick zweifelhaft darüber sein, dass die Erhebung des sehr jugendlichen Sohnes von Reccared, Liuva, auf den Thron, das Werk der hohen Geistlichkeit und der ihr ergebenen Pfalzgrafen war? Mit ihrem Beistand nahm der junge Prinz nach dem Tode seines Vaters die Zügel der Regierung in die Hand, und es ist mehr als ein verdächtiges Zeugniss, das Isidor ihm ausstellt, wenn er ihn *virtutum indole insignitum* nennt. Er war ein eifriger Katholik, das war aber auch Alles. Die Reaction konnte nicht ausbleiben: einer der Grossen, Namens Witterich, der in die Verschwörung von Merida verwikkelt gewesen war, trat an die Spitze der unzufriedenen Adelspartei, stürzte den Liuva von dem Throne, liess ihn hinrichten und setzte sich selbst die Krone aufs Haupt. Dass Witterich Arianer gewesen und den Arianismus wieder habe einführen wollen, ist eine wohlfeile Vermuthung des Lucas von Tuy, oder eine absichtliche Verdrehung der älteren Chronisten, die Jener ausschrieb. Hätte Witterich etwas der Art beabsichtigt, so würde es ihm nicht an Mitteln gefehlt haben die katholisch Gesinnten zu verfolgen, und ebenso wenig hätten gleichzeitige Berichterstatter unterlassen, dessen zu erwähnen. Vielmehr war die Empörung und gewaltsame Thronentsetzung lediglich der Abneigung beizumessen, womit der Adel gegen den „Pfaffenkönig" erfüllt war, und überdiess waren die frühere arianische und die romanische Geistlichkeit durch das Band gleicher Interessen so fest unter sich verschlungen und so einmüthig in ihren Bestrebungen, dass eine abermalige Religionsspaltung Jedem, der den Stand der Dinge übersah, als unausführbar erscheinen musste, auch wenn die unzufriedene Adelspartei nicht abgeneigt gewesen wäre, durch Abschwörung des katholischen Bekenntnisses sich der Bevormundung durch die Clerikalen zu entziehen. Witterich war hauptsächlich bemüht, der auswärtigen Politik der Westgothen, die ihren nächsten und natürlichsten Boden in Frankreich hatte, grössern Nachdruck zu verleihen: indessen liegen die Ereignisse gänzlich im Dunkel, und ebenso wenig weiss man, welchen Erfolg seine Kriegszüge gegen die noch immer in Andalusien unter dem Schutze ihrer Schiffe und der festen Stadtmauern sich haltenden Griechen hatten. Genug, nach einer siebenjährigen Regierung traf ihn dasselbe Schicksal, das er seinem Vorgänger bereitet hatte: er wurde ermordet, und zwar durch Verschworene der clerikalen Partei, was der gleichzeitige Isidor deutlich genug in der Bemerkung zu erkennen giebt, man habe die Leiche gleich der eines Missethäters verscharrt. Die Geistlichkeit liess dem verhassten Gegner nicht einmal ein christliches Begräbniss zu Theil werden. Es versteht sich von selbst, dass der nach ihm auf den Thron erhobene Gundemar Werk und Spielball der Geistlichkeit war, und wenn uns in Betreff seiner die Urkunden auch gänzlich im Stiche lassen, so spricht die innere Wahrscheinlichkeit ohne Vergleich mehr dafür als für Mariana's Behauptung, Gundemar [48]) sei den Franken zinspflichtig geworden, es müsste denn sein, dass dieses Abhängigkeitsverhältniss eine Frucht von Gundemar's clerikaler Politik gewesen wäre. Und letzteres ist so unmöglich nicht, wenn man die Quelle näher ansieht, der Mariana seine Notiz entnahm. Ich befinde mich in der Lage, über diesen zweifelhaften Punkt einiges Licht zu verbreiten. Die betreffenden Briefe, auf die Mariana sich beruft, stehen in dem bekannten *Codex Ovetensis* der Madrider National-Bibliothek (*F.* 58), einer Documenten-Sammlung, die Pelagius, Bischof von Oviedo, zu Anfang des 12. Jahrhunderts veranstaltete und Morales abschreiben liess. In einzelnen, jedoch minder erheblichen Punkten gefälscht, enthielt der Codex meist authentische Urkunden, zu denen jene Briefe mit Zuversicht zu zählen sind, wie auch die andern Briefe westgothischer Könige und das *Formularium Instrumentorum Gothorum,* die sich untermischt mit ihnen finden [49]). Zuerst ein Brief Bulgarami — so einmal und das andere Mal: Bulgarani heisst der Name in der Ovetenser Handschrift — *comitis ad epm franciae directa,* worin der Graf den Bischof um Nachricht bittet, was die Kriegsrüstungen des Königs Theoderich und der Köni-

[48]) Mariana. VI. 2. *Argumento vectigalis annui, quod Francis a Gondemaro solvi consuevisse satis constat ex Bulgarani, Comitis Galliam Gothicam pro rege ea aetate gubernantis literis: quae ad hunc diem Compluti et Oveti inter veteres schedas librosque servantur.*

[49]) Darunter ein Schreiben eines gewissen Tarra an den König Reccared, worin der Briefsteller sich wegen einer gegen ihn erhobenen Anklage zu rechtfertigen sucht, so dass man an eine weiter nicht bekannte Verschwörung denken kann. Die Ueberschrift lautet: *Suggerendum gloriose Triumphanti et invicta fide regnanti piissimo domino meo Reccaredo Regi, servus tuus Tarra indignus.*

gin Brunhilde, seiner Grossmutter, zu bedeuten haben. In einem zweiten Briefe (*Cujus supra ad epm Franciae directa*) erwähnt Bulgaram den zwischen Franken und Gothen abgeschlossenen Friedensvertrag und kündigt an, der Tribut liege bereit. Zugleich wird der Bischof gebeten Erkundigungen über den Krieg einzuziehen, damit allgemeine Fasten ausgeschrieben werden können. Wie es sich damit auch verhalten haben mag, ein ferneres Schreiben des Grafen (*Domno sancto ac Beatissimo, et apostolicis meritis venerando in Christo patri illustri Bulgar.*) führt bittere Beschwerden über das Unrecht, das dem Könige Gundemar von den Frankenkönigen zugefügt worden. Ob der darauf folgende Brief an einen Bischof Agapius demselben fränkischen Bischofe gegolten (*Domino sancto ac Beatissimo et Apostolicis meritis equando, meoque semper praeclaro Domno Agapio epo Bulgar.*), sollte man meinen, wiewohl ein sogleich zu erwähnender Agapius eher Bischof von Cordova [50]) gewesen sein dürfte. Genug, Bulgaram erzählt darin, welche Leiden er in Banden und in Todesgefahr durchgemacht, und welche Wohlthaten er von Agapius empfangen [51]). Sodann ein Brief mit der Ueberschrift: *cujus supra ad eundem de Gallias,* und fernerhin ein Trostschreiben Bulgaram's an König Gundemar selbst wegen des Hinscheidens seiner Gemahlin Hilduara (*Bulgarani ad Gunthemarum Regem*). Wer der Quidam war, von dem ein Brief an Agapius (*Quidam ad Agapium*) sich anschliesst, und ob dieser Agapius der obige französische oder Bischof von Cordova war, muss dahingestellt bleiben, da auch die nächste *Epistola maurici monachi ad quem supra* keinen Aufschluss darüber ertheilt.

Jedenfalls steht fest, dass Gundemar oder doch der über Septimanien gesetzte Graf Bulgaram Tribut an Theoderich von Burgund entrichtete, wobei es ungewiss ist, ob und in wie weit die Angelegenheit mit dem Unglimpf zusammenhängt, den Theo-

---

[50]) Ein Agapius von Cordova war auf dem dritten Concil von Toledo anwesend. Dass unter Sisebut es zwei Bischöfe Namens Agapius gab, erhellt aus L. W. XII. 2. 13. Einer derselben war Bischof von Tuy.

[51]) Die Veranlassung zu der Einkerkerung ist nicht ersichtlich; sollte der Graf etwa unter der folgenden Regierung wegen seines Benehmens in Septimanien zur Verantwortung gezogen worden sein?

derich dem Witterich dadurch angethan, dass er dem Gothenfürsten die ihm angetraute Tochter desselben Ermenberge zurücksandte. Die Briefe Bulgaram's lassen deutlich durchblicken, dass die Geistlichkeit, die spanische vielleicht im Bunde mit der französischen, die Hände dabei im Spiele hatte und dass die Ermordung Witterich's das Werk einer Verschwörung war, die auf die eine oder die andere Weise einen Anhalt in Frankreich hatte. Ein weiteres Licht fällt auf Gundemar's Parteistellung durch das Provinzial-Concil [52]), welches i. J. 610 nach Toledo berufen wurde, um förmlich und feierlich auf den Toledanischen Bischofssitz die Würde eines Metropoliten über die Provinz Carthagena zu übertragen, nachdem auf dem dritten Concil von Toledo der damalige Bischof Euphemius nur als *metropolitanus episcopus provinciae Carpetaniae* unterzeichnet hatte. Seitdem Loaysa die Acten des Concils zuerst bekannt gemacht, ist viel über die Aechtheit derselben gestritten worden, und Mansi [53]) überlässt den Austrag den Spaniern. Indessen bürgen drei den Acten beigegebene Bittgesuche an das Concil für die Aechtheit [54]). Befremden kann es, dass die unterschriebenen Bischöfe ohne Unterschied Romanen von Geburt gewesen zu sein scheinen: Protogenes aus Segontia, Theodorus aus Castulo, Minitianus aus Segobia, Stephanus aus Oretum, Jacobus aus Mentesa, Magnentius aus Valeria, Theodosius aus Arcavica, Marinus aus Valentia, Conantius aus Palentia, Poscarius aus Segobrica, Vincentius aus Bigastrum, Aetherius aus Bastitana, Gregorius aus Oxoma, Praesidius aus Complutum, Sanabilis aus Elotana. Fünf dieser Bischofssitze, nämlich Oretum, Valentia, Arcavica, Bastitana und Castulo, waren auf dem dritten Concil von Toledo vertreten, von den Bischöfen jedoch, die vor 21 Jahren unterzeichneten, war nur noch einer, Theodorus von Castulo, am Leben.

---

[52]) *Constitutio Carthaginiensium sacerdotum in Toletana Urbe.* 10. *Kal. Novemb. anno primo piissimi atque gloriosissimi Gundemari Regis.* c. 2. *Fatentes hujus sacrosanctae Toletanae Ecclesiae sedem Metropolitani nominis habere auctoritatem, eamque nostris Ecclesiis et honoris anteire potestate et meritis.*

[53]) In den Nachträgen zu Labbé. I. 467.

[54]) Aguirre, *Collectio maxima. III.* 321. Auch als Anhang zum *Conc. Tolet. XII.*, wovon später ein Mehreres.

Der Constitution jenes Provinzial-Concils wird ein königliches, von den ansehnlichsten Bischöfen Spaniens unterzeichnetes Decret (*Decretum Gundemari*) angehängt, das den obigen Beschluss bestätigte, wofür man ein weiteres Toledanisches Concil, das im J. 611 abgehalten worden sein soll, erdachte. Ein solches Concil, das ein General-Concil hätte sein müssen, steht schon darum auf schwachen Füssen, weil eine allgemeine Kirchen-Versammlung gewiss noch andere Gegenstände zu berathen gehabt hätte. Für rein aus der Luft gegriffen kann ich das *Decretum Gundemari* gleichwohl nicht halten, und ich vermuthe, dass dasselbe, das obenan die Unterschrift des Königs selbst trägt, bei den Bischöfen zur Unterzeichnung herumgeschickt wurde [55]).

Auch darüber sind die Meinungen getheilt, ob Gundemar ein oder das andere Gesetz erliess. IV. 2. 19 wird nur bei Lindenbrog dem Gundemar beigelegt, während die Leoner Handschrift das Gesetz als Antiqua bezeichnet. Seit D. Alonso de Cartagena ist es von spanischen Schriftstellern bis auf unsere Tage wiederholt worden, Gundemar habe Gesetze zu Gunsten der Kirche erlassen, darunter eines oder das andere, welches die Unantastbarkeit des kirchlichen Asylrechts festsetzte. Ueber das Asylrecht handeln die vier anonymen Gesetze IX, 3.,

---

[55]) Gezeichnet haben Isidorus Hispalensis, Innocentius Emeritensis, Eusebius Tarraconensis, Sergius Narbonensis, Joannes Gerundensis, Ilergius Egarensis, Licerius Egeditanus, Maximus Caesaraugustanus, Mumius Calagurritanus, Flu[o]ridius Tirasonensis, Elias Cauriensis, Goma Olyssipponensis, Fulgentius Astigitanus, Emila Barcinonensis, Theodorus Auresinus, Joannes Pampilonensis, Benjamin Dumiensis, Agapius Tuccitanus, Gundemar Veseensis, Argebertus Portucalensis, Teveristus [Theuchristus] Salmanticensis, Vitulatius Laverricensis, Leontianus Lutobensis, Pisinus Eliberritanus, Justinianus Abelensis, Venerius Castolonensis. Die letzte Unterschrift spricht sehr zu Gunsten des Decrets: es ist der einzige Bischof aus der Provinz Carthagena, der unterzeichnet, und zwar nicht mehr Theodorus von Castulo, der mittlerweile hoch betagt gestorben sein wird, sondern sein Nachfolger, der, weil er die Acten der Provinzial-Synode nicht unterzeichnet hatte, nunmehr seine Zustimmung zu dem Decretum gab. Ein Fälscher würde darauf schwerlich Bedacht genommen haben. Ausser der *Ecclesia Egeditana*, *Tirasonensis* und *Laverricensis* waren auf dem dritten Concil von Toledo alle genannten Bischofssitze vertreten, von den Bischöfen selbst aber allein noch am Leben Mumius Calagurritanus.

die in der Leoner und Vicher Handschrift der Antiqua beigezählt werden und recht wohl von Gundemar herrühren könnten. VI. 5. 16, in der Ausgabe dem Chindaswind beigelegt, heisst im Cod. Legion. *Antiqua noviter emendata,* und wird überhaupt auf die von Lardizabal (p. XIII) betonte Stufenfolge der betreffenden Gesetze, von Chindaswind an, der das Asylrecht für die Mörder ordnete, bis auf Erwig, der auf dem 12. Concil von Toledo dasselbe auf eine Entfernung von 30 Schritten von der Kirche ausdehnte, schon darum nichts zu geben sein, weil ein Blick auf VI. 5. 16 genügt, um sofort zu erkennen, dass das Gesetz jünger sein muss als die vier anonymen Gesetze in IX. 3. Ueberdiess ist die Voraussetzung, VI. 5. 16 handle von dem den Mördern zu bewilligenden Asylrecht im Allgemeinen, ganz grundlos, da umgekehrt die Zuflucht für die schwersten Verbrecher dadurch beschränkt werden sollte. Es ist auch nicht der geringste Grund vorhanden, an der Möglichkeit, dass Gundemar solche Gesetze erliess, zu zweifeln, und wenn die Auctoritäten dafür auch nichts weniger als zwingend sind, so kann ihnen wenigstens eine glaubwürdige Nachricht zu Grunde liegen.

Recht nach dem Herzen der clerikalen Partei war Sisebut, ein frommer, gelehrter, fanatisch-unduldsamer Herr, der aber das Glück hatte, tüchtige Generale an seiner Statt ins Feld schicken zu können. Die beredte Schilderung, die Isidor nach Art der dem Reccared gezollten Lobsprüche von ihm entwirft, mag vielleicht geschmeichelt sein: das was man im Leben einen guten Menschen nennt, war Sisebut. Eine hervorragende Stelle nehmen seine gelehrten Studien ein, denen bis jetzt zu wenig Aufmerksamkeit geschenkt worden ist [56]), obschon sie es in hohem Masse verdienen, und zwar schon darum, weil er der erste gothische nicht bloss, sondern überhaupt, falls man den fränkischen Chilperich nicht ausnimmt, germanische Fürst war, der sich als Schriftsteller, leider nur nicht in seiner Muttersprache, versuchte. Seine Briefe und mehrere an ihn gerichtete befinden sich nebst dem Briefe Tarra's an Reccared und Bulgaram's

---

[56]) Ildefonsus bemerkt von Isidor: (*scripsit*) *de natura rerum ad Sisebutum principem.*

an Gundemar in der Sammlung des Joh. Baptista Perez in Toledo, desgleichen in dem *Codex Ovetensis*, wo sie in der Ordnung auf einander folgen:

1) *Sisebuti Regis ad Cicilium Mentesanum epm, dum se reclusisset in monasterio.*

2) *Caesari Patritii ad Sisebutum Regem pro supradictum Cicilium directa, dum a milites captus fuisset. (Cesarius Deo volente Patritius, venerator vester.)* Es scheint, dass der durch das frühere Schreiben Sisebut's an den Hof entbotene Bischof Caecilius dem Patrizier Caesarius in die Hände fiel, der denselben jedoch wieder frei gab, um den König, mit dem er in Fehde lag, sich geneigt zu machen.

3) *Sisebuti Regis ad Caesarium per Ansemam directa.*

4) *Caesari Patrici per Umelium et Theodericum Sisebuto Regi directa.*

5) *Eusebii(io) epi(o) a Sisebuto Rege directa.* Diesen Eusebius, der Bischof von Barcelona war, tadelte Sisebut heftig dafür, dass er theatralischen Vorstellungen beiwohne, und setzte ihn desshalb sogar ab. In einem andern Falle war es die Synode, die das Absetzungsurtheil aussprach, wie aus einem Briefe erhellt, den die Handschrift aus Oviedo enthält: *Isidori Hispalensis epi pro Hispalensem Cordubensem episcopum Elladio Toletanae civitatis episcopo directa. (Domnis meis et Dei servis Elladio caeterisque &c. Cognovimus Spalensem Cordubensis ecclesiae sacerdotem in pontificali culmine carnali labe dilapsum. Sinodali sententia a gradu sacerdotii deponatur.)*

6) *Sisebuti Regi(s) directa ad Theudilanem, dum ex laico habitu ad monasterium convertisset.*

7) *Sisebuti Regis Gotorum ad Walualdum Regem Langobardorum et Teodolindam eorum Reginam pro fide Christi per Totilanem directa.* Durch die Hand und auf Anstiften des gottesfürchtigen Bischofs und Mönchs Totila richtete der rechtgläubige Sisebut das eindringliche Schreiben an das langobardische Fürstenpaar und beschwor sie, dem Arianismus den Rücken zu kehren.

Zuletzt lernen wir den Sisebut auch noch als Heiligen-Geschichtschreiber in der „*Vita vel passio Desiderii a Sisebuto*

Rege composita" [57]) kennen, ohne dass sein schriftstellerischer Ruhm dadurch erhöht würde. Wie von einem solchen Fürsten nicht anders zu erwarten steht, liess er der Geistlichkeit vollkommen freie Hand zu Abhaltung von Kirchen-Versammlungen, und eine Provinzial-Synode in Egara eignete sich einfach i. J. 614 die Beschlüsse des zur Zeit Reccared's abgehaltenen *Concilium Oscense* an: *omne quidquid ex castimonia presbyterorum et inferius clericorum conscriptum fuit.* Inhaltsreicher sind die Verhandlungen des unter Isidor's Vorsitz abgehaltenen zweiten Sevillanischen Concils i. J. 619, die einen erwünschten Einblick in die damaligen kirchlichen Zustände Spaniens gewähren. Neun Bischöfe nahmen daran Theil und versammelten sich in dem allerheiligsten Jerusalem (*in secretario sacrosanctae Jerusalem,* eine Kapelle oder der Capitelsaal) der Metropolitan-Kirche, und zwar *cum illustribus viris Sisisclo, rectore rerum publicarum, atque Suanilane, actore rerum fiscalium, stante religiosissimo clericorum coetu.* Augenscheinlich vertraten die beiden höchsten Beamten der Stadt die Person des Königs. Aber schon der erste Canon gewährt einen befriedigenden Einblick in die vergangene Zeit, wo die katholische Kirche in Spanien allerlei Anfechtungen und Schmälerungen von den zwischen die alten Kirchenverbände sich einschiebenden arianischen Kirchen zu erdulden hatte, und es kennzeichnet sehr gut den Sieg des katholischen Princips, dass Isidor beschliessen liess, es sollten in ähnlichen Fällen die Diöcesen wieder in den *status quo ante* gebracht werden [58]). Es folgt daraus, dass die gothische Kirche ihre eigenen Sprengel hatte, und dass die arianischen Bischöfe sich an die katholische Eintheilung nicht kehrten. Möglich selbst, dass die arianische Geistlichkeit denselben Antheil an den katholischen Kirchengütern, nämlich die *Tertia Romanorum*, bei der Erobe-

---

[57]) Einen verbesserten und vollständigeren Text der Sisebutischen Schriften giebt Florez (*Esp. Sagr. VII.* 309).

[58]) *Teudulfi Malacitanae ecclesiae antistitis ad nos oblata precatio est, asserentis, antiquam ejusdem urbis parochiam militaris quondam hostilitatis discrimine fuisse descissam, et ex parte aliqua ab ecclesiis Astigitanae, Eliberitanae atque Egabrensis urbium esse retentam. Pro qua re placuit, ut omnis parochia, quae ab antiqua ditione ante militarem hostili-*

rung beansprucht hatte, den das weltliche Gothenthum von den romanischen Grundbesitzern an sich brachte. Eine weitere Andeutung giebt der Canon dadurch, dass er sich auf das Postliminium der Gefangenen beruft, wovon das Gothen-Gesetz nichts weiss, wohl aber die *Lex Romana* (*C. Th. V.* 5.), wo die *Interpretatio* zu der betreffenden Stelle lautet: *Quicumque necessitate captivitatis ducti sunt et non sua voluntate, sed hostili depraedatione ad adversarios transierunt, quaecunque in agris vel mancipiis ante tenuerunt, sive a fisco possideantur, sive aliquid ex his per principem cuicunque donatum est, sine ullius contradictione personae, tempore, quo redierint, vindicent ac praesumant, si tamen cum adversariis non sua voluntate fuerint, sed captivitate detentos esse probaverint.*

Bei einem zweiten Rechtsstreit entscheidet die Synode nach der *tricennalis objectio* des römischen Rechts — *hoc enim et secularium principum edicta praecipiunt, et praesulum Romanorum decrevit auctoritas.* Auf einen seinem Kirchenverband entlaufenen Geistlichen wird die *mundialis lex de colonis agrorum* angewendet, *ut ubi esse quisque jam coepit, ibi perduret.* Zudem soll der Ausreisser auf einige Zeit ins Kloster gesteckt werden. Ein vom Bischof freigelassener Kirchensklave wird ungebührlichen Betragens wegen wieder zum Stande der Knechtschaft erniedrigt,* und im Uebrigen zielen alle Verordnungen auf eine strenge Kirchen- und Klosterzucht ab, tragen ausserdem auch in der Form ein so würdevolles und ernstes Gepräge, dass diese Arbeit Isidor's nicht bloss die Redaction aller andern spanischen Canones, sondern das ganze damalige Zeitalter weit überragt. Den Schluss bildet eine gelehrte dogmatische Abhandlung gegen die Sekte der Akephaler und zur Verfechtung der zwei Naturen in der einen Person Christi.

---

tatem retinuisse ecclesiam suam comprobaret, ejus privilegio restitueretur. Sicut enim per legem mundialem his, quos barbarica feritas captiva necessitate transvexit, postliminio revertentibus redditur antiqua possessio, non aliter et ecclesia receptura parochiam, quam ante tenuit, cum rebus suis, sive ab aliis ecclesiis possideantur, sive in cujuslibet possessionem transfusa sunt, non erit objicienda praescriptio temporis, ubi necessitas interest hostilitatis.

Ein das bürgerliche Recht betreffendes Lebenszeichen aus der Zeit, vermuthlich sogar aus der Umgebung Sisebut's giebt das *„Formularium Instrumentorum Gothorum"* [59]) im *Codex Ovetensis*. In dem 20. Formular kommt Sisebut's Name zweimal vor, das letzte Mal sogar mit einer bestimmten Jahreszahl:

Ter nostri voluto domini faeliciter anno
Gloriosi merito Sisebuti tempore regis.

Dass die Formel ächt gothisch ist, erhellt schon aus dem darin vorkommenden Ausdruck *„mos gingeba"* der Handschrift, der in *„Morgingeba"* verbessert werden muss, so wie aus den darauf bezüglichen Bestimmungen, die ganz zu L. W. III. 1. 6 stimmen. In den gedruckten Ausgaben zwar wird das Gesetz dem Chindaswind zugeschrieben: allein mit dem Beisatz Antiqua, und die Leoner Handschrift dürfte, wie so oft, das Richtige auch darin getroffen haben, dass sie III. 1. 5 nicht dem Receswind, sondern ebenfalls dem Chindaswind als eine Antiqua, d. h. als unter diesem Könige überarbeitet, zuschreibt. Statt der 10 Pferde in der Formel fordert das Gesetz 20, woraus Lindenbrog und Canciani 30 gemacht haben: liest man, wie es in der Handschrift heisst, statt *vivorum* — *virorum equorum*, so liesse sich der Widerspruch zwischen dem Formular und dem Gesetz durch die Annahme heben, dass zu den männlichen Pferden eben so viele weibliche als von selbst verständlich gehörten. Von grösserem Belange ist es, welcher Zeit und welcher Nation, den Gothen oder den Romanen, die einzelnen Formeln angehörten. Es war ein offenbarer Missgriff, dass man sie in Bausch und Bogen in den westgothischen Topf warf, und sich nicht einmal die Mühe gab zu prüfen, zu welcher Zeit, ob vor oder nach der gesetzlichen Aufhebung der *Lex Romana*, sie entstanden.

---

[59]) Der Herausgeber, E. de Rozière, verfuhr mit solcher Flüchtigkeit, dass eine Vergleichung des Druckes mit der Madrider Handschrift bei Form. XX. nicht weniger als 21 Abweichungen ergab. Biedenweg in der verdienstlichen *Commentatio ad Formulas Visigothicas* (*Berolini* 1856) hat von der fast unerlässlichen Textkritik gleichfalls einen allzu sparsamen Gebrauch gemacht. Die Ovetenser Handschrift war schwer zu lesen, und Morales hat sie nicht selbst abgeschrieben, sondern abschreiben lassen. Möglich indess, dass die Schreibfehler schon aus der Zeit des Bischofs Pelagius stammen.

An sich ist es nicht wahrscheinlich, dass die Gothen schon in älterer Zeit bei ihren Rechtsgeschäften sich bestimmter Formulare bedienten, und zumal die vorliegenden Formulare verrathen nach Anlage und Sprache so sehr ihren romanischen Ursprung, dass sie in der überwiegenden Mehrzahl nothwendig vor Chindaswind verfasst sein müssen. Die wiederholten Berufungen auf die *Lex Romana;* die *manumissio ad statum civis Romani;* das freie Verfügungsrecht des Freigelassenen über sein Peculium, während erst Chindaswind (V. 7. 14) das Verhältniss gesetzlich ordnete [60]); die Bezeichnung *idoneus,* die III. 4. 9, VI. 1. 4, II. 1. 8 [61]) erst unter Chindaswind vorkommt, wogegen das i. J. 590 unter Leander's Vorsitz gehaltene erste Concil von Sevilla bereits die Freigelassenen in die Kategorie der *idonei* stellt; die Verfluchungsformeln, endlich die widerwärtig geschraubte, der Antiqua völlig unbekannte Sprache — alles das und noch vieles Andere macht es geradezu unmöglich, dass die Formulare andern als romanischen Ursprungs sind. Dazu kommen unzweideutige Hinweisungen auf katholische Concilien vor Reccared's Uebertritt. Die Luminaria der Form. VIII. u. IX. stimmen genau zu Concil. Bracarense II. (c. 2.), und wenn in der letztgenannten Formel der Segen des Himmels über die Gothen erfleht wird, so kann diess ebensowohl als die Fiction eines königlichen Schenkers späterer Zusatz sein. Denn dass einige der Formeln nach älteren zugestutzt wurden, je nachdem das Bedürfniss es erheischte, liegt auf der Hand, auch abgesehen davon, dass mehrere darunter, wie Form. XX., überhaupt alle, die auf die *Dos* Bezug haben, nur auf gothische Verhältnisse passen. Doch auch hier fehlen Anspielungen auf das römische Recht nicht ganz, so bei Form. XVII. die Wendung: *propter gratiam procreandorum filiorum* [62]). Nicht einmal das halte ich für ausgemacht, dass die *communis electio paren-*

---

[60]) Die Leoner Handschrift liest: Antiqua.

[61]) In der Ausgabe steht II. 1. 8 unter Receswind's Namen, die Leoner Handschrift nennt den Chindaswind.

[62]) v. Savigny, Zeitschrift für geschichtliche Rechtswissenschaft. Bd. V. No. 7. i. f. Dem Westgothen-Rechte war der Ausdruck gleichfalls nicht fremd, so III. 1. 5: *in spem procreationis futurae.*

tum und die *maritandis ordinibus comparanda mercatio* der Form. XVIII. gar nicht aus romanischer Quelle geflossen sein kann. Es wäre doch wunderbar, wie Gothen nirgend anders als in den vorliegenden Rechtsformularen auf den Einfall gekommen sein sollten, die nach germanischen Rechtsbegriffen zur Vollständigkeit und Rechtskräftigkeit des Ehevertrags unerlässliche *Dos* auf *Lex Julia* und *Papia Poppaea* zurückzuführen, was in den Formularen XV., XVIII. u. XIX. geschieht, oder auch von der *dignitas natalium communium* zu reden da, wo das Westgothen-Gesetz sich überall der Bezeichnung *conditio* bedient, die *dignitas natalium* dagegen in der *Interpret.* zu *Novell. Martiani, Tit. IV. (Haenel.* 304*)* wörtlich zu lesen ist.

Wo man auch hinblickt, überall liegen römische Begriffe und Bezeichnungen zu Grunde. Römisch ist das *sana mente, sanoque consilio* der Testamentsformeln (XXI. XXII.); römisch, Wort für Wort römisch, die Clausel: *quod si ad jus praetorium et urbanum* [63]) *valere non potuerit, ab intestato vice codicillorum aevo eam (meorum) valere voto (volo) et jubeo;* römisch der Ausdruck: *in conjugio positi (XXIII. Novell. Valent. III.* 4. 1. *Interp. coll. L. W. IV.* 2. 19*);* römisch die Ueberschrift „Gesta" (XXV.); römisch das *precarium (coll. L. W. II.* 1. 7, *X.* 1. 12*)* und der *colonus (XXXVI.);* römisch das *executare* (diese Art von *pignoris capio* wird verboten L. W. V. 6. 1) und selbst die Ueberschrift *cautio* (XXXVIII.). Um so weniger habe ich etwas dagegen einzuwenden, dass Form. XXVII. XXXII. XXXIII. XXXVII., gleich der oben genannten, für ächt gothisch angesehen werden: stösst man doch selbst in der ganz und gar germanisch klingenden *Cartula mancipationis* (XXXIV.) auf den ebenso bestimmt römischen Brauch: *totum tibi per hanc mancipationis meae cartulam* [64]) *confirmo.*

---

63) Nach Isidor (*Etym. Lib. V.* 24) ist *jus urbanum* gleichbedeutend mit *jus civile.*

64) *Concil. Tolet. VI. c.* 9 verordnete, dass nach dem Tode eines höhern Geistlichen die Freigelassenen seiner Kirche dem Nachfolger ihre „*carthulae*" vorzuweisen hätten.

Es würde zu weit abführen, die Frage bis zu ihren letzten Consequenzen zu verfolgen: so viel leuchtet schon nach dem Bisherigen ein, dass die Formeln, so lange das gothische und das romanische Recht unvermittelt neben einander bestanden, von und für Gothen in ihrer Mehrzahl nicht verfasst sein können. Doch bei diesem Resultate darf die Untersuchung nicht stehen bleiben: vielmehr hat sie über den weitern und wesentlichen Punkt sich zu verbreiten, ob die romanischen Formulare ausschliesslich der *Lex Romana Wisigothorum* entnommen sind, oder Bekanntschaft mit der Justinianischen Sammlung, wenigstens den Pandekten, voraussetzen. Im zweiten Bande seiner Geschichte des römischen Rechts im Mittelalter [65]) hat v. Savigny sich dahin ausgesprochen, dass das Justinianische Gesetzbuch den spanischen Westgothen wahrscheinlich gar nicht bekannt geworden sei, und was die Westgothen im Gegensatz zu den spanischen Romanen betrifft, so könnte zu ihnen die Kenntniss davon nur mittelbar gelangt sein. Um so wahrscheinlicher ist es, dass ein Theil der spanischen Romanen die Sammlung Justinians nicht bloss gekannt, sondern auch benutzt hat: 80 Jahre lang, von Athanagild bis auf Suintila (624), waren die Griechen, oder die Römer, wie Isidor sie nennt, im Besitze der Südküste Spaniens und zeitweise vieler der bedeutendsten Städte Andalusiens; vor Reccared fand zwischen Constantinopel und den spanischen Katholiken ein lehr lebhafter Verkehr Statt; Leander und Johann von Valclara haben längere oder kürzere Zeit in der Hauptstadt des byzantinischen Kaiserreichs gelebt — wie wäre es denkbar, dass die Justinianischen Rechtsbücher nicht nach Spanien hätten gelangen sollen! Dass Isidor sie gekannt hat, dafür führt v. Savigny selbst aus den *Origines (Etymol.)* die betreffenden Stellen an [66]), und wenn Isidor die Quelle, aus der er wiederholt schöpfte, nicht ausdrücklich und auch bei andern Gelegenheiten nennt, so mag diess seinen Grund darin haben, dass ihm wohl das Buch selbst, aber nicht der Gesetzgeber bekannt war.

[65]) II. 74 der 2. Ausgabe.

[66]) Die ganz sichern Stellen sind: *Origg. V.* 4. aus *L.* 1. § 3. *D. de J. et J.*, und L. 1. § 1. *D. de adqu. rer. dom.*, oder *pr. J. de j. nat.*, und § 12. *J. de div. rer.* *Origg. V.* 25. aus *L.* 64. *D. de V. S.*

Mittelbar liefert v. Savigny noch einen weitern Beweis, dass die Justinianischen Rechtsbücher in Spanien verbreitet waren: denn die Freilassungen, in welchen dem bisherigen Sklaven die Ingenuität gegeben wurde [67]), kommen genau ebenso wie in den Formeln aus Auvergne und bei Marculf auch in dem *Formularium Instrumentorum Gothorum* vor (Form. II.) [68]), was mit Isidor, dem Westgothen-Gesetz und den spanischen Concilien schwer in Einklang zu bringen ist. Nur in III. 3. 7 der L. W., einem Gesetze Chindaswind's, könnte auf den ersten Anblick das Wort *ingenuus* im Justinianischen Sinne, d. h. so dass der Patron selbst, ohne Zuthun des Kaisers, sein Patronatsrecht erlassen durfte [69]), gebraucht scheinen, wenn der Schluss nicht noch ausdrücklich der Liberti gedächte [70]). Ganz zweifellos Justinianisch ist das *habeatis, teneatis, possideatis* (Form. VI. XI. XV. XX. XXI.), nach der *Stipulatio Aquiliana* (L. 18. D. XLVI. 4.). Die in den späteren spanischen Urkunden häufig wiederkehrende Aufzählung der einzelnen Schenkungsobjecte (Form. VIII. XX. XXI.) erinnert an die L. 4. pr. D. L. 15., Form. XI. an das *Edictum Aedilicium* L. 1. § 1. L. 4. § 3. L. 17. pr. § 14. D. XXI. 1., endlich gar die *Codicillorum clausula* (Form. XXI.) kann gar nicht anders woher rühren, als aus L. 3. D. XXIX. 1.

Das Gewicht der an sich schon schwer in die Wagschaale fallenden Gründe wird noch bedeutend verstärkt durch die Sprache und Ausdrucksweise der betreffenden Formulare, die ganz und gar den byzantinischen Zuschnitt Justinianischer Gesetze haben. Roh war die Ausdrucksweise auch der einheimischen Spanier, der Romanen sowohl als der Gothen, aber nicht von so verdächtigem Schliff, der nur von aussen eingebracht sein konnte. Ein weiterer Umstand, der auf den ersten Anblick unbedeutend erscheint, darf dessenungeachtet nicht mit Stillschweigen übergangen werden — ich meine das in den Formularen mehrmals und noch dazu in verschiedener Bedeutung

---

67) v. Savigny. II. 131.

68) *Ingenuum te civemque romanum esse constituo. cf. Form. V.*

69) *L. 3. C. VI. 4.*, bestätigt in *Nov LXXVIII. c. 2.* (*Julian. LXXII. c. 2*).

70) XII. 2. 13 heisst es dagegen allerdings von dem einem Juden dienenden Christensklaven: *ad statum ingenuitatis revertatur.*

vorkommende Wort *Era* oder *Aera*. Nichts ist verwickelter und verworrener als die spanische Zeitrechnung, nichts unzuverlässiger als die Angaben von Jahreszahlen bei spanischen Schriftstellern. Nicht zufrieden, ihre eigene Zeitrechnung zu haben und daneben die christliche, bedienen sie sich mit übelangebrachter Gelehrsamkeit ebenso gerne der griechischen Olympiaden und der Jahre nach Erbauung der Stadt Rom, wenn nicht gar, wie Isidor von Beja, der mohamedanischen Hegira. Es hängt diess augenscheinlich mit der Menge von Völkerschaften zusammen, die auf der pyrenäischen Halbinsel mit und neben einander wirthschafteten und ein wunderliches Gemisch von Culturzuständen erzeugten, das dem Ganzen nicht immer zu Statten kam. Und um das Mass voll zu machen, hat Mayans bei de Mondejar (*Obras Chronologicas*. 1744. *T. II. p. XLIII.*) die Behauptung gewagt, in Spanien laufe die christliche Zeitrechnung nicht von der Geburt, sondern von der Empfängniss Jesu Christi an. Als Zeitangabe wird das Wort *Era* in den Formularen wiederholt gebraucht [71]), und einmal als Zahlabschnitt [72]), ohne dass irgend erhellte, welche der beiden Bedeutungen die frühere. Isidor ist meines Wissens der erste spanische Chronist, der sich bei Zeitangaben systematisch [73]) der spanischen *Aera* bediente und das Wort von der mit dem Census des Augustus verbundenen Besteuerung ableitete (*Origg. V.* 34.). Zwar werden schon die ältesten spanischen Concilien in den besten Handschriften nach der *Era* berechnet, doch kann diess spätere Zuthat sein, und von den *Erae martyrum* (*Esp. Sagr. VI.* 356), die nicht weiter als bis zum Jahre 410 n. C. G.

---

71) *Form. I. die, anno et era. Form. VII. anno illo, regnante illo, era illa. Form. XXV. Era illa, anno illo regno[i] gloriosissimi domini nostri. Form. XXXIX. anno illo, era illa. Form. XL. anno illo regno illo [regni illius], era illa.*

72) *Form. XL. ille in nostro conspectu sententias legis libri illius protulit, legem illam, qui est sub titulo illo, era illa.*

73) Zwei Inschriften reichen in ein noch weit höheres Alterthum zurück ein Grabdenkmal, worauf deutlich zu lesen war: *Era DIII.* (*A. de Morales, Chron. Gen. Lib. XI. c.* 31.), ja, Yañez (*Era y Fechas de España* c. 9) will im Königreich Leon eine mit „*Era CCLXIII*" versehene Inschrift auf Mercur gesehen haben.

gehen, kennt man weder den Verfasser, noch auch die Zeit ihrer Entstehung [74]). Der Biclarenser rechnet nach Kaiserjahren, darin dem Orosius folgend, so dass schwer zu sagen ist, wann und unter welchen Umständen das Wort bei den Spaniern in Aufnahme kam. Trotz dieser Ungewissheit gewinnt die Vermuthung, dass man vorzugsweise auf der pyrenäischen Halbinsel und in Septimanien sich des Ausdrucks bediente, überwiegende Wahrscheinlichkeit dadurch, dass fast alle Spuren des räthselhaften Wortes auf diesen Ländercomplex zurückweisen. Bluhme (p. XIII.) hat sehr zeitgemäss den Salmasius [75]) citirt, dem zufolge schon die römischen Agrimensoren *aera* für eine bestimmte Zahl gebrauchten. Noch schlagender fand ich eine andere Stelle bei Salmasius [76]), aus der erhellt, dass bei Plinius *aera* in der Bedeutung von *computatio* vorkommt. Ducange (*Glossar. ed. Henschel*) erinnert nicht uneben an das „*Item*" bei den Rechnungen, so dass es leicht geschehen konnte, dass man *aera* gleichmässig auf Raum- und Zeitabschnitte anwandte, insofern durch die Zahl beide gemessen werden. Aber in dem einen sowohl als in dem andern Sinne begegnet man einem durchgreifenden Gebrauche doch nur in den westgothischen Ländern, und es hat viel für sich, dass die *aera* von hier aus ihren Weg auch in andere Gegenden fand. Die Stellen bei Hincmar, Hilderich, in den *Capitula ad Legem Alamannorum* stehen denn doch sehr

---

[74]) Zu dem räthselhaften *Idatius* bemerkte schon Bouquet, es finde sich bei ihm die spanische *Era* nur zweimal am Rande vermerkt, während in der kleineren Chronik desselben bei Florez (*Esp. Sag. II.* 430) die Aeren öfter beigesetzt sind. Das dem Sulpicius Severus zugeschriebene Chronicon bringt die *Era* zweimal, aber erst am Schlusse, mit dem Bemerken: *Era DXVII* (richtiger: *DXLVII* = *DX~VII*): *ab hoc consule qui vult per indictiones computet, vel per eram.*

[75]) *Salmasii Plinianae Exercitationes. Trajecti*, 1689. *p.* 488: *Apud Epaphroditum et Vitruvium Rufum aera semper sumitur pro numero dato.*

[76]) *Salmasii Exercitationes de homonymis hyles iatricae. Traj.* 1689. *p.* 44: *Aera pro computatione ac calculatione, quae aereis calculis ducitur, proprie posita.* Lucilius gebraucht das Wort als Neutrum, Nunius als Femininum. Festus: *morem secutus calculonum, qui ingentes summas aeris brevioribus exprimunt.* Faustus Reiensis: *trecenti in aera, sive supputatione.*

vereinzelt da, und Bernaldus Presbyter [77]) nennt es geradezu einen Missbrauch, *aera* in der Bedeutung „Capitelabschnitt" zu gebrauchen. Von den romanischen Spaniern könnte man glauben, sie hätten sich ihrer eigenen Zeitrechnung und des besondern Ausdrucks dafür grundsätzlich bedient, um sich auch darin von ihren gothischen Herren zu unterscheiden, so dass Isidor nicht ohne Absicht und zur weitern Verherrlichung des sieghaften Katholicismus die spanische *Aera* zur Regel gemacht haben würde. Sind einige der Formulare so alt, als man anzunehmen Grund hat, so würden die Gothen das Wort *aera* in der Bedeutung von Abschnitt nicht bloss von den Romanen entlehnt, sondern diese vielleicht gar dasselbe den Griechen abgelernt haben. Jedenfalls kann fortan kein Bedenken mehr obwalten, dass in *L. W. II.* 3. 4 die Lesart: *in libro sexto, titulo prima, era secunda* gegen die Madrider Herausgeber und gegen Türk ebenso bestimmt verfochten werden muss, als in dem VI. 2. zwischen 2 und 3 eingeschalteten Gesetze. Denn in Form. XL. drückt „*era*" ganz dasselbe aus, obschon es eine Ungenauigkeit ist, wenn ausser *Liber, Titulus, Lex* noch insbesondere von einer *Era* die Rede ist, wofern man nicht umgekehrt die Absicht des Sammlers darin erblicken will, sein Formular allen Umständen anzupassen. Auch bei den Jahreszahlen werden Jahr, Regierungsjahr und *Aera* aufgeführt, was nur einen formellen Sinn haben kann. Wird in der *Epitome* der *Lex Romana Wisigothorum* [78]) des Lyoner Codex durchgängig *aera* für *titulus* gesetzt, so ziehe ich daraus den Schluss, dass die Handschrift auf die eine oder die andere Weise zu dem alten Westgothen-Reiche in Beziehung steht; wurde doch auch Felix von Urgel wegen der adoptianischen Ketzerei nach Lyon verwiesen.

Die Formel-Sammlung muss demnach nach romanischen Mustern entstanden sein, und haben die Gothen ihren Process überhaupt dem römischen nachgebildet, zumal was Stellvertretung und schriftliches Verfahren anbelangt. Da ausserdem Alles, was von gothischen Rechtsordnungen darin vorkommt, am

---

77) *Aera nonnunquam abusive pro capitulo ponitur.*

78) Haenel *p. XXIX. In glossis* aera *pro titulo ponitur,* caput *pro sententia Pauli,* edictum *pro constitutione, sive novella lege.*

besten in jene Uebergangsperiode passt, in welcher die Verschmelzung der *Lex Romana Wisigothorum* mit der *Lex Wisigothorum* zwar angestrebt, aber noch nicht verwirklicht wurde, wird man der einzigen Zeitangabe, die in der Sammlung vorkommt, ich meine dem dritten Regierungsjahre König Sisebut's, um so mehr unbedenklich den Sinn unterstellen dürfen, dass die Veranstaltung der Sammlung [75]) gerade in dieses Jahr fiel, als schon die ungewöhnliche Versifikation der Rechtsformel eher das Kunststück des Sammlers, als eine wirkliche Urkunde durchblicken lässt. Den Clerikalen musste es sehr darum zu thun sein, in den Rechtsgeschäften vorerst eine Gleichstellung der romanischen und der germanischen Bevölkerung ins Werk zu setzen, bis die Gleichstellung sich gesetzlich aussprechen liess, und XII. 2. 13 dürfte aus dem Grunde dem Sisebut zuzuschreiben sein, weil dort, in Uebereinstimmung mit den Formularen, von den jüdischen Herren dienenden Sklaven gesagt ist: *ad civium romanorum privilegia transire debeant.* Damals wurde der Freigelassene noch römischer, aber nicht gothischer Bürger. Freilich liess noch i. J. 943 ein gelehrter Bischof seinen Sklaven mit den Worten frei: *Licentiam tribuo civium Romanorum consequi privilegium.* Einige der Formulare hinwiederum erinnern so sehr nicht bloss an das Justinianische Gesetzbuch, sondern auch an das römische Processverfahren zur Zeit Justinians, dass man versucht ist, dieselben auf eine byzantinische Quelle zurückzuführen. Wo werden überhaupt dergleichen Formel-Sammlungen entstanden sein? Da wo das römische Recht Landesrecht war, gewiss nicht, weil man hier ihrer nicht bedurfte und der nächste beste Notar sie überflüssig machte. Anders in den romanischen Ländern, seitdem daselbst das germanische Recht neben dem römischen zur Geltung gekommen und in Ermangelung geschulter Rechtslehrer das Gesetz so leicht nicht zu handhaben war. Hier musste man frühzeitig Bedacht darauf nehmen, dem ungelehrten Volke geschriebene Formulare in die Hand zu geben, und diese konnten, wenigstens was die Romanen anbelangt, nir-

---

[75]) Rudorff (Römische Rechtsgeschichte. Bd. I. S. 327. Anm. 5.) lässt die Sammlung nicht nur unter Sisebut, sondern zugleich auch in Cordova entstanden sein.

gends besser aufgezeichnet werden als in Gegenden, wo das römische Recht von Römern selbst gesprochen wurde, wie in den Küstendistrikten Andalusiens so lange die Griechen daselbst festen Fuss hatten. Die Formulare XXV. und XL. sind nach ächt römischen Mustern verfasst, und was ersteres insbesondere betrifft, so weiss man dass die Griechen eine Zeit lang im Besitz von *Corduba* waren. Die Latinität ist nicht die einheimisch-spanische und für die Unterschrift des Magister fehlt es schlechterdings an einer Parallel-Stelle, wogegen sie in der *Notitia Dignitatum* ihren ganz natürlichen Erklärungsgrund findet. Unter dem bureaukratischen Beamtenthum des byzantinischen Kaiserreichs gab es *Magistri memoriae, libellorum, epistolarum* [80]), die sich mit dem kaiserlichen Schreibereiwesen zu befassen hatten, was war also natürlicher, als dass in der *Corbuba Patricia* [81]) der Gerichtsschreiber sich gleichfalls als Magister fühlte! [82]) Ohne einen so bestimmten Anhalt zu gewähren, entrollt die *Dijudicatio* der Form. XL. das Bild eines so genau bestimmten Processverfahrens, dass ein römisches Vorbild unmöglich abzuweisen ist. Um so auffallender ist es, dass die ausschliesslich nur auf gothische Rechtsverhältnisse anwendbaren Formeln höchst dürftig angelegt, bloss mit einigen Redensarten ausgestattet sind, die am Ende doch auch romanischen Mustern abgeborgt wurden.

Die maurische Eroberung hat eine zu grosse Verwirrung in die spanischen Verhältnisse gebracht, als dass der Einfluss solcher und ähnlicher Rechtsformeln nachhaltig hätte sein können; man hat sich desshalb um so mehr darüber zu freuen, dass L. W. als Nachtrag zu X. 2. 5 das Muster eines Informationsschreibens enthält [83]), folgenden Inhalts:

Item. Exemplar epistolae informationis.

Ille judex illi saioni. Informamus te, ut locum illum, quem ille repetit, et nunc in dominio illius esse videtur, juxta legis ordinem coram duobus aut tribus ingenuis illi consignes, octo tantum die-

---

[80]) Ed. Böcking, *Annotatio ad Notitiam Dignitatum. P. I. p.* 411* *sqq.*

[81]) *Plinius, Hist. Nat. L. IV.* c. 3. *Isidor Pacens.* (*Chron.*) c. 36: *Cordobae in sede dudum Patricia.*

[82]) An der Lesart: „*magister ille conscripsit*" ist desshalb nichts zu ändern.

[83]) *Cod. Leg. Antiqua lex, capitulare exemplar epistolae informationis.*

bus possidendum: ita ut si aliquid ibi repositionis habeatur, et annulo domini non est signatum, propter auferendam excusationem rationabilium per illos octo dies annulo tuo maneat obsignatum; a te vero nihil exinde aliquatenus auferatur.

Im Uebrigen haben die alten westgothischen Formeln mit den andern Formel-Sammlungen, die von den Mittelmeer-Plätzen aus, mit welchen die Griechen in fortwährendem Verkehre standen, sich nach den Binnenländern verbreiteten, eine handgreifliche und leicht erklärliche Aehnlichkeit: dessenungeachtet wird man nicht umhin können, die ganze Fassung der spanischen Formeln, abgesehen von ihrem dem Abschreiber zur Last fallenden fehlerhaften Latein, ganz besonders aber die Arengen eigenthümlich und auffallend zu finden, so dass nicht einmal die acht Formeln aus Auvergne dazu passen. Mancher Sammler, der sich nicht mit gewissenhaften Abschriften, bei denen auch die Namen nicht fehlten, befassen mochte, verfuhr wenigstens bei der Entfernung aller individuellen Angaben streng und consequent; einem andern war fast nur an den einleitenden Höflichkeitsformen gelegen: eine Arenga, d. h. eine moralische, zum Inhalt der Urkunde passende Betrachtung am Eingange, war das Wesentlichste was er suchte [84]). Die westgothischen Formulare gehören im Grunde weder in die eine, noch in die andere Klasse, da der Sammler sich gar nicht die Mühe nahm, sich von irgend einer allgemeinen Rücksicht dabei leiten zu lassen; so viel aber ist auf jeder Seite ersichtlich, dass das hohle Pathos der Phrase in den Kreisen, in welchen die Formulare entstanden, üblich und beliebt war, und zwar in weit höherem Grade als in den andern Gegenden, für deren Bewohner solche Sammlungen veranstaltet wurden. Diesem Umstande hat man es hauptsächlich zu danken, dass so viele der späteren westgothischen Gesetze mit geschwätziger und schwer verständlicher Breite abgefasst wurden. Mit der Romanisirung der Gothen wirkte auch dieses Beispiel ansteckend.

[84]) Palacky, über Formelbücher zunächst in Beziehung auf böhmische Geschichte. (Abhandlungen der böhmischen Gesellschaft der Wissenschaften. V. 2. S. 220. V. 5.) Rockinger, über Formelbücher vom 13. bis zum 16. Jahrhundert, S. 11.

Eine traurige Berühmtheit hat Sisebut durch seine Judenverfolgungen erlangt, und so sehr man wünschen möchte, die Geistlichkeit hätte ihre Hände dabei nicht im Spiele gehabt, so wenig kann diess aus der missbilligenden Aeusserung bei Isidor [85]) gefolgert werden. Der schwache Fürst würde es gar nicht gewagt haben, einen eigenen Entschluss zu fassen, wenn er nicht zum voraus des Beifalls seiner Geistlichen versichert gewesen wäre; und wenn Isidor menschenfreundlicher dachte, so brauchte er nur das hohe kirchliche Ansehen, in dem er bereits stand, geltend zu machen, damit der König von seinem Vorhaben abstand. Die Geistlichen, die den König umgaben, waren die eigentlichen Anstifter der Bedrängnisse, die über den Samen Abrahams verhängt wurden: die katholischen Antipathien wirkten nach und stärker, als die hohe Geistlichkeit selbst wünschen mochte. Die Herausgeber der Madrider Ausgabe des *Forum Judicum* haben keine Veranlassung gehabt, irgend einem der vielen Judengesetze den Namen Sisebut's an die Stirne zu schreiben, wiewohl A. de Morales, Villadiego, Ferreras und Andere ihn zum Urheber der meisten solcher Gesetze machen, und insbesondere XII. 2. 13 und 14 in den frühern Ausgaben unter Sisebut's Namen laufen. Allein schon Lardizabal hat richtig erkannt, dass die von der Leoner Handschrift dem Receswind beigelegte *Anonyma* XII. 2. 15 sich ausdrücklich auf Sisebut als den Urheber von XII. 2. 16 beruft, die darum auch im *Cod. Legion.* diesen Namen trägt. Dazu kommt, dass XII. 2. 14 weiter nichts enthält als eine Verschärfung des schon von Reccared erlassenen Judengesetzes und im Grunde nur die eine Bestimmung hinzufügt, dass der Jude, der einen Christen zur Annahme des Judenthums verlocke, Leben und Eigenthum verwirkt habe. Was XII. 2. 13 betrifft, so braucht man nur die Einleitungsworte genauer anzusehen, um darin kein eigentliches Gesetz, sondern einen an die kirchlichen und weltlichen Beam-

---

[85]) In der Chronik heisst es allerdings: *Qui initio regni Judaeos ad fidem christianam permovens aemulationem* (Eifer) *quidem habuit, sed non secundum scientiam: potestate enim compulit, quos provocare fidei ratione oportuit.* Allein Isidor fügt unmittelbar hinzu: *Sed sicut est scriptum, sive per ocasionem, sive per veritatem Christus annuntiatur.* Ehrenvoller war es, wenn Isidor auf dem 4. Concil von Toledo (c. 57) verordnen liess: *nemini deinceps ad credendum vim inferre.*

ten eines bestimmten Distriktes gerichteten königlichen Brief zu erkennen. So weit die vielfach entstellten Ortsnamen ein Urtheil zulassen, wird das Sendschreiben den Geistlichen und Richtern Portugals und Galiziens gegolten haben, und der mit Namen genannte Bischof Agapius dürfte derselbe Agapius Tuccitanus sein, der das *Decretum Gundemari* mit unterzeichnete. So erklärt es sich auch, warum XII. 2. 13 und 14 ganz und gar dieselben Bestimmungen enthalten: XII. 2. 14 war Reichsgesetz — *universis populis ad regni nostri provincias pertinentibus* —, XII. 2. 13 dagegen, von einigen der besten Handschriften gleichfalls dem Sisebut beigelegt, königlicher Erlass an die Geistlichen und Beamten einer Provinz. Eine Schwierigkeit bleibt aber auch so zurück, nämlich der Widerspruch zwischen diesen Verordnungen und den brutalen Gewaltthätigkeiten, womit man, verbürgten Nachrichten zufolge, die Juden zwang sich taufen zu lassen, oder mit Zurücklassung ihrer Habe heimlich zu entfliehen. So schrecklich auch die Verwünschungsformel lautete, die Sisebut auf das Haupt derjenigen von seinen Nachfolgern schleuderte (XII. 2. 14), die sich unterstehen sollten, sein Judengesetz zu brechen, so war diess noch immer kein Grund, urplötzlich über die Juden herzufallen, vielmehr bloss ein Fingerzeig, wie die Juden es verstanden haben müssen, mit Geld die Durchführung des für sie lästigen Reccaredischen Gesetzes abzukaufen. Ohnediess kann man es kaum noch eine Verfolgung nennen, wenn die Regierung den Juden gestattete, ihre Christensklaven zusammt dem Peculium im Lande, aber nicht auf auswärtigen Sklavenmärkten [86]), zu verkaufen. Besass der Sklave nichts, so musste sein jüdischer Herr ihn mit einer Summe ausstatten, die der Käufer zu seiner Ausbildung für nöthig erachtete. Schon damals müssen die spanischen Juden auf den Sklavenhandel, wahrscheinlich nach Afrika, sich verlegt haben, wie sie es später unter der Maurenherrschaft ganz unzweifelhaft thaten, und da um dieselbe Zeit Kaiser Heraclius den Juden

[86]) *Vendere tamen infra fines regionum nostrarum in his locis, ubi commanere videntur, cum omni peculio christiano, cui fas fuerit, justissimo pretio libera facultas subjaceat. Nec liceat venditoribus in alias eos regiones transferre, nisi ubi eorum mancipiorum sessio judicatur et mansio.*

seines Reichs sich aufsätzig erwies, ist man berechtigt, die Massregel Sisebut's damit in Zusammenhang zu bringen [87]). Schon die *Lex Romana* (L. 1. u. 2. C. Th. XVI. 4.) untersagte den Juden den Ankauf [88]) und namentlich die Beschneidung christlicher Sklaven, womit sich die Angabe der jerusalemischen Gemara (Talmud) vergleichen lässt, um das Jahr 300 n. C. G. habe ein jüdischer Gelehrter in Cäsarea, Namens R. Abahu, Gothen zu Sklaven gehabt [89]). Zu sagen, eines der Gesetze des Westgothen-Rechts, welches die Juden bei Strafe zwang, sich taufen zu lassen, müsse der damaligen Verfolgung wegen von Sisebut sein, was Lardizabal thut, heisst den Knoten nicht lösen, sondern zerhauen.

Weit annehmbarer kommt mir daher die Lösung vor, dass Sisebut auf Anrathen der Geistlichkeit wirklich nur die oft genannten Verordnungen erliess, die an sich noch keinen gewaltsamen Charakter hatten, dass aber, sobald die Gesetze in den Provinzen bekannt gemacht wurden, ohne den Befehl des Königs und gegen den Willen der höhern Geistlichkeit, eine Judenhetze ausbrach, die den Beamten und wohl auch der niedern Geistlichkeit nichts weniger als zuwider war, weil sie die Reichthümer der Hebräer, angeblich für den Staatsschatz, in Wahrheit jedoch für ihre eigenen Taschen, in Beschlag nehmen konnten. Der Pöbel wie überall hatte seine Freude daran, die verhassten Hebräer gewaltsam zur Taufe zu schleppen und gele-

---

87) D. Miguel de Barrios (*Coro de las Musas. Brusselas*, 1672. *p.* 97):

Arco embió de paz el receloso
Heraclio à Sisebuto, que à su ruego
Contra los Israelitas riguroso
Las armas de la Fè desnudò luego.

Es stimmt die Angabe überein mit dem *Chronicon Moissiacense* (Pertz, *Monumenta. I.* 286): *Heraclius imperator cum esset litteris minime eruditus, astrologus efficitur. Per quod cernens, a circumcisis gentibus divino nutu imperium esse vastandum, ad Dagobertum regem Francorum dirigens, petiit, ut omnes Judaeos regni sui ad fidem catholicam baptizandos praeciperet, quod protinus Dagobertus adimplevit. Heraclius per omnes provincias imperii sui talem idemque facere decrevit.*

88) Auch die Ehelichung einer Christin ward dem Juden und umgekehrt in der *Lex Romana* (L. 4. C. Th. IX. 4.) verwehrt.

89) Grätz, Geschichte der Juden. IV. 348. (Berlin, 1853.)

gentlich wohl auch auszuplündern, die eigentlichen Diebe jedoch waren die Beamten, und insofern mochten noch andere Bischöfe als Isidor über das nichtswürdige Gebaren aufgebracht sein. Immer aber waren sie es gewesen, die den Anstoss gaben, und dass der Pfeil weit über das von ihnen beabsichtigte Ziel hinausfliegen würde, hätte ihnen klar sein müssen, wenn der Hass sie nicht bis zu dem Grade verblendet hätte, dass sie in den königlichen Erlass die ganze Bitterkeit ihrer Galle hineinlegten. Und recht als ob der Fluch des Ahasverus an ihren Sohlen klebte, wurden Tausende der Unglücklichen, die aus Septimanien und aus Spanien nach Frankreich entflohen waren, da wo sie endlich eine Zufluchtsstätte und Erlösung aus ihren Drangsalen gefunden zu haben hofften, von den Franzosen wo möglich noch schlimmer behandelt als von den Spaniern [90]): wie hätte der Franke hinter dem Gothen an Frömmigkeit zurückstehen sollen!

Sisebut's Sohn, Reccared II., dessen Name schon einen clerikal gesinnten Vater erwarten lässt, regierte nur ganz kurze Zeit, wenige Tage oder doch Monate, und der bewährte Heerführer Suintila [91]) bestieg den Thron, auf den er möglicher Weise als Verwandter des verstorbenen Königs einigen Anspruch hatte, und wenn auch nicht auf Zuthun, so doch keineswegs gegen den Willen der Geistlichkeit. Isidor's Geschichte der Gothen reicht bis ins fünfte Jahr der Regierung Suintila's und ist voll von Lob für den ausgezeichneten Fürsten, der die Griechen zur gänzlichen Räumung des spanischen Bodens zwang, die unruhigen Basken schlug und zwei Grosse, die sich gegen ihn

90) *Is enim (Sisebutus) hebreos regni sui Christum agnoscere coëgit; eorum tamen aliquot millia in Galliam effugerunt, junctique veteribus suae sententiae incolis ingenti numero conspiciebantur. Turpe videbatur Franco a Wisigothis ejectos religionis nostrae hostes indomitos finibus suis receptos diutius retinere, ac Wisigothis religione cedere. Dagobertus igitur diem praestituit, intra quam quisqui mortalium religionem nostram non profiterentur, hostes judicarentur, comprehensique capite luerent.* Paul. Emil. In den *Gesta Dagoberti* c. 29 (30) heisst Sisebut *rex clementissimus.* (Du Chesne, *Hist. Franc. scrip. T. I. p.* 581.)

91) Die Nachricht des Lucas von Tuy und Rodrigo's von Toledo, die den Suintila zu einem (unehelichen) Sohne Reccared's des Katholischen und zu einem Schwiegersohne Sisebut's machen, könnte wohl aus glaubwürdiger Quelle stammen.

empörten, den einen durch Klugheit, den andern durch Tapferkeit, für sich gewann [92]). Ebenso trefflich muss er im Frieden regiert haben, unnachsichtig gegen die Uebelthäter, freigebig gegen die Armen, und als er seinen Sohn Ricimer zum Mitregenten angenommen, erweckte auch der die schönsten Hoffnungen [93]). Und nun vergleiche man damit die Schilderung, die derselbe Isidor in den Acten des unter seinem Vorsitz gehaltenen vierten Concils von Toledo von Suintila entwirft: *De Suintilane vero, qui scelera propria metuens se ipsum regno privavit et potestatis fascibus exuit, id cum gentis consultu decrevimus: ut neque eumdem, vel uxorem ejus propter mala, quae commiserunt, neque filios eorum unitati nostrae unquam consociemus, nec eos ad honores, a quibus ob iniquitatem dejecti sunt, aliquando promoveamus, quique etiam, sicut fastigio regni habentur extranei, ita et a possessione rerum, quas de miserorum sumptibus hauserant, maneant alieni, praeter in id quod pietate piissimi principis nostri fuerint consequuti.*

So wunderlich das auch klingt, so natürlich ging die Sache zu. Suintila verdankte seine Erhebung, ausser seinen Waffenthaten, der gothischen Partei, ohne darum die Clerikalen zu bedrücken. Merkwürdig ist die Aehnlichkeit seiner Regierung mit der Leovigild's, dessen territoriale Arbeit er zu Ende führte, indem er im Norden und Süden der pyrenäischen Halbinsel das Gothen-Reich von seinen gefährlichsten Feinden säuberte. Als er seinen noch nicht dem Knabenalter entwachsenen Sohn Ricimer zum Mitregenten annahm, dachte er gewiss daran, die Erbfolge in seiner Familie zu befestigen, aber das günstige Urtheil, das Isidor früher über ihn fällte, berechtigt, ja nöthigt

---

[92]) *Duos patricios romanos cepit. Ob meritum pater pauperum vocatus est. Chronologia Regum Gothorum.* *Du Chesne. T. I. p.* 819.

[93]) *Praeter has militaris gloriae laudes plurimae in eo regiae majestatis virtutes, fides, prudentia, industria, in judiciis examinatio, strenua in regendo regno cura, praecipua circa omnes munificentia largus, erga indigentes et inopes misericordia satis promptus: ita ut non solum princeps populorum, sed etiam pater pauperum vocari sit dignus. Hujus filius Racimirus in consortium regni assumptus pari cum patre solio conlaetatur, in cujus infantia ita sacrae indolis splendor emicat, ut in eo et meritis et vultu paternarum virtutum effigies praenotetur.*

fast zu der Annahme, dass seine Absicht keineswegs bloss eine eigennützige, sondern zugleich auf das edlere, wahrhaft volksthümliche Ziel gerichtet war, das Reich von dem Joche herrschsüchtiger Parteien zu befreien und unter der Leitung einer starken, durch die Erblichkeit gesicherten Krongewalt das Uebergewicht des gothischen Blutes auf einer unantastbaren Unterlage aufzurichten. Damit jedoch war dem vorhandenen Parteigeist nicht gedient, den Clerikalen ebensowenig als dem wühlerischen Adel, deren Vortheil umgekehrt einen schwachen Regenten erheischte. Denn dass Suintila sich von den Bischöfen nicht darein reden liess, erhellt daraus, dass er kein Concil zusammenberief; es werden in Folge dessen Auflehnungen und andere Zettelungen ausgebrochen sein, die der König an den Schuldigen nachdrücklich und mit Einziehung ihrer Güter bestrafte. Daher die *possessio rerum de miserorum sumptibus hausta.* Nichts kennzeichnet die Parteiverblendung besser, als dass der Aufruhr, wie früher unter Reccared und später unter Wamba, so auch jetzt in Septimanien das Haupt erhob, wobei der neue Kronprätendent Sisenand es nicht verschmähte, ein burgundisch-fränkisches Hilfsheer ins Land zu ziehen. In der Nähe von Çaragoça stiess Suintila's Armee auf die Feinde und Empörer; anstatt nun aber die Eindringlinge aus dem Felde und über die Pyrenäen zurückzujagen, gingen die wahrscheinlich bestochenen Anführer zu Sisenand über, unter ihnen Suintila's eigener Bruder, der für sich eine Krone aufzulesen hoffte und nachher an seinem neuen Herrn denselben schmählichen Verrath beging, wodurch er seinen Bruder und dessen gesammte Familie ins Verderben gestürzt hatte. Dem Suintila blieb nichts übrig als abzudanken (631) [94]).

Im dritten Jahre seiner Regierung (633) hielt Sisenand das vierte Concil von Toledo. Vorher aber fragt es sich, ob Suintila kein Gesetz erliess, das dem Westgothen-Rechte einverleibt wurde. Meinen sollte man es, da Isidor an ihm unter Anderem

---

[94]) Was aus ihm geworden, weiss man nicht. Das *Chronicon Albeldense* bemerkt von ihm: *Omnem Spaniam et Galliam strenue rexit, et ob meritum pater pauperum vocari est dignus. Fine proprio Toleto decessit sub Imperatore Eraclio.*

insbesondere die *examinatio in judiciis* rühmt, und gleichwohl wissen die Handschriften nichts davon, mit einziger Ausnahme der Leoner, die IV. 3. 3 (*Qualiter pupillorum tutela suscipiatur*) und IV. 4. 1 (*Ut pro exposito infantulo ingenuo serviat qui projecit*), beide anonym in den andern Handschriften, durch den Suintila emendiren, beziehungsweise von neuem einschärfen lässt [95]). Verhielte es sich wirklich so, so würde dadurch die Glaubwürdigkeit des *Codex Legionensis* bedeutend erhöht, Suintila's Charakter in ein neues und vortheilhaftes Licht gestellt und insbesondere dargethan, dass die anonymen Gesetze der Ausgaben nicht aufs Gerathewohl und in Bausch und Bogen zur Antiqua gerechnet werden dürfen. Nichts liegt näher als eine absichtliche Verschweigung mancher Urheber von Gesetzen, deren Name den späteren Redactoren des Gesetzbuchs aus nahe liegenden Gründen verdächtig und verhasst war, überhaupt ihr Missfallen erregt hatte. Es wird sich zeigen, wie die nachmaligen Sammlungen zum Theil unter clerikalem Einfluss und durch Geistliche entstanden, welche nicht verfehlt haben werden, die Namen der anticlerikalen Fürsten auszumerzen, da, wo es unstatthaft war, auch deren Gesetze verschwinden zu machen. Hinter gar manchem anonymen Gesetze würde demnach ein König versteckt sein, dessen Andenken den Clerikalen wenig behagte, und folgerichtig müssten dergleichen namenlose Gesetze in demselben Masse den gothischen Rechtsbegriffen älterer Zeit um so viel näher stehen, wenn man auch später dafür gesorgt haben wird, Verordnungen, welche die Machtstellung der Geistlichen positiv einschränkten, bei

---

[95]) *IV.* 3. 3. *Fls. Gls. Suintls. Rex. Antiqua noviter emendata. IV.* 4. 1. *Fls. Gls. Suinds. R. Antiqua.* Hätte freilich Türk (Forschungen I. 45) Recht, so wäre Suintila nur eine andere Form für Chintila, und unser Chintila (621 – 631) zum Unterschied von dem spätern (636 — 640) als Chintila I. aufzuführen. Allein dazu liegt nicht die geringste Veranlassung vor, da bei Isidor (*Hist. Goth.*) und im *Conc. Tolet. IV.* der Name von Jenem nur Suintila oder Suinthila heisst, der wirkliche Chintila aber in den Acten des *Conc. Tolet. V.* und *VI.* nie anders als Chintila. Demgemäss heisst es im *Chron. Albeld.*: *Reges Gothorum a Suintilane usque ad Chintilanem.* Uebrigens ist v. Savigny der Ansicht, dass IV. 3. 3 aus der *Lex Romana, L.* 4. *Cod. Theod. III.* 17., entlehnt sei.

Seite zu schaffen. Woher freilich die Leoner Handschrift die Notiz in Betreff Suintila's hatte, ist schwer zu sagen; indessen lässt es sich denken, dass, so gut wie Abschriften von der Antiqua sich erhielten, auch die bis auf Chindaswind hinzugekommenen Novellen in einer der vielen Handschriften der *Lex Wisigothorum*, deren der zahlreiche Richterstand benöthigt war, die arabische Invasion überdauert haben werden.

Suintila's [96]) Nachfolger, Sisenand, lief weniger Gefahr als Gesetzgeber übergangen zu werden, vorausgesetzt, dass er sich überhaupt daran wagte; und wirklich war es eine wunderliche Tücke des Schicksals, dass gerade auf das Haupt dieses nichts weniger als thatenreichen Fürsten der Ruhm gehäuft wurde, „die westgothischen Gesetze in Ordnung gebracht zu haben," um einen Ausdruck Johannes v. Müller's zu gebrauchen. Das Missverständniss bedarf gar keiner ernstlichen Widerlegung, denn abgesehen davon, dass sowohl der *Primus Titulus de electione principum* als Einleitung zu dem ersten Buche des Gesetzbuchs, so wie auch die Novellen, welche zum Schlusse den ganzen dritten Titel des zwölften Buches füllen, in den besten Handschriften gar nicht enthalten sind, führen nicht einmal die beiden Handschriften (*Compl.* und *S. J. R.*), in denen der lateinische *Primus Titulus* figurirt, jene so lange missdeutete Ueberschrift der spanischen Uebersetzung: *Esti libro fó fecho de LX. VI. obispos enno quarto concello de Toledo, ante la presencia del Rey Don Sisnando, enno tercero anno que regnó. Era de DC et LXXXI. anno.* Der *Titulus Primus* enthält einen blossen Auszug aus den Concilien von Toledo und wird daher auch in dem oben erwähnten Codex aus Benevivere von P. de Sobreira mit den Worten aufgeführt: *Una coleccion de cánones tomados de los primeros concilios toledanos, que son cánones precisamente civiles,*

---

[96]) Nicht erklären kann ich es mir, warum in dem Königsverzeichniss einiger Handschriften des spanischen Fuero Juzgo Suintila's Namé durch Flavius Orius ersetzt wird, ein Name, in den auch der spätere Erwig verunstaltet wurde. Fredegar (*Chron. c.* 73) sagt von ihm: *Cum esset Senzila nimium in suis iniquus, et cum omnibus regni sui primatibus odium incurreret, cum consilio ceterorum Sisenandus quidam ex proceribus ad Dagobertum expetiit.*

y forman en este Fuero Juzgo como un libro aparte. Dieser *libro aparte* war es, den die 66 Bischöfe in Toledo zum Theil anfertigten, und dass Isidor, der die Versammlung leitete und inspirirte, ernstlich darauf bedacht war, den Thron gesetzlich gegen aufrührerische Prätendenten sicher zu stellen, ist ein schönes Zeugniss auch für die staatsmännische Begabung des seltenen Mannes.

Die Acten des Concils zeigen uns den König Sisenand, wie er in Begleitung der vornehmsten und angesehensten Grossen seines Hofs vor den in der Kirche der h. Leocadia versammelten Bischöfen erscheint, sich vor den Priestern Gottes auf den Boden wirft und dieselben unter Thränen und Seufzern um ihre Fürbitte bei dem Herrgotte anfleht, eine Zerknirschung, wie sie Reccared bei einer ähnlichen Gelegenheit nicht zur Schau stellte. Immer aber erkennen die versammelten Väter an, dass sie auf Befehl (*imperiis atque jussis*) des Königs berathen, und was sie an kirchlichen Gesetzen zu Stande bringen, ist im Grunde bloss eine Bestätigung und theilweise Ergänzung der auf Leander's Vorschlag von dem dritten Concil von Toledo gefassten Beschlüsse. Alljährlich einmal, und zwar nicht im November, sondern Mitte Juni, „wenn die Erde grün ist und das Gras hoch steht," sollen in allen Provinzen Synoden und, so oft es sich um Glaubens- und allgemeine kirchliche Angelegenheiten handle, General-Concilien abgehalten werden, vor denen Jeder erscheinen kann, der sich durch Bischöfe, Adelige, Richter und wen sonst noch bedrückt und beeinträchtigt glaubt. Die Synode hat darüber zu entscheiden und der königliche Executor dafür zu sorgen, dass die Synodalerkenntnisse zu Gunsten der Benachtheiligten auch ausgeführt werden, was den Kirchen-Versammlungen in gewissem Betracht die Befugniss von Appellations-Gerichten beilegte. Auch in dem folgenden Canon (4), der genau den Hergang der Concilien regelt, wird darauf bestanden, dass, falls ein Laie nicht minder als ein Geistlicher aus der vor der Kirche stehenden Menge an die Versammlung appellire, die Angelegenheit sofort zu erledigen sei. Alles was die Kirchenzucht betrifft, zeugt von einem ungemein scharfen und klaren Geiste, dem ausser Gregor dem Grossen die abendländische Kirche jener Periode nichts Aehnliches an die Seite zu stellen hat; während Isidor mit Priestern zu thun hatte, denen er untersagen musste, *magos, aut aruspices, aut ariolos, aut certe augures, vel sortilegos, vel eos, qui profitentur artem aliquam*, zu Rathe zu ziehen. Auffallend ist das Verbot des 30. Canons, dass kein an der Grenze wohnender Geistlicher sich unterstehen solle, insgeheim nach dem Auslande Aufträge anzunehmen, oder gar zu besorgen, wobei man an verrätherische Verbindungen zu denken haben wird, welche zumal die septimanische Geistlichkeit mit Burgundern und Franken, wohl gar mit Rücksicht auf Sisenand's Empörung gegen Suintila, angeknüpft hatte. Isidor war einsichtig genug, das heillose Treiben solcher Ränkeschmiede, in welcher Gestalt sie auch auftreten mochten, zu verurtheilen. Die königliche Ernennung zu Richtern wurde den Geistlichen nur für den Fall anzunehmen gestattet, dass ihnen zuvor eidlich die Versicherung gegeben würde, dass kein Todesurtheil vollstreckt werden sollte [97]). Ebenso nachdrücklich wird den Bischöfen der Schutz der Unterdrückten und das Einschreiten gegen ungerechte Richter und Herren auf die Seele gebunden, und abweichend von dem *Concilium Hispalense II.* die dreissigjährige Verjährung bei strittigen Diöcesen ausgesprochen, wovon jedoch Abstand zu nehmen sei, wenn dadurch eine Diöcese ihrem Provinzial-Verbande entzogen würde. Die Person des Königs wird bei dem 47. Canon herangezogen, wo auf Sisenand's Geheiss verordnet ist, dass die freigeborenen Geistlichen von allen öffentlichen Steuern und Diensten frei sein sollen, wogegen der Geistliche, der bei einem Aufstand freiwillig zu den Waffen greift, seines Grades verlustig geht und ins Kloster geschickt wird (c. 45). Die gelegentliche Bemerkung (c. 45), dass das Gesetz die Zerstörung von Gräbern mit dem Leben bestrafe, stimmt insofern nicht mit dem Gesetzbuch, als X. 2. 1 nur den Sklaven, die sich eine Verletzung eines Grabes zu Schulden kommen lassen, der Feuertod angedroht wird.

---

[97]) c. 31: *ubi jurejurando supplicii indulgentia promittitur, non ubi discriminis sententia praeparatur.*

Die zehn Judengesetze (c. 57—66) können auf Neuheit keinen Anspruch machen: sie wiederholen, zum Theil unter Berufung auf den König (c. 59, 65, 66), nur das was auf dem dritten Toledanischen Concil und in dem Erlass Sisebut's anbefohlen worden war. Davon freilich ist in keinem frühern Gesetze die Rede, dass die Judenkinder ihren Eltern abgenommen und ins Kloster, oder christlichen Leuten zur Pflege und Erziehung übergeben werden sollen. Eine solche Massregel war um nicht viel menschlicher als gewaltsame Bekehrung, vor der Isidor (c. 57) warnte, ohne übrigens den unter Sisebut (*temporibus religiosissimi principis Sisebuti*) gewaltsam Getauften die Rückkehr zu ihrem alten Glauben zu gestatten. Fernerhin wird den Bischöfen in verdächtiger Weise verwehrt, Kirchensklaven frei zu lassen (c. 67), wenigstens nicht ohne vollen Ersatz dafür zu leisten, und ausserdem behauptet die Kirche ihr Patronatsrecht über die Freigelassenen uneingeschränkt. Die 74 kirchlichen Canones schliesst zuletzt ein politischer Act: das Gothenvolk wird ermahnt, die dem jedesmaligen Könige geschworene Treue unverbrüchlich zu halten und sich in Allem nach Herkommen und Gesetz zu richten [98]). Kirchlich verflucht sei wer zuwider handelt, und ausgestossen für alle Zeit aus der Gemeinschaft des Gothenvolkes der abgesetzte König mit seiner ganzen Familie. Letztern Beschluss fasste das Concil *cum gentis consultu*, was auf die persönliche Zustimmung der anwesenden Grossen und den Beifallsruf der aussen stehenden Menge bezogen werden kann. Die Geschichte kennt nicht viele Urkunden von so eindringlicher und zugleich erhebender Wirkung, wie diese von Isidor stammende *commonitio plebis*, in jeder Hinsicht ein Meisterstück, vom kirchlichen sowohl als vom staatlichen Standpunkt aus betrachtet. Ein gewaltigeres Wort ist in einem von Par-

---

[98]) *Non sit in nobis, sicut in quibusdam gentibus infidelitatis subtilitas impia, non subdola mentis perfidia, non perjurii nefas, nec conjurationum nefanda molimina; nullus apud nos praesumptione regnum arripiat; nullus excitet mutuas seditiones civium; nemo meditetur interitus regum, sed defuncto in pace principe primatus totius gentis cum sacerdotibus successorem regni communi consilio constituant, ut dum unitatis concordia a nobis retinetur, nullum patriae gentisque discidium per vim atque ambitum oriatur.*

teiungen zerrissenen Zeitalter von einem Priester noch nicht gesprochen worden, und der es sprach, steht unerreicht über seinen Umgebungen. Der einzige, aber auch radikale Fehler war nur der, dass die Priesterpartei schlechterdings kein Verständniss hatte von der gothischen Staatsidee und ihre eigenen herrschsüchtigen Gelüste nicht zu bewältigen wusste. Romanische Kirche und germanisches Staatsrecht konnten auf die Dauer sich nicht vertragen: vorläufig befand sich die einheitlich organisirte Kirchengewalt in entschiedenem Vortheil darum, weil das Gothenthum in sich selbst zerfallen und der jedesmalige Hofadel, im Besitze der einträglichen Kronämter, den andern Grossen verhasst war. Abgesehen von dem kirchlichen Gegensatz, lag der Same der Zwietracht in der unausgeglichenen und unausgleichbaren Machtstellung zwischen den Inhabern von Kronämtern und dem unbesoldeten, oder nach den fernen Provinzen verwiesenen Geburtsadel.

Unverändert ist von allen Canones des gedachten Concils keiner in das *Forum Judicum* übergegangen: bloss von c. 66 finden sich Ausdrücke in L. W. XII. 2. 11, XII. 3. 12, und mit demselben Rechte könnte man dafür halten, eine und die andere Bestimmung wäre nicht unmittelbar aus dem dritten, sondern erst mittelbar aus dem vierten Concil von Toledo in das Westgothen-Gesetz übergegangen. Wie es sich damit auch verhalten mag: Sisenand's übrige Regierung war ebenso thatenlos als Isidor's Mahnrede unwirksam. Ein gegängelter Monarch ruft überall schlummernde Parteileidenschaften wach und die politische Lage des Reichs hatte sich nicht nur nicht gebessert, vielmehr der Strudel der Empörung an Ausdehnung so sehr zugenommen, dass er die bisher unberührt gebliebenen Schichten der Bevölkerung ergriff und das ganze Gesellschaftsgebäude zu verschlingen drohte. Wie Chintila auf den Thron gelangte, darüber fehlen uns gleichzeitige Berichte: allein das fünfte Concil von Toledo, das derselbe gleich nach dem Antritt seiner Regierung versammelte, enthüllt beredter, als es Chronisten gethan haben würden, die ganze damalige Lage. Sei es dass Gefahr im Verzuge war, sei es dass die meisten Bischöfe der Einladung nach Toledo nicht Folge geben mochten, oder nicht konnten: das Concil war so schwach besucht, dass man es für ein Provinzial-Concil halten müsste, wenn nicht auch einige auswärtige Bischöfe, unter ihnen Braulius von Çaragoça, der Verehrer und Freund des unterdessen verstorbenen Isidor, zugegen gewesen wären. Dennoch hat man übersehen, dass von den 6 Metropoliten (Toledo, Hispalis, Merida, Braga, Tarragona, Narbonne) nur der auf den erzbischöflichen Stuhl von Toledo erhobene gelehrte Eugenius als Vorsitzender der Versammlung beiwohnte, und da einem den Acten angehängten königlichen Erlasse zufolge das Concil im Juni (636) abgehalten wurde, ergiebt sich daraus, dass diess mit Rücksicht auf die bezügliche Verordnung des vierten Concils von Toledo geschah. Es war der Monat, wo gleichzeitig Provinzial-Concilien veranstaltet werden sollten, und weil Chintila Eile hatte, sich krönen und unter den Schutz der Kirche stellen zu lassen, griff man einige vielleicht zufällig anwesende Bischöfe aus andern Kirchenprovinzen auf, um der Versammlung den trügerischen Schein eines National-Concils zu geben.

Einem so erbärmlichen Zustande der Krongewalt entsprechen die gefassten Beschlüsse, die bloss zum Scheine einen einzigen kirchlichen Gegenstand, dreitägige Busslitaneien im December, behandelten und ausserdem sich einzig und allein mit der Person des Königs beschäftigten. Man berief sich auf die allgemeine und grosse (*universalis et magna*) Kirchen-Versammlung (*Tolet. IV.*), ausserdem aber mussten Vorkehrungen [99]) gegen solche Kronprätendenten getroffen werden, die, obschon von gemeiner Abstammung, dasselbe Recht wie jeder Andere auf den Thron zu haben glaubten. Auch gegen die Unsitte, durch abergläubische Wahrzeichen den Tod eines Monarchen vorauszuerfahren und daraus eigenen Vortheil zu ziehen [100]), sollte Ab-

[99]) *c. 3: quos nec origo ornat, nec virtus decorat, passim putant licenter ad regia potestatis pervenire fastigia. — — Quisquis talia meditatus fuerit, quem nec electio omnium provehit, nec Gothicae gentis nobilitas ad hunc honoris apicem trahit, sit a consortio catholicorum privatus et divino anathemate condemnatus.*

[100]) Die *mathematici, malefici, incantatores, immissores tempestatum, haruspices, augures, vates, harioli, invocatores daemonum,* die schon in der *Lex Romana Wisigothorum* mit Strafe bedroht waren, spuckten weit und breit

hilfe geschafft, das Verfluchen des Monarchen strengstens untersagt werden. Auch für diejenigen musste Vorsorge getroffen werden, die bei Lebzeiten des Königs von ihm rechtmässig beschenkt worden waren und nach seinem Tode jedesmal Gefahr liefen, die siegreiche Partei über ihre Habe herfallen zu sehen. Das Begnadigungsrecht kündigte das Concil als eine Prärogative der Krone an. Die meisten dieser Verordnungen gingen, wenn schon in veränderter Gestalt, in das Gesetzbuch über, und den Namen Chintila's mochten die nachherigen Redactoren darum verschweigen, weil das Concil kein eigentliches National-Concil war. C. 4 stimmt genau zu L. W. VI. 2. 1 (*Qui de salute vel morte principis ariolos, aruspices, vel vaticinatores consulit*), und wenn das Gesetz in der jetzigen Gestalt auch aus der Zeit Chindaswind's stammt, so hat *Cod. Legion.* den beachtenswerthen Beisatz: *Antiqua.* Dem c. 5 (*De his qui principes maledicere praesumunt*) entspricht II. 1. 7 (*De non criminando principe, nec maledicendo illi*), als Gesetz Receswind's aufgeführt, von der Leoner Handschrift aber gleichfalls dem Chindaswind zugeschrieben. Die Vollmacht, sein rechtmässiges Eigenthum zu verschenken, wird dem Monarchen II. 1. 5 (von Receswind, nach andern

---

in Spanien noch das ganze Mittelalter hindurch und bis in die neueste Zeit. Abweichend von den andern Völkern, zu denen germanischer Aberglaube drang, blieben die Spanier der etrurisch-römischen Sitte der Vogelschau mit ungewöhnlicher Zähigkeit zugethan. Das *Poema del Cid* lässt den *Campeador* wiederholt nach den Vögeln ausschauen, und der Graf von Barcelona, Berenguer el Fratricida, wirft ihm höhnisch vor, die Berge, die Raben, die Krähen, die Sperber, die Adler seien seine Götter. Durch Fauriel weiss man, dass der abergläubische Gebrauch das ganze 12. und 13. Jahrhundert hindurch unter den Provençalen allgemein verbreitet war. Die *Cento Novelle* erzählen von einem Sire Imberal del Balzo, der nach spanischem Brauch das Augurium trieb, und Barral, Graf von Marseille († 1192), hatte einen spanischen Astrologen. In manchen deutschen Sagen zeigen Bilder von Thieren die künftigen Geschicke an. In einer etwas spätern Zeit wurde es eine schwarzkünstlerische Liebhaberei der Franzosen, von verhassten Personen Wachsfigürchen anzufertigen und mit Nadeln zu stechen, oder durchs Feuer verzehren zu lassen, in dem Wahne, die lebenden Vorbilder würden davon zu Grunde gehen. Der Tabuh der Südsee-Insulaner ist um nichts abergläubischer als der französisch-normännische Brauch, um dessen willen Tausende hingerichtet wurden.

anonym und wahrscheinlich schon unter Chindaswind überarbeitet) und II. 1. 6 (von Chindaswind, in der Leoner Handschrift anonym und darum überarbeitet) anerkannt, und in dem letztgenannten Gesetz weist die Bestimmung, dass die Güter von Landesverräthern denen verbleiben sollen, die sie vom Könige geschenkweise erhalten, auf c. 6 zurück. Ausserdem sind die beiden Gesetze dadurch merkwürdig, dass sie den Begriff des Kronguts und zwar von Chintila an festsetzten, falls man nicht mit *Cod. Legion.* und einigen andern in II. 1. 5 statt Chintilani — Suintilani lesen will, was an der Sache selbst wenig ändert. Der von Leovigild wohl nicht geschaffene, aber reorganisirte Fiscus hatte, so scheint es, zu grossen Missbräuchen geführt, indem die Könige damit schalteten und walteten, als ob Staatsschatz und Krongut ganz zu ihrer Verfügung gestellt, ihr veräusserliches Eigenthum wären, was den Parteileidenschaften immer neue Nahrung gab. Es bildete sich ein fortwucherndes Bestechungssystem, das wenigen Begünstigten der Hofpartei eine zahllose Menge Unzufriedener gegenüberstellte und Revolutionen unvermeidlich machte. Was vermochten gegen einen solchen Krebsschaden Concilienbeschlüsse! Fortan sollte der Monarch zwar über die Einkünfte des Kronguts verfügen, dasselbe jedoch weder verschenken, noch vererben können, und überhaupt zwischen seinem Privatvermögen und dem Staatsgut streng unterschieden werden. Endlich hat man das Chindaswindische Gesetz in Betreff des königlichen Begnadigungsrechts VI. 1. 6, in der Leoner Handschrift abermals mit dem Beisatz: *Antiqua*, mit dem 8. Canon in Verbindung zu bringen, so dass Chindaswind derjenige war, der den Beschlüssen des 5. Concils von Toledo im Ganzen bürgerliche Rechtskraft verlieh.

Man begreift, dass der *triumphator in Christo*, ich meine Chintila, schon seiner nichts weniger als gesicherten Stellung wegen ein lebhaftes Bedürfniss empfand, die übereilte Hast seines ersten Concils durch die regelmässige Einberufung einer Reichsversammlung wieder gut zu machen. Warum das 6. Concil von Toledo (638) [101]) kein Metropolitanbischof in dieser Ei-

[101]) Im 16. Canon wird der frühern Synode mit den Worten gedacht: *ea quae*

genschaft, die anwesenden Bischöfe von Narbonne, Braga, Toledo, Sevilla, Tarragona vielmehr nur wie die andern als einfache Bischöfe unterzeichnet haben, wird seinen Grund in einer Rangstreitigkeit gehabt haben, und Eugenius von Toledo, der die Bescheidenheit so weit trieb, dass er noch auf dem 7. Concil mitten unter den Metropoliten als blosser *episcopus* unterschrieb, mochte dadurch die Unregelmässigkeit abbüssen, die er sich bei der Abhaltung des 5. Concils hatte zu Schulden kommen lassen. Von einem Toledanischen Primas ist überall noch nicht die Rede. Dass aber das 5. Concil als General-Concil anerkannt wurde, ist aus c. 18 des darauf folgenden sechsten ersichtlich, wo jenes *universalis synodus* heisst; überhaupt werden die zum Schutze des jeweiligen Königs und seiner Familie daselbst gefassten Beschlüsse von neuem eingeschärft, mit dem Beisatz (c. 17): *Rege defuncto nullus sub religionis habitu detonsus aut turpiter decalvatus, aut servilem originem trahens, vel extraneae gentis homo, nisi genere Gothus et moribus dignus provehatur ad apicem regni.* So weit war es also gekommen, dass der nächste beste Ausländer oder Sklave als Thronbewerber aufzutreten sich anmassen konnte! In Gemeinschaft mit den weltlichen Grossen (*cum suorum optimatum illustriumque virorum consensu*) vermeinte die Versammlung (c. 3) der Ketzerei den Todesstoss dadurch zu versetzen, dass fortan jeder Monarch bei seiner Thronbesteigung beschwören sollte, den Juden die Verletzung des katholischen Glaubens nicht gestatten zu wollen. Die Aechtheit der an Receswind gerichteten Eingabe der Juden von Toledo dahingestellt (L. W. XII. 2. 16), mussten dieselben auf Chintila's Befehl sich durch Namensunterschrift verpflichten, der katholischen Religion treu anhängen zu wollen. Um wie viel christlicher gebietet c. 11, dass Niemand verurtheilt werden soll, ohne dass man ihm seinen Ankläger gegenüberstelle, und bevor der Fall nach weltlichem und kirchlichem Recht (*secundum legum et canonum sententias*) untersucht sei, was in dem Gesetzbuch so nicht steht, aber vortrefflich zu jenen trostlosen Zeiten passt. Die Verord-

---

synodus praeterito anno in hac ecclesia habita constituit. Danach müsste entweder das 5. Concil i. J. 637, oder das 6. um ein Jahr früher, folglich 637, abgehalten sein.

nung wegen der *Confugientes ad hostem* (c. 13) erinnert an L. W. II. 1. 6, wo wiederum die Regierung Chintila's als Zielpunkt für die rückwirkende Kraft des Gesetzes angegeben ist.

Was halfen alle Vorsichtsmassregeln, wenn die Heilung nicht von Innen ausging! Romanenthum und Gothenthum, früher durch den mehr oder weniger feindlichen Gegensatz, in dem sie zu einander standen, zusammengehalten und auf die Pflege ihrer nationalen Besonderheiten angewiesen, zerflossen nach Beseitigung der religiösen Schranken in einander, ohne sich gegenseitig zu durchdringen, und in der daraus entstehenden trüben Mischung wühlten die Parteien, indem Keiner auf etwas Anderes bedacht war, als wie er das grösste Beutestück an sich risse. Den einzelnen Geistlichen mochte es wohl Ernst sein, dem heillosen, zu gänzlicher Auflösung aller gesellschaftlichen Bande führenden Zustand ein Ende zu machen: die romanische Kirche als Ganzes begnügte sich mit halben Anstrengungen und spekulirte auf ihre eigene Machterweiterung. Eingeklemmt zwischen einer machtlosen Priesterpartei und einem gesetzlosen Adel, ein Spielball aller bösen Leidenschaften, die tief hinab in die untersten Schichten des Volkes gedrungen waren, musste das Reich zu Grunde gehen, wenn diejenigen, welche wirkliche und nicht bloss eingebildete Macht besassen, sich nicht noch rechtzeitig aufrafften. Dazu bedurfte es eines abermaligen Staatsstreichs.

IV.

In Ermangelung gleichzeitiger Berichte auf blosse Vermuthungen angewiesen, erzählen die spanischen Geschichtschreiber, dem Chintila sei sein Sohn Tulga nachgefolgt, ein milder und frommer Jüngling, der in Frieden regiert, freigebig, natürlich gegen die Kirche, gewesen und nach kurzer Regierung in Toledo sanft entschlafen sei.

Sehr abweichend davon beschreibt der fränkische Chronist Fredegar, und nach ihm Sigebertus Gemblacensis [102], den Hergang so, dass die gothische Partei, auf Chindaswind's Anstiften, dem schwachmüthigen Tulga den Kopf schor und ihn ins Kloster steckte. Darauf den Vorwurf bauen, die fränkischen

---

[102]) Fredeg. Chron. c. 82 (Du Chesne. I.): *Hujus Tolganis adulescentia omnis Spania more solito vitiatur, diversa committens insolentia. — Tolganem degradatum ad honos clericati tonsorare fecit. — Qui cum omnem Spaniam suae ditioni firmasset cognito more Gothorum, quem de regibus degradandis habebant, unde saepius cum ipsis in consilio fuerat, quoscumque ex eis hujus vitii promptum contra reges, qui a regno expulsi fuerant, cognoverat fuisse noxios, totos singillatim jussit interfici, aliosque exilio condemnare, eorumque uxores et filias suis fidelibus cum facultatibus tradidit.* Nicht weniger als 200 vornehme und 500 gemeine Leute soll dieses Loos betroffen haben, wohl die meisten, weil sie sich gegen Chindaswind selbst empörten. Sehr ungenau in Betreff der Zeitangaben erzählt Sigebert (Pertz, *Monum. VIII. Scriptor. VI.* 327) nach Fredegar: (*a.* 684) *Tolgane a Wisigothis propter pueritiae levitatem reprobato et in clericum tonsorato, Chintasindus regnat post eum annis* 20. Fredegar bricht beim Jahre 641 ab, und mit ihm hören, ähnlich wie in Spanien bis auf Julian, die fränkischen Chronisten bis auf Eginhard fast ganz auf. Von Fredegar urtheilt Martin (*Histoire de France.* 1855. *II.* 149): *écrivain aussi supérieur à ses continuateurs et à l'auteur des Gesta Regum Francorum, qu'il est inférieur à Grégoire de Tours.*

Chronisten hätten die Gothen bloss anschwärzen wollen, zeugt von um so grösserer Uebereilung, als Isidor von Beja, der den Ereignissen noch nahe genug stand, um den wahren Sachverhalt ermitteln zu können, die Thronentsetzung Tulga's deutlich genug durchblicken lässt. Nachdem er über ihn berichtet: *Tulgas, bonae indolis et radicis, Gothorum regno suscepto principatur ann. II,* fährt er gleich darauf und ohne den Tod Tulga's [103]) zu erwähnen weiter fort: *Ghindasvinthus per tyrannidem regnum Gothorum invasum Hiberiae triumphabiliter principatur, demoliens Gothos, sexque per annos regnat.* Verständlicher kann man nicht durch die Blume reden, und hält man die Nachricht zusammen mit den unmittelbar vorangehenden und nachfolgenden Ereignissen, so liegt es am Tage, dass eine Usurpation stattgefunden haben muss.

Unter den letzten Regierungen war das westgothische Königthum zu einem reinen Schattenbilde geworden. Je ergebener der Monarch sich der Geistlichkeit erwies, je gewissenhafter er seinen kirchlichen Pflichten nachkam, desto trauriger sah es im Staate und in der bürgerlichen Gesellschaft aus: Keiner wollte gehorchen, Jeder befehlen, und ungestraft regten sich die antisocialen Gelüste von leisen Unordnungen an bis zu den schwersten Verbrechen. So lange die königliche Gewalt zwischen den beiden Parteiungen, theils gehätschelt, theils verachtet, hin und her schwankte, anstatt tonangebend und lenkend über ihnen zu stehen, war kein Heil zu erwarten; es kam also darauf an, die königliche Prärogative aus ihrer Erniedrigung in eine ehrenvolle und gebietende Stellung emporzuheben, ihr wieder eine selbständige, von den Parteien unabhängige Machtentwickelung zu ermöglichen. Dazu hat Chindaswind den Anstoss gegeben, ein Fürst, dem eine klare Einsicht in die Natur des herrschenden Uebels und in das Wesen des allein anwendbaren Heilmittels nicht abgesprochen werden kann. Aus einer und

[103]) Die Angabe, Tulga habe zwei Jahre regiert, stimmt überein mit der Jahreszahl im Königs-Register des *Cod. Vatican.* der Königin Christine (*n.* 1024). Wenig abweichend und vielleicht noch genauer haben einige castilianische Handschriften: *Reulga regnó II. annos et IV. meses.*

derselben an sich wenig zuverlässigen Quelle haben viele ältere Chronisten die Nachricht geschöpft, Tulga habe durch öffentliche Gesetze die Beschlüsse der frühern Kirchenversammlungen bestätigt, was sehr wohl der Fall gewesen sein kann, und seinem Nachfolger es nur um so einleuchtender machen musste, das Staatsgebäude nicht ausschliesslich auf den schwachen Grund von Concilienbeschlüssen zu stellen, vielmehr im Staatsgesetze selbst Abhilfe für die überall zu Tage liegenden Gebrechen zu suchen, überhaupt die Worte zu Thaten werden zu lassen.

Die Mittel und Wege dazu waren durch den Verlauf der vorhergehenden Regierungen von selbst vorgezeichnet: sollte die königliche Gewalt wieder gehoben werden, so bedurfte es allernächst einer staatsrechtlichen Unterlage, für welche Concilienbeschlüsse keinen Ersatz boten. Aus der unabweisbaren Forderung ergab sich von selbst die Nothwendigkeit, was in dieser Richtung durch die Kirchenversammlungen vorgearbeitet worden war in das Landesgesetz aufzunehmen, und war man einmal so weit, so lag es nahe genug, dem privatrechtlichen Charakter des seither gültigen Gesetzbuchs die staatsrechtliche Grundlage einzuverleiben und daraus ein abgeschlossenes Ganzes zu bilden. War so das Reichsgesetz fertig geworden, so gehörte eben nicht viel politischer Scharfsinn dazu, um einzusehen, dass dasselbe eine durchgreifende, den revolutionären Schwindel abwehrende Wirkung nur dann haben würde, wenn es als Landesgesetz für alle königliche Unterthanen, ohne Unterschied der Geburt und der Nationalität, verbindende Kraft und die andern vorhandenen Rechte ihre gesetzliche Geltung verloren hätten. Diess und nichts Anderes hat Chindaswind beabsichtigt, und dass ihm dabei das römisch-byzantinische Staatsrecht vorschwebte, müsste man glauben, auch wenn keine directen Zeugnisse dafür vorlägen. Allerdings konnte er so ohne weiteres nicht an seine Aufgabe schreiten: zahlreiche Schwierigkeiten mussten erst geebnet, hartnäckiger Widerstand niedergeworfen sein, ehe eine so durchgreifende Umgestaltung sich ins Werk setzen liess.

Sind wir recht berichtet, so zählte Chindaswind, als er vom

Throne gewaltsam Besitz ergriff, nicht weniger als 79 Jahre. Unbeugsamer Wille und klarer Verstand, gereift durch eine Lebenserfahrung, die bis in das ruhmwürdige Jahrhundert Leovigild's zurückreichte, machten aus ihm nicht etwa einen übernächtigen Prätendenten, deren es so viele gab, sondern einen Thronräuber, der sich berufen fühlte, der Retter seines Volkes zu werden. Ohne eine starke Partei im Rücken und ohne die Mithilfe seines Sohnes Receswind hätte Chindaswind von ferne nicht sich an ein so kühnes und weitaussehendes Unternehmen wagen können, und gewiss fiel gar mancher seiner früheren Anhänger von ihm ab, als der greise König keinen Widerstand, keine Unbotmässigkeit aufkommen liess und unnachsichtig Jeden aus dem Wege räumte, der dem Gesetze und dem Befehle des Monarchen zu nahe trat. Die Geistlichkeit stand während der Empörungen und zur Vertheidigung der ihr liebsamen Persönlichkeiten nicht weniger unter den Waffen, als Adel und Volk; hatte doch Isidor auf dem 4. Concil von Toledo (c. 45.) den Unfug namentlich verbieten müssen [104]). Die Hinrichtungen zählte man nach Hunderten und noch weit mehre flüchteten ins Ausland, um bei der ersten besten Gelegenheit mit den Waffen in der Hand die Heimkehr zu erstreiten. Darüber verstrichen einige Jahre und sobald der revolutionäre Widerstand gebrochen, die Ruhe nach Aussen und nach Innen befestigt war, ging Chindaswind daran, durch die Strenge des Gesetzes die verwilderten Gemüther in Zucht zu nehmen. Wäre uns von Fredegar auch nicht eine Sylbe erhalten, liesse sich gleichwohl aus den Gesetzen, die Chindaswind erliess, eine vollständige Einsicht in sein Zeitalter, namentlich in die Umtriebe und Verschwörungen, die er zu bekämpfen hatte, gewinnen. Diesem Leitfaden nachzugehen, ist eine dankbare Aufgabe.

Das Gesetzbuch nennt den Chindaswind zuerst II. 1. 6, wozu die Handschriften von Leon und Toledo keinen Namen, andere den Namen des Receswind vorsetzen. Seinem wesent-

---

[104]) *Clerici, qui in quacumque seditione arma volentes sumpserint aut sumpserunt, reperti amisso ordinis sui gradu in monasterium poenitentiae contradantur.*

lichen Inhalt nach kann das Gesetz nur von Chindaswind sein, aber möglich ist es, dass Receswind nachhelfende Hand daran legte. Wie oben bemerkt wurde, nimmt Chindaswind, mit Uebergehung Tulga's, die Regierung Chintila's zum Ausgangspunkt und verordnet schon im zweiten Jahre seiner eigenen Regierung, dass wer seither [105]) mit feindlichen Absichten gegen das Gothenvolk zu den auswärtigen Feinden sich begeben habe, oder künftig begeben werde, oder auch seit seinem Regierungsantritt im Lande selbst Unruhen angezettelt habe, der solle im Betretungsfalle mit dem Tode bestraft, oder, wenn der König ihn begnadige, geblendet werden. Sein Vermögen fällt dem Könige anheim, der nach Belieben darüber verfügen kann, so zwar, dass es demjenigen, der es als Geschenk erhält, unter keinerlei Vorwand wieder abgenommen werden kann. Was weiter folgt, nämlich dass die Urkunden, worin solche Verbrecher ihre Habe zum Scheine Andern verschreiben, null und nichtig sein sollen, und zumal der Schluss [106]) des Gesetzes könnte später hinzugefügt sein. Das folgende Gesetz (II. 1. 7: *De non criminando principe, nec maledicendo illi*) läuft in der Ausgabe unter Receswind's Namen, die Leoner Handschrift dagegen legt dasselbe dem Chindaswind bei, und zwar, wie mir scheint, mit Recht, da die angedrohten Stockstreiche sehr gut zu II. 1. 6 passten, und Chindaswind ja auch die andern Beschlüsse des 5. Concils von Toledo rechtskräftig machte; II. 1. 8 (*De remotis alienarum gentium legibus*) verordnet Chindaswind den alleinigen Gebrauch seines Gesetzbuchs, und wenn das nächstfolgende Gesetz, das den Zuwiderhandelnden mit einer Geldstrafe von 30 Pfund Gold bedroht, von den meisten dem Receswind zugeschrieben wird, so hat *Cod. Legion.* statt dessen: *Antiqua. Fl.*

---

105) *Quantis hactenus Gotorum patria concussa sit cladibus, quantisque jugiter quatiatur stimulis profugorum, ac nefanda superbia deditorum, ex eo pene cunctis cognitum est, quod et patriae diminutionem ostendunt, et hac occasione potius quam expugnandorum hostium externorum arma sumere saepe compellimur.*

106) *Si humanitatis aliquid cuicumque perfido Rex largiri voluerit non de facultate ejus, sed unde placuerit principi, tantum ei solummodo concessurus est, quantum haereditatis ejusdem culpati vicessimam portionem fuisse constiterit.*

Chindasvindus R., was insofern Manches für sich hat, als den gothischen Richtern bei ihren Urtheilsprüchen, d. h. wenn sie es mit Gothen zu thun hatten, schon während die *Lex Romana* für die Eingebornen zu Recht bestand, die Anwendung dieses wie jedes andern Fremdrechts untersagt war. So wie es vorliegt, wird das Gesetz allerdings dem Receswind zugeschrieben werden müssen. II. 1. 10 (*De diebus festis et feriatis, in quibus non sunt negatia exercenda*) ist nach Form und Inhalt ganz in Chindaswind's Geist geschrieben, dürfte jedoch theilweise Bestandtheile älteren Rechts enthalten (*Cod. Legion.* anonym). Das Nämliche gilt von II. 1. 16 (*De damnis eorum qui non accepta potestate praesumpserint judicare*), wogegen unstreitig Chindaswindisch II. 1. 17 (*De his qui admoniti judicis epistola vel sigillo ad judicium venire contemnunt*) ist, eine ernste Warnungstafel für ein gesetzloses Geschlecht, das sich aus richterlichen Vorladungen wenig gemacht haben wird. Ausser II. 1. 18 (*Si judex interpellantem audire contemnat*), dem würdigen Gegenstück [107]) zu dem vorangehenden Gesetze, glaube ich auch die nachfolgende *Anonyma* (*Si judex per commodum aut per ignorantiam judicet causam*) mit der Leoner Handschrift dem Chindaswind zuschreiben zu dürfen, und andererseits wird demselben Codex auch darin beizupflichten sein, dass er II. 1. 20 (*Si judex dolo vel calliditate aut unam aut ambas causantium partes dispendia faciat sustinere*) von Chindaswind bloss überarbeiten lässt. II. 1. 22 (*Si judex dicatur haberi suspectus, vel si judex contra leges praesumat judicare*) ist beachtenswerth desshalb, weil man daraus ersieht, dass damals noch *judex, comes, vicarius comitis, tiufadus* und *dux* richterlichen Bescheid zu ertheilen hatten, und andererseits hat die Leoner Handschrift das Gesetz füglich ohne Namen lassen können, weil die Bestimmung, dass Solche, die sich von dem Richter in ihrem Rechte gekränkt glauben, den Bischof um Rechtsschutz anzugehen haben, nur eine Wiederholung zum öftern genannter Concilienbeschlüsse

---

[107]) Der Schluss lautet: *Eidem tamen judici liceat, ut in una hebdomada duobus diebus, vel omnibus meridianis horis, si voluerit, absque causarum audientia suae vacet domui pro quiete.*

war, in der vorliegenden Gestalt aber sicherlich dem Chindaswind gehört [108]. II. 1. 23 *(Judex qualiter faciat judicatum)* mit der trefflichen Verfügung, dass Kläger und Verklagter das richterliche Erkenntniss schriftlich ausgefertigt erhalten sollen, und was die Vernehmung der Zeugen anbelangt, entspricht vollkommen dem Standpunkt Chindaswind's, wie auch II. 1. 24 *(De commodis atque damnis judicis vel saionis)*, wo die genaue Feststellung der Gerichtssporteln der Leoner Handschrift zufolge an die *Antiqua* angeknüpft haben wird. II. 1. 29 *(Ut judex, si a quocumque fuerit pulsatus, noverit se petenti reddere rationem)* giebt *Cod. Legion.* sehr glaubwürdig als eine von Receswind überarbeitete *Antiqua*, und auch darin wird demselben beizupflichten sein, dass II. 2. 2 *(Ut nullo audientia clamore aut tumultu turbetur)* [109]) altes Gesetz war; bei II. 2. 4 *(Ut ambae partes causantium a judice vel saione placito distringantur, quo possint ad prosequendum negotium pariter convenire)* wird derselben Quelle zufolge wohl ebenfalls ein alter Gerichtsgebrauch zu Grunde gelegen haben, wenn den beiden Parteien ein Termin, an welchem sie vor Gericht zu erscheinen haben, gestellt und das von dem Säumigen zu entrichtende Strafgeld zwischen dem Richter und Büttel einerseits und dem Kläger andrerseits vertheilt wird. Ganz unzweifelhaft gilt diess von II. 2. 6 *(Quod ab utraque causantium parte sit probatio requirenda)* und wahrscheinlich auch von II. 2. 8 *(Si quilibet ex alterius judicis potestate in alterius judicis territorio habeat causam)*, wofür in beiden Fällen das Zeugniss unserer Handschrift spricht. II. 2. 10 *(Ut petenti servo alieno respondere ingenuus non recuset)*; II. 3. 4 *(Ut in personis nobilibus quaestio per mandatum nullatenus agitetur, et qualiter humilior ingenuus sive servus per mandatum quaestioni subdatur)*; II. 3. 9 *(Qualibus personis potentes, et qualibus pauperes prosequendas actiones injungant)*; II. 3. 10 *(Quod liceat his, quibus commissus est fiscus, pro re fisci quibus voluerit exsequendas injungere actiones)*; II. 4. 1 *(De personis quibus*

---

[108]) Zum Schlusse: *Si forte quisquam pro utilitate regia aliquid scire se dixerit, aditus ei ad conspectum nostrae gloriae negari non poterit.*

[109]) Bei den heidnischen Germanen sorgten die Priester für Ordnung und Stille.

testificari non licet); II. 4. 3 *(De investiganda justitia, si aliud loquitur testis, aliud scriptura)*; II. 4. 4 *(Servo non credendum, et qualibus regis servis debeat credi)*; II. 4. 5 *(Ne testis per epistolam testimonium reddat, et qualiter injungi testimonium possit)*; II. 4. 6 *(De his qui falsum testimonium dicunt)* — alle diese Gesetze Chindaswind's stehen in der Leoner Handschrift mit dem Beisatz „*Antiqua*," und es ist um so weniger Grund vorhanden, die Richtigkeit des Beisatzes zu bezweifeln, als II. 4. 7 *(De his qui falsum probantur testimonium protulisse, et de spatio sex mensium quo testem liceat infamare, sive ut super mortuum non liceat testimonium dare)*, zusammengehalten mit II. 4. 6, unmöglich von einem und demselben Gesetzgeber herrühren kann. Haltung und Fassung der beiden Gesetze sind durchaus verschieden, und wenn in letzterem auf ersteres verwiesen wird, so braucht es darum noch nicht aus der nämlichen Quelle geflossen zu sein. Die spitzfindige und geklügelte Behandlung von II. 4. 7 passt ein für alle Mal nicht zu dem ernsten und einfachen Sinn der Chindaswindischen Gesetze, dagegen vortrefflich in Erwig's Zeitalter, dem die Leoner Handschrift es zuschreibt. Ihrer Gewohnheit gemäss fügt sie bei II. 4. 8 (*De his qui ad falsum testimonium dicendum alios provocant, vel servos alienos ad libertatem impellunt*); II. 4. 9 (*In quibus causis possint testificare servi*); II. 4. 10 (*De his qui se placitorum scriptis obligant, ne pro aliorum causis veritatem dicant*) zu Chindaswind's Namen die *Antiqua*, und trägt überdiess II. 4. 11 (*De quibus annis possunt testificari minores*) von Chindaswind auf Receswind über. II. 5. 1 (*Quales debeant scripturae valere*) heisst daselbst einfach: *noviter emendata;* II. 5. 6 (*Ne valeant definitiones vel pacta servorum, sine jussu dominorum*) erhält Receswind's Ueberschrift, desgleichen II. 5. 7 (*De turpibus et inlicitis rebus*), beide als Ueberarbeitung älterer Gesetze; II. 5. 12 (*Qualiter firmentur voluntates eorum, qui in itinere moriuntur*); II. 5. 13 (*Ut defuncti voluntas ante sex menses coram sacerdote, vel testibus publicetur*) soll Chindaswind gleichfalls bloss überarbeitet haben, und II. 5. 14 (*De contropatione manuum, si scriptura vertatur in dubium*) wird ihm ganz abgenommen, wie auch III. 1. 4 (*De non revocandis datis arris*). Bei II. 5. 17

(*Ne aliud quisque per testem, aliud per scripturam alligare praesumat*); III. 1. 6 (*De quantitate rerum conscribendae dotis*) hat in der Handschrift wiederum den bekannten Zusatz, und dass sie in Betreff des letztern Gesetzes recht berichtet, dafür bürgt die oben besprochene *Formula XX.*, die aus Sisebut's Zeit herrührt und gleichwohl mit III. 1. 6 in den wesentlichsten Punkten übereinstimmt. Dagegen hat Chindaswind das Gesetz ansehnlich erweitert, und man erkennt recht den strengen und vorsorglichen Fürsten, der seinen Grossen nicht gestattet, ihr Vermögen durch übermässige Brautgaben zu verschleudern. III. 1. 10 (*Ut de quibuscumque rebus dos conscripta fuerit, firmitatem obtineat*) ist sicher Chindaswindisch; das anonyme Gesetz III. 2. 3 (*Si mulier ingenua servo alieno, seu ingenuus ancillae alienae sese conjungat*); ferner die Anonyma III. 2. 5 (*Si quicumque servo alieno ancillam suam, vel servo suo alienam conjungat ancillam*) sind der Handschrift zufolge von Chindaswind überarbeitet, dagegen III. 2. 4 (*Si mulier liberta servo alieno, vel libertus ancillae alienae se societ*) dem Chindaswind fremd und unvermischte Antiqua; III. 2. 7 (*Si domini servos suos esse mentientes ingenuos, mulieribus eos conjungant ingenuis*) von ihm abgeändert. Die Antiqua III. 3. 4 (*Si fratres, vivo an defuncto patre, consentiant raptori sororis*) läuft im Codex unter Chindaswind's Namen; III. 3. 7 (*Infra quod tempus liceat accusare raptorem*) ist unbestritten: Chindaswindus, Antiqua; gemäss der Leoner Handschrift auch III. 3. 9 (*Si servus mulierem libertati traditam rapuerit*) und III. 3. 10 (*Si servus ancillam alterius rapuerit*); endlich nimmt die Handschrift III. 3. 12 (*De ingenuis atque servis, quos in raptu interesse constiterit*) dem Receswind ab und theilt das Gesetz dem Chindaswind als Antiqua zu. Dasselbe gilt von dem anonymen Gesetz III. 4. 12 (*De adulterorum conjugum rebus*), und III. 4. 13 (*De personis, quibus adulterium accusare conceditur, et qualiter perquiri aut convinci jubetur*) wäre der Handschrift zufolge von Chindaswind wiederum bloss überarbeitet; III. 5. 1 (*De conjugiis et adulteriis incestivis*) weist auf IV. 1. 1 ff.; in III. 5. 3 (*De viris et mulieribus tonsuram et vestem religionis praevaricantibus*) hängt die Erwähnung der *Canones* mit *Conc. Tolet. IV. c.* 55 zusammen, was den Zusatz „*Antiqua*" rechtfertigt; III. 5. 5 (*De masculorum stupris*) [110] verdient vielleicht weniger schon ins alte Gothengesetz verwiesen zu werden und gehört jener argen und zerrütteten Periode an, für deren schlechte Sitten Chindaswind gute Gesetze suchte. Mit bewundernswürdiger Strenge züchtigt der grosse Monarch die ehelichen Zügellosigkeiten (*Ne inter conjuges divortium fiat:* III. 6. 2), zu denen die römische Kaiserzeit ein nur zu getreues Seitenstück bildet. IV. 2. 9 (*Quod in omnem haereditatem femina accipi debeat*) und IV. 2. 18 (*Qualiter haereditatem parvuli parentes adsequi possunt*), letzteres Gesetz in der Leoner Handschrift übereinstimmend mit den Fragmenten der *Antiqua* als *noviter emendata* aufgeführt, begründeten, man kann wohl sagen, ein ganz neues, überaus bündig und klar gefasstes Erbrecht. IV. 2. 19 (*De Posthumis*) und IV. 2. 20 (*Ut qui non reliquerit filios, faciendi de rebus suis quod voluerit habeat potestatem*) dürfen nach der Leoner Handschrift nicht dem Chindaswind zugeschrieben werden, sondern standen schon in der *Antiqua*; IV. 3. 1 (*Quod utroque relictus parente pupillus vocetur*) heisst in der Handschrift: *Antiqua noviter emendata;* IV. 3. 2 (*Ex quo incipient computari anni in actionibus pupillorum*) ist unbestritten Chindaswindisch; IV. 5. 1 (*De non exhaeredandis filiis, et quod judicium ferant parentes de facultatibus suis*), IV. 5. 2 (*De quota parte liceat mulieribus judicare de dotibus suis*), IV. 5. 3 (*De his quae parentes tempore nuptiarum dederint filiis suis*) lässt der Leoner Abschreiber von Chindaswind bloss überarbeitet sein und überschreibt IV. 5. 4 (*De filiis ex diversis parentibus natis, et quo discretione parentum adsequantur haereditatem*) allgemein als *Antiqua noviter emendata.* V. 2. 2 (*De donationibus regis*) und V. 2. 6 (*De rebus traditis vel per scripturam donatis*) giebt derselbe als *Cintasvintus, Antiqua,* was in Betreff beider Gesetze durch die Fragmente bestätigt wird.

Dürfen wir der Leoner Handschrift Glauben schenken, so fällt auch auf den dritten Titel (*De patronorum donationibus*)

---

[110]) Auffallend ist die Bestimmung: *Conjugi, sua tantum dote percepta, suarumque rerum integritate retenta, nubendi cui voluerit indubitata manebit et absoluta licentia.* Dazu aus III. 6. 2: *si maritus uxorem, ea nolente, adulterandam cuicumque viro dedisse, vel permisisse convincitur.*

des fünften Buchs erwünschtes Licht. Dieselbe hat die Fragmente der *Antiqua* für sich, wenn sie V. 3. 1 als alt bezeichnet; dagegen gebührt dem anonymen Gesetze V. 3. 3 (*De rebus in patrocinio conquisitis, vel a patrono conlatis*) die Bezeichnung darum wohl schwerlich, weil in den Fragmenten an CCCXI (= L. W. V. 3. 2) sich unmittelbar V. 4. 20 anschliesst. Aus demselben Grunde wird aber auch V. 3. 4 (*De rebus in patrocinio acceptis et conquisitis*) fälschlich in der Ausgabe als *Antiqua* aufgeführt, so dass die Leoner Angabe, Chindaswind sei der Verfasser, unzweifelhaft den Vorzug verdient. Die Handschrift überträgt V. 4. 13 (*De servorum venditis rebus*) von Chindaswind auf Receswind (*Antiqua*) — letzterer Zusatz in Uebereinstimmung mit den Fragmenten — und lässt V. 4. 18 (*Si servus pro crimine, quocumque contractu, ad dominium transierit alterius*) von Ersterem bearbeitet sein. V. 4. 19 (*De non alienandis privatorum et curialium rebus*) lassen die besten Handschriften anonym, und möchte das Gesetz, wenigstens so wie es vorliegt, den gleichen Verfasser haben mit V. 4. 13, falls man auf die beiden gemeinschaftliche, an das römische Recht anklingende Aufzählung: *domus, ager, vinea, mancipium* — *mancipia, terras, vineas, domus* einiges Gewicht legen darf. Jedenfalls bildet V. 4. 19 eines der wichtigsten Gesetze der ganzen Sammlung, auf welches ich später zurückkommen werde. V. 6. 5 (*Si una persona reatu vel debito multis teneatur obnoxia*) ist seinem Hauptinhalt nach, nämlich in der ebenso wohl altrömischen als altgermanischen Bestimmung, dass der zahlungsunfähige Schuldner in die Dienstbarkeit des Gläubigers geräth, mit dem Leoner Codex für alt zu erachten, und Chindaswind entschied nur darüber, wie Ansprüche Mehrerer an eine und dieselbe Person gerichtlich zu ordnen. V. 6. 6 (*Qualiter defuncti debitum, cui violentia post mortem possit inquiri*) und V. 7. 6 (*Si eum, quem aliquis coram judice liberum esse dixerit, postea in servitio repetere velit*) erhalten in der Handschrift zu Chindaswind's Namen den Beisatz „*Antiqua*"; V. 7. 14 (*De conditionibus a manumissore in scriptura manumissi conscriptis*) spricht sie als alt dem Chindaswind ganz ab, und hatten sich allerdings schon frühere Canones dafür entschieden, dass kein freigelassener Kirchensklave gegen seine eigene Kirche als Kläger oder Zeuge sollte auftreten (*Con. Tolet. IV. c.* 68), noch auch zu geistlichen Würden gelangen können, es wäre denn, dass sein Herr ihn ganz aus dem Schutzverhältniss entlassen (*l. l. c.* 73). Aus dem Patronatsrechte leitete man die Unveräusserlichkeit des Peculiums ab in Gemässheit der *Lex Romana, L.* 1. *Paul. Sent.* 3. (*Interp. Si libertus aliqua ex bonis suis hoc animo alienaverit, ne ad patronum, vel filios patroni inter hereditaria corpora perveniant, id, quod hoc ordine per fraudem alienatum constiterit, potest a patrono, vel filiis ipsius revocari*). V. 7. 15 (*De libertatibus servorum fiscalium*) spricht die Handschrift, anstatt dem Chindaswind, dem Receswind zu.

Die wichtigen strafrechtlichen Grundsätze, welche durch VI. 1. 2 (*Pro quibus rebus, et qualiter ingenuorum personae subdendae sunt quaestioni*) zur Geltung kamen, hat Chindaswind, was der Leoner bezeugt, sicherlich zum Theil schon vorgefunden: aber bezeichnend ist es für Chindaswind gleichwohl, dass er den gothischen Adel bei schweren Verbrechen (*in causa regiae potestatis, vel gentis, aut patriae, seu homicidii, vel adulterii*) nicht ausnahm, den Angeklagten vielmehr weder mit der Folter, noch den falschen Ankläger mit der Strafe der Knechtschaft verschonte [111]). Nicht minder offenbart es die gute germanische Zucht, dass der Ehebruch gleich hinter dem Morde kam; dass aber in dem Könige die Fülle auch der richterlichen Gewalt ruhete, in den Palatinen bloss, wenn der Monarch sie ausnahmsweise damit beauftragt hatte, erhellt aus den Worten: *coram judice, vel principe, vel his, quos sua princeps auctoritate praeceperit.* Andererseits war selbst zur Bekleidung der höchsten Hofämter adelige Abstammung nicht schlechterdings erforderlich, da Amt und Adel geschieden werden (*aequalem sibi nobilitate, vel dignitate palatini officii*) [112]), dessen zu geschweigen, dass die niedern Hofchargen (*stabulariorum, gillonariorum,*

[111]) *Si innoxius tormenta pertulerit, accusator ei confestim serviturus tradatur: ut salva tantum anima, quod in eo exercere voluerit, vel de statu ejus judicare elegerit, in arbitrio suo consistat.*

[112]) Im weitern Verlauf ist die Rede von den *nobiles, potentioresque personae, ut sunt primates palatii nostri eorumque filii.*

argentariorum, cocorum praepositi, und selbst Solche, die ihnen im Range vorangingen) schon damals Sklaven des Fiscus waren, oder wenigstens sein konnten, gleichwohl aber das Recht hatten, als Zeugen vernommen zu werden (II. 4. 4). Die übrigen Hofdienstleute durften nur mit ausdrücklicher Erlaubniss des Monarchen zur Zeugenschaft zugelassen werden.

Noch weit grössere Anerkennung verdient es, dass Chindaswind für das auf der Folter erpresste Geständniss im Interesse des Angeklagten Cautelen aufstellte, wovon das römische Recht nichts wusste. Nicht genug, dass die Klage von drei Zeugen unterschrieben sein musste: der Kläger selbst war gehalten, die einzelnen Klagepunkte, welche die Thatsache des Verbrechens ausmachten, schriftlich und insgeheim dem Richter zu übergeben, und das Geständniss, das der Angeklagte auf der Folter ablegte, galt für überführend nur, wenn es genau mit den Angaben des Klägers stimmte. Bei kleineren Verbrechen mussten die Vornehmen, in Ermangelung von Beweisen, schwören, geringere, jedoch freie Leute wurden beim Betrage von 500 Solidi auf die Folter gelegt; VI. 1. 4 (*Pro quantis rebus et qualiter servus aut libertus tormenta portabunt*), in der Leoner Handschrift bereits als altes Gesetz von Chindaswind benutzt, setzte für den *libertus idoneus* die Summe auf 250, für den *libertus inferior atque rusticanus* auf 100 Solidi fest.

VI. 1. 5 (*Qualiter ad regem accusatio deferatur*), in derselben Lage wie das vorangehende Gesetz, begründet die Vermuthung, dass alle Capitalverbrechen, von denen Hochverrath, Fälschung der Urkunden und der Münze, Vergiftung, Hexerei, Ehebruch namentlich aufgeführt werden, und auch solche, die mit Einziehung des Vermögens bestraft wurden, unmittelbar zur Cognition des Königs gebracht werden mussten, so zwar dass der von der Hofhaltung (*de loco ubi tunc regiam potestatem esse contigerit*) entfernt wohnende Ankläger ein von drei Zeugen unterschriebenes Schriftstück dem Könige einzusenden hatte. Auch behielt sich Chindaswind (der Leoner mit dem Beisatz „*Antiqua*") durch VI. 1. 6 (*De servanda principibus potestate parcendi*) für alle Fälle das Begnadigungsrecht vor, ausser beim Volks- und Landesverrath, wo nur mit Zustimmung der Prälaten und der Reichswürdenträger begnadigt werden durfte. Wenn *Cod. Legion.* VI. 2. 1 (*Si ingenuus de salute, vel morte hominis vaticinatores consulat*) und VI. 2. 2 (*De veneficis*) nicht als Chindaswindische, vielmehr als alte Gesetze aufführt, so hat diess, wie schon weiter oben angedeutet wurde, vieles für sich und bei VI. 2. 3 (*De maleficis et consulentibus eos*) wird man ein gleichfalls altes, von Chindaswind erweitertes Gesetz vor sich haben, wie auch bei VI. 2. 4 (*De his qui in hominibus, aut in animalibus, vel quibuscumque rebus qualiacumque ligamenta, aut quodcumque contrarium fecisse reperiuntur*). Durch Früheres wird es bestätigt, dass VI. 3. 7 (*De his, qui filios suos, aut natos aut in utero, necant*) auf Concilien bereits besprochen und der Kindesmord mit strengeren Strafen als durch die *Antiqua* (VI. 3. 2 u. 3) bedroht worden war, so dass Chindaswind bloss die kirchlichen Beschlüsse zu bestätigen und zu ergänzen hatte. Dass die Anonyma VI. 4. 1 (*De caedibus ingenui atque servi*) dem Chindaswind zuzuschreiben sei, möchte ich bezweifeln, wenigstens ohne den Zusatz „*Antiqua*", den der Leoner Codex zu VI. 4. 3 (*De reddendo talione, et compositionis summa pro non reddendo talione*), VI. 4. 5 (*Ut qui alteri ea intulerit, quae legibus non continentur, illa recipiat quae fecisse convincitur*), VI. 4. 6 (*Ne sit reus qui percutere volentem ante percusserit*), anscheinend mit guten Gründen, macht. Demselben Gewährsmanne folgend, könnte man VI. 5. 2 (*Si quis hominem, dum eum non videt, occiderit*) dem Chindaswind abnehmen und der *Antiqua* zutheilen, VI. 5. 12 (*Ne domini extra culpam suos servos occidant, et si ingenuus occidat ingenuum*) hingegen *Antiqua noviter emendata* überschreiben. Sollte die Verordnung, dass wer einen Sklaven muthwilliger Weise ums Leben bringt, für infam erklärt und mit Zurücklassung seines Vermögens auf Lebenszeit verbannt werden soll, von Chindaswind herrühren, so würde sein Ruhm als Gesetzgeber nur dabei gewinnen. Die beiden Gesetze Chindaswind's VI. 5. 15 (*Quod et proximis et extraneis homicidam conceditur accusare*) und VI. 5. 16 (*Si homicida ad ecclesiam confugiat*) heissen im Codex jenes *Antiqua*, dieses *Antiqua noviter emendata*, und wie es sich im Uebrigen auch damit verhalten mag, das Asylrecht hängt jedenfalls auf die eine oder die andere Weise mit dem canonischen Rechte zusammen. VI. 5. 17 (*De parricidis et eorum rebus*) gehört nach dem Leoner nicht dem Chindaswind, sondern in die *Antiqua*, wie auch VII. 2. 13 (*De damno furis*); VII. 5. 2 (*De his, qui scripturas falsas fecerint, vel falsare tentaverint*) soll von Chindaswind nur überarbeitet, VII. 5. 7 (*De callide et fraudulenter anterioribus scripturis confectis*) ganz und gar alt sein. Wenn der Leoner VII. 6. 2 (*De his, qui solidos aut monetam adulteraverint*) dem Chindaswind ab und der *Antiqua* zuspricht, so hat er den alten Toledaner Codex für sich, und dass es schon in frühern Zeiten Strafbestimmungen gegen Falschmünzerei gegeben haben wird, versteht sich im Grunde von selbst.

VIII. 1. 4 (*Si intra domum vel januam suam violenter aliquis includatur*) und VIII. 1. 5 (*Ut nulla res ab alio possessa absque judicio usurpetur*) verweist die Handschrift ebenfalls in das alte Recht. VIII. 4. 21 (*De laesione vestis*) lässt dieselbe anonym und IX. 1. 16 (*Si servus fugiens dicat se esse ingenuum, et ob hoc mulieris ingenuae connubia sortiatur*) erklärt sie für alt; IX. 1. 17 (*De his, quae servus fugiens adquisisse videatur*) wird ohne Namen als *Nova* aufgeführt und IX. 1. 18 (*De his, qui perventos servos dominis reformare contemnunt*) in die *Antiqua* verwiesen, was schon darum unthunlich erscheint, weil in dem Gesetze von der *Lex antiqua* die Rede ist, wir also wahrscheinlich ein von Chindaswind erweitertes altes Gesetz vor uns haben. Ganz dasselbe gilt von X. 1. 4 (*Ut liceat uni haeredi respondere, si ab aliquo petatur: et petere si causa qualicumque compellitur*), wodurch das frühere Gesetz (*prisca lex*): *ut is qui ad dicendam causam compellitur, non nisi praesente eo, qui rei litigiosae consors est, audiatur*, namentlich und hauptsächlich darum abgeändert wurde, weil dem Kläger durch die *tricennalis annositas* (Verjährung) Gefahr drohete. Ob der Ausgabe beizupflichten sei, wenn sie X. 1. 17 (*De mancipiorum agnationibus dividendis, atque eorum peculiis partiendis et decernendis*) dem Chindaswind beilegt, oder der Handschrift, die „*Antiqua noviter emendata*" überschreibt, lässt sich nicht entscheiden, wogegen X. 2. 5 (*De interruptione tricennii*) schon wegen X. 2. 3 nicht wohl altes Gesetz und in seiner jetzigen Gestalt von Chindaswind verfasst sein dürfte. Schliesslich muss es dahin gestellt bleiben, ob XII. 1. 1 (*De commonitione principis, qua jubetur, ut judicium temperent judices*) von Chindaswind erlassen wurde, oder der Leoner Handschrift gemäss anonym aufzuführen ist.

Lässt man im Geiste alle Gesetze, die Chindaswind erlassen hat, an sich vorübergehen, so kann man nicht genug erstaunen über einen dermassen fruchtbaren und den schwierigsten Umständen gewachsenen Regenten, der in einem Alter, wo Andere von des Lebens Last und Mühe auszuruhen pflegen, und in einem Zeitraum von wenigen Jahren eine derartige gesetzgeberische Arbeit zu bewältigen vermochte.

Der Westgothe braucht den Vergleich mit Justinian nicht zu scheuen, auch dann nicht, oder eigentlich um so weniger, wenn eine grosse Zahl der ihm in den Ausgaben beigelegten Gesetze nach dem Zeugniss der Handschrift von San Isidro sich als blosse Ueberarbeitungen und Ergänzungen der *Antiqua* erweisen. Unbedenklich hat die Handschrift schon darum die Vermuthung für sich, weil viele dieser Chindaswindischen Gesetze Verhältnisse betreffen, die in einem Staate, wie der westgothische, längst schon rechtlich geordnet sein mussten. Dem Berufungsgerichte in Leon kann recht wohl eine *Antiqua* vorgelegen haben, wonach die Ueberschriften in unserem Codex verbessert worden sein mögen, was nicht verhindern konnte, dass die Abschreiber noch mancherlei Unrichtigkeiten mitunterlaufen liessen. In dem einen Falle ebenso gut als in dem andern kann man die Grundzüge des alten Gesetzes, wie Reccared es sammelte, ohne Mühe herausfinden und damit zusammengehalten, wie den Werth, so den Zweck der Chindaswindischen Gesetzgebung bestimmen.

Das alte Westgothen-Reich war eine ansässig gewordene Kriegsgenossenschaft, und das aus solchen Verhältnissen entsprungene Recht musste selbstredend das Hauptgewicht auf eine wohlorganisirte Wehrverfassung einestheils und einen geschützten Bodenbesitz anderntheils legen. An diese beiden Grundsäulen lehnte sich die ganze Rechtsordnung. Wer eine grössere Anzahl Kriegsleute ins Feld zu führen berechtigt und befähigt ist, der ist in einem Kriegerstaate zugleich zum Wahrer der Rechtsordnung bestellt, daher das höhere Richteramt mit der Kriegshauptmannschaft unzertrennlich verbunden erscheint. Das Schwert ist Symbol auch der Rechtspflege, und der Friede der Genossenschaft muss gegen den innern Feind ebensowohl erstritten werden als gegen den äussern. Daher das alte Herkommen: *Dux, comes, vicarius, pacis assertor, tiufadus, millenarius, quingentenarius, centenarius, decanus, defensor, numerarius, vel qui ex regia jussione, aut etiam ex consensu partium judices in negotiis eliguntur, sive cujuscumque ordinis omnino persona, cui debito judicare conceditur, ita omnes, in quantum judicandi potestatem acceperint, judicis nomine censentur ex lege* (II. 1. 25). Diess besagte jedoch nur, dass im Nothfall jeder Beamte, der bürgerliche wie der militärische, Recht sprechen konnte, insofern der Heerbann alle freien und waffenfähigen Männer in sich begriff und wer heute ein bürgerliches Amt bekleidete, morgen eine Zehnschaft, oder Hundertschaft u. s. w. befehligen konnte [113]). Vom Herzog, Grafen, Vicegrafen verstand sich diess von selbst: dem Tiufadus wird durch ein eigenes Gesetz, dessen Urheber nicht sicher zu ermitteln ist, II. 1. 14, die Befugniss zuerkannt, in Criminalsachen zu entscheiden, streng nach dem Buchstaben des Gesetzes, und für die Zeit seiner Abwesenheit Andere mit dem Richteramte zu betrauen. Anders der Friedensrichter (*pacis assertor*), der aber nur dazu von dem Könige ernannt wurde (*qui sola faciendae pacis intentione regali sola destinatur auctoritate*), zum augenscheinlichen Beweise, dass der Tiufadus zuerst Kriegshauptmann und dann erst Richter war. Der Defensor bekleidete das Amt eines besoldeten Anwalts der städtischen Gemeinde, der Numerarius hatte die Steuern zu erheben, so dass die richterliche Machtvollkommenheit sich an einen weit gezogenen Beamtenkreis vertheilt haben würde, wenn nicht die letzte Kategorie offenbar erst später irriger Weise hinzugesetzt worden wäre.

---

[113]) Aehnlich im *Exodus* c. 18. In England stand der *hundred-court* in der Mitte zwischen dem *court-baron* und dem *county-court*. W. Blackstone, *Commentaries on the laws of England. ed. J. Chitty*. 1826. *Vol. III. p.* 36.

Ist anderswo (VIII. 1. 5, VI. 1. 1) von einem Villicus, Praepositus, Actor, Procurator die Rede, so hat man zunächst an Vorsteher von Dörfern, Ortschaften, Weilern, aber auch von Städten und Distrikten zu denken. Auseinanderhalten lassen sich die beiden Standpunkte von königlichen und Volksbeamten schon desshalb nicht, weil nach westgothischer Rechtsanschauung jeder Beamte, wes Namens und Standes, selbst der städtische Defensor nicht ausgenommen, in gewissem Betracht als Stellvertreter des Königs angesehen wurde, so dass es ganz in der Ordnung war, die Obrigkeit als solche mit dem oberrichterlichen Berufe des Königthums in Verbindung zu bringen, eine Anschauung, die sich, wenn auch abgeschwächt, bis zu dieser Stunde in England erhalten hat.

In der Verfassung des gothischen Kriegerstaates nahm das städtische Leben eine verhältnissmässig untergeordnete Stellung ein: die meist nur von Romanen bewohnten Städte hingen mit dem Staatsorganismus und dessen Repräsentanten, dem König, nur vermittelst der königlichen Beamten zusammen. Die Hauptsache war der Landbesitz. Der ganze 2. Titel des 9. Buchs enthält strafrechtliche Bestimmungen, die auf die Wehrverfassung Bezug haben: was irgend mit Ackerbau, Viehzucht, Hutung in rechtlichem Zusammenhang steht, Grenzmarken, Weg- und Wassergerechtsame, die Beschädigung von Fruchtbäumen, Zäunen, Reben, Waldungen, Herdenthieren, selbst die Verwendung eines fremden Stückes Vieh auf der Tenne (VIII. 4. 10), und das Abschneiden eines Pferdeschweifs (VIII. 4. 3), endlich ein eigener Titel über die Bienen (VIII. 6.) — alle auch die geringsten Angelegenheiten der Bodencultur sind geordnet und in einer Weise, die überall einen natürlichen und gesunden Rechtssinn verräth. Dieser Theil der Antiqua, der wesentlichste und umfangreichste der ganzen Sammlung, enthält ein getreues Bild altgermanischen Lebens. Die Westgothen waren ein Ackerbau treibendes Volksheer, dessen Militärorganisation auch im Frieden fortbestand, ohne dass der Adel als festgeschlossener Stand über den Gemeinfreien stand. Einen aus geschlossener Geschlechter-Genossenschaft hervorgegangenen Geburtsadel hatten zuverlässig die Westgothen von ihren früheren Stammsitzen her, als sie erobernd über die Pyrenäen drangen: wenn jedoch nicht alle Anzeichen täuschen, so muss die Bevorrechtung des adeligen Blutes, als eine natürliche Folge der fortwährenden Wanderungen und Kriege, immer mehr zusammengeschwunden und im 7. Jahrhundert beinahe nichts mehr zurückgeblieben sein, als die höhere Machtstellung, die auf Reichthum sich stützte. Einem geschlossenen Geschlechteradel begegnet man nirgends, und verdächtig ist schon der Umstand, dass bei der Wahl der Könige unverhältnissmässig frühe auf eine bestimmte Familie oder eine Anzahl solcher keine Rücksicht genommen wurde. Die Antiqua weiss grundsätzlich nur von dem Gegensatz des freien und des unfreien Blutes, natürlich mit Beiseitesetzung der romanischen Bevölkerungselemente, und die Geldbusse für erlittene Unbill ist dieselbe für alle Freigeborenen. Das berühmte Gesetz Chindaswind's VI. 4. 3 kennt nur die *persona ingenua,* nicht die *persona nobilis,* und zwar so ganz allgemein, dass die freie Frau dem freien Manne vollkommen gleichgestellt wird. Dass dabei die Berührung mit dem römischen Rechte ältere Unterschiede verwischt hat, gilt mir als ausgemacht, wiewohl keineswegs gesagt sein soll, das Westgothen-Recht wisse gar nichts von einem gothischen Adel. Das Wort *nobilis* kommt mehrere Male daselbst vor (II. 4. 2, II. 3. 4, VI. 1. 2), es ist jedoch ungewiss ob schon in der Antiqua, und wenn diess auch der Fall wäre, so ergiebt der Zusammenhang doch immer nur eine höhere Machtstellung und keinen festen Rangunterschied. Die *nobilitas,* auf gleicher Stufe mit der *dignitas palatini officii* (VI. 1. 2) [114]), bildet einen gewissen Gegensatz nur zu der *ingenua sed minor dignitas* (II. 4. 2), zu dem *ingenuus et pauper* (II. 3. 4), weshalb man an andern Stellen die *majoris loci persona* der *minoris loci persona* (II. 4. 6) gegenübergestellt findet. Die *major persona* ist vorzugsweise die *persona potentior:* wer einen Rechtsstreit durchzufechten hat, dem wird es strengstens untersagt, sich einen vornehmeren Patron zu suchen (II. 2. 9), damit der Gegenpart nicht unterdrückt oder eingeschüchtert wird (II. 3. 9) [115]). Der Richter hat darüber zu wachen, dass

---

[114]) *Nobilior v potentior. — Seu nobilis, sive inferior, seu ingenua persona.*

[115]) Schmeckt nach C. Th. II. 13 u. 14.

ein solches Missverhältniss nicht Platz greift, und den vornehmen Herrn aus dem Gerichtssaale zu weisen (*projicere*). Leistet derselbe Widerstand, so hat er ein Pfund Gold an den Richter, ein zweites an den Gegenpart zu bezahlen. Treten Gemeinfreie und Sklaven auf Befehl des Richters nicht ab, so werden sie öffentlich durchgepeitscht, eine Procedur, die *in conventu* vorgenommen wird. Was die Vornehmen vor den Gemeinfreien voraus haben, ist die weniger durch die Geburt, als durch den Reichthum bedingte Begünstigung, die Stockstreiche durch Gold abzukaufen, und sich in einzelnen Fällen durch den Eid reinigen zu können, wo der Gemeinfreie auf die Folter gelegt wird. Noch ist zu untersuchen, ob die nach der maurischen Eroberung regelmässig gebrauchte und auch in den Concilien (*Tol. III. c.* 18) vorkommende Benennung „*senior*" in dem Sinn von adelig schon dem Gesetzbuche eigen ist: II. 1. 1 wird bei Canciani fälschlich dem *RCDS* beigelegt und die Stelle: *videntibus cunctis sacerdotibus Dei, senioribusque palatii atque gardingis* [116]), findet sich nur in einigen, aber allerdings guten Handschriften. Wohl aber kommt in dem Chindaswindischen Gesetze (III. 1. 6) der Ausdruck vor: *quicumque ex palatii nostri primatibus, vel senioribus gentis gotorum*, und VI. 1. 1 ist in der Ueberschrift, II. 5. 4 in der *Antiqua*, X. 3. 5 in einer *Anonyma* von den *seniores* (*loci*) die Rede, die wenigstens im ersten Gesetze gleichbedeutend sind mit *actor* und *villicus:* Grund genug, warum dabei eher an eine amtliche Stellung als an Geburtsadel zu denken ist [117]). Ebenso wenig enthält das Wort *dominus* adeliges Herrenrecht, sondern drückt durch die Bank den Herrn des Sklaven aus, wenige Fälle ausgenommen (z. B. VIII. 1. 7), wo der Hausherr, oder der Gutsherr (X. 1. 13) damit gemeint ist.

Was die Gemeinfreien, *Ingenui minoris loci seu dignitatis*, betrifft, so werden die meisten in dem eigenthümlichen Schutzverhältniss der Bucellarien (V. 3. 1) gestanden und für Plebejer

---

[116]) Solche und ähnliche Formeln waren in späterer Zeit ganz allgemein, wie sich späterhin zeigen wird.

[117]) In den Concilien-Beschlüssen werden die *Seniores* häufiger genannt, so *Conc. Tol. VI. c.* 13. *Conc. Tol. XII. Introd. clarissimi palatii nostri seniores.*

gegolten haben (V. 4. 19). Offenbar haben die Gothen die Benennung eines Verhältnisses, das bei ihnen längst zu Recht bestand, zugleich mit der Bezeichnung *„senior"* aus dem Oriente mitgebracht, wo beide der *Notitia Dignitatum* [118]) zufolge zu der Amtsthätigkeit des *magister militum* gehörten. Während aber der *bucellarius* in Spanien immer seltener wird und zuletzt ganz verschwindet, erlangte der Name *senior* eine immer grössere Verbreitung. Dass die *bucellarii* nach römisch-byzantinischem Sprachgebrauch dieselbe Stellung von Hörigen einnahmen, wie die *Laeti* nach deutschem Sprachgebrauch [119]), ist sicher: nur darüber ist man nicht im Klaren, ob diese Dienst- und Brot-Leute, die im byzantinischen Heere galatisch-celtischer Abstammung waren, die Westgothen auf ihren Wanderungen nach dem Westen begleiteten und gleichfalls nichtdeutschen Ursprungs waren. Es liesse sich denken, die Gothen hätten einen Theil der iberisch-spanischen Bevölkerung bei ihrer Niederlassung auf der pyrenäischen Halbinsel als Hörige an und in ihr Recht aufgenommen, was jedoch schon darum nicht wahrscheinlich ist, weil in diesem Falle der Name *bucellarius* gewiss auch bei eingebornen Schriftstellern, insbesondere bei Isidor, begegnen würde. Auch im römischen Rechte, namentlich also in der *Lex Romana Wisigothorum*, blieben sie unerwähnt, da ja auf römischem Boden bloss ein militärischer und kein bürgerlicher Begriff sich an ihren Namen knüpfte. Die Gothen haben demnach *bucellarii* schon nach Spanien mitgebracht, Dienstleute die sie auf ihren kriegerischen Wander- und Irrfahrten in der Weise annahmen, dass dieselben bei den Vornehmen und Reichen für Zehrung und Beuteantheil eine Art Knappendienste verrichteten. Seinen Schutzherrn oder *patronus* musste jeder *bucellarius* haben, ob aber auch jeder Gothe einen oder mehrere *bucellarii* hatte, ist eine andere Frage, die schwerlich bejahend zu beantworten ist. Sehe ich recht, so haben die Westgothen die Hörigkeit von den galatischen Celten angenommen und zwischen die ihnen

---

[118]) *Notitia dignitatum. ed.* Böcking. *p.* 26: *Comites Catafractarii Bucellarii Juniores.*

[119]) Böcking, *Annotatio ad notitiam dignitatum. I.* 208. *II.* 727. 1045 *sq.* 1070.

von Hause aus allein geläufigen Stände der Freien und der Unfreien eingeschoben. Das Gefolgsystem hat bei keiner Nation, so viele ihrer auch eine so nahe liegende kriegerisch-politische Einrichtung auszubeuten wussten, dieselbe durchgreifende Entwickelung erlangt wie in der celtischen Clanverfassung. Der gallische Adel hat mit den Haufen seiner Ambakten [120]), d. h. seiner gedungenen Reisigen, die Gemeinwesen überall gesprengt, und da die Celten schon nach dem Zeugniss des alten Cato sich besonders auf zwei Dinge verstanden, nämlich aufs Fechten und aufs Prahlen, so hat es viel für sich, dass die Westgothen schon während ihres Aufenthalts in den untern Donauländern galatische Landsknechte in ihren Dienst nahmen, wozu sich allerlei anderes Kriegsvolk auf den fortwährenden Eroberungs- und Beutezügen gesellt haben wird. Die persönliche Freiheit solcher Brotleute ward nicht angefochten: mit Zurücklassung der von seinem Schutzherrn ihm geschenkten Habe, wenigstens eines Theils derselben, konnte der *bucellarius* unbehelligt ein Dienstverhältniss aufgeben und in ein anderes treten. Er war eine *persona ingenua*, aber im Vergleich zu dem Patron armen und niedrigen Standes; er gehörte zum Gothenvolke, stand unter dem Gothenrecht, das er in seiner Sache allein zu suchen und zu vertreten hatte. Bei der festen Niederlassung änderte sich dieses Verhältniss nicht wesentlich: der *bucellarius* erhielt gegen einen festgesetzten Pachtschilling einen Theil des seinem Patron angewiesenen Grundeigenthums, sowie die Mittel zur Bebauung desselben, Hof, Viehstand, Ackergeräthe, Sklaven und namentlich auch die Waffen, mit denen er sich beim Heerbanne einfand. Dass aber im Verlauf der Zeit, und zumal innerhalb fester Sitze, gar Mancher, dem ächt gothisches Blut in den Adern floss, in den Stand der Hörigkeit herabsank, ist begreiflich, zumal da die Verthei-

---

[120]) Mommsen (Römische Geschichte. 1856. Bd. III. S. 214) leitet das Wort von *and* = gegen und *bak* = Rücken ab, also der den Rücken des Herrn stützende Gefolgsmann. A. Holtzmann hätte damit seiner Hypothese, die Celten seien Germanen, oder umgekehrt, zu Hilfe kommen können, zumal wenn der Name *Germani* celtischen Ursprungs ist (Mommsen. I. 373. Ausg. von 1854.).

lung der Ackerloose gleich nach der Besitzergreifung nicht in gleichen Antheilen erfolgt und dem kriegslustigen Adel um die Person des Königs, ähnlich den fränkischen Antrustionen, gar mancher überschüssige Beuteantheil zu Theil geworden sein wird. Es ist nichts Zufälliges, dass im Gesetzbuch und selbst in den Concilienbeschlüssen so häufig von königlichen Schenkungen die Rede ist. So kam es, dass viele Gemeinfreie ihr Loos durch Verschleuderung oder aus Noth aufgaben und bei einem reichen und vornehmen Herrn als Hörige eintraten, wodurch in demselben Masse der Grundadel an Macht und Einfluss gewann. Sicherlich aber konnte jeder Freigeborene, ohne Unterschied des Geschlechts, auf die eine oder andere Weise, durch Kauf oder Schenkung, die Quellen seines Einkommens so vermehren, dass er als reicher und somit vornehmer Mann auftrat. Die fortwährenden und zum Theil empörenden Unordnungen, welche bei den Thronbesetzungen vorkamen und den Besitz der westgothischen Krone zu einer wahren Dornenkrone machten, hatten ihren ganz natürlichen Grund in dem schwankenden Begriff des westgothischen Adels, der den Uebergriffen und Gewaltthätigkeiten des jeweiligen Hofadels Thür und Thor öffnete. Es fehlte durchaus an einer festgezogenen Grenzscheide und damit an einer das Bestehende sichernden Gliederung.

Zu Reccared's Zeit muss das Verhältniss der Bucellarien noch Jedem verständlich gewesen sein, denn in den Fragmenten *c. CCCX* wird das Wort mehrfach und ohne alle nähere Erklärung gebraucht, wogegen die spätern Redactoren in dem entsprechenden Gesetz V. 3. 1 den bereits veralteten Ausdruck nur ein einziges Mal stehen liessen und statt seiner die Umschreibung: *in patrocinio constitutus* gebrauchten. Auch andere auf das Verhältniss bezügliche, der Antiqua angehörige Gesetze enthalten sich unter nachhelfenden Händen des Ausdrucks, und dienen als trauriger Belag, wie seit und in Folge der religiösen Vereinigung der Gothen und Romanen zuverlässig mit der stricten Observanz des Mundiums auch das diesem nachgebildete Patrocinium immer mehr von seiner ursprünglichen Bedeutung und damit von der militärischen Zucht und geschlossenen

Familieneinheit verlor, die dem westgothischen Reiche über arge Bedrängnisse hinweggeholfen hatten. Auf den ersten Blick schon erkennt man daran, dass die weiter zurückreichende Zerrüttung der adeligen Geschlechterverbände auch die Lockerung dieser hochwichtigen Bande hauptsächlich verschuldete. Früher werden die Bucellarien nur ausnahmsweise und in dringenden Fällen aus einem oft viele Generationen hindurch von Vater auf Sohn vererbten Dienstverhältniss ausgeschieden sein, einmal weil der Herr und der Hintersasse gleichmässig ihren Vortheil dabei fanden, dann aber weil beiderseits eine Art Familienanhänglichkeit, die Scheu vor leichtsinniger Zerreissung eines langbestehenden und ehrwürdigen Bandes, mit einem Worte das Gefühl der Treue und der Ehre der Verbindung einen sittlichen Halt gab. Noch in späterer Zeit galt das Verhältniss zwischen Patron und Client — Isidor weiss nur von *cliens* und *verna* — für so intim, dass Receswind ein Gesetz (VIII. 1. 1) auffrischte: *ut solus patronus vel dominus culpabiles habeantur, si eisdem jubentibus ingenuus vel servus inlicite operentur.* Selbst die Tochter eines Bucellarius hatte Anspruch auf den Pachthof, wenn sie sich nicht eigenmächtig verheirathete, sondern dem ihr vom Patron bezeichneten Manne ihre Hand bot, der dann die Rechte und Pflichten seines verstorbenen Schwiegervaters übernahm. Empfindlich musste dem das bisherige Verhältniss aufgebenden Hörigen die Strafe sein, dass er auch die Hälfte seines Erworbenen zurücklassen musste, ausser den Liegenschaften und der Fahrniss, die er bedingter Weise besass unter dem Namen *donatum*, wofür man später *beneficium* gebrauchte, was indessen auch schon im Gesetzbuch (IV. 5. 5 *patronorum beneficia*, X. 1. 11 *beneficium amittit*) vorkommt. Das Pachtverhältniss im Allgemeinen hiess *placitum* und der Pachtschilling nach römischem Vorbild *canon*, von dessen richtiger Ablieferung ohnediess der Fortbestand des Vertrags abhing (X. 1. 11). Daneben fanden Pachtverträge (*per precariam epistolam*) auf eine bestimmte Zeit Statt (X. 1. 12), und man wird schwerlich irre gehen, wenn man das westgothische *Precarium* auf das römische Recht zurückführt. Der Pächter soll nicht mehr Land in Anbau nehmen, als ihm vertragsmässig zusteht, noch auch den ihm zur Benutzung überlassenen Wald aushauen und in Wiesen oder Ackerland verwandeln: thut er es, so steht es bei dem Herrn, ob er dafür den Pachtschilling erhöhen, oder das widerrechtlich bebaute Feld an sich ziehen will. Auch Weide- und Waldnutzung muss ausdrücklich stipulirt sein (X. 1. 13). Entsteht zwischen dem Gutseigenthümer und dem Pächter Streit über den Umfang des Pachtstücks, so haben der Eigner oder seine Erben unter Zuziehung von Zeugen zu beschwören, wie es sich damit verhalte; wollen oder können sie es nicht, so werfen sie für jeden Pflug, den sie in ihr Landloos aufgenommen (*in sua sorte susceperant*), 50 Jaucherte aus und alles, was die Pächterfamilie darüber in Stand gesetzt hat, fällt an die Eigenthümer zurück. Das Auskunftsmittel ist sinnreich genug: denn wenn ein solcher Pachtvertrag auch bereits seit mehreren Generationen bestand, so konnte man in der Familie des Grundherrn wenigstens die Zahl der Pflüge wissen, womit der erste Pächter eingezogen war, und danach berechnete man die Anzahl der Morgen [121]). Weit grössere Schwierigkeiten bietet X. 1. 15 dar mit der Aufschrift: *Ut qui ad excolendum terram accipit, sicut ille qui terram dedit, ita et iste censum exsolvat.* Diess ist zwar verständlich, aber mit dem Gesetze selbst nicht so leicht in Einklang zu bringen: *Qui accolam in terra sua susceperit, et postmodum contingat, ut ille, qui susceperat, cuicumque tertiam reddat; similiter sint et illi qui suscepti sunt, sicut et patroni eorum, qualiter unumquemque contigerit.* Was bedeutet hier *tertia?* Man könnte an die *tertia romanorum* denken, von der im nächstfolgenden Gesetze (X. 1. 16) und kurz vorher (X. 1. 8 u. 9) die Rede ist, was der letztgiltigen Redaction des Gesetzbuchs vorgeschwebt haben mag, da sie das Gesetz an keiner schicklicheren Stelle unter-

---

[121]) Wie wenig man sich bei einigermassen dunkeln Stellen auf die castilianische Uebersetzung verlassen kann, sieht man an dem vorliegenden Gesetze, wo die Worte: *sed tota aratra, quantum ipsi vel parentes eorum in sua sorte susceperant, per singula aratra quinquagenos aripennes dare faciant*, übertragen sind: *mas den á cada uno todavia por tal manera, que quanto ellos labraron, ó tomaron que sea todo contado en aquellos cincuenta arpentes.* Gerade der Begriff, auf den Alles ankommt, der Pflug, ist hier gänzlich übergangen.

zubringen wusste. Der Sinn wäre alsdann der, dass wenn ein Gutsbesitzer die von ihm widerrechtlich angeeignete *tertia romanorum* herauszugeben genöthigt werden sollte, diess zugleich den Antheil seines Pächters traf. Stände die Ueberschrift nicht in zu greifbarem Widerspruch damit, würde ich dieser Deutung unbedingt den Vorzug geben; so aber wird man es vielleicht gerathener finden, die *tertia* von der Ertragsquote zu deuten, die der Pächter in der Regel an den Gutsherrn abzuliefern hatte. Das Wort *census* der Ueberschrift wäre in diesem Falle gleichbedeutend mit dem obigen *canon* [122]), und würde sich noch besonders unter der Voraussetzung empfehlen, dass, im Gegensatz zu dem *canon* der gewöhnlichen Zeitpacht, der Pachtschilling des Hörigen, oder *bucellarius*, Census hiess. Der *bucellarius* eines Grundherrn würde einen Mitbesteller (*accola*) oder Aftervasallen auf den ihm, dem Hörigen, überlassenen Grund und Boden (*in terra sua*) unter beliebigen Pachtbedingungen aufnehmen und käme dadurch in die Lage eines *patronus* dem Unterpächter gegenüber; damit nun aber der Grundherr von dem dritten Theil des Ertrags seines gesammten Grundstücks nichts verliert, sorgt das Gesetz dafür, dass auch der Unterpächter zu der Abtragung der auf seinen Antheil kommenden Bodenrente verpflichtet wird, unangesehen den Pachtschilling, den er dem *bucellarius* zu zahlen hat. Das Gesetz würde so verstanden über zwei unaufgeklärte Punkte Aufschluss ertheilen: einmal dass die Bodenrente, welche der Hörige dem Gutsherrn zu leisten hatte, den dritten Theil des Rohertrags ausmachte, was sich mit der *tertia* der Ostgothen [123]) und Langobarden [124]) in Verbindung bringen liesse; dann aber dass die Bucellarien berechtigt waren, ihr Grundstück an Unterpächter zu überlassen. Ueberhaupt wird

---

[122]) Die castilianische Uebersetzung hat auch hier fehlgegriffen: *Quien mete labrador en su tierra, si por ventura aquel, que toma su tierra, diere la tercia parte de la tierra á otri que labre, pague cada uno dellos la renda de la tierra, segund la partida que tiene de la tierra.* Das *tertiam reddere* kann unmöglich so verstanden werden, dass der erste Pächter den dritten Theil des Pachtguts an einen Andern verpachtet.

[123]) v. Savigny, Gesch. d. röm. Rechts. 2. Ausg. I. 331—336. 399.

[124]) Ebendas. I. 400, 402, 408. VII. 17—20. Eichhorn, deutsche Staats- und Rechts-Geschichte. 5. Ausg. § 23. S. 154, 155.

der Umstand, dass die gesetzlichen Bestimmungen über Zeitpacht in einem besondern Titel (*De divisionibus et terris ad placitum datis*) stehen, so verstanden werden müssen, dass hier von einem andern Vertragsverhältniss, als dem der Bucellarien, die Rede ist, und in der That sind die gesetzlichen Anordnungen so beschaffen, dass sie zumeist, wenn auch nicht ausschliesslich, für die Romanen verfasst scheinen, welche mit Gothen, sei es vornehmen sei es niedrigen Standes, dergleichen Pachtverträge abschlossen. Aus X. 1. 19 erhellt, dass Grundstücke gegen Entrichtung des Zehnten (*pro decimis, vel quibuslibet commodis praestationibusque*) zeitweilig abgetreten wurden.

Das Verhältniss zwischen dem Herrn und dem Hörigen war kein urkundlich abgefasstes Vertragsverhältniss, oder *placitum*, vielmehr ist der darauf bezügliche Titel: *de patronorum donationibus* überschrieben und nicht bloss in einem, sondern in drei aufeinander folgenden Gesetzen (V. 3. 1, 3 u. 4) wird es dem Hörigen oder Clienten eingeschärft, dass er nicht den entferntesten Anspruch auf das von ihm bebaute Grundstück habe, wenn er aus dem *patrocinium* ausscheidet, oder die Treue gegen seinen Herrn bricht (*infidelis*). Nur die Hälfte seines Erworbenen verbleibt ihm, und zudem hat er Alles, was er von dem Herrn geschenkweise erhalten hat, demselben zurückzuerstatten (V. 3. 3). Ausserdem aber handelt V. 3. 2 von den Sajonen, deren Cassiodor in seinen Briefen bei den Ostgothen erwähnt. So lange die Völkerwanderung noch nicht zur Ruhe gekommen war, bedeutete *Sajo* genau dasselbe was *bucellarius*, einen bewehrten Dienstmann oder Knappen, dessen Bewaffnung und Unterhalt der Herr oder Patron zu bestreiten hatte. War der Knappe verheirathet, so lag dem Herrn auch die Erhaltung der Familie ob, wogegen er das von seinem Dienstmanne im Krieg Erbeutete beanspruchen konnte. Als die Gothen sesshaft geworden waren und der Hörige das Schwert mit der Pflugschar vertauschte, dauerte gleichwohl seine Wehrpflicht fort: der Patron gab ihm die Waffen und zog mit ihm zu Felde, weil alle freien Leute, hohe und niedrige, zum Kriegsbann gehörten. Je länger indessen die Dienstleute auf der Scholle sassen und wirthschafteten, desto merklicher werden Wehrstand und Nährstand sich getrennt haben: nur eine bestimmte Altersstufe war zum Kriegsdienst verpflichtet und wenn das Heer ins Feld zog, blieben freie Leute in hinlänglicher Anzahl in Haus und Hof zurück, um mit den Leibeigenen das Feld zu bestellen, insoweit als nicht auch Sklaven und Romanen zum Aufgebot gehörten. Die *Compulsores* gingen von Hof zu Hof, von Feuerstätte zu Feuerstätte, um die Wehrpflichtigen, jeden einzeln, aufzubieten und die krank daniederliegenden (IX. 2. 5) bei dem Befehlshaber (*Praepositus*) zu entschuldigen. Der Bedarf an Lebensmitteln lag in Städten (*civitates*) und Burgen (*castella*) aufgeschüttet, und dem Stadtgrafen lag es ob, aus den städtischen Magazinen, dem Getreidemeister von den Speichern der Burg den von dem Kriegsobersten vorgeschriebenen Bedarf zu liefern. Kamen in der Verproviantirung Unregelmässigkeiten und Unterschleife vor, so wurde der schuldige Stadtgraf oder Getreidemeister um den vierfachen Betrag der nicht abgelieferten Rationen gebüsst (IX. 2. 6). Es ist wahrscheinlich, dass die Romanen dafür, dass sie ganz oder theilweise vom Kriegsdienste befreit waren, ein bestimmtes Quantum Getreide an die öffentlichen Speicher abzuliefern hatten [125]), vielleicht auch diejenigen Gothen, die zum Wehrdienst nicht verpflichtet waren. Befreiungen solcher Art begründete unter allen Umständen das vorgerückte Alter, ausserdem aber entstand im Verlauf der Zeit, wo nicht schon von Alters her, der Brauch, dass von einem grösseren Grundstück der Besitzer nur eine bestimmte Anzahl Dienstleute für das Aufgebot zu stellen hatte, während die Andern zu Hause bleiben und in Gemeinschaft mit den Sklaven [126]) die Feldarbeiten besorgen konnten. So lag der auch noch aus andern Gründen sich empfehlende Gedanke nahe, dass der vornehme Grundherr sich mit einer Schaar Dienstleute umgab, die aus dem Waffenwerk ihr hauptsächlichstes, wenn auch nicht ausschliessliches Gewerbe

---

[125]) Die Romanen waren überhaupt steuerpflichtig, die Gothen nicht, daher X. 1. 16: *Judices terras romanorum ab illis* (*Gothis*), *qui occupatas tenent, auferant et romanis restituant, ut nihil fisco debeat deperire.*

[126]) Im weitern Verlauf wird von den in der Wehrverfassung eintretenden Veränderungen ausführlich die Rede sein.

machten, in gewissem Sinne Prätorianer der Edelinge, waffengeübte Clanschaften, die der Beute wegen an den fortwährenden Kriegen und Raufereien ihre Freude hatten. Anders wäre es kaum begreiflich, dass es unter den Westgothen so tumultuarisch herging; so aber versteht man die fast ununterbrochenen Aufstände, da der König mit Sicherheit nur auf seine eigenen und die Dienstleute seiner Palatine zählen konnte, während zu gleicher Zeit jeder vornehme und reiche Mann eine kampfbereite Schaar zu seiner Verfügung hatte. Diess und nichts anderes waren die *Sajones* in V. 3. 2: Knappen, die der Adelige auch in Friedenszeiten unterhielt, die seinen Dienst jedoch wie jeder *bucellarius* nach Belieben verlassen konnten. Dafür dass er dem *Sajo* die Bewaffnung lieferte, die unter keinerlei Umständen von dem damit Beschenkten zurückgefordert werden durfte, konnte der Patron verlangen, dass der Knappe die im Kriege gemachte Beute ihm abtrat: *sed illa, quae dum saio est adquisivit, in patroni potestate consistant.* Was einer der freien Dienstmannen (*leudes*) erbeutete, gehörte ihm zu eigen, falls er nicht an seines Vaters Tische ass (L. W. IV. 5. 5). Auf grossen Gütern waren die Sajonen auch in Friedenszeiten unerlässlich, um unter dem zahlreichen Gesinde für Aufrechthaltung der polizeilichen Ordnung zu sorgen. So wurde der Knappe zum Büttel der richterlichen Gewalt, wofür er einen bestimmten Antheil von den Strafgeldern erhielt (II. 1. 16 u. 24, VI. 1. 4); in dieser Eigenschaft lag ihm die Herbeischaffung der Verbrecher, die Eintreibung der gerichtlich zuerkannten Geldstrafen, die Auspeitschung und Hinrichtung der Schuldigen ob, wesshalb *sayon* noch im heutigen Spanischen gleichbedeutend mit Spiesser oder Schinder ist. In Kriegszeiten hatte, was man aus Cassiodor (*Variar. Lib. I. ep.* 24) schliessen kann, der *Sajo* das Amt eines *compulsor exercitus* zu versehen und die wehrpflichtigen Mannschaften der Grafschaft oder des Gerichtssprengels einzuberufen.

Nach Erledigung der ländlichen Personalzustände, so weit diese die Gothen angingen, drängt sich von selbst die Frage auf, wie es denn mit den städtischen Bevölkerungen beschaffen gewesen; ob dieselben, weil meistens von romanischer Abstammung, dem Gothenrechte fern standen und sich bloss der

Paragraphen zu erfreuen hatten, welche die *tertia romanorum* gegen gothische Ein- und Uebergriffe schützte (X. 1. 8, 9 u. 16, X. 3. 5). Wie die *Curia* oder Vollbürgerschaft der Städte im römischen Reiche in späteren Zeiten daran, von welchen Ueberbürdungen und Drangsalen sie heimgesucht war, ist eine ausgemachte Sache: dessenungeachtet verlohnt es der Mühe, zunächst im Hinblick auf die spanischen Städte unter der Gothenherrschaft, die in der westgothischen *Lex Romana* enthaltenen Verordnungen der Reihe nach in Erinnerung zu rufen. Der ganze erste Titel des *Lib. XII. C. Th.* handelt in 9 Gesetzen von den Decurionen, und schon dass nur einem Gesetze keine *Interpretatio* beigefügt ist, beweist, dass König Alarich, als er seinen romanischen Unterthanen ein einheitliches Gesetzbuch in die Hand gab, wie sein Vater Eurich ein solches für die Gothen verfassen liess, das Municipalwesen ernst genug nahm. Kein Richter sollte es wagen, einen Curialen von seinen Verbindlichkeiten, die sich auf die Leitung des Gemeinwesens und die Beitreibung der auf der *Civitas* lastenden Steuerquote bezogen, zu entbinden; suchte ein solcher dem Steuerdrucke sich dadurch zu entziehen, dass er in eine andere Stadt übersiedelte, so musste er zur Strafe die städtischen Lasten in beiden tragen. Um sich nur einige Erleichterung zu schaffen, zog die Bürgerschaft selbst unmündige Knaben in Mitleidenschaft, um auf deren schwache Schultern von der Verantwortlichkeit der städtischen Aemter und dem jeden Vollbürger treffenden Steuerantheil abzuladen: dem sollte durch die Verordnung gesteuert werden, dass Niemand vor dem 18. Jahre herangezogen werden durfte; zu dem höchsten und allein Gewinn bringenden städtischen Amte eines Curator und Defensor der Gemeinde konnte nur ein Solcher erhoben werden, der die ganze Stufenleiter der vorangehenden Beamtungen durchgemacht hatte [127]); dafür wurde den Richtern bei schwerer Geldbusse untersagt, die Curialen ohne Noth an Leib und Leben zu strafen; der Vater von 13 Kindern wurde vom Gemeindedienst befreit; heirathet ein Nicht-

[127]) Wer sich vorschriftswidrig dazu wählen liess, dem wurden das kaiserliche Diplom (*epistola*) und die unter dem Verwahrsam des Defensors stehenden Testamente (*codicilli*) abgenommen und ins Comitat geschafft. Die Interpretation verstand diess nicht mehr, wenn sie sagt: *obtentis careat, et, ubi rerum domini fuerint, dirigatur*

curiale die Tochter eines Curialen und wird von ihr, in Ermangelung von Kindern, zum Erben eingesetzt, so darf er die Erbschaft nur antreten, wenn er in die Curie sich hat aufnehmen lassen; kein Municipalgeschäft durfte ohne die Gegenwart von 3 Curialen, ausser dem *magistratus* und *exceptor publicus*, vorgenommen, und musste Jeder, der sich seinen Pflichten als Curialis zu entziehen suchte, an die Gemeinde ausgeliefert und bestraft werden. *L.* 1. *C. Th. X.* 2. verbot überdiess den Vollbürgern, der Gemeinde gehörende oder auch auswärtige Grundstücke oder Waldungen in Pacht zu nehmen. Die Aemter, die Jeder durchzumachen hatte, werden im *C. Th. XII.* 2. unter die Kategorien der *Exactores* oder *Susceptores*, *Praepositi* und *Arcarii* vertheilt, die öffentlich von der Curie oder dem *Populus* auf ein Jahr gewählt wurden, und diejenigen, so das Wahlprotokoll unterschrieben hatten, waren für die gesammte Amtsführung der Angestellten, welche die Steuern einzutreiben, zu verwahren und abzuliefern hatten, verantwortlich. Der kaiserliche Beamte, unter dem die Municipalbehörden standen, war der Statthalter der Provinz (*provinciae rector*), zur Gothenzeit der königliche Richter (*Interp.* der *L.* 1.), der namentlich darüber zu wachen hatte, dass die Municipalbeamten ihre Amtsthätigkeit nicht über den vorgeschriebenen Termin ausdehnten und zu Erpressungen missbrauchten.

Diese wenig beneidenswerthe Lage der städtischen Curien wurde unter den Stürmen der Völkerwanderung geradezu unerträglich: die kaiserliche Beamtenhierarchie sah in der vermögenden Bürgerschaft weiter nichts als einen Schwamm, den Jeder nach Kräften auszudrücken bemüht war. Den Corporationen der Curie gegenüber standen die Collegien der Halbbürger (*collegiati*), die den städtischen Verband gleichfalls nicht verlassen durften, und wenn sie es thaten, von den Richtern zusammt ihrer Habe in ihren Geburtsort zurückgerufen wurden (*L.* 1. *C. Th. XIV.* 1.). Heirathete der *Collegiatus* eine Magd oder Sklavin, so folgten die Kinder dem Personenstand der Mutter. Durch *Tit.* 9. der *Nov. Theod. II* wurden die Besitz- und Erbrechte der Curialen (*Decuriones*) geregelt: hatten sie ausser ihren rechtmässigen Kindern noch natürliche, so durften

8*

sie diesen oder deren Müttern den achten Theil ihres Vermögens vermachen; waren rechtmässige Kinder nicht vorhanden und der Vater wollte den unrechtmässigen Sohn zu seinem Erben einsetzen, so musste er diesen erst vorschriftsmässig in die Curie aufnehmen lassen, wobei dem Vater und der Mutter, dem Grossvater und der Grossmutter der vierte Theil der Erbschaft (*actio de inofficioso testamento*) vorbehalten blieb. Hinterlässt der Erblasser keinen Leibeserben, so muss der Erbe den vierten Theil der Erbschaft der Curie zuwenden, und ist durch das Gesetz genau dafür gesorgt, dass der Curie von dem Gesammtvermögen der Körperschaft möglichst wenig entzogen wird. Eine Verringerung war gleichwohl nicht zu vermeiden, und wenn von dem Erbviertel, das auch die Bürgerstochter, die sich in eine andere Stadt verheirathete, zurücklassen musste, das Gemeindegut nach und nach einen nicht unbedeutenden Zuwachs erhielt, so verminderten sich die steuerpflichtigen Erbstücke einzeln im Verhältniss von 3 : 1, was den Steuerdruck von Jahr zu Jahr empfindlicher machte. Einige Abhilfe schaffte Justinian dadurch, dass er c. 1. *Nov. XXXVIII.* verordnete, der ohne Leibeserben verstorbene Curiale habe der Curie drei Viertel seines Vermögens zu hinterlassen, und zugleich die Erbansprüche der natürlichen Kinder, der Wittwen u. s. w. genauer regelte (c. 2—6). Dazu c. 1. *Nov.LXXXVII.* u. *Nov.CI.* Die vielen Novellen, die nöthig wurden, bezeugen am beredtesten die Heillosigkeit einer derartigen Negersklaverei.

Man hat mit Fug und Recht hervorgehoben, dass die Einführung des römischen Rechts in den von Germanen bewohnten Ländern die Fesseln der übermässigen Gebundenheit, welche auf den Personen, vorzüglich aber auf Grund und Boden lagen, brach [128]): umgekehrt wird man es dankbar anerkennen müssen, dass das germanische Recht andere, vielleicht noch drückendere Fesseln, womit die städtischen Gemeinden unter den römischen Kaisern bis zum Ersticken zusammengeschnürt wurden, gelöst hat. Was muss das für ein Zustand gewesen sein, der Majo-

---

[128]) A. Helfferich, der Organismus der Wissenschaft und die Philosophie der Geschichte. S. 370.

rian's Novelle (*tit.* 1. *L. R. p.* 306) nöthig machte, von der man in der That nicht weiss, ob man die barbarische Behandlung der Curialen mehr bemitleiden, oder die Abscheulichkeiten der kaiserlichen Beamten mehr verwünschen soll. Mit Zurücklassung ihrer Habe, ja ihres Namens waren viele Vollbürger aus ihrer Heimath entflohen, hatten sich als Tagelöhner unter das Gesinde eines Gutsherrn aufnehmen lassen und wohl gar eine Bäuerin oder Magd geheirathet. Hatte man sie vor Ablauf der Verjährungsfrist von 30 Jahren aufgespürt, so wurde der Verwalter oder Pächter des Guts genöthigt, sie herauszugeben; der Gutsherr selbst musste in der Stadt sich einfinden, wohin die Schuldigen zurückgeschleppt wurden, ohne ihre Weiber mitnehmen zu dürfen. Die Knaben folgten dem Vater, die Mädchen verblieben dem Gutsherrn, so zwar dass jene, wenn ihre Mutter Bäuerin war, der Curie, war sie Magd, den Collegien zugetheilt wurden. Hatte ein Verwalter ohne Wissen seines Herrn einen Curialen aufgenommen und innerhalb Jahresfrist nicht angezeigt, so steckte man ihn, wenn er freigeboren war, unter die Collegien, war er Sklave, wurde er zu Tode gepeitscht. Geschah es mit Wissen und Willen des Herrn, verlor dieser sein Gut. Gab der Bürger die Tochter seinem Sklaven oder Verwalter zur Frau, so wurde sie mit Gewalt zur Stadt gebracht, ihr Mann aber den Collegiaten zugetheilt: war er Sklave, liess man ihn eines schimpflichen Todes sterben. Trat der Stadtbürger in den geistlichen Stand, so musste er im Entdeckungsfalle in die Curie wieder eintreten, wenn er es noch nicht weiter als bis zum Diacon gebracht hatte; bekleidete er eine höhere Würde, so hatte er an seine rechtmässigen Verwandten die Hälfte seines Vermögens herauszugeben [129]). Andererseits traf den der Tod, der einen corporationspflichtigen Bürger als Sklaven verkaufte. Ohne höhere Genehmigung durfte der Curiale nichts von seinem Grundbesitz entäussern, wofür die Curie als Körperschaft nicht in Strafe genommen werden durfte, mit ausserordentlichen Geschenken (*strenae, calendae, pulveraticum*), Reise- und Bekö-

---

[129]) Gefälliger gegen die Geistlichkeit bewies sich Justinian Nov. CXXXIII., jedoch ohne von dem Grundsatz selbst abzugehen.

stigungs-Gebühren verschont, wegen der Goldmünzen nicht chikanirt, noch zur Bezahlung von Agio genöthigt werden sollte. Der Beamte, der sich Erpressungen erlaubte, hätte dem Buchstaben des Gesetzes nach zu Tode gepeitscht werden müssen. Wie viel wird indessen gefehlt haben, dass durch drakonische Strafandrohungen der beabsichtigte Zweck erreicht wurde!

Da ist es nun höchst bezeichnend, dass die *Interpretatio* alle gegen die willkürlichen Erpressungen gerichteten Strafandrohungen mit der Bemerkung übergeht: *Reliqua vero pars legis interpretata non est, quia haec, quae continet, usu carent,* was so viel heisst, dass die so übelberufenen Barbaren dem erleuchteten Erpressungssystem ein Ende machten. Hinsichtlich des gewiss sehr bedeutenden Gemeindeguts, bestehend aus Ackerland, Weideplatz und Waldung, hatte ein früheres kaiserliches Gesetz (*Nov. Mart. tit. III.*) verordnet, dass was davon unter irgend welchem Besitztitel in Privathände gelangt sei, gegen Erlegung des Canons von den Besitzern vererbt und verschenkt werden könne. Das Uebrige wurde unter Aufsicht der Curialen von den Collegiaten bewirthschaftet, die einen Tag um den andern für die Gemeinde zu arbeiten verpflichtet waren [130]). Als die Westgothen sich Spaniens bemächtigten, wird ein grosser Theil der städtischen Bevölkerungen sie als Befreier begrüsst, ihnen vielleicht entgegengejauchzt haben. Die Knechtschaft, unter der Corporationen und Collegien standen, war nicht viel besser, in manchen Beziehungen noch schlimmer als Sklaverei, denn der Sklave blieb nur für seine eigene Person und seinen Herrn verantwortlich, während der Gemeindebürger für die Corporation, wenigstens was die Steuern anbelangt, aufkommen musste. Den Westgothen, wie überhaupt den germanischen Stämmen, ist es nicht eingefallen, die Municipien, mochten sie italischen oder lateinischen Rechts [131]) sein, aufzulösen, diese lösten sich selbst auf und waren froh, einer Selbständigkeit ledig zu werden, die für sie schon längst ein Fluch war. Wie gern moch-

[130]) *Collegiatis operas patriae alternis vicibus pro curialium dispositione praebentibus* heisst es in der *Nov. Major.*

[131]) Mommsen, Stadtrechte von Malaga und Salpensa. S. 400 ff.

ten die meisten Städter zwei Drittel ihres Grundeigenthums an die Sieger abtreten, wenn sie dafür des letzten Drittels ohne fiscalische Ueberbürdung froh werden, damit schalten und walten konnten, wie es ihnen gut dünkte! Dass auch dabei Brutalitäten vorgekommen sein werden, lässt sich denken: ausser der thatsächlichen Erleichterung hatten die Heimgesuchten ja auch noch den Trost, mit ihren römischen Titulaturen sich brüsten zu können, und nicht umsonst belehrt uns die westgothische Formel-Sammlung (*For. XXV*), dass es in der *Patricia Corduba* noch immer *principales, curatores* und *magistratus* gab, Ehrentitel, die schwerlich viel zu bedeuten hatten. Jedenfalls aber bestand die *civitas* nach wie vor, wenn auch in veränderter Gestalt, fort: das Westgothen-Recht bezeugt es an mehreren Stellen (VIII. 2. 1, IX. 2. 6) und die beiden königlichen Beamten, welche über die Bürgerschaft gesetzt wurden, waren der Graf und der Richter. Ob die Romanen ihren eigenen vom Könige oder seinen Beamten bestellten Richter [132]) hatten, oder ob einer und derselbe Richter gothisches und romanisches Recht sprach, weiss man nicht; es mag wohl Beides vorgekommen sein je nach der Anzahl der städtischen Einwohner, und ein Gothe war es gewiss, in dessen Gegenwart, wenn auch durch einen Romanen, nach der *Lex Romana* erkannt wurde. Wenn II. 1. 9 gesagt ist, es solle Niemand bei Strafe sich unterstehen, eine andere als die Receswindische Gesetz-Sammlung dem Richter vorzuweisen (*offerre*), so liegt es sehr wohl im Bereich der Möglichkeit, dass die Romanen sich ihr Recht gleichfalls von dem gothischen Grafen holten und vorkommenden Falles demselben die betreffenden Paragraphen der *Lex Romana* vorwiesen. Unter der Mauren-Herrschaft bestand dieselbe Einrichtung, dass der christliche Richter, zumal bei Todesurtheilen, mit seinem Gesetzbuch, das kein anderes gewesen sein kann als die *Lex Wisig.*, sich zu dem *Kadi* oder *Molla* begab, und mit dem Finger auf den Gesetzesparagraphen deutete, nach welchem er sein Urtheil gesprochen.

---

[132]) Wenn den Juden später ausdrücklich verboten werden musste, Richterstellen zu bekleiden, so kann man diess kaum anders verstehen, als dass hin und wieder jüdische Richter über die Romanen gesetzt wurden.

Die von den Curialen abgetretenen Grundstücke besassen Gothen, und diese werden es in der Regel nicht verschmäht haben, sich mit dem unschädlichen Flittergolde von Municipalbürgern behängen zu lassen. Nun fragt es sich aber weiter, was aus den gewiss beträchtlichen Gemeindeländereien geworden war. Hatten die Gothen gleichfalls sie in Besitz genommen und vertheilt? wurden sie Krongut, oder liess man den Gemeinden auch fortan die Nutzniessung? Aenderungen in dem frühern Besitzstand, auf friedlichem oder gewaltsamem Wege herbeigeführt, sind ohne allen Zweifel vorgekommen: allein über blosse Vermuthungen ist man damit noch nicht hinaus und nach dem Stand der bisherigen Untersuchung wäre schwer zu sagen, ob man mit v. Savigny anzunehmen hätte, dass es Municipien noch nach Receswind gab, oder mit Guizot, der aus dem absoluten Schweigen des *Forum Judicum* in der beregten Materie seine Vordersätze bildet, die Municipalverfassung sei in Spanien bis auf die letzte Spur verschwunden gewesen. Nimmt man *Nov. Theod. II. tit.* 4 hinzu, welche den Curialen die Verwaltung und Pachtung fremden Eigenthums, sowie die Bürgschaft für einen Pächter bei Strafe der Confiscation des betreffenden Grundstücks verbot, ausserdem *tit.* 8, der die Annahme der von der Bekleidung städtischer Aemter befreiten, an sich rein titulären Senatoren-Würde den Curialen untersagte, so hat man Alles was die *Lex Romana* darüber enthält. Aus den Bezeichnungen: *seniores et priores loci* [133]) und *conventus publicus vicinorum* mit Masdeu (*Hist. crit. T. XI. p.* 40) die Fortexistenz der Municipien folgern zu wollen, ist gänzlich unstatthaft, und was Lafuente [134]) an nichtssagenden Bemerkungen macht, ist gar nicht der Rede werth, geradezu unwahr aber Moron's (*Histor. de la civilizacion de España. T. II. p.* 226) Behauptung, es finden sich weder in den Gesetzen, noch in den Concilienbeschlüssen sichere Spuren, dass die Municipien fortbestanden haben. Bei seiner Auf-

---

[133]) In der Einleitung zum 7. Concil von Toledo heisst es: *Quia novimus omnes pene Hispaniae sacerdotes, omnesque seniores vel judices ac ceteros homines officii palatini jurasse.* Aguirre, *Collect. max. III.* 420.

[134]) *Histor. gener. de Esp. Part. I. Lib.* 4. *c.* 4.

nahme in die Akademie von Madrid verfocht Seijas Lozano die Unverträglichkeit der Municipien mit der westgothischen Herrschaft, indem er es zugleich in Abrede stellte, dass von Leovigild bis auf Sisenand [135]) irgend etwas von einem Municipium zu verspüren sei. Dagegen unternahm Pidal zu zeigen, wie die römische Curie sich allmälig in das mittelalterliche Concilium verwandelt habe, wobei er sich namentlich auf die Concilien von Toledo berief [136]).

Im Ganzen hat es damit seine Richtigkeit. An schlagenden Beweisstellen fehlt es ohnediess nicht, so wenn es im Idacius von der Herrschaft Eurich's heisst: *Signa etiam aliquanta et prodigia in locis Gallaeciae providentur in flumine Minio de municipio Lais*; und in der Geschichte S. Millan's vom Bischof Braulius: *Item curialis maximi filiam, nomine Columbam, daemon invaserat . . . Eodem igitur anno revelatur ei etiam excidium Cantabriae; unde nuntio misso jubet ad diem festum Paschae senatum ejus praesto esse.* In der vorhin erwähnten Formel (*Form. XXV.*) liest man: *ex officio curiae est accepta et lecta*, und in einer frühern Formel (*Form. XXI.*): *ita ut post transitum meum die legitimo hanc voluntatis meae epistolam apud curiae ordinem gestis publicis facias adcorporare.* Damit stimmt dann auch L. W. XII. 1. 2, ein Gesetz, welches die Toledaner Handschrift aus *S. J. R.* dem Reccared zuschreibt, und das, indem es den Beamten die Erpressungen sowohl auf dem Lande als in der Stadt (*de civitate vel de territorio*) untersagt, durch und durch römischen Geist athmet. Oder verhält es sich nicht so mit den Worten: *jubemus rectorem provinciae, sive comitem*

---

[135]) Der gelehrte Herr Akademiker huldigte hier der längst abgethanen Meinung, Sisenand habe eine neue Redaction des westgothischen Gesetzbuchs unternommen.

[136]) *Conc. Tolet. IV. c.* 19: *Non promoveantur ad sacerdotium, qui curiae nexibus obligati sunt.* In dem *Index S. S. canonum, quibus praesertim Hispania ab ineunte VI. saeculo usque ad initium VIII. regebatur*, kommen die Stellen vor: *Ex curialibus, vel qui functiones injunctas habet, clericus non sit.* - *Causidici et curiales, vel saeculari militiae dediti, ad clerum non admittantur.* Es mag wohl geschehen sein, dass diese canonischen Bestimmungen aus der vorgothischen Zeit und ohne Rücksicht auf die bestehenden Verhältnisse aufgenommen wurden.

patrimonii, aut actores fisci nostri, ut nullam in privatis hominibus habeant potestatem, nullaque eos molestia inquietent. Hier sind die Namen der Beamten nicht gothisch und zuverlässig geschah es auf die dringende Bitte katholischer Geistlichen, dass Reccared oder einer seiner Nachfolger das Gesetz im Interesse und nach den Rechtsbegriffen seiner romanischen Unterthanen erliess. Noch weit auffallender ist es, dass die Verordnung beigefügt sich findet, die seither alljährlich wechselnden *Numerarii* und *Defensores*, vom Bischof oder dem *Populus* (offenbar so viel als *Curia*) dazu ernannt, sollten ihr Amt auf Lebenszeit bekleiden und dem Richter keinerlei Geschenk zu machen haben. Den Bischöfen, die von dergleichen Excessen (*excessus*) wussten und sie nicht anzeigten, wird mit der Bestrafung durch das Concilium gedroht, wie denn auch anderwärts ihnen das Einschreiten gegen ungerechte Richtersprüche anbefohlen wird (II. 1. 22 u. 28).

Damit ist das Fortbestehen der Municipien mit klaren Worten ausgesprochen, nur natürlich nicht mehr ganz und gar in der alten Weise. Wie auch in den andern von Germanen besetzten Ländern schaarten sich die städtischen Bevölkerungen um die Person ihres Bischofs, der, was in II. 1. 22 [137]) unumwunden ausgesprochen ist, nicht bloss die ungerechten Richter zu mahnen und anzuzeigen (II. 1. 28), sondern selbst Recht zu sprechen hatte [138]). Namentlich in den zum grössern Theile aus romanischen Einwohnern bestehenden Städten wird die Geistlichkeit richterliche Functionen, unter Aufsicht des gothischen Stadtrichters, versehen und der Bischof in der Regel den Mann bezeichnet haben, der sich am besten zu der Bekleidung des von Kaiser Valens eingesetzten Amtes eines städtischen Defen-

137) *Si judex vel sacerdos reperti fuerint nequiter judicasse. Coll. VII.* 5. 1. Ganz besonders *Conc. Tol. IV. c.* 31.

138) Bezahlen durfte sich der Geistliche für seine richterlichen Functionen nicht lassen. Ein i. J. 516 in Tarragona gehaltenes Concil (c. 10) verordnete: *ne quis sacerdotum more secularium judicum audeat accipere pro impensis patrociniis munera, nisi forte in ecclesia oblata gratuita . . . si qui ista probantur accipere, veluti exactores foenoris aut usurarum possessores secundum statuta patrum se noverint degradandos.*

sors eignete. Wenn Isidor mit einem Anflug von Bitterkeit bemerkt: *et nunc quidem eversores*[139]), *non defensores existunt*, so hatte diess seinen Grund darin, dass die nur auf ein Jahr gewählten Defensoren durch Bestechung des Stadtrichters es leicht dahin bringen konnten, dass sie mit dem Eigenthum der Bürger nach Belieben schalten und walten konnten. Steuern mussten nach wie vor bezahlt werden, wenn auch in weniger drückender Gestalt, und andererseits bedurften die Gemeinde-Angelegenheiten einer Leitung, so dass Isidor ganz zuverlässig die spanischen Städte seiner Zeit vor Augen hatte, wenn er die Curie definirt: *Curia dicitur eo quod ibi cura per senatum a cunctis administratur.* Den *Populus* bildeten die vermöglichen Bürger und diese werden den Senat gewählt haben, falls die Würde sich nicht aus der Römerzeit in gewissen Familien vererbte.

Mit dem *Numerarius* kommen wir wieder auf die Frage wegen des Gemeindelandes zurück. Nach einem Briefe des Bischofs Artemius von Tarragona an die *fratres numerarii*, und nach einer Aeusserung Egica's auf dem 16. Concil von Toledo zu schliessen, standen diese Steuereintreiber in nicht besonders hoher Achtung: den besten Aufschluss jedoch ertheilt die Verordnung V. 4. 19, die ähnlich wie XII. 1. 2 schon in eine frühere Zeit fallen dürfte. Daselbst wird bestimmt: *Curiales igitur vel privati, qui caballos ponere, vel in arca publica functionem exsolvere consueti sunt, numquam quidem facultatem suam vendere, vel donare, vel commutatione aliqua debent alienare.* Sofort aber wird das Verbot dahin ermässigt, dass Verkauf, Schenkung und Tausch solcher Güter gestattet sein soll, wenn in der Urkunde der neue Besitzer zur Uebernahme aller der Verbindlichkeiten (*haec ipsa summa census*), die daran haften, sich bereit erkläre. Die Uebereinstimmung mit *Nov. Mart. tit. III.* (*De praediis civitatum omnium. L. R. p.* 302) lässt sich mit Händen greifen, und dass der Satz der Novelle: *nam si privatis viris debita non patimur denegari, multo magis praebenda sunt ci-*

---

[139]) *cf. Praef. Nov. XV. Nunc autem hoc defensorum nomen valde conculcatum et ita contemtum, ut in injuria potius jaceat.*

vitatibus quae jure debentur, bei der Abfassung der Einleitung von L. W. V. 4. 19: *si cura rei familiaris omitti non debet, quanto magis utilitatis publicae, quam semper exerceri vel augeri necesse est?* vorgelegen habe, ist mindestens zu vermuthen. Was die den Curialen gegenübergestellten *privati* ausdrücken sollen, ist nicht minder klar: es sind die *liberi a curia* des römischen Rechts, d. h. *collegiati* [140]), zünftige Handwerker, die nicht zur eigentlichen Bürgerschaft gehörten. Die Einen sowohl als die Andern konnten *caballos ponere*, Posthaltereien übernehmen, und *in arca publica functionem exsolvere*, d. h. das Amt von Numerarien (*Arcarii*) bekleiden, wofür ihnen ein Stück vom Gemeindeacker, nebst den dazu gehörigen Gebäuden und Sklaven (*mancipia, terrae, vineae, domus*), zur Bewirthschaftung überlassen wurde [141]). Unter solchen Umständen verstand es sich von selbst, dass sie das Ganze oder einen Theil davon nur dann vergeben durften, wenn der neue Erwerber sich zur Uebernahme der an dem Grundstück haftenden Verbindlichkeiten bereit erklärte. Ein solcher *Curialis* oder *Privatus* stand demnach zu der Gemeinde (*populus*) oder dem Fiscus in demselben Verhältniss, in welchem der *bucellarius* zum *patronus*: es war eine Art Erbpacht und man begreift, wie der Verfasser des Gesetzes durch eine sonst unerklärliche Gedankenverbindung daran die Bemerkung knüpft: *nam plebeis glebam suam alienandi nulla umquam potestas manebit.* Dass aber den Curialen gestattet war, dergleichen Pachtungen zu übernehmen, in Folge deren sie auf eine und dieselbe Stufe mit den *privati* und *plebei* zu stehen kamen, beurkundet hinlänglich, wie gründlich sich die Lage der Curialen unter der Westgothen-Herrschaft geändert hatte. Ein

---

[140]) Die *Collegia* oder zünftigen Corporationen müssen in Spanien später in allgemeine Verachtung gerathen sein, da Isidor (*Origg. IX*, 4) die *Collegiati* definirt: *quod ex eorum collegio custodiisque deputentur, qui facinus aliquod commiserunt. Est enim sordidissimum genus hominum, patre incerto genitum.*

[141]) II. 1 25, mag das Gesetz von Chindaswind herrühren oder nicht, wird der *numerarius* schwerlich mit Grund dem richterlichen Personal beigezählt, man müsste denn annehmen, es seien dort königliche Steuerbeamte, im Gegensatz zu den städtischen, gemeint.

angesehener Mann war der *Numerarius* nicht mehr und Egica hatte wohl alle Ursache, einen Palatinus von der Schmach eines solchen Zöllneramtes durch die Reichsversammlung reinigen zu lassen [142]). Zu untersuchen bleibt nur noch, wem das Eigenthumsrecht an das Gemeindeland (*ager publicus*) zustand: ob der Gemeinde? oder der Krone? Grundsätzlich werden die Könige alles städtische Gemeindeland an sich gezogen und in Krongut verwandelt, oder der Gemeinde wenigstens nicht mehr als ein Drittel gelassen haben. Man gewinnt so nicht allein die Lösung des Räthsels, woher die Krondomänen stammten, sondern ausserdem auch Aufschluss darüber, welchen Ursprungs die zahlreichen Kronsklaven waren, und was die *actores rerum fiscalium* zu bedeuten hatten. Dergleichen Kronländereien konnten an Posthalter und Steuereintreiber überlassen werden: der Umstand jedoch, dass die beiden Kategorien städtischer Beamten schon unter römischer Herrschaft bestanden, spricht vielmehr für die Fortdauer eines vorgothischen Verhältnisses und damit zugleich der Gemeinde selbst. Die Römer sollen nach Suidas den Persern die Einrichtung der *Angariae* oder *cursus publici*, eine Art Feldpost, abgelernt haben, und aus Majorian's Novellen (§ 13. *tit. I.*) ist ersichtlich, dass die Städte die Kosten solcher Posthaltereien zu tragen hatten. Es wird darin den Provinzial-Richtern bei Strafe untersagt, für sich und ihr Bureau zur Weiterbeförderung von einer Stadt in die andere mehr als zwei Angarien mit je zwei Zugthieren (*paraveredi*) zu requiriren [143]). Die Westgothen mochten bei ihren bald freund-

---

142) Auch zur Erklärung von V. 4. 19 ist der castilianische Text gänzlich unbrauchbar, wenn es daselbst heisst: *mandamos de los privados de la corte, que son tenudos de dar cavallos ó otras cosas al rey ó a la corte.* Ganz abgesehen von den sonstigen Ungenauigkeiten ist die Verwechselung der *Curia* mit dem Hofe für das 13. Jahrhundert zwar vollständig gerechtfertigt, nicht aber für das siebente.

143) Bei Ammian. Marcellin. (XXVIII. 3. 7 ff.) liest Ritter offenbar richtig statt *Areanos* — *Angarianos, genus hominum a veteribus institutum .... paullatim prolapsos in vitia a stationibus suis removit, aperte convictos, acceptarum promissarumque magnitudine praedarum allectos, quae apud nos agebantur, aliquotiens barbaris prodidisse · id enim illis erat officium, ut ultro citroque per longa spatia discurrentes vicinarum*

schaftlichen, bald feindlichen Berührungen mit dem römischen Kaiserreich die Nützlichkeit der Einrichtung mehrfach erprobt und darum den Städten die Fortführung derselben zur Pflicht gemacht haben. Nicht weniger willkommen musste es ihnen sein, durch Vergebung städtischer Ländereien das römische Steuersystem fortsetzen zu können, wodurch es sich andererseits erklärt, dass dergleichen Pachtungen sich fortwährend in den Händen von Städtern befanden. Nur eine geschlossene Corporation war der Stand der Decurionen nicht mehr, oder wie hätten sie Pachtverträge eingehen können, welche ihnen die *Lex Romana* ausdrücklich verbot? Es kann freilich geschehen sein, dass Chindaswind hauptsächlich durch das Verbot des römischen Rechts zur Regulirung eines Verhältnisses bestimmt wurde, das bisher ausschliesslich nach römischen Grundsätzen geordnet worden war.

So mannigfaltig gestalteten sich die persönlichen Verhältnisse der freigeborenen Spanier, untermischt mit ganzen Schwärmen Sklaven in der Stadt und auf dem Lande. Es ist traurig zu sagen, dass schon die „*Antiqua*" sich mit den Sklaven unverhältnissmässig viel zu schaffen macht, was den Gothen nicht zur Last gelegt werden darf, weil sie die meisten Sklaven schon vorfanden und von den einheimischen Romanen überkamen. Zudem machte die katholische Geistlichkeit nicht die geringsten Anstalten, die der Kirche gehörigen Sklaven in Freiheit zu setzen. Die freien Familienangehörigen litten unter keinem

---

gentium strepitus nostris ducibus intimarent. Salmas. *ad. Spart. Hadr.* 2. Aguirre, *Coll. max. IV.* 282. 289. De Fonsclombe, *Mémoire sur un edit de Dioclétien.* 1829. *p.* 76—108. *Paraveredus: equus cursui publico destinatus* (*Forcellini*), und bei Festus: *veredos antiqui dixerunt, quod veherent rhedas.* Später wurde daraus metonymisch ein Fuhrwerk, so bei Ducange: *vereda, umbraculum foliis, aut arborum ramis concinnatum* (*carreria*). Auch die Benennung *angaria* scheint nicht mehr die alte geblieben zu sein: sie verallgemeinerte sich, wie so viele ähnliche Ausdrücke, und bedeutete (*Conc. Tol. III.* 20. *L. W. V.* 5. 2, *XII.* 1. 2) jede freiwillige, oder unfreiwillige Arbeit von Zugthieren, vielleicht überhaupt Frohndienst. Bei Ducange wird *angarea* (oder *angaria*) erklärt: *praestatio jumentorum, vel plaustrorum.* Die *animalia in angariam praestita* in V. 5. 2 heissen im castilianischen Texte „*animalias emprestadas pora lavor.*"

persönlichen Drucke: zwar konnte der Mann die Frau verstossen, und diese durfte sich nur in dem Falle wieder verheirathen, wenn die Scheidung schriftlich oder vor Zeugen Statt gehabt (III. 6. 1), was mit dem alttestamentlichen Scheidebrief übereinstimmt; zwar gehörte auch das von den Sklaven der Frau Erarbeitete dem Manne: andererseits aber verblieb ihr, falls sie keines ehebrecherischen Umgangs sich schuldig machte, unangefochten bis zu ihrem Tode Alles was der Ehegemahl ihr geschenkt, ausser dem Kindstheil, auf den sie Anspruch zu machen hatte, wenn sie Wittwe blieb (IV. 2. 14); die Kinder beiderlei Geschlechts durften sich nach dem Ableben des Vaters nur mit ihrer Zustimmung verheirathen (III. 1. 8), und wenn es ihr auch nicht gestattet war, Andere vor Gericht zu vertreten, so blieb es ihr doch unbenommen, ihre eigenen Processe zu führen. Ohne dazu beauftragt zu sein, durfte selbst der Mann nicht im Namen der Frau vor dem Richter erscheinen (II. 3. 6). Schon der ungebornen Leibesfrucht liess das Gesetz seinen Schutz angedeihen (VI. 3. 1 ff.); es war den Eltern untersagt, ihr Kind zu verkaufen, zu verschenken und zu verpfänden (V. 4. 12). Töchter erbten zu gleichen Theilen mit den Söhnen (IV. 2. 1); der Vater oder die nächsten Verwandten haben die Brautgabe aufzubewahren (III. 1. 7), und zu den harten Strafen, welche auf den Ehebruch gesetzt sind (III. 4.), gesellt sich die schon in dem Mosaischen Gesetze enthaltene Verordnung, dass die regelmässig Angetraute in diesem Punkte der verheiratheten Frau ganz gleich zu stellen. Nicht minder streng bestraft das Gesetz gewaltsame Entführung (III. 3. 1), und dass die Wittwe vor Ablauf des Trauerjahrs sich nicht wieder verheirathen [144]), bei Todesstrafe keinem Sklaven sich verbinden darf, entspricht der altgermanischen Sitte, die nichts Heiligeres kannte als die Familien- und die Mannesehre. Rettet sich ein Verwandtenmörder in die Kirche, so muss er ausgeliefert werden, doch nur gegen das Versprechen, dass die Seinigen ihm das Leben schenken (VI. 5. 18). Ueberhaupt aber hat für ein Verbrechen nur der Schuldige und nicht zugleich seine Ver-

[144]) Auch nach römischem Recht L. 1. C. Th. III. 8. L. 1. C. V. 9.

wandtschaft aufzukommen (VI. 1. 7). In Abwesenheit des Hausherrn ist die Schwelle unverletzlich (VIII. 1. 7). Die verhältnissmässig gelinde Bestrafung der Brandstiftung (VIII. 2. 1) verräth eine zerstreut auf dem Lande, und nicht zusammengedrängt in den Städten wohnende Bevölkerung, die von dem an sich schrecklichen Verbrechen wenig zu fürchten hatte, wogegen die Gothenkönige die Gefahr der Falschmünzerei (VII. 6) richtig durchschauten. Kauf, Tausch, Pfand, Anvertrautes und Geliehenes sind nach allgemeinen und billigen Gesichtspunkten gesetzlich definirt; die im Zustand der Nothwehr begangene Tödtung bleibt straflos (VI. 5. 19), wie auch der Angeber eines Diebstahls für den Antheil, den er daran genommen (VII. 1. 3).

So viel auch von dem westgothischen Gesetzbuch in seiner frühesten Gestalt den altgermgnischen Rechtsanschauungen entspricht, so ist doch daneben der Einfluss des die Person von dem Drucke der Mundschaft [145]) befreienden römischen Rechts unverkennbar, in Beziehung auf den das Ganze beseelenden Geist mehr als im Einzelnen. Auch die Beweisarten durch Urkunden, Zeugen, Eidschwur und Folter können ihren Ursprung nicht verleugnen, und wer Anstoss daran nehmen sollte, dass, abweichend von dem römischen Criminalrecht, bei den Westgothen die Prügelstrafe so häufig in Anwendung kam, der erinnere sich, dass die Westgothen des 6. Jahrhunderts nicht mit den Römern unter Justinian, sondern unter der Herrschaft des Zwölf-Tafel-Gesetzes verglichen sein wollen, und dass im spätrömischen Recht einzelne raffinirte Rohheiten vorkommen, mit welchen zusammengehalten das gothische Gesetz human er-

---

[145]) Die strengere Form des Mundiums verschwindet fast gänzlich: IV. 3. 3, ein anonymes Gesetz, das die Leoner Handschrift dem Suintila zuschreibt, überträgt für den Fall, dass die verwittwete Mutter eines Unmündigen sich von neuem verheirathet, die Mundschaft dem Bruder, wenn dieser das 20. Jahr erreicht hat. Dafür findet sich jedoch auch im römischen Recht L. 9. § 1. D. XXVII. 3 eine Belagstelle, wo derselbe Ausdruck „*perfecta aetas*" wie im westgothischen Gesetze gebraucht ist. In Ermangelung eines Bruders gelangt die Vormundschaft an den Oheim oder dessen Sohn, und dann erst an eine von den Verwandten zu bezeichnende, vom Richter zu bestätigende Person. *cf. L.* 4. *C. Th. III.* 17. (*Interpr.*) *L.* 1. *II.* 17.

scheint. Die Blendung der Hochverräther ist offenbar von Chindaswind den vom römischen Kaisergesetz über Majestätsverbrechen verhängten Strafen nachgebildet (L. 5 u. 6. C IX. 8. *Ad leg. Jul. maj.*), nachdem die gelinde Behandlung, die man früher den Aufrührern und Landesverräthern hatte zu Theil werden lassen, so bittere Früchte getragen hatte.

Was überhaupt Chindaswind mit seinen zahlreichen, zum Theil neuen, zum Theil umgeschriebenen Gesetzen beabsichtigte, ist nicht schwer zu sagen. Ist L. W. XII. 1. 1 von ihm, wie es wirklich zu sein scheint, so hat er sich schon damit allein ein unvergängliches Denkmal gesetzt: *Obtestamur itaque judices omnes, cunctosque quibus judicandi concessa potestas est, et teste virtutum omnipotente domino commonemus ad investigandam quidem rei veritatem in causis omnibus solertes existere, et absque personarum acceptione negotiorum omnium contentiones examinare; circa victas tamen personas, ac praesertim paupertate depressas severitatem legis aliquantulum temperare.* Wie die darin sich bekundende Gesinnung human, so war andererseits sein staatsmännischer Blick weit: so bald die aufrührerischen Grossen zu Paaren getrieben und zum Theil mit ihren Gütern auch unter den vornehmen Geschlechtern Freunde der Ordnung und des königlichen Ansehens gewonnen waren, kam viel darauf an, dem Gesetze in dem beschwichtigten Reiche nicht allein grössern Nachdruck, sondern zugleich auch leichtere Vollziehbarkeit zu verschaffen. Das alte Recht vermochte sich über den Umkreis einer Grafschaft nicht zu erheben und dachte ausserdem nur noch an die königliche Pfalz: durch II. 1. 17, II. 2. 10, II. 2. 7 u. 8 werden Vorkehrungen getroffen, um dem Richterspruche auch in weiteren Kreisen Geltung zu verschaffen [146]). Recht eigentlich aber hat Chindaswind den Urkunden- und Zeugenbeweis (II. 4. 2 u. 5), sowie Geldbussen (VI. 4. 3) und Zeitfristen auf feste Normen gebracht, und der willkührlichen Behandlung der Sklaven wohlthätige Grenzen gesteckt. Wer einen Sklaven leichtsinnig tödtet, geht mit Zurücklassung seines Vermögens in die Verbannung (VI. 5. 12), und soll kein Freier es

[146]) Eine ähnliche Absicht hatte Justinian c. 2. Nov. LXIX.

sich einfallen lassen, dem Sklaven vor Gericht Red' und Antwort zu weigern (II. 2. 10). Den Mörder können auch Verwandte und Fremde anklagen (VI. 5. 15); das gerichtliche Verfahren bei Fälschungen wird zweckmässig vorgeschrieben (VII. 5. 2) und über den Capitalpunkt entschieden, in welchen Fällen auch der Freie auf der Folter zu vernehmen sei (VI. 1. 2).

Mehr oder weniger tragen alle Chindaswindischen Gesetze einen solchen universellen, weiteren Verhältnissen sich anpassenden, bestehende Lücken ausfüllenden Charakter, was an sich schon die Absicht des Gesetzgebers verräth, die durchaus unhaltbar, an allen Punkten brüchig gewordene Scheidung zweier Volksrechte aufzuheben und durch ein Landrecht zu ersetzen. Immer aber wäre II. 1. 8 (*De remotis alienarum gentium legibus*) eine unbillige Massregel den romanischen Unterthanen des Königs gegenüber gewesen, wenn Chindaswind nicht zugleich Bedacht darauf nahm, wenigstens einzelne Bestimmungen aus der *Lex Romana* in das neue Gothen-Recht herüberzunehmen. Die Behauptung des Cujaz, das westgothische Gesetzbuch habe Alles dem römischen Civilrecht zu verdanken, ist, so allgemein hingestellt, freilich irrthümlich; wohl aber beginnt mit Chindaswind die Verschmelzung des römischen Rechts mit dem altgothischen so sehr überhand zu nehmen, dass eine weiterreichende Absicht dabei zu Grunde gelegen haben muss. Die Nachricht, Chindaswind habe seine Base mit dem Griechen Ardabast vermählt [147]), würde allein schon hinreichen, eine in diesem Sinne zu deutende politische Verbindung vermuthen zu lassen; indess bedarf es blosser Vermuthungen da nicht, wo directe Zeugnisse vorliegen. Wer die Arengen, oder moralischen Einleitungen der Chindaswindischen und Receswindischen Gesetze unbefangen liest, der kann sich der Ueberzeugung nicht verschliessen,

[147]) Mariana (VI. 20) kann den Sebastian von Salamanca, dem er die Nachricht entlehnt ohne seine Quelle zu nennen, nur flüchtig gelesen haben, wenn er den Chindaswind seine eigene Tochter dem Ardabast zur Ehe geben lässt. *Tempore namque Cindasvinti regis ab imperatore expulsus quidam Ardabastus, ex Graecia in Hispaniam peregrinatus, advenit, quem Cindasvintus honorifice suscipiens ei consobrinam suam in conjugio copulavit, ex qua natus est Ervigius* (*Esp. Sagr. XIII.* 479)

dass eine absichtliche Nachahmung der kaiserlichen Novellen in der *Lex Romana* vorliegt, wozu ihrerseits die Formulare einen nicht unbeträchtlichen Beitrag geliefert haben. Bei V. 4. 19 schmeichle ich mir die Stelle selbst, auf welche Bezug genommen ist, nachgewiesen zu haben, und sobald es auf den Inhalt der Gesetze ankommt, wird man wohl daran thun, in erster Reihe dem Umstand Rechnung zu tragen, dass die westgothischen Gesetzgeber oft genug aus dem römischen Recht nicht unmittelbar, sondern mittelbar durch das canonische Recht geschöpft haben. Die Beläge sind überall zur Hand und zwar ganz besonders bei Chindaswindischen Gesetzen. Der ganze erste Titel von Lib. V., ferner III. 5. 3, III. 6. 2, VI. 2. 1—4[148]), VI. 3. 7 enthalten canonische Verordnungen spanischer Concilien, die ihrerseits auf römische Rechtsbestimmungen zurückweisen. III. 5. 1 insbesondere hängt zusammen mit L. 44. C. I. 3; V. 4. 13 mit L. 1. C. IV. 30, und aller Wahrscheinlichkeit nach sind die römischen Verjährungsfristen aus dem canonischen Recht in das bürgerliche Recht der Westgothen aufgenommen worden. Die altgothische Verjährung trat erst mit 50 Jahren ein (L. W. X. 1. 16 u. 19, X. 2. 1 u. 2, IV. 3. 2): von der ordentlichen Verjährung der Römer, später auf 10 Jahre unter Anwesenden, auf 20 Jahre unter Abwesenden [149]) festgesetzt, wussten die Westgothen nichts, wohl aber begegnet man schon in den Fragmenten der *Antiqua* (CCLXXVII) der *praescriptio XXX annorum* für unerledigte Processe, neben der 50jährigen für gothische und römische Landlose und flüchtige Sklaven [150]). Dass es

---

[148]) VI. 2. 3 u. 4 (*De maleficis &c*) erinnert an Paul. Sent. V. 23; die *ligamenta* an die auf *Conc. Bracar. II.* veranstaltete Sammlung morgenländischer *canones*, wo es c. 59 heisst: *non liceat clericis incantatores esse, et ligaturas facere, quod est colligatio animarum.* Weitere Anhaltspunkte giebt *Lex Romana.* L. 1 – 3. C. Th. IX. 13, und L. W II. 4. 1, VI. 1. 5, III. 4. 13. Zwischen VI. 2. 2 u. 3 haben einige der besten Handschriften ein Gesetz Egica's, das den Richtern das Befragen von Wahrsagern verbietet.

[149]) Nach Manu's Gesetzbuch verjährte bewegliches Gut in 10, unbewegliches in 20 Jahren.

[150]) Die Worte der Fragmente: *antiquos vero terminos sic stare jubemus, sicut et bonae memoriae pater noster in alia lege praecepit,* beziehen sich

nicht erst Justinian war, der die ausserordentliche Verjährung, oder *praescriptio XXX vel XL annorum*, hinzufügte [151]), erhellt aus der *Lex Romana*, wo *Nov. Valent. III. tit.* 8. (*De triginta annorum praescriptione omnibus causis opponenda)* und *tit.* 9. (*De colonis vagis)* ausführlich davon handeln. Unter Mitwirkung der Canonisten kam das *tricennium*, oder *tricennale tempus*, bei den Gothen mehr und mehr in Aufnahme: so X. 2. 4—7, III. 2. 3, III. 3. 7, doch finden sich in einem Gesetze Chindaswind's, IV. 3. 2, beide Termine beisammen. Auch nach 50 und 30 Geisselhieben, 50 und 30 Goldstücken, 30 Fasttagen, neben der beliebten Zahl 20, wird gerechnet (II. 1. 17, IV. 5. 1). Die Volljährigkeit erst nach zurückgelegtem 25sten Jahre eintreten zu lassen, widerstrebte dem germanischen Rechtsbewusstsein, das in Friesland es dem siebenjährigen Sohne einer Wittwe gestattete, die Mundschaft über seine Mutter zu übernehmen: IV. 3. 1 lesen die besten Handschriften nicht *infra XXV*, sondern *infra quindecim annos* [152]); dagegen sind die 14 Jahre II. 4. 11 und II. 5. 10, IV. 3. 4, aus L. 10 u. 15. D. XLVIII. 18. entlehnt, der herkömmliche Termin der Volljährigkeit bei den Westgothen. Das 4. Concil von Toledo (c. 20) verbot die Priesterweihe vor dem 25sten Jahre und andere Kirchen-Versammlungen schrieben 30 Jahre vor, um zur Würde eines Presbyters zu gelangen. Nach Dritteln und Fünfteln liebt Chindaswind auch in andern Dingen zu rechnen (IV. 5. 1 u. 2).

Noch weit zahlreicher sind jedoch die Stellen, wo derselbe unmittelbar aus römischen Rechtsquellen schöpfte. II. 1. 10 *(De diebus feriatis)* stimmt mit L. 2. (*Interpr.*) C. Th. II. 8 und L. 1. IX. 25, und selbst in II. 1. 8 (*De remotis alienarum gentium legibus*) wird es wohl gestattet sein, einen leisen Hinweis auf

---

entweder auf X. 1. 16 oder auf X. 3. 2, wenn nicht 5, so dass uns ein eigenes Gesetz Leovigild's sicher aufbewahrt ist.

151) v. Wening-Ingenheim, Lehrbuch des gemeinen Civilrechts. 1827. Bd. I. S. 237. Unterholzner, Ausführliche Entwicklung der gesammten Verjährungslehre.

152) Nach dem Avesta der Perser wurde mit 15 Jahren der Knabe verantwortlich, das Mädchen mannbar. L. W. IV. 3. 3 wird das zur Uebernahme der Vormundschaft sich eignende Alter zu 20 Jahren angenommen.

Nov. Theod. II. 1 zu erblicken. Die Verordnungen in Betreff der königlichen Schenkungen (II. 1. 6, IV. 5. 1, V 2. 2 u. 3) haben zum Vordersatz L. 1. (*Interpr.*) C. Th. X. 4, dagegen enthält V. 3. 6 eine ebenso scharfsinnige als eigenthümliche Theorie über Schenkung, von der man nur wünschen möchte den Verfasser selbst kennen zu lernen. So sehr sich auch die Meinung empfiehlt, dass Chindaswind aus der Quelle seiner eigenen vieljährigen Erfahrungen im höhern Richteramte geschöpft haben wird, so reicht diess doch schwerlich ganz aus, und es wird kaum zu umgehen sein, sich um seine Person die bewährtesten Kenner der beiden Rechte versammelt und mit Aus- und Ueberarbeitung der zahlreichen Gesetze beschäftigt zu denken. Jahrhunderte später haben Ferdinand der Heilige und Alphons X. eine ähnliche Gesetzcommission eingesetzt. III. 1. 6 (*De quantitate rerum conscribendae dotis*) wird namentlich auf das römische Recht Bezug genommen [153]), jedoch nur beiläufig, denn seinem Inhalt nach stimmt das Gesetz weit mehr zu L. 1. C. III. 30 (*De inoff. dot.*) und geht nur darin weiter, dass es die dem Manne gestattete Morgengabe auf den zehnten Theil seines Vermögens festsetzt. Die in der nachfolgenden Rechtsgeschichte Spaniens zu höchstem Ansehen gelangten „Ehrenmänner," oder *boni homines*, fand Chindaswind (VI. 1. 4) in L. 42. D XXXII. 3 vor. Die Einschränkungen in Betreff des Asylrechts (VI. 5. 16), die ergänzend und erläuternd zu den ältern Gesetzen IX. 3. hinzukamen, können ihren Zusammenhang mit L. 1. C. Th. IX. 34. (*Interpr.*) und C. I. 12 nicht verleugnen. Dasselbe gilt von dem Erbrecht, das nach dem alten Rechte der Westgothen in ähnlicher Weise beschränkt war, wie die Erbfolge nach dem Zwölf-Tafel-Gesetze, und durch Chindaswind (IV. 5. 1—5, IV. 2. 9, IV. 2. 18) gänzlich reformirt wurde. Durch Melioration eines rechtmässigen Erben durfte der Pflichttheil der übrigen höchstens um den dritten Theil der Hinterlassenschaft geschmä-

---

[153]) *Aut si forte juxta quod ex legibus romanis recolimus fuisse decretum, tantum puella vel mulier de suis rebus sponso dare elegerit, quantum sibi ipsa dari poposcerit.* Es ist damit weiter nichts gemeint, als dass nach römischem Rechte die *dos* von Seiten der Braut und nicht von Seiten des Bräutigams zu leisten ist.

lert, der Kirche nur der fünfte Theil vermacht werden; die Gründe aber, die zur Enterbung berechtigten (IV. 5. 1), lassen sich c. 4. *Nov. CXV.* aufweisen. Nicht minder gründlich hat Chindaswind den Zeugenbeweis, sowohl was Freigeborne als Sklaven anbelangt, durch den vierten Titel *Lib. II.* umarbeiten lassen [184]), und die es thaten, liessen C. Th. XI. 14, *Paul. Sent.* V. 17, C. Th. IX. 3 und L. 3. IX. 4 (*Interpr.*) nicht unbenutzt. Endlich muss man unweigerlich annehmen, dass so wie die Aussage auf der Folter (*quaestio*) überhaupt, auch die von Chindaswind darüber erlassenen näheren Verordnungen (VI. 1. *De sceleribus et tormentis.* II. 3. 4, III. 4. 14) sich verwandtschaftlich zu D. XLVIII. 18. C. IX. 41. verhalten.

184) Die Strafe der Infamie bestand nach westgothischem Recht darin, dass dem für ehrlos Erklärten die *licentia accusandi, testificandi atque aliena negotia prosequendi* genommen wurde (II 4. 7, III. 3. 7, III. 5. 3). Die *Masculorum stupra* (III. 5. 5) erinnern an L. 30. C. IX. 9.

V.

Ein bestimmtes Gepräge wird sich demnach der gesetzgeberischen Thätigkeit Chindaswind's nicht absprechen lassen. Es ist nicht anders: gothisch gesinnt durch und durch, und auch als Gesetzgeber der Sitte und Ueberlieferung seines Volkes mit leidenschaftlicher Liebe zugethan, hat der begabte Monarch sich der Wechselwirkung seiner romanischen Unterthanen nicht zu entziehen vermocht; er kehrte das Gothische nur so weit heraus, als die Romanen seines Reichs sich damit zufrieden geben konnten. Die Stellung, die er zwischen den rechtlich getrennten und kirchlich geeinigten Hälften der Nation einnahm, war insofern schlechthin eine vermittelnde: ihr zu Liebe hat er die clerikalen Krücken bei Seite gelegt, ohne sich darum dem meuterischen Adel in die Arme zu werfen, oder der Kirche den Rücken zu kehren. So wie er den hochgebildeten Eugenius II., der ihm später schlecht genug dafür dankte, auf den erzbischöflichen Stuhl von Toledo erhob, ist auch die Sprache seiner Gesetze würdig und deutlich, obschon von der bündigen und wortkargen Ausdrucksweise der *Antiqua* weit genug abstehend. Dass er der Staatsgewalt nichts vergab, und doch zugleich den würdigen Dienern der Kirche ein gnädiger Herr war, kann man ihm nicht hoch genug anrechnen. Vor Allem Recht und Gerechtigkeit gegenüber allgemeiner Gesetzlosigkeit, und dann erst Adel und Geistlichkeit; wie er II. 1. 17 dem Richterstande einschärfte, bei strenger Verantwortlichkeit keinen Sklaven oder überhaupt zum Rechtsprechen [155]) nicht

[155]) *nisi ex regia jussione vel partium electione, sive consensu, vel commissoriis adinformationibus comitum.*

Berufenen ein richterliches Geschäft vollziehen zu lassen, so hat der Bischof, vom Richter vorgefordert, unweigerlich Folge zu leisten. Unterlässt er es, einen *assertor* [156]) oder Vertrauensmann an seiner Statt zu schicken, verfällt er in eine Strafe von 50 Goldstücken; gehört der vorgeforderte der untern Geistlichkeit an, so hat er die den Laien dafür auferlegte Busse zu bezahlen, und im Unvermögensfalle soll der Bischof angegangen werden, ob er für seinen Priester aufkommen will. Weigert der Bischof sich dessen, so hat er vor dem Richter zu beschwören, dass der Schuldige 30 Tage lang zum Fasten verurtheilt, d. h. nur einmal des Tags bei Sonnenaufgang mit einer Ration Wasser und Brod versehen werden soll. Auf schwache und gebrechliche Leute muss übrigens dabei Rücksicht genommen werden, und allerdings war die Bestrafung, wenn auch weniger entehrend, so doch ohne Vergleich härter als die 50 Peitschenhiebe, die in ähnlicher Lage dem Laien zuerkannt wurden.

Wie wenig er gemeint sei, die geistlichen Befugnisse über die Grenzen der Vernunft und des Rechts hinausschreiten zu lassen, zeigt das 7. Concil von Toledo, das Chindaswind im fünften Jahre seiner Regierung abhalten liess: es war wieder einmal ein wirkliches Concil, das sich ausschliesslich mit kirchlichen Angelegenheiten zu befassen hatte und vom Könige bloss die Weisung erhielt, den berühmten Erlass (II. 1. 6 *De his qui contra principem, vel gentem, aut patriam refugiunt*) auch für die Geistlichen zu bestätigen [157]), und über die weltlichen Hochverräther den Kirchenbann auszusprechen. Dass der um zarte Rücksichten sich wenig kümmernde Fürst hin und wieder barsch, wohl auch gewaltthätig gegen die Geistlichkeit verfuhr, soll nicht bestritten werden: der gelehrte **Braulius** von Çaragoça bat in rührenden Ausdrücken [158]), ihm seinen Archidiaconus

---

[156]) *L. R. Nov. Valent. III. tit.* 12. (*Interpr.*)

[157]) Der Satz: *Quis enim nesciat, quanta sint hactenus per tyrannos et refugas transferendo se in externas partes illicite perpetrata, et quam nefanda eorum superbia jugiter frequentata, quae et patriae diminutionem afferrent et exercitui Gothorum indesinentem laborem imponerent* — dieser Satz stimmt genau mit den Eingangsworten des genannten Gesetzes.

[158]) *Aufertur pars animae meae. Esp. Sagr. XXX.* 363.

Eugenius, den Chindaswind als Erzbischof neben sich haben wollte, nicht von der Seite zu reissen, wurde aber dahin beschieden, den „speculativen Kopf," der ohnediess aus Toledo gebürtig sei, nur ziehen zu lassen [159]). Den Erzbischof Eugen I. hatte Chindaswind genöthigt, einen jungen Mann zum Presbyter zu weihen, und der Bischof beging die Nichtswürdigkeit, während er die Ceremonie zum Scheine vornahm, den zu Weihenden zu verfluchen, wesshalb sein Nachfolger sich bei Braulius Raths erholte. Nimmt man hinzu, dass die Ruhe später an keinem Punkte gestört wurde, so muss man erstaunen über die ganze Haltung und Thätigkeit eines hochbetagten Fürsten, der in so hohem Masse nicht nur das Verständniss dessen besass, was sein Reich bedurfte, sondern das für recht und zweckmässig Gehaltene auch durchzuführen den Muth hatte. Entschieden ist es damit noch nicht, ob Chindaswind das westgothische Gesetzbuch nicht nur erweitert und umgeschaffen, sondern zugleich eine ganz neue systematische Sammlung davon veranstaltet hat. Für letztere Meinung sprechen sehr gewichtige Gründe und angesehene Auctoritäten [160]). Bluhme hat sich durch II. 1. 5 der gewöhnlichen Ausgaben irre leiten lassen, wo allerdings gesagt ist: *leges in hoc libro conscriptas ab anno secundo . . genitoris mei Chindasvinthi regis in cunctis personis ac gentibus omni robore* [*valere*] *decernimus, ac jugi mansuras observantia consecramus;* allein die spanischen Handschriften wissen von dem Gesetze nichts, ausser dem *Cod. Emil.*, der auf besondere Glaubwürdigkeit keinen Anspruch hat und überdiess dasselbe nicht unter eigener Rubrik, sondern als Fortsetzung von II. 1. 1 giebt, wodurch der Beisatz geradezu widersinnig wird. Denn wenige Linien weiter oben heisst es: *ideo harum legum correctio, vel novellarum nostrarum sanctionum ordinata constructio, sicuti in hoc libro et ordinatis titulis posita, et subsequenti est serie adnotata, ita ab anno secundo regni nostri a duodecimo Kalendas novembris in cunctis personis ac gentibus nostrae amplitudinis imperio subjugatis . . . valorem obtineat.* Der Widerspruch

---

[159]) *Dum speculatorem eum relaxaveris Deo immolandum.*

[160]) Türk. I. 49. Bluhme, *Antiqua. XII.*

wird aber vollends ganz unlösbar dadurch, dass sowohl II. 1. 1 als II. 1. 5 mit derselben Ueberschrift: *De tempore, quo debeant leges emendatae valere*, bei Canciani unter Receswind's Namen laufen, was somit zwei von Receswind veranstaltete Gesetzsammlungen, oder doch eine Bestätigung der von seinem Vater erlassenen neben seiner eigenen voraussetzen würde. Nun schreibt keine spanische Handschrift II. 1. 1 dem Receswind zu, sondern alle lassen das Gesetz als solches ohne Namen, jedoch so dass die Worte voranstehen: *In nomine Domini Flavius Gloriosus Ervigius Rex.* Hiernach ist Erwig der wahrscheinliche Verfasser und sowohl Receswind als Chindaswind kommen gar nicht in Betracht.

Dennoch müsste man es für vollkommen erwiesen halten, dass schon Chindaswind sich der Reccared'schen Sammlung nicht mehr bediente, sonach eine eigene vorliegen hatte, wenn er II. 3. 4 durch die Worte: *illius legis ... quae continetur in libro sexto, titulo primo, era secunda* [161]) seine eigenen Gesetze nach den Büchern, Titeln und Aeren der gedruckten Sammlung citirt. Allein die Zahlen können schon darum unmöglich von Chindaswind selbst herrühren, weil nach ihm, selbst wenn er wirklich eine Sammlung veranstaltet hätte, in dieselbe von Receswind und Andern noch gar viele Gesetze darin aufgenommen wurden, die Eintheilung somit nicht zutreffen würde. Die Zahlen sind Zuthat einer spätern Redaction, was auch dadurch bestätigt wird, dass das unfehlbar von Chindaswind herrührende Gesetz III. 1. 6 zum Schlusse das Datum des Erlasses trägt: *Data et confirmata lex sub die II. idus januarias, anno feliciter tertio regni nostri*, wozu die Leoner Handschrift freilich den Zusatz hat: *Recesvindi Regis Era* 689. Viel werden darum auch andere ähnliche Wendungen Chindaswindischer Gesetze, z. B. II. 1. 16: *sicut in lege superiori tenetur*, wodurch auf II. 1. 13, ein Gesetz Receswind's, Bezug genommen wird; III. 4. 12, wofern es Chindaswindisch ist: *praeteritae quidem legis sanctione*, mit Rücksicht auf III. 4. 3 u. 2; V. 6. 6: *secundum superio-*

---

[161]) Die ganze Stelle fehlt im *Cod. Vatic. Christ.*, wie mir Professor Merkel mitzutheilen die Güte hatte.

rem ordinem; X. 1. 17: *novellis sanctionibus* schwerlich zu bedeuten haben. Es bleibt somit nur noch in II. 1. 8: *codicis hujus series,* woraus eine von Chindaswind veranstaltete Gesetzsammlung schon desshalb nicht gefolgert werden darf, weil, abgesehen von der Möglichkeit einer spätern Ueberarbeitung, darunter überhaupt nur das westgothische Gesetzbuch, gleichviel in welcher Sammlung, im Gegensatz zu der *Lex Romana*, zu verstehen ist.

Nichts nöthigt uns zu der Annahme einer Chindaswindischen Gesetzsammlung und dagegen, dass Chindaswind überhaupt im ersten Jahre seiner Regierung ein Gesetzbuch promulgirt habe [162]), streiten schon die Thatsachen: ich meine, die grenzenlose Verwirrung des Reichs, die Chindaswind bei seinem Regierungsantritt vorfand und zu bekämpfen hatte, so wie die Menge von Gesetzen, die er erliess. Um so glaubwürdiger ist es, dass Chindaswind die Absicht hatte, ein Landrecht zu schaffen, und in Erwartung des geeigneten Zeitpunkts die durch die Verhältnisse dringend gebotenen Gesetze erliess. Einzeln wurde nicht bloss die eben genannte *lex III.* 1. 6 erlassen, sondern namentlich auch II. 1. 6 in seinem zweiten Regierungsjahre (*usque ad annum regni nostri secundum*), warum sollte dasselbe nicht von vielen seiner andern Gesetze gelten? So wie Ferdinand der Heilige eine Gesetzcommission einsetzte, aber seinem Sohne die Codification der *Partidas* überliess, hat Chindaswind an einer neuen Gesetzsammlung arbeiten lassen, die Sammlung selbst aber dem Receswind anheim gegeben. Gewiss sind viele von den Gesetzen, die Chindaswind's Namen tragen, bei seinen Lebzeiten, oder doch so lange er die Krone trug, nicht promulgirt worden, und so wie Receswind schon als Mitregent an der legislativen Thätigkeit seines Vaters Theil hatte, blieb ihm nach Erlangung der Alleinherrschaft die Aufgabe, die leitenden Grundsätze seines Vorgängers zum Abschluss zu bringen. Und das war so schwer nicht: die Hauptsache war gethan, nur noch der Schlussstein fehlte. Der Schrecken, den Chindaswind dem Adel und der Geistlichkeit eingeflösst, war von so wohlthätiger und

[162]) Merkel bei v. Savigny. VII. 44.

nachhaltiger Wirkung, dass er, von der Last der Jahre niedergedrückt, die Sorgen der Regierung getrost dem Sohne überlassen konnte, dessen sicher, dass Keiner es wagen würde, so lange der furchtbare Greis lebte, dem Throne und dem Reichsfrieden etwas anzuhaben. Erzbischof Eugenius hat nur sich selbst beschmutzt, wenn er seine Verskunst an dem Andenken Chindaswind's versuchte:

Chindasuintus ego, noxarum semper amicus,
Patrator scelerum, Chindasuintus ego,
Impius, obscoenus, probrosus, turpis, iniquus,
Optima nulla volens, pessima cuncta valens.
Nulla fuit culpa, quam non committere vellem,
Maximus in vitiis et prior ipse fui.

Hätten die missmuthigen Adelsgeschlechter dichten können, so würden sie noch wackerer geschimpft haben und uns lägen nur noch mehr Belagstellen vor, dass das gemeine Volk den Namen Chindaswind's [163]), der den aufgewühlten Boden zu ebnen verstand, segnete. Nur seinem Vater, ihm ganz allein, hatte Receswind es zu danken, dass man ihn im ungestörten Genusse des Thrones liess, mit Ausnahme einer unbedeutenden Schilderhebung, welche die Basken auf Anstiften eines gothischen Grossen erfolglos versuchten [164]).

Man sieht es den Gesetzen Receswind's, überhaupt seiner ganzen Regierung, so weit wir sie durch Schlussfolgerungen zu ermitteln im Stande sind, an, dass er die feste Absicht hatte, in die Fussstapfen seines Vaters zu treten, dessen Grundsätze und Thatkraft Niemand besser zu würdigen im Stande war als der Sohn. Allein Receswind war nicht der Charakter von stahl-

---

[163]) Fredegar: *Chindasindus, poenitentiam agens, elemosynam multam de rebus propriis faciens, plenus senectute, fertur nonagenarius mortuus.*

[164]) Für so ganz ausgemacht halte ich es nicht was Fr. Michel (*Le Pays Basque. p.* 223) von den heutigen Basken versichert: *Le nom de Romain comprend l'idée d'un peuple grand, redoutable et redouté, mais non maître absolu; celui de Goth inspire le dégoût, celui de Maure la haine.* Der Name „Tartar," mit dem Nebenbegriff des Kalten und Finstern, soll nach Chaho für baskische Ohren ebenso widerlich klingen als Gothe.

hartem Gusse; auch Chindaswind hatte sich die Vermittelung zwischen den streitenden Parteien der spanischen Volksmasse zur Regel gemacht, dieselbe aber nicht so verstanden, dass er die königliche Gewalt zwischen die Parteien stellte, vielmehr hoch und mächtig über dieselbe, damit im königlichen Toledo auf den Stufen des Thrones Jeder, auch der Geringste, mochte er Gothe oder Romane, Freigeborner oder Sklave, von hoher oder von niedriger Herkunft, Geistlicher oder Weltlicher sein, Schutz für sein gekränktes Recht sollte finden können. Der König als Wahrer und Vollstrecker des Gesetzes war der wirkliche, nicht bloss eingebildete, von den Launen seiner weltlichen und geistlichen Grossen abhängige Träger der höchsten Gewalt, und schon darum musste Chindaswind Bedacht darauf nehmen, die Krone nicht mehr zum Spielball der zuchtlosen Parteien und ihrer Sonderinteressen werden zu lassen. Von nachgiebiger und geschmeidiger Gemüthsart, zog Receswind es vor, mehr geliebt als gefürchtet zu sein, ohne zu bedenken, dass die Liebe zum Regenten in so verwirrten, mit völliger Auflösung bedrohten Zeitläuften von unten, d. h. von der Masse des Volkes, ausgehen und sich von hier aus den obern Schichten mittheilen muss. Das System unnachsichtiger Strenge hätte fortgesetzt, den Grossen des Reichs eine unüberschreitbare Linie für ihr Verhalten vorgezeichnet werden müssen, sollte das ganze Volk sich an gesetzliche Ordnung gewöhnen: statt dessen versuchte es Receswind viel zu früh mit der Milde, liess dem mühsam gebändigten und murrenden Adel den eben noch straff gehaltenen Zügel schiessen und suchte die Vermittelung nicht mehr in dem eigenen Schoosse des Königthums, sondern in dem Einfluss der Geistlichkeit, die schon frühzeitig grosse Stücke auf ihn baute und seinen Vater dringend bat, ihn als Mitregenten anzunehmen [165]). Diess war ein offenbarer Schritt rückwärts auf

[165]) Bischof Braulius schrieb in diesem Sinne an Chindaswind *Servum tuum dominum Receswindum dominum nobis et regem deposcimus, ut cujus aetatis est et belligerare, et bellorum sudorem sufferre, et noster possit esse dominus et defensor, et serenitatis vestrae refectio, quantum et inimicorum insidiae atque strepitus conquiescant, et fidelium vestrorum vita absque pavore secura permaneat.*

der mit so überraschendem Erfolg betretenen Bahn seines Vorgängers, denn die Monarchie kam dadurch abermals zwischen die Parteien zu stehen, und die Ausgleichung der in der Gesellschaft vorhandenen Gegensätze, die Verschmelzung der getrennten Bevölkerungselemente, weit entfernt die dringend gebotene Volks- und Staatseinheit herbeizuführen, artete in einen ungesunden Vermischungsprocess aus.

Schon das war ein offenbarer Fehlgriff, dass Receswind es unternahm, das canonische Recht in das bürgerliche herüberzunehmen, was ohne Verwirrung der beiderseitigen Rechtssphären nicht geschehen konnte. Theoretisch angesehen war Receswind's Gedanke grossartig: Einheit der Bevölkerung ruhend auf der Einheit des Gesetzes, ein über alle Sonderverhältnisse übergreifendes, auch die Kirche und ihre Diener einverleibendes Staatsbürgerthum, gestützt durch einen feierlichen Staatsvertrag. Es war der byzantinische Staatsbegriff, wie immer derselbe, vielleicht durch den Verwandten des Königs, nach Toledo gelangt sein mag, und absichtlich oder unabsichtlich ist Receswind der Justinian seines Volkes geworden, so sehr dass kaum ein erheblicher Punkt aufzufinden ist, namentlich auch was das canonische Recht betrifft, wobei die Aehnlichkeit nicht in die Augen spränge. Zum Unglück war der neue Staatsbegriff eben so äusserlich, die Vereinbarung eben so mechanisch wie im byzantinischen Kaiserreich: die naturgemässen Ordnungen und wenn auch zusammenhangslosen, so doch lebensfähigen Gliederungen wurden zerrissen, und um sie wenigstens durch die Zuchtruthe des Gesetzes in Frieden zu erhalten, dazu gebrach es der Krone an einer zu ihrer Verfügung stehenden hinreichenden Militärmacht. Receswind schmeichelte sich den Mangel durch sein zuvorkommendes und huldreiches Benehmen gegen die Geistlichkeit ausgleichen zu können, und bedachte dabei nicht, dass die öfter versuchte Stütze immer wieder morsch befunden wurde und die Geistlichen selbst nur allzu geneigt waren, sich den weltlichen Empörern anzuschliessen.

Nur aus dem Gesichtspunkte der von ihm berufenen Kirchen-Versammlungen wird Receswind's gesetzgebende Thätigkeit verständlich. Ueber die Natur und das Wesen der Toledanischen Concilien sind, um von den Andern zu schweigen, die Stimmen der spanischen Gelehrten getheilt: Florez und Dr. Aguirre erblicken in ihnen rein kirchliche Versammlungen, Villadiego, Cardinal Aguirre, Mariana, Marina, Pacheco dagegen legen ihnen die Bedeutung von gemischten, d. h. theils geistlichen, theils weltlichen Versammlungen bei, und Sempere, um es Allen recht zu machen, vertritt in der „*Historia del derecho español*" (*Lib. I. c.* 13.) den Standpunkt der Kirchen-Versammlungen, in der „*Histoire des Cortès d'Espagne*" den Standpunkt der National-Versammlungen. Je nachdem man die Sache versteht, ist das Eine gleich wahr, oder gleich falsch wie das Andere: ihrer eigentlichen Bestimmung nach kirchliche Vereine, sind diese Concilien entschiedener als anderswo, das eine mehr, das andere weniger, zu weltlichen Zwecken benutzt worden, so dass sich für das Einzelne die These bald bejahen, bald verneinen lässt. Von Reichsversammlungen weiss die westgothische Geschichte auch vor Reccared nichts; ebenso wenig ist uns über den Wahlmodus im Allgemeinen und über den Wahlact im Besondern hinsichtlich der königlichen Gewalt weder nachher, noch vorher etwas Bestimmtes überliefert worden, und erst seit Wamba klärt sich das Dunkel ein wenig auf, nachdem Receswind für die Monarchie eine staatsrechtliche Grundlage zu schaffen versucht hatte. An sich schon waren Versammlungen zu Berathung weltlicher Angelegenheiten etwas Missliches, sobald man sie sich unabhängig von dem Aufgebot der wehrpflichtigen Mannschaften denkt. Da die Berechtigung adeliger Geburt etwas Schwankendes und Wechselndes war, überdiess von einer blossen Vertretung damals nicht die Rede sein konnte, ist schwer abzusehen, wer zur Theilnahme an Reichsversammlungen berufen gewesen wäre. Grundsätzlich am ehesten die Hauptleute höhern Ranges, jedoch mit der Einschränkung, dass überhaupt jeder freie Mann zugegen sein und mit der Menge der Andern seine Meinung nach Spartaner-Art durch zustimmendes oder missbilligendes Geschrei zu erkennen geben konnte. Auch in den frühesten Cortes-Versammlungen nach dem Einfall der Araber wird öfter des Volkes gedacht, wie schon in

Con. Tol. IV. c. 75. der Ausdruck gebraucht ist: *id cum gentis consultu decrevimus,* und *Con. Tol. XVI. c.* 10.: *ab universis Dei sacerdotibus, palatii senioribus, clero, vel omni populo dictum est.* Im Felde, wie gesagt, waren dergleichen Heerversammlungen möglich; ausserdem aber wusste man in Spanien nichts von März- und Mai-Feldern, und Einberufungen waren unthunlich, einmal der grossen Entfernungen wegen, und dann weil Gefahr im Verzuge lag. Die Wahl eines neuen Königs z. B. musste schon darum den Palatinen und den übrigen in und um Toledo befindlichen Grossen überlassen bleiben, was gerade nicht geeignet war, den Besitz des Thrones zu einem gesicherten zu machen. Ueberall trat es zu Tage, dass die germanische Heerverfassung zu eng war für eine über grosse Länderstrecken verbreitete Bevölkerung, daher es nicht anders geschehen konnte, als dass, im Widerspruch mit der germanischen Freiheitsidee, die Fülle rechtlicher Befugniss sich in der Person des Königs und seiner nächsten Umgebungen concentrirte. Von einer gleichen Berechtigung konnte unter solchen Umständen nicht die Rede sein.

Um das nur allzu fühlbare, zu fortwährenden Excessen führende Missverhältniss auszugleichen, ein wenn auch noch so schwaches Gleichgewicht zwischen dem Mittelpunkt und dem Umkreis herzustellen, hatten die Gothenkönige zuverlässig, schon so lange sie Arianer waren, die Concilien zu Hilfe genommen. Blieb den Provinzial-Synoden die Ordnung ihrer kirchlichen Angelegenheiten überlassen, so sollten auf General-Synoden auch Berathungen über weltliche Angelegenheiten eine schickliche Stelle finden, weshalb der König mit seinen Grossen daran Theil nahm und die etwaigen Vorlagen guthiess, wo nicht gar durch einen seiner Beamten einbringen liess. Es ist constanter Grundsatz noch während des ganzen siebenten Jahrhunderts geblieben, dass der König die General-Concilien, überhaupt alle Synoden, einberuft, und jeder weltliche Angelegenheiten betreffende Beschluss von ihm angeregt oder gutgeheissen wird. Auch auf dem zweiten Provinzial-Concil von Sevilla (619) ist der König durch die beiden höchsten städtischen Beamten, den *rector rerum publicarum* und den *actor rerum fiscalium,* vertreten. Welcherlei Antheil der König und seine Pfalzgrafen an den Berathungen nahmen, lässt sich nicht sagen; jedenfalls sollte dadurch den Versammlungen ihr kirchlicher Charakter nicht benommen und überhaupt keine gesetzliche Nothwendigkeit festgestellt werden, dass weltliche Angelegenheiten unter der Mitberathung von Weltlichen zur Sprache kamen. Bis auf Receswind haben die Pfalzgrafen nicht mitunterzeichnet, was somit zum Beschluss erhoben wurde, war vor der Hand bloss canonisches Recht, als solches aber für Alle verbindend und konnte hinterher in das bürgerliche Gesetzbuch aufgenommen werden. In seinen Gesetzen hat Chindaswind ausdrücklich Bezug genommen auf das fünfte Toledanische Concil, wobei es jedoch zu geschehen pflegte, dass das canonische und das bürgerliche Recht wohl in Betreff eines allgemeinen Verbots, nicht aber hinsichtlich der Strafe übereinstimmten. Nach altem canonischem Brauch wurde noch auf dem siebenten Concil von Toledo (c. 5) verordnet, dass die Beischläferinnen der Geistlichen als Sklavinnen verkauft werden sollten (*separentur, aut certe vendantur*), wogegen das bürgerliche Recht (III. 4. 18) sich mit Auspeitschung begnügte, und zwar bei Bestimmungen, die beide unter Receswind getroffen in einer unmittelbaren Beziehung zu einander stehen. Befremden kann es nicht, wenn die auf dem sechsten Concil versammelten Bischöfe beschlossen (c. 11), es solle Niemand zum Tode verurtheilt werden können, wofern sein Ankläger sich nicht persönlich gestellt und die Anklage nach bürgerlichen und kirchlichen Gesetzen (*legum et canonum sententiae*) geprüft worden.

In Allem darauf bedacht, Verfassung und Gesetz des Reichs auf feste Normen zu bringen, wollte Receswind auch dem schwankenden Herkommen in Betreff der Concilien ein Ende machen, und wirkliche Mischversammlungen sind die Concilien erst durch ihn geworden. Zum ersten Male unterzeichnete auf dem 8. Concile Eugenius als Metropolit der Hauptstadt (*regiae urbis metropolitanus*) [166]; zum ersten Male die Aebte und nach ihnen die Stellvertreter der Bischöfe; endlich zum ersten Male die *viri*

---

[166]) Uebereinstimmend mit L. 14. C. I. 2.

illustres officii palatini. Bloss zufällig kann diess nicht gewesen sein, vielmehr hängt es mit Receswind's staatsrechtlichen Plänen genau zusammen, auf der einen Seite ausser den Bischöfen auch die Spitzen des Mönchthums heranzuziehen und eine Repräsentation der Gesammtkirche ins Werk zu setzen, auf der andern Seite den mancherlei Missdeutungen ausgesetzten Widerspruch einer auf Geheiss des Königs in weltlichen Dingen beschliessenden Kirchen-Versammlung dadurch erträglicher zu machen, dass die Pfalzgrafen mitunterzeichneten. Damit war eine Bürgschaft mehr für das zu Recht Bestehen der auf den Concilien gefassten Beschlüsse gewonnen und wenigstens der Schein gerettet, als ob die kirchlichen und weltlichen Grossen die germanische Volksfreiheit auf Tagsatzungen zugleich mit dem Könige repräsentirten. Es musste dem Monarchen selbst darum zu thun sein, in das regellose Treiben bei der Königswahl und in die durch kein Gesetz abgegrenzten Prärogativen der Krone die so nothwendige Ordnung und Einschränkung zu bringen. Zur Handhabung des Absolutismus war das westgothische Königthum zu schwach, und die militärischen Rechtsordnungen des alten Kriegerstaates erwiesen sich als abgenutzt, so dass Jedermann sein Recht nicht auf dem Boden des Gesetzes suchte, sondern in aufrührerischer Selbsthilfe nahm.

Es hat Vieles für sich, dass Receswind der Erste war, der die Hierarchie der Hofbeamten nach byzantinischem Vorbild organisirte: die *comites cubiculariorum, scanciarum, notariorum, patrimoniorum, spatariorum* erscheinen früher in den Urkunden nicht und unterzeichnen die Hofbeamten von nun an auf allen Concilien, die weltliche Angelegenheiten beriethen (*Conc. Tol. IX. XII. XIII. XV. XVI.*). Die Würde selbst berechtigte sie dazu nicht, sondern allein die königliche Ernennung [167]), wesshalb sie nicht sowohl die Ansprüche des Adels, als das Recht der Krone vertraten, deren Berather sie sein sollten. Das von

---

[167]) *ex aula regia rectoribus decenter electis* — sagt Receswind in seiner Ansprache an das 8. Concil. Auf dem 12. äussert Erwig: *illustres aulae regiae viri, quos interesse huic sancto concilio elegit nostra sublimitas*; endlich auf dem 13.: *sublimes viri, qui ex aulae regiae officio nobiscum sessuri praeelecti sunt.*

Diocletian und Constantin dem Grossen eingeführte *officium palatinum*, die *aula regia* der Concilien, fand, wie es sich von selbst versteht, bei den westgothischen Königen und ihrer halbbarbarischen Hofhaltung nicht denselben dankbaren Boden bureaukratischer Geschäftsthätigkeit wie in Byzanz: die gothischen Palatine bildeten im Frieden zumeist das Hofgericht, was schon darum eine ehrenvolle Stellung war, weil alle Capitalverbrechen durch das Hofgericht abgeurtheilt und wohl auch Berufungen entschieden wurden. Nur so hat es einen Sinn, wenn Recceswind auf dem 8. Concil sie anredet: *Vos etiam illustres viros, quos ex officio palatino huic sanctae synodo interesse mos primaevus obtinuit, ac nobilitas expectabilis honoravit, et experientia aequitatis plebium rectores exegit, quos in regimine socios, in adversitate fidos, et in prosperis amplector strenuos, per quos justitia leges implet, miseratio leges inflectit, et contra justitiam legum moderatio aequitatis temperantiam legis extorquet.* Neben ihrem Richteramte begleiteten die Palatine die bescheidenen Stellen der Hofhaltung, und da das gesammte Hofgesinde bis zu den Stallmeistern, Kellermeistern, Silberaufsehern und Oberköchen (L. W. II. 4. 4) den Sklaven des Fiscus entnommen war, so war der Beruf eines derartigen Oberhofbeamten ähnlich dem des *actor rerum fiscalium* in der Provinz. Jeder der ein höheres und *eo ipso* mit richterlichen Functionen verbundenes Amt bekleidete, führte den Titel Graf; ohne eine solche amtliche Stellung gehörte der Vornehme, beziehungsweise Adelige, zu den *proceres, illustres, patricii, seniores, majores.* Schon als Mitglied des Hofgerichts war jeder höhere Hofbeamte Graf, d. h. also Pfalzgraf. Der *comes thesaurorum* war über die Staatskasse gesetzt, Kämmerer, und zählte zu seinen Unterbeamten die *numerarii*; der *comes patrimoniorum* (*procurator rerum privatarum Caesaris*) besorgte die Domänen-Verwaltung, das Vermögen des Fiscus, vielleicht auch die Privatgüter des Königs, welche dieser unabhängig von dem Krongut besass und an die Seinigen vererbte; der *comes notariorum* als Kanzler, der *comes spathariorum*, oder Oberst der Leibwache, die *comites cubiculariorum, stabuli, scantiarum*, Kammerherr, Marschall, Erzmundschenk, bekleideten Würden, die keiner weitern Erklärung bedürfen. Daraus jedoch, dass unter den auf den Concilien anwesenden Hofbeamten mehrere Grafen einen und denselben Titel führten, auf dem 8. Concil z. B. 5 *comites scanciarum*, schliesse ich, dass die Auszeichnung in der Regel bloss titular war, daher auch später nach dem Einfall der Araber am spanischen Hofe die meisten Titel völlig verschwinden. Nicht einmal der *Condestable* hängt mit dem *comes stabuli* anders als bloss äusserlich und zufällig zusammen, denn die Bedeutung der beiden Wörter ist grundverschieden. Der gothische *comes stabuli* entsprach dem *caballerizo mayor* (Oberst-Stall-Meister) der Jetztzeit. Es kann geschehen sein, dass die Palatine ihren Hoftitel beibehielten, wenn sie in andere Dienstverhältnisse übertraten, wie denn von den 5 *comites scantiarum* des 8. Concils vier zugleich als Herzoge unterzeichneten, so dass nur der eine übrigbleibende der Zeit das Amt bekleidete.

Irrig wäre es, wollte man eben nur die genannten Hofbedienstungen zu dem *officium palatinum* zählen: es gehörte dazu jeder höhere Beamte, mochte derselbe um die Person des Königs, oder in der Provinz sich aufhalten. Viele zeichneten desshalb einfach als Grafen und *Proceres*. Im andern Falle wäre es auch nicht denkbar, dass der Hofadel bei Lebzeiten und nach dem Tode des Königs gewissermassen das ganze Gothenvolk, insbesondere den gesammten Adel hätte vertreten können. Das Grafenamt war der gemeinsame Ausdruck für den freilich losen Begriff des höhern Beamtenpersonals, das in Gemeinschaft und im Auftrag des Königs regierte. Es ist insofern gleich unstatthaft, den *comes civitatis Toletanae*, der das 13. Concil mitunterzeichnet hat, zu den wirklichen Hofbeamten zu zählen, als den *comes exercitus*, oder *praepositus hostis* (*L. W. IX.* 2. 3 u. 6) [168]), den Oberst-Feld-Hauptmann, den der König erst beim Ausbruch eines Krieges ernannte. Der Graf, sowie sein stellvertretender *vicarius*, war als leitender Beamter und Stellvertreter des Königs für alle Gerechtsame der Krone, rich-

---

[168]) Guidi Panciroli *Comment. Imper. Orient.* P. Pantinus *de dign. atque offic. regni ac domus Gothor. Hisp. Illust. II.* 195. Aguirre, *Coll. Max. passim.* Manuel Colmeiro, *De la constitucion y del gobierno de los reinos de Leon y Castilla. p.* 89.

terliche, administrative, militärische, über einen Distrikt gesetzt und hatte seinen Sitz in der Regel in der Distriktsstadt (*comes civitatis*), worüber man sich bei der unverhältnissmässig grossen Anzahl Städte, welche Spanien besass, nicht wundern kann. So war der Graf für die weltlichen Angelegenheiten genau dasselbe was der Bischof für die geistlichen, und es kann nur ausnahmsweise vorgekommen sein, dass wo ein Graf residirte, es nicht auch einen Bischof gab und umgekehrt. Schon darum ist es wahrscheinlich, dass den Erzbischöfen oder Metropolitanen gleichfalls eine höhere weltliche Würde entsprochen haben wird, und diese Würde war die der Herzoge. Wenn Erwig in seiner Anrede an das 12. Concil sich der Wendung bedient: *quia praesto sunt religiosi provinciarum rectores et clarissimorum ordinum totius Hispaniae duces*, so sind unter jenen die Metropolitanbischöfe, unter diesen die Herzoge gemeint, was durch den öfter vorkommenden Beisatz *provinciae dux* (II. 1. 16 u. 17) bestätigt wird. Den 6 Erzbisthümern Carthagena, Baetica, Lusitania, Gallicia, Tarragona und Septimania werden ähnliche Provinzial-Abtheilungen entsprochen haben, daher es auf dem 17. Concil von der Provinz Gallien heisst: *ad ducatum ipsius regionis pertinere*. Auch haben das 8. Concil gerade sechs, das 13. hingegen acht Herzoge unterzeichnet. Dass die Herzoge über den Grafen standen, wird aus allen betreffenden Stellen des Gesetzbuchs ersichtlich (II. 1. 11 u. 17 u. 25, IX. 2. 8 u. 9), wo die Herzoge stets den Grafen vorangestellt werden, während allerdings der Graf oft genug die Stelle eines Herzogs versehen mochte. Andererseits ist es eine ausgemachte Sache, dass die Herzogswürde, wenigstens unter den späteren Westgothen, keine fest abgegrenzte amtliche Stellung ausdrückte, bis sie nach und nach völlig verschwand, und wenn so viele Herzoge auf dem 8. Concil zugegen waren, so erklärt sich diess aus dem eifrigen Bemühen Receswind's, die Staatshierarchie möglichst vollständig herzustellen. In der Regel genügte der Graf und der Grafentitel, um den herzoglichen Beruf zu versehen, wofür sich aus II. 1. 17 *provinciae dux vel comes* anführen lässt. Es war ein Graf und kein Herzog, der nach der für die Christen so unglücklichen Schlacht am Guadalete den Mauren in Murcia und Valencia den einzigen entschlossenen Widerstand entgegensetzte.

Nothwendig war es nicht, dass der Graf zu den Adelsfamilien gehörte, wenn er nur freigeborner Gothe war, in welchem Sinne man die Bezeichnung *comes et procer* deuten könnte [169]. Weit grössere Schwierigkeiten bietet das Wort „*Garding*" dar, über das die Ansichten weit auseinander gehen. In einigen der besten Handschriften steht L. W. II. 1. 1: *seniores palatii atque gardingii*; IX. 2. 8: *dux aut comes tiufadus atque vicarius, gardingus vel quaelibet persona*; IX. 2. 9: *majoris loci persona, dux, comes, seu etiam gardingus*; *Conc. Tol. XIII. (c. 2)*: *de accusatis optimatibus palatii atque gardingis*, und weiter unten: *in publica sacerdotum, seniorum, atque etiam gardingorum discussione*. Aus diesen Stellen folgt vorweg, dass der Garding weder Stellvertreter des Herzogs (Masdeu, *Hist. crit. XI.* 37), noch Stabsauditor (Lafuente, *Hist. de Esp. Lib. IV. c.* 4) [170]) war, überhaupt von Amtswegen mit der Gerichtspflege nichts zu schaffen hatte, widrigenfalls er II. 1. 5, wo selbst der *numerarius* und *decanus* zu dem Richterpersonale gerechnet werden, gewiss nicht übergangen und ebenso wenig neben den richterlichen Functionen des *tiufadus* (II. 1. 14) vergessen worden wäre. Dass Garding überhaupt nicht vorzugsweise eine amtliche Stellung bedeutete, empfiehlt sich auch desswegen, weil es als Eigenname hin und wieder vorkommt, so z. B. unter den Bischöfen, welche das 3. Concil von Toledo unterzeichneten. Ganz sichere Anhaltspunkte bietet die etymologische Ableitung ebenso wenig dar, da bei Ulphilas *Gards* unserem deutschen „Hof" in allen seinen Bedeutungen, von der gemeinen Hofraithe bis hinauf zum Königshofe, entspricht und es nicht minder zulässig erscheint, mit Aschbach unter Garding einen adeligen Gutsbesitzer, oder mit Ducange einen *custos principis, vel palatii* zu verstehen. Eine *persona majoris loci*, jedoch erst nach dem Herzog und Grafen, war der Garding, wird aber ebenso bestimmt von den *optimates palatii* und den *seniores* unterschie-

---

169) Aschbach, Geschichte der Westgothen. S. 263.

170) Morales widerspricht sich selbst: *Cron. de Esp. Lib. XII. c.* 4 u. 31.

den, so zu sagen als ein Mittleres zwischen den eigentlichen Würdenträgern und den *personae inferiores vilioresque*, denen IX. 2. 9 die *tiufadi omnisque exercitus compulsores* zugezählt werden. Der neueste Herausgeber des Glossars (Henschel) enthält sich unter diesen Umständen jedes Ableitungsversuchs und meint nur, die „Gardiggs" seien den *optimatibus et majoribus palatii officialibus* beigezählt worden. Wenn in dem vielleicht fälschlich dem Julian zugeschriebenen „*Judicium in tyrannorum perfidia*" der Ausdruck vorkommt: *adunatis omnibus nobis, i. e. senioribus cunctis palatii, gardingis omnibus, omnique palatino officio;* wenn Lucas Tudensis von *Gardingi palatii*, endlich der Lebensbeschreiber des *Fructuosus* von einem *gardingus regis* berichtet, so ist daraus nicht viel zu entnehmen [171]).

Vielleicht ist es das Gerathenste, das Adjectiv „*ingardis*" zum Ausgangspunkt zu nehmen und damit an die Erzählung der beiden arabischen Chronisten *Al-Khozeyni* und *Ibyán* anzuknüpfen [172]), die vornehmen Gothen hätten den Gebrauch gehabt, ihre Söhne und Töchter an das Hoflager von Toledo zu schicken, damit sie dort unter den Augen des Königspaares ihre Erziehung vollendeten. Dieses junge Adelsvolk würde den Namen Gardiggs, oder Hofgenossen, geführt und wohl auch den Dienst einer Nobelgarde um die Person des Königs versehen haben. Mit dem 14. Jahre majorenn, trat der adelige Jüngling schon frühzeitig in eine politische Stellung, wenn der Antheil an dem öffentlichen Leben zunächst auch nur darin bestanden haben wird, den Sitzungen des Hofgerichts beizuwohnen und überhaupt sich in den Staats- und Kriegsdienst einzuschulen; nahm er zu an Alter und Erfahrung, so konnte er in einem der verschiedenen Dienstzweige zeitweilig verwendet werden, ohne gleichwohl ein wirkliches Staatsamt zu bekleiden. In

---

[171]) Diefenbach, vergleichendes Wörterbuch der gothischen Sprache. II. 390. *Gards*: Haus (Familie, Geschlecht) = αὐλή, Marc. 14, 54. 15, 16. 14, 68. Garten, Joh. 18, 1 und in den Zusammensetzungen Weingarten, Erdkreis, Königshaus oder Schloss (Luc. 7, 25), Reich. Als Adjectiv: Hausgenosse. Gards: Hof, Stall.

[172]) *Pascual de Gayangos, The history of the Mohammedan Dynasties in Spain. Vol. I.*

dem Zusammenhang, wo die *Gardingi* vorkommen, passt keine Erklärung besser: sie gehörten zu den *personae majoris loci* und zu dem Dienstpersonal des Hofes, werden aber gleichwohl von den *seniores* und *optimates palatii* unterschieden; liegt gegen einen Hofbeamten eine Anklage vor, so soll er nicht willkührlich verurtheilt, sondern vor das Hofgericht, bestehend aus Prälaten, Senioren und auch (*etiam*) Gardingen, gestellt werden und sich frei verantworten können [173]). Aus der Reihe der Gardiggs wurden die höheren Staatsbeamten genommen und man braucht dem Worte keine Gewalt anzuthun, wenn man weiterhin die Söhne vornehmer Häuser im Allgemeinen darunter befasst, ohne dass diese sich stets bei Hofe aufzuhalten brauchten. Der Garding würde so vollkommen unserem „Junker" entsprechen, wogegen sich um so weniger etwas einwenden lässt, als dem heranwachsenden Geschlecht irgend eine Gelegenheit geboten gewesen sein muss, sich für den Staatsdienst vorzubereiten. Zu diesem Behuf mochte der Garding als Gehilfe dem Herzog und Grafen beigegeben werden, daher in Julians Geschichte König Wamba's (c. 7) die anders schwer zu deutende Ausdrucksweise: *Ramosindus Tarraconensis provinciae dux, et Hildigisus sub Gardingatus adhuc officio consistens.*

Dass schon frühzeitig, jedenfalls seit Reccared, die reichsten und angesehensten Romanen gleichfalls eine bevorzugte Stellung einnahmen, scheint gewiss zu sein. Aus der Zeit, da Constantius Chlorus zu seinem Antheil an dem römischen Kaiserreich auch Spanien zählte, haben wir Nachrichten von fürstlichen Besitzungen, über welche spanische Grosse im Norden des Landes zu gebieten hatten, und muss das schmähliche Sy-

---

[173]) *Conc. Tol. XIII.* 2. Die Hofbeamten mussten gegen willkürliche Verurtheilungen schon darum geschützt werden, weil bei den gewaltsamen Thronwechseln diejenigen, die zu der unterliegenden Partei gehörten, sehr oft für ihre Treue ohne Recht und Urtheilsspruch bestraft wurden. Dem schreienden Unfug sollte schon durch *Conc. Tol. IV.* 75. gesteuert werden, wo den Königen anempfohlen wird: *nec quisquam vestrum solus in causis capitum aut rerum sententiam ferat, sed consensu publico cum rectoribus ex judicio manifesto delinquentium culpa patescat.* Marina, *Teoria de las Cortes. II.* 320.

stem der Latifundien mit seinen entvölkernden und entsittlichenden Wirkungen auf der pyrenäischen Halbinsel überhaupt tiefe Wurzeln geschlagen haben. Verlor bei der gothischen Eroberung ein solcher kleiner Fürst auch zwei Drittel seiner Besitzungen, so hörte er darum nicht auf eine mächtige und einflussreiche Person in seiner Gegend zu sein, obschon der Gothen-Adel ihn nicht zu den Seinigen rechnete. Dass auf dem 8. und 9. Concil unter den Palatinen ein Evantius, Etherius, Paulus [174]), auf dem 16. ein Vitulus, letzterer sogar als der einzige Herzog, unterzeichneten, beweist insofern nicht genug, als durch Recceswind die rechtliche Gleichstellung der beiden Raçen, allerdings erst nach dem 8. Concil, vollzogen worden war und somit nichts im Wege stand, auch angesehene Romanen in die Zahl der Hofbeamten aufzunehmen; indessen fehlt es nicht an früheren Zeugnissen, wonach Romanen eine hervorragende Stellung einnahmen. Als in Folge von Reccared's Bekehrung Bischof Sunna und Graf Witterich in Merida eine arianische Empörung in's Werk setzen wollten, fiel der Herzog Claudius, ein vornehmer Romane, über sie her [175]). Unter den Briefen von und an König Sisebut befinden sich mehrere, deren Verfasser sich Caesarius Deo volente Patricius titulirt und einen zum Könige entbotenen Bischof gefangen nahm [176]), unter allen Umständen ein mächtiger Mann, der mit seinem Anhang den König offen zu bekämpfen wagen konnte und von Sisebut „*amice charissime*" begrüsst wurde. Die eigentliche Ursache des Haders ist aus dem verschrobenen und fehlerhaften Latein nicht ganz ersicht-

[174]) Einen ganz sichern Schluss kann man von dem Namen auf die Abstammung nicht einmal machen. Der erste König des zweiten Westgothen-Reichs, Pelagius, Fafila's Sohn, war zuverlässig Gothe von Geburt.

[175]) Paulus Diaconus (*De Vit. Patr. Emerit.* c. 39): *Claudius, dux Emeritensis civitatis, romanis parentibus progenitus.*

[176]) Dieser Cäsarius war in einem Grenzdistrikt ansässig und lag mit dem Könige, den er *Imperator* (*Dominissimus*) anredet, in blutiger Fehde. Seine Hyperbeln sind bezeichnend: *terra enim, quae fatescente calore imbrem ad suum gignendum fructum sustinebat, cruore catholicorum immensum excurrens impetum exsatiavit, et alluvionem agere implevit.* Er gab den Bischof aus eigenem Antrieb frei, forderte aber dafür von Sisebut Gewährung seines Verlangens (*expostulata praestare non desistas*).

lich; jedenfalls aber muss es sich dabei um Mein und Dein gehandelt und die romanische Partei der Stadt zu den Waffen gegriffen haben, weil die Gothen ihr das nahmen oder vorenthielten, was jene für sich beanspruchen zu können glaubten (*nequaquam pars nostra postulata recepit*). Einigen allerdings dunkeln Stellen zufolge sollte man fast meinen, Sisebut's eigener Vater sei Präfect daselbst gewesen (*apud serenissimum urbis dominum patrem vestrum auctorem*, falls *vestrum* nicht auf *auctorem* zu beziehen und *pater* blosser Ehrenname ist; und im folgenden (4ten) Briefe, wo statt *pactus vester* mit der Toledaner Handschrift *pater vester* zu lesen ist); ein gewisser Theoderich und Abgesandte der Romanen müssen in Toledo gewaltsam zurückgehalten worden sein, und desshalb zunächst wurde der mit dem König eng befreundete Bischof Caecilius gefangen gesetzt. Nachdem Sisebut die Gesandten freigegeben und die städtischen Richter angewiesen hatte, den Romanen zu ihrem Eigenthum zu verhelfen, dafür aber auch der gothischen Partei das zurückzuerstatten, worauf jene gewaltsam [177]) Beschlag gelegt hatten, legte sich der Hader und der König beschwichtigte seine romanischen Unterthanen, wenigstens den Caesarius, durch Geschenke, wofür die Beschenkten durch eine zweite Botschaft, die dem eben genannten Theoderich und dem Presbyter Amelius anvertraut wurde, in Toledo sich bedanken und die Streitsache nochmals auseinander setzen liessen.

Auch die beiden Grossen, die Suintila zu bekämpfen hatte, sollen Romanen gewesen sein [178]), und dass schon vor Receswind hohe Staatsbeamte in der nächsten Umgebung des Königs von römischer Abstammung waren, beweist Heladius, der als

---

[177]) *Judicibus tamen nostris vestra bonitas nobis innotuit tales sanctiones porrigere, ut nobis debita teneant et requirant ex qua (quibus) nullatenus competunt* [sie sollen es denen abfordern, die kein Recht dazu haben], *et vestris partibus (quae) juste debentur ad reddendum minime differant.* Des Ausdrucks „*judices nostri*" würde Cäsarius sich nicht bedient haben, wenn dieselben Richter nicht über Romanen und Gothen gesetzt gewesen wären, welche darum auch beiden streitenden Parteien zu ihrem Rechte zu verhelfen hatten.

[178]) *Duos patricios romanos cepit* (*Chron. reg. Goth.*).

Bischof von Toledo in der frühern Regierungszeit König Sisenand's starb, nachdem er schon unter Sisebut eine der höchsten Hofwürden bekleidet hatte [179]). Die clerikale Partei wird schon dafür gesorgt haben, dass die ihr ergebenen Monarchen vornehme und zuverlässige Romanen an den Hof und in ihre Nähe zogen, was den ununterbrochenen Kronstreitigkeiten nur weitern Vorschub leistete. Ebenso bunt laufen gothische und romanische Benennungen der höhern Dienstverhältnisse durcheinander: der dem Herzoge entsprechende *provinciae rector* des römischen Rechts findet sich L. W. XII. 1. 2, wo überhaupt lauter romanische Amtsnamen vorkommen; der *rector rerum publicarum* in den Acten des zweiten Concils von Sevilla (i. J. 619) und bei Ildefonsus (*Vir. illustr. c.* 7) ist dasselbe was anderwärts der *comes civitatis*, dem im Range der *actor rerum fiscalium* derselben Synode und L. W. XII. 1. 2 am nächsten stand. Unter dem *exequutor regius (Conc. Tolet. IV.* 3.*)* und dem *praepositus civitatis* (L. W. V. 6. 3) kann Niemand anders gemeint sein als gleichfalls der Graf; wogegen die Zusammenstellung von *comes patrimonii* und *actor fisci* (L. W. XII. 1. 2) die Vermuthung unterstützt, dass die Privat- und die Krondomänen des Königs unabhängig von einander verwaltet wurden. Schon der römische Kaiser hatte ausser dem *procurator* einen *actor rerum privatarum* (L. R. L. 1. u. 2, C. Th. X. 3.), und in L. W. XII. 1. 2 nöthigt schon der Zusammenhang, den *actor vel procurator* gleichmässig von Fiscusbeamten zu verstehen.

Damit wird der Begriff des höhern Beamtenthums nahezu erschöpft sein und der „*thyuphadus*" allein widerstrebt ungeachtet, oder vielleicht wegen seines militärischen Charakters jeglicher Art von Einreihung. Allerlei etymologische Versuche, die man mit ihm anstellte, sind noch immer zweifelhaft geblieben und schon in Betreff der Schreibweise, ob *thiufadus* (L. W. IX. 2. 1 u. 3), oder *tiufadus* (IX. 2. 5 u. 8), *tiumfadus* (II. 1.

[179]) *Cum regiae aulae illustrissimus, publicarumque rector existeret rerum, sub saeculari habitu monachi votum pariter explebat et opus* (*Ildefonsus, De vir. illust. c.* 7).

14), *tiuphadus (Conc. Tol. XIII. Garcias Loaysa), thiuphadus* (Ducange), *tyuphadus* (Diefenbach), sind die Abweichungen zahlreich und erheblich. Von der Ableitung „*tief*" (= *altus*) kann natürlich nicht mehr die Rede sein, sie gehört einer verschollenen Zeit an, wohl aber verdient es volle Beachtung, wenn nach J. Grimm's (Grammatik. 1826. II. 493) Anleitung für *thiuphads* die Bedeutung von Siniskalk vorgeschlagen wurde. Die castilianische Uebersetzung des *Forum Judicum* gebraucht mehrmals, zwar nicht für den *thyuphadus*, wohl aber für den verwandten Ausdruck *praepositus exercitus* (IX. 2. 1, c. 3): *sinescale*, und damit würde es ziemlich genau stimmen, wenn Thiuphads aus Thiudaphads (Anführer von Kriegsvolk) zusammengezogen wäre. In seiner „Geschichte der deutschen Sprache" (S. 254. Anm. 2. Ausg. S. 177) hat sich Grimm für die Schreibweise *thyuphadus* und für die Ableitung von *thusundifaths* (= *Millenarius, Chiliarch; thyu* aus *thusundi*. Joh. 18, 12) entschieden, wogegen Diefenbach *tyuphadus* mit *tigus, taihun* in Verbindung bringt, ohne gleichwohl an einen Befehlshaber über 10 Mann zu denken. Gegen den Chiliarchen liesse sich einwenden, dass L. W. II. 1. 25 der *tiufadus* unmittelbar vor dem *millenarius* steht, so dass, die Richtigkeit der Grimm'schen Erklärung vorausgesetzt, für einen und denselben Begriff zwei verschiedene Bezeichnungen gebraucht sein müssten; allein das ganze Gesetz mit der willkürlichen Häufung von Beamtennamen ist schwerlich frei von spätern Einschaltungen oder Missverständnissen, und habe ich es bereits in Abrede gestellt, dass der *numerarius* daselbst zu richterlichen Functionen berechtigt war. Zur Zeit da die Uebersetzung in's Spanische veranstaltet wurde, wusste man kein entsprechendes Wort zu finden, und überging der Uebersetzer absichtlich alle die Stellen, welche die untern Befehlshaberstellen vom *thyuphadus* bis zum *decanus* herab zum Richteramte zählen (II. 1. 25, II. 1. 14) [180]). Auch in IX. 2. 3

---

[180]) II. 1. 14 (*quales causas debeant audire tiumfadi*) lautet im spanischen Texte geradezu widersinnig (*quales pleytos deven judgar* wer?), wenn *tiumfadi* durch „*algunos juezes*" übersetzt wird. Eine Handschrift hat statt dessen: *alcaldes manposteros*, eine andere: *senescales del rey*. Im

u. 8 u. 9 geht der Uebersetzer darüber hinweg, obschon hier die richterlichen Befugnisse gänzlich aus dem Spiele gelassen sind; wohl aber findet sich IX. 2. 1 u. 4 der *thyuphadus* als Befehlshaber über 1000 Mann umschrieben (*el que ha en guarda mil caballeros en la hueste; es contado en la hueste entre mill*), so dass es mit dem *millenarius* seine Richtigkeit haben dürfte. Gegen die Ableitung von *thusundifaths* liesse sich gleichwohl Manches erinnern, zunächst das Femininum *thiufada* oder *tiufada* (IX. 2. 1 u. 4) in der Bedeutung des Heertheils, den der *thyuphadus* befehligt, indem „*thyuphada*" (IX. 2. 4) einen weit allgemeineren Sinn zu haben scheint, als die Rotten und Züge von fünfhundert, hundert und zehn Mann, die derselben einverleibt wurden, weshalb ich einem solchen Stammworte, das überhaupt einen Heerhaufen ausdrückt, den Vorzug geben würde. Ursprünglich wird das westgothische Kriegsheer nach reinen Decimalverhältnissen eingetheilt gewesen sein, nach seiner festen Niederlassung aber wurden locale Eintheilungen fast unvermeidlich, und ich kann mir nicht anders denken, als dass der *thyuphadus* die wehrpflichtige Mannschaft eines Distrikts oder einer Grafschaft unter sich hatte. Seine Stellung, im Unterschied sowohl von den höheren als von den niederen Hauptleuten, hatte aber das Eigenthümliche, dass er auch in Friedenszeiten seines Amtes zu warten, die ihm untergebenen Mannschaften zu beaufsichtigen, überhaupt sein Fähnlein im Stande zu halten hatte. Man konnte es nicht erst auf den wirklichen Ausbruch eines Krieges ankommen lassen, um sich von dem Bestand der wehrpflichtigen Mannschaft, sowohl was die Austretenden als die neu Hinzukommenden betrifft, und namentlich auch von der Brauchbarkeit ihrer Bewaffnung zu überzeugen. Alles das lag dem *thyuphadus* ob, und sollten nicht auch in Friedenszeiten militärische Einberufungen und Uebungen stattgefunden haben? Damit fiele zugleich einiges Licht auf das

---

13. Jahrhundert mochte man sich schwer darin finden, wie Officiere, die nicht einmal Grafen waren, sollten Recht sprechen können. In den „Rechtsalterthümern" (S. 754) deutet Grimm *fads* (Mann, Herr, Anführer) von dem Vorsteher des Gerichts.

etwas dunkle Gesetz II. 1. 14. (*coll.* II. 1. 22), das von den richterlichen Befugnissen der Thyuphaden handelt: sie werden eine Art Militärgerichtsbarkeit zu üben gehabt haben, die sich über alle zu der Thyuphade gehörenden Mannschaften erstreckte. Nur so haben die Worte: *criminosos a legum sententia ipsi vindicare non audeant* [181]), einen Sinn, indem der Oberwaibel leicht geneigt sein konnte, es mit dem Buchstaben des Gesetzes nicht allzu genau zu nehmen und gegen das strafbare Vergehen seiner Untergebenen ein Auge zuzudrücken.

Im Felde stand der Thyuphad dem commandirenden Grafen (*praepositus hostis,* IX. 2. 3 u. 6; *praepositus comes,* IX. 2. 5; *comes exercitus,* IX. 2. 6) am nächsten: ihm selbst war es bei Strafe untersagt (IX. 2. 1), beim Aufgebot Wehrpflichtige für Geld und gute Worte durchschlüpfen zu lassen; aber er hatte auch so gut als der Feldhauptmann darüber zu entscheiden, ob Einer wegbleiben durfte (IX. 2. 3), und kam ein ungesetzliches Wegbleiben vor, so leitete er die Untersuchung ein, über deren Befund er dem commandirenden Grafen zu berichten und das Nöthige zu veranlassen hatte (IX. 2. 5). Selbst zu commandiren hatte er nicht, und darum dürfte der Ausdruck „Oberwaibel" schicklich sein. Dessenungeachtet steht derselbe noch in Gesetzen Wamba's mitten unter den höhern Beamten (IX. 2. 8: *dux, comes, tiufadus, vicarius, gardingus*, und gleich nachher: *dux, comes, tiufadus, vicarius*), wo die Uebersetzung statt *tiufadus, gardingus, vicarius* allgemein „*ricombre*" und „*infanzon*" setzt. Schon darum muss es auffallen, dass Erwig in IX. 2. 9 den *personae majoris loci,* i. e. *dux, comes, seu etiam gardingus,* als *inferiores vilioresque personae* die *tiufadi omnisque exercitus compulsores* [182]) gegenüberstellt, während doch die *compulsores* mit klaren Worten (IX. 2. 2 u. 5) als Domänensklaven (*servi dominici*) bezeichnet sind. Die *Antiqua* würde eine derartige Zusammenstellung nicht gewagt haben, wenn es

---

[181]) Die Erklärung des Glossars, der Thyuphad habe nur in solchen Fällen nicht zu richten gehabt, *quas legum sententiae aperte condemnant*, ist gewaltsam.

[182]) In der Uebersetzung: *cabdelladores, que mandan la hueste, é los que la sacan.*

auch ausgemacht ist, dass der *thyuphadus* niemals zu den vornehmen Beamten zählte und von dem *comes civitatis* oder *territorii* abhing. In dem Anhang zu dem 13. Concil von Toledo ist die Reihenfolge: *dux, comes, tiuphadus, numerarius, villicus.*

Eine ähnliche Bewandtniss hatte es mit dem eigentlichen Richterstande, der unter den Augen und mit der Beihilfe der Grafen und ihrer Stellvertreter seinen Pflichten oblag. Die Pflichten und Rechte der Richter sind erst durch die Chindaswindische Gesetzgebung fürsorglich abgegrenzt worden. Der Grund- und Eckstein der westgothischen Rechtspflege jedoch bestand in dem alten Herkommen (L. W. VII. 2. 5): *comes tamen aut judex nullum discutere solus praesumat,* wobei an keine Schöffen, sondern an eine durch das Gesetz nicht weiter bestimmte Mehrheit von Richtern und Sajonen gedacht werden muss. Chindaswind erlaubte (II. 1. 18) jedem Richter zwei Tage in der Woche in der Gerichtshalle nicht zu erscheinen. *Villicus* (VI. 1. 1, XII. 1. 2), gleichbedeutend mit *praepositus* (VIII. 1. 5), hiess der Vorsteher eines Dorfs oder Weilers, mit der Vollmacht eines *assertor pacis*, oder Friedensrichters; obschon königlicher Beamter und wahrscheinlich von dem Distriktsgrafen ernannt, war der Beruf des *villicus* wesentlich verschieden von dem Amte des *actor* oder *procurator*, der neben jedoch unabhängig von jenem die königlichen Domänen verwaltete.

Zahlreich wie die Beamten der Krone waren auch die Einnahmen des Staatsschatzes, der zur Verfügung des Königs stand. Den ausgiebigsten Ertrag lieferten die Krondomänen, zu denen bei der Eroberung die Latifundien und die städtischen Gemeindeäcker geschlagen wurden. In Folge der schreienden Unsitte, dass in den vielen Bürgerkriegen die siegreiche Partei die Güter der Besiegten einzog, vergrösserten zwar zunächst der jeweilige Monarch und seine Anhänger ihre Privatgüter, doch fiel Manches daneben für die Domänen ab, deren Insassen halb Sklaven, halb Colonen waren. Es waren Dienst- und Brot-Leute der Krone, aber nicht so günstig gestellt als die Bucellarien, da sie aus ihrer Dienstbarkeit nicht ausscheiden und der Ueberbürdung durch Arbeit und Steuern sich nicht entziehen konnten. Man begreift desshalb, warum Erwig sich hauptsächlich an die *fiscales populi* wandte, als er eine Steuererleichterung eintreten liess. Die Leute des Fiscus werden häufig unter dem Namen *servi fisci* zusammengefasst und bildeten eine Mittelklasse zwischen den Leibeigenen und den Freien, so dass sie vor Gericht durch den *actor* oder *procurator* vertreten wurden (XII. 1. 2, VI. 1. 4). Um wie viel günstiger ihre Lage war als die der gewöhnlichen Sklaven, erhellt zur Genüge aus (V. 7. 16), einem alten Gesetze, das jenen verbot, ihre Sklaven und Ländereien an andere Leute als gleichfalls Domänensklaven zu verkaufen. Von ihrer übrigen Habe durften sie ohne alle Einschränkung an Kirchen und Arme vermachen so viel sie wollten, und selbst von dem Ertrag verkaufter Sklaven und Ländereien, wenn sie ausserdem nichts besassen und der Kaufschilling nicht von fremden Leuten herrührte. Chindaswind (V. 7. 15) hatte den häufigen Freilassungen von Domänensklaven Einhalt thun müssen, so dass wir hier das römische Colonenverhältniss nahezu erhalten finden [183]). Anfangs hatten die Romanen von dem ihnen verbliebenen Bodendrittel gleichfalls Zins zu zahlen (X. 1. 16), und unmöglich, wenn urkundlich auch unnachweisbar, wäre es nicht, dass dieser in dem Zwanzigsten bestand, da es unter römischer Verwaltung einen *procurator vicesimae* gab und bei den Gothen diese Zahl auch sonst in Ehren stand. Die steuerpflichtige Menge im eigentlichen Sinne des Wortes war die *plebs*, jene *privati* in Stadt und Land, die Alles, was ihnen gehörte, nur pachtweise besassen und nichts davon veräussern durften [184]). Unter der städtischen Bevölkerung waren es die *Collegiati* (V. 4. 19), jene verkommene Raçe, welche Isidor als *sordidissimum genus hominum, patre incerto genitum,* benennt; auf dem Lande Tagelöhner und diejenigen, die *per precariam epistolam* (X. 1. 12) Grund und Boden gepachtet hatten, also wiederum meist Romanen, da sicher anzunehmen ist, dass die Bucellarien an

---

[183]) Der *servus idoneus*, zum Unterschied vom *servus vilis* (VI. 4. 7), zeichnete sich durch seine Geschicklichkeit und Brauchbarkeit aus und gehörten in der Regel zu dieser Kategorie solche, die eines Verbrechens wegen ihrer Freiheit verlustig gegangen waren.

[184]) *Nam plebeis glebam suam alienandi nulla unquam potestas manebit. V.* 4. 19.

den Fiscus nichts zu entrichten hatten. Einen *patronus* hatte der *privatus* nicht, was vielleicht durch den Namen ausgedrückt werden soll, und musste er vor Gericht seine Sache selbst führen (XII. 1. 2). Auf den beiden Klassen halbfreien und ganz freien Elends lastete der überwiegende Steuerdruck und man versteht, warum auf dem 13. Concil von Toledo zweimal die *populi privati* und *fiscales* zusammen als diejenigen genannt werden, denen ein Steuererlass zugute kommen sollte. Auch in Betreff der Strafansätze war diese Klasse Menschen am schlimmsten daran. Jeder, auch der geringste Freigeborene hatte vor dem Leibeigenen das voraus, dass er vor Gericht Zeugniss und Eid ablegen konnte, was mit Ausnahme der zu nicht ganz geringen Dienstleistungen verwendeten Hofsklaven (II. 4. 4) keinem Sklaven (II. 5. 6, VII. 1. 2), nicht einmal dem Domänensklaven (XII. 1. 2) und später ebenso wenig dem Freigelassenen (V. 7. 12) gestattet war [185]). Unter den Freien selbst bestanden drei persönliche Werthunterschiede: *personae nobiles, mediocres, viles,* wie es in einem Gesetze Wamba's (IX. 2. 8) heisst. Der Palatin durfte nur wegen Capitalverbrechen, der Gemeinfreie bei einem Geldwerthe über 500, der Idoneus [186]) oder angesehene Freigelassene über 250, endlich der *plebejus* oder *privatus* über 100 Goldstücke auf der Folter verhört werden. Für einen Viehdiebstahl büsste der Freie mit 5 Goldstücken, im Unvermögensfalle mit 50 Peitschenhieben, der Sklave mit 100 Hieben und Rückgabe des Gestohlenen. Trieb ein Freier Vieh von der Hutung weg, liess man ihn, falls er eine angesehene (*honestior*) Person war, 5 Goldstücke und den doppelten Werth des angerichteten Schadens bezahlen; der geringe Mann (*humilior*), der nicht Mittel zur Erlegung der Strafe besass, wurde zu 100 Hieben und zu doppeltem Schadenersatz verurtheilt. Der Sklave erhielt 100 Hiebe.

---

185) *Conc. Tol. IV.* 74. Aguirre, III. 378.

186) L. W. III. 3. 9 kommt neben der *idonea liberta* ein *idoneus servus* vor, im Gegensatz zu dem *rusticus aut vilissimus servus* und einem gleich niedrigen Freigelassenen.

Um das unselige Loos der armen Leute wenigstens erträglich zu machen, schlug die Kirche sich zu wiederholten Malen ins Mittel: zuerst nahm Leander auf dem 3. Concil von Toledo die Sache in die Hand und gebot den Richtern und Domänenbeamten menschlich mit ihren Untergebenen umzugehen [187]). Einen weiter gehenden Schritt that erst Erwig, und das 13. Concil belehrt uns darüber, wer diejenigen waren, welche die Steuern beizutreiben und an den Staatsschatz einzuliefern hatten: *dux, comes, tiuphadus, numerarius, villicus, aut quicumque curam publicam agens;* es lässt sich denken, wie Staatsgelder, die durch so viele Hände zu gehen hatten, erhoben worden sein mögen. Was an den Fingern raubgieriger Beamten hängen blieb, musste durch Erpressung ersetzt werden, und diese musste in demselben Masse schreiender werden, in welchem die Regierung sich von den einfachen Grundsätzen altgermanischer Staatsverfassung entfernte und bei dem byzantinischen Verwaltungssystem in die Schule ging. Die grösste Unsicherheit kam in die Reichszustände dadurch, dass die königliche Gewalt ein Mittelding zwischen Wahl- und Erbmonarchie und somit von zufälligen Einflüssen abhängig, der Bevormundung oder der Gewaltherrschaft verfallen war. Zwar hatte *Conc. Tol. IV.* (c. 75) verordnet: *defuncto in pace principe primatus totius gentis cum sacerdotibus successorem regni consilio communi constituant;* zwar wiederholte das 6. Concil (c. 17), freilich nur in der Einschaltung des Canons in dem der L. W. vorgesetzten Titel (*De electione principum*), das Gebot: *genere Gothus et moribus dignis atque praeclarus, cum convenientia omnium Dei sacerdotum et totius primatus gotorum, et consensu omnium populorum ad apicem regni provehatur* — und dennoch ist es eine ausgemachte Sache, dass eine ganz regelmässige Wahl seit Reccared, wenn überhaupt, nicht Statt fand. Selbst Wamba's Erwählung, von der Julian (*Histor. Wambae Regis.* c. 2) rühmt: *quem digne principari Dominus voluit, quem sacerdotalis unctio declaravit, quem totius gentis et patriae communio elegit, quem populorum amabi-*

---

[187]) c. 18: *ne in angariis aut in operationibus superfluis sive privatum onerent, sive fiscalem gravent.*

litas exquisivit — selbst die für so glücklich erachtete Wahl wird, während eines Leichenbegängnisses im Sturme veranstaltet, in formeller Beziehung Manches zu wünschen übrig gelassen haben. Der Antheil, den die Geistlichkeit daran nahm, beschränkte sich der Hauptsache nach auf die spätere Salbung, wobei der Monarch zuerst dem Volke den Eid der Treue schwor (*ex more fidem populis reddidit*)[188]) und dann erst mit dem heiligen Oele begossen wurde. So hervorragend und klar ausgesprochen auch der Antheil ist, den die hohe Geistlichkeit auf den Concilien an der Staatsregierung für sich in Anspruch nahm, so war die Berechtigung mehr nur theoretisch ausgesprochen, als thatsächlich auszuüben: wenn die Bischöfe Sitz und Stimme im Hofgericht hatten (*Conc. Tol. XIII.* 2), so konnte in der Regel doch nur der Erzbischof von Toledo davon Gebrauch machen. Am besten hatte Isidor für die Geistlichkeit dadurch gesorgt, dass er alle freigebornen Geistlichen für steuerfrei erklärte[189]).

So beschaffen war das Westgothen-Reich, als Receswind im 5. Jahre seiner Regierung das 8. Reichsconcil in Toledo versammelte. Es war, wie die Einleitung des Protokolls es mit klaren Worten ausspricht, gleich nach dem Tode Chindaswind's, mit dem er vier Jahre lang gemeinschaftlich die Sorgen der

---

[188]) Alfons X., so wenig er im Uebrigen das altgothische Königthum richtig zu beurtheilen wusste, erinnerte sich wenigstens daran, dass der König mit 14 Jahren den Regenteneid schwören könne: *Fuero et establecimiento feciéron antiguamente en España, que el señorio del rei nunca fuese departido nin enegenado ... et por ende posieron, que cuando el rei fuere finado et el otro nuevo entrare en su logar, que luego jurase, si fuese de edad de catorce años complidos ó dende arriba, que nunca en toda su vida departiese el señorio, nin lo enagenase ... Et todos los que acertaren hé con él, que jurasen de guardar .... siempre quel señorio sea uno et que nunca en dicho, ni en fecho consientan, nin fagan porque se enagene, nin se departa. Et desto deben facer homenage los mas honrados homes et los caballeros fijosdalgo et los homes buenos de las cibdades et de las villas (Partidas. II.* 15. 5, *coll.* 4*)*. In dem Munde des weisen Monarchen war die ängstliche Sorge, dass nichts vom Reiche entäussert werde, um so komischer, als gerade er es war, der Portugal aus dem bisherigen Abhängigkeitsverhältniss zu der Krone Spaniens ganz ausscheiden liess.

[189]) *Conc. Tol. IV.* 45: *omnes ingenui clerici pro officio religionis ab omni publica indictione atque labore habeantur immunes.*

Herrschaft getragen. Eine eigentliche Königswahl fand also ebenso wenig Statt als bei Reccared und Tulga, und schon desshalb musste es dem Monarchen darum zu thun sein, durch einen bedeutsamen politischen Akt für sein Herrenrecht eine staatsrechtliche Unterlage zu gewinnen. Das 8. Concil von Toledo entspricht allen Anforderungen des Parlamentarismus: Thronrede, Regierungsvorlagen, Beschlussfassung, Unterzeichnung der Protokolle, Publikation der Gesetze, und nur die Debatten sind nicht protokollarisch aufgezeichnet. Die königliche Anrede war kurz gefasst; die Vorlagen (*tomus*), von widerlicher Verschrobenheit, hatten das Eigenthümliche, dass sie zuerst an die Prälatenbank und dann an die Herrenbank sich richteten, und erlangten eine besondere Bedeutung durch die den Bischöfen und Aebten geltenden Worte: *in legum sententiis, quae aut depravata consistunt, aut ex superfluo, vel indebito conjecta videntur, nostrae serenitatis accommodante consensu haec sola, quae ad sinceram justitiam et negotiorum sufficientiam conveniunt, ordinatis.* Lardizabal [190]) (p. XXIV) und nach ihm Türk (S. 51) haben diess so verstanden, als ob damit eine Verbesserung und Vervollständigung der Gesetz-Sammlung, beziehungsweise deren vierte Redaction gemeint sei. In Wahrheit aber hat Receswind weiter nichts vor Augen als die einzelnen weltlichen Gesetze, die auf dem Concil zur Sprache kamen, ausser den canonischen Bestimmungen, von denen einige gleichfalls aufgefrischt und ergänzt wurden. Wer den Text unbefangen liest, kann keinen Augenblick im Zweifel sein, dass dem so ist, was überdiess durch die der Herrenbank zu Theil gewordene Ermahnung bis zum Unwidersprechlichen bestätigt wird: . . *obtestor* . . . . *ut ad tantae veritatis ac discretionis justissimae formulam ita animos dirigatis, ut nihil a consensu praesentium patrum sanctorumque virorum aliorsum mentis ducentes obtutum quidquid innocentiae vicinum, quidquid justitiae proximum, quidquid a pietate non alienum vel soli Deo cognoveritis existere placitum, instanter, mo-*

---

[190]) *Se propuso corregir y añadir la coleccion de las leyes, á cuyo fin presta su consentimiento para que corrijan en ellas lo que necesitare de correccion, quiten lo superfluo y añaden lo necesario.*

deste et cum omni dignemini intentione complere. Es ist überall von gar nichts Anderem die Rede als von einmüthiger Berathung der nachfolgenden Gesetzparagraphen, und wo bliebe denn die vermeintliche Redaction des Gesetzbuchs, wovon sich im weitern Verlauf der Verhandlungen auch nicht die leiseste Spur findet? Nachdem der König erklärt hat, alle Gott wohlgefälligen Beschlüsse der Versammlung zum voraus zu bestätigen, nennt er geradezu die Vorschläge selbst, nämlich dogmatische Feststellungen und dann Judengesetze. Die Vorlage trägt das Datum des 17. Januars, im fünften Jahre seiner Regierung, oder, wie oben gezeigt wurde, im ersten seiner Alleinherrschaft.

Demgemäss wiederholt das Concil das erweiterte apostolische Symbolum, von dem auf den frühern Kirchen-Versammlungen nicht die Rede war; verurtheilt sodann, unter Anrufung des heiligen Geistes und in salbungsvollem Tone, die „Pest" der Hoch- und Landesverräther, in dritter Reihe die Simonie, hernach die Fleischeslust der Bischöfe und der niedern Geistlichkeit, indem nicht selten Subdiacone sogar nach ihrer Weihung Ehebündnisse eingingen, oder dem geistlichen Stande ohne weiteres entsagten; setzt der Unwissenheit des angehenden Clerus die Grenze, dass derselbe wenigstens Psalmen, Taufformel und die Kirchenlieder kennen muss; befiehlt strenges Einhalten der Fasten, um sofort den Modus der Königswahl festzusetzen [191]) und die Hinterlassenschaft des verstorbenen Monarchen zu regeln. Man ersieht daraus, dass auch solche Königswahlen vor-

[191]) *Deinceps ita erunt in regni gloriam praeficiendi rectores, ut aut in urbe regia, aut in loco, ubi princeps decesserit, cum pontificum majorumque palatii omnimodo eligantur assensu, non forinsecus, aut conspiratione paucorum, aut rusticorum plebium seditioso tumultu; erunt catholicae fidei assertores eamque et ab hac quae imminet judaeorum perfidia et a cunctarum haeresum injuria defendentes; erunt actibus, judiciis et vita modesti; erunt in provisionibus rerum tam parci amplius quam extenti ut nulla vi aut factione scripturarum vel definitionum qualiumcumque contractus a subditis vel exigant, vel exigendos intendant. . . . . quaecumque inordinata reliquerint haereditabunt gloriam successores, propria eorum et ante regnum justissime conquisita aut filii, aut haeredes capiant jure proximitatis . . . . et non prius apicem regni quisque percipiat, quam se illam per omnia suppleturum jurisjurandi taxatione definiat.*

gekommen sein müssen, bei denen das tumultuarische Gebaren des gemeinen Volkes, nicht bloss einer Adelspartei, den Ausschlag gab. Dafür setzte es die Geistlichkeit durch, dass allen in Glaubens- und Kirchen-Sachen gefassten Concilienbeschlüssen ewige Gültigkeit zuerkannt und der etwaige Widerspruch einer clerikalen Minderheit zurückgewiesen wurde. Zuletzt bestätigte die Versammlung die Judengesetze des vierten Concils von Toledo. Ihren Beschlüssen angehängt hat sie im Namen des Königs ein Decret, worin sie von den Fürsten ein mildes, jeder Art Raubsucht sich enthaltendes Regiment fordert, offen bekennend, dass nicht die Person, sondern das Recht den König mache [192]), der Monarch darum auch nicht für sich, sondern für das Reich Sorge zu tragen habe. Das Concil beklagt es, dass während der andauernden Unruhen gar viele Grosse an den Bettelstab geriethen, ohne dass Jemand dadurch bereichert wurde, indem die Krone alle in Folge eines richterlichen Erkenntnisses verfallenen Güter eingezogen, nur der fürstliche Bauch gewonnen, die Glieder gedarbt hätten [193]). Es sollen desshalb alle seit dem Regierungsantritt Chindaswind's durch die massenhaften Confiscationen erworbenen beweglichen und unbeweglichen Güter zwar dem jetzigen König verbleiben, übrigens nicht als Privateigenthum, sondern als Krongut, wovon Jeder das, was ihm von Rechts wegen gebühre, zurückfordern, mit dem Uebrigen die Unterthanen erleichtert werden können. In Alles das, was der verstorbene König zu Recht besessen, haben seine Hinterbliebenen sich zu theilen. Dafür dass der regierende Fürst gelobt, Allen ihren rechtmässigen Besitz zurückerstatten zu wollen, soll Niemand Klage auf Schadenersatz anstellen können.

Der Compromiss wurde sonach in aller Form vollzogen: zunächst zwischen der geistlichen und weltlichen Gewalt, sodann zwischen der Krone und den Grossen des Reichs, endlich zwischen dem jeweiligen Monarchen und der Reichsversamm-

---

[192]) *Regem etenim jura faciunt, non persona, quia nec constat sui mediocritate, sed sublimitatis honorem.*

[193]) *Solo principali ventre suppleto cuncta totius gentis membra vacuata languescerent ex defectu.*

lung. Ein dauernder Rechtsstand sollte durch einen gesicherten Besitzstand gestützt werden, und schwerlich wird sich aus jener Zeit und noch Jahrhunderte später eine politisch-kirchliche Verhandlung nachweisen lassen, die mit gleichem Geschick angelegt wäre. Es ist die goldene Bulle des deutschen Reiches, nur auf schwächeren Beinen. Das Ganze erlangte Gesetzeskraft durch die angehängte königliche *Lex*, welche Wort für Wort in die L. W. (II. 1. 5) überging [194]), und in Kraft deren Receswind in seinem und in seiner Nachfolger Namen gelobte, von Niemand Quittungen über nicht zurückgegebenes Eigenthum erpressen oder Schriftfälschungen vornehmen zu wollen (*nullus scripturas de quibuslibet rebus alteri debitis ita extorqueat, quatenus injuste ac nolenter debitarum sibi quisque privari possit dominio rerum*). Umgekehrt soll aber auch das rechtmässig Erworbene dem Fürsten verbleiben, in genauem Anschluss an den Text des Decrets und der dort aufgestellten Trennung zwischen Krongut und königlichem Privateigenthum. Wer vermittelst Volksaufruhrs oder geheimer Umtriebe in den Besitz des Thrones gelangt, wird sammt allen seinen Anhängern verwünscht.

Zwei Jahre später berief Receswind eine zweite Kirchen-Versammlung (die 9te, im J. 655) nach Toledo, die sich ausschliesslich mit kirchlichen Angelegenheiten beschäftigte und ein General-Concil nur uneigentlich heissen kann, da im Ganzen bloss 16 Bischöfe und unter diesen ein einziger Erzbischof, Eugenius, zugegen waren, wiewohl vier Palatine mitunterzeichneten. Jeder Kirche sollen ihre Vermächtnisse belassen, den Erbauern von Gotteshäusern die Wahl der anzustellenden Geistlichen unter Genehmigung des Bischofs überlassen bleiben, und um der Entäusserung und Verschleuderung der Kirchengüter vorzubeugen, werden die Geistlichen angehalten, Alles urkundlich abzumachen. Will ein Bischof ein Kloster stiften, so darf er nicht mehr als den 50sten Theil seines Kirchenvermögens

[194]) Die Lesart *Chintilani* der Ausgaben wird durch die Akten des Concils widerlegt, die, ähnlich der Handschrift von Leon, *Suintilani* lesen. In mancher Beziehung wäre *Chintila* schicklicher.

daran wenden, und den 100sten, wenn eine Kirche für andere als mönchische Zwecke gebaut werden soll. Ueber das ihm gebührende Drittel der Kirchen-Einnahmen hat der Bischof frei zu verfügen, und in Betreff der Hinterlassenschaft eines Geistlichen dürfen die Erben nur mit Genehmigung des Bischofs oder des Concils die Erbschaft antreten. Gegen die Canones verstossende Urkunden von Geistlichen werden bei Berechnung der Verjährung nicht vom Tage der Unterschrift, sondern vom Todestage des Ausstellers an gezählt. Bei der Beerdigung eines seiner Priester darf der Bischof von der Hinterlassenschaft desselben sich nicht mehr als ein Pfund Gold aneignen; war der Verblichene arm, nur ein halbes Pfund; Kinder, die ein Geistlicher mit einer Magd oder einer Leibeigenen erzeugt, können ihre Eltern nicht beerben und bleiben für ewige Zeiten Leibeigene der Kirche; die in den Priesterstand eintretenden Kirchensklaven sind von dem Bischof in Freiheit zu setzen, jedoch auf Wohlverhalten: betragen sie sich schlecht, so verfallen sie der frühern Leibeigenschaft; Freigelassene der Kirche dürfen weder freigeborene Romanen, noch Gothen ehelichen; thun sie es, so verbleiben sie sammt ihren Kindern dem Patronat der Kirche, oder gehen sie ihres Vermögens verlustig, wie denn überhaupt dergleichen Pflegbefohlene das, was sie zu eigen haben, allein an ihre Verwandten, die gleichfalls in dem Schutze der Kirche stehen, vererben können. Ueber die getauften Juden ist streng zu wachen, dass sie die christlichen Feste feiern.

Das 10. Concil im darauf folgenden Jahre (656) war gleichfalls nur sehr schwach und weder von Aebten, noch Palatinen besucht, wahrscheinlich weil dasselbe über einen Bischof zu Gericht zu sitzen hatte. Die anderweitigen Beschlüsse sind unerheblich: *De celebritate festivitatis Dominicae matris* [195]); *de non violandis juramentis in salutem regiam datis;* ein dritter Canon verurtheilt die Bischöfe, welche ihren Verwandten oder Günstlingen, selbst wenn diese Laien waren, kirchliche Beneficien zu-

---

[195]) Das Fest der Maria soll 8 Tage vor dem Christfest, also am 18. December, begangen werden, während das Fest der Empfängniss nunmehr auf den 8. December fällt.

wendeten; *de professione ac veste religiosarum viduarum; de remotis accusationibus viduarum transgressionem religionis sequentum; de his qui in parva aetate coram parentibus religionis habitum tenuerint.* Schliesslich erfolgt eine eindringliche Ermahnung an alle Geistlichen, doch ja keinen christlichen Sklaven an Juden zu verkaufen, was auf das Fortbestehen jener Unsitte und umgekehrt auf die erträgliche Lage, in welcher sich noch immer die Juden befanden, schliessen lässt. In einem vom 1. December datirten Decrete giebt das Concil Aufschluss über die in geheimer Sitzung erfolgte Verurtheilung des Bischofs Potamius von Braga wegen Unkeuschheit, und ein zweites Decret, dadurch merkwürdig, dass ein darauf bezügliches Testament des Bischofs Martinus von Braga durch den nachmaligen König Wamba (er heisst *vir illuster*) im Namen Receswind's den versammelten Vätern überreicht wurde, verwarf ein anderes Testament des Bischofs Riccimer, der alle Einnahmen seiner Kirche den Armen vermacht und die Sklaven freigegeben hatte. Obwohl Receswind nach dem 10. Concil noch 17 Jahre regierte, berief er keine weitere Kirchen- und Reichs-Versammlung, und bloss ein Provinzial-Concil der lusitanischen Bischöfe wurde in seinem 18. Regierungsjahre zu Merida abgehalten, welches unter Anderem den Beschluss fasste, für den Fall, dass der König im Felde stehe, habe jeder Priester täglich bei dem Allmächtigen Fürbitte darzubringen (*sacrificium offerre pro ejus suorumque fidelium salute*). Eigenmächtiges Verstümmeln der Leibeigenen wurde den Clerikern untersagt, wie auch Folterung, wenn Einer glaube, seine Leute hätten ihm eine Krankheit angethan. Was aber die Acten dieses Concils am meisten auszeichnet, ist das gute Latein, in dem sie abgefasst sind, und wie man es in Toledo nicht zu schreiben verstand. Vulgäre Ausdrücke und Wendungen kommen nicht darin vor. Für die Erzbischöfe von Toledo bildete das *Monasterium Agaliense,* in einer Vorstadt Toledo's dem Cosmas und Damianus geweiht [196]), die Pflanzschule — ein beschaulicher Ort, wo neben der Frömmigkeit auch gelehrten Studien Raum gegönnt wurde. Dahin zog sich Helladius in die

---

[196]) Fr. Rodrigo Cerratensis, *Vita Ildefonsi.* c. 4. *Esp. Sagr. V.* 504.

Stille der Ascese zurück, so oft er sich von seinem Hofamte losmachen konnte, bis er später Abt des von ihm reichlich ausgestatteten Klosters und zuletzt Erzbischof von Toledo wurde. Seine beiden Klosterschüler Justus und Eugenius (I.) gelangten zu derselben Würde, und Eugen II., zuerst Schlossgeistlicher in Toledo, entfloh aus dieser glänzenden Stellung, um in Çaragoça martyrologische und mönchische Studien zu treiben, bis Chindaswind ihn mit Gewalt nach Toledo zurückbringen und auf den erzbischöflichen Stuhl erheben liess [197]. Von seinem Vorgänger Ildefonsus rühmt Julian, derselbe sei schon als Knabe aus dem elterlichen Hause in das Agalienser Kloster entflohen, wohin sein Vater ihm wüthend nachsetzte, ohne den Versteckten auffinden zu können. Mehr oder weniger machten sich alle diese Kirchenfürsten einen Namen als Dichter und Componisten von Kirchenliedern, Eugenius II. noch überdies durch klassische Verse, so dass man annehmen muss, zumal wenn man die in Prosa geschriebenen Werke hinzunimmt, die westgothische Literatur habe damals einen Nachfrühling ihres goldenen Isidorischen Zeitalters gefeiert. Reinheit der Sitten in ascetischer Gewandung und gelehrte Bildung tauchten leider nur als seltene Oasen in der Wüstenei eines barbarischen und verdorbenen Zeitalters auf. Es waren dieselben Gegensätze sittlicher Beschaulichkeit und roher Genusssucht, die im 12. und 13. Jahrhundert nur weit nachhaltiger und bedeutsamer zusammenstiessen, und wenn das westgothische Spanien an Bildung den übrigen von Germanen besetzten Ländern voraus war, so gebrach es derselben wie überall an Wurzel und Boden, was unter Carl dem Grossen sich noch auffallender wiederholte. Eine trübselige Stimmung ging durch alle Schichten der damaligen Bevölkerungsmassen: die Germanen, in dem fadenscheinigen Mantel dürftiger Bildungselemente der alten Welt, kamen sich selbst wie vor der Zeit alt und grau gewordene Jünglinge vor, und

[197]) *Unde principali violentia reductus, atque in pontificatum adscitus, vitam plus virtutum meritis, quam viribus egit* (Ildefonsus, *De vir. illust. c. XIV*). Dem Chindaswind muss es Ernst gewesen sein, einen tüchtigen Mann zum Metropoliten zu haben.

keineswegs auf die Franken allein sind Fredegar's Worte gemünzt: *mundus jam senescit, ideoque prudentiae acumen in nobis tepescit.* „Der Verfall der römischen Welt, die als der alleinige Träger menschlicher Bildung erschien, lag klar vor Augen, Aussicht auf eine neue, frische Lebensgestaltung zeigte sich nirgends. Das Christenthum gewährte in dieser Zeit noch den einzigen Trost, indem es auf ein jenseitiges Leben hinwies, aber die Verzweiflung an dem diesseitigen vollendete es durch seine Vorstellung vom Ende der Welt" [198]). Um vieles später dachte Alcuin gerade ebenso wie Fredegar.

---

[198]) O. Abel, Geschichtschreiber der deutschen Vorzeit. VII. Jahrhundert.

VI.

Was Receswind als Gesetzgeber leistete, liegt zwischen L. W. III. 1. 2 und II. 1. 9 u. 12, zwischen der Aufhebung des Eheverbots unter Gothen und Romanen, und der Ausser-Kraft-Setzung der *Lex Romana*. Seine übrigen Gesetze sind im Vergleich zu den Chindaswindischen unbedeutend, häufig blosse Lückenbüsser, und so oft für die bereits vorhandenen Verordnungen ein allgemeiner und subsumirender Gesichtspunkt gewonnen werden soll, fällt die Lösung meist schülerhaft aus. Ueberall aber blickt die Absicht durch, die zunächst von Chindaswind ins Werk gesetzte Gesetz-Sammlung zu ergänzen und zu einem vorläufigen Abschluss zu bringen (II. 1. 12).

II. 1. 2 enthält die Einleitung oder Vorrede der Sammlung, mit Rücksicht auf L. 2. C. Th. I. 1. L. 1. § 1. C. I. 17. — II. 1. 3, demselben Gedankengang folgend wie L. 9. C. I. 14. und C. I. 18. (*De jur. et fact. ignor.*), wurde durch Chindaswind VI. 4. 5 in seiner strengeren und derberen Art ausgesprochen. II. 1. 4 (*Quod antea ordinare oportuit negotia principum, postea populorum*) definirt die Stellung des Monarchen als die des Hauptes, welches mit Intelligenz begabt die untergebenen Glieder (*connexa et subdita membra*) zu regieren hat, was in dem Justinianischen: *quid majus, quid sanctius imperiali est majestate* (L. 12. C. I. 14.) absoluter lautet, wiewohl unter Receswind der Ausdruck „*imperium*" und „*imperialis*" den gothischen Herrschern gleichfalls genehm und geläufig zu werden anfing. II. 1. 5, auf dem 8. Concil erlassen, bezweckt eine Milderung des schon den entferntesten Versuch von Hoch- und Landesverrath niederschmetternden Chindaswindischen Gesetzes II. 1. 6, und II. 1. 7

(*De non criminando principe*) ahmt L. 1. C. IX. 7. (*Si quis imper. maledix.*) nach. II. 1. 9 u. 12 stützen sich auf das ältere Gesetz II. 1. 11 (*Ut nulla causa a judicibus audiatur, quae legibus non continetur*), und berufen die Usatici von Barcelona (§ 2.) ausdrücklich II. 1. 9, dessen zu geschweigen, dass Receswind II. 3. 1 die Frage aufwirft: *Et si rex voluerit de re qualibet propositionem adsumere, quis erit qui audeat ullatenus resultare?* Durch II. 1. 13—15 soll die Berechtigung zum Richteramte, muthmasslich nach altem Herkommen, abgegrenzt werden, und wird mit der Leoner Handschrift II. 1. 25 dem Receswind abzunehmen, II. 1. 26 ihm beizulegen sein. Wenigstens passt II. 1. 27 gut zu dem vorangehenden Gesetze und zu der Sorge für eine unbestechliche Rechtspflege, die Receswind durch den preiswürdigen Befehl unterstützte, kein Richter solle aus Furcht oder Wohldienerei gegen den König sich zu einem ungerechten Urtheilsspruche verleiten lassen. II. 1. 28 u. 30 u. 31 sind augenscheinlich Ueberarbeitungen älterer Gesetze; II. 3. 1 (*Quod principum et episcoporum negotia per subditos sint agenda*) erinnert an die *Lex Romana, Nov. Valent. III. 2 (Interpr.)*, und an c. 1. *Nov. LXXI.*, wodurch die *viri illustres* berechtigt werden, ihre Processe durch Procuratoren führen zu lassen; II. 5. 10 (*Quae scripturae valere poterint, si ab his factae fuerint, qui sunt in annis minoribus constituti*) knüpft an *L. R. Gai. Inst. tit. X* (L. 20. § 1. D. XXXIV. 3.) an, während II. 5. 11 *(Qualiter confici vel firmari conveniat ultimas hominum voluntates)* II. 5. 13 (Chindaswind) ergänzt, und vielfach mit der in den westgothischen Formularen (XXI. u. folgd.) vorausgesetzten Testirweise übereinstimmt. Eine der schwierigsten Fragen des Privatrechts verdankte hiemit den Bemühungen Receswind's eine logische Feststellung wie kein anderes Gesetz in der ganzen Sammlung, und wenn auch nicht gerade in allen, so doch in den wesentlichsten Punkten hat das römische Erbrecht als Vorbild gedient. Neu ist die Bestimmung, dass die Testamente in Gegenwart des Bischofs und innerhalb der ersten 6 Monate nach dem Tode des Erblassers eröffnet werden mussten. II. 5. 16 (*De contropatione scripturarum. coll.* II. 5. 14) erheischt eine Ableitung des wunderlichen Ausdrucks, den Ducange auf *contrapactio* zurückführt, während es wahrscheinlicher aus *comparatio* (*c.* 2. *Nov. XLIX*) verstümmelt ist, vielleicht absichtlich, um damit einer etwaigen Verwechselung vorzubeugen. III. 1. 1 (*Ne sine dote conjugium fiat. coll.* III. 2. 10.) kann als Belag dienen, dass das Westgothen-Recht es zu dem Justinianischen (*c.* 3. *Nov. XXII*): *Nuptias affectus alternus facit, dotalium non egens augmento* [199]), nicht gebracht hat und nicht bringen wollte. III. 1. 2 gestattete, was C. Th. III. 14. verboten hatte; III. 1. 5 schützte den unmündigen Knaben wie Th. III. 5. das unmündige Mädchen, wie denn überhaupt mehrere Bestimmungen des westgothischen Gesetzes, so die über zwei Jahre verschobene Vollstreckung der Ehe, die *arra* und *scripturae deliberata confectio* (Brautgeschenk) aus dem römischen Rechte entlehnt sind. III. 3. 2 (*Si a potestate raptoris puellam parentes eripere potuerint*), verglichen mit III. 4. 14 und C. Th. IX. 19 und 20, könnte Bezug nehmen auf L. 1. C. IX. 14: *nec sit facultas raptae virgini raptorem sibi maritum exposcere* [200]). III. 3. 8 (*Si servi mulierem ingenuam rapuerint*), III. 3. 12 (*De ingenuis atque servis, quos in raptu interesse constiterit*) sind milde im Vergleich zu L. 1. C. Th. IX. 19., wonach der bei der Entführung betheiligte Sklave verbrannt wurde, um jener barbarischen Strafe, dem Helfershelfer siedendes Blei in den Mund zu giessen, zu geschweigen. Das alte Gesetz III. 4. 14 verurtheilte bloss den Sklaven, der einer Freien Gewalt anthat, zum Feuertode, was Receswind durch III. 3. 8 bestätigte.

III. 4. 5 (*Si pater vel propinqui in domo adulteram occiderint filiam*) wiederholt L. L. 20—23. D. XLVIII. 5.; III. 4. 18, nach dem Vorgang von *Conc. Tol.* IV. 42—45, ist zum Theil wörtlich aus *Conc. Tol.* VIII. 5. herübergenommen, und hier sowohl als III. 5. 2 (*De conjugiis et adulteriis incestivis*) [201]) be-

---

[199]) Im Gesetzbuch Manu's ist die aus gegenseitiger Neigung geschlossene Ehe die niedrigste unter den 6 erlaubten Eheweisen.

[200]) *Nov. CXLIII.* u. *CL.*

[201]) *cf. Decret. Gelasii generale. LXXXII. tit.* 22. Das Gesetz enterbt die aus solchen Ehen entsprungenen Kinder nicht wie *Conc. Tol. IX.* 10., und unter Umständen auch c. 3. § 1. Nov. XII. Dagegen bestraft das Gothenrecht den schuldigen Theil mit lebenslänglicher Verbannung. Näheres bei L. W. V. 1. 4.

ruft der Gesetzgeber wiederholt die *canones*, ja sogar das richterliche Ansehen der Priester. Insofern sagte ich, Receswind's gesetzgebende Thätigkeit sei unter Anderem darauf gerichtet gewesen, wichtige Bestimmungen des canonischen Rechts in das bürgerliche Gesetz zu verarbeiten. Nicht etwa als ob das alte Recht darüber ganz geschwiegen hätte: nur in dem Umfang und mit der klar ausgesprochenen Absicht, wie in der späteren Sammlung, geschah es früher nicht, und passt es überhaupt zu dem von Receswind eingenommenen Standpunkt, die beiden Rechtsordnungen, die kirchliche und die weltliche, die sich auf den verschiedensten Punkten berührten und durchkreuzten, wenigstens so weit es anging, zu verschmelzen. III. 6. 3 (*Ne inter sponsos discidium fiat*) dehnt das vorangehende Gesetz Chindaswind's (*Ne inter conjuges divortium fiat.* L. 1. u. 2. C. Th. III. 16. *Interpr.*) auf die förmlich Verlobten aus (C. Th. III. 5.). IV. 2. 16 (*De his quae vir et uxor in conjugio constituti conquirere potuerint*) ist ein Folgesatz früherer Gesetze; IV. 2. 17 (*De parvulo qualiter hereditatem capere possit*) ergänzt den von Chindaswind IV. 3. 18 aufgestellten Rechtsgrundsatz, wonach erst ein 10 Tage altes und getauftes Kind rechtsfähig war. IV. 3. 4 (*Ne tutores ab eis, quas in tuitione habent, quascumque scripturas extorquere praesumant*) theilt die Bestimmung, dass der Vormund, in Gegenwart des Richters oder Priesters, dem Mündel, wenn dieser das 14. Jahr zurückgelegt hat, Rechnung ablegen muss, mit dem römischen Recht (§ 7. J. I. 20. L. 14. C. V. 37. L. 9. §. 1. D. XXVII. 3.), jedoch ist nach den besten Handschriften in der Stelle, wo ein Nothtermin festgesetzt wird, nicht *duodecimo*, sondern *decimo anno* nach Vorgang von II. 5. 10 zu lesen.

Der ganze erste Titel des fünften Buchs handelt von kirchlichen Angelegenheiten: die *Anonyma* V. 1. 2 fordert von den Bischöfen ein genaues Inventar über die ihrer Kirche gehörenden Gegenstände, damit bei ihrem Ableben die Erben sich nichts davon aneignen, und da in der Sammlung der altspanischen Canones zwar mehrere auf denselben Fall Bezug haben [202]), das

---

[202]) *Conc. Tarrac. c.* 12. *Conc. Agath. c.* 48. *Conc. Epaun. c.* 13. *Conc. Ilerd. c.* 16.

9. Concil aber (c. 1 u. 3 u. 4) die auffallendste Aehnlichkeit in seinen Verordnungen mit dem bezeichneten Gesetze hat, so wird man zwischen ihnen ein verwandtschaftliches Verhältniss vorauszusetzen haben. Ohnediess lässt die Einleitung zu dem Gesetze einen spätern Gesetzgeber vermuthen. Für den Nachsatz dagegen: *sicut superius scriptum est,* fehlt es an einem Gesetz, auf welches Bezug genommen sein könnte. V. 1. 3 dürfte von Reccared in die *Antiqua* aufgenommen worden sein, doch möchte ich bezweifeln, dass das „*secundum canones,*" was Bluhme in seine Ergänzung der Fragmente aufgenommen hat, wirklich darin stand und nicht vielmehr bei der späteren Ueberarbeitung in der Absicht hinzugefügt wurde, den Inhalt des alten Gesetzes mit neueren Canones in Uebereinstimmung zu bringen. Es wäre gar nicht unmöglich, dass das Gesetz in der Leovigild'schen Sammlung, somit als Verordnung für die arianische Kirche, stand, und wenn schon *Conc. Tol.* III. c. 3. *Conc. Narb.* c. 8. dem alten Gesetze als Vorbild gedient haben können, so ist andererseits nicht minder gewiss, dass ältere katholische Concilien, z. B. *Conc. Carth.* IV. c. 31 u. 32. *Conc. Aurel.* II. c. 25 u. 26. *Conc. Agath.* c. 6 u. 7. c. 44 u. 48. c. 49 u. 51. c. 53 u. 54. c. 56 u. 59, bereits darauf Bezug genommen hatten. Die Vermuthung gewinnt an Wahrscheinlichkeit dadurch, dass V. 1. 4, in der *Antiqua* dem vorangehenden Gesetze einverleibt, einen Satz enthält, für den sich in den katholischen Canones nirgends eine Beweisstelle finden lässt, ich meine die rücksichtsvolle Behandlung der von Geistlichen hinterlassenen Wittwen und Waisen [203]), die in den Augen der arianischen Gothen nichts Anstössiges haben konnte. Das den Titel einleitende Receswindische Gesetz V. 1. 1 (*De donationibus ecclesiis datis*) bestätigt einfach den 15. Canon des 6. Concils von Toledo, und könnte nach dem Vorgang der besten Handschriften der *Antiqua* zuzuzählen sein.

---

[203]) *Sed et viduae sacerdotum vel aliorum clericorum, quae filios suos in obsequium ecclesiae commendant, pro sola miseratione de rebus ecclesiasticis, quas pater tenuit, non efficiantur exterres.*

V. 6. 1 (*De non pignerando*), wie überhaupt die ganze Lehre von der Pfändung, entspricht dem römischen Pfandrecht (L. 11. C. VIII. 14. L. 1. u. 2. C. VIII. 22. L. 19. § 5. D. XLVII. 2. L. 66. pr. D. ibid.); doch brauchte der westgothische Gläubiger, wenn die Schuld fällig war, nicht zwei Jahre bis zur wirklichen Veräusserung zu warten, sondern bloss 10 Tage, nach deren Ablauf er sich zum Richter begab, um durch ihn oder drei achtbare (*honesti*) Männer die Schätzung vornehmen zu lassen. Dagegen steht V. 6. 4, der Leoner Handschrift zufolge eine *Antiqua* wie auch V. 6. 1, in Widerspruch mit V. 6. 2, insofern der Gläubiger, der das Faustpfand vor der bedungenen Zeit entäusserte, nur zur einfachen Herausgabe und zum halben Werthe als Schadenersatz verurtheilt wurde. Es muss dem gothischen Rechtsbewusstsein widerstrebt haben, eine derartige Entäusserung als Diebstahl zu bestrafen. V. 7. 12 (*Ne testificent manumissi*) war zum Theil hervorgerufen durch das canonische Recht, das die Freigelassenen aus der Abhängigkeit ihrer Kirchen nicht ganz ausscheiden lassen mochte, wogegen V. 7. 17 (*Ne liberti, vel progenies eorum cum posteritate patroni aut conjugia connectant, aut eis insolentes existant*), was die letztere Bestimmung anbelangt, einen Vorgang an C. VI. 6. (*De obseq. patr. praestand.*) hat; V. 7. 18 (*Ne liberti religiosi ad obsequium reducantur haeredis*) muss als eine Begünstigung der Kirche angesehen werden, da *Conc. Tol. IV. c.* 73. in den geistlichen Stand nur solche Freigelassene aufzunehmen befahl, die von jeder Art Verbindlichkeit gegen ihren Patron frei waren [204]). VI. 4. 7 (*Si servus ingenuo fecerit contumeliam*), sowie die mühsamen Versuche, die *culpa* von dem *dolus* zu unterscheiden (VI. 5. 1 u. 3 u. 4 u. 5 — wenn von Receswind — u. 6 u. 8) verrathen im Grunde nur die halsbrecherische Arbeit einer Commission, der es keineswegs an dem guten Willen, wohl aber an einem geistigen Horizonte gebrach, um einen strafrechtlichen Begriff abzugrenzen. VI. 5. 9 u. 10 sind schwerlich von Receswind, und auch von VI. 5. 13 muss es dahingestellt bleiben, ob die Ueber-

---

[204]) *Conc. Eliberit. c.* 80: *Prohibendum ut liberti, quorum patroni in seculo fuerint, ad clerum non promoveantur*

schrift mit Recht seinen Namen trägt, aber löblich ist es unter allen Umständen, dass, wer seinen Sklaven verstümmelte, zu dreijähriger Verbannung und Busse verurtheilt wurde. VI. 5. 14 ergänzt bloss das folgende Gesetz Chindaswind's, und kann man auch VI. 5. 20, VII. 2. 8 (der altgermanische Grundsatz, von keinem Unbekannten zu kaufen und den Ursprung der Sache zu untersuchen), VII. 2. 23, VII. 3. 2, VII. 4. 1, VII. 4. 6, VII. 5. 8, wenn sie überhaupt Receswindisch sind, eine selbständige Bedeutung nicht beilegen. VIII. 1. 1 (*Ut solus patronus, vel dominus culpabiles habeantur, si eisdem jubentibus ingenuus, vel servus inlicite operentur*) hängt mit dem altdeutschen Mundium zusammen, mehr als mit der römischen Clientschaft; VIII. 1. 8 wahrt das Hausrecht des ins Feld gerückten Bürgers, und VIII. 4. 31 legt den Grundstein zu dem später, hauptsächlich durch die künstliche Bewässerungsmethode der Araber, so wichtig gewordenen Berieselungsrecht, das bis zu dieser Stunde in Catalonien und Valencia durch ein selbständiges, allwöchentlich einmal im Freien zusammentretendes Bauerngericht nach altem Brauch gesprochen wird; VIII. 5. 6, VIII. 6. 3, IX. 1. 14 ertheilen längst bestehenden Gewohnheiten Gesetzeskraft; X. 1. 18 (*Ut peculium et peculiare ad unam intelligentiam habeatur*) rügt einen missbräuchlichen Sprachgebrauch; X. 1. 19 sucht die Uebertragung des Besitzes gegen Leistung zu regeln, ohne dass der juristische Verstand des Gesetzgebers es zu der so wesentlichen Unterscheidung zwischen Emphyteuse und Precarium (X. 1. 12) brächte. Das Gesetz dürfte indess alt sein, falls es nicht hauptsächlich für die Romanen und ihre veränderte Rechtsstellung berechnet war. Es kommt Einem vor, als suchte der Gesetzgeber nach einem Ausdruck für ein Rechtsverhältniss, wovon er selbst keinen ganz klaren Begriff hat. X. 2. 4 macht die dreissigjährige Verjährung allgemein, nimmt jedoch den Fiscus davon aus, wie ihrerseits die Kirche längst ihr Eigenthumsrecht dagegen geschützt hatte. X. 2. 6, schwerlich von Receswind, erkennt die fünfzigjährige Verjährung, wie auch X. 3. 4, als zu Recht bestehend an und verlangt die Zeit davon in Abzug zu bringen, die Einer in der Verbannung und im Elend verlebt.

Es passt gut zu den legislatorischen Absichten Receswind's, der für seine gothischen und romanischen Unterthanen gleichmässig als Richtschnur dienenden Gesetz-Sammlung eine geordnete Zusammenstellung der Juden-Gesetze anzufügen, was in dem zweiten Titel des zwölften Buchs geschah (XII. 2. 1 *Quod post datas fidelibus leges oportuit infidelibus constitutionem ponere legis*). Befremdend ist die Eingabe (XII. 2. 16), welche die Judenschaft von Toledo dem Könige im 6. Jahre seiner Regierung überreichte. Die bekehrten Söhne Abrahams geloben gewissenhafte Beobachtung der ihnen auferlegten Christenpflichten: nur den Genuss des Schweinefleisches möge man ihnen erlassen, wogegen sie sich anheischig machen, anderes Fleisch, das in demselben Topfe mit schweinenem gekocht wurde, unverzagt zu essen. Die Wendung, wodurch Receswind die Judenverfolgung rechtfertigt, ist bezeichnend für jene Zeiten: Gott habe alle Menschen ohne Unterschied unsterblich geschaffen und durch das Band einer und derselben Religion an sich gekettet [205]). Durch den 10. Canon des *Conc. Tol. VIII.* hatte sich der König in seinem und seiner Nachfolger Namen zu strenger Maassregeln gegen die Juden verpflichtet [206]), und die darauf bezüglichen positiven Bestimmungen (XII. 2. 5—12), obschon sie nur in einzelnen, jedoch bessern Handschriften unter Receswind's Namen laufen, können selbstverständlich bloss zum Behufe seiner Gesetz-Sammlung aus früheren, theils canonischen theils weltlichen, Gesetzen [207]) zusammengestellt und vermehrt sein. Die Uebertreter werden, was meines Wissens ausserdem in keinem germanischen Rechte vorkommt, nicht bloss mit Feuertod und Sklaverei, sondern auch mit Steinigung bedroht (XII. 2. 12). Gefordert wurde von den Juden nichts Geringeres als förmliche

---

205) *Qui (Deus) diversitatem simul nationum et hominum unius tunicae immortalitate vestivit, unius etiam sacrae religionis sibi vinculis religavit.*

206) *Erunt (reges) catholicae fidei assertores eamque et ab hac quae imminet judaeorum perfidia, et a cunctorum haereseum injuria defendentes.*

207) *Praedecessorum nostrorum regum legali serie sententias promulgatas* (XII. 2. 3). Man braucht daher auch dem Worte *series* in dem Chindaswindischen Gesetze II. 1. 8 (*codicis hujus series*) kein besonderes Gewicht beizulegen.

Abschwörung ihres Glaubens, und wenn die Eingabe der Judenschaft von Toledo darauf sich bezöge, so würde, weil dieselbe in das 6. Regierungsjahr Receswind's fällt, geschlossen werden müssen, dass die Judengesetze in dem Zeitraum zwischen dem 8. und dem 9. Concil erlassen wurden.

Diess vorausgesetzt, könnte man weiter folgern, dass i. J. 654 die ganze Gesetz-Sammlung promulgirt wurde, um so eher als die zwei Jahre, die Receswind bis dahin allein regierte, vollkommen hingereicht haben würden, um die von seinem Vater angelegte Sammlung zu beendigen. Dass zu Lebzeiten Chindaswind's eine andere Sammlung als die *Antiqua* sammt den ihr möglicher Weise einverleibten Novellen nicht vorhanden war, hat Receswind, wie mir scheint unwidersprechlich, in der Einleitung zu seinem Gesetzbuch (II. 1. 2) durch den Satz ausgesprochen: *Damus modestas simul nobis et subditis leges, quibus iis et nostri culminis clementia et succedentium regum novitas adfutura, una cum regimonii nostri generali multitudine universa cedire decernitur.* Auch die grausamen Ketzer-Gesetze standen unter dem vorherrschend politischen Gesichtspunkt: ein Gesetz, eine Religion, ein Volk, und darin erscheint die ganze Tragweite von II. 1. 9, wonach schlechterdings keine andere Gesetzsammlung rechtliche Geltung haben konnte [208]). Selbst der Richter, der sich ein anderes Gesetzbuch nur vorzeigen liess, ohne es zu zerreissen, wurde in eine Strafe von 30 Pfund Gold genommen. Ob das anonyme Gesetz V. 4. 22, das den Preis einer Abschrift bei Strafe auf 400 Solidi festsetzt, gleichfalls von Receswind herrührt, ist, da die Handschriften nichts davon wissen, kaum wahrscheinlich: eine Sammlung (*codex*) ist damit

---

208) Die Worte: *secundum seriem hujus amodo translatum* (*translati*) hat J. Grimm (Geschichte der deutschen Sprache. 1848. S. 454) ganz richtig durch „Abschrift" übersetzt. Nicht bloss dass II. 2. 8 die Worte: *de cujus textu exemplar fideliter translatum* gar nichts Anderes ausdrükken können als eine wortgetreue Abschrift eines richterlichen Erkenntnisses; in einer spanischen Urkunde aus dem Jahre 897 lauten die beiden letzten Unterschriften: *Posidonius notavit et conf. Menendus translulit*, wobei Niemand an den Uebersetzer, sondern nur an den Abschreiber denken kann.

gemeint, es kann jedoch ebensowohl eine spätere als eine frühere sein. Wesentlich unterstützt wird die obige Ansicht durch das Edict, mit welchem Receswind seine Sammlung begleitete und das sich bei Lindenbrog, so wie in drei spanischen Handschriften (*Card. S.J.R. Emil.* Bei Canciani als II. 1. 5) vorfindet. Es wird darin verordnet, sein Gesetzbuch solle von dem zweiten Jahre seines Vaters Chindaswind an gelten, und man könnte sogar versucht sein den Worten den Sinn unterzustellen, als ob dem Receswind nur die Reccaredische *Antiqua* und die Gesetze seines Vaters vorgelegen hätten, wogegen das ganz unumwunden ausgesprochen ist, dass eine Chindaswindische Gesetz-Sammlung nicht existirte [209]. Kein Anderer als Receswind ist der eigentliche Urheber des westgothischen Gesetzbuchs, alles Spätere nur Nachtrag.

Für das Jahr 654 als dasjenige, in welchem die Receswindische Sammlung publicirt wurde, spricht namentlich auch das einer Handschrift des Westgothen-Rechts beigegebene Königsregister, welches mit Receswind's zweitem Regierungsjahre beschliesst. Dazu kommt noch ein weiterer Umstand. Es ist uns ein zwischen Receswind und dem Bischof Braulius, dem Freunde Isidor's, dessen etymologisches Werk er zu revidiren bekam, geführter Briefwechsel erhalten (*Esp. Sagr. XXX. App.* 3.), aus welchem zunächst hervorgeht, dass Receswind, wenigstens in jüngern Jahren, sich gerne mit theologischen Gegenständen beschäftigte, wie er denn auch in das dem Ildefonsus mit der heiligen Leocadia begegnete Wunder insofern verwickelt wurde, als er sein goldenes Messer hergab, womit der Erzbischof den Schleier, welchen die Jungfrau widerstrebend darreichte, abschneiden konnte. In einem der Briefe ist von einer Handschrift die Rede, die Receswind dem Braulius mit der Bitte übersandte, den fehlerhaft geschriebenen Text zu verbessern, was

---

[209]) *... hae solae valeant leges, quas aut ex antiquitate juste novimus, aut genitor noster ... non immerito visus est condidisse, prolatis seu annexis aliis legibus, quas nostri culminis fastigium judiciali praesidens throno coram universis Dei sacerdotibus sanctis, cunctisque officiis palatinis, ducante Domino atque favente, audientium universali consensu edidit et formavit.*

dieser that und das Heft mit der Bemerkung zurückschickte, er hätte ebenso leicht das Ganze neu abgeschrieben. In den handschriftlichen *Apuntamientos para la historia del Fuero Juzgo* ist Floranes zuerst auf den Einfall gerathen, es könnte damit die neue Gesetz-Sammlung gemeint sein, deren mangelhafte Form der König durch den sprachgewandten Geistlichen corrigiren liess. Der Satz im 38. Briefe: *per jussionem autem Serenitatis Vestrae commoda regni Vestri votis omnibus optamus agnoscere*, würde auf ein Gesetzbuch gut passen, und das Bedenken, dass Braulius das 8. Concil von Toledo nicht mehr erlebte, ist durch das Obige beseitigt, da das Concil mit der Gesetz-Sammlung gar nichts zu schaffen hatte. Im Gegentheil hätte der Zeitpunkt gar nicht geeigneter sein können, vorausgesetzt, dass Receswind seine Sammlung in dem erwähnten Jahre publicirte, und auch das lässt sich anführen, dass Braulius (*ep.* 40) einmal sagt, er habe, der Weisung des Königs zufolge, den Text in Titel abgetheilt. Immer aber ist es möglich, dass darunter ein gelehrtes Werk verstanden werden muss, denn so viel Latein wird man in Toledo, wo ohnediess Eugenius II. durch seine Gelehrsamkeit glänzte, verstanden haben, um die neuen Gesetze auch ohne fremde Hilfe verständlich abfassen zu können. Noch grössere Schwierigkeiten würde der Ausdruck: *versuum additamenta* (*ep.* 38.) machen, der mit einer Gesetz-Sammlung füglich nichts zu schaffen haben kann.

Ueber die formelle Beschaffenheit der Receswindischen Sammlung sind wir nicht genauer unterrichtet: ungewöhnlich ist es, dass der 3. Titel des 7. Buchs seinen Namen trägt, doch würde der an sich unerhebliche Umstand gänzlich verschwinden, wenn die Vaticanische Handschrift der Königin Christine wirklich, wie Kenner versichern, kein einziges der nach Receswind erlassenen Gesetze enthielte, somit eine Abschrift der von diesem veranstalteten Sammlung wäre. Denn dort ist der Stoff bereits in zwölf Bücher abgetheilt, wenn auch mit etwas veränderten Titeln, und Keinem besser als dem Receswind würde es anstehen, auch darin dem Justinianischen Codex gefolgt zu sein. Wäre das der Julianischen Geschichte Wamba's angehängte *Judicium in tyrannorum perfidia promulgatum* ächt, so läge ein weiterer unumstösslicher Beweis vor, dass zur Zeit da Wamba ein kriegsrechtliches Urtheil über den aufrührerischen Herzog Paulus und seine Anhänger fällen liess, somit ganz kurz nach Receswind's Tod, das Westgothen-Gesetz in die noch jetzt üblichen Bücher, Titel und Capitel eingetheilt war, denn es steht dort mit klaren Worten: *Deinde legis est relata sententia in libro 2. tit. 1. Era VI., ubi ad locum sic dicit & &* — das bekannte Gesetz Chindaswind's gegen Aufrührer. Es wird sich jedoch im weitern Verlauf zeigen, dass die Schrift wahrscheinlich später entstand, aber auch dann noch frühe genug, um in Betreff der Büchereintheilung nur die Wahl zwischen Receswind und Erwig zu lassen. Am schwersten wird sich etwas Zuverlässiges über die anonymen Gesetze der Sammlung ermitteln lassen: viele davon fallen der *Antiqua* anheim, von den übrigen vermuthe ich, dass sie zwischen Reccared und Chindaswind, zum Theil von solchen Fürsten, deren Name für die spätern Sammler einen widerlichen Klang haben mochte, verfasst und einzeln erlassen wurden, zum Theil aber und hauptsächlich wirklich unbekannten Ursprungs waren. Es war einmal kein älteres Herkommen, den Namen des Monarchen, der ein Gesetz erliess, in den Abschriften zu vermerken, so dass bald Ungewissheit in Betreff der Namen, ja gänzliche Unmöglichkeit sie zu erfahren, sich einstellen musste.

Wohl zumeist dem Umstand, dass aus der zweiten Hälfte seiner Regierung, ungefähr von dem 10. Concil von Toledo an, alle Nachrichten über Receswind ausgehen, hat man es zuzuschreiben, dass spätere Chronisten sehr gut auf ihn zu sprechen sind, sogar einen gewissen Geruch der Heiligkeit um ihn verbreiten [210]). Seine Sitten müssen nichts weniger als tadellos gewesen sein: Isidor von Beja (Chron. c. 14.) bezeichnet ihn als *flagitiosum, tamen bene monitum,* und Cixila [211]) lässt ihn dem

---

[210]) *Luc. Tud. Cunctos mire dilexit, et ab omnibus valde dilectus fuit. Erat enim adeo mitis et humilis, ut inter subditos quasi unus ex illis videretur.*

[211]) *Vita vel Gesta S. Ildefonsi a Zixilano edita.* c. 4: *qui eum ob iniquitates suas increpatas superbo oculo intuebatur.*

Ildefonsus darüber gram sein, dass dieser ihm seine Sünden vorwarf. Der Pacenser charakterisirt sogar (*c.* 22.) die 18 Jahre, die zwischen dem 10. und dem 11. Concil von Toledo verflossen, durch den Beisatz: „*perturbationum et diversarum cladium annos*," wozu ihn die Einleitung zu den Akten des 11. Concils veranlasst haben mag, von der er das Gleichniss des gekrümmten Weibes im Evangelium entlehnte. Ein Antoninisches Zeitalter, jenes ausdrucksvolle Schweigen der Geschichte, das Montesquieu und Gibbon den guten Regierungen nachrühmen, wird man in Receswind's späteren Jahren nicht suchen dürfen; denn einmal würden in diesem Falle die früheren Geschichtschreiber günstiger über ihn urtheilen, und dann liesse sich die höchst traurige Lage, in welcher er das Reich zurückliess, kaum erklären. Schon der Umstand, dass er keinen Mitregenten annahm, noch auch seinen Nachfolger bezeichnete, überhaupt dass die Krone in seiner Familie nicht blieb, erweckt kein günstiges Vorurtheil; umgekehrt spricht das Verbrechen, durch welches sein Verwandter Erwig auf den Thron gelangte, eher für Familienzwistigkeiten, welche dem Receswind seine letzten Tage trübten. Sogar die Erhebung des Ildefonsus auf den erzbischöflichen Stuhl von Toledo im 9. Jahre seiner Regierung geschah vielleicht nicht einmal mit seinem Willen: der Cerratenser erzählt, nach dem Hingang Eugen's II. hätten Geistlichkeit und Volk ihn aus dem Kloster St. Cosmas und Damianus, dessen Abt er war [212]), abgeholt und seine Ernennung erzwungen. Wie dem auch sein mag: das lange Sträuben Wamba's, nachdem Receswind auf seinem Landgute Gerticos bei Salamanca gestorben war, die ihm zuletzt mit Drohungen und Gewalt aufgenöthigte Krone anzunehmen, lässt auf missliche Umstände schliessen, denen der gothische Adel einen gewachsenen Mann entgegenzustellen beabsichtigte. Julian fügt hinzu, Wamba habe, um sich nicht das Ansehen zu geben, als hätte er den Thron gestohlen oder usurpirt, seine Salbung bis zu der Rückkehr nach Toledo verschoben.

Worauf Türk (I. 53.) sein Urtheil gründet, Lucas von Tuy

---

[212]) *Ensis offensis erat Abbas Agaliensis.*

habe die Nachricht, dass Wamba bei seiner Thronbesteigung die Gesetze seiner Vorgänger bestätigte, erwiesener Massen in seiner Quelle nicht gefunden, vermag ich nicht einzusehen; es kann sein, dass Lucas den Worten Julians: *ex more fidem populis reddidit*, willkürlich den Sinn unterlegte, aber Erwägungen verschiedener Art unterstützen die Auslassung des Chronisten. Einmal der 10. Canon des *Conc. Tol. VIII.* und die von Ludwig Bethmann gemachte Wahrnehmung, dass von Chindaswind an, wenn nicht schon früher, jeder westgothische König das Landrecht von neuem, wie der römische Prätor sein Edict, publicirte und dabei die Gesetze seines Vorgängers aufnahm. In Betreff der von Wamba erlassenen Gesetze glaube ich einen sichern Beweis in Händen zu haben, dass dieselben von seinem Nachfolger revidirt worden sind. Seine Regierung, wenn man ihre kurze Dauer anschlägt, war eine der thatenreichsten: von der Krönung hinweg musste er gegen die Basken ins Feld rücken, und ein zweites Heer entsandte er gegen geistliche und weltliche Grossen Septimaniens, die mit Abfall drohten und, ohne allen Zweifel gegen reichliche Bezahlung, den Juden den Aufenthalt in der Provinz gestatteten. Graf Paulus, derselbe vielleicht der als Palatin das 8. und 9. Concil von Toledo mitunterzeichnete, sollte die Aufrührer, die ohne einen tieferen politischen Plan ihre Sache ungeschickt genug angriffen, zu Paaren treiben, fand es aber an Ort und Stelle, nachdem er den Grafen von Tarragona (Catalonien) für sein Vorhaben gewonnen hatte, angemessener, eine Theilung des Gothenreichs zu versuchen und sich selbst die Krone der nordöstlichen Länder aufs Haupt zu setzen. Der Gedanke hatte viel für sich: Septimanien, durch die Pyrenäen von dem eigentlichen Spanien abgeschnitten, war von jeher die Wiege der Empörung und in Zucht und Ordnung doppelt schwer zu erhalten, weil einestheils die unruhigen Basken, anderntheils die Frankenkönige gleich bei der Hand waren, mit den Empörern gemeinschaftliche Sache zu machen. Thronte ein eigener König in Narbonne, zu dessen Reich Catalonien und die Südabhänge der Pyrenäen gehörten, so konnte man die Basken im Zaume halten und für den Fall der Noth einen Stützpunkt in Frankreich suchen. Nur war Paulus nicht der Mann, mit Muth und Ausdauer sein verwegenes Vorhaben durchzuführen. Nachdem er einen dumm-dreisten Brief [213]) an Wamba geschrieben, der unterdessen mit den Basken rasch fertig geworden war, verlor Paulus gänzlich den Kopf und vermochte sich nicht zu einer einzigen energischen That aufzuraffen. Durch Feigheit stürzte er sich und seinen Anhang ins Verderben: unaufhaltsam rückte der rechtmässige König, der mit unnachsichtiger Strenge die Kriegszucht in seinem Heere handhabte [214]), vor und bekam die Rebellen fast in einem einzigen Anlauf in seine Gewalt, nicht um sie hinzurichten, sondern zu einem kläglichen Schauspiel für die Menge zu machen.

Nach Toledo zurückgekehrt, war Wamba nicht bloss für die Verschönerung der Hauptstadt thätig, sondern verfehlte nicht auch einige durch die Umstände dringend gebotene Gesetze zu erlassen. Eine Folge der Verschmelzung der beiden Nationalitäten in Spanien war die Lockerung, wo nicht gänzliche Auflösung der gothischen Wehr-Verfassung, da fortan jeder Romane gleichfalls wehrpflichtig war. Wenn auch angenommen werden muss, dass durch die vielen Bürgerkriege die alte gothische Volkswehr längst erschüttert, vielleicht schon früher romanischer Zuzug vorgeschrieben war, so bestand sie bis auf Receswind wenigstens der Hauptsache nach fort, wogegen jetzt unter den gänzlich veränderten Umständen ein anderes Abkommen getroffen werden musste. Ob schon Receswind, oder erst Wamba auf den Gedanken gerieth, sich des romanischen Aufgebots dadurch zu vergewissern, dass die Orts- und Stadtgeistlichen verpflichtet wurden, die zu ihrem Kirchspiel gehörenden Romanen dem Heere zuzuführen, mag dahin gestellt bleiben: genug, L. W. IX. 2. 8 finden wir zum ersten Male auch die Geistlichkeit bei Strafe zu einer Art Wehrdienst verpflichtet.

---

213) *In nomine Domini Flavius Paulus summus rex orientis Wambae regi austri.*

214) *Insolens quorundam e nostris motio non solum praedae inhiabat, sed etiam cum incensione domorum adulterii facinus perpetrabat, tanto disciplinae vigore princeps patratum vindicabat scelus, ut graviora his supplicia illum putares impendere, quam si hostiliter contra illum egissent. Testantur hoc praecisa quorundam adulterorum praeputia.*

Wamba, dem es nicht an militärischen Talenten fehlte, musste sich schon durch den Septimanischen Aufstand überzeugt haben, dass die Grenzbewachung sich in dem kläglichsten Zustande befand, daher es immer eine geraume Zeit bedurfte, einen feindlichen Einfall abzuwehren. Und zwar hatte er sein Augenmerk nicht bloss nach der Land-, sondern bereits auch nach der Seeseite zu richten. Wie die misshandelten Juden bei der Schilderhebung im südlichen Frankreich eine verdächtige Rolle spielten, so hatten sie bereits auch zur Abschüttelung eines für sie unerträglich gewordenen Joches heimliche Verbindungen mit den Saracenen in Afrika angeknüpft, und zum ersten Male erschien eine saracenische Flotte von 270 Schiffen an der spanischen Südküste, die sammt der Bemannung gänzlich aufgerieben wurde [215]). War man gegen dergleichen Ueberrumpelungen nicht auf der Hut, konnte das Schlimmste begegnen. Wamba befahl daher, dass jeder Wehrpflichtige auf die erste Kunde bis auf eine Entfernung von 100 Meilen nach dem bedrohten Punkte seinen Brüdern zu Hilfe eile. Wer es unterlässt, hat den durch den Feind angerichteten Schaden zu ersetzen, oder im Unvermögensfalle, wenn er Bischof, Presbyter oder Diacon ist, nach dem Willen des Monarchen in die Verbannung zu gehen; die niedern Geistlichen und alle Laien, ohne Unterschied der Geburt, verfallen der Sklaverei und ihr Vermögen kommt den Beschädigten zu Gute, gleich viel ob ein äusserer oder ein innerer Feind zu bekämpfen war. Wollte man auch annehmen, die Geistlichen hätten die Schutzbefohlenen ihrer Kirchen dem Heere zuzuführen gehabt, so läge es doch nahe genug, die Verpflichtung zugleich auf alle Romanen ihres Sprengels auszudehnen, die von jeher sich zu ihren Seelsorgern hielten. Neu war die Einrichtung, da früher nirgends eine Andeutung davon begegnet und die Concilien vielmehr den Clerikern das Tragen von Waffen verboten. Aber auch noch in anderer Beziehung hat Wamba gegen die Geistlichen seines Reichs die Strenge der königlichen Prärogative herausgekehrt: V. 1. 6 soll der Habgier der Bischöfe wehren, indem ihnen der Einwand der dreissigjährigen Verjäh-

---

215) *Sebastiani Chronicon.* c. 3.

rung entzogen und zudem die durch das 11. Concil von Toledo festgesetzte Strafe zeitwieriger Excommunication angedroht wird. Das Gesetz Wamba's trägt das Datum des 10. Januars im vierten Jahre seiner Regierung, während das Concil erst im September Statt fand, so dass jene Berufung des Gesetzes erst später, wahrscheinlich durch Erwig, darin aufgenommen worden sein kann. Obgleich seit dem 10. Concil 18 Jahre verflossen waren, kann die von Wamba einberufene Versammlung bloss als Provinzial-Synode gelten, deren Theilnehmer, unter Leitung eines einzigen Erzbischofs, darum auch ganz gegen das frühere Herkommen ihrer Unterschrift die Bezeichnung *„gesta synodica"* hinzufügten. Allerdings haben einige Prälaten des 12. General-Concils den Ausdruck *„synodica instituta"* beibehalten.

Die daselbst gefassten Beschlüsse stellen von der grenzenlosen Entsittlichung und Verworfenheit jenes Standes ein trauriges Zeugniss aus: die Berathungen sollen nicht durch lärmendes Geschrei und Gelächter entwürdigt, das Priesterthum durch Unwissenheit, Zänkereien, Prozesse, Dieberei, Mord, Bluturtheile und Verstümmlungen, über die Kirchensklaven verhängt, unrechtmässige Stolgebüren, Simonie, Besessenheit nicht erniedrigt werden. Sonderbarer Weise enthält der 5. Canon (*De compescendis excessibus sacerdotum*), auf den sich L. W. V. 1. 6 beruft, einen unzweideutigen Hinweis auf dasselbe Gesetz Wamba's (*juxta leges excellentissimi principis*), so dass also das canonische Gesetz durch das weltliche und umgekehrt gestützt werden sollte. Dass aber das Concil nur eine Provinzial-Versammlung war, lässt sich auch daran erkennen, dass in demselben Jahre für die Provinz Galizien in Braga (*Conc. Bracarense III.*) eine Synode gehalten wurde. So viel ist gewiss, dass die seit Chindaswind ins Werk gesetzte Rechtsgleichheit mittlerweile die Probe schlecht bestanden hatte: die Vermischung führte bloss zu Verwirrung und Zuchtlosigkeit, mit den natürlichen Schranken fiel auch das Ansehen der Gesetze und ganz so, wie es in Athen und in Rom in der Periode des Verfalls geschah, suchte das unfreie Blut mit dem freien sich zu vermischen. Wamba wollte Hilfe schaffen, indem er den aus dem Schutzverhältnisse ihrer Kirchen nicht unbedingt ausscheidenden Freigelassenen die Ehe mit freigebornen Personen verbot[216]) — ein wirkungsloses Palliativmittel gleich einem in tobenden Gewässern aufgefangenen Strohhalm. Am Schlusse von XII. 2. 18, womit die damalige Gesetz-Sammlung endete, findet sich in zwei Handschriften ein nachträgliches, dem Wamba zugeschriebenes Gesetz (*De homicidiis*), wodurch das alte Herkommen, dass der Mörder mit seiner ganzen Habe den Verwandten oder Erben des Erschlagenen ausgeliefert werden sollte, abgeschafft und statt dessen bestimmt wurde, es habe fortan das Vermögen des Mörders seinen Erben zu verbleiben, falls diese nicht Theil an dem Verbrechen genommen. Im Gesetzbuche selbst findet sich die Strafe nur gegen den Verwandtenmörder ausgesprochen (VI. 5. 17 u. 18), wozu bemerkt werden muss, dass VI. 5. 17 in einer guten Handschrift dem Wamba beigelegt wird, und allerdings hat der Zusatz zu XII. 2. 18 einige Aehnlichkeit mit VI. 5. 17. Wamba könnte jene Novelle erlassen haben, ohne dass sie in die Sammlung Erwig's aufgenommen, wohl aber von einem Abschreiber benutzt wurde. Noch bleibt im Vorbeigehen zu untersuchen, ob die berüchtigte Eintheilung der spanischen Bisthümer, die in dem *Codex ovetensis* des Bischofs Pelagius den Namen „*Ithacius*" führt, wirklich von Wamba herrührt oder ein lügenhaftes Machwerk des Pelagius ist, wofür Contador de Argote (*Arcebispado de Braga*. II. 760) und Florez (*Esp. Sagr.* IV. 203 ff.) es ausgegeben haben. Verunstaltet daran hat Pelagius Dieses und Jenes, wie an den Chroniken des Sebastian und Sampirus, erfunden kann er das Ganze nicht haben, da auf dem unter Alfons dem Keuschen in Oviedo gehaltenen Concil namentlich darauf Bezug genommen wird[217]), und Argote selbst nennt eine in Braga aufbewahrte Handschrift der Eintheilung, welche von den handgreiflichen Ungereimtheiten des *Cod. Ovet.* und in der Concilien-Sammlung Loaysa's frei ist (Risco, *Esp. Sagr.* XXXVIII. 118 ff.). Wir erinnern uns, dass Wamba und mit ihm das 11. Concil von Toledo heftig gegen solche Bischöfe

[216]) Aehnliche Verordnungen: V. 7. 17. *Conc. Tol.* IX. 13.

[217]) *Si vero antiquas sedes, quae in canonibus resonant .... scire volueritis, Idatium librum legite, et per ipsas civitates annotatas invenietis sedes.*

eiferten, die ihren Kirchen unrechtmässiges Eigenthum zuwandten: wie, wenn Wamba durch den ehrwürdigen Erzbischof Quiricus, oder durch Julian eine Eintheilung der altherkömmlichen Bisthümer entwerfen liess, um den unerquicklichen Streitigkeiten über den Umfang der einzelnen Sprengel ein für alle Male ein Ende zu machen? Ein politischer Kopf, wie Wamba einer war, musste von selbst darauf verfallen, und einer allgemeinen Kirchen-Versammlung die Anfertigung der Tabelle zu überlassen, davon musste ihn schon die einfache Erwägung abhalten, dass diess Oel ins Feuer giessen, die Streitsucht der Prälaten zu vollen Flammen anfachen hiess. Nicht umsonst hat er seine Richter angewiesen, den Uebergriffen der Bischöfe zu wehren, auch wenn Niemand klagbar auftreten sollte. Auch ist aus dem 12. Concil von Toledo (c. 4) ersichtlich, dass auf Wamba's Befehl ein neues Bisthum gegründet worden war, wofür der Priester, der sich dazu hatte verleiten lassen ohne die Genehmigung einer Kirchen-Versammlung einzuholen, vor den Vätern des genannten Concils Abbitte thun musste. Unter starken Ausfällen gegen den König wurde sodann die Anordnung als nicht canonisch wieder rückgängig gemacht.

Wamba's erzwungene Thronentsagung bildet eine der dunkelsten Blattseiten der an leuchtenden Momenten ausserordentlich armen westgothischen Geschichte. Der Sohn jenes Griechen Ardabastus, den Chindaswind mit einer nahen Verwandten vermählt hatte, Erwig mit Namen, wurde von Wamba unter den Palatinen ausgezeichnet und vergalt seinem Wohlthäter damit, dass er ihn durch Gift aus dem Wege zu räumen und über seine Leiche weg das Scepter zu erreichen hoffte. Verschmitzt und arglistig, wie ein ächter Grieche, beging er das Verbrechen mit kaltem Blute, heuchelte hinterher fromme Demuth, erlag aber zuletzt gleichwohl folternden Gewissensbissen. Da der Trank [218]), den er dem Wamba beibrachte, denselben nur betäubte, die Hofbeamten aber nichts Eiligeres zu thun hatten, als den besinnungslos Gewordenen zu scheeren und in eine Mönchs-

---

[218]) *Herba cui nomen est spartum* (*Chron. Sebast.* c. 8). Eine Binsenart, die besonders häufig in der Provinz Carthagena vorkam (Forcellini).

kutte zu stecken, wird Erwig vielleicht mit seinen Anhängern bloss eine Posse verabredet haben: man wollte dem Könige nicht ans Leben, sondern begnügte sich damit, ihm die Krone wegzuescamotiren, was im weltlichen wie im geistlichen Lager Beifall gefunden haben wird, weil Wamba mit löblicher Strenge regierte und keinem Stande etwas nachsah. Kaum war dieser zur Besinnung gekommen, liessen die Verschworenen ihn eine Urkunde unterschreiben, dass er freiwillig auf die Krone verzichte und den Erwig als seinen Nachfolger bestimme; der Erzbischof Julian machte sich zum Theilnehmer des Verbrechens dadurch, dass er ein zweites Schriftstück, wo nicht selbst verfasste, so doch annahm, worin Wamba ihn angeblicher Weise aufforderte, den Erwig zu salben, was er auch unverweilt that. Diess ist das Schrecklichste an der verbrecherischen Komödie: der trotz seiner jüdischen Abstammung für heilig ausgegebene Erzbischof[219]), der in seiner Geschichte Wamba's dem trefflichen Fürsten ein unvergängliches Denkmal gesetzt hat, fand nichts Arges darin, zu der schmutzigen Intrigue des kronräuberischen Byzantiners die Hand zu bieten und zum Lohne seiner Willfährigkeit sich zum Primas der spanischen Kirche ernennen zu lassen. Selbst wenn er um die Verschwörung nichts gewusst hätte, was gegen den gesunden Menschenverstand streitet, so hat er wenigstens mit Wissen einen Kronräuber gesalbt[220]). Wamba lebte noch mehrere Jahre im Kloster. Solche Früchte

---

219) *Fuit vir timore Domini plenus, prudentia summus, consilio cautus, discretionis bono praecipuus, eleemosynis nimium deditus, in revelatione miserorum promptissimus, in suffecto oppressorum devotus, in interveniendo discretus, in negotiis dirimendis strenuus, in providendis judiciis aequus, in sententia parcus, in vindicatione justitiae singularis, in disceptatione laudabilis, in oratione jugis, in divinarum laudum exolutione mirabilis.* Felix, *Vita Juliani.* c. 5. *Ex traduce Judaeorum* heisst er bei Isidor von Beja (c. 23).

220) Genaue Zeitangaben enthält die *Chronica Regum Wisigothorum*, die von einem Mitlebenden verfasst sein dürfte. Ich halte den Erzbischof Julian für den Verfasser, dessen Schriften Felix in der *Vita Juliani* genau aufzählt, mehrere mit Widmungen an Erwig, ohne übrigens der Chronik zu erwähnen.

trug die Verpflanzung griechischer Ränke und Feinheiten unter die rohen, aber ehrlichen Westgothen.

Erwig säumte natürlich nicht, was er schlau begonnen auch klug fortzusetzen [221]). Um sich gleich beim Einstand die Geistlichen geneigt zu machen, schrieb er in aller Hast Judengesetze zusammen, wovon ihn Julian aus Hass gegen seine früheren Glaubensgenossen, die er in einer eigenen Schrift bekämpfte, nicht abgehalten haben wird. Auf eine für uns unbegreifliche Weise müssen die Juden es verstanden haben, sicherlich zumeist durch Bestechung, die so drückenden Receswindischen Gesetze zu umgehen und von neuem aufzuathmen. Die von Erwig theils aufgefrischten, theils neu erlassenen Judengesetze füllen, 28 an der Zahl, den ganzen dritten Titel des zwölften Buchs, und es ist nicht hoch genug anzuschlagen, dass die Aufschriften aller dieser Gesetze in dem 9. Canon des 12. Concils genau so aufgeführt sind, wie sie in dem Westgothen-Gesetze stehen. Jede Möglichkeit, sich der gewaltsamen Bekehrung zu entziehen, sollte den Juden benommen werden. Nicht minder werthvoll erscheint es, dass das in der Madrider Ausgabe wider alle Vernunft dem Wamba zugeschriebene Gesetz IX. 2. 9, in Uebereinstimmung mit mehreren Handschriften, nach den Akten des nämlichen Concils (c. 7) von gar Niemand anders herrühren kann als von Erwig. Die harte Verordnung Wamba's IX. 2. 8 hatte zur unvermeidlichen Folge gehabt, dass ganze Ortschaften, vielleicht ganze Distrikte, die es unterlassen hatten, der Weisung des nächsten besten königlichen Beamten Folge zu leisten und ihre waffenfähigen Mannschaften nach einem bedrohten Punkte zu entsenden, für infam und zur Ablegung eines gerichtlichen Zeugnisses unfähig erklärt worden waren. Diess war eine Unbilligkeit. Ohne daher den Grundsatz, dass jeder Wehrpflichtige auf den königlichen Ruf beim Heerbann sich zu stellen habe, abzuändern, ermässigte Erwig die von Wamba festgesetzten Strafen dahin, dass der Vornehme, der zuwider handelte, verbannt, der gemeine Mann aber, wozu unstatthafter Weise ausser den *compulsores* auch die *thyuphadi* gezählt wer-

---

[221]) *Regnum obtinuit quod callide invasit* (*Chron. Sebast.* c. 4).

den, durchgepeitscht, das Haar ihm ausgerauft und überdiess eine Geldbusse auferlegt werden sollte. Erst wenn ihm die Mittel zu ihrer Bezahlung fehlten, gerieth er in Leibeigenschaft. Klüglich genug übergeht das Gesetz die Wehrpflicht der Geistlichen mit Stillschweigen, und es lässt sich denken, dass Wamba durch seine Maassregel den Stand am tiefsten gekränkt und seinen Sturz herbeigeführt hatte. Umgekehrt wusste Erwig sich nach zwei Seiten hin, unter den Weltlichen nicht minder als unter den Geistlichen, Freunde zu schaffen, und den Ausfall, den die Wehrkraft des Landes dabei erlitt, suchte er dadurch zu decken, dass er jedem Wehrpflichtigen, mochte er Gothe oder Romane, Freigelassener oder Domänensklave sein, die Verpflichtung auferlegte, den zehnten Theil seiner Sklaven, zweckmässig bewaffnet [222]), mit in's Feld zu nehmen. Welch ein Abstand gegen die ursprüngliche Wehrverfassung, als das Heer ausschliesslich aus freien Gothen (IX. 2. 2) [223]), nach Zehnschaften, Hundertschaften, Fünfhundertschaften, Tausendschaften vertheilt (IX. 2. 1—7), bestand, während jetzt nicht einmal die Romanen, Freigelassenen und Domänensklaven ausreichten, um die Lücken auszufüllen, sondern ein beträchtlicher Theil aller Leibeigenen in Reih' und Glied gestellt werden musste! Den Lehnsleuten wurde strengstens untersagt, sich nicht willkürlich bald diesem, bald jenem Kriegshaufen anzuschliessen, sondern bei ihren Schutzherren (*patroni, seniores*) zu bleiben, und zum Schlusse wiederholte der Gesetzgeber den Inhalt des alten Kriegsrechts (IX. 2. 1—7), was den Leoner Abschreiber verleiten mochte, das ganze Gesetz als *Antiqua* aufzuführen.

Man muss die Schlauheit bewundern, mit der Erwig bei den Grossen seines Reichs sich in Gunst zu setzen und seine Usurpation legitim zu machen wusste. Er konnte es wagen unverweilt ein Reichs-Concil einzuberufen, obwohl er erst drei Monate regierte und Mühe haben musste, in dem so kurz zu-

---

[222]) *Partem aliquam zavis vel loricis munitam, plerosque vero scutis, spathis, scramis, lanceis, sagitisque instructos, quosdam etiam fundarum instrumentis, vel caeteris armis.*

[223]) *Quando gotos in hostem exire compellunt.*

gemessenen Zeitraum und mitten im Winter die Bischöfe aus den entfernteren Provinzen zu entbieten, von denen darum auch nur wenige erschienen. Das 12. Concil von Toledo hat das Eigenthümliche, dass es Zug um Zug dem 8. Concile nachgeahmt wurde, was ein glänzendes Zeugniss dem Nachahmungstalent des Byzantiners ausstellt und die Absicht durchblicken lässt, mit Uebergehung Wamba's, seine Regierung unmittelbar an die seines Verwandten Receswind anzuknüpfen und den freilich trügerischen Schein legitimer Nachfolge zu retten. Wie Receswind lässt Erwig die Versammlung im Januar einberufen, hält Thronrede, legt Gesetzentwürfe vor, lässt die Beschlüsse gleichfalls in 12 Canones fassen, da c. 13 bloss ein Danksagungsgebet enthält, das in den Akten des 8. Concils als Anhang zu c. 12 ebenso wenig mangelt, befiehlt dieselbe vollständige Reihenfolge der Unterschriften, und damit im Nachtrag *Decretum* und *Lex* nicht fehlen, werden Decret und Constitution aus König Gundemar's Zeit angehängt. Blosser Zufall kann diess nicht sein: Receswind's staatsmännischer Gedanke wahrhafter Reichsversammlungen und repräsentativer Vertretung sollte wieder aufgenommen werden.

In der Thronrede verweist Erwig auf einen Band (*tomus*) Vorlagen, ganz so wie Receswind, und bittet die Versammlung dieselben genau zu lesen, zu berathen und in gehöriger Form abzufassen [224]). In den Vorlagen wird zuerst mit einer Geschicklichkeit, die ihresgleichen nur in der darin liegenden Heuchelei hat, die Thronbesteigung selbst berührt: *Unde licet sublimationis nostrae primordia paternitati vestrae opinabili relatione non lateant, quibus clara divinorum judiciorum dispositione (!) praeventus et regnandi conscenderim sedem et sacrosanctam regni perceperim unctionem, nunc tamen melius id poteritis et scriptorum relatione cognoscere et promulgationis vestrae sententiis publicare.* Sofort erbittet der Monarch sich die Rathschläge der hohen Versammlung, ganz besonders aber eine eingehende Prüfung der

---

[224]) *Ecce in brevi complexa, vel exarata devotionis meae negotia in hujus tomi complicatione agnoscenda perlegite, perlecta discutite, discussa climatis ac decretis titulorum sententiis definite.*

unlängst von ihm erlassenen Judengesetze und des bekannten Wamba'schen Gesetzes IX. 2. 8, das die Folge hatte, dass ganze Ortschaften für infam erklärt und der gerichtliche Zeugenbeweis unmöglich gemacht wurden. Auch hier verfehlt der Monarch nicht seinem Vorgänger etwas abzugeben. Endlich möge die Versammlung ihre eigenen Anliegen in gesetzliche Form bringen[225]), und dieselbe leistete in der Art Folge, dass ihr erster Canon die Wahl Erwig's und seine Salbung für tadellos erklärte, unter Berufung auf die beiden von Wamba ausgestellten Urkunden, das Volk seines Eides gegen Letztern entband und Erwig als den von Gott erkorenen, vom zurückgetretenen Monarchen bezeichneten und vom gesammten Volke erwählten König begrüsste! Nach Erledigung mehrerer kirchlichen Angelegenheiten, worunter die Anweisung den vom Könige Begnadigten die Wiederaufnahme in den Schooss der christlichen Gemeinschaft nicht zu verwehren, feiert Julian persönlich einen unerhörten Triumph: der getaufte Jude lässt sich durch das General-Concil (c. 6) zum Primas der spanischen Kirche ernennen, indem künftig, übrigens unter Wahrung der den einzelnen Kirchenprovinzen zustehenden Freiheiten, jeder erledigte Bischofssitz von dem Könige mit einem Priester solle besetzt werden können, gegen den der Erzbischof von Toledo nichts einzuwenden habe. Ferner wird den unter Wamba kriegsrechtlich (IX. 2. 8) zur Infamie Verurtheilten ihre bürgerliche Ehre zurückgegeben, die Scheidung von der Frau, ausser in Folge ehebrecherischen Umgangs, verboten[226]), der ganze Titel Judengesetze gutgeheissen, das Asylrecht auf eine Entfernung von 30 Schritten über die Kirchen hinaus ausgedehnt, jede Art Gözendienerei bei schwerer Strafe untersagt. endlich der Canon, es sollen jedes Jahr am ersten November Provinzial-Concilien gehalten werden, von neuem eingeschärft. Im Anhang, wie gesagt, figuriren die unter Gundemar erlassenen Verordnungen, welche die Provinz Carthagena unter die Leitung des Erzbischofs von To-

[225]) *De ceteris autem causis atque negotiis, quae novella competunt institutione firmari, evidentium sententiarum titulis exaranda conscribite.*

[226]) Novelle zu L. W. III. 6. 1.

ledo stellten und dem neugebackenen Primat als Relief dienen sollten. In der Madrider Ausgabe der *Collectio canonum ecclesiae hispanae* (p. 506) bestätigen die Unterschriften der beiden Metropolitane von Sevilla und Merida meine Vermuthung, dass Gundemar den darauf bezüglichen Beschluss der in Toledo gehaltenen Provinzial-Synode nicht auf einem General-Concil, sondern einzeln von den Landesbischöfen gut heissen und zu diesem Behuf den Isidor von Sevilla [227]) und den Innocenz von Merida zu sich nach Toledo entbieten liess.

Fragt man, wer die wirkliche Triebfeder der mit überraschender Feinheit veranstalteten und geleiteten Reichsversammlung war, so kann man um die Antwort nicht lange verlegen sein: Niemand anders als Julian, der in Toledo geborene und getaufte Jude, der die lange Reihe berühmter spanischer Kirchenfürsten eröffnet, in deren Adern jüdisches Blut floss, und die man äusserlich Christen, innerlich Juden sein liess, um damit die Gräuel der Inquisition zu entschuldigen [228]). Julian verdient an der Spitze jener grossen Staatsmänner im Priestertalare aufgeführt zu werden, die das ganze Mittelalter hindurch im Rathe der Fürsten nicht gefehlt haben, den Höhepunkt ihrer Thätigkeit aber erst beim Beginn der Neuzeit mit Ximenez, der nach Einigen gleichfalls ein verkappter Jude gewesen sein soll, Granvella, Wolsey, Richelieu, Mazarin erreichten. In Julian hatte Erwig seinen Mann gefunden, und wäre es bloss auf einen überlegenen politischen Kopf angekommen und nicht vielmehr auf einen tüchtigen Charakter, so liesse Erwig's Regierung nichts zu wünschen übrig. Wohl gewählte Fechterstellungen waren

---

[227]) *Ego Isidorus Hispalensis .... dum in urbem Toletanam pro occursu regio evenissem, agnitis his constitutionibus assensum praebui atque subscripsi.*

[228]) So Lenormant, Hefele u. A. Der gleichfalls getaufte Jude *Paulus de Sancta Maria* äussert nach dem Vorgang Rodrigo's von Toledo über Julian: *Fuit etiam in Hispania tempore Gothorum quidam de stirpe israelitica nomine Julianus pomerius* — die bekannte Verwechselung mit *Africanus Pomerius* —, *qui tercius a beato hillefonso cathedram toletanae ecclesiae et primatum hispaniarum obtinuit* (In der ersten, überaus seltenen Ausgabe seiner Werke im Besitze der K. Bibliothek von Berlin. Als Jahrzahl ist 1434 angegeben, wo das Werk verfasst wurde).

dem Unheil des Zeitalters nicht gewachsen und vermochten das hereinbrechende Verderben wohl aufzuhalten, aber nicht zu beseitigen. Die Schöpfung eines spanischen Primats, weit entfernt nur eine kirchliche Neuerung zu Gunsten der Erzbischöfe von Toledo zu sein, war zugleich ein vorherrschend politischer Akt von unberechenbarer Tragweite: die königliche Gewalt erstreckte sich in Folge dessen über alle kirchlichen Würdenträger und zog damit die ganze Kirche in den unmittelbaren Bereich ihrer Wirksamkeit, so zwar dass der Metropolit der Hauptstadt, so zu sagen als Minister der geistlichen Angelegenheiten, dem Könige zur Seite stand. Wenn es von dem Bischof Salvius von Amiens (im 7. Jahrhundert) heisst [229]): *fuit electus a plebe Ambianensium et a Deo donatus in sede sacerdotum, fuit vocatus a populo in ordine magistratus et coronatus a Deo in honore apostolatus* — so passt diess mehr oder weniger auch auf die spanischen Bischofssitze der früheren Zeit. Man ersieht indessen aus einigen den Akten des Provinzial-Concils von Toledo unter Gundemar (i. J. 610) beigegebenen Bittgesuchen, dass die Concilien Bischofswahlen schon frühzeitig vornahmen, oder doch bestätigten, worauf die Wahl an den jeweiligen Erzbischof überging [230]). Seitdem die Ernennung dem Könige zustand, war ein weiterer und wichtiger Schritt auf der von Chindaswind betretenen Bahn der Centralisation gethan. Es verräth denselben geschickten Unterhändler, dass Julian, dessen Lehre von der Dreieinigkeit in Rom grossen Anstoss erregte, nach manchen Zwischenfällen und selbst Reibungen es doch dahin zu bringen wusste, dass der Papst sich vollkommen einverstanden damit erklärte (*Chron. Pac. c.* 26. *Esp. Sagr. V.* 278). Ebenso erregte die unverhoffte Erhebung des Erzbischofs von Toledo zum Primas von Spanien bei vielen Geistlichen Missvergnügen, und etwas Befremdendes hat es jedenfalls, dass auf dem 13. Concil

---

229) *Vita S. Salvii Ambian. episc. ap.* **Bolland.** *Acta S.S. januarii. T. I. p.* 706. *Gallia Christiana. T. X. p.* 1153 *ff.*

230) Papst Leo schrieb an den Bischof Rusticus von Narbonne: *Nulla ratio sinit, ut inter episcopos habeantur qui nec a clericis sunt electi, nec a plebibus expetiti, nec a provincialibus episcopis cum metropolitani judicio consecrati.*

(i. J. 683) Julian als Metropolit zeichnet, alle andern, selbst die Erzbischöfe, nur als Bischöfe.

Auch diese Reichsversammlung benutzte Erwig dazu Milde und Versöhnung walten zu lassen: in seiner Ansprache theilte er seinen Entschluss mit, alle in die Verschwörung des Paulus verwickelten Personen vollständig zu begnadigen, bei gerichtlichen Verfolgungen jedes geheime und gewaltsame Verfahren abzuschaffen und nur über die in öffentlicher Gerichtsversammlung ordnungsmässig Verhörten einen Spruch fällen zu lassen; sodann den armen Leuten die auf eine erschreckende Höhe angewachsenen Steuern zu erlassen, übrigens bloss die bis zu seinem Regierungsantritt verfallenen Rückstände; kein Leibeigener oder Freigelassener soll, wenn er nicht zu den Domänensklaven gehört, ein Hofamt erlangen können, weiss er sich gleichwohl einzuschleichen, so fällt er seinem frühern Herrn als Leibeigener zu. Auch diese Vorlagen heissen im Texte „*tomus*," und dennoch ist es Niemand eingefallen, darunter das westgothische Gesetzbuch zu verstehen. Demgemäss beschliesst das Concil auf Befehl des Königs (*jubente rege*), alle seit Chintila mit Infamie bestraften Rebellen sammt ihren Kindern in ihre verwirkten Rechte und Würden wieder einzusetzen, und ihnen von ihren Gütern Alles zurückzugeben, was nicht anderweitig verschenkt und verwendet, sondern dem Fiscus einverleibt wurde. Werden Geistliche und vornehme Beamte [231]) zu gerichtlicher Verantwortung gezogen, so soll offen und ehrlich über sie zu Gericht gesessen [232]) und der Angeklagte in der Präventivhaft anständig gehalten werden. Dieselbe Rücksicht lässt das Concil

[231]) Die *optimates palatii* können unmöglich bloss Hofbeamte bedeuten, sondern überhaupt alle höhern Beamten, die als vom Könige ernannt zum *palatium* gehören.

[232]) *Nullus . . . regiae subtilitatis astu vel profanae potestatis instinctu, sive quorumlibet hominum malitiosae voluntatis obnixu citra manifestum et evidens culpae suae indicium ab honore sui ordinis, vel servitio domus regiae arceatur, non antea vinculorum nexibus illigetur, non quaestioni subdatur, non quibuslibet tormentorum vel flagellorum generibus maceretur, non rebus privetur, non etiam carceralibus custodiis mancipetur, neque adhibitis hinc inde injustis occasionibus abdicetur, per quod illi violenta, occulta vel fraudulenta professio extrahatur.*

den Gemeinfreien in Betreff ihrer Ehre und Habe zu Theil werden, ohne dass es dem Könige benommen wurde, böswillige oder nachlässige Beamte in leichte Strafe zu nehmen. Auf die Bestätigung des Steuernachlasses folgt dann, unter lauter Belobung der Erwigischen Regententugenden, ein Gesetz zum Schutze der königlichen Familie im Falle des Ablebens ihres Oberhauptes, mit Einschluss der Schwiegersöhne und Schwiegertöchter, und mit dem ausdrücklichen Verbot der Wiedervermählung der verwittweten Königin. Den Leibeigenen und Freigelassenen wurde der Eintritt in Hof- und Domänen-Aemter hauptsächlich darum untersagt, weil sie gar oft zum Verderben ihrer frühern Herren davon Gebrauch machten. Recht als ob dem Erwig sein böses Gewissen schon damals keine Ruhe gelassen hätte, liess er die Beschlüsse des vorangehenden Concils noch einmal feierlichst bestätigen. Das Merkwürdige an der 13. Versammlung liegt in formeller Beziehung in dem Umstand, dass das Protokoll uns davon unterrichtet, am ersten Tage seien die Canones 1—3, am zweiten 4—9 und am dritten 10—12 berathen worden, so dass auch hier wieder die Zwölfzahl begegnet, wenn man das Dankgebet zum Schlusse in Abzug bringt. Das angefügte Steuernachlass-Decret ist um einige Tage früher datirt als die Acten des Concils, die Bestätigung des letztern dagegen selbstverständlich später, daher an eine nothwendige Zustimmung der Reichsversammlung zu königlichen Erlassen überall nicht gedacht werden darf.

Das im folgenden Jahre in Toledo abgehaltene (14.) Concil ist dadurch einzig in seiner Art, dass es der Hauptsache nach ein Provinzial-Concil der Provinz Carthagena war, dem aber Stellvertreter der wichtigeren erzbischöflichen und bischöflichen Sitze beiwohnten, um die in Toledo gefassten Beschlüsse den andern später abzuhaltenden Metropolitan-Synoden unterzubreiten. Papst Leo hatte zur Verurtheilung der Apollinaristischen Ketzerei ein General-Concil der spanischen Bischöfe zu versammeln geboten und wenn Julian sich mit der winterlichen Jahreszeit entschuldigte, so wird er wohl noch andere geheime Gründe gehabt haben, die auf den neugegründeten Primat sich bezogen.

haben könnten. Seine und des gesammten spanischen Clerus Rechtgläubigkeit war in Rom anrüchig geworden und zwar aus Anlass des auf dem 11. Concil vorangestellten Glaubensbekenntnisses, worüber es zu mündlichen und schriftlichen Erörterungen kam. Auch bei dieser Gelegenheit zeigte Julian sich als einen überlegenen Kopf; und nicht genug dass er mit grosser Umsicht und Milde regierte, und zwar hinter den Coulissen und ohne sich als den wirklichen Rathgeber des Königs verrathen zu dürfen, eine nicht minder hervorragende Stelle nimmt er als Exeget und Geschichtschreiber ein, so dass man erstaunt über ein Talent, das in den bescheidenen Umgebungen eines Klosters heranreifte und sich den schwierigsten Umständen gewachsen zeigte. Ueber die unter seiner Leitung erfolgten gesetzgeberischen Bemühungen Erwig's ist unendlich viel gefabelt worden, und doch lassen sich die Nachrichten der Alten mit den Thatsachen ohne allen Zwang in Uebereinstimmung bringen. Sebastian von Salamanca bemerkt kurz und schlicht: *leges a Wambane institutas corrupit, et alias ex nomine suo edidit*, und darüber, dass unter den von ihm verschlechterten Gesetzen die Landwehr-Ordnung Wamba's zu verstehen sei, kann kein ernstlicher Streit sein. Erwig's eigene Gesetze waren hauptsächlich gegen die Juden gerichtet, ausserdem schreibt ihm die Leoner Handschrift das unter Chindaswind's Namen laufende Gesetz II. 4. 7 (*De his qui falsum probantur testimonium protulisse, et de spatio sex mensium quo testem liceat infamare*) zu, wogegen die gewichtigsten Gründe dafür sprechen, ein anderes Gesetz, das die Madrider Herausgeber (p. 25) aus der Leoner und zwei weitern Handschriften aufgenommen haben (*De derogandis testibus quod per triginta annorum spatium protelentur ad objectam illis infamiam comprobandam*), als eine Novelle Erwig's zu dem darin genannten Gesetze Chindaswind's anzusehen. Auch das Gesetz, welches in mehreren guten Handschriften und bei Lindenbrog unter VI. 2. 3 oder 2 oder 5 steht (*De personis judicum, sive etiam caeterorum, qui aut divinos consulant, aut auguriis intendunt*), ist ohne alle Widerrede Erwigisch und wird daselbst auf das erste Gesetz desselben Titels mit den Worten: *in hoc libro sexto, sub titulo secundo, aera prima,* Bezug genommen. Endlich wird man nicht umhin können, IX. 1. 8 (*De susceptione fugitivorum*) mit Erwig in irgend eine Beziehung zu bringen. Es kann wohl sein, dass Erwig einzelne Aenderungen und Verbesserungen an der Sammlung noch ausserdem vornehmen liess, da II. 1. 1 und zumal das voranstehende: *In nomine Domini Flavius Gloriosus Ervigius Rex* es ausser Zweifel setzen, dass Erwig eine neue Redaction des gothischen Gesetzbuchs veranstaltete. Julian, dessen gewiegtes Urtheil im Einzelnen das Ganze, im Besondern das Allgemeine erblickte, wird es nicht unterlassen haben, mehr Uebereinstimmung und innern Zusammenhang in die Receswindische Ueberarbeitung zu bringen. *Et ideo harum legum correctio, vel novellarum nostrarum sanctionum ordinata constructio, sicuti in hoc libro et ordinatis titulis posita, et subsequenti est serie adnotata, ita ab anno secundo regni nostri a duodecimo Kalendas novembris in cunctis personis ac gentibus nostrae amplitudinis imperio subjugatis innexum sibi a nostra gloria valorem obtineat, et inconvulso celebritatis oraculo valitura consistat.* Im Januar 681, nachdem Erwig seit dem October des verflossenen Jahres auf dem Throne sass, hatte derselbe das 12. Concil abgehalten und im folgenden November erliess er die revidirte Gesetz-Sammlung. Auch darin möchte man eine absichtliche Beziehung auf Receswind erblicken, der seine Sammlung nachgewiesener Massen ebenfalls in seinem zweiten Regierungsjahre (654) publicirt hatte, wonach die Aufstellung zu berichtigen ist, als ob jeder Monarch bei seinem Regierungsantritt das Landrecht, wie der römische Prätor sein Edict, publicirt und die Gesetze seines Vorgängers darin aufgenommen hätte. Receswind und Erwig haben vielmehr ihre eigenen Sammlungen, unter Abänderung der von ihren Vorgängern erlassenen Verordnungen, und zwar erst nach Verfluss eines längeren Zeitraums publicirt. Dass die Erwigische Sammlung bereits in Bücher, Titel und Aeren abgetheilt war, könnte man nach dem Zusatzgesetze VI. 2. 3 (oder 2 oder 5) vermuthen; indessen liesse sich darin die ergänzende Hand späterer Abschreiber um so eher erblicken, als in II. 1. 1 nur von einer Titel-Eintheilung die

Rede ist. Ich kann nicht anders glauben, als dass auch das früher erwähnte *Judicium in tyrannorum perfidia promulgatum* späteres Machwerk ist und, wenn es überhaupt den Erzbischof Julian zum Verfasser hat, nicht zu gleicher Zeit mit seiner Geschichte Wamba's geschrieben, sondern hinterher mit einer ganz bestimmten Absicht beigefügt wurde [233]). Es kam darauf an für den zweiten Canon des 13. Concils, wodurch ein regelmässiges Gerichtsverfahren gegen die in Anklagestand versetzten Grossen des Reichs, geistlichen wie weltlichen Standes, anbefohlen wird, einen geschichtlichen Vorgang zu finden, und hierzu eignete sich nichts besser als die Verurtheilung des Rebellen Paulus unter Wamba. Dass die Verurtheilung in der streng gesetzlichen Form, wie hier behauptet wird, nicht erfolgte, ist ausgemacht und liegt indirect in dem genannten Canon ausgesprochen; Julian, oder wer sonst der Verfasser des *Judicium* gewesen sein mag, erdichtete daher für künftige Fälle den hochpeinlichen Process eines Granden, wobei gewissenhaft die durch das Concil vorgeschriebenen Formen innegehalten wurden. Ein Geistlicher muss der Verfasser gewesen sein, denn es ist das erste Beispiel vor der arabischen Eroberung, wo bei einem richterlichen Erkenntniss ausser dem weltlichen Rechte auf das canonische Bezug genommen wird [234]).

Der daraus erwachsenen Missverständnisse wegen, so wie zur Rechtfertigung des darob hart angelassenen Chronisten, darf eine Stelle des Lucas von Tuy nicht mit Stillschweigen übergangen werden, wo von Erwig gesagt ist: (*Ervigius*) *leges, quae a praedecessoribus suis editae fuerant, ex parte corrupit, et ex parte correxit, et ab Isidoro hispalensi episcopo Hispaniarum primate traditas ex nomine suo annotare praecepit, vel antiquas vocavit, ne nomine ecclesiae forum judiciale agi videretur.* Spani-

---

[233]) In dem *Codex Ovetensis* steht das *Judicium* von der *Historia Wamlae* getrennt durch die apokryphe „*Insultatio vilis storici in tyrannidem Galliae.*"

[234]) *Judicium*. c. 37. *His excursis atque perlectis Canonum est prolata sententia ex Concilio Toletano Era LXXV.* (Duchesne: *Era XXV.* Es ist damit *Conc. Tol.* IV. 75. gemeint). . . . . *Deinde legis est relata sententia, in libro* 2. *tit.* 1. *Era VI.*

sche Schriftsteller haben es unbegreiflich gefunden, wie von Gesetzen Isidor's überhaupt die Rede sein könne, aus dessen etymologischem Werke (*Lib. V. c.* 20) nur eine einzige Bestimmung in die Gesetz-Sammlung unter I. 2. 5 übergegangen sei, wozu ergänzend bemerkt werden muss, dass Isidor umgekehrt L. W. V. 4. 1 (*Ut ita valeat commutatio sicut et emtio*), ein Gesetz das schon in den Fragmenten der *Antiqua* (CCLXLIII [235]) zu lesen ist, in seine *Origines* aufnahm. Indessen erklärt sich die Angabe des Lucas höchst einfach: derselbe hat offenbar die Erwigischen Judengesetze vor Augen, die in II. 1. 1 zum Schlusse besonders eingeschärft werden, und da der sie enthaltende dritte Titel des 12. Buchs grossentheils nur ältere Verordnungen bestätigt, darunter mehrere, welche das unter Isidor's Vorsitz gehaltene vierte Concil von Toledo (c. 57—66) längst schon erlassen hatte, wenn auch in anderer Form, so konnte Lucas füglich behaupten, Erwig habe Isidorische Gesetze unter seinem Namen oder mit der Bezeichnung „*Antiqua*" erscheinen lassen, insofern der Titel nur wenige dieser Gesetze mit Erwig's Namen, die meisten hingegen anonym aufführt. Der Satz, womit das *Forum Judicum* bei Lindenbrog und in einer Handschrift des Escurial abschliesst: *lectae sunt leges suprascriptae* — der Titel Judengesetze — *omnibus judaeis in ecclesia Sanctae Mariae Toleto sub die VI. Kalendas februar. anno feliciter primo gloriosi domini nostri Ervigii regis snt.* — ist schwerlich anzufechten und passt vortrefflich zu dem im Januar abgehaltenen Reichsconcile, das den königlichen Judengesetzen sein Siegel aufdrückte.

Von seinem bösen Gewissen geängstigt, hat Erwig nicht einmal seinen Berather und seine einzige Stütze, den Erzbischof Julian, überlebt. Die mit einem Verbrechen eröffnete Versöhnungspolitik war ebenso wenig von Bestand als die frühern Einheitsbestrebungen, und Julian selbst musste es noch erfahren, dass er ein Kartenhaus aufgebaut. Um allen Wahlstreitigkeiten vorzubeugen, hatte Erwig, mit Uebergehung seiner eigenen

[235]) Man bemerke, dass LXL = 90 zu lesen ist. Es wird daraus das Zahlzeichen X̆ = 40 entstanden sein.

Söhne, kurz vor seinem Tode die Krone dem Egica, einem Anverwandten Wamba's, abgetreten, nachdem er ihm das feierlichste Gelöbniss abgenommen, an der Erwigischen Familie wie ein Vater handeln, zumeist also das an Wamba verübte Verbrechen nicht rächen zu wollen. Egica hatte Eile, der clerikalen Politik seines Schwiegervaters den Rücken zu kehren und sich der gothischen Partei zuzuwenden; nur durfte er seine Absicht nicht merken lassen. Man fühlt sich in der That versucht, dem Erwig trotz seines schweren Vergehens wieder gut zu werden, wenn man sieht, wie er Alles daran setzt, die Zukunft seiner Angehörigen sicher zu stellen, wogegen die übergrosse Zartheit des Gewissens, die Egica zur Schau trug, den Verdacht erweckt, seine Absichten seien nicht die lautersten gewesen, obschon im weitern Verlauf das Blatt sich wendete. Gleich nach Erwig's Abdankung und demnächst erfolgten Tode fand im Mai 688 die von den Bischöfen besonders zahlreich besuchte 15. Reichsversammlung in der herkömmlichen Weise Statt. Die Regierung machte ihre Vorlagen (*tomus*), die nichts mehr und nichts weniger bezweckten, als den neuen Monarchen von seinem schon bei der Verheirathung mit Erwig's Tochter gegebenen eidlichen Versprechen zu entbinden, da er demselben auf dem Todbette habe geloben müssen, die ihm anvertrauten Völker gerecht zu regieren. Eines stehe mit dem Andern in Widerspruch, weil der verstorbene König Viele unrechtmässig ihrer Habe und Ehre beraubt, adelig Geborene zu seinen Leibeigenen gemacht, auf die Folter gespannt und ihrem ordentlichen Richter entzogen habe.

Julian, der den Vorsitz führte, liess zuerst eine dogmatische Frage feststellen. Man hatte sich in Rom mit den zwei Willen und den drei Substanzen in Christus, die der Primas von Spanien lehrte, nicht einverstanden erklären können und Julian sah sich veranlasst den Streit von neuem aufzunehmen. Er that es mit dem besten Erfolge: die ganze spanische Geistlichkeit zeigte sich befriedigt durch seine scharfsinnigen Auseinandersetzungen, so dass man, um ein Schisma zu vermeiden, nicht nur in Rom, sondern auch in Constantinopel es für das Gerathenste hielt, den Spaniern Recht zu geben. Nach Erledigung der geistlichen

Angelegenheiten ging man zu den weltlichen über, und Julian liess dem Concile die Urkunde [236]) vorlegen, die Egica bei seiner Verlobung mit Erwig's Tochter hatte unterschreiben müssen. Das Concil entband darauf den König von seinem frühern Versprechen zu Gunsten dessen, was er dem Volke hatte angeloben müssen, weil das Gemeinwohl dem Nutzen Einzelner unbedingt vorangehe. Anders fiel die Entscheidung der Reichsversammlung in Betreff eines unmittelbar damit zusammenhängenden weitern Antrags aus: Erwig hatte im Uebermass väterlicher Fürsorge auch das ganze Volk schwören lassen, seine Familie schützen zu wollen, und Egica fand diess gleichfalls nicht nach seinem Geschmack. Allein hier trat der erste Fall ein, dass ein Reichsconcil einen königlichen Antrag ablehnte. In schar-

236) Wohl eines der merkwürdigsten Aktenstücke aus jener Zeit: *Circa cognatos meos, filios vestros . . . tam carum me amicum in sincera mentis dilectione sine fraudulenta calliditate exhibere et esse polliceor, et ita cum eis in affectu dulcedinis et caritatis omnibus diebus vitae meae vivere spondeo, ut nec ipsos nec patrem eorum pro quibuslibet capitulis aut ordinibus vel occasionibus quoquolibet tempore inquietare aut stimulare debeam, nec ullum dolorem ullamque malitiam in corde vel animo meo contra eos amodo et deinceps quandoque retinebo aut excogitabo, neque aliquam occasionem aut argumentum enutriebo, per quod . . . filii vestri . . . aut in maximum aut in modicum conturbentur vel stimulentur, excepto propter justissimas causas unde legalis mihi veritas patuerit, quas ut cum caritatis affectu ad eosdem cognatos meos quaerere debeam, mihi licentiam reservo. . . . .* Es ist nicht anders anzunehmen, als dass Erwig erst nach seiner Thronbesteigung seine Tochter dem Egica vermählte, in welchem Falle Witiza aus einer früheren Ehe geboren sein muss. Dem Lucas von Tuy haben die meisten Historiker nachgeschrieben, Egica habe auf Anstiften seines Oheims Wamba Erwig's Tochter Cixilo verstossen, während Wamba die Thronbesteigung Egica's gar nicht mehr erlebte und der 8. Canon des *Conc. Tol.* XVII. auf die Cixilo namentlich für den Fall Bezug nimmt, dass sie den Egica überleben sollte. Lucas hat offenbar die Bemerkung der Chronik von Albelda: *Iste filiam Ervigii cum juratione Wambani subjecit (al. abjecit)* dahin missverstanden. Es wäre überhaupt Zeit, kritisch die Quellen zu untersuchen, aus denen die spanischen Chronisten ihre Angaben schöpften. Selbst Isidor von Beja, der unmittelbar an den Untergang des ersten Westgothen-Reichs hinanreicht, hat in der Hauptsache nur die Akten der Toledanischen Concilien, willkürlich genug, verarbeitet.

fen Ausdrücken [237]) suchte Julian dem Monarchen begreiflich zu machen, dass beide Verpflichtungen, die des Königs gerecht regieren zu wollen, und die des Volkes sich der Hinterlassenen Erwig's anzunehmen, recht wohl neben einander bestehen könnten, ohne dass das Volk meineidig zu werden brauche.

Es steht sonach fest, dass unter Erwig Empörungen und ungesetzliche Bestrafungen vorgekommen waren, die nur von der dem Wamba ergebenen Adelspartei ausgegangen sein können, nachdem Erwig derselben ihr natürliches Oberhaupt, den Egica, abspenstig zu machen gewusst hatte. Da Julian schon zwei Jahre nach Abhaltung des Concils starb (690), ernannte der König zum ersten Mal einen geborenen Gothen, mit Namen Sisbert, zum Erzbischof von Toledo und Primas von Spanien, was er ohne triftige Gründe gewiss nicht gethan hätte. Durch das Concil dazu ermächtigt, hatte er die von Erwig bestraften Grossen begnadigt und wollte nunmehr der Partei ein weiteres Unterpfand seiner Gewogenheit damit geben, dass er einen der Ihrigen auf den erzbischöflichen Stuhl von Toledo erhob. Sisbert hat das 13. und 15. Concil als Abt unterschrieben: warum sollte er nicht ein *homo novus* und dem Romanenthum abgeneigt gewesen sein? Aber ihm und seinem Anhang müssen Egica's Reformpläne nicht rasch und durchgreifend genug erschienen sein, und er beschloss den König nebst seiner Familie aus dem Wege zu räumen. Der nähere Zusammenhang der Verschwörung ist schlechterdings nicht ersichtlich: in dem Leben des heiligen Ildefons bemerkt Cixila beiläufig, Sisbert habe sich nicht gescheut, auf dem elfenbeinernen Stuhle, auf dem die Mutter Gottes dem Ildefons erschienen war, Platz zu nehmen, was man vielleicht weniger von dem hochmüthigen Charakter Sisbert's als von seiner Absicht, dem übertriebenen Wunderglauben entgegenzutreten und zu den einfacheren Vorstellungen des Arianismus zurückzukehren, verstehen darf. Wenn bei seiner Verurtheilung durch das 16. Concil gesagt ist: *Egicanem regem non tantum regno privare, sed et morte cum Frogello, Theodemiro, Liuvilane, Liuvigotone quoque, Tecla et ceteris*

---

[237]) *magna stultitiae vox est haec sentire vel loqui.*

interimere decrevit, so verstehe ich darunter die Kinder Egica's schon darum, weil die zwei letzten offenbar weibliche Namen sind und überhaupt keiner der Genannten als Palatin das 15., noch auch das 16. Concil unterzeichnet hat. Ob wohl nicht der verbrecherische Anschlag der gewaltsamen Beseitigung Wamba's nachgebildet und zu Gunsten Witiza's ins Werk gesetzt war, auf den die altgothische Partei grössere Stücke bauen zu dürfen glaubte als auf seinen Vater?

Mag dem sein wie ihm will, Egica gab zwar sein anfängliches Vorhaben, wichtige Reformen vorzunehmen, nicht ganz auf, nur dass er seine Saiten bedeutend herabstimmte. In eigener Person übergab er der im Mai 693 zusammengetretenen Reichsversammlung die Regierungs-Vorlagen (*propriis manibus tomum nobis deferens reserandum*) und begleitete den Act mit einer passenden Anrede. In der Vorlage gesteht der Monarch seine eigene Sündhaftigkeit offen ein und schildert zugleich die im Reiche herrschende Zerrüttung, insbesondere den Verfall vieler Kirchen, über den die Juden jubeln, indem sie sagen, was denn die Christen davon hätten, dass sie ihnen ihre Synagogen genommen und zerstört. Bischöfliche Habgier, jüdische nicht nur, sondern selbst heidnische Irrthümer, endlich die so oft verdammten hochverrätherischen Gelüste der Hofbeamten, die auf eine derartige Betheiligung an dem Attentate Sisbert's schliessen lassen, werden erst der Versammlung zu gesetzlicher Verfolgung empfohlen, um sodann eine allgemeine Gesetzrevision in Aussicht zu stellen. Nach Ablegung eines ausführlichen Glaubensbekenntnisses, durch welches das Concil seine unabänderliche Willensmeinung kund giebt, an der Julianischen Auffassung der Dreieinigkeitslehre festzuhalten, wird zuerst beschlossen, dass den Juden, denen es mit ihrer Bekehrung ernst sei, die Judensteuer zu erlassen, ihr Antheil aber zur Schadloshaltung des Fiscus auf ihre unbekehrten Glaubensgenossen umzulegen sei. Bestätigt wird zugleich ein unlängst von Egica erlassenes Judengesetz, womit nichts Anderes gemeint sein kann als L. W. XII. 2. 18 (der Madrider Ausgabe), das dieselbe Verordnung, ausserdem aber noch andere Bestimmungen enthält. So z. B. soll kein Christ von einem ihm unbekannten Juden etwas kaufen, bevor dieser vor Zeugen das Vaterunser und das Symbolum hergesagt, auch ohne Widerstreben Schweinefleisch gegessen: der rückfällige Jude gehört dem Fiscus als Sklav; kein Jude darf auf dem Hafenplatz (*cataplus*) sich zeigen, oder mit einem Christen ein Geschäft abschliessen; was er von einem Christen je käuflich an sich gebracht, verfällt dem Fiscus, und auch der Christ geht nicht straflos aus, wenn er sich mit dem Juden auf irgend ein Geschäft einlässt. Erstaunen und eine sehr geringe Meinung von dem sittlichen Zustand jener Periode erweckt es, dass das Concil mit Strafgesetzen gegen heidnischen Aberglauben vorzugehen veranlasst wurde [238]). Der Sodomit (*masculorum concubitor*) wird, wenn er dem geistlichen Stande angehört, abgesetzt und auf Lebenszeit verbannt, der Laie noch überdiess mit 100 Hieben und Haarausraufung bestraft. Chindaswind (L. W. III. 5. 5) hatte beide Theile zu entmannen befohlen, und Erwig in einer auf den Concilienbeschluss bezüglichen Novelle [239]) (III. 5. 6) fügte zu der Strafe der Castration noch ausserdem die von dem Concile angeordneten Strafen. Der folgende Canon (c. 4) verhängt eine kirchliche Busse über diejenigen, die einer Kleinigkeit wegen sich gleich aufknüpfen oder anderswie ums Leben bringen wollen — eine Erscheinung, die auf eine arge Zerrüttung aller sittlichen Lebensordnungen schliessen lässt. Sehr gegen die höhere Geistlichkeit spricht es, dass den Bischöfen bei Strafe aufgegeben werden musste (c. 5), den dritten Theil der Stolgebühren, den sie vorschriftsmässig von den Parochial-Kirchen bezogen, auf die bauliche Instandhaltung derselben zu verwenden, oder ihre Ansprüche an die Kirchen-Angehörigen ganz abzutreten; auch sollen sie es sich nicht beikommen lassen, letztere ausserordentlicher Weise zu

---

[238]) *cultores idolorum, veneratores lapidum, accensores facularum, excolentes sacra fontium vel arborum, auguratores quoque seu praecantatores.*

[239]) Die Stelle im Gesetze: *in anno tertio regni nostri sacerdotalis decreti promulgata sententia*, enthält eine falsche Jahresangabe, da statt *tertio* zu lesen ist *sexto*. Der Abschreiber verwechselte das lateinische Zahlzeichen VI mit III. Zugleich erhellt daraus, dass die Concilienbeschlüsse ihrer Natur nach stets für canonisch, von dem weltlichen Gesetz verschieden angesehen wurden.

belasten, namentlich nicht die vom Könige eingeforderten Beisteuern (*regiae inquisitiones*) ihnen aufzubürden. Die Steuerfreiheit der Geistlichen war sonach zwar grundsätzlich anerkannt, wogegen die Bischöfe mit ausserordentlichen Auflagen nicht verschont blieben. Ueberhaupt lässt sich Schritt um Schritt verfolgen, wie der Steuerdruck progressiv zugenommen haben muss. Der Canon ging unter V. 1. 5 in das bürgerliche Gesetzbuch über. Sehr zweckmässig war die Verordnung, dass die Bischöfe allen ihren Diözesanen die Synodalbeschlüsse mittheilen sollten; dagegen empfindet man es um so peinlicher, dass Egica zu den längst abgenutzten Vorsichtsmassregeln früherer Concilien seine Zuflucht nimmt, die königliche Nachkommenschaft durch Synodalverordnung gegen Misshandlungen sicher zu stellen. Schon das drei Jahre früher in Çaragoça gehaltene Provinzial-Concil hatte den wunderlichen Einfall, für die Wittwen der verstorbenen Könige sich ins Mittel zu schlagen (c. 5: *Ut defuncto principe superstes regina statim et vestem secularem deponat, et in coenobio virginum mancipetur permansura*); seitdem hatte durch die Verschwörung Sisbert's die Frage eine neue Wichtigkeit erlangt und die Versammlung beschloss, im Hinblick auf die fromme und kirchenfreundliche Gesinnung Egica's, die dem armen Manne zu Theil gewordene Steuererleichterung, die Begnadigung Vieler, die sich gegen den Monarchen vergangen, überhaupt in dankbarer Würdigung seines milden und menschenfreundlichen Regiments, seine Angehörigen Jedermann zur Schonung zu empfehlen und allsonntäglich, mit Ausnahme des Charfreitags, für den König und seine Familie in den Kirchen zu beten. Nachdem der seines Verbrechens geständige Erzbischof Sisbert excommunicirt, abgesetzt und zu lebenslänglicher Einsperrung (*perpetui exilii ergastulo relegatus*), oder doch Verbannung verurtheilt und noch einmal Alle, die ihren dem Könige geschworenen Eid brechen sollten, mit Einschluss ihrer Kinder und Kindeskinder, verflucht worden, dass man hätte meinen sollen, Jedem müsste die Lust dazu vergangen sein, folgt die von den geistlichen Mitgliedern allein, mit Ausschluss der weltlichen, vollzogene Verurtheilung Sisbert's und die Bestätigung des von Egica an seine Stelle berufenen

Erzbischofs Felix von Sevilla, sowie die Besetzung der erledigten erzbischöflichen Stühle von Sevilla und Braga. Mit der von Julian getroffenen Neuerung muss die höhere Geistlichkeit nicht ganz einverstanden gewesen sein, indem sie im Widerspruch damit die Ernennung, beziehungsweise Bestätigung der Metropoliten dem General-Concile vorbehielt. Ganz ungewöhnlich ist der Schlussanhang, worin der König die Willensmeinung der Versammlung einholt, ob und welche der Hochverräther er begnadigen dürfe, was insofern gut erdacht war, als das Reichsconcil damit die Verantwortlichkeit für die zu Begnadigenden übernahm. Der Graf Paulus, der unter den Palatinen zeichnete, dürfte wo nicht der Empörer selbst, den Wamba besiegte und Erwig begnadigte, so doch dessen Sohn gewesen sein. Schwer begreift man, was den Egica bestimmt haben kann, schon im folgenden Jahre (694) das 17. Concil von Toledo einzuberufen, es müsste denn sein, dass die staatsverrätherischen Verbindungen, welche die Hebräer mit den Mohammedanern in Afrika anknüpften, so ernster Natur erschienen. Unter den kirchlichen Beschlüssen verdient erwähnt zu werden die Strafandrohung gegen Priester, welche Todtenmessen für noch Lebende in dem Wahnglauben veranstalteten, der Betreffende sei dadurch wirklich dem Tode verfallen. Ein abermaliger Canon *De munitione conjugis atque prolis regiae* hat nachgerade etwas Peinliches, zumal da gleich darauf die Judenfrage in ihre letzte und grausamste Phase tritt, indem mit Verlust ihrer Habe Männer, Frauen und Kinder von ihren Wohnorten weggeschleppt und als Leibeigene unter die Einwohner entlegener Provinzen nach dem Gutdünken des Königs vertheilt, mit dem siebenten Jahre die Kinder von den Eltern gerissen und in christliche Erziehung gegeben werden sollten. Die Christensklaven, die sie vorher besessen, konnte der König beliebig in Freiheit setzen. Nur in Septimanien, wo eine Ruhrepidemie und feindliche Einfälle grosse Verheerung unter den Einwohnern angerichtet hatten, sollten die Juden zu der Verfügung des Herzogs gestellt und von Staats wegen verwendet werden.

Damit reisst so zu sagen der Faden des alten Westgothen-Reichs, und für die übrigen 17 Jahre bis zur Schlacht am

Guadalete sind wir lediglich auf einige dürftige und noch dazu widersprechende Notizen angewiesen. Einen wenn auch unvollständigen Abschluss der westgothischen Gesetzgebung würde die der 16. Reichsversammlung gemachte Vorlage in Betreff einer allgemeinen Gesetzrevision an die Hand geben, wenn die Sache an sich ganz deutlich und nur auch angedeutet wäre, was das Concil darauf beschloss. Man hat schon Mühe, nur den Sinn der Worte zu verstehen: *Cuncta vero, quae in canonibus vel legum edictis depravata consistunt, aut ex superfluo vel indebito conjecta fore patescunt, accomodante serenitatis nostrae consensu, in meridiem lucidae veritatis reducite, illis procul dubio legum sententiis reservatis, quae ex tempore praecessoris nostri domini Chindasvinti regis usque ad tempus domini Wambanis principis ex ratione depromptae ad sinceram justitiam vel negotiorum sufficientiam pertinere noscuntur.* Ich übersetze: „Alles was in den canonischen und bürgerlichen Gesetzverordnungen sich verschlechtert hat, oder sich als überflüssiger und unziemlicher Weise hineingekommen herausstellt, führt, unter Zustimmung Unserer Gnaden, in das Licht ungetrübter Wahrheit zurück, mit Ausnahme derjenigen gesetzlichen Bestimmungen, von denen es gewiss ist, dass sie seit der Zeit unseres Vorgängers König Chindaswind's bis auf Herrn Wamba aus gewichtigen Gründen im Interesse geläuterter Rechtspflege oder zur Vervollständigung des Geschäftsgangs hinzugekommen sind."

Ist die Uebersetzung richtig, wie ich annehmen zu dürfen glaube, so hat zunächst die Verschweigung Erwig's etwas doppelt Auffallendes darum, weil die ihm vorangehenden drei Regenten ausdrücklich und gewiss nicht ohne Absicht erwähnt sind, Receswind wenigstens stillschweigend. Von Erwig aber weiss man, dass er ein Gesetz Wamba's zurücknahm und eine neue Redaction der Gesetz-Sammlung veranstaltete, so dass nichts näher liegt als die Vermuthung, Egica habe indirect eine Revision der von Erwig erlassenen Gesetze, überhaupt der von ihm veranstalteten Sammlung beantragt. Jedenfalls entsprach es der Schicklichkeit, diese Absicht lieber errathen zu lassen, als unumwunden auszusprechen, und der oben übersetzte Satz stände in der nächsten und unmittelbaren Beziehung zu der

Vorlage Erwig's auf dem 12. Concil, wo es hiess: *Illud quoque vestris Deo placitis infero sensibus corrigendum, quod decessoris nostri praeceptio promulgata lege sancivit.* Dass das betreffende Gesetz Wamba's (IX. 2. 8) in die Sammlung wieder aufgenommen wurde, ersieht man daraus, dass die Handschriften dasselbe neben dem Erwigischen Gesetze aufführen, wogegen es wider den gesunden Menschenverstand liefe, wenn Erwig in seiner Sammlung ein Gesetz, das er abrogirte, gleichwohl beibehalten hätte. In noch höherem Grade streitet VI. 5. 13 zu Gunsten dieser Ansicht — ein Gesetz Receswind's, das Lindenbrog irriger Weise dem Egica beilegt, während die vier besten spanischen Handschriften den einleitenden Zusatz enthalten: *Praecedentium non vitia, sed virtutes aemulando conlectas invenimus hanc legem, justissime editam, injuste abrasam: et ideo ne humanis excessibus turpandae imaginis Dei frena laxentur, in nomine Domini ego Flavius Egiga Rex ipsis verbis, ipsisque sententiis illo dudum eam iterum ordine introduxi, quo dudum illam praeviam judicii principalis auctoritas conlocavit, quae sic incipit: superiori & &.*

Es ist keine Frage: Erwig hatte von seiner Sammlung das Receswindische Gesetz, das die Verstümmelung der Sklaven verpönt, ausgeschlossen und Egica nahm es wieder auf. Möglich, dass die Erwigische Sammlung ganz ebenso mit andern Gesetzen umgesprungen war: von ungleich grösserem Belang ist es zu wissen, wie sich Egica zu den eigenen Gesetzen Erwig's verhalten haben wird. Das in den Noten der Madrider Ausgabe stehende Gesetz II. 4. 7 (oder 8) hatte den augenscheinlichen Zweck, das Chindaswindische Gesetz II. 4. 7, zunächst die Bestimmung abzuschaffen, wonach die Einwendungen gegen die Wahrhaftigkeit eines Zeugen nur in den ersten sechs Monaten nach Ablegung des Zeugnisses gerichtlich vorgebracht werden durften. Chindaswind bezeichnete sein Gesetz selbst als Novelle zu dem von ihm gleichfalls erlassenen Gesetze II. 4. 6, das im Allgemeinen die Strafe gegen den Meineid bestimmt; wenn nun Erwig in seinem Gesetze sagt: *quia hactenus in lege constitutum fuisse cognovimus,* so meint er damit II. 4. 7, das er abrogirt, um die Anklage gegen Meineidige ohne alle Einschränkung zuzulassen. Die Worte der Erwigischen Novelle: *Disrupta mensium ipsorum institutio, cunctis liceat causas suas legitima testium probatione juxta anteriorem domini Chindasvindi Principis legem proprium negotium reparare* — beziehen sich auf II. 4. 6, so dass man mit Bestimmtheit weiss, Erwig hat das Chindaswindische Gesetz II. 4. 7, ähnlich wie IX. 2. 8, aus seiner Sammlung entfernt, Egica dagegen, nach dem unverdächtigen Zeugniss der Handschriften, jenes wieder aufgenommen und das Gesetz Egica's beseitigt. Von einem weitern Gesetze Erwig's (*De personis judicum, qui divinos consulunt*), das sich selbst als ergänzende Novelle zu dem Chindaswindischen VI. 2. 1 zu erkennen giebt, ist es ungewiss ob Egica dasselbe gleichfalls wieder ausmerzen liess, da kein älteres Gesetz dadurch bei Seite geschoben wurde; jedoch ist es darum wahrscheinlich, weil viele Handschriften es nicht aufführen und die es haben (*Legion., S.J.R., Card.*), auch die andern Erwigischen Gesetze, die Egica wieder abschaffte, enthalten. IX. 1. 8 (*De susceptione fugitivorum*) wird von der Leoner Handschrift „*Antiqua*," von der altgothischen Toledaner Handschrift „*Fls. Vamba*" überschrieben, und *Cod. Complut.* fügt hinzu: *data et confirmata lex civitate Corduba;* ausserdem aber sprechen die meisten und gewichtigsten Auctoritäten es dem Erwig zu. Ich würde es mir nicht beikommen lassen, dagegen Bedenken zu erheben, wenn nicht das Latein, in welchem das Gesetz abgefasst ist, ohne Vergleich reiner und natürlicher wäre als in den andern Gesetzen Erwig's, was wenigstens zu der Vermuthung berechtigt, es könnte hier ein Gesetz vorliegen, das von Wamba erlassen, von Erwig abgeändert wurde. Egica hat daran nicht gerührt, wohl aber eine Novelle dazu verfasst (IX. 1. 21), die das frühere Gesetz bedeutend verschärft. Dem Judengesetze Egica's XII. 2. 18 ist ein besonderes Gewicht darum nicht beizulegen, weil nur wenige Handschriften es enthalten; wäre es ächt, so liesse sich nichts dagegen einwenden, dass Egica auch den ganzen Titel Erwigischer Judengesetze als überflüssig bei Seite schob und sich damit begnügte, die frühern Gesetze zu ergänzen, bevor der letzte entscheidende Schlag erfolgte.

Das Ergebniss der Untersuchung ist dadurch lehrreich, dass

jedes fernere Bedenken wegfällt, das sich an die Vorstellung einer Gesetzrevision knüpft. Es mag wohl der Fall gewesen sein, dass die Erwigische Revision, so pomphaft sie in II. 1. 1 sich ankündigt, auf die wenigen Gesetze sich beschränkte, die in Egica's Augen keine Gnade fanden; und dass Egica beim Regierungsantritt die Gesetze seines Vorgängers publicirt habe, wird Niemand mehr im Ernste behaupten wollen. Aber auch diejenige Revision, die Egica auf dem 16. Concile in Aussicht stellte, kann sich innerhalb gleich bescheidener Schranken gehalten haben, wenigstens erheischt der Wortlaut mehr nicht als die Beseitigung derjenigen Veränderungen, die Erwig mit einigen Gesetzen seiner Vorgänger vorgenommen hatte. Die Protokolle des Concils enthalten keinen darauf bezüglichen Bescheid, entweder weil die Versammlung Bedenken trug auf den Vorschlag der Krone einzugehen, oder weil sie es für angemessener hielt, zur Vermeidung unnützen Geschrei's dem Könige die passenden Massnahmen anheim zu geben. Jedenfalls hat Egica nicht verfehlt seinen Willen durchzusetzen; ob er aber eine durchgängig revidirte Gesetz-Sammlung erscheinen liess, kann durch nichts bewiesen werden. Von einigen seiner Gesetze, V. 1. 5, XII. 2. 18, III. 5. 6, ist bereits die Rede gewesen. Die besten spanischen Handschriften enthalten zwischen II. 1. 6 u. 7 zwei Gesetze Egica's, wovon ersteres (*De his qui novi principis fidem servandam jurare distulerint*) jedem Freien sofort nach der Thronbesteigung des Monarchen die Ablegung des Huldigungseides anbefiehlt, letzteres (*Ut nemo deinceps contra fidem regiam &c &c*), unter Hinweisung auf den zweiten Canon des unter Erwig gehaltenen 13. Concils von Toledo, jedes Eingehen einer eidlichen gegen den König oder sonst Jemand gerichteten Verpflichtung unter Androhung der auf Treubruch gesetzten Strafe verbietet. Es sollte nämlich vorgekommen sein, dass Solche, die sich gegen das Leben des Königs verschworen, jeden Theilnehmer eidlich geloben liessen, nie etwas davon aussagen zu wollen, so dass die Schuldigen straflos ausgingen, da der genannte Canon die Verurtheilung politisch Angeklagter nur auf einen regelrechten Zeugenbeweis hin gestattet. III. 5. 4 (*De speciali viduarum fraudulentia compescenda*) ist gegen die Wittwen gerichtet, die ihre Trauerkleidung zu verführerischem Putz missbrauchten. V. 7. 19 (*De libertis regum, qualiter exercitus tempore ad regiam potestatem concurrant*) verleibt die vom Könige freigelassenen Domänensklaven und ihre Familien der Landwehr ein — ein kostbarer Fingerzeig, dass Egica, indem er Wamba's Landwehr-Gesetz (IX. 2. 8) wiederherstellte, zugleich das Erwigische Landwehr-Gesetz (IX. 2. 9), welches ausser den Freigelassenen und Domänensklaven auch den zwanzigsten Theil aller Leibeigenen für militärpflichtig erklärte, abschaffte. Vielleicht enthalten die Worte in V. 7. 19: *licet, favente Deo, gentes nostrae affluant copia bellatorum,* einen mittelbaren Hinweis auf das Misstrauen, das Erwig in die Wehrkraft des Landes setzte, daher es auch sehr zweifelhaft ist, ob überhaupt jemals Sklaven in den Reihen der Westgothen gekämpft haben [240]. Auch hier also eine Reaction gegen das was ich die byzantinisch-romanische Politik Erwig's und Julian's nennen möchte. Und als einen weitern Sieg des westgothischen Geistes oder des germanischen Mundiums wird man es ansehen dürfen, dass das nächstfolgende Gesetz Egica's (V. 7. 20) den Freigelassenen und ihren Nachkommen verbietet aus dem Schutzverbande ihrer Herren auszuscheiden. Mit barbarischer Strenge hat Egica die frühern Gesetze über flüchtige Sklaven, hauptsächlich IX. 1. 8, durch IX. 1. 21 verschärft: ganze Ortschaften sollten durchgepeitscht werden, wenn die Einwohner einen solchen Unglücklichen, ohne ihn anzuhalten und ins Verhör zu nehmen, durchschlüpfen liessen. Es ist ganz das rücksichtslose Verfahren Chindaswind's (II. 1. 17), wenn Egica selbst den Bischof, der sich in der Vollziehung des grausamen Gesetzes lässig erweisen sollte, zu dreissigtägigem Fasten bei Wasser und Brod verurtheilt [241]). Das Gesetz ist aus Cordova erlassen, wodurch es

---

[240]) Die arabischen Chronisten erzählen, die in der Schlacht am Guadalete (711) gefallenen Spanier haben goldene, silberne und kupferne Ringe an den Fingern gehabt; wenn nun der goldene Ring den Vornehmen, der silberne den Gemeinfreien kennzeichnete, so bleibt für den kupfernen nur der Freigelassene zurück. Jedenfalls ist die Nachricht alt und durchaus glaubwürdig.

[241]) *Vespertinis horis pro refectione corporis bucellam panis hordeacei et calicem aquae sumat.*

sich genügend erklärt, warum ein Abschreiber das damit zusammenhängende Gesetz IX. 1. 8 gleichfalls aus Cordova datirt sein lässt. Die Zeitangabe (*anno feliciter sextodecimo regni nostri*) ist unter allen Umständen irrig, da Egica schwerlich länger als 13 Jahre regiert hat [242]). Für die Zeitbestimmung, wann Egica seine Gesetz-Sammlung publicirt haben soll, liesse sich daraus schlechterdings nichts folgern, auch wenn erwiesen wäre, dass es eine eigens von ihm veranstaltete Zusammenstellung der westgothischen Gesetze gab, denn warum sollte er nach Abschluss seines Codex nicht noch eine Novelle verfasst haben! Das Ausnahme-Gesetz Receswind's (X. 2. 4), dass flüchtigen Domänensklaven keinerlei Verjährungsfrist zugute kommen sollte, hob Egica (X. 2. 7) auf und machte auch für den Fiscus die gemeinrechtliche Verjährung von 30 und 50 Jahren verbindlich.

In seinen Annalen von Jaen erwähnt Don Martin Ximena, Sisebadus, Bischof von Martos, und Teodiselus, Bischof von Baeza, hätten an der neuen Sammlung der gothischen Gesetze gearbeitet; da aber Ximena die Quelle verschweigt, aus der er seine Nachricht schöpfte, ist nicht anders anzunehmen, als dass er die beiden Bischöfe nur darum zu Gesetzgebern stempelte, weil sie das 16. Concil von Toledo mitunterzeichneten. Und so fehlt es der Kritik selbst an einem Strohhalm, um über den letzten Abschluss der Sammlung ins Reine zu gelangen. Nur ein negativer Beweis liegt vor, der mir allerdings erheblich genug erscheint, um eine Vermuthung darauf zu bauen. Weder über Egica's letzte Regierungsjahre, von dem 17. Concile an, noch auch über die Mitregentschaft seines Sohnes Witiza und dessen Alleinregierung sind wir glaubwürdig unterrichtet: der einzige Sebastian von Salamanca (c. 5) weiss von Egica zu berichten: *gentes infra regnum tumentes perdomuit, adversus Francos inrumpentes Gallias ter praelium egit, sed triumphum nullum cepit*, womit die in den Vorlagen des 17. Concils enthaltene Nachricht in Verbindung zu bringen ist: *quia delictis ingruen-*

---

[242]) Wie bei III. 5. 6 der Abschreiber statt III leicht VI gelesen haben kann, so auch statt XIII leicht XVI. Man bemerke übrigens, dass die Leoner Handschrift allein die Angabe enthält.

tibus et externae gentis incursu (Basken?) *et plagae inguinalis interitu passim ipsa* (*Gallia*) *ab hominibus desolata dignoscitur.* In den letzten Jahren seiner Regierung (wahrscheinlich 698) nahm Egica seinen Sohn Witiza [243]) zum Mitregenten an und liess ihn in Tuy residiren, sei es um das seit Leovigild untergegangene galizische Suevenreich damit zu ehren, oder in dem zu aufrührerischen Bewegungen wie gemachten Gebirgsland einen geeigneten Vertreter des königlichen Ansehens und der gesetzlichen Ordnung zu haben. Auf einer Septimanischen Münze finden sich beide Monarchen neben einander abgebildet [244]), und zweimal nennen einige Handschriften Beide als Gesetzgeber zusammen [245]). Ausserdem dürfte nur noch darauf einiges Gewicht zu legen sein, dass nach dem Ableben des Erzbischofs Felix von Toledo Egica wiederum einen geborenen Gothen, Gunderich, wohl denselben der das 15. Concil als *Segontiensis*, das 16. als *Seguntinae ecclesiae episcopus* unterzeichnet hat, mit der Würde eines spanischen Primas bekleidete. Auf die Angabe Isidors von Beja (c. 29): *Felix .... concilia satis praeclara etiam adhuc cum ambobus principibus agit*, ist schon darum nicht viel zu bauen, weil der Chronist, ganz gegen seine sonstige Gewohnheit, nichts Näheres von diesen Concilien, insbesondere wo sie gehalten wurden und wie viele Bischöfe daran Theil nahmen, zu berichten weiss. Selbst das 16. und 17. Concil lässt er un-

---

[243]) Ein Witiza hat als Palatin das 12. Concil unterzeichnet, Egica erst das 13. Eine ebenso künstliche als gewagte Chronologie hat Florez (*Esp. Sagr. II.* 187) herzustellen gesucht. Vom Jahre 698 an soll Witiza gemeinschaftlich mit seinem Vater regiert haben; als mittlerweile Egica altersschwach geworden war, regierte der Sohn noch bei Lebzeiten des Vaters zwei weitere Jahre allein, worauf Egica i. J. 702 starb. Ingleichen soll Witiza von 710—712 gemeinschaftlich mit Roderich und dieser dann nur noch ein Jahr regiert haben, was nur so viel heissen soll, dass Witiza noch zwei Jahre gelebt habe, nachdem er von Roderich entthront worden. Ein Nachtrag zu der Albelder Chronik spricht allerdings für eine dreijährige Regierung Roderichs.

[244]) Vaissette, *Histoire de Languedoc. I.* 375.

[245]) *L. W. V.* 7. 20. *Cod. Legion. Fls. Egica et Vitiza Reges. Antiqua. S.J.R. Egica et Vitiza Reges. VI.* 1. 2. *S.J.R. Flavius Egica et Vitisa Reges.* Das Gesetz ist übrigens von Chindaswind.

erörtert, wesshalb es ihm wenig darauf ankam, das eine oder das andere noch in die Mitregentschaft Witiza's fallen zu lassen.

Man vergesse nicht: von dem Regierungsantritt Witiza's an beruhen Isidor's Angaben nur auf Hörensagen, denn wenn er die Ereignisse auch miterlebte, so war er, da seine Chronik bis zum Jahre 750 geht, noch zu jung um sie zu verstehen. Daran wird übrigens nicht zu zweifeln sein, dass der Satz: (*Egica*) *Gothos acerva morte persequitur*, auf innere Unruhen schliessen lässt, welche die Regierung Egica's trübten, und dass seinerseits Witiza, als er nach dem Tode seines Vaters auf den Thron gelangte (701), zu allgemeiner Freude mit einem grossartigen Gnadenakte zu regieren begann [246]). Damit nicht zufrieden, diejenigen, die sein Vater in's Elend verwiesen, zurückzurufen, verbrannte er vor Aller Augen Verschwörungsurkunden (*cautiones*), deren Unterzeichner sich eidlich verpflichtet hatten (vergl. das Erwigische Gesetz zwischen II. 1. 6 u. 7: *Ut nemo deinceps contra fidem regiam &c &c*), und setzte die Schuldigen in ihre Würden wieder ein [247]). Es ist gleichwohl ausgemacht, dass

---

[246]) *Isid. Pac. c.* 29: *Egica in consortio regni Witizanem filium sibi haeredem faciens Gothorum regnum retemptat. Hic patris succedens in solio quamquam petulanter, clementissimus tamen quindecim per annos extat in regno: qui non solum eos, quos pater damnaverat, ad gratiam recipit tentos exilio; verumetiam clientulus (al. clientulos) manet in restaurando: nam quos ille gravi oppresserat jugo, pristino iste reducebat in gaudio; et quos ille a proprio abdicaverat solo, iste pie reformans reparabat ex dono: sicque convocatis cunctis, postremo cautiones, quas parens more subtraxerat subdolo, iste in conspectu omnium digno cremavit incendio: et non solum innoxios reddidit, si vellent, ab insolubili vinculo, verumetiam rebus propriis redditis et olim jam fisco mancipatis Palatino restaurat officio.* Man bemerke die assonirenden Antithesen.

[247]) Der Pacenser kommt (c. 30) noch einmal auf den Regierungsantritt Witiza's zurück: *Witiza decrepito jam patre pariter regnat; qui in Aera DCCXXXIX suprafatae cladis non ferentes exitium per Hispaniam e Palatio vagitant, qua de causa propria morte decesso jam patre, florentissime suprafatos per annos regnum retemptat, atque omnis Hispania gaudio nimio freta alacriter laetatur.* Kein Ausleger hat die Worte: *qui in Aera .... vagitant,* verstanden, und sie sind unverständlich, wenn man nicht hinter *vagitant* etwas ausgefallen, oder vom Schriftsteller vergessen sich denkt, etwa: *a Witizane in gratiam recipiuntur.* Isidor hat offenbar sagen wollen: diejenigen, die wegen der Verschwörung gegen

der Pacenser selbst von gewaltthätigen Massregeln wusste, die Witiza sich erlaubte: durch ihn erfahren wir, dass an des Erzbischofs Gunderich Stelle abermals ein Gothe von Geburt, Sindered, trat und auf Witiza's Anstiften verdiente und bejahrte Prälaten misshandelte. *Sinderedus, urbis regiae metropolitanus episcopus, sanctimoniae studio claret, atque longaevos et merito honorabiles viros, quos in suprafata sibi commissa ecclesia repetit, non secundum scientiam zelo sanctitatis stimulat, atque instinctu jam dicti Witizae principis eos sub ejus tempore convexare non cessat.*

Von diesen „Plackereien" ist es freilich noch ein gewaltiger Schritt bis zu der schweren Anklage, die Sebastian von Salamanca gegen Witiza erhebt (c. 6): *Iste quidem probrosus et moribus flagitiosus fuit, et sicut equus et mulus, quibus non est intellectus, cum uxoribus et concubinis plurimis se inquinavit: et ne adversus eum censura ecclesiastica consurgeret, Concilia dissolvit, Canones obseravit [omnemque religionis ordinem depravavit], Episcopis, Presbyteris et Diaconibus uxores habere praecepit.* Damit übereinstimmend das *Chronicon Moissiacense* (Pertz, *Monumenta.* I. 290): *Iste deditus feminis, exemplo suo sacerdotes ac populum luxuriose vivere docuit* [248]). Der Vater jenes

---

Egica nicht ergriffen und hingerichtet wurden, sondern aus der Residenz entflohen waren und im Lande umherirrten, nahm Witiza wieder zu Gnaden an. Der Fortsetzer des Biclarensers (c. 48) soll, wenigstens nach einem Zusatz Mariana's (*Esp. Sagr.* VI. 438), die Notiz enthalten: *Uvitiza, discedente patre, nimia quietudine ejus in solio sedit, omni populo redamante.*

[248]) Man vergleiche damit die Schilderung des Chronisten aus Silos (c. 14): *Igitur tempore Wittisae Gothorum regis ... ex bono et aequo multa nefanda et horribilia flagitia in Hispania sunt rursus multiplicata. Cum enim idem Wittisa militaribus armis aliisque bonis artibus, quibus regnum libere paratur, male abuteretur, et ad inertiam et voluptates carnis, soluto impudicitiae fraeno pessundatus esset, simul omnis gens Gothorum laxo imperio animum ad lasciviam et superbiam flectere coepit. Namque postposita omni religione divina, spretis animorum medicamentis, alienas prosperas res invadendi, rapiendi demique trahendi velut tabes exercitus Gothorum libido invasit: sed et Episcopi caeterique Dei cultores aspernabantur, sacrosanctae Ecclesiae clausis foribus pro nihil habebantur, synodalia Concilia dissolvuntur, sancti Canones sigillantur. Postremo quidquid pudicum, quidquid sobrium, quidquid honestum vide-*

Pelagius, den die Gothen in Asturien nach der Schlacht am Guadalete zum Könige wählten, mit Namen Fafila oder Veremund [249]), soll Egica nach Galizien verbannt und Witiza seiner Frau wegen mit einem Prügel erschlagen haben. Ein ausschweifender Fürst wird Witiza wohl gewesen sein, zumal da ihn selbst Isidor von Beja leichtfertig (*petulans*) nennt; aber auch daran ist nicht zu zweifeln, dass unter ihm in Toledo ein Concil gehalten wurde, dessen Akten existirt haben müssen, jedoch auf eine unerklärliche Weise verschwunden sind. Der gelehrte Benediktiner Sarmiento fand seiner Zeit im galizischen Kloster Celanova den Index einer Concilien-Sammlung, der drei Nummern mehr enthielt als die von Cenni veröffentlichte Sammlung, darunter *nr.* 61. *Synodus XVIII. Toletani Concili L.....* (die nicht mehr ganz deutliche Zahl der anwesenden Bischöfe) [250]). Dass ausser dem 17. Concil noch ein weiteres gehalten wurde, bezeugt schon D. Rodrigo von Toledo: (*Witiza*) *super ordinatione regni concilium celebravit;* es ist jedoch wahrscheinlich, dass er es aus der unbestimmten Nachricht des Pacensers gefolgert hat, ohne sichere Kunde von der Sache selbst zu haben. Mariana (*Lib. VI. c.* 19) nahm es als ausgemacht an und erklärte das Verschwinden der Protokolle dadurch, dass auf dem (18.) Concile mit dem canonischen Rechte in Widerspruch stehende Beschlüsse gefasst worden seien, was Pagi und Andere glaubwürdig fanden, Florez als ehrenrührig für den spanischen Episcopat zurückwies. Dass etwas Wahres daran sein muss, er-

---

tur, ea tempestate ludibrio ducebatur. Et quod lacrymabile relatu videtur, ne adversus eum pro tanto scelere sancta Ecclesia insurgeret, Episcopis, Presbyteris, Diaconibus atque omnibus sacri altaris ministris carnales uxores lascivus rex habere praecepit: quippe Gothorum regis post ubi magis in conviviis libidinibusque exercendis, quam in laboribus studiisque ab his malis purgandi regnum animus incendit, praeter ocium ei cetera fastidium erant.

[249]) So das *Chron. Albeld.*, das, offenbar um die Continuität zwischen den Königen des ersten und des zweiten Reichs zu retten, den Pelagius zu einem Enkel des Roderich macht. Der Sohn und Nachfolger des Pelagius hiess gleichfalls Fafila.

[250]) *Esp. Sagr. VI.* 238.

sieht man, ganz abgesehen von dem unerklärlichen Verschwinden der Protokolle, aus der freilich nicht ganz klaren Notiz bei Isidor von Beja, Erzbischof Sindered habe betagte und geachtete Männer in seiner Kirche versammelt und ihnen weniger klug als eifrig zugesetzt, auch auf Anstiften Witiza's nicht aufgehört sie zu placken. Wenn hierbei etwas nahe liegt, so ist es Zweifelsohne die Vermuthung, dass die auf dem 18. Concile versammelten Väter darunter zu verstehen sind, an die der König durch seinen Primas die Zumuthung stellen liess, irgend welche anticanonische Verordnungen zu treffen, und warum sollte dem Sebastian von Salamanca nicht zu trauen sein, dass unter den Vorschlägen die Aufhebung des Cölibats sich befand? Ist dem so, wird es sehr erklärlich, warum die Akten später vernichtet wurden, und da in der Madrider Ausgabe der spanischen Canones auch mit keiner Sylbe des Concils Erwähnung geschieht, muss man wohl annehmen, dass keine einzige der vielen Handschriften eine Andeutung davon enthält.

Was weiter noch geschah, und ob Witiza andere Concilien auflöste, oder aus eigener Machtvollkommenheit die kirchlichen Ordnungen umgestaltete, muss den Conjectural-Historikern zur Entscheidung überlassen bleiben: nur dafür sprechen die gewichtigsten Gründe, dass Witiza in weltlichen nicht nur, sondern auch in kirchlichen Dingen eine gothische Politik verfolgte und sich vermuthlich mit dem Gedanken trug, die spanische Nationalkirche von Rom unabhängig zu machen. Es dürfte der letzte, jedoch unglückliche Versuch gewesen sein, durch Abschüttelung der clerikalen, auf das Romanenthum sich stützenden Politik ernstlich mit der Vergangenheit zu brechen und die Geistlichkeit, indem man ihr das Heirathen gestattete, näher an die altgothische Staatsidee heranzuziehen. Dass damit Reformen auf dem weltlichen Gebiete Hand in Hand gingen, ist begreiflich; indess derselbe Eifer, der Concilienbeschlüsse vernichtete, hat auch alles das, was Witiza an dem weltlichen Gesetze geändert haben wird, bis auf die letzte Spur beseitigt. Empfindlicher kann eine Untersuchung über die Entstehung des westgothischen Gesetzbuchs kein Verlust treffen als eben dieser weisse Blatt am Schlusse, um dessen willen die Frage nicht zum Abschluss gebracht werden kann.

Im Einzelnen wohl, und auch da nicht ohne Zwang, mag Witiza unter Beihilfe des ihm ergebenen Erzbischofs Sindered mit seinen bedenklichen Neuerungen durchgedrungen sein — auf die Dauer war es kaum denkbar, weil sein Vorhaben zu sehr gegen die öffentliche Meinung verstiess und selbst die zunächst bloss unter der Geistlichkeit geweckte Unzufriedenheit um die thätige, d. h. rebellische, Unterstützung durch eine grössere oder kleinere Adelspartei nie verlegen war. Es kam zu Aufständen, in Folge deren der spätere König Pelagius nach den nördlichen Gebirgen entflohen, ein naher Anverwandter Receswind's, Teodefred, der als Palatin dem 16. Concile beiwohnte, geblendet und nach Cordova verbannt worden sein soll. Bischofsverzeichnisse nennen den Erzbischof Oppas von Sevilla, einen Bruder Witiza's, zugleich unter den Erzbischöfen von Toledo, jedoch als Eindringling und erst nach der maurischen Eroberung, so dass es wohl geschehen sein könnte, Oppas, als offenkundiger Schützling und Berather des siegreichen Araberthums, hätte sich mit Einwilligung der Mauren zur Würde eines Primas von Spanien emporgeschwungen [251]). Dass er den Ungläubigen bei der Eroberung seines Vaterlandes mit Rath und That an die Hand ging, weiss man, was einen Gegendienst schon werth war, und eine Stelle bei Isidor von Beja [252]) besagt mehr nicht, als dass der Sieger Muza sich des Oppas bediente, um mehrere vornehme Gothen gefangen nehmen und

---

[251]) Von Sindered bezeugt der Pacenser, er habe nicht als Hirte, sondern als Miethling aus Furcht vor den Arabern seine Herde verlassen. Mehrere Jahre später wohnte er in Rom einem Concile bei, so dass Oppas den von ihm leer gelassenen Bischofsstuhl eingenommen haben könnte, freilich ohne canonisch gewählt zu sein.

[252]) *Chron. Pac.* c. 36: (*Muza*) *Toletum urbem regiam usque inrumpendo, adjacentes regiones pace fraudifica male diverberans, nonnullos seniores nobiles viros, qui utcumque remanserant, per Oppam, filium Egicae regis, a Toleto fugam arripientem, gladio patibuli jugulat, et per ejus occasionem cunctos ense detruncat.*

hinrichten zu lassen. Sollte durch die Worte: (*Oppam*) *a Toleto fugam arripientem*, ausgedrückt sein, Oppas habe aus Toledo fliehen müssen als Roderich auf den Thron gelangte, so könnte er schon bei Lebzeiten Egica's die erzbischöfliche Würde daselbst begleitet haben, wofern er nicht nach seines Bruders Tod die Regentschaft für dessen Sohn übernahm. Gleichviel, ob Oppas, um die Reformpläne Egica's durchzusetzen, den Sindered verdrängte, oder bloss seinem Neffen den erblichen Besitz der Krone sichern wollte: nicht allein die zuverlässigsten spanischen, sondern auch arabischen Quellen setzen es ausser Zweifel, dass die Erzählung D. Rodrigo's, Witiza sei durch Roderich, des geblendeten Teodefred Sohn, entthront und gleichfalls geblendet worden, aus der Luft gegriffen ist. Witiza muss im Besitz den Krone eines natürlichen Todes gestorben sein und Roderich den ältesten Sohn desselben nicht zum Throne haben gelangen lassen [253]), daher der Pacenser ohne Uebertreibung sagen konnte: *Rudericus tumultuose regnum hortante senatu invadit.* Dieser Senat, den D. Rodrigo zu einem römischen oder romanischen herausgeputzt hat [254]), bedeutet gewiss nicht Grosse von römischer Abkunft, sondern überhaupt die Grossen des Reichs, mit Einschluss der Geistlichkeit; und der ganze Hergang wird noch verständlicher durch den Fortsetzer des Biclarensers, der dem Roderich die Rolle eines commandirenden Grafen in Cordova zutheilt [255]).

---

[253]) *Chron. Albeld. Vitiza Toleto vitam finivit. Chron. Sebast. Morte propria Toleti decessit, et ibi sepultus fuit.* Ein arabischer Chronist bestätigt diess durch die Angabe, Witiza habe zwar Söhne hinterlassen, allein die Gothen haben von diesen nichts wissen wollen, vielmehr den Roderich, der, obschon nicht aus königlichem Blute entsprossen, gleichwohl einer der ersten Familien des Landes angehörte und wegen seiner Tapferkeit und Einsicht geschätzt war, auf den Thron berufen. Ein anderer arabischer Geschichtschreiber wollte in Erfahrung gebracht haben, die Wittwe Witiza's habe im Namen ihrer unmündigen Söhne die Regentschaft führen wollen und darüber habe sich Roderich in Cordova empört (*P. de Gayangos, Mohamedan Dynasties. I.* 254 *ff.*).

[254]) *Favore romani senatus.*

[255]) *Esp. Sagr. VI.* 438: *Rudericus furtim magis quam virtute Gothorum invadit regnum anno I; nam adgregata copia exercituum adversus Ara-*

Roderich regierte zu kurze Zeit, als dass er für das Gesetzbuch seines Volkes etwas hätte thun können: nur in der Sage wetteiferten Mauren und Christen seinen Namen mit heiteren Gewinden zu umranken.

---

bes diu sibi provinciam creditam *incursione vastantes adgreditur.* Die Chronik von Silos: (*Rodericus*) *vir belliger et durus*, *et ad omne negotium exercendum satis expeditus*, *sed vita et moribus Wittisae non dissimilis.*

Zweite Abtheilung.

Von der Schlacht am Guadalete bis zum Erscheinen der Partidas.

(711 — 1263 n. C. G.)

I.

Die Geschichte des Westgothen-Rechts nach der arabischen Eroberung ist von keinem der bisherigen Schriftsteller behandelt worden: man nahm es als ausgemacht an, dass auf einem so kahlen Felde nichts zu ernten und nur aus den neu hervorkeimenden Rechtsbildungen ein Gewinn zu ziehen sei.

Auch dabei dürfte es nur auf einen Versuch ankommen, nachdem Savigny für kritische Forschungen dieser Art ein freilich bis jetzt unerreichtes Muster aufgestellt hat: bei dem spanischen Rechte ist das Wagniss schon desshalb nur mässig, weil die Frage in einem verhältnissmässig kleinen Rahmen eingeschlossen bleibt und das geschichtliche Material sich leicht übersehen lässt. Nur Eines wird sich nicht umgehen lassen — ich meine die Trennung zwischen spanischer und catalonischer Rechtsentwickelung, da zwar beide gleichmässig auf dem Grunde des Westgothen-Rechts ruhen, jedoch unter gänzlich verschiedenen Einflüssen auch merklich abweichende Phasen durchliefen. Noch in dem gegenwärtigen Augenblick stehen die Ziele, an welchen die beiden Rechtsbildungen im Verlauf der Zeit anlangten, so weit von einander ab, dass ein über Nacht von einem Madrider Hofe nach Barcelona oder umgekehrt versetzter Richter sich in eine für ihn ganz neue Rechtsordnung hineinzuleben hätte.

Nach der Schlacht am Guadalete war das Unerhörte geschehen: nicht ganze drei Jahre dauerte es und die Araber waren, mit Ausnahme einer Hand breit Gebirgsland, Herren von ganz Spanien; ja, hätte die Frankenmacht noch in den Händen der gänzlich heruntergekommenen Merowinger gelegen, so wäre die Gefahr für das christliche Abendland ganz ungeheuer gewesen, nicht geringer als drei Jahrhunderte früher, als auf den catalaunischen Feldern die Westgothen den Attila so ruhmvoll bekämpft und vor gänzlichem Untergang nur dadurch bewahrt hatten, dass sie ihren gefallenen König bestatten mussten. So aber war im freundlichen Maas-Thale bereits das leuchtende Gestirn der Carolinger aufgegangen und als die Mohammedaner Anstalt machten, den entscheidenden Schritt zu thun und über die Loire zu setzen, schlug Carl Martel sie so aufs Haupt, dass ihnen fortan die Lust zu solchem Wagniss verging. Auch bei Xerez de la Frontera, am Guadalete, ist das erste germanische Aufgebot offenbar weniger der Tapferkeit der Mauren, als dem Verrathe in seinen eigenen Reihen erlegen: der Anhang Witiza's, der die Ungläubigen herbeigerufen und ihre glückliche Landung bewerkstelligt hatte, muss sich in der Schlacht selbst auf die Seite der Feinde des Vaterlandes geschlagen und dieses den Söhnen des Propheten überliefert haben. Schrecklich genug, dass das Gothenreich an gothischem Verrathe verblutete. Zwar sagt der Pacenser von Roderich: *Regnum cum aemulorum internecione amisit;* wenn damit aber die Söhne Witiza's gemeint sein sollten, wie hat man es sich zu erklären, dass nach glaubwürdigen arabischen Chronisten eben diese Söhne von dem Sieger die Privatgüter ihres Vaters zurückerhielten und behaglich in Sevilla, Cordova und Toledo residirten; dass ihre Schwester Sara von denselben Chronisten nie anders als die „gothische Prinzess" benannt wird; endlich dass ihr Oheim Oppas auch nachher bei den Arabern eine hervorragende und darum nur um so verdächtigere Rolle spielt [1])? Es wird damit zugleich ganz verständlich, wie weitaus die meisten Städte, darunter namentlich Toledo, nicht erstürmt zu werden brauchten, sondern unter leidlichen Bedingungen capitulirten. Gleichwohl liess sich in einem einzigen Anprall das ganze Gothenreich nicht niederreiten: ein Graf Teodemir, der vielleicht am Guadalete mitgekämpft hatte, leistete in der Gegend von Murcia tapfern Widerstand, und als der gegen ihn entsandte Abdelaziz in den Ebe-

---

[1]) P. de Gayangos, *Mahomedan Dynasties. T. II.*

nen von Lorca auch diesen letzten Gegner bewältigt hatte, schloss er mit dem Gothen einen für diesen höchst ehrenvollen Friedensvertrag unter folgenden Bedingungen: „Im Namen des gnädigen und barmherzigen Gottes. Mittelst dieses Vertrags bewilligen Wir dem Teodemir Frieden und volle Sicherheit, damit er im ungestörten Genusse aller seiner Besitzungen bleibe [2]). Dasselbe gilt von allen Christen, seinen Vasallen, denen die freie Ausübung ihrer Religion zugesichert wird. Ihre Kirchen sollen ihnen nicht genommen, zerstört oder verbrannt werden. Ihre Weiber sollen verschont, ihr Eigenthum ihnen belassen werden. Dafür verpflichtet sich Teodemir dem Abdelaziz sieben Ortschaften auszuliefern, und ausserdem entrichtet er für sich und jedes Mitglied seiner Familie jährlich einen Golddenar, vier Maass Waizen, ebenso viel Gerste, Honig, Oel, Essig, und für jeden seiner Vasallen die Hälfte. Keinen Feind des Abdelaziz wird er weder mit Geld, noch mit Waffen, Lebensmitteln, Obdach unterstützen." [3]) Derselbe Abdelaziz soll die Wittwe König Roderich's, Egilo, als Sultanin und noch andere vornehme Gothinnen in sein Harem aufgenommen haben [4]). Wenn der Pacenser die Verwüstung Spaniens mit der Zerstörung Troja's, Babylons und Jerusalems vergleicht, so wie die damalige Lage der Christen mit den römischen Christenverfolgungen, so mögen wohl einzelne Beispiele der Art vorgekommen sein; die allgemeine Regel war es nicht und Isidor widerlegt seine eigene Angabe durch die Lobsprüche, die er dem El-Horr und ganz besonders dem Jahia ben Salema für den Schutz zollt, den sie den Christen angedeihen liessen. Umgekehrt wird Rasis, der von Tarik alle Christen aus Toledo austreiben lässt (Casiri II. 320), durch Isidor berichtigt, und nur darin stimmen alle, christliche sowohl als mohammedanische, Berichte überein, dass die-

---

[2]) Lange freilich bestand die für die Christen so günstige Ausnahmestellung nicht: schon 28 Jahre später wurde Graf Athanagild abgesetzt.

[3]) Casiri, *Bibl. T. II. p.* 105. João de Souza in den *Memorias de Litteratura Portugueza. T. VII. p.* 67.

[4]) *Cum filias regum ac principum pellicatas et impudenter distractas aestuaret (Pac.).* Die Egilo mischte sich in die Politik ihres zweiten Gemahls (*ibid. c.* 42).

jenigen Christen, die nicht zum Islam übertraten, Bodenzins (*Karadji*) und Kopfsteuer (*Djizihed*) [5]) zu entrichten hatten. Ausserdem freilich gingen die Araber in den ihnen unterworfenen Ländern nichts weniger als gleichmässig zu Werke, und von der systematischen Vertheilung des Bodens, die den germanischen Völkerschaften eigen war, findet sich kaum eine Spur. Im Allgemeinen konnte Jeder, der seinen Acker nicht brach liegen liess, denselben behalten [6]), so dass die Sieger sich in einzelnen Fällen mit den herrenlos gewordenen Grundstücken und Gebäuden begnügt haben werden. Don Rodrigo lässt den Kalifen Izit den fünften Theil aller Liegenschaften und ausserdem den Zehnten von allen den Christen belassenen Grundstücken einfordern. Die Umlage geschah nicht in Bausch und Bogen, vielmehr hatte Jeder nur für seine eigene Person aufzukommen, und wenn er sich versteckt hielt, ging er frei aus. Sandoval citirt einen arabischen Schriftsteller aus Coimbra, um das Jahr 734, der, ein seltener Fall unter seinen Glaubensgenossen, es nicht verschmäht, sich ausführlicher mit der Lage der Christen zu befassen, und man erfährt durch ihn, dass der Statthalter von Coimbra von den Christen die doppelte Kopfsteuer der Mauren, für jede Kirche 25 Unzen feines Silber und für ein Kloster 50 Unzen einforderte. Zwischen den Jahren 861—863 machte sich in Cordova der Graf der dortigen Muzaraber [7]), Namens Servandus, bei seinen Glaubensgenossen besonders verhasst, weil er in sträflichem Einverständniss mit den Feinden des Christenthums von den Christen 100,000 Dukaten erpresste, wobei einer seiner Anverwandten, Bischof Hostegesis, den Angeber derer spielte, die ihren Namen verschwiegen, um

---

[5]) Gayangos. I. 103. 398.

[6]) Worms, *Récherches sur la constitution territoriale de la propriété dans les états musulmans.*

[7]) Nicht Mischaraber, sondern Christen, die das Arabische radebrechten. Von Cordova lässt es sich durch Urkunden beweisen, dass die Muzaraber sich eifrigst auf das Arabische legten, und haben sich eine Menge arabische Benennungen für Beamte im Spanischen erhalten. In dem *Fuero*, das Alfons VI. den Muzarabern von Toledo verlieh, heissen sie *mosarates (mostarab)*.

sich der Besteuerung zu entziehen. Die Christen standen demnach unter ihrer eigenen Obrigkeit: Grafen und Richter [8]) sprachen Recht nach dem Gothen-Gesetz, und nur wenn auf Todesstrafe erkannt war, musste die Erlaubniss zur Vollstreckung derselben von dem maurischen Alcayde (*Alkaid* = *dux*) oder Alguazil (*El-Wassí* = *Wesir*) eingeholt werden. Vor diesen hatte der christliche Richter den nach Gothenrecht des Todes Schuldigen zu führen und den betreffenden Gesetzartikel vorzuweisen, worauf nach Entrichtung einer Summe von 10 Unzen seinem Begehren willfahrt wurde. Neben dem Grafen geschieht eines Censor und Exceptor Erwähnung, beide offenbar Steuerbeamte (*censor* von *census*), ohne dass ich mich erinnere, vor der Maurenzeit von einem spanischen Censor gelesen zu haben. Tödtete oder beleidigte ein Christ einen Mohammedaner, so ward er von dem Alguazil oder Alcalden (*Kadhi*=*judex*) nach maurischem Rechte gerichtet; that er einer Mohammedanerin Gewalt an, so musste er zum Islam übertreten, das Frauenzimmer ehelichen, oder sterben. War er bereits verheirathet, so traf ihn unter allen Umständen der Tod. Trat ein Christ in eine Moschee, lästerte er Allah, oder den Propheten, so musste er übertreten, oder sterben. Mit dem Leben büsste der Bischof, der einen Fürsten der Moslem verfluchte. Der Priester durfte nur bei geschlossenen Thüren die Messe feiern: der Uebertretungsfall kostete ihn 10 Unzen.

Abderrahman-ben-Abdallah (730) soll den Christen die Kirchen, die ihnen vertragswidrig entrissen worden, wieder zurückgegeben haben [9]), und als Abderrahman der Grosse die Moschee in Cordova zu bauen anfing, die für den abendländischen Islamismus dasselbe bedeuten sollte, was Mecca für den morgenländischen, liess er den Christen für den Platz, auf dem eine ihrer Kirchen stand, eine angemessene Summe ausbezahlen, wofür sie vor der Stadt eine neue Kirche bauen konnten. Zu

---

[8]) Sandoval, *Cinco Obispos.* p. 14 u. 82: *Et christiani habeant in Colimb suum comitem, et in Goadatha alium comitem de sua gente, qui manteneat eos in bono Juzgo, et isti componant rixas inter illos.* Berganza, *Antigüedades de España. Lib. II. c. 1.*

[9]) Conde, *Historia de la dominacion de los Arabes en España. P. I. c.* 24.

einer freiwilligen Abtretung hatten sie sich nicht verstehen wollen. Weil Cordova damals der Mittel- und Glanzpunkt der spanischen Mauren war, wetteiferten die dort ansässigen Christen mit den Arabern in der Errichtung von Bildungsanstalten, die sich selbstverständlich an Kirchen anschlossen [10]) und nicht aufhörten, insgeheim Propaganda zu machen. Bei der um die Mitte des 9. Jahrhunderts daselbst über die Christen verhängten, nicht unverschuldeten Verfolgung waren mehrere der Blutzeugen von arabischer Abstammung. Der h. Aurelius war der Sohn eines mohammedanischen Vaters und einer christlichen Mutter, und wurde als Waise von der Schwester seiner Mutter erzogen; später verheirathete er sich mit einem Mädchen aus angesehener Familie, das im Islam zwar geboren, später aber zum Christenthum übergetreten war, nachdem ihre Mutter in zweiter Ehe sich einem Manne verbunden, der insgeheim Christ war. Das Mädchen erhielt in der Taufe den Namen Sabigotho. Aehnliche Fälle waren nichts Seltenes und liessen sich besonders viele Christen herbei, arabische Namen anzunehmen [11]). Noch wundersamer klingt es, dass sich Christen unter der Leibwache der Maurenfürsten befanden, ja, dass die Söhne der vornehmsten und angesehensten Muzaraber sogar ihre Erziehung in dem königlichen Palast erhielten. Es scheint, dass die Maurenfürsten nicht bloss zur Bewachung ihrer Harems sich vorzugsweise christlicher Eunuchen bedienten, wie denn bei der Christenverfolgung, die Eulogius beschreibt, zwei solche, einer aus Granada, der andere aus dem Morgenlande, eingekerkert wurden; sondern namentlich auch ihre Leibwachen aus christlichen Sklaven bildeten. Die Juden verkauften ganze Schaaren deutscher oder slavischer Leibeigenen an die Araber, und selbst ein Kaplan Ludwigs des Frommen, Namens Bodo, der auf einer Reise nach Rom zum Judenthum übergetreten war, verkaufte seine

---

[10]) Schon um vieles früher hatten die Juden mit ihren Synagogen Schulen und Fremdenherbergen verbunden, was bei den muselmännischen Moscheen noch in höherem Grade der Fall war.

[11]) Schätzbare Notizen finden sich in den Werken des Bischofs Eulogius von Cordova, der selbst gefangen sass, besonders in seinem *Memoriale Sanctorum (Hispania Illustrata. T.IV.)*.

Begleiter an die Ungläubigen [12]), um sich nach Cordova zu begeben, wo er mit dem Christ gewordenen Juden Alvaro dogmatische Streithändel anfing. Die merkwürdige Thatsache hat zuerst Reinaud [13]) in das rechte Licht gestellt und ist daran besonders das auffallend, dass späterhin diese Deutschen oder Slaven, von denen schwer zu sagen ist, wie die Juden dieselben käuflich an sich brachten, die nämliche Rolle spielten wie die Janitscharen unter den Türken. Im fünften Jahrhundert der Hegira gab es eine eigene Slavenpartei, die Amiriden, die den Kampf mit den Berbern, die unter Almanzor gedient, offen aufnehmen konnten. Diese Slaven hiessen Çacalibah, und obschon Sklaven besassen viele von ihnen bedeutende Reichthümer. Dass alle sich zum Islam bekannten, was Dozy [14]) behauptet, ist wenigstens für die beiden ersten Jahrhunderte der Maurenherrschaft nicht sehr wahrscheinlich: die Fürsten, welche christliche Pagen [15]) um sich hatten, werden sich um den Glauben ihrer Leibwächter nicht allzu viel bekümmert haben. Einer derselben wurde während der Christenverfolgung gekreuzigt [16]), die als eine kräftige Reaction des christlichen Elements gegen die gefährliche Vermischung mit dem Araberthum angesehen werden muss und die Folge hatte, dass die Christen eine Zeit lang aus den Reihen der maurischen Armee ausgestossen wurden, bis der Kalif Mohammed sie wieder zu Gnaden annahm.

Einige mehr fanatische, als besonnene und nachhaltige Auf-

---

[12]) *Annales Bertiniani a. a.* 839 u. 847. Duchesne. *T. III. p.* 156. Unter Carl dem Kahlen machte der Hebräer Judas den Briefträger zwischen Barcelona und dem Frankenkönige. Carl nennt ihn „*fidelem meum Judam.*"

[13]) *Invasions des Sarrazins en France. p.* 233.

[14]) *Récherches sur l'Histoire politique et littéraire d'Espagne. T. I. p.* 28.

[15]) *Memor. Sanct. Lib. II. c.* 2 u. 13 u. 15. Aymonius, *De translat. martyr.* § 10 u. 15.

[16]) *Sanctus vero Sanctius, auditor noster, laicus adolescens, ex Alabensi (Morales: Albensi = Apt,* oder *Alby) oppido Galliae Comatae olim captivatus, nunc autem inter militares regis pueros liber praescriptus et regalibus annonis nutritus, in eadem urbe regia, sub eadem professione nonas Junias, Era qua supra* (889), *feria sexta prostratus est et affixus.* Eulogius, *Memor. Sanct. Lib. II. c.* 3.

raffungen der Muzaraber abgerechnet, lässt sich ihrem sittlichen Zustande nicht allzu viel Gutes nachrühmen. Gewaltsame oder Simonische Bischofswahlen [17]); klägliche Unwissenheit der Geistlichen, die nicht einmal die Sacramentsformeln auswendig wussten; Vernachlässigung des Studiums der heiligen Schrift über schülerhafter Nachäffung der arabischen Literatur [18]), und schwach-

---

[17]) Die kostbarste Quelle ist der „*Apologeticus*" des frommen Abts Samson von Cordova. *Esp. Sagr.* XI 325 Ausserdem die Briefe von Alvaro. *ibid.* 81.

[18]) Alvarus, *Indiculus luminosus c.* 35: *Dum eorum versibus et fabellis mille suis delectamus, eisque inservire, vel ipsis nequissimis obsecundare etiam praemio eminus; et ex hoc vitam in saeculo ducimus, vel corpora saginamus, ex inlicito servitio et execrando ministerio abundantiores opes congregantes, fulgores, odores, vestimentorumque sive opum diversarum opulentiam .... Dum illorum sacramenta inquirimus et philosophorum, imo philocomporum sectas scire non pro ipsorum convincendis erroribus, sed pro elegantia leporis et locutione luculenter disserta, neglectis sanctis lectionibus congregamus, nihil aliud quam numerum nominis ejus in cubiculo nostro quasi idola conlocamus. Quis, rogo, hodie solers in nostris fidelibus laicis invenitur, qui Scripturis Sanctis inventus volumina quorumquumque Doctorum latine conscripta respiciat? Nonne omnes juvenes christiani vultu decori, lingua disserti, habitu gestuque conspicui, gentilicia eruditione praeclari, arabico eloquio sublimati, volumina Caldaeorum avidissime tractant, intentissime legunt, ardentissime disserunt, et ingenti studio congregantes lata constrictaque lingua laudando divulgant, ecclesiasticam pulchritudinem ignorantes, et Ecclesiae flumina de paradiso manantia quasi vilissima contemnentes. Heu pro dolor! linguam suam nesciunt Christiani, et linguam propriam non advertunt latini, ita ut omni Christi collegio vix inveniatur unus in milleno hominum numero, qui salutatorias fratri possit rationabiliter dirigere literas.* Uebereinstimmend Abt Samson (*Apolog. Lib. II. c.* 7): *Ubi si latinitatem quis quaerat, difficilem poterit invenire; si orthographiae disciplinam, nullam sentiet esse.* Samson musste die Briefe, welche der Kalif Mohammed an Karl den Kahlen richtete, ins Lateinische übersetzen, wie er (*Apol. II.* 9) selbst erzählt: *Dum epistolae regis Hispaniae ad regem Francorum essent sub Era DCCCCI* (863 *p. C.*) *dirigendae, appellatus ex regio decreto ego ipse, quatenus, ut pridem facere consueveram, ex Caldaeo sermone in Latinum eloquium ipsas litteras deberem transferre, adfui et feci. Annal. Bertin. a. a.* 863: *Legatum Mahomet regis Sarracenorum, cum magnis et multis muneribus ac literis de pace et foedere amicali loquentibus solemni more suscepit ... a. a.* 865: *Carolus missos suos, quos precedenti anno Cordubam ad Mahomet direxerat, cum multis donis, camelis vid. licet lecta et papiliones gestantibus, cum diversi generis pannis et multis odoramentis in compendio recipit.*

müthige Nachgiebigkeit gegen die Sitten und Gebräuche ihrer Besieger bis zu dem Grade, dass Alvaro in die Klage ausbricht: *Dum circumcisionem ob improperantium ignominiam devitandam, despecta cordis quae principaliter jussa est, cum dolore etiam non modico corporis exercemus, quid aliud quam ejus notam in mente et membro portamus?* Gleichwohl kommen auf Cordova allein 18 Kirchen und Klöster, von denen in sicher beglaubigten Urkunden die Rede ist; nur war es unter den gegebenen Umständen gar nicht möglich, dass die Kirchenlehre, abgeschlossen von der übrigen Christenheit, wie ihre Bekenner waren, und ohne den Antrieb der Bildung, eine gesunde Entwickelung nahm. Entweder artete der Christenglaube in opferwilligen Fanatismus aus, dessen Feuer nie lange anhielt, oder benahmen sich die Bischöfe, ähnlich jenem Hostegesis in Malaga und seinem Geistesverwandten, Bischof Recafred von Cordova und später von Sevilla, als Despoten ihren Glaubensgenossen gegenüber und von ebenso grosser Nachgiebigkeit gegen ihre mohammedanischen Gebieter. Man muss die kirchlichen Bewegungen in Cordova während des 9. Jahrhunderts kennen, um den raschen Verfall solcher christlichen Gemeinschaften zu begreifen, die auf sich selbst und auf ihre Berührung mit nichtchristlichen Bildungselementen angewiesen sind. Gerade in die Zeit der Verfolgung fallen zwei in Cordova gehaltene Concilien, auf deren einem Abt Samson mit seinem durchaus rechtgläubigen Bekenntniss verurtheilt wurde. Dagegen fehlt es an einem genügenden Erklärungsgrunde dafür, dass im südlichen Spanien seit dem Einfall der Araber selbst unter der muzarabischen Geistlichkeit fast lauter gothische Namen vorkommen, wenn man nicht annehmen will, dass die katholischen Romanen in der Mehrzahl zum Islam übertraten oder gothische Namen annahmen. Oder sollten sie vielleicht durch die gothische Bevölkerung absichtlich in den Hintergrund gedrängt worden sein?

Bedrückt können die Muzaraber auch anderwärts nicht geworden sein; wenigstens führten Votus und Felix in Çaragoça, bevor sie sich der Frömmigkeit ergaben, ganz das flotte Leben der damaligen Ritterschaft [19]). Ungünstiger müssen sich indessen die Verhältnisse schon im 10. Jahrhundert gestaltet haben, als Kaiser Otto der Grosse eine Gesandtschaft, an deren Spitze der Benediktinermönch und nachmalige Abt Johann von Gorze (Diöz. Metz), bekannter unter dem Namen Jean de Vendières, stand, mit einem ziemlich hochfahrenden Schreiben nach Cordova abgehen liess und ein byzantinisches Herrscherrecht beanspruchte. Dem davon in Kenntniss gesetzten Kalifen Abderrahman III. wurde es nicht recht wohl bei der Sache und er schickte der deutschen Gesandtschaft den Juden Hasdeu [20]) entgegen, um den Mönch auszuhorchen, was er denn eigentlich wolle, und der Bischof von Cordova fügte seinerseits die Bitte bei, Johannes möchte durch unzeitige Drohungen die durchaus leidliche Lage der Christen nicht verschlimmern und sich daran nicht stossen, dass sie sich beschneiden lassen und die mohammedanischen Speisegesetze beobachten. Der deutsche Sendbote verlangte gleichwohl sein beleidigendes Schreiben nach Cordova zu überbringen, mochte geschehen was da wollte, hatte jedoch nichts einzuwenden, als ein muzarabischer Graf sich erbot, zu dem Kaiser nach Deutschland zu reisen und von ihm ein in angemessenen Ausdrücken verfasstes Schreiben zu erwirken. Diess geschah und Johannes, der so lange, über ein Jahr, gewartet hatte, konnte nunmehr Gehör beim Kalifen erlangen und des ihm gewordenen Auftrags sich entledigen.

---

[19]) *Tempore quo saevitia Arabum Caesaraugustam subjugaverat, in praefata urbe duo constiterant fratres Votus et Felix. Hi inter rabida paganorum degentes commercia nimis affluebant divitiis, erantque milites strenuissimi. Votus venatui cervorum aprorumque erat deditus. Venditis namque patrimoniis, praediis quoque ac vineis, omnibusque supellectilibus, servis et ancillis libertate donatis & &* (*Esp. Sagr. XXX.* 401).

[20]) Die spanischen Juden bildeten eine eigene Klasse von geschäftlichen Zwischenträgern und diplomatischen Unterhändlern zwischen den beiden feindlichen Religionsparteien. Der lehrreiche Bericht steht in den *Acta Sanctorum* (*XXVII. Februar.*), *T. III. p.* 712, und bei Pertz (*Script. IV.*). Der Bischof von Cordova theilte ihm mit: *Legibus nos propriis uti non prohibemur . . .* [*qui quos P.*] *diligentes christianitatis viderint observatores, colunt et amplectuntur, simul ipsorum convictu delectantur, cum Judaeos penitus exhorreant . . . Pro tempore igitur hoc videmur tenere consilii, ut, quia religionis nulla infertur jactura, caetera eis obsequamur, jussisque eorum, in quantum fidem non impediunt, obtemperemus.*

Der Graf Recemund, der die Sendung an den Kaiser unter der Bedingung übernahm, dass der Bischof ihm die erste erledigte Kirche übertrage (!), war bereits nicht mehr Richter im frühern Sinne des Wortes: da die Araber von den Christen forderten, dass sie ihre gerichtlichen Klagen und was damit in Verbindung stand schriftlich abfassten, nahm Recemund vor dem Palast nach Anhörung der Parteien alle dergleichen Schriften in Empfang, trug sie hinein und brachte das Erkenntniss gleichfalls geschrieben zurück, ohne dass sich ersehen liesse, wer dasselbe gefällt [21]). Er war Hofbeamter in der Eigenschaft eines Untersuchungsrichters und theilte dieses Geschäft mit noch Mehreren. Eines in das Andere gerechnet war der Zustand der unterworfenen Christen immerhin erträglich, aber mehr nicht als erträgliche Unfreiheit. Was von den Gothen die Freiheit höher schätzte als Geld und Gut, schaarte sich in den rauhen Bergen Asturiens um ein im Krystallisationsprocess begriffenes Königthum. Vorläufig war Alles verloren, selbst die Ehre nicht ausgenommen, aber um sie wieder einzulösen, hatten sie ein unfehlbares Mittel mitgebracht — gute Klingen, worauf die Losung: „Frischen Muth und keinen Frieden!" Das alte Gothenblut fing von neuem zu wallen an, dem die Vermischung mit fremdem Blute einer Verunreinigung gleichkam [22]), und das

---

[21]) § 128. *Extitit inter palatina officia Recemundus quidam, adprime catholicus et litteris optime tam nostrorum quam ipsius, inter quos versabatur, linguae arabicae instructus. Qui tantum in Regia habebat officii, ut diversorum pro necessitatibus ad palatium concurrentium causis extra auditis, quia litteris omnes ibi querimoniae vel causae signantur et resignantur, hic notata inferret, itidemque responsa scripta referret: pluresque eidem alii erant officio delegati . . . . Ecclesia forte aliqua vacua recens erat Episcopo: hanc munus ejus petit laboris. Facile obtentum, atque ex laico Episcopus repente processit.*

[22]) In einer Schenkungsurkunde des Grafen Teudo von Coimbra an Aydulf, Abt des Klosters von Lorban, (v. J. 760) heisst es: *Et mando filiis meis Athaulfo, Theodorico et Hermenesendo, quod servent vobis id quod mando. Si sic non fecerint, sint maledicti et non sint habiti per generationem Gothorum, nec guvernent viros christianos in Colimbria.* Unter den Zeugen steht ein *Julianus, judex christianorum de Colimbria* (Huerta, *Anales del reino de Galicia. App. XI.*). Coimbra stand damals unter maurischer Herrschaft.

Unglück brachte diejenigen zur Besinnung, die im Glücke sich nicht zu mässigen gelernt hatten. Es ist darum auch keineswegs blosse Redensart, wenn die Chronisten versichern, in Asturien seien die Gothen in sich gegangen und haben die frühern Lebensordnungen wiederhergestellt. Der König zwar, den sie über sich setzten, war um nicht viel besser daran als Romulus, wie er den Palatin mit einer Mauer umgab; welchen Werth aber hätten Glücksgüter für sie haben können, die um den Preis der Freiheit hätten erkauft werden müssen! Gerade darum handelte es sich, dass sie den wahren Werth des Lebens kennen und die Freiheit höher schätzen lernten als vergänglichen Besitz.

Das asturische Königthum, womit das zweite Reich beginnt, ist in Betreff der Staatseinrichtungen nichts als die Fortsetzung des alten Reichs, mit seinen Vorzügen ebenso wohl als mit seinen Mängeln. Und wo hätte überhaupt der Stoff, oder auch nur der Antrieb hergenommen werden sollen, um sich in neuen Lebensordnungen zu versuchen? Was die Albelder Chronik (c. 58) von Alfons III. sagt: *Omnem Gothorum ordinem, sicut Toleto fuerat, tam in ecclesia quam palatio in Ovieto cuncta statuit,* passte schon auf Don Pelayo, natürlich nur in kleinerem Massstabe und insoweit das armselige Gebirgsdorf Cangas sich mit dem königlichen Toledo vergleichen liess. War es nun aber ein entschiedener Gewinn, dass die Neugothen ihre politische Vergangenheit nicht vergessen hatten, so zeigte es sich andererseits nur zu bald, dass sie ebenso wenig ihr Erbübel, die Unverträglichkeit [21]), sich aus dem Sinne schlagen konnten, überhaupt zu wenig gelernt hatten. Kaum dass die Grenzen des freien Spaniens sich erweitert hatten, setzte Don Garcia, der die Residenz von Oviedo nach Leon verlegte, seine Brüder Fruela und Ordoño über Astu-

---

[21]) Aeussert doch der Mönch von Silos über die Söhne von *Don Fernando el magno: Scrutare etenim regum gesta, quia sociis in regno numquam pax diuturna fuit. Porro hispanici reges tantae ferocitatis dicuntur fore, quod quum ex eorum stirpe quilibet regulus adulta aetate jam arma primo sumpserit, sive in fratres seu in parentes si superstites fuerint, ut jus regale solus obtineat, pro viribus contendere parat* (*Esp. Sagr. XVII.* 274).

rien und Galizien, und sein Sohn Ferdinand der Grosse beging den ganz unverantwortlichen Missgriff, das ganze Reich unter seine Söhne zu theilen [24]). Das Verhältniss des Königs zu den Grossen des Reichs (*principes, potestates terrae, proceres, magnates, primates, richi-homines*), namentlich zu den Palatinen (*magnates palatii* oder *logae palatii, optimates aulae vel scholae regis, majores* oder *nobiles palatii, ordo consularis*) bestand un-

---

[24]) Ganz unstatthaft ist es, das eifrige Bemühen des Chronisten, der die Rechtscontinuität zwischen dem alten und dem neuen Reiche herstellen möchte, dahin auszudehnen, dass mit D. Pelayo die Monarchie erblich geworden. So Pellicer (*Anales de la monarquía de España. Lib. III. c.* 32. 107. 109. 114), Luis de Molina (*De primogenitis*), Palacios Rubios (*Glossemata legum Tauri*), De Mondéjar (*Memorias históricas del rey Don Alonso el Sábio. Lib. V. c.* 35), Salazar de Mendoza (*Monarquía de España. Lib. II. tit.* 2. *c.* 4). Allerdings herrschte der Grundsatz, den Sohn auf den Vater folgen zu lassen, entschieden vor, selbst nachdrücklicher als unter der ersten Monarchie; aber wenn man auch möglichst sich an die Fiction einer königlichen Familie hielt, so gehörte zur Gültigkeit der Thronbesteigung doch immer irgend ein Wahlact, wenn auch nur in der Form einer Bestätigung. Der Chronist Sebastian sagt: *Silone defuncto Regina Adosinda cum omni officio palatino Adefonsum filium fratris sui Froilani regis in solio constituerunt paterno: sed praeventus fraude Maurecati tii sui, filii Adefonsi majoris de serva tamen nati, a regno dejectus*; derselbe äussert über Vermudo I: *sponte regno dimisit ... subrinum suum Adefonsum, quem Maurecatus a regno expulerat, sibi in regno successorem fecit.* Desgleichen der Mönch von Silos: *petentibus totius regni magnatorum conventibus, quum in paternum solium invitus inthronizaretur, post trium annorum circulum desiderato voto satisfaciens, deposito diademate, vice sua Aldefonsum Castum nepotem suum regem constituit.* Grundsätzlich war gegen früher nichts geändert. D. Ramiro III. wurde auf den Cortes von Leon (974), in Anbetracht der Verdienste und Tugenden seiner Tante Doña Elvira, gewählt (*Esp. Sagr. XXIV. App.* 20) und noch D. Fernando el magno, der die Grafschaft Castilien von seiner Mutter, Doña Mayor, das Königreich Leon von seiner Gemahlin, Doña Sancha, überkam, bekannte sich unumwunden zu dem Grundsatz: *Dum nos apicem regni conscendimus, et tronum gloriae de manu domini et ab universis fidelibus accepimus* (*Esp. Sagr. XIV. n.* 10). Das erste Beispiel einer Regentin bietet gleichfalls Doña Elvira dar, worauf eine andere Elvira die Regentschaft für ihren minderjährigen Sohn Alonso V. führte. Auch darin blieb man dem alten Herkommen treu, dass die Wittwe des verstorbenen Königs gewöhnlich ins Kloster ging, so noch Doña Sancha, Wittwe Ferdinands des Grossen (1065).

verändert fort, so weit die äussere Lage der Dinge nicht allerlei Ermässigungen und verminderten Glanz mit sich brachte. Auch die höhere Geistlichkeit nahm nach wie vor an allen Staatsactionen Theil, meist noch in höherem Grade als früher, zugleich aber auch ohne die bedenkliche Beimischung romanischer Sympathien. Man stösst nur auf gothische Namen in beiden Ständen, und jener Zwiespalt des Bluts, der noch unter Witiza Uneinigkeit und Verwirrung veranlasst hatte, zeigte sich als vollständig ausgeglichen, sei es dass die Romanen aus den höhern Staats- und Kirchenämtern gänzlich ausgeschieden waren, sei es dass sie ihre Namen mit gothischen vertauschten und weiter nichts sein wollten als Gothen. Auch in Betreff der Bischofswahlen war keine Veränderung eingetreten: bald fanden sie auf Concilien, bald durch den König Statt, wohl gar mit Zustimmung des Volkes [25]; häufig, jedoch keineswegs regelmässig [26]), erscheinen in den Urkunden die Personen vornehmen Standes als Bestätiger (*confirmantes*), die gemeinen Leute als Zeugen (*testes*) [27]). Selbst die alten Hof- und Kronämter sind

---

[25]) In einer Schenkungsurkunde Alfons des Grossen an die Kirche von Orense i. J. 886: *post passassionem vitae illius Censericum in loco ejus episcopum ordinavimus.* Später (925): *Rex Sisnandum incarceravit, et annuente clero et populo Rudesindum substituit.* — Ein anderes Mal (927): *Adefonsus . . . episcopum contra instituta majorum et canonica censura subrogavit.* Endlich unter Alfons VI. (1086): *De creando Toletano praesule deliberatio suscepta. Omnium communi suffragio electus est Bernardus S. Facundi Abbas. Memorias de Litteratura Portugueza. T. VII. p.* 142. Nicht weniger zahlreich sind die Beispiele von Ab- und Gefangensetzung Geistlicher auf Befehl des Königs (*Hist. Compost. I.* 2, 7 u. 9).

[26]) Der gelehrte Antonio Caetano do Amaral in der Abhandlung: *Sobre o estado do terreno, que hoje occupa Portugal, desde a invasão dos Arabes até á fundação da Monarchia Portugueza (Memorias de Litteratura Portugueza. VII.* 139*)* verfiel in diesen Irrthum.

[27]) Die Bezeichnung, unter welcher die Vornehmen auftreten, ist natürlich sehr verschieden. In einer Schenkung Alfons des Keuschen an die Erlöser-Kirche in Oviedo (26. Nov. 812): *quicumque rex, aut archiepiscopus, comes, vicecomes, majorinus, sagio (Esp. Sagr. XXXVII.* 316*)*; wogegen in einer Urkunde Alfons V. *d. d.* 19. Sept. 1012: *ubi constituti fuerunt omnem togam Palatii, Episcopi et Comites (Esp. Sagr. XXXVI. App.* 18*).* Andere Formeln lauten: *cum consilio et consensu Comitum et Principum meorum* (J. 804. *Esp. Sagr. XXVI.* 442*)*; *cum majoribus no-*

Anfangs noch nicht ganz verschwunden, indessen beschränken sie sich zunächst auf den *Majordomus* und *Armiger* [28]), von denen ersterer weitaus am häufigsten in den Urkunden erscheint. Etwas später spielt der Kanzler mit einem entsprechenden

---

stri palatii (J. 824. *Esp. Sagr. XIX.* 329); *placuit mihi . . . ac omnibus magnatis visum est tam nobilium personarum, quam etiam infimarum* (J. 832. *Esp. Sagr.* XL. 371); *cum assensu Archiepiscoporum, Episcoporum, Abbatum et nostrorum Principum, et omnium Hispaniae Christianorum* (J. 844. *Esp. Sagr.* XIX. 330); *si quis . . . tam potestas regalis, quam ordo consularis, seu episcopalis, majordomus, vel scio* (J. 853. *Esp. Sagr.* XXXVII. 319); *cuncti Magnati toga palatio regis* (1. Dec. 960. *Esp. Sagr.* XXXIV. 272); *per comites, per potestates et milites* (J. 993. *Esp. Sagr.* XIX. 390); *omnes Magnati atque Fideles palatii nostri* (J. 1000. *Esp. Sagr.* XXXVI. *App.* 7.); *cum omnium toga palatio* (J. 1016. *Ibid. p.* 33), und weiterhin: *ordinasse nostros barones; nobilium eorum curiae . . . palatii* (J. 1056, *Esp. Sagr.* XXXVIII. 303); *omnis militia regalis palatii* (J. 1075. *Esp. Sagr.* XXXVIII. 323). Man bemerkt das allmälige Aufkommen feudalistischer Ausdrücke, was mit dem massenhaften Erscheinen der Franzosen auf spanischem Boden zusammenhängt, so besonders in der Reihenfolge: *Reges, Comites, Principes, Milites* (Berganza, *Antigüedades de Castilla. T. II. p.* 420), *omnis militia palatii regis* in einem *Fuero* D. Sancho's des Aeltern von Navarra.

[28]) *Esp. Sagr.* XIX. 330. XXXIV. 444. 452. 464. XXXVI. *App.* 20. u. 24. u. 35. u. 53. XXXVIII. 328. Statt *Majordomus* kommt einige Male *Ecconomus* (*Ichonomus, Egonomus, Equinomicus*) *Regis* vor (*Esp. Sagr.* XXXVIII. 325. XXXV. 411). Dem *Armiger* (*Esp. Sagr.* XXXIV. 472 u. 473. XXXVI. *App.* 19 u. 25. XXXV. 33. XXXVI. *App.* 44. u. 53. u. 63.) entsprach der portugiesische *Alferes-mór*. In anderen Urkunden begegnet man neben dem *Majordomo Regis* einem *Signifero* und *Chancellario Domini Regis* (J. 1228. Gonzalez, *Coleccion de Simancas. T. V. p.* 153), wenn nicht einfach: *Curiae signifer* (v. J. 1104. J. P. Ribeiro, *Dissertacões Chronologicas. T. I. p.* 57); auch war wohl zuweilen aus dem Fahnenträger ein arabischer *Alférez* (*el-faris*) geworden (Gonzalez. VI. n. 222. a. d. J. 1042). In einer Urkunde aus derselben Zeit (J. 1045) zeichnen als Kronbeamte ein *Mayordomo mayor del Rey*, ein *Justicia mayor de casa del Rey*, ein *Almirante mayor de la mar e Guarda mayor del Rey*, ein *Notario mayor de Castilla*, ein *Camarero del Rey*. (Muñoz y Romero, *Coleccion de Fueros municipales. T. I. p.* 202). Ein *Dispensator Regis* (J. 1075. *Esp. Sagr.* XXVI. 458), ein *Mayordomus Curiae Regis* und *Alfieriz* (Sota, *Crónica de los Principes de Asturias. p.* 682) endlich auf den *Majordomus* und *Alférez* ein *Notarius Regis*, mit dem Beisatz: *Raimundo existente Cancellario* (J. 1176. Merino, *Escuela Paleographica. p.* 160), geben einen ungefähren Einblick in das Wesen der Kronämter bis gegen den Schluss des 12. Jahrhunderts.

Schreiberpersonal eine hervorragende Rolle, und da, abgesehen von dem *major Merinus*, in einem an *Burgos* bewilligten Freibrief [29]) (1237) neben den Unterschriften des Kanzlers und Kämmerers vermerkt wird, das Amt des Erzbannerträgers sei unbesetzt (*Alferzia Domini Regis vacat*), so darf man folgern, dass diese drei Hofämter die einzigen stehenden waren, um so mehr als Kämmerer und Bannerträger in der Regel zusammen aufgeführt sind [30]). Selbst von Herzogen ist hin und wieder die Rede, übrigens aber nur in der Bedeutung von Grafen [31]), wozu man schon in dem alten Reiche den Anfang gemacht hatte. In der Stellung der Grafen hatte sich nichts Wesentliches geändert, nur der Name ist manchmal mit dem römischen Worte „*Consul*" [32]), noch häufiger mit dem arabischen „*Alvasil*" oder „*Alvasir*" [33]) vertauscht; dieselbe Bewandtniss hat es mit

---

[29]) Miguel de Manuel, *Memorias para la vida del rey D. Fernando III. P. III. p.* 433.

[30]) Wie man sich leicht denken kann, begegnen ausserdem hin und wieder andere Hofbeamte, z. B. ein *Dapifer* und *Censor* (*Procurator fiscal*) *Regis*, sowie abweichende Bezeichnungen für die oben genannten Würden, wie *Majorinus curiae Regis*, *Primiclerus*.

[31]) Eine Unterschrift bei Yepes (*Crónica general de la Orden de S. Benito. T. V. p.* 424) lautet: *Comes et Dux*. In einer Urkunde des Universitätsarchivs von Coimbra (J. 1017. *Memor. de Litter. Port. VII.* 149) heisst dieselbe Person das eine Mal *Dux*, das andere Mal *Comes*, und Alfons V. sagt von ihr (*Esp. Sagr.* XXXVI. *App.* 18): *Menendus Dux Gallaeciae, qui vicarius et nutrix meus erat.* Auch in den Akten des Concils von Coyanza (1050) heisst Sancho bald Herzog, bald Graf von Castilien.

[32]) *Ego martinus munionis Preses Colimbrie et gener Consulis Domni Sisnandi* (*d. d.* 22. April 1093, im erzbischöflichen Archiv als Unterschrift des Foral von Coimbra); derselbe Martinus heisst in einer andern Urkunde: *Comes* (Brito, *Monarchia Lusitana. P. II. p.* 548), in einer dritten: *Imperans Colimbria* (*ibid. p.* 550), in einer vierten *Dux*. Vermuthlich stammte die Bezeichnung „*Praeses*" und „*Consul*" noch aus der Araber Zeit, denen sich der auch anderwärts Consul geheissene Sisnand furchtbar zu machen wusste. In dem *Fuero*, das kurz nach der Wiedereroberung Toledo's Alfons VI. den dortigen Muzarabern bewilligte, zeichnete ein Zeuge: *Toletanorum populi judex atque praepositus.*

[33]) Derselbe Sisnand kommt mehrmals als Alvasil von Coimbra vor (*Esp. Sagr.* XXXVIII. 311. Joaquim de Sancta Rosa *de Viterbo*, *Elucidario Portuguez. s. v. Alahoveiniz*, wo jedoch statt MCVIII. zu lesen ist: MCXXVIII.).

dem *Vicarius* [34]), dessen Platz mehr und mehr der *Vicecomes* [35]) einnahm. Ausnahmsweise geschieht gleichbedeutend mit *Vicarius* auch des Thyuphads Erwähnung in einem Freibrief des Klosters Cardeña (17. Febr. 1039) [36]): *Vetuimus de eas Tiufadus et Judices et Saiones nostros, sive et annuteba et per suos judicios foro Burgensi, ut sint ingenuas ab omni re, et non abeant super se nullum alium Ducem, nisi Abbas qui Caradigna regerit.*

Bei alledem würde man das höhere Beamtenthum der zweiten Monarchie missverstehen, wollte man dem mehr und mehr in Aufnahme kommenden *Majorinus* neben den andern einen besondern Berufskreis zuerkennen. Als *major Merinus* stand derselbe den Provinzen mit denselben Befugnissen vor, die ehedem dem Herzoge zukamen, und als einfacher *Majorinus (Merino,* Amtmann) [37]) behauptete er die Stelle eines Grafen [38]),

---

[34]) Auch dabei kann Graf Sisnand als Beleg dienen, von dem es in einer Urkunde des Klosters Arouca heisst: *In presentia Sisnandus Alvazir et Vigarii sui Fredariz.*

[35]) *Concil. Cojacense* (c. 13): *Rex, Comes, Vice-Comes, Majorinus, Sagio.* In den castilianischen Texten wird der Vicegraf durch Bizconde oder Vizconde übersetzt.

[36]) Berganza, *Antigüedades. II.* 419. Desgleichen in einem Aktenstücke d. J. 1054: *quod temporibus gloriosisimi domini Fredenandi principis, posidente comitatum vel judicatum terre limiense [Limia] comite sancio Velascoz, et discribendo vel perquirendo exactores regie tiufadus vel vicarius* (Bibliothek der Madrider Akademie).

[37]) Der Name *Merino,* vom spanischen Schaafe gebraucht, wird aus dem Arabischen und weiterhin aus dem Syrischen (*Im'ri*, *Im'rin*) stammen, wo das Wort „Schaaf" bedeutet. Der Talmud berichtet, die Bewohner von Marun oder Merun hätten Schaafszucht getrieben (Rapaport bei Asher, *Itinerary of Benjamin of Tudela. II.* 108).

[38]) Demgemäss trifft man in einer Urkunde D. Fernando's III. (v. J. 1257): *Alvarus Moriel major Merinus in Castella, Sanctius Pelagii major Merinus in Galletia, Garsias Roderici major Merinus in Legione.* Zumal in früherer Zeit war es jedoch nicht einmal gebräuchlich, dass der über eine ganze Provinz gesetzte königliche Beamte — *tenens provinciam* — dem Merino-Titel ein *major* voransetzte; er zeichnete einfach als *Merinus Regis in Castella* (Sota, *Cronica de los Principes de Asturias. p.* 682). Am lehrreichsten sind die Unterschriften in einer Bestätigung der Fueros von Leon und Carrion, wo nach einander folgen: *Carrionensium Comes, Castellanorum Comes, Asturiensium Comes, Legionensium Comes, Gallecie Comes, Toletule Dux, Majordomus Palatii, Armiger Regis, Capellanus*

der einem Distrikte vorstand und in der Regel seinen Sitz in einer Distriktsstadt hatte. Dem *Majorinus* zur Seite stand als vollziehender Beamte der *Sajo*, dessen Stellung selbstverständlich je nach dem grösseren oder kleineren Amtsbezirk seines Vorgesetzten sehr verschieden [39]), aber bis zum Aufblühen der Communen königlicher Dienst war. Unabhängig davon gab es, wie nach dem alten Rechte, auch noch Richter (*Judex*), die schon unter der Maurenherrschaft über die christliche Bevölkerung einzelner Ortschaften gesetzt waren, und bei dem Ueberhandnehmen arabischer Amtsnamen verwandelte sich Richter und Amtmann (Graf) in einen Alcalde und Alcaide [40]). Die angeseheneren Einwohner einer Ortschaft hiessen *potestates* [41]).

So langsam sich im Vergleich zu andern Ländern der Feudalismus in Spanien entwickelte, so war es doch unvermeidlich, dass die anderwärts gangbaren Vorstellungen sich an dem neu-

---

Regine, Regine Villicus, Villicus Sancte Marie, Egonomus Regine (Urraca). Befremden kann es nicht, dass der *Merino* häufig gemeinschaftlich mit dem Grafen, wenn nicht in einem untergeordneten Verhältniss zu demselben, genannt wird. In Frankreich und Deutschland kommen häufig die *Majores* gleichbedeutend mit *Villici* als Meier vor, denen die Oberaufsicht des Hauses und die Bewirthschaftung des Guts anvertraut war (Pertz, Hausmeier. S. 148).

39) *Si quis . . . tam potestas regalis quam ordo consularis, seu episcopalis, majordomus, vel saio . . . transgressus fuerit* (J. 858. *Esp. Sagr.* XXXVII. 319). *Nos licentiam vobis damus regendi ea tam cum nostro Sajone, quam etiam et absque Sajone, sicut Lex Sancta vobis auctorigat* (XXXVI. *App.* 18). Geschieht es doch einmal in der Bestätigungsurkunde der *Fueros* von *Nave de Albura* (J. 1012), dass der Büttel vor dem Richter als Zeuge zeichnet: *Joanes Flaginit hic testis Sayone in termino Joanes Flaginez de Quintana de Terrero judici in Termino hic testis.* In Ermangelung von Unterscheidungszeichen ist es nicht leicht, ganz klug daraus zu werden. Es geschieht wohl auch eines königlichen *Ostiarius* Erwähnung.

40) *Petrus Alvazil alcalde veridicus judex* (J. 1155. Muñoz. *p.* 379). *Signal de Alcaide aut Judicis cum testimonio teneatur* (*Foral de Pombal. Mem. de Litt. Port. VI.* 43). *Munnoz Merino. Ermiller Alcaide de Toleto* (J. 1130. Burriel'sche Sammlung auf der Madrider National-Bibliothek. T. DD. n. 100). *Fernandes Alcalde con Julian su companero* (Muñoz. 528).

41) *Potestates de illa villa.* (J. 1012. *Memorias de la Real Academia de la Historia. T. III. p.* 308).

gothischen Amtsbegriff wirksam erwiesen. Die Ansicht von der Delegation oder Uebertragung des Amtes durch den König, und in Verbindung damit die höhere Berechtigung des Vorgesetzten gegenüber seinen Untergebenen kamen mehr und mehr in Aufnahme, daher der *Senior* sich zusehends in einen *Dominus* verwandelte [42]). Der Ausdruck „*Commissum*" (*Commenda*) [43]) erscheint schon sehr frühzeitig und damit statt der unmittelbaren Beamtenstellung des alten Reichs ein mittelbares Lehnsverhältniss. Die strafrechtliche Busse zerfiel schon vor der arabischen Eroberung in die an den Geschädigten zu entrichtende Sühne und in das *Fredum*, das in der Regel nicht der König als Oberrichter, sondern der richterliche Beamte [44]) erhielt: dieser allerschlimmste Brauch des Feudalismus, dass die Gerichtsbarkeit zu einem Privilegium der kleinen Herren ausartete und die Rechtspflege demgemäss als bequemes Mittel galt, um die Unterthanen willkürlich zu besteuern, erlangte unter den

---

[42]) *Senior Garsia dominator in Nagera* (J. 1063. Gonzalez. V. 65). *Petro Ximeno qui sum dominus de villa* (*Fuero de Logroño*. V. J. 1157). *Senior qui dominaverit illa villa (Ibid.). Senior de illa population* (J. 1134).

[43]) *Nullum ex eis damus licenciando potestatem ullum dominum accipere, nec habere Commendatarium* (J. 780, in dem Kloster Obona). *Ordinamus vobis ad imperandum Commisso de Carioca .... et quidquid a vobis injunctum, vel ordinatum acceperint, inexcusabiliter omne illud adimpleant atque peragant (Esp. Sagr.* XVIII. 330*). Omnis populus in eodem degens Commisso sancto loco tuo deserviat (Esp. Sagr.* XIX. 3*). Offerimus et donamus Commissum (Esp. Sagr.* XIX. 354*). Facimus Commissum* (*ibid.* 278). Dass *Commissum* gleichbedeutend war mit *Commenda* und *Mandatio* erhellt aus andern Stellen, z. B. *Esp. Sagr.* XVIII. 331. XXXVIII. 276.

[44]) Nach altgothischem Recht gebührte dem Richter $\frac{1}{20}$ der bei dem Processe in Frage kommenden Summe. Chindaswind (L. W. II. 1. 24) musste dem Richterstande, der häufig $\frac{1}{3}$ beanspruchte, die Verordnung bei Strafe einschärfen und den Sajonen befehlen, für ihre Gänge und sonstige Mühewaltung nicht mehr zu fordern als $\frac{1}{10}$ der Composition, ausserdem bei gemeinen Leuten 2, bei Vornehmen 6 Pferde zu den Amtsreisen. Eine ähnliche Verordnung hatte Majorian (*Nov.* § 13. *tit. I.*) gegeben, und L. W. X. 2. 3 überliess es dem König, an die von ihm bezeichnete Person einen Goldgulden Jeden bezahlen zu lassen, der eine verjährte Sache anhängig machen würde.

Spaniern glücklicher Weise nie die grosse Ausdehnung wie in Frankreich. Aber bezahlt musste das *Fredum* werden [45]), obschon der Name unbekannt blieb. Die grössere Selbständigkeit der Adelsgeschlechter ergab sich naturgemäss aus der Art und Weise, wie das Land nach und nach von Asturien aus wieder erobert wurde. Auf ein kleines Gebiet beschränkt war es für die Könige ein Leichtes, ihre oberrichterlichen Gerechtsame in Geltung zu erhalten; als aber Alfons I. [46]) zwischen sich und den Arabern eine grosse Strecke Landes wüste gelegt hatte, was den gutberittenen Mauren den Angriff bedeutend erschwerte, geschah es immer häufiger, dass christliche Grosse auf eigene Faust Eroberungen machten. Das altgermanische System der Gefolgschaften kam dadurch von neuem in Blüthe und konnte sich nur darum nicht feudalistisch verhärten, weil der ununterbrochene Kriegszustand, sowie die überall offene Thüre, durch welche Jedermann zu den Feinden entfliehen konnte, willige und insofern freie Leute erheischte. Ueberhaupt galt der Mann was er mit den Waffen in der Hand werth war, und da ein geschlossenes, mit Massen geführtes Kriegssystem sich unmöglich durchführen liess, ohne dass die friedlichen Beschäftigungen, vor Allem der Anbau des Bodens, die bedenklichste Schmälerung erlitten, legten die Barone sich mit besonderer Vorliebe auf den kleinen Krieg, der zwischen den Adeligen und den Gemeinfreien ein den schottischen Clanschaften ähnliches Unterthanenverhältniss in's Leben rief.

Je kleiner das Reichsgebiet, desto wichtiger waren die königliche Hofhaltung, die Person des Königs und seine Umgebungen. Zumal das Hofgericht erlangte eine ganz andere Bedeutung als es in Toledo gehabt hatte, seitdem die frühere Spannung zwischen Geistlichkeit und Adel sich ausgeglichen und eine christliche Regierungsweise, so weit sie unter so gearteten Gesellschaftszuständen möglich war, Platz gegriffen hatte. Wenigstens was das öffentliche Recht anbelangt, waren die Ca-

---

[45]) *Ad judicem terrae exolvat auri talenta duo* (*Esp. Sagr. XXXVI. App.* 27).
[46]) *A. (Cantabriae ducis filius) campos, quos dicunt Gothicos, usque ad flumen Dorium eremavit.*

nones schon während des siebenten Jahrhunderts neben den Leges in Geltung gewesen; nunmehr wusste man gar nicht anders, als dass ein ordnungsmässiger Richterspruch beide gleichmässig berücksichtigen müsse [47]). Davon vollends, dass nach wie vor das Westgothen-Recht in Geltung geblieben, Beweise beizubringen, kann im Ernste gar nicht die Rede sein, weil, wenn bis in's 11. Jahrhundert Gesetzstellen in den Urkunden citirt werden, nichts anderes als *Liber* oder *Forum Judicum* gemeint ist. In der königlichen Pfalz, dem *Placitum Palatii* der Frankenkönige, sassen darum auch auf derselben Bank geistliche und weltliche Richter, nicht selten unter dem persönlichen Vorsitz des Königs [48]). Den Standespersonen stand es

---

[47]) Die Belagstellen sind zahllos und das „*juxta sententiam canonum et librum Gothorum*" des Concils von Oviedo (811) wurde stehende Formel. Nur einige der wichtigsten Stellen sollen nicht mit Stillschweigen übergangen werden. *Quidam Ducis quadam artis ingenii ignorans sacros canones et lex Gothica (Esp. Sagr. XXXVI. App. 14). Secundum lex nobis ordinat et canoniga sententia (ibid. 24). Et cui lex dederit et canonum authorigaverit, exolvat solidos C (ibid. 40). Elegimus etiam ex eis quidquid in sanctissimum canonem et Gothicam legem invenitur de rebellionibus vel contradictoribus Regis, sive de facultatibus eorum, sicut in libro II et in ejus titulis constitutum, vel exaratum a prioribus sanctis patribus scriptum esse decernitur (Esp. Sagr. XVI. 458) Et idem in liber Godorum doctores sanserunt et in canoniga sententia demonstraverunt, donatio que pro vin nec metum non fuerit extorta, talem qualem hemptio habeat firmitatem* (Archiv des Klosters *S. Bento d'Ave Maria do Porto*). *Reddat in quadruplum, aut quantum de talibus, secundum sancti canonis et libri judicialis decretum fuerit institutum* (Archiv des Klosters *Paço de Souza*).

[48]) Eine derartige Gerichtssitzung, der 11 Presbyter und 42 Laien beiwohnten, fand i. J. 878 Statt. *In nomine Domini. Notum vobis facimus omnibus Episcopis, Abbatibus, Comitibus, Imperantibus vel cunctis, qui potestatem habetis judicia discutere. Ea in praesentia nostri Domini Dominissimi Adephonsi principis, sive Mauri episcopi, vel judicum Gatoni et Hermigildi repetunt ... Post haec ordinaverit supraditti judices per sajonem Danum filium Arbori placitum conscribere, roborare et firmare .... Nos quidem judices sicut a nostro Domino ordinatum habuimus, hanc causam providere et ordinare, agnoscentes Domnum episcopum per id plenissimam habere veritatem, ordinavimus omnia conscribere, quod et manibus confirmamus, ut tam Domnus episcopus, quam etiam per sua firmissime et perpetualitate Villam ab omni integritate vindicent et possi-*

frei, sich vor Gericht durch einen Gewährsmann oder Anwalt (*assertor*) vertreten zu lassen, was nach altem Recht (L. W. II. 1. 17) zunächst den Bischöfen, dann aber überhaupt dem freien Manne gestattet war (L. W. II. 3. 3), in der Art dass der Mandant (*mandator*) seinem Assertor einen von Zeugen unterschriebenen Beglaubigungsschein mitzugeben hatte. Der Sklave konnte nur in ausserordentlichen Fällen ein Mandat übernehmen. Etwas Anderes war der *pacis assertor* (II. 1. 15 u. 25), der im Auftrag des Königs, oder auch des Grafen oder Richters (*per commissoria*. II. 1. 13) ausnahmsweise Recht zu sprechen hatte. Die Rechtsanwaltschaft blieb dieselbe [49]), und dass

---

deant, stante et permanente hunc judicatum in hoc robore et perpetua firmitate, quod factum est in supradicta quoto 8. *Idib. Junias, Era* 916. Die vier rechtsgelehrten Richter unterzeichneten mit dem Beisatz: *sciendum quod in concilio deliberatum fuit, de meo dato judicio confirmat,* die übrigen mit ihrer einfachen Namensunterschrift. Dabei blieb es auch später. Alfons V. präsidirte i. J. 1025 gleichfalls in einer Hofgerichts-Sitzung, wie aus einer Urkunde bei Argote (*Memorias de Braga. T. III. Doc.* 7) erhellt. *Ipse episcopus fecit querimoniam in conspectu Regis et egessit suo sajoni, ut perduxisset ipsos homines a suo concilio et exquisisset cujus erat veritas. Sicut et adduxit illos in loco praedicto Calidas ante illum Rex stantes in illo concilio agnoverunt se .... Illi vero alii miserunt se in contentione, roboraverunt praelatu per manu ipsi sagione, ut in tertio die dedissent sui mandatores, ad ipsum diem praelati venerunt in concilium et elegit ipse episcopus suum assertorem nomine Tardenato, qui pulsaset ... in praesentia principi Domni Adefonsi et suorum judicum.* Bischöfe und Adelige konnten unter Umständen den König um Absendung einer hofgerichtlichen Commission bitten: *ut daret de palatio provisores veridicos,* wie es i. J. 950 von Seiten eines Bischofs geschah. Bei einem Rechtsstreit zweier Klöster (1063) wird der Vorgang so beschrieben: *Jussit (Rex) fidelissimum vicarium Fredenando Osoriz, qui tunc plebilegium vel uilitat* — ich vermuthe dass der *villicus* gemeint ist, der in den Urkunden sehr häufig mitten unter den Grafen zeichnete — *regis herebat* [*habebat*] *in ipsa terra, venissent pariter ad monasterium Cellenove, et convocassent omines nobiles et sapientes, qui bene noverant veritatem, ut discernerent justitiam inter utrosque monasterios.* Ueberhaupt betrachteten die Adeligen es als ein Vorrecht, nicht von den gewöhnlichen königlichen Richtern, sondern von Ihresgleichen gerichtet zu werden, was die hauptsächlichste Veranlassung zu den Wirren und Aufständen gab, welche die Regierung Alfons des Weisen trübten.

[49]) In der vorangehenden Stelle bei Argote ist von einem *mandator* und *assertor* die Rede, von letzterem auch sonst häufig (*Esp. Sagr.* XVI. 424),

der König je nach Umständen Gerichtspersonen zur Aburtheilung von Processen bezeichnete, wird zum öftern erwähnt [80]), wobei übrigens zwischen den eigentlichen Richtern und den Zeugen, welche die altgermanische Gemeinde vorstellten, unterschieden werden muss. Das Processverfahren hatte sich gegen früher gleichfalls nicht geändert: beim Hofgericht befahl der König seinem Sajo die Anwälte der streitenden Parteien vorzuführen; diese trugen hierauf ihre Gründe und Gegengründe vor und der König gebot einem oder mehreren gesetzkundigen Richtern, was beide Parteien vorgebracht hatten abzuwägen und eine Entscheidung abzugeben. Fand der Hof daran nichts auszusetzen, so wurde das Instrument aufgenommen und unterzeichnet. Bei den gewöhnlichen Grafengerichten wird der Hergang derselbe gewesen sein: der Graf oder wer sonst sein Amt bekleidete, führte den Vorsitz, der Richter untersuchte und fällte das Urtheil, zuletzt unterzeichneten die als Zeugen anwesenden *benenati*, *richi-homines* u. s. w. Zwei Beispiele können den damaligen Civilprocess anschaulich machen. Im Jahre 1075 processirten Bischof Arianus von Oviedo und Graf Vela über den Besitz des Klosters Taule. Nachdem die Parteien ihre Beweisstücke vorgebracht, fährt der Bericht (*Esp. Sagr.* XXXVIII. 311) weiter fort: *Illis visis judicaverunt predicti judices sicut scriptum est in Libro Judico in titulo per Leis Goticas, ubi dicit: Si aliquis de filiis hominum pervenerit ad etatem viginti anno-*

---

und noch i. J. 1083: *Rex dum talia audivit ... existente assertore A. ex parte comitis ... et alio assertore P. ex parte Ovetensis ecclesiae, elegit praedictus Rex judices* (*Esp. Sagr.* XXXVIII. 315). Das Klagerecht hiess *vox*, und eine Klage anhängig machen: *tenere vocem per assertorem* (Muñoz, *Coleccion de Fueros. I.* 158).

[80]) Man findet dafür den Namen *Previsores*, wohl mit dem Zusatz: *et homines boni, qui solent antiquitatem comprovare* (*Mem. de Litt. Port. VII.* 158). Aus Gelegenheit eines Processes des Bischofs Froilan von Oviedo mit der Gräfin Eslonza heisst es: *Rex, dum talia audivit de utrisque partibus ... jussit exquirere veritatem ad omnes magnates sui palatii; inquisitores, quibus illa inquisitio a rege fuerat imposita, affirmaverunt ... Tunc Rex mandavit suo judici Annaja Annajaz, ut judicasset has assertiones. Mox in praesentia Regis et magnatorum palatii judicavit* (*Esp. Sagr. XXXVIII.* 307).

rum et habuerit juniores fratres sua tuitione, defendat Rex (l. res) eorum et nec ab ipsis, nec ab aliis permittat destrui, nec aliquid sua negligentia inde deperiri; quod si forte ipse eas consumpserit, aut vendiderit, vel donaverit, aut per negligentiam suam perire permiserit, postquam juniores sui fratres creverint, ea quae per negligentiam ipsius majoris perierant, de suis facultatibus restituat illis. Diess steht in der That mit einigen unerheblichen Abweichungen L. W. IV. 3. 3; dann aber fährt die Urkunde weiter fort: *Item de eadem re: qui vero bene tenuerit suorum fratrum vel heredum, et inde aliquid alicui ecclesiae concesserit, firma permaneat ipsa concessio, quamvis sit in indivisum. Quando autem diviserint inter se illud, quod indivisum est, restituat illis ex proprio quantum ecclesiae concesserit, et ecclesia quippe quidquid per concessionem possedit* 30 *annis integris, possideat in perpetuum.* Davon ist im Westgothen-Rechte nicht die Rede und man könnte desshalb auf den Einfall gerathen, es sei damit nichts gemeint als das canonische Recht, dem dergleichen Bestimmungen nicht fremd waren [51]). Indessen dürfte auf c. 3 des Concils von Oviedo (811) und auf c. 2 des Concils von Leon (i. J. 1020) Rücksicht genommen sein, oder gar auf das Gesetz Chindaswind's IV. 5. 1, wofern nicht ein Concilienbeschluss vorlag, der hier zu Grunde gelegt wurde, jedoch nicht auf uns kam. Von den Geistlichen lässt sich erwarten, dass sie auch auf die Gefahr einer etwas geschraubten Interpretation hin Schenkungen der Kirche zu erhalten verstanden, obschon man einen canonischen Text desshalb voraussetzen möchte, weil damals das Triennium zu Gunsten der Kirche bereits aufgegeben war [52]). *Et iterum omnes causae bonae vel malae, aut etiam crimina, quae infra* 30 *annos finitae seu exactae non sunt, nullo modo repetantur, nec audiatur, nec judicetur. Si quis autem transactis jam* 30 *annis causam olim indiscussam movere tenta-*

---

[51]) *Conc. Tol. VI. c.* 15.

[52]) *Esp. Sagr. XL. App.* 19. Allerdings kommt hin und wieder die gewöhnliche Verjährung auch noch später in kirchlichen Urkunden vor, z. B. in einem Freibriefe Doña Urraca's aus dem Jahre 1114 (*Esp. Sagr.* XXXVIII. 347).

verit, iste numerus annorum ei resistat, et libram purissimi auri, cui Rex jusserit, coactus exolvat. Es ist damit gemeint L. W. X. 2. 3, aber wiederum mit kleinen Abweichungen und Zusätzen, worauf das Gericht verordnet: *Tunc vero supradicti judices in presentia Regis posuerunt finem juditii et judicaverunt, ut duo clerici Ovetensis ecclesiae jurassent.*

In einer bereits erwähnten gerichtlichen Verhandlung unter Alfons V. [53]) heisst es nach Vernehmung der Parteien: *Et haec quae dico jurarunt meas testimonias, et de pena ejecerat, si eas Lex Godiga ordinarunt .... et ibi roboraverunt prelatum ipsi assertores, et dedicent testemonias de amborum partibus XXX^a^. XXX^a^., sicut nobis ipsum judex ordinabit de Durio in parte ista, ut ubi ille rex fuisset . . . praesentaremus illas hic in Bracare ante ille sagione, sicut et praesentamus, testeficaverunt. — Producti fuerunt in concilio ad suum diem perlecti ante ille judice . . . et elegerunt ibidem, ut dedicent legem ad eos in praesentia regis, et ordinaverunt judices, ut misissent testemonias de amborum partibus in ejus concilio, et exquisissent de eis veritate. Ita factum est, pervidimus illas testemonias de petitione idoneas miliores, et pluriores planitudinem rerum opulentas, proinde invenimus in Livro V. Tit. VII. Sententia VIII, ubi dicit: Si quis ingenuum ad servitium addicere voluerit, ipse doceat quo ordine ei serviturus advenerit. Et si servus ingenuum se esse dixerit, et ipse simili modo ingenuitatis suae firmam ostendat probationem; judex vero horum recipere testimonium debet, quos meliores atque pluriores esse praeviderit.* Damit hat es seine volle Richtigkeit, sowohl was die Zahl als den Inhalt des Gesetzes anbelangt. Anders bei dem was nachfolgt: *Et in Libro II. Tit. II. Sententia XX^a^ III^a^*, wo ein Satz aus L. W. II. 1. 21 ziemlich entstellt angeführt wird, so wie unmittelbar darauf bei den Worten: *Item ipse Liber, Tit. III. Sententia V*, womit nichts anderes gemeint sein kann als L. W. II. 4. 5. In den abweichenden Citaten blosse Versehen zu erblicken, ist man bei solchen Originalschriftstücken schwerlich berechtigt, um so weniger als die auf uns gekommenen Handschriften des Westgothen-Rechts in dem

---

[53]) Argote, *Braga. III. Doc.* 7.

Punkte keineswegs übereinstimmen. Es werden daher verschiedene Abschriften der seit Receswind veranstalteten Sammlungen im Gebrauche gewesen sein, was ganz natürlich ist, wenn man die durch die maurische Eroberung entstandene Verwirrung in Anschlag bringt [54]). Zum Schlusse heisst es sodann: *Post hanc sententiam ordinamus nos per exquirendum veritatem de nostro edicto judicio, ut traveant testimonium de petitione cum illas scripturas vetustas anteriores et posteriores, et ejiciant de pena. Post autem roboraverunt Praelatum, ut in tertia die dedicet Tadernato eas ad juramento, et Vermudo que suscepisset eos hic in Sancto Petro in suburbio Brachara. Hic vero venit Tadernatus, qui dedicet illas testimonias et juret sacro juramento, et miserunt eos in ecclesia, sicut Lex Gotica ordinaverat.*

An das Hofgericht schlossen sich die Reichsconcilien [55]) in der natürlichsten Weise an, stets gemischte Versammlungen, aber das eine Mal von überwiegend kirchlichem, das andere Mal von verherrschend weltlichem Charakter. Eine derartige Versammlung war offenbar schon die von Alfons dem Keuschen bei der Einweihung der Kathedrale von Oviedo abgehaltene [56]); auch das Protokoll des i. J. 811 in Toledo vereinigten Concils, das Burriel dem Primat von Toledo zuliebe bestritten, Risco (*Esp. Sagr.* XXXVII. 166) mit guten Gründen vertheidigt hat, enthält unter Anderem folgende Bestimmungen: *Sancimus, ut consilio Regis et Optimatum Regni, et Ecclesiae plebis eligamus Archidiaconos. — Nos Episcopi cum Comitibus et plebe Ecclesiae conjuncti.* Wäre das „*Privilegium quod dicitur votorum,*

---

[54]) Anführungen von Gesetzstellen, die nicht die Worte, sondern nur den Sinn derselben mehr oder weniger richtig angeben, sind überhaupt in den Urkunden nichts Seltenes, z. B. *Esp. Sagr.* XXXVIII. 315, wo L. W. III. 4. 12 u. IV. 2. 12 berufen werden.

[55]) Die Madrider Akademie hat von ihrer „*Coleccion de Córtes de los antiguos Reinos de España*" seit dem Jahre 1836 bloss die „*Córtes de los Reynos de Leon y de Castilla*" in 38 Heften bekannt gemacht. Eröffnet wird die Reihe der letztgenannten Concilien mit der Reichsversammlung von Oviedo i. J. 876, womit D. Manuel Colmeiro (*Constitucion de los reinos de Leon y Castilla. I.* 299) sich einverstanden erklärt, während man in Wahrheit noch weiter zurückgreifen muss.

[56]) Yepes, *Chron. de S. Benito. IV.* 448. Aguirre. IV. 367.

844 *a rege Ranimiro Ecclesiae B. Jacobi concessum*" (*Esp. Sagr.* XIX. 329) ächt, wie es im Interesse S. Jago's von Compostella erdichtet ist, so hätte man ein ebenso frühes als lehrreiches Beispiel einer Cortes-Versammlung, denn es heisst daselbst, D. Ranimiro habe, nach Einholung eines Gutachtens von den kirchlichen Würdenträgern und Grossen seines Reichs, in Leon seinen Unterthanen ein Gesetz gegeben und die im ganzen Lande zu beobachtenden Gewohnheitsrechte festgestellt. Im „*Ensayo*" thut Marina einer i. J. 862 zu Oviedo gehaltenen Versammlung Erwähnung, durch welche Alfons III., obgleich noch minderjährig, zum Könige proclamirt wurde. An dem Reichsconcil, das Alfons der Grosse 876 nach Oviedo berief, nahmen ausser dem Könige, seiner Gemahlin und seinen Söhnen Theil, „*jussu regis,*" verschiedene Bischöfe *cum universis potestatibus sive et cum comitibus .... et cum istis omnibus omnis plebs catholica, ubi facta est turba immodica ad videndum, sive ad audiendum verbum.* Nachdem daselbst mehrere kirchliche Angelegenheiten abgemacht worden waren: *tractaverunt ea quae pertinent ad salutem totius regni Hispaniae*[57]). Bei der Abgrenzung eines streitigen Gebietes i. J. 911 wird der Vorgang so eingeleitet: *Facta est congregatio magna in ... Aliobrio in praesentia D. Hardonii: et collecti omnes Episcopi, Comites et Capitanei territorio Gallaeciense in ejusdem praesentia*[58]). Am anschaulichsten ist die Schilderung eines Concils, das D. Bermudo II. 985 hielt: *In praesentia Domnissimi Beremundus ... residente in solio ad cathedra sua cum omnem togam Palatii sui, filii benenatorum et pontificum multorum quorum Concilio adunatum, Judicum et Abbatum.*

---

[57]) Sampiri *Chron. V.* Sandoval, *Cinco Obispos.* 59 u. 245.

[58]) Argote, *Braga.* III. 408, wo die Jahreszahl irrig mit 921 angegeben ist. Eine Urkunde des Capitel-Archivs von Coimbra beginnt: *Fecit concilium ipse Rex cum suos comites* (*Mem. de Litt. Port. VII.* 136), wofür anderswo (*Esp. Sagr.* XVIII. 326) die Wendung gebraucht ist: *Nos omnes Episcopi, Abbates, seu majores natu.* — Auf dem 974 in Leon gehaltenen Concil waren zugegen: *omnes Pontifices, omnes Magnates fidei catholicae . . . vel cunctus promiscuus populus* (*Esp. Sagr.* XXXIV. *App.* 20).

Den bevorrechteten Klassen der Bevölkerung gegenüber befanden sich die gemeinen Leute gleichfalls so ziemlich in derselben Lage wie vor der Maurenzeit. Die unterste Stufe nahmen nach wie vor die Leibeigenen ein. Zwar ist A. Herculano [59]) der Meinung, es habe damals in Spanien gar keine Sklaven, sondern nur noch Hörige (*glebae adscripti*) gegeben: allein damit stehen die Urkunden in so entschiedenem Widerspruch, dass dieselben sogar zwischen den geborenen Sklaven und den Andern, die in Sklaverei geriethen, unterscheiden [60]). Schon frühzeitig kam dafür der Name: *homo de creatione, creantia, criazon, criação* in Gebrauch, was die neueren Idiome der pyrenäischen Halbinsel von der Brut oder Züchtung der Thiere verstehen. Zuweilen kommt *familia*, oder *plebs* in demselben Sinne vor: der Sklav galt immer noch als blosse Sache und die Chronik von Albelda gedenkt namentlich eines asturischen Sklavenaufstandes unter König Aurelius. Die mohammedanischen Kriegsgefangenen traf unter allen Umständen das Loos gewöhnlicher Knechtschaft [61]), und durch Obnoxacion (*Obnoxiatio* = *Objurgacion*) oder wegen Zahlungsunfähigkeit [62]), endlich auch in Folge ehelicher Verbindung mit einer unfreien Person [63]) konnte Jeder der Freiheit verlustig gehen. Ungemein

---

[59]) *Historia de Portugal. III.* 277.

[60]) So in einer Schenkungsurkunde des Jahres 995: *Donamus atque concedimus vobis ipsa mancipia . . . ut aveatis ea firmiter vos et omnis posteritas vestra . . . et judicetis sicut et alios vestros servos originales.*

[61]) In einer Schenkungsurkunde v. J. 1029 stösst man auf *mancipios et mancipellas, quos fuerunt ex gentes mahelitarum et agareni.* Ein anderes Mal: *Damus adhuc Mauras, qui a nobis fuerunt captivati, nominibus Mutarsafe cum familiis suis, et Talafe et uxorem suam nomine Vagam cum filiis suis* (*Esp. Sagr.* XXXVIII. 327).

[62]) *Et si non habuerint unde componant, serviturus tradatur cum omnibus rebus quas habuerit, et cum omni posteritate, que de illo post hanc prevaricationem natum fuerit* (i. J. 1087 und fast wörtlich übereinstimmend in einer um drei Jahre späteren Schenkung). *Aut se servum subjiciat servituti ecclesiae quam laesit (Esp. Sagr. XXXVIII.* 266*). Habeatis lizentia me adprendere Nazari cum sua mulier et cum suos filios incurbatus in servitio vestro, sicut et alios servos originarios faciunt* (Herculano, *Hist. de Port. III.* 436).

[63]) *Tumbo* (Lagerbuch) *del monasterio de Celanova. fol.* 87. *Tumbo viejo de Sobrado. T. II. fol.* 50. (Bibl. der Mad. Akad.)

zahlreich waren die Kirchensklaven [64]), die sich im Ganzen wohl einer milderen Behandlung erfreuen mochten, keineswegs aber grundsätzlich und gesetzlich besser gestellt waren als die andern

[64]) Alfons der Keusche schenkte an den Dom von Oviedo zahlreiche Sklavenfamilien (*mancipia* u. *familias utriusque sexus*) mit der Verwarnung: *si aliquis ex ipsa familia, quam ibidem concedimus, fugiendo aut superbiendo se subtraxerit ab obsequio ejusdem ecclesiae, judicio Domini comprehensus ad proprium famulatum revertatur invitus.* Lehrreich ist die Urkunde über eine Morgengabe um der darin vorkommenden Sklaven willen: ... *et ideo propter insignia tante solemnitatis et tue virginitatis intimerata pudicia elegi. Donamus atque concedimus dulcidini tue in dotis titulum decem pueros; iste sunt: Fromarigus, Petrus, Betotus, Recaredus, Malulus, Feles, Marcitus, Egela, Servinusa, Lopellus. Similiter puellas decem; iste sunt: Teodesinda, Mallucca, Egilo, Gonza, Rosalia, Donnina, Guncina, Oihenia, Ansoi, Penniola; caballos* XX, *et mula cum sell et freno ornato, equus cum suo amisso; L vacas; centum juga boum;* XX *pecora, promisca quingenta. In ornamento vel vestimento solidos* CCCC, *villas* XXX .... *insuper de omni re mea* X *portionem ... In titulum dotis ... vel donavimus, ex presente die et tempore apprendas, habeas et teneas, et posteris nostris de pari conjugio procreatis habitura relinquo, vel quidquid exinde facere vel judicare volueris, sit a me concessa potestas. Facta cartula dotis vel donationis* III. *Kal. Maii, era* DCCCCXXV. *Regnante rege Adefonso principe. (Tumbo viejo del monasterio de Sobrado. T. I. fol. 5).* Man vergleiche damit in der westgothischen Formel-Sammlung (Form. XX und Oben S. 57) die Verse:

Ecce decem inprimis pueros totidemque puellas
Tradimus atque decem virorum corpora equorum,
Pari mulos numero damus inter caetera et arma.

— — —

Adpraehendas, habeas, teneas, post multa relinquas
Secula posteris in jure, charissima nostris,
Aut inde facere vestra quodcumque voluntas
Elegerit, directa tibi est vel certa potestas.

L. W. III. 1. 6: *decem pueros decemque puellas, et caballos* XX. — *Avolengarum* — entsprechend der Wortbildung *realengo, abadengo* — *criazio parentum* heissen einmal die geborenen Sklaven zum Unterschied von den kriegsgefangenen (Muñoz y Romero, *Del Estado de las personas en los reinos de Asturias y Leon.* In den *Revista española de ambos mundos. Diciemb* 1854). Unter den faustrechtlichen Ausschreitungen machte sich der Eine und der Andere kein Gewissen daraus, freie Leute, die er gewaltsam aufgegriffen, als Sklaven, d. h. als Kriegsgefangene zu verkaufen (*Esp. Sagr.* XIX. 394). Zwei Adelige, die in die Hände der Saracenen gefallen waren, lösten sich gegen 60 christliche Sklaven aus (*Historia Compostellana. Lib. I. c.* 102).

Leibeigenen. Einzelne von ihnen wurden im niedern Kirchendienst, z. B. als Vorsänger, verwendet, und ohne dass sie darum die Freiheit erlangten, duldeten sie wenigstens nicht das gemeine Joch der Knechtschaft [65]). Dem Verband seiner Kirche, der er angehörte, entziehen durfte sich Keiner, wohl aber war es i m gestattet, kirchliche Grundstücke (*haereditates*) zu bewirthschaften. In der Beziehung standen die Kirchensklaven, wie in der alten Zeit, den Domänen- oder königlichen Sklaven nahe, denen bei wiederholten Gelegenheiten die Erlaubniss ertheilt wurde, den fünften Theil ihrer Wirthschaft an Kirchen zu vermachen [66]). Einen besondern Stand der Freigelassenen gab es nicht und auch für den Akt des Freilassens gebrauchte man nicht mehr die frühere Bezeichnung *manumissio*, sondern ein neues Wort „*ingenuare*" [67]).

---

[65]) Die eben genannte Schenkung zählt auf *mancipia i. e. clericos sacricantores*, sowie *Enneconem clericum, quem comparavimus de Lauri Baca.* Demgemäss lautet der 3. Canon des Concils von Oviedo (811): *Si vero quispiam eorum (archidiaconorum) ecclesiae servus extiterit, a dignitatis honore publice remoto, septuaginta ei flagella conferamus, et initio servitioque infimo redigamus, et ad gradum pristinum nullo in tempore revocemus.*

[66]) *Esp. Sagr.* XXXVIII. 278. u. 283 u. 331. L. W. V. 7. 16.

[67]) *Ingenuamus nostros serbos* (897). *Tam villas quam servus, que ei ordinamus ingenuare* (960). *Et illa quinta de omnia mea criazon, mando illa ingenuare . . . ut sedeat ingenua et libera, et ubicumque voluerit in nomine Domini deserviat, post parte ingenuitatis, ad quemcumque voluerit.* Im J. 943 schenkte Bischof Rosendus einem Sklaven Namens Miza die Freiheit in römischen Ausdrücken: *Absolvimus te ab omni nexu servitutis, qualiter ditersa caligo servile clara in aula integritatis resplandias, et nunc te liberum inter liberos statuo, verum et inter idoneos licentiam tribuo civium Romanorum consequi privilegium (Tumbo* von *Celanova).* Ganz unbezeugt ist auch die bedingte Freilassung nicht geblieben. Ein Testament des Klosterarchivs S. Martin in Santiago aus dem Jahre 1161 besagt: *Et ingenuo illo meo Mauro Giraldo tali pacto, ut serviat illo meo filio Johane et mea mulier annos X, et exinde sint ingenuus cum sua generatione, et ingenuo Maria Baxona pro omnia mea.* Selbst das *Peculium* blieb in den ersten Jahrhunderten nach der Eroberung in Geltung, vorzugsweise jedoch, wo nicht ausschliesslich, von Seiten der kirchlichen Würdenträger, die sich gern an römische Ueberlieferungen hielten, z. B. Bischof Rudesind in seinem 867 verfassten Testamente: *Omnia autem, quod in testamentum reliquero, ipsi mei liberti inter se equaliter*

Es war im Grunde auch gar kein Bedürfniss vorhanden, zumal die Nachkommen von Freigelassenen von den niedern Volksklassen im Ganzen (*plebs*) zu unterscheiden, da letztere grossentheils in eine den frühern Domänensklaven ganz ähnliche bürgerliche Stellung eingerückt waren. Was die *populi privati* und *fiscales* in König Erwig's Zeiten, die *plebei* L. W. V. 4. 19, das waren nunmehr die *Tributarii, Villani* — lauter *homines miseri* und *glebae adscripti*, Hörige, die dem Namen nach frei, in Wirklichkeit Leibeigene waren. Ein anderer Zustand hätte sich auch kaum erwarten lassen, da die Könige ihr Land erst wieder erobern mussten und darum über die von ihnen gemachten Eroberungen in freier Vergebung verfügten. Die beträchtlichen Kronländereien des ersten Reichs waren mit wenigen Ausnahmen verloren gegangen: dafür kam das meiste Land, das man den Mauren wieder abnahm, unter die Hand des Staatsoberhauptes, das sich nahezu in derselben Lage befand, wie Wilhelm der Eroberer nach der Unterwerfung Englands. Wilhelm der Bastard und seine Nachfolger betrachteten das Land als eine grosse Domäne und in den Urkunden damaliger Zeit finden sich daher nicht selten die Bezeichnungen: *Seigneury, terra regis anglica, terra mea.* Der König galt nach dem

dividant, et in perpetuo vindicent ac defendant. Concedo illis omne peculium peculiare suum, tam quod nunc obtinent, quam quod adhuc cum Dei adjutorio augere vel profligare potuerint (*Tumbo* des Klosters Sobrado). Zu gewissen Dienstleistungen blieb gleichwohl der *Ingenuatus* verpflichtet und die Kirche insbesondere liess sich das Patronatsrecht, wie es ihr im alten Reiche zugestanden wurde, nicht nehmen. Ein Abt Roderich schenkte 930 an König Alfons IV. verschiedene Gegenstände mit dem Vermerk: *seu etiam et familiares meos, quos ego jam per cartam ingenuos restauravi, ita ipsos homines domino testo atque concedo per istam cartam, ut sint post partem dominicam testati vel domino deservientes. Quam ob rem ipsi homines suprascripti ex meo dominio abram, et dominico jure et dominio post obitum meum abeatis et in perpetuum vindicetis* (*Ibid.*). Im Allgemeinen erhielt sich die Freilassung in Uebereinstimmung mit L. W. V. 7. 14, darum die Formel: *Quousque advixero, ut ingenuus in patrocinio mihi persistas et ut idoneus semper adhereas, post obitum vero meum, nullius reservato obsequio. . . .* Das *Patrocinium* ging nicht wie früher, oder doch seltener, auf die Nachkommen des *Manumissor* über. Die Benennung „*idoneus*" dauerte fort.

in der Fiction bis in die spätesten Zeiten erhaltenen Grundsatz, welchem damals jedoch die Realität der Verhältnisse auf's Genaueste entsprach, als der alleinige Grundherr des Landes, und die Folge davon war, dass es im ganzen Mittelalter keine vollständigere und geschlossenere Alleinherrschaft gab als die englische zur Zeit der Normannen-Könige [68]).

Aehnlich in den Königreichen Asturien und Leon, nur mit dem Unterschied, dass die Eroberung der spanischen Könige so viele Jahrhunderte dauerte als die der Normannen Jahre, was dem kriegslustigen Adel fortwährend Gelegenheit bot, Land und Leute zu erwerben; aber wenn die Souveränität der Krone über dergleichen Adelsbesitzungen auch nicht viel vermochte, so verblieb ihr wenigstens die Oberhoheit und die Gerichtsbarkeit. Auch in England wurden die Gutsgerichte möglichst herabgedrückt: ausser der Pfändung konnte jede Streitsache durch königliche Ordre an das königliche Gericht gebracht werden, vor dessen Forum alle Appellationen gehörten. Und dabei hatte es sein Bewenden noch nicht: die Militär- und Besteurungsgewalt der Grundherren war in England in stetigem Sinken begriffen, während sie auf dem Continente fortwährend stieg [69]). Man weiss in Spanien nicht anders, als dass jegliche Gerichtsbarkeit in altgothischer Weise ein Ausfluss des königlichen Oberrichteramtes ist, und dass der Königsgraf allein im Namen seines Herrn die oberste Gewalt in seinem Gebiete zu üben hat [70]).

---

[68]) R. Gneist, das heutige englische Verfassungs- und Verwaltungsrecht. Thl. I.

[69]) Von wesentlichstem Einfluss auf die politische Stellung der englischen *Nobility* war das Lehnsverhältniss, in welchem die Aftervasallen zu ihr standen. Der englische Lehnseid (*oath of allegiance*) lautete nicht auf unbedingte Treue gegen den Lehnsherrn, sondern es wurde die Ausnahme darin gemacht, dass diese Treue die Treue gegen den Oberlehnsherrn nicht verletzen dürfe.

[70]) Daher der ganz gewöhnliche Ausdruck: *regnante Comite.* Selbst wenn in der Folge Bischöfe oder Barone *Fueros* verliehen, geschah es nie anders als mit Bewilligung des Monarchen. Der Bischof von Palencia, D. Ramon II., verlieh der Stadt ein Gemeinderecht „*cum consensu et voluntate et concesione domini nostri Aldephonsi.*" Pedro Fernandez, Ordensmeister von Santiago, bewilligte i. J. 1178 den Bewohnern von Castro-

Vergab der König ein Stück Land als *Commissum* oder *Commenda* (*Encomienda*) an einen Grossen, sei es geistlichen sei es weltlichen Standes, so geschah es immer mit Einschluss der daselbst ansässigen gemeinen Leute [71]). Weit entfernt wirkliche Schenkungen zu sein, wurden die Commenden als Zeitlehen, in der Regel auf Lebenszeit, abgetreten [72]), wofern der Monarch dieselben nicht einfach zu seinem eigenen Vortheil durch einen höhern Beamten verwalten liess, in welchem Falle der Beamte die Stelle des ehemaligen *Actor* oder *Procurator* der Krondomäne bekleidete [73]). Wie auf den königlichen Ländereien gab es auch auf den adeligen Aloden zinspflichtige Leute (*Coloni*, *Familiares*, *Collazos*), die weder Leibeigene noch Freipächter waren, vielmehr eine mittlere Stellung zwischen beiden einnahmen und mit sehr verschiedenen Berufsgeschäften das Hofgesinde bildeten. Die ausgedehnteren Freigüter wurden von Freipächtern bewisthschaftet, die unter dem Namen eines *Forero*, *Solariego* zu dem Guts- und Grundherrn dieselbe Stellung einnahmen wie der ehemalige *Bucellarius*. Es war Erbpacht, nur dass statt des *solarium*, d. h. der jährlichen Abgabe von der *superficies*, woher der Name *solariego* (*solar*, Pachthof) stammt, die Bezeichnung „*infurcion*" frühzeitig üblich wurde. Zum Unterschied von dem adeligen *Senior* und *Major* hiess der Pächter

---

toraf einen Freibrief mit dem Zusatz: *Et isto es per placet domini regis Ferdinandi et pro suo mandato.*

[71]) D. Ramiro II. schenkte an eine Kirche das *Commissum Pistomarcos* mit dem Zusatz: *ut omnis populus in eodem degens Commisso sancto Loco tuo deserviat, non ut servi, sed ingenui, quemadmodum gens eorum ibi persolvit regium censum* (*Esp. Sagr.* XIX. 3).

[72]) *Offerimus et donamus gloriae vestrae Commissum, quod dicunt Cornatum, sicuti eum habuerunt multi comites per ordinationem regiam, ut vestrae domui persolvant fiscalem censum, quem regiae potestati persolvere assueverunt* (*Esp. Sagr.* XIX. 364).

[73]) *Gubernatio cujusdam territorii Gallaeciae a rege D. Adefonso IV. comiti Guterrio concessa, Aera* 967: *Per hujus nostrae praeceptionis serenissimam jussionem ordinamus vobis ad imperandum Commisso de Corioca . . . ita ut omnis ipse populus ad vestram concurrant ordinationem pro nostris utilitatibus peragendis.* Gleichbedeutend mit *Mandatio* und *Commissum* kommt *Comitatus* und *Regalengo* (*Realengo*) *Esp. Sagr.* XXXVIII 286 vor.

Junior, und glich dem *Bucellarius* namentlich auch darin, dass er als Knappe seinen Herrn zum Aufgebot (*Juncta*)[74]) begleitete. In Galizien, zum Theil auch in Leon, erhielt er den Namen „*Forero*", indem *foro* in der Bedeutung von *pactum* durchweg dem alten *placitum* (L. W. X. 1. 11—13) nachgebildet war. Auch insofern blieb man dem alten Rechte treu, als der *Salariego* oder *Forero* mit Zurücklassung der Hälfte seines eigenen Vermögens ohne alle weitere Beanstandung aus seinem Lehnsverhältniss ausscheiden konnte (L. W. V. 3. 1).

[74]) *Juncta* definirt D. Vidal, Bischof von Huesca, derselbe, den D. Jaime (1247) mit einer Gesetzsammlung für das Königreich Aragonien beauftragt hatte, folgendermassen: *Sunt etiam suprajunctarii super Junctas, i. e. populorum turmas, a Domino Rege quasi Paciarii constituti, quorum est, ipsas Junctas, cum necesse fuerit, evocare, et si eas exercitum facere contigerit, vel repentinum concursum, Appellitum vulgariter nuncupatum, ipsas Junctas sive populum gubernare. Qui debent fidejussores dandos Junctis et cautiones recipere pro eisdem, et pignorare eos qui ad exercitum non vadunt, vel concursum non exierunt suae Junctae. Caveant tamen Junctarius atque Junctae, quia si quis damnum in suis possesionibus vel rebus pecuniariis duxerit infigendum, nisi prius per Justitiam alicujus villae Domini Regis, quam id faciant, sententialiter fuerit judicatum, totum damnum, quod fecerint, dupli restituere compellentur.* Der *Suprajunctarius* entsprach also zum Theil den *Thyuphadus*, zum Theil dem *Compulsor exercitus*, die bereits in dem Gesetze Erwig's (L. W. IX. 2. 9) nicht mehr gehörig auseinander gehalten werden.

II.

So beschaffen war das Personenrecht in den ersten Jahrhunderten nach der maurischen Eroberung. Nur blieb es nicht bei der verhältnissmässig erträglichen Lage der armen Leute, auf welche das *Dominium* immer mehr drückte.

Je nach der Verschiedenheit der Personen, von welchen die Gewalt geübt wurde, zerfiel das *Dominium* in das *Realengo*, *Abadengo*, *Señorio*, königliches, kirchliches, adeliges Herrenrecht, die in den allgemeinen Grundzügen mit einander übereinstimmten, im Besondern aber wesentlich unter sich abwichen, Dank der eigenthümlichen Stellung, welche Königthum und Kirche dem Adel gegenüber behaupteten. Allen gemeinschaftlich war der schon im alten Recht übliche Begriff des *Commendare* (L. W. V. 3. 1 u. 4), wodurch der *Bucellarius* sich in das *Patrocinium* eines Herrn begab, ein Herrendienst, der mit dem durch eine schriftliche Urkunde (*per precariam epistolam*)[75])

---

[75]) L. W. X. 1. 12. Hierin wie überhaupt in Betreff des Vasallen- und Beneficialwesens sind die neuesten Forscher nicht gleicher Meinung. Waitz (Deutsche Verfassungsgeschichte. Bd. II.) leugnet den Zusammenhang des Beneficialwesens mit der alten Gefolgschaft und lässt jenes allmälig von verschiedenen Grundlagen aus sich entwickeln. Roth (Geschichte des Beneficialwesens, 1850) knüpft an die Gefolgschaft an, setzt aber die wahre Entstehung des Beneficialwesens in eine spätere Zeit, indem er die Ertheilung von Beneficien durch die Könige, sowie das von ihm behauptete Bestehen der Privatgefolgschaft und des Seniorats erst zu Anfang der Carolingischen Periode eintreten lässt. Das Seniorat als Ausübung gräflicher Rechte über die Freien auf den Adelsbesitzungen wäre demnach eine Folge der Immunität. Einzelnen Behauptungen Roth's hat Waitz (Ueber die Anfänge des Vasallenthums. K. Gesellsch. d. Wissensch. zu Göttingen. VII.

zu beglaubigenden Zeitpacht-Vertrage nicht zu verwechseln ist, obschon *jus precarium* zuweilen das Abhängigkeitsverhältniss sowohl in dem einen als in dem andern Sinne ausdrückt [70]). Wie aber auch das *Dominium* beschaffen sein mochte, in Asturien, Leon und Castilien knüpfte das *Patrocinium* den Vasallen niemals oder doch erst sehr spät und ausnahmsweise so eng an die Person des Herrn, dass nur der Tod des Letztern die Verbindung löste: mit andern Worten, der feudalistische Begriff des Vasallenthums und dessen eiserne Verkettung vermochte sich daselbst nicht so fatalistisch zu entwickeln wie bei uns, weil die

---

69) mit Erfolg widersprochen, Anderes berichtigt und ergänzt; in den meisten Fällen aber dürften sich, näher bestimmt und geographisch abgegrenzt, die Anschauungen der beiden Gelehrten, selbst wenn sie sich auszuschliessen scheinen, vertheidigen lassen. So wenn Roth (S. 433) zwischen Beneficien und Precarien unterscheidet, Waitz dagegen sie mit einander und mit der Verleihung zum *Usufructus* ursprünglich für gleichbedeutend hält. Bei den spanischen Westgothen wurde offenbar ein Unterschied gemacht, jedoch nicht streng durchgeführt. Behauptet Roth, das *beneficium* an sich lege gar keine Verbindlichkeit auf, und meint dagegen Waitz, dasselbe verpflichte unter der Form einer Reallast zum Kriegsdienst, so kommt Alles darauf an, wie weit man den Begriff des *beneficium* ausdehnt. Der *Bucellarius* war ohne allen Zweifel kriegspflichtig, desgleichen der *Solariego* oder *Junior.* Der gemeine Colonus dagegen, der ein Stück Land von dem Herrn zur Bewirthschaftung angewiesen bekam, oder sein Alod an einen Herrn übertrug und es lehnsweise von diesem zurück erhielt, war in der Regel nicht zur Heerfolge (*Juncta*), aber zu andern Reallasten verpflichtet. Ein *beneficium* als einseitige Wohlthat gab es meines Erachtens nur bei Schenkungen an die Kirche, welche eine zeitwierige Nutzniessung beabsichtigten, oder bei Commenden an Solche, die vorher schon Heerfolge leisten mussten. Das persönliche Verhältniss zwischen dem *vassus* oder *vassallus* und dem Herrn wurde begründet durch die Commendation, in Folge deren sich der Vasall in den Schutz des Andern begab, und dass der spätere *vassus* nicht mehr ganz und gar eine und dieselbe Person ist mit dem *antrustio*, steht ebenso fest, als dass der *solariego* sich, wenn auch nicht wesentlich, von dem *bucellarius* unterschied.

70) Zu ganz genauen sprachlichen Abgrenzungen war der Geist jenes Zeitalters überhaupt nicht angethan. L. W. II. 1. 6: *Multi . . . argumento quodam fallaci in ecclesiis, aut uxoribus, vel filiis atque amicis, seu in aliis quibuscumque personis suas inveniuntur transducere facultates, etian et ipsa, quae fraudulenter in dominio alieno contulerant, jure praecario reposcentes.*

Araber den christlichen Herren fortwährend auf den Fersen sassen, was dem frühen Aufkommen der Communen zu Statten kam. Die unerschöpfliche Freigebigkeit der Könige und der Privaten gegen Kirchen und Klöster trug nicht weniger dazu bei, die Personalzustände der Unfreien und Halbfreien zu bessern, und Frömmigkeit war gewiss nicht der einzige Beweggrund, warum so Viele, unter dem Namen *oblati*, nicht bloss ihre Habe, sondern auch ihren Leib in den Dienst einer Kirche oder eines Klosters gaben [77]). Schon dabei gewannen die Kirchensklaven, dass sie, statt willkürlicher Dienste, nur zu bestimmten Verrichtungen, wozu selbstverständlich auch die gemeinste Handreichung gehörte, verwendet wurden [78]). Stillschweigend ist damit bereits ausgesprochen, dass solcher Gestalt

---

[77]) *Facio plazum ad monasterio S. Johanis de corpus meum et de omnia mea hereditate . . . tali pacto ut me contineatis in vita mea de victum et vestitum, et ego faciam vestram operam quam mihi juseritis. Et accepi de vobis in beneficio una moura, que serviat me in vita mea* (i. J. 1078).

[78]) Eine der ältesten spanischen Urkunden-Sammlungen, der „*Liber Testamentorum*" der Hauptkirche von Oviedo, wovon eine Abschrift in der Bibliothek der Madrider Akademie verwahrt wird, enthält ein Schriftstück aus dem 9. Jahrhundert, worin die Dienstleistungen der einzelnen Familien besonders aufgezählt sind. Die *familia de criatione*, der Hausstand eines Hörigen, heisst daselbst *cassata*, wogegen gewöhnlich der *vassallus casatus* den zum Hausgesinde eines vornehmen Herrn gehörigen Hintersassen bedeutet. Eine Familie ist verpflichtet, *portare canales, per ubi fuerit episcopus* (d. h. die Wege zu reinigen, wie schon im *Cod. Theod.* das Wort *canalis* gebraucht wird), *et latrinas mundare;* Andere *sedeat piscatores, baqueros* (Kuhhirten), *equarizos* (Pferdehirten = *yegüeros*), *canaliegos* (Bewässerer), *canalizos* (Wegearbeiter?), *debent facere carpentaria, levare nozes* (Nüsse), *facere ex eas oleum et dare ad coquinam, jugaria facere* (pflügen) *et faculas* (Brennholz) *adducere, facere sepes et varganos* (Zäune und Gehäge). Zum Schlusse: *In sancti Joannis illcs varones et illas foeminas sallare et pistores esse*, so dass Einsalzen und Backen um die genannte Jahreszeit allen Hörigen oblag. Bei einigen Familien kam zu der ihnen obliegenden Hantirung noch das *totum servitium facere.* Am häufigsten war das *servitium* „*rurale*" (Feldarbeit), und so ist in einem richterlichen Bescheid von einer *Mulier rustica* die Rede, *quae videns se sublimiorem suis vicinis, nolebat ire cum illis in oficio operis agrorum et vinearum S. Emiliani, imo contemnebat opus servile et usuale facere cum suis vicinis* (*Tumbo de S. Millan. fol.* 84).

die Hörigenfamilie nicht mehr als blosse Sache behandelt und durch Verkauf ihrer Angehörigen zersprengt wurde: der ehemalige Sklav war nur noch an die Scholle gebunden und die Verrichtung, die man ihm und seinen Angehörigen anwies, verwandelte sich bald in eine vorgeschriebene Naturalabgabe, ohne dass dem Hörigen die Veräusserung seines Ackerlandes gestattet war [79]). Unter den Bedrängnissen saracenischer Ueberfälle und faustrechtlicher Willkür mussten sich Tausende glücklich schätzen, auf kirchlichem Grundbesitz ein stilles und bescheidenes Plätzchen angewiesen zu bekommen, und die grosse Ausdehnung, welche das *opus servile* dadurch erlangte, konnte den wirklichen Sklavenfamilien nur zum Vortheil gereichen [80]). Eine andere Frage war es, wie Kirchen und Klöster einen wirksamen Schutz für sich und ihre Leute im Falle der Noth beschaffen wollten? Am nächsten lag, einen Theil ihres Grundbesitzes als Encommienden [81]) an Barone zu vergeben unter der Bedingung,

---

[79]) *Non habeant potestatem vendendi vel extraneandi ... et si noluerint servire pro ea et habitare in ea, non habeant partem in eam* (Aus dem Archiv des Klosters S. Vicente in Oviedo). Ueberhaupt hörte die Dienstbarkeit damit, dass das Loos der Sklaven sich verbesserte, nicht völlig auf und noch i. J. 1169 musste D. Fernando II. die Dienstmägde des Klosters S. Martin de Jubia in Galizien gegen arge Missbräuche, zumeist im Interesse der Mönche, schützen. *Mos pessimus inolevit, ut milites et satellites, nec non et rustici, contra statuta canonum ac regum decreta ancillas religiosorum ducant concubinas, quarum ocasione cautos inrumpere et possessiones eorum invadere non verentur, nec est qui prohibeat eos, cujus mali periculum non solum facientes verum et consentientes involvit.* (Aus dem Kloster Lorenzana.)

[80]) *Decania* hiess der von einer Anzahl Höriger bewirthschaftete Hof; *servitium* aber bedeutete schon im 8. Jahrhundert nur noch Dienstleistung an Zins oder Arbeit. Bischof Odoarius von Lugo schenkte i. J. 745 an Einwohner der Stadt eine *Villa*: „*pro servitio, quod ei fecimus ... sub tali tenore et pacto, ut cunctis diebus vitae nostrae tam nos nominati, quam etiam successores nostri jussionem ejus et voluntatem successorum ejus, qui in eadem urbe fuerint, faciamus in perpetuum*" (*Esp. Sagr.* XL. 353).

[81]) Im Jahre 987 beriefen sich mehrere Individuen von San Felix darauf, dass ihnen die Nutzniessung an einem Kirchengute rechtlich zukomme: *Plerisque manet cognitum, quod obtinuimus quamdam partem villule Sancti Felicis jure nostro de dato pontificis Domini Rudesindi episcopi beate memorie, quod nobis dederat ad stipendium usu fructuario* (*Tumbo* von *Celanova. fol.* 38).

Land und Leute zu schützen. Beispiele solcher Art sind nicht selten: zumal einsam stehende Klöster bedurften Patrone[82]), die aus Vasallen, was sie manchmal waren, gar bald gebietende Herren wurden und ihre einträgliche Schutzpflicht erblich zu machen verstanden. Die Concilien unterliessen zwar nicht, gegen die Bevormundung kirchlicher Anstalten durch Laien ernstliche Einsprache zu erheben; der Erfolg entsprach jedoch selten den gehegten Erwartungen, und manche geistliche Genossenschaft wäre besser gefahren, einen Schutzherrn über sich zu setzen, anstatt dass ein gewaltthätiger Nachbar von ihren Besitzungen an sich riss, was ihm gerade zusagte[83]). Ohne dass positive Zeugnisse dafür vorhanden sind, lag es in der Natur der Dinge, dass wie das *Abadengo*, so auch das *Realengo* den Insassen grössere Schonung und beziehungsweise Freiheit zu Theil werden liess: seitdem die Krone erblich geworden, hörte der Gegensatz von Staatsdomäne und Patrimonialgut auf, und der jeweilige Monarch hatte über eine Menge Land und Leute zu verfügen, die desshalb weniger Bedrückungen ausgesetzt waren als unter den kleinen Herren. Die Sklaven des Königs

[82]) Ein Provinzial-Concil übertrug ein Kloster dem *Domnus Guttier* (i. J. 927), *ut sit tutor ab hoc monasterio, et ejicere ex eo monachos indignos ... et collocare in ipso ... regulares monachos.*

[83]) Im Jahre 1002 beschwerte sich Bischof Froilan von Leon: *Notum sit pontificibus atque omnibus magnatis palatii, eo quod in diebus antecessoris mei Sabarici episcopi quidam ducis quadam artis ingenii ignorans Sacros Canones et Lex Gothica, non Deo sed sibi placente et valido posse ad hanc sedem subtraxit, et eum in personas non sibi debitas per scriptura testamenti tradidit* (*Esp. Sagr.* XXXVI. *App.* 12). Sechszig Jahre später erschien der Abt von Celanova mit einer ähnlichen Klage vor Ferdinand I.: *Quod surrexit in sua temeritate (comes Hordonius Romani), et presumpsit homines et hereditates de jure monasterii Cellenove, volens eos ad servitutem abdigare et jure monasterii usurpare* Wie das Hofgericht dem Abte Recht gab: *ipse comes ... perrexit ad magnates palatii et inclinavit se capita sua in conspectu illorum, ut rogassent ille abba cum fratribus suis, ut dedissent ei ipsas villas atque homines in adtonitum, et tenuisset eas in vita sua.* Der Abt liess sich willig finden und übertrug an den Grafen die Meiereien (*villae*) *usu fructuario* (*Tumbo de Celanova. fol.* 179). Die Abgaben, welche die Kirche von ihren Leuten bezog, waren bekannt unter dem Namen: *Decimae*, *Primitiae*, *Vota*, *Oblationes* (In einer *Carta-Puebla* des Jahres 1059. Muñoz. 221).

waren so günstig gestellt als ehemals die Domänen- oder Fiscus-Sklaven, und eine der ältesten Urkunden nach der maurischen Eroberung, betreffend die Stiftung des Klosters S. Maria de Obona durch Adelgaster, Sohn des Königs Silo, i. J. 780, indem sie den an das Kloster geschenkten Sklaven verwehrt sich in den Schutz eines *Commendarius* zu begeben, regulirt zugleich nicht bloss das Maass der Dienstleistungen [84]), sondern stellt auch, was besonders wichtig, für die *„Criationes"* die Grundzüge eines Strafgesetzes auf: *Si forte aliquis ex istis socium fratrem percusserit pugno, vel manu, aut virga, vel aliquo ligno aut ferro, ita ut non effundat sanguinem, solvat quinque solidos et tres flagellas accipiat. Si autem eum percusserit, aut* [*ut*] *sanguinem effundat, reddat decem solidos et quindecim flagellas accipiat. Si forte in ipsis plagis brachium vel aliquod ex membris fregerit, reddat triginta solidos et viginti flagellas accipiat. Si forte caso veniente, aut propria voluntate eum occiderit, reddat centum et sexaginta solidos et quingentas flagellas accipiat: tamen in suo praestimo et in servitio sibi injuncto permaneat.* Dass zwischen *Culpa* und *Dolus* nicht mehr unterschieden wurde, war ein offenbarer Rückschritt im Vergleich mit dem alten Rechte.

Im Einzelnen wohl, jedoch gewiss nicht durchgängig, wird es den Leuten des *Señorio* gerade nicht schlechter ergangen

---

[84]) *Et in die qua vocati ad servitium fuerint, habeant portionem edendi et bibendi, scilicet libra una et quarta panis milli, vel de alio seundo. Et portionem favae et milli, vel de alia edulia, et sicere si potest esse.* Die spanischen Erbsen haben traun eine lange Geschichte! So liest man in dem köstlich geschriebenen Tagebuch eines niederdeutschen Kreuzfahrers, der 1189 der Eroberung von Silves in Portugal beiwohnte: *Nota quod in costa Galiciae non nisi arduas rupes vidimus, nam et ipsa tota montuosa est et diffiicilis, et non vinifera, cicera maxime utens.* (*De itinere navali, de eventibus deque rebus, a peregrinis Hierosolymam petentibus,* MCLXXXIX, *fortiter gestis narratio.* In den *Memorie della Reale Academia delle scienze di Torino. Serie II.* 1840. *T. II. p.* 137). *Et si in monasterio assiduitas fuerit serviendi*, fährt die spanische Urkunde weiter fort, *habeant praedictam portionem victualis et vestimentum, sicut ipsa domus Dei sufficere potuerit.* Denjenigen unter ihnen, die nur zeitweise für das Kloster zu arbeiten hatten, wurde eine besondere Feldmark angewiesen: *Habeant illa hereditate de Perella et prestimonia in hereditate Sanctae Mariae* (*Esp. Sagr.* XXXVII. 306).

sein: aber der würde sich gewaltig täuschen, der in den spanischen Dienstverhältnissen überhaupt nur Licht und nicht zugleich auch dunkle Schatten erblicken wollte. Hört man Marina, so hätte es in Asturien und Leon lauter freie Bürger in Stadt und Land gegeben, und in dem „*Coup d'oeil sur l'histoire d'Espagne*" schwärmt Augustin Thierry [85]) für die Oase bürgerlicher Freiheit in Spanien. In Wahrheit verhielt sich die Sache ganz anders, und man braucht nur die lange Liste von Steuern und Abgaben [86]), welche auf den untern Klassen lasteten, anzusehen, um den von Marina angeschlagenen Ton bedeutend herabzustimmen. Eine beklagenswerthe Lücke in der Geschichte des 7. Jahrhunderts entsteht aus dem Mangel genauerer Nachrichten über das Besteurungswesen: man weiss darüber kaum mehr, als dass jeder Freigeborene zum Kriegsdienst verpflichtet war oder für die Erlassung der Wehrpflicht steuern musste. Weil unter den fortwährenden Unruhen und Kriegen immer mehr arme Leute zum Kriegsdienste herangezogen werden mussten, wurden gerade die Unbemittelten, darunter die Fiscus-Sklaven, zuletzt bis aufs Blut ausgesaugt; gleichviel jedoch ob der Freie in der Landwehr diente oder statt dessen steuerpflichtig wurde, in dem einen Falle ebensowohl als in dem andern sah man den Dienst als einen dem Staatsoberhaupte persönlich zu leistenden an. Diess blieb auch nach der Eroberung Grundsatz [87]), nachdem sich die Einnahmen des Fiscus durch die allgemeine Einforderung des *Fredum* nicht unbeträchtlich vermehrt hatten. Insbesondere liess man, wenn ein schweres Verbrechen begangen worden war und der Schuldige nicht ausfindig gemacht werden konnte, Diejenigen, auf deren Grund und Boden es vorfiel, dafür büssen. Die Vorstellung, dass an

---

[85]) *Dix ans d'études historiques. p.* 497.

[86]) Näheres in dem Anhang zu Berganza's *Antigüedades de España*, und bei Caetano do Amaral, *Para a Historia da Legislaçaõ e Costumes de Portugal. Mem. V.*

[87]) Es ist die Rede von einem *Census fiscalis*, *Servitium fiscale vel regale*, von *fiscalia Regalia, fiscalia Tributa, regia Servitus*, welche letztere in einer Schenkung des Jahres 1032 lediglich bloss die Ansprüche des Fiscus ausdrücken soll (*Esp. Sagr.* XXXVIII. 286).

dem Königthum unveräusserlich die Rechte und Pflichten des obersten Kriegsherrn und Richters haften, dass der Monarch die Mittel fordern könne, um den Landesfrieden überall und gegen Jedermann aufrecht zu halten, durchdringt den spanischen Staatsorganismus bis in seine äussersten Verästelungen: im Namen des Königs befehligt der Graf, spricht der Richter Recht, vollstreckt der Büttel das gerichtliche Erkenntniss, erhebt der Scurro [88]) die dem Fiscus anheimfallende Steuer.

In Allem was die Besteuerung anbelangt, befand sich der Adel in einer Ausnahmestellung: das *Señorio* als solches war steuerfrei und verpflichtete den Inhaber zu weiter nichts als zum persönlichen Dienste in dem königlichen Heerbann. Selbst der ein Herrengut bewirthschaftende *Solariego* entrichtete keine Königssteuer, wenn er seinen Herrn zum Aufgebot begleitete; unterliess er es aus irgend einem Grunde, so musste er an den Fiscus die eigens sogenannte Heerbannsteuer (*Fonsatum, Fossatum, Fossataria, Fossadaria, Fonsadaria*) bezahlen. Die persönliche Auszeichnung, die der Baron als uneingeschränkter Freiherr von seinem Grundeigenthum genoss, hiess *Honra*, das Freigut selbst *Cautum* [89]) (*Cotum, Cotus, Coto*), schon äusserlich erkennbar an Erdwällen, Hecken, Ketten, Fäden [90]) oder Marksteinen, die Jedem das Betreten ohne Erlaubniss des Be-

---

[88]) Der *Scurro* kommt bald mit, bald ohne den Beisatz *fisci* vor (*Esp. Sagr.* XL. 414. XXXVI. *App.* 48. XVI. 470. *Argote.* III. *Doc.* 7. Das *Fredum* heisst *Calumnia Regis* oder *Regiae vocis* (*Esp. Sagr.* XL. 375), letzteres weil im Namen des Monarchen darauf erkannt wird.

[89]) Das Wort ist von *cavere* abzuleiten und kommt häufig in der verbalen Form *cautare* vor. *Damus vobis ipsam nostram Cortem cautatam . . . liberam et absolutam ab omni nostro fisco* (v. J. 912. Aguirre. IV. 370). *Cautamus monasterium (de Tablatello) . . . ut nullus potens vel impotens pro nulla calumnia . . . sit ausus . . . pignorare, vel aliquid violenter facere aevo perenni* (*Esp. Sagr.* XVI. 438).

[90]) So hat man es zu verstehen, wenn in einem *Fuero* der Königin Urraca (1109) gesagt wird: *Si aliquis homo nodum de hereditate Regis fregerit.* Ein Bindfaden mochte genügen. Das alte Recht rechnet unter die *termini* die *aggeres terrae sive arcas, lapides notis evidentibus sculptos, in arboribus notas, quas decurias vocant* (L. W. X. 3. 3). Vielleicht ist es gestattet, an die dünne Seidenschnur um Laurin's Rosengarten in der deutschen Sage zu erinnern.

sitzers verwehrten. Nicht einmal der königliche Beamte durfte, selbst wenn er Strafgelder beizutreiben oder einen Verbrecher festzunehmen hatte, die Grenze des *Coto* überschreiten. Schon im 10. Jahrhundert führten die adeligen Kinder den Ehrentitel „*Infanzones*" [91]), der indessen um wenig später überhaupt adelige Geburt ausdrückte und zumeist nur in solchen Gebieten, wo der Feudalismus der mechanischen Vervielfältigung der Standesunterschiede günstig war, auf den niedern Adel im Unterschied von dem höhern Anwendung fand. Infanzonenrecht war gleichbedeutend mit Adelsrecht [92]). Bevorrechtet war sogar der Erzieher der adeligen Kinder: der *Amus*, *Amo* (arab. *omm* = Mutter). Dieses Vorbild des zum vornehmen *Don* herausgeputzten *Ayo* besass in dem „*Amatiatum*" einen Freibrief, um den ihn die meisten Gemeinfreien beneiden mochten [93]). Obschon „*haereditas*" in den spanischen Urkunden jeden Alodialbesitz bedeutet, so bezeichnete man damit doch vorzugsweise die Rittergüter [94]), oder die gleichberechtigten *Abadengos*, wobei

---

[91]) Infanzon und Garding (oben S. 151) drücken insofern ganz dasselbe aus, und wurden gleich dem deutschen Worte „Junker" ursprünglich in engerem, später in weiterem Sinne gebraucht.

[92]) *Habeatis eas cum ipsa eadem consuetudine, qualem habent majores sive infanzones mei regni* (i. J. 1068: *Esp. Sagr.* XXVI. *App.* 5), *Comites, Potestates, sive Infanzones mei regni (ibid.)*.

[93]) *Notum vobis facio per hanc cartam, quod ego firmiter mando, ut nullus habeat vasallum in cautos samonenses nisi monasterium et abbas samonensis per* a m a t i a t u m, *nec alio modo, et nullus det filium suum alendum sive criandum in cautis samonensibus ... Et si aliquis filius militis ibi nutritur, vel aliquis ibi se posuit sub alio dominio nisi sub dominio samonensi, mando isti homini meo, quod illum filium militis, qui in cautos samonienses nutritur, foras de cautos ejiciat, et illum, qui se amum fecerit, vel qui se in alium dominium transtulerit, ad dominium monasterii samonensis reducat* (i. J. 1195. Urkunden des Klosters Samos). Man wird dadurch unwillkürlich an den altgermanischen Brauch erinnert, den Knaben, sobald er dem Kindesalter entwachsen war, dem Oheim in Zucht und Obhut zu geben.

[94]) *Orta fuit intentio inter Infanzones de Lagneio et omnes ibi haereditatem habentes, et Dominum Adefonsum (VI.). Dicebant ipsi Infanzones et ipsi haereditarii, quod ipsae haereditates seu villae, quas ipsi possidebant in Lagneio, fuerunt possessae ab avis et parentibus eorum sine ullo tributo regali, vel servitio fiscali.* Dagegen behauptete der königliche Sachwalter: *quod omnes Nobiles et Infanzones, tenentes haereditatem in Lag-*

übrigens bemerkt werden muss, dass, weil die „todte Hand" nur im uneigentlichen Sinne erbberechtigt war, bei Kirchengütern wohl auch der Ausdruck „*haereditas*" durch „*veritas*" [95]) ersetzt wurde. Das höhere Wehrgeld, das der Infanzon beanspruchen konnte, betrug nach Beseitigung des schwankenden Herkommens 500 Solidi [96]); weit gefehlt jedoch, dass die Barone sich damit begnügten, gegen wirkliche oder angebliche Beleidigungen den Schutz des Gesetzes anzurufen, forderten sie für sich Fehdefreiheit, und behagte ihnen der königliche Dienst nicht, so nahmen sie mit ihren Leuten anderswo, bei Gläubigen oder Ungläubigen, Dienste, um gegen ihren angestammten Monarchen zu Felde zu ziehen. Als Almanzor im 10. Jahrhundert einen Einfall in Leon machte, folgten seinen Fahnen viele einheimische Barone, und Königin Urraca sah sich später zu der Verordnung veranlasst, dass die Frauen derer, die zu den Mauren übergingen, nicht das ganze Vermögen verlieren, sondern ihr Eingebrachtes und die Hälfte des Erworbenen behalten sollten.

Neben dem *Cautum* konnte der Baron königliche oder kirchliche *haereditates* als Lehen besitzen, und für diese mussten die auf Grund und Boden lastenden Steuern von dem Inhaber, wes Standes er sein mochte, entrichtet werden. Begreiflicher Weise war das Dichten und Trachten der solcher Gestalt Belehnten

---

neio, non habebant eas jure haereditario, sed tenebant eas per manum Majorini Regis usufructuario, et persolvebant per unumquemque annum parti Regi calugnias et fossatarias (*Esp. Sagr.* XXXVIII. 323).

[95]) *Concilium Cojacense.* c. 9: *Tricennium non includat ecclesiasticas veritates, sed unaquaeque Ecclesia, sicut Canones praecipiunt et sicut Lex Gothica mandat, omni tempore suas veritates recuperet et possideat.* König Vermudo III. versprach i. J. 1034 dem Bischof von Lugo: *Non habeat dampnum, nec pressa, nec morte, nec aliquo impedimento de me Veremundo Rex, nec de meos Barones, quidquid in veritate steterint, nec totam illi suam Civitatem, nec suum Castellum, quos in suo jure tenet … Et non mittam in illas Turres, nec in illa Civitate sine suo consilio, nec sine sua voluntate* (*Esp. Sagr.* XL. 413).

[96]) *Qui vos desornaverint, pectent vos quingentos solidos* (Gonzalez de Acevedo, *Memorial sobre el voto de Santiago.* p. 132). *Sicut forum est de infanzon, pectet vobis quingentos solidos* (Pulgar, *Historia de Palencia. II.* 120).

darauf gerichtet, die ursprüngliche *Commenda* in ein *Cautum* zu verwandeln [97]), wobei es besonders häufig vorkam, dass an Kirchen und Klöster vermachte Commenden durch den König zu Freigütern erhoben wurden [98]). Den geistlichen Besitzern blieb es unverwehrt, auch für solche Freigüter nach Belieben einen Schutzherrn zu suchen, unter Bedingungen, die ganz und gar ihrem eigenen Ermessen überlassen blieben, wogegen die Krone ihrerseits sich für den Nachlass ihrer Besteuerungsansprüche auf anderem Wege zu entschädigen wusste [99]). Je mehr

---

[97]) Obschon die religiösen Genossenschaften aus diesem Verwilligungsrechte den grössten Gewinn zu ziehen wussten, fehlt es andererseits doch nicht an Beispielen, dass Privatleute in den Freiherrnstand erhoben wurden, wie z. B. im Jahre 1113 ein gewisser Lazaro Muniz durch König Alfons el Batallador: *Propter gratum servitium, quod mihi fecistis, facio vobis liberum et ingenuo omnes vestras cassas . . . et omnes hereditates . . . dono tibi licentiam emendi, vendendi tam de rege quam de nobilibus sive de villanis, sive de aliqua gente in qualicumque loco vel terra potueris comparare, liberam et ingenuam habeas . . . non habeat sigillum, neque vereda, neque homicidio, neque anubda, neque fonsadera, neque saionis ingresio, neque fuero ullo inquirant aliqui homines aut seniores, qui illam villam emperaverint, et super hoc tribuo tibi et domni tue talem potestatem, ut si ibi aliquis homo homicida de cujuslibet persona ibi ingressus fuerit adire corrale, et per forciam abstractus fuerit talem cautum habeat qualem et meum palatium* (*Tumbo de S. Millan fol.* 13). Im Jahre 1150 schenkte D. Pelayo an einen seiner „Getreuen" *illud linare regalengo de Astorga . . . sicuti fideli meo vasallo* (Codex des Marques de Mondejar. Madrider National-Bibliothek).

[98]) Als Graf Pinnolo Ximeno und seine Gattin 1031 ein Kloster gründeten, schenkte D. Vermudo III. die dazu gehörigen Ländereien mit der Bestimmung: *Homicidium, rausura, fossataria ab hodierno die et deinceps non tribuantur Regi infra istos terminos, nec eant in expeditione Regis et ejus potestatibus, nec in iis Sagio ingrediatur ibi ad sigillum ponendum, nullusque inde infra istos terminos prendam extrahat* (*Esp. Sagr.* XXXVIII. 286).

[99]) Zwischen König Vermudo III. und dem so eben genannten Grafen Pinnolo wurde ein gegenseitiges Abkommen getroffen, des Inhalts: *Do eis* (dem Grafen und seiner Gemahlin) *ad praehabendum in perpetua aeternitate illam mandationem de Perpera cum illo alio Regalengo de Cangas et facio Cautum eidem monasterio . . . Vos vero Pinnolus Comes et uxor vestra Ildonza Comitissa datis mihi Regi Vermuto castella ista et haereditates in terra Asturiensi pro illo nostro Regalengo et pro illo Cauto, et quod illud monasterium sancti Joannis de Corias cum hominibus sibi*

die Schenkungen unter verschiedenen Rechtstiteln sich häuften, desto verwickelter wurde das Steuerwesen, und wenn es auch keine Lehnshöfe im engeren Sinne des Wortes gab, so fehlte es wenigstens nicht an Distriktsversammlungen, auf denen Richter und Infanzonen unter dem Vorsitz des Königsgrafen über streitige Ansprüche zu entscheiden hatten [100]). Der Thyuphads in der Eigenschaft eines *Vicarius* des Grafen war namentlich über das Steuerwesen der Grafschaft gesetzt, was zu Gunsten der Annahme spricht, dass derselbe schon in dem alten Reiche bei der Besteuerung zum Besten der Staatskasse irgendwie betheiligt war. Die *Fossataria* oder *Fonsadera* bildete nicht die einzige Kriegssteuer: in den Orten, wo königliche Castelle erforderlich waren, mussten welche errichtet, unterhalten und verproviantirt werden, und die Verpflichtung dazu hiess *Castellaria;* die öffentliche Sicherheit gebot einen regelmässigen Wachtdienst, wofür man vermuthlich aus dem arabischen Worte *Annuba* (Wache) die Benennung *Anubda* (*Anuda*, *Annubeta*, *Anupda*, *Annuba* u. s. w.) bildete — es liegt indess am Tage, dass diese Belastungen, mochten sie persönlich oder in Geld geleistet werden, am meisten die städtischen Bevölkerungen beschwerten. Hinterher freilich, wie die Barone sich als kleine Könige zu fühlen anfingen und hinter den Gräben und Mauern ihrer Ritterburgen nicht mehr so leicht gebändigt werden konnten, forderten sie von ihren Leuten ähnliche Dienste. Für die Krone bildeten eine besonders ergiebige Einnahmequelle die Forsten, Waiden und Gewässer [101]), Jagd, Mahl- und Bäckerei-

---

subjectis sit semper liberum ab omni regia servitute, et habeat quod dominium voluerit (*Esp. Sagr.* XXXVIII. 289).

[100]) *Temporibus gloriosissimi domini Fredenandi principis, posidente Comitatum vel Judicatum terre luminense comite Sancio Velascoz, et discribendo vel perquirendo exactores regie* (*terrae*) *tiufadus vel vicarius Menindus Gundisalviz super hanc questionem adjuntati sunt prefati judices cum multorum nobilium ad perquirendum et dijudicandum exactum terre. Era* MXCII. (*Tumbo* des Klosters Celanova. *fol.* 101).

[101]) Das Westgothen-Recht (L. W. X. 1. 8 u. 14) bezeugt, dass ausser Ackerland auch Waldung zu den *sortes (tertiae) Gotorum* und *Romanorum* gehörte, und das spätere *Cautum* lässt sich ohne Waldung, Waide und Wasser kaum denken. Indessen ist es ausgemacht, dass die Krone ihre Ansprüche darauf immer mehr ausdehnte.

bann, obschon die kleinen Herren ebenfalls nicht ermangelten, den Kreis ihrer Befugnisse nach allen Seiten hin zu erweitern. In der Blüthezeit des spanischen Feudalismus wurden für unveräusserliche Gerechtsame der Krone erklärt: Rechtspflege, Münze, Kriegssteuer und Reiseverpflegung [102]) des Monarchen.

Um die Bestandtheile, aus denen sich das spanische Beneficial-Wesen aufbaute, braucht man demnach nicht verlegen zu sein; der Name selbst aber und die Art, wie es sich im Einzelnen mit der feudalistischen Einreihung der Vasallen verhält, erheischen genauere Erwägung. Im alten Gesetzbuch wird *beneficium* zumeist von Schenkungen gebraucht, die der König oder überhaupt der Patron seinen Leuten machte [103]), mochten diese in der gesellschaftlichen Rangordnung höher oder niedriger gestellt sein; sodann aber kommt das *beneficium* doch auch schon in der Bedeutung von Lehnspacht [104]) vor, und daraus bildete man im Verlauf der Zeit die *Benefactoria* zur Bezeichnung des Lehnsverhältnisses überhaupt. *Benefactoria* und was dasselbe: *Behetria* wird nicht allein gleichbedeutend mit *Patrocinium* gebraucht, sondern man findet an ihrer Stelle auch nicht selten das arabische *Maulát* in der Form von *Maulatum* [105]) und im Sinne von *Clientela*. Sprachlich gewann man

---

[102]) Das *Fuero Viejo* beginnt mit dem Satze: *Estas quatro cosas son naturales al Señorio del Rey, que non las deve dar a ningun ome, nin las partir de si, cá pertenescen a el por razon del Señorio natural: Justicia, Moneda, Fonsadera e suos Yantares.*

[103]) L. W. IV. 5. 5 wird bestimmt, dass dem Sohne Alles was er *munificentia regis aut patronorum beneficiis* erworben habe, zu eigen gehöre und bei seinen Lebzeiten die Eltern keinen Anspruch darauf haben. Hat er dagegen in den Reihen der *Leudes* etwas im Kriege erbeutet, so muss er den dritten Theil davon an den Vater abliefern, wenn er an dessen Tisch isst.

[104]) *Sua culpa beneficium, quod fuerat consequutus, amittit, qui placitum non implesse convincitur.* L. W. X. 1. 1.

[105]) D. Ramiro III. ertheilte i. J. 958 dem Kloster S. Maria de Cartavio das Privilegium: . . . *mandamus, ut omnes homines, qui infra predictos terminos habitant vel ad habitandum venerint ad supra dicti monasterii concursum, jussum et servitium, et nulli hominum, videlicet Regum, Comitum, Majorinorum suorum, vel quarumlibet potestatum maulatum*

damit einen ferneren Ausdruck für den Lehnsmann, indem man aus dem arabischen *Mauld* (*cliens*) einen *mallatus*, *malado* machte. Wie überall waren die Bedingungen, unter welchen Einer zu einem Mächtigeren in das Verhältniss der *Behetria* trat, ebenso verschieden als die Veranlassung dazu: der Grundsatz, besser ein freiwilliger als ein gezwungener Lehnsmann, musste den Gemeinfreien, die zu wenig vermögend waren um ihr Recht gegen die Gewalt zu vertheidigen, von selbst einleuchten, und auch das kam vor, dass reichere und angesehenere Personen Besitzungen sammt den Insassen an den König, beziehungsweise den Grafen, überliessen, wenn ihre Leute schwere Verbrechen begangen hatten [106]) und die Besitzer dafür aufkommen sollten. Nach den Urkunden zu schliessen, vermieden zumeist wohlhabendere Leute beim Eingehen eines Lehnsvertrags das Drückende und Lästige der Abhängigkeit, in die sie sich freiwillig begaben, dadurch, dass sie bloss die Hälfte [107])

---

vel patrocinium reddant, sed solummodo prefato monasterio (*Esp. Sagr.* XXXVI. 276).

[106]) So machten es drei Geschwister i. J. 1006: *Inde conmuniamus vobis Comiti et Regi nostro ipsas casas pro medio, pro que habuimus metu de vestra ira et non potuimus suffrire. Damus itaque vobis ipsas casas cum suos mandamentos, et pro quo non habemus nos filios, habeant vestros filios et vestra gens eloquia, et faciatis ad nos bene in vita que vixeritis, et habeant illos monasterios sua veritate in cunctis diebus vite vestre, et nos jam supra nominatos que serviamus ad vos comite et regi nostro in vita nostra cum ipsas casas et cum ipsos mandamentos, et cum ipso monasterio de Superato, et post obitum nostrum habeatis ipsos monasterios integros cum suas adjunctiones et cum suos mandamentos* (*Tumbo viejo de Sobrado. T. I.* 4). Die Insassen hatten mehrere Morde begangen und zu wiederholten Malen das gerichtliche Vorladungsschreiben zerrissen.

[107]) Man hat dafür die Benennung: *medietas*, und *conmuniare* oder *inconmuniare*. Vom Jahre 1031: *Hec inconmuniamus vobis illa, proque sumus homines inposientes, et non potuimus vobis facere servitium ... et faciatis nobis bonum* (*Tumbo* von Celanova. *fol.* 22). Der Grund der Abtretung *pro medietate* oder auch *medio* wird i. J. 1063 ausgedrückt in den Worten: *ut habeamus de vos defensionem, et moderationem, et tuitionem* (*Ibid. fol.* 115). Selbst Privatleuten zugefügte Unbill wurde auf dem Wege ausgeglichen, wie nachstehend: *Super hoc per textum et definicione, ut si quod absit in quocumque tempore aliquis homo nos pro inde*

ihrer Besitzungen unter den Schutz eines Patrons stellten. Andere begaben sich mit ihrer ganzen Habe in ein Schutzverhältniss, oder steuerten bloss, je nachdem sie bemittelt oder mittellos waren.

Am eigenthümlichsten gestalteten sich die geistlichen Liegenschaften, über die anhaltend processirt wurde und zwar so, dass wenn eine kirchliche Forderung gegen eine andere stand, der Landesbischof, der vor der Wiedereroberung Toledo's in Oviedo residirte, mit einem eigenen Richtercollegium zu entscheiden hatte [108]). Hatte Jemand aus eigenen Mitteln eine Kirche oder ein Kloster gebaut und ausgestattet, so war er der natürliche Lehnsherr seiner Stiftung und vererbte die Behetrie an seine Nachkommen, wobei es nichts verschlug, wenn der Stifter oder die Stifterin selbst ins Kloster traten. In dem reichen Kloster S. Victorian in Roda, von dessen Archiv Lasierra Abschriften nahm, die zum Theil in die Bibliothek der Madrider Akademie gekommen sind, befand sich eine Urkunde aus dem Jahre 957, worin der Bischof Odesind von Roda erzählt, sein Freund der Presbyter Blanderich sei verstorben, ohne einen Sohn oder Presbyter zu hinterlassen, noch auch habe er über die ihm zugehörige Kirche testamentarisch verfügt. Ein anderes Schriftstück enthält einen ganz ähnlichen Fall, dass der Presbyter Baron und seine Frau Adulina in Plasencia mit Tod ab-

---

inquietare vel calumniare presumere voluerit, tam de parte regia, aut comitum, vel pontivilagium, aut in ejus pro pago vel posteritati fuerit, qui eos per ad juditio impulsare voluerit, quisquis ille fuerit, licitum habeatis vos Vimara Kagitiz nos de illorum manus et de ejus judicio ejicere, ut non sit nobis inde nullum inpedimentum aut damnum, vel et aliqua disturbatura, tam nobis quam etiam et ipsis filiis nostris, nisi sani et salvi remaneamus cum pace, et insuper abeamus de nobis defensionem et moderationem, et in verbo, et in facto, et in consilio, et in benefactoria, et habeatis vos et omnis posteritas vestra medietate de ipsa hereditate de Busto ad perhabendum (*Ibid. fol.* 187. a. d. J. 1022).

[108]) In einem solchen Streitfalle des Jahres 1051 heisst es von den Anwälten der beiden Parteien: *assertores cum scriptis perexerunt in sedem ovetensem ante episcopum dominum Froilanum et ante judices ipsius episcopi* (*Liber Testamentorum. fol.* 71). Unter Alfons VI. hatten im Königreich Leon Gerichtsbarkeit die Bischöfe von Leon und Astorga, so wie der Abt von Sahagun (*Esp. Sagr.* XXXV. 411).

gegangen seien und ihre Kirche dem Kloster Obarra vermacht hätten. Noch auffallender ist das Testament eines Abtes Fredenand zu S. Adrian v. J. 1080: *Cujus (monasterii) possessor cum fuissem aliquanto tempore jure hereditario . . . postea cum essem multis curis occupatus, et non possem providere causam monasterii, sicut oportebat, dedi vel potius commendavi illud ad possidendum et post gubernandum quibusdam meis propinquis causa dilectionis. Quam ob rem invaserunt claustrum monasterii, alii ad manendum, alii ad pausandum, et possessiones ejus, quae foris erant, inter se diviserunt et tenuerunt multis diebus. Quod cum vidissem et audissem post aliquot annos, penituit me sic errasse, et contristatus vocavi illos meos propinquos, et habui cum eis de hac re familiare colloquium. Sicque factum est Deo volente, ut a quibus expectabam et timebam contentionem et perturbationem, ab ipsis accepi consolationem et ammonitionem, ut ita facerem de ipso monasterio, sicut conceperam in animo meo, tantum ut darem illis et consentirem suas pausatas* [109]) *extra claustrum in circuitu et in hereditate ipsius monasterii.* Von einzelnen Patronen wurde der Unfug so weit getrieben, dass sie nicht mehr ihre und ihrer Reisigen Söhne zur Erziehung in das *Amiatum* eines Klosters gaben, wohl aber ihre Jagdhunde zur Beköstigung, daher es in einem *Fuero* von Navarra (1051) heisst: *illo malo foro, quod habebant illi comites et suos milites* [110]), *qui mittebant suos canes ad illos monasterios, et suos homines ad regendum illos.* Schon darum musste der Geistlichkeit Alles daran gelegen sein, bei den der Kirche zugewendeten Schenkungen und Vermächtnissen alle Rechtsformen auf das Gewissenhafteste zu beobachten [111]), um nöthigenfalls ein gerichtliches Erkenntniss provoci-

---

[109]) Dergleichen Absteigequartiere der Patrone entsprachen den königlichen *Yantares*.

[110]) So schlimm stand es in der Regel nur in den nordöstlichen Ländern der pyrenäischen Halbinsel, in Catalonien, Aragonien und Navarra, wo der Feudalismus weit entwickelter und geschlossener auftrat als in Leon und Castilien. Die *Milites* in der Bedeutung von Ministerialen oder Reisigen der Grossen (*Comites*) kommen hier gleichfalls seltener vor.

[111]) Die Besitztitel sind in einer Menge solcher Urkunden sorgfältig und häufig unter Berufung auf das Westgothen-Recht aufgeführt. In einem Tauschvertrag zwischen zwei Klöstern liest man: *habuit ipsa Domina*

ren zu können. Ein weiterer und wesentlicher Grund war aber der, dass die Kinder von Geistlichen erbberechtigt waren. Zwar die ordentliche oder sacramentale Ehe konnte canonisch den Dienern der Kirche nicht gestattet werden, ebenso wenig das (heimliche) *matrimonio á yuras* [112]), ein eidliches, aber nicht feierlich eingesegnetes Treugelöbniss, welches dieselben Wirkungen wie das kirchlich eingesegnete Ehebündniss hatte: wohl aber durfte der Geistliche ein gesetzlich erlaubtes Concubinat (*Barraganía*) [113]) eingehen, dessen rechtliche Wirkungen von

---

(Elaguntia Abbatisa) filium unicum nomine Vermudum, qui obiit e seculo a filiis destitutus, et remansit ipsa villa in jure ipsius Domini [Dominae] juxta quod Lex Gotica docet, que docet hereditatem filiorum mortuorum in jure parentum redire (Tumbo de S. Maria de Sobrado I. fol. 46). In einer Schenkungsurkunde des Jahres 1196: *Domnus Barvaldus occidit mulierem novam patris sui et criminatorem clericum: propter vindictam petivit patri suo duas partes hereditatum illius, et tertia pars filii de mortua* — mit Rücksicht auf L. W. III. 4. 13 (P. Ribeiro, *Dissertações. I.* 256).

[112]) Das *Fuero de Cáceres* enthält die Stelle: *Quien mugier velada ó de yuras en mano de clérigo ejecerit extra domum, et postea voluerit eam accipere, det illi boda et arras, así como de primero et accipiat eam: et si illa dimisserit filium suum, sit desheredata.* Desgleichen ist in den *Fueros* von Burgos von einem *Jurado casado* die Rede, der seine Ehe abläugnete und desshalb vor dem Bischof erscheinen musste, damit dieser die Angelegenheit weiter untersuchte (Marina, *Ensayo.* Madrid, 1808. p. 176). Alonso el Sabio verordnete im *Fuero Real*, dass alle Ehen „*concejeramente*", d. h. öffentlich, eingegangen würden.

[113]) Die Ableitung des Wortes ist zweifelhaft: man kann an das arabische *barra* (fremd) und *gana* (*Kunne?*) denken, da *ganidir* Verbindung bedeutet und die aus einer derartigen Verbindung entsprungenen Kinder *hijos de ganancia* (Buch der Richter. XI. 2) heissen. Näher liegt das arabische *barragan* = einzeln, unverheirathet. In Sevilla, dem Paradiese der spanischen Geistlichkeit, bedient man sich der Sprüchwörter:

En la calle de los Abades
Todos han Tios, y ningunos Padres.

Los Canonigos madre non tienen hijos,
Los que tienen en casa son sobrinicos.

Von König Froila rühmt das *Chron. Silen.* (c. 27): *Froila imposuit finem illi nequissimo sceleri, ne Christi sacerdotes carnalia conjugia ulterius sortirentur.* Von Hammer's Vermuthung, *barragana* sei von dem arab. *berekan* abzuleiten, wird im Folgenden die Rede sein.

der beiderseits und lebenslänglich bewahrten ehelichen Treue abhingen. Die Beischläferin hiess *Barragana* zum Unterschied von der *Muger de bendiciones* oder *Velada* [114]), und erbte für sich die Hälfte des Erworbenen, während die in einer solchen Halbehe erzeugten Kinder für durchaus legitim galten und sowohl *ab intestato* als *a testamento* ihre Eltern beerbten. Der päpstliche Stuhl liess es sich, da die Barraganie unter der spanischen Geistlichkeit immer mehr Eingang fand, angelegen sein, der Unsitte Einhalt zu thun, und das unter dem Vorsitz eines Cardinallegaten abgehaltene Concil von Valladolid (1228) verbot das christliche Begräbniss der mit Geistlichen verbundenen Kebsweiber [115]), entzog Jenen ihre Beneficien und erklärte die Kinder für erbunfähig. Noch in demselben Jahrhundert wurde in den *Partidas* die Priesterehe als durchaus unstatthaft verboten, aber die Folge war nur, dass fortwährend Geistliche bei dem Könige einkamen, ihre Kinder für legitim zu erklären. In den Städten sah man es nicht nur gerne, wenn die Priester sich mit einer bestimmten Frauensperson verbanden: in zahlreichen *Fueros* werden auch die Erbansprüche der aus solchen Verbin-

---

[114]) Es beruhte darauf die Berechtigung den in Spanien so wichtigen Schleier zu tragen. Das *Fuero Viejo* spricht von einer *Manceba en cabellos.* Auch in Deutschland stand die Frau im Schleier, oder unter der Haube, als gebunden der ledigen entgegen.

[115]) *Se morieren, que las entierren en la sepoltura de las bestias . . . Los clérigos que las soterrasen, ó hi fueren* (bei dem Begräbniss zugegen waren), *sean sospensos de oficio et de beneficio; et los legos, que hi fueren á seiente, sean descomulgados.* Im 7. Jahrhundert konnte der Bischof dergleichen Concubinen verkaufen. Das *Fuero* von Zamora erklärte sogar die Kinder der mit dem Manne nicht zusammenwohnenden *Barragana* für erbberechtigt, wenn der Vater sie ausdrücklich als seine Erben einsetze (*se los per lengua heredar*). Die Herausgeber des *Fuero Viejo* theilen in der Note zu V. 5. 1 einen Concubinatsvertrag des Inhalts mit: *Conoscida cosa sea á quantos vieren é oyeren la carta de mancebía é compañería, que yo . . . pongo tal pleyto con vusco donna Elvira Gonzalvez, manceba en cabello, que vos recibo por manceba é compañera á pan, é mesa é cuchiello por todos los dias que yo visquiere.* Sogar darauf nehmen die *Fueros* Bezug, wie es zu halten, wenn die *Barragana* ihren Herrn verlässt: *E barragana que un anno non estodier con so señor, ye foir con suas vesteduras é con so haber, todo lo torne á so señor, é si un anno complir, haya suas vestedurås* (*Fuero de Zamora*).

dungen entsprungenen Kinder ausdrücklich gewahrt. Man ging von der Voraussetzung aus, der Geistliche werde alsdann ein nur um so besserer Bürger sein. Noch im 18. Jahrhundert wurden zuweilen Bittgesuche zu Gunsten der Kinder von Priestern eingereicht, und ein Rundschreiben des Rathes von Castilien (d. d. 7. Mai 1596) an die *Correjidores* und Ober-Alcalden verordnete, dass solche Kinder ihre Väter wenigstens nicht über die durch das Gesetz festgestellte Quote hinaus beerben sollten.

Umgekehrt war nichts gewöhnlicher, als dass reiche Kirchen lehnsherrlich von ihren Gütern vergaben [116]), was in demselben Masse häufiger geschah, in welchem durch Schenkung die Freigüter der geistlichen Verbände sich mehrten. Zumal bei einer bischöflichen Stadt, wie Lugo, mussten die geistlichen Patrone Bedacht nehmen, sich die Verwaltung ihres ausgedehnten Besitzstandes zu erleichtern, und wenn selbst Kirchen als Lehen übertragen wurden, so geschah es in der Weise, dass der damit Belehnte die gesammten Kosten des Gottesdienstes zu bestreiten hatte. Lugo, ehedem Hauptstadt des Suevenreichs und schon zur Römerzeit stark befestigt, hatte durch die Mauren schwer gelitten und es wird durch eine Urkunde bezeugt, dass ein gewisser Odarius, der aus dem früher den Gothen unterworfenen Theile Afrika's mit einer Anzahl Sklavenfamilien nach Spanien auswanderte, Lugo nebst Braga von neuem bevölkerte [117]). Zur Belohnung wurde er Bischof von Lugo und fortan besassen die dortigen Bischöfe Grafengewalt und Bannrecht über die Stadt. Ist es wahr, was die Chronisten behaup-

---

[116]) *Ego Sindamiro cum jermano meo Mondino vobis domino Flaviano episcopo atque canonicis lucensis (Lugo) ecclesie pactum simul et placitum facimus vobis pro ipsa ecclesia sua sancta Columba ripa Flaviszo, quam nobis datis ad tenendum de vestra manu et attonito usu fructuario, et cum fide et veritate serviam vobis cum illa, et non extranem in alia parte subpecta mala, et edificem et planctem, ut melius potuero et vobis placuerit, et sim vester sine alio patrono; et si inde aliter fuero, et placitum exiero, et mentitus fuero, redam in duplo vel triplo ipsam ecclesiam cum sua hereditate, et insuper in voce ecclesiae lucensis quingentos solidos, et scripture series firmiter permaneat. Facta series placiti in era XLII post millesima* (*Tumbo* der Kirche von Lugo. *T. IV.*).

[117]) *Esp. Sagr.* XL. 364.

ten, dass Witiza in den meisten spanischen Städten die Ringmauern und die andern Befestigungen niederreissen liess, was dann einen Sinn gehabt hätte, wenn er damit die durch seine Reformplane hervorgerufene Empörung ihrer festen Stützpunkte zu berauben beabsichtigte, so wäre dadurch nicht allein den Saracenen die Eroberung des Landes wesentlich erleichtert worden, sondern zugleich das Aufkommen der Communen erschwert. Wie es sich damit auch verhalten haben mag, das Missverhältniss glich sich reichlich dadurch wieder aus, dass zur Sicherung der stets bedrohten Grenzen und zur Abwehr gegen unversehene Ueberfälle befestigte Ortschaften, also unter Verhältnissen entstanden, die der damit verbundenen Unsicherheit wegen eine bevorzugte Stellung wohl verdienten, ähnlich den deutschen Städten, die an den Grenzen des langgestreckten Slavenlandes aufgeführt wurden. Ihrem Ursprung nach waren es königliche Städte, deren natürlichster Beschützer der Königsgraf war; da aber der Arm des Monarchen nicht immer so weit, wenigstens nicht mit dem gehörigen Nachdruck reichte, überliess man es den neuentstehenden Städten, und wohl auch andern, die schon länger bestanden, nach eigenem Gutdünken einen Schutzherrn zu wählen. *Et abeant signiorem qui benefecerit illos* — heisst es in dem 974 von dem Grafen Garci Fernandez von Castilien bewilligten *Fuero* von Castrojeriz [118]). Das Herkommen brachte es mit sich, dass die Behetrie bei der Familie, die sie zuerst besass, erblich verblieb, in welchem Falle sie *Behetría de linage* (Familienlehn) hiess, jedoch keineswegs immer so, dass das Lehn beisammen bleiben musste, somit durch Erbgang immer nur an einen Herrn kam; vielmehr vertheilten die Erben in gewissen Fällen wie das Vermögen so auch die Schutzbefohlenen. Der Antheil, den Einer bekam, nannte man *Divisa*, den Theilerben selbst *Divisero.* Unter besonders günstigen Umständen konnte eine Ortschaft sich ihren Patron nach Belieben wählen und auch wieder aufgeben, wofür man die Bezeichnung *de mar á mar* (in allen Ecken und Enden) ge-

[118]) Noch in dem unter Alfons XI. veranstalteten Lehnsbuche (*Becerro de las Behetrías*) heisst es von Castrojeriz: *Este logar es realengo con sus barrios.*

brauchte [119]). Die gegenseitig stipulirten Leistungen und Verpflichtungen waren örtlich auf das mannigfaltigste gefärbt, vortheilhaft aber hauptsächlich für die Sklaven, die unter kirchlichem Einfluss schaarenweise freigelassen wurden und den Schutz der Behetrie genossen [120]). Waren aber nur einmal die starren Personalzustände und Standesunterschiede des alten Reichs gelockert, so musste in demselben Maasse das alte Recht den neuen Verhältnissen angepasst werden, und so entfalteten sich allbereits von dem 8. Jahrhundert an die Keime eines Gewohnheitsrechts neben dem geschriebenen Gesetzbuch. Ebenso oft als das „*Faciat quod Lex Gothica jubet*" kehrt die Berufung auf die „*Consuetudines*" oder „*Usus terrae*" [121]) wieder, und *Forum*, *Forus*, *Foro*, *Fuero* bedeutete nichts mehr und

---

[119]) Der Kanzler D. Pedro Lopez de Ayala (*Crónica del Rey D. Pedro.* c. 14) definirt das Verhältniss so: *Unos (lugares) ha que son llamados de mar á mar, que quiere decir, que los vecinos é moradores pueden tomar señor á quien sirvan y acojan en ellos qual quisieren, é de qualquier linage que sea . . . ó de otra parte otros lugares de behetría son que toman señor de cierto linage, é de sus parientes entre si: é otras behetrías ha que han naturaleza con linages qual se pagan: é dicen que todas estas behetrías pueden tomar é mudar señor siete veces al dia, é esto quiere decir, quantas veces les ploguiere, é entendieren que las agravia el que las tiene.* A. de Morales führt das Sprüchwort an: *Con quien bien me hiciere, con aquel me iré.* Ein warnendes Beispiel für allzu kühne Etymologen ist Oihenart, der Baskenfreund, mit seiner Definition: *Behetrias sunt urbes quaedam sui juris in regione Castellae, quae sibi dominos suo arbitrio eligebant, a Vasconico „Bere-tiriac", i. e. suae urbes, vel sui juris urbes; aut a „Bet-iriac", i. e. urbes inferiores, vel in locis demissis sitae.* — Ungenügend, weil unanwendbar auf städtische Gemeinwesen, ist auch die Erklärung, welche die „*Partidas*" (IV. 25. 3) von der *Behetría* geben: *heredamiento que es suyo quito de aquel que vive en el et puede rescebir en él por señor á quien quisiere que mejor le faga.*

[120]) In einer Urkunde des Jahres 867 wird bestimmt: *Servos meos liberos esse decerno et sub patrocinio eorumdem fratrum eos esse conjunctos. Si aliqui ex illis eos superflue violenter oppreserit, licitum sit illis de eo recedere* (*Tumbo viejo de Sobrado. fol.* 47). — *Stent non jure servili, sed ut benefactiat illis* — heisst es in einer Schenkung v. J. 1074 (*Liber Testament. fol.* 99).

[121]) *Sicut est usus terrae* (i. J. 867). *Sicut fuit usuale* (1047). *More terrae* (1020).

nichts weniger als örtliche Rechtsverhältnisse, die durch das Herkommen entstanden und, in Uebereinstimmung damit, entweder durch den Monarchen bestätigt oder als drückend für gewisse Bevölkerungen zurückgenommen wurden. In erster Reihe kommen in Betracht die königlichen Schenkungen und Freibriefe (*carta, privilegium*) zunächst an Kirchen und Klöster, wozu in ältern Zeiten der Beirath und die Zustimmung der Kronbeamten erforderlich war [122]). Das Privilegium bewilligte nicht bloss Asylrecht innerhalb der in den Urkunden stets genau aufgeführten Ländereien, sondern befreite die Insassen zugleich von der Verpflichtung für Verbrechen, deren Urheber unbekannt blieben, die Busse zu leisten. Für die Benutzung königlichen Wald- und Weidelandes brauchte keine Abgabe (*montaticum* und *portaticum*) gezahlt zu werden: mit der Zunahme der Lebensbedürfnisse bezog sich nachher das *montaticum* nicht mehr auf die allgemeine Benutzung des Berglandes, das als unbebaut zur Krondomäne gehörte, sondern man verstand das *montazgo* insbesondere von dem Weidegeld, und das *portaticum* erweiterte die ursprüngliche Bedeutung einer Abgabe für das in den königlichen Forsten gefällte und nach Hause geschaffte Holz auf eine Menge anderer Artikel, z. B. Wildpret und Fische, so dass *portazgo* zuletzt alle möglichen Er-

---

[122]) *Cum consilio et consensu comitum et principum meorum* — heisst es in dem *Testamenti privilegium* Alfons des Keuschen an das Kloster Valpuesta (d. d. 21. Decemb. 804) .. *Si quis infra hos terminos pro aliquo homicidio vel culpa confugerit, nullus eum inde audeat abstrahere, sed salvetur ibi omnino: et Ecclesiae Clerici nullo modo pro inde respondeant. Si vero intra hos terminos aliquis fuerit interfectus, nec Clerici Ecclesiae, nec laici, qui ibi fuerint populati, respondeant pro ipso homicidio, neque pignus inde ullo modo abstrahatur . . . habeatis plenariam libertatem ad incidenda ligna in montibus meis ad construendas Ecclesias sive aedificandas domos, aut cremandum vel ad quacumque necesse fuerit in defesis* (*dehesa*, Weideplatz), *in pasquis, in fontibus, in ribis, in exitu et regressu, absque ullo montatico atque portatico . . . non habeant Kastellaria, aut anubda, vel fossadaria, et non patiantur injuriam Sajonis neque pro fossato, neque pro furto, neque pro homicidio, neque pro fornicio, neque pro calumnia aliqua. Et nullus sit ausus inquietare eos pro fossato, annubta, sive labore Castalli, vel fiscale vel regale servitio* (*Esp. Sagr.* XXVI. 442).

werbs- oder Betriebssteuern ausdrückte. In allgemeinen Umrissen tauchten bereits auch bestimmte Kategorien der Haupt- oder Criminalverbrechen auf, von denen Carl der Kahle in einer den nach Südfrankreich übergesiedelten Spaniern (i. J. 844) bestätigten Rechtsordnung [123]) obenan Tödtung, Brandstiftung, Vergewaltigung vor den Grafen wies, während die übrigen Richter über die minderen Vergehen erkennen sollten. Auf die Brandstiftung legte man jedoch im eigentlichen Spanien das Gewicht nicht wie anderwärts, und man könnte auf den Einfall gerathen, dass diess geschah, weil man von Alters her daselbst aus Steinen baute, würde nicht gerade in dem Freibrief von Valpuesta des zum Kirchen- und Hausbau erforderlichen Holzes gedacht. *Homicidium* und *Rausum* (in der doppelten Bedeutung des *raptus* in L. W. III. 3. 1—12 als Entführung und Nothzucht) galten als die eigentlichen schweren Verbrechen, wozu sich häufig Raub und schwerer Diebstahl gesellte. Eine berühmte Schenkungsurkunde [124]) Ordoño's I. (d. d. 20. Apr.

---

[123]) *Praeceptum confirmationis pro Hispanis qui in regno Karoli Calvi morabantur* (Walter, *Corp. jur. germ. III.* 19. *Recueil des Historiens des Gaules et de la France. V.* 470. Schäffer, Geschichte der Rechtsverfassung Frankreichs. I. 352). Das westgothische Gesetzbuch zählt VI. 1. 2 unter die Capitalverbrechen *(capitalia)*: die *causae regiae potestatis, vel gentis aut patriae, homicidii et adulterii.* L. W. VI. 1. 6 wird der Begriff weiter gefasst und dazu gerechnet: Urkundenfälschung, Falschmünzerei, Vergiftung, Hexerei, Ehebruch. In den *Fueros*, welche der Bischof D. Diego Gelmirez von Compostella seinen Unterthanen bewilligte, werden Diebstahl, Mord und Nothzüchtigung genannt (Aguirre. III. 322), und eine Urkunde von D. Alfonso Enriquez (1140) hebt damit übereinstimmend hervor: *furto, homicidio, vel rapina mulierum.* Jene Spanier, die sich in Frankreich niederliessen und lieber im Schweisse ihres Angesichts wüstliegendes Land urbar machten, als dass sie ihren Nacken unter das Joch der Ungläubigen beugten (Fauriel, *Histoire de la Gaule méridionale. III.* 349. P. de Marca, *Marca Hispanica. Lib. III. c.* 19), sollen die Vorfahren der Cagots sein, einer gleich der Pest geflohenen Sonderbevölkerung in der Gascogne (Fr. Michel, *Histoire des races maudites. I.* 293).

[124]) Die wichtigsten Stellen lauten: *In Oveto concedo medietatem portatici, et medietatem calumniarum meroati . . . Si homo habitans in haereditate S. Salvatoris Ecclesiae, servus sive liber, usque in finem mundi super pignora de suo ganato fugerit* (d. h. wenn er, um der Execution zu

857) zu Gunsten der Erlöserkirche von Oviedo giebt Aufschluss über den Inbegriff nicht nur der Regalien, sondern zugleich über das gesammte Gerichtsverfahren: erlassen wurde der Kirche und ihren Leuten das *Fredum* (Königsbusse), denn nur so ist es zu verstehen, wenn auch sonst gesagt wird, sie brauchten gar kein Strafgeld zu bezahlen; der Geschädigte erhielt die landesübliche (*usu terrae*) Composition, und zwar so berechnet, als ob die Unbill auf offenem Felde (*in campo heremo*) [125]) begangen worden wäre. Bei Eigenthumsschädigungen betrug

---

entgehen, den Executor davon jagt, so weit er kann) *sagionem vel aliquem hominem, et percusserit, aut plagaverit vel occiderit eum, nullam calumniam proinde persolvat: et si forte iratus cum armis, vel sine armis introierit in Palatium Regis, vel in Palatium alicujus hominis, aut in villam sigillatam, seu in aliquem locum in quo sigillum fuerit positum, et nihil inde abstraxerit, nullam calumniam proinde persolvat; et si abstraxerit inde aliquid, illud solummodo quod abstraxerit reddat in duplo et non magis. Si autem percusserit ibi hominem, aut plagaverit, persolvat calumniam propter illas percussiones aut plagas usu terrae, quemadmodum si fecisset illas in campo heremo; et si occiderit ibi intus vel foris hominem Regis vel alicujus hominis sine culpa, et non poterit reddere pro illo homicidium, intret pro eo. Si vero homo Regis occiderit hominem Ecclesiae S. Salvatoris, tam servum quam liberum, et non poterit dare integrum homicidium, intret pro eo. Omnis etiam homo habitans in hereditate S. Salvatoris, tam servus quam liber, non faciat aliquod fiscale servitium Regis, non reddat aliquid pro homicidio quod non fecerit, non rausum quamvis fecerit, non fosataria, non carnicerias, non sigillum positum in haereditate S. Salvatoris, non portaticum in officinis Salinarum, nec in piscationibus fluminum vel maris. Si autem ganatum* (Vieh) *pro danno laboris inclusum de aliquo Palatio abstraxerit, reddat octo solidos, sicut est usus terrae, et propter aliquam calumniam non faciat aliud judicium nisi aquam calidam, et juramentum, seu exquisitionem, si ambabus partibus placuerit. Et qui pignoratum duxerit proprium ganatum S. Salvatoris aut suorum caserorum* (Häusler, Hübner), *talem calumniam persolvat pro eo qualem pro nostro proprio; et qui inruptionem fecerit in Palatio vel in haereditatibus S. Salvatoris, talem calumniam reddat pro illis qualem pro nostris propriis. Et si sagio vel aliquis homo inruptionem in haereditatibus S. Salvatoris fecerit, et ibi aliquis eos interfecerit, nullam calumniam inde persolvat.*

[125]) *campus eremus* ist das Gegentheil des *cautum* oder geschlossenen Hofes, daher die Busse für Körperverletzungen dort geringer war als hier. *Solares poblatos et hermos* werden in den *Fueros* der *Alberguería* von Burgos (1085) einander entgegengesetzt (Gonzales, *Coleccion.* V. 25).

im 9. und 10. Jahrhundert die Busse in der Regel das **Doppelte** des Werthes; im 11. Jahrhundert kam mehr und mehr der **dreifache**[126]) Betrag in Aufnahme, bald darauf der **vierfache**[127]), eine Verschärfung, die, wie überhaupt die strengere Ahndung der Verbrechen gegen Person und Eigenthum, auf das steigende Ansehen des canonischen Rechts hindeutet. Wie der Palast des Königs und des Barons von Niemand ohne Erlaubniss des Eigenthümers, am allerwenigsten mit bewaffneter Hand, betreten werden darf, so geniesst denselben Schutz jeglicher Ort, den der *Sayon* mit dem königlichen Siegel[128]) bezeichnet hat, denn in dem einen Falle wie in dem andern ist es ein königliches *Cautum*. An ein wirkliches Siegel darf für jene Zeiten schwerlich oder doch nur in selteneren Fällen gedacht werden, da in einem Gesetze D. Affonso's II. von Portu-

[126]) *Pariat illa* ***dublata*** *vel* ***tripata*** (J. 1010. *Cartorio de Moreira*). ***Duplo*** *vel* ***triplo.*** (J. 1020. *Esp. Sagr.* XXXVI. *App.* 27).

[127]) *Pro sola praesumptione quadruplo pariat* (J. 1081). *Tribuat, qui auferre conaverit, quadrupliciter (Mem. de Litt. Port. VII.* 223). Häufig genug kamen daneben ausserordentliche Strafandrohungen vor, so in dem Stiftungsbriefe des Klosters Laurenzana v. J. 969: *componatur omnia intradicta per duodecim duplos, et insuper quingentos solidos puros argenti vel modii, secundum usui terrae ipsae. Et si quis furatur, componatur novem duplos* (*Esp. Sagr.* XVIII. 332). Auch das Siebenfache kommt vor nach Analogie der Verfluchung bis zum siebenten Grade.

[128]) Im alten Rechte (L. W. II. 1. 17 u. 18) bedeutete *sigillum* dasselbe was gerichtliche Vorladung *(epistola)*: der *Sajo* brauchte bloss das richterliche Siegel dem Beklagten vorzuweisen, damit dieser zum anberaumten Termine vor Gericht zu erscheinen hatte, daher *sigillum negare* so viel hiess als die Annahme einer Klage verweigern. Aus einem Zusatz zu L. W. X. 2. 5 wissen wir, dass Gepfändetes mit einem Ringe versiegelt wurde *(annulo obsignatum)*. In dem 9. bis 11. Jahrhundert kommt *sigillum* und *sigillare* sehr oft vor. In des Grafen Henrique Foral de Soure (1081) heisst es: *Saion non eat domum alicujus sigillare, sed si aliquis fecerit aliquod illicitum, veniat in consilium et judicetur recte, et si noluerit gratis recipere judicium, recipiat invitus.* Spätere *Fueros* sprechen von einem *Signal de Judice* oder *Alcaide*, so das *Foral* von *Castello-Branco*: *Qui non fuerit ad signal de Judice et pinos sacuderit* (= wer ohne richterliches Siegel ein Faustpfand nimmt), *ad saion pectet* 1 *Sold.* Aehnlich das *Foral* von Pombal (1176): *Signal de Alcaide aut Judicis cum testimonio teneatur* (= das richterliche Siegel soll vor Zeugen angelegt werden). *Domus alicujus non sigilletur nisi antea vocetur ad directum.*

gal das *signal* durch „*Fuste*" wiedergegeben ist, so dass man versucht sein könnte an denselben Amtsstock zu denken, der in England vor dem Oberrichter hergetragen wird und zugleich den Constabler, diesen modernen *Sayon*, kennzeichnet, während auf dem Festlande fast nur noch Thürsteher und Obertrommler durch Prachtstöcke glänzen [129]). Entwendung des zur Feldarbeit eingeübten Stallviehs [130]) wurde hart und weit höher bestraft, als Thiere von der Weide weg stehlen. Das gerichtliche Verfahren war das frühere [131]): nur dass die Kesselprobe und der Eid mehr in den Vordergrund treten, ohne übrigens die Inquisition [132]) zu verdrängen, wennschon den Parteien selbst die Wahl unter den verschiedenen Beweisarten überlassen wurde. Das Gottesurtheil als solches war schon den Westgothen des 6. Jahrhunderts nicht unbekannt, da das zweite Concil von Çaragoça (592) beschloss, die arianischen Reliquien sollten durch Feuer probirt werden (*igne probentur*); die entscheidende Stelle steht im Westgothen-Rechte selbst (*Quomodo judex pro examine caldariae causas perquirat*), freilich nicht L. W. II. 1. 32, wohin die Madrider Herausgeber mit unbegreiflicher Fahrlässigkeit das Gesetz verwiesen haben, während einige der besten Handschriften, darunter nicht die Leoner, wohl aber die castilianische Uebersetzung des *Fuero Juzgo*, dasselbe unter VI. 1. 3 aufführen [133]). Anderswo kann es gar nicht eingereiht werden,

---

[129]) Daran erinnernd, dass in den ältern Urkunden statt des *sayon* wohl auch ein *ostiarius* vorkommt, haben die Portugiesen aus dem Büttel einen *Porteiro* gemacht, der bei Executionen nie ohne den herkömmlichen Stock erscheinen darf.

[130]) *Pro damno laboris inclusum.*

[131]) L. W. II. 1. 21: *Judex primum testes interroget, deinde scripturas requirat, ut veritas possit certius inveniri, ne ad sacramentum facile veniatur.*

[132]) Es war eine grosse Wohlthat, dass die Rechtspflege in Spanien immer wieder mit Neigung und Vorliebe zum Inquisitionsprocess zurückkehrte. *Exquirere, inquisitor, inquisitio* kehren überall und in einer und derselben Urkunde (*Esp. Sagr.* XXXVIII. 307) zu mehreren Malen wieder. Noch Alfons VI. verordnete 1091, dass wenn in dem Rechtsstreite eines Juden mit einem Christen Jener Zeugen beibringen könne, kein Theil schwören dürfe.

[133]) Der einmalige Missgriff gab Veranlassung zu einem noch auffallenderen

weil das Gesetz mit klaren Worten auf VI. 1. 2 (*Pro quibus rebus et qualiter ingenuorum personae subdendae sunt quaestioni*), als auf die *lex superior* Bezug nimmt. In seiner strengen Weise hatte Chindaswind befohlen, dass die Gemeinfreier für jedes Verbrechen, dessen Busse 500 Solidi oder mehr betrage, auf der Folter zu verhören seien: darüber müssen Beschwerden laut und der Wunsch einer Milderung rege geworden sein, worauf einer der Nachfolger Chindaswind's, höchst wahrscheinlich Witiza [124]), das frühere Gesetz dahin ermässigte, dass in ähnlichen Fällen, wobei jedoch aus den 500 Solidi 300 geworden sind, zuvor die Kesselprobe angestellt und erst, wenn diese gegen den Angeklagten ausgefallen, derselbe auf der Folter vernommen werden solle. Hat Witiza das Gesetz erlassen, so mochten die Abschreiber seinen Namen absichtlich mit Stillschweigen übergehen; jedenfalls passt es sehr gut zu der gesetzgeberischen Thätigkeit Egica's, die Witiza nur durchgreifender fortgesetzt haben wird.

Missverständniss. Der belesene Muñoz (*Fueros municipales. I.* 22) fand, dass Masdeu (wohl nach Canciani) das Gesetz citirte, und weil dasselbe in der Madrider Ausgabe unter VI. 1. 3 nicht steht, folgerte Muñoz, es sei überhaupt in keiner der von der Akademie zu Rathe gezogenen Handschriften davon die Rede (*no se encontró en ninguno de los códices antiguos*). Seltsam genug hat der ordentliche Professor des öffentlichen und administrativen Rechts an der Universität Madrid, Doctor Don Manuel Colmeiro (*Constitucion de Leon y Castilla. I.* 80), ohne Bedenken das Versehen sich angeeignet.

[124]) Die Görlitzer Handschrift, deren Lindenbrog sich bediente, enthielt zu VI. 1. 3 die kostbare Ueberschrift: *In nomine Domini et Salvatoris nostri Jesu Christi, Flavius Gloriosus Egica Rex Toleti noviter emendata, Fls. Gls. Witiza Rex.* Die Madrider Herausgeber haben davon keine Notiz genommen und obschon sie weder bei dem lateinischen noch bei dem castilianischen Texte einen Königsnamen erwähnen, betrachte ich es keineswegs als ausgemacht, dass in allen spanischen Handschriften, die das Gesetz enthalten, dasselbe anonym steht. Auch heisst bei Lindenbrog das Gottesurtheil *examen* und *examinatio aquae ferventis*, in den spanischen Handschriften dagegen *caldariae*, was auf dasselbige hinausläuft und in den Urkunden bald so, bald anders gebraucht wird. So viel ich jedoch sehe, ist die *Caldaria* spätern Ursprungs, doch möchte ich nicht Marina beipflichten, der das Gesetz in eine spätere Zeit verweist, so gewiss es auch ist, dass dasselbe erst in dem letzten Zeitraum des alten Reichs entstand.

Die häufigere Anwendung der *Purgatio vulgaris* hatte das Gute, dass sie die Folter bald ganz ersetzte: wenigstens ist mir aus der Zeit nach der Eroberung keine Urkunde zu Gesichte gekommen, wo von der Folter die Rede wäre, wogegen die von dem alten Gesetze auf Hoch- und Landesverrath gesetzte Strafe der Blendung mehrmals in Anwendung kam [135]). Damit, dass der in Rede stehende Freibrief von Oviedo ausser der *aqua calida*, dem *juramentum* und der *exquisitio* kein gerichtliches Beweisverfahren zulässt, könnte auch die Folter ausgeschlossen sein; unter allen Umständen aber hat man bei den Worten: *non faciat aliud judicium nisi aquam calidam*, noch an andere Gottesurtheile [136]) zu denken, ohne dass sich genau angeben liesse, wann und unter welchen Umständen sie in Gebrauch kamen. Ausgemacht ist nur so viel, dass ungefähr vom 10. Jahrhundert an das glühende Eisen und etwas später der

---

[135]) Ramiro I. liess einem rebellischen Grossen die Augen ausstechen (*Chron. Sebast.* c. 24). *Cedarunt illo in catena in illa Cibitas Benviber per manum de sagione Framila, et non abia quod pectase, et mandarunt illo cegare* (i. J. 1068. *Tumbo de Pendorada. I.* 6). Von D. Ramiro II. erzählt Sampirus: *Ordonium et Ramirum secum adduxit, pariterque cum fratre suo Aldefonso, qui ergastulo tenebatur, conjunxit, et omnes simul uno in die oculis orbare praecepit.*

[136]) In einem auf der *Colombina* in Sevilla aufbewahrten Bande *Fueros*, der dem A. de Morales gehört haben muss, da mehrmals Anmerkungen von seiner Hand am Rande stehen, wogegen die Einleitung von dem Canonicus Juan de Loaysa herrührt, stiess ich auf eine Art Gottesurtheil, wovon ich sonst nirgends eine Spur finden konnte. Man nannte es *Batalla de Candelas*, oder Kerzenzweikampf. Drei königliche Waagemeister mussten Osterwachs herbeischaffen und zwei Kerzen genau von demselben Gewichte daraus herstellen (*Deven ser tres fieles en la sied del Rey, et aduzir de la cera del pascual, e fer dos pesos comunales de la cera*). Das Loos entschied darüber, welche der beiden Kerzen dem Kläger und welche dem Beklagten gehören sollte (*qual sera la candela del ladron, e qual sera la candela del acusador*), worauf man sie ansteckte und auf den Altar stellte. Während sie abbrannten, hatte der Ladron die eine Hand auf das Buch (Evangelium) zu legen und mit der andern das Kreuz anzufassen, als Betheurung dass er die Wahrheit sage. War sein Licht früher abgebrannt als das des Klägers, so wurde er verurtheilt. — Agobard, Erzbischof von Lyon († 840), hatte gewiss Septimanien vor Augen, wenn er in seiner Schrift über Gottesurtheile diese in die drei Kategorien eintheilt: *igne, aquis, vel conflictu armorum.*

Zweikampf auch in Spanien gänge und gebe waren, der Hauptsache nach durch Vermittelung des französischen Ritterthums, das nicht bloss in Catalonien, Aragonien und Navarra vielfach den Ton angab, sondern zumal seit Alfons VI. auch im übrigen Spanien eine hervorragende Rolle spielte. Aber auch dann noch lag selbst für die Ritterbürtigen nichts Unehrenhaftes darin, den angebotenen Zweikampf abzulehnen und auf gerichtliche Untersuchung anzutragen [137]). Zu den königlichen Gerechtsamen, von denen die Erlöser-Kirche in Oviedo befreit wurde, gehörten ausser den bereits genannten: die Schlachtsteuer (*carniceria*), die Pfändung durch den Büttel (*sigillum ponere*), die Salz- und Fischereiabgabe.

Die Kirche war es nicht allein, die sich mehr und mehr den königlichen Steuer- und Gerichtszwang vom Halse zu schaffen wusste: fast gleichzeitig trat die Communalfreiheit, wenn schon Anfangs mit weit geringeren Hilfsmitteln, in die Schranken. Wollte man der durch den Raçenkrieg entstandenen Verwüstung Einhalt thun, so mussten unter günstigen Bedingungen Leute herangezogen und zur Niederlassung vermocht werden. Zum Unterschied von den *Fueros municipales* hiessen dergleichen Freibriefe „*Cartas Pueblas*," deren älteste bekannte, die von Brañosera [138]), vom Grafen Muñio Nuñez den 15. Oc-

[137]) Aus Anlass des Processes, den Alfons VI. mit den Infanzonen von Lagneio hatte, und wobei ihm der Cid zur Seite stand, heisst es: *Super hanc assertionem voluit Rex dare unum militem armatum in medio campo uni illorum sibi contradicentium, quem ipsi inter se elegissent ad discutiendum inter utrosque veritatem.* Die Infantin jedoch, *et omnis militia Regalis Palatii rogati ab ipsis Infanzonibus et haereditariis de Lagneio rogaverunt Regem, quatenus istae assertiones non essent discutiendae per pugnam, nec per Librum Judicum, per quem Rex querebat accipere judicium, sed per veridicos exquisitores. Tunc Rex . . . placuit exquisitio. Posuit itaque exquisitorem Comitem N., et Infanzones . . . posuerunt suum exquisitorem N., et illi exquisitores invenerunt in inquisitione & &.* Ist es begründet, dass Alfons zu seinem Kämpen den Cid ausersehen hatte, so handelten die Infanzonen sehr vernünftig, indem sie den Zweikampf sich verbaten.

[138]) Sandoval, *Cinco obispos.* 202. *Omnes qui venerint de alteras villas cum sua pecora vel cum sua rem pro pascere herbas inter ipsos terminos, qui in ista scriptura resonant, omes (homines) de villa Brania Os-*

tober 824 ausgestellt wurde. Auf dem der Gemeinde bewilligten Gebiete befand sich eine alte Stadt (*illa civitas antiqua*), die man sich zerstört zu denken hat, und die Zahl derer, für die der Freibrief ausgestellt wurde, betrug zuerst nur 5 Individuen, so zwar dass, unabhängig von dem weltlichen, auf demselben Grund und Boden ein Kirchenverband errichtet und ausgestattet wurde. Von ihren Triften bezog die Gemeinde das für fremde Herden zu entrichtende Weidegeld (*montaticum*, auch *herbaticum*); ihr gehörte die Hälfte des Gefundenen, die andere Hälfte dem Grafen, dem jeder Einwohner nach einem billigen Anschlag (*quantum poterit*) Kopfgeld (*tributum*) und Schutzzins (*infurtio*) zu zahlen hatte. In der durch Zuzug fortwährend wachsenden Genossenschaft behaupteten selbstverständlich diejenigen Familien, auf deren Namen der Freibrief ausgestellt war, einen hervorragenden Rang und so oft auch *consilium* die Bürgerschaft überhaupt bedeutet, so soll damit doch auch schon in der ältesten Zeit der Rath jener Notabeln oder angesehensten Bürger, die recht wohl adeligen Blutes sein konnten, ausgedrückt werden [139]. Richterliche Befugnisse hatte ursprünglich die Gemeinde nicht, aber sie nahm sich welche heraus und die königlichen *Fueros* bestätigten das Herkommen [140].

Die *Fueros* von Melgar de Suso, einem Complexe zahlreicher Gehöfte, sind nicht allein ehrwürdig durch ihr Alter [141]),

---

saria prehendant montaticum, et de ipsa rem, quam invenerint inter suos terminos, habeant foro illa medietate ad comite, altera medietate ad omes de villa Brania Ossaria, et omes qui venerint ad populandum ad villa Brano Ossaria, non dent anupda, non vigilias de Castellos, nisi dent tributum et infurtione quantum poterint ad comite qui fuerit in Regno.

139) So das „*veniat in consilium et judicetur recte*" im *Foral de Soure*, offenbar die freie Bürgergemeinde unter Leitung ihrer Notabeln.

140) Dasselbe Communalrecht von Soure bestimmte: *Qui vocem vestram pulsaverit, illud Castrum pariat in quadruplum, et Regiae quomodo Liber Judicum praecipiat* = Wer Eurer Vorladung nicht Folge leistet, hat an das Castell den vierfachen Betrag (des in Rede stehenden Streitobjekts), und an die Krone nach Vorschrift des *Liber Judicum* zu bezahlen. Ganz gewöhnlich wurde im Verlauf der Zeit der Rechtsgrundsatz: *Totas intentiones judicet Alcaide de Villa vostra per suam cartam, et alias intentiones judicet secundum suum sensum sicut melius poterit.*

141) Die Jahrzahl ist zweifelhaft, angegeben findet sich 950 (Miguel de Manuel, *Memorias históricas para la vida de San Fernando.* 523).

sondern lehrreich zugleich darum, weil sie von einem Lehnsmanne des Grafen von Castilien stammen und durch letztern nur bestätigt wurden. In den meisten Fällen bezogen sich dergleichen städtische Gerechtsame nicht auf ein von einem Mauerringe eingeschlossenes Anwesen, sondern auf eine grössere oder kleinere Anzahl Weiler und Höfe, die ihren Mittelpunkt in einer um eine Burg gelagerten Ortschaft hatten, daher es von den zu Melgar gehörigen Gehöften heisst: *et estas villas venganse á judgar á Melgar de Suso* [142]). Die Familie des Stifters behielt die Lehnsherrschaft über das Territorium; an sie musste die *Infurcion* entrichtet werden, die in dem vorliegenden Falle genau specificirt wird:

Et la infurcion una fanega de trigo, é otra de cebada, é quatro orzas de vino, é un tocino de 20 *dineros.*

Die Geistlichen sind von Frohnarbeit (*facendera* [143]) = *angariae*) und Einquartierung frei, von jener ein Jahr lang Jeder der ein Haus baut, er und alle seine Hausgenossen (*vecinos*). Im ersten Jahre ihrer Wittwenschaft soll auch keine Frau mit Einquartierung behelligt werden: geht sie vor Abschluss des Trauerjahres eine zweite Ehe ein, so hat sie an *Huesas* [144]) dem

---

[142]) A. de Morales (*Cron. gen. IV.* 290) ist der Ansicht, das Stadtrecht von Melgar sei ursprünglich in castilianischer Sprache abgefasst gewesen, während doch erst Ferdinand der Heilige unter dem 23. April 1251 den aus dem Lateinischen ins Spanische übersetzten Text bestätigte. Ticknor (*History of Spanish Literature*) versichert, die erste castilianisch geschriebene Urkunde, deren Datum sicher beglaubigt, enthalte die Bestätigung einer *Carta-Puebla* der Stadt Aviles vom Jahre 1155, und die spanischen Uebersetzer Ticknor's (P. de Gayangos und Enrique de Vedia. I. 15) haben in der die Anfänge der castilianischen Sprache berührenden Note (p. 491) dem nicht widersprochen.

[143]) Es sind damit die Feldarbeiten (*Sernae*) gemeint, die zu bestimmten Zeiten von den Einwohnern für den Herrn (*señor*) der Stadt verrichtet werden mussten.

[144]) Das Eingehen von Ehebündnissen wurde für den Herrn eine Einnahmequelle in doppeltem Sinn. Einmal hatte der Hintersasse zu der Ausstattung des gnädigen Fräuleins beizusteuern; sodann war es nicht allein das Wittwenjahr (L. W. III. 2. 1), aufgehoben erst i. J. 1400 durch Enrique III., das in häufigen Fällen für den Herrn etwas abwarf, sondern dieser forderte von jeder Frau und Jungfrau für die Erlaubniss zur Eingehung der Ehe eine Geldabgabe. Alle dergleichen Herrenrechte hiessen

Herrn zwei *Maravedis* (nahezu 2 Thlr.) zu bezahlen. Der Mord an einem Gemeindemitglied wird mit 100, an einem Fremden

---

„*osas*" (*ossas, huesas, hosas, hoscas, houcias*), und es kann als sicher angenommen werden, dass die Benennung gleichbedeutend ist mit den deutschen „Hosen" (franz. *heuses*), die sonach in Spanien gerade nur an dem Frauenzimmer haften blieben. Ohne weiter auf die Frage einzugehen, ob wirklich erst im 12. Jahrhundert, wofern nicht gar noch später, von England aus die Beinbekleidung unter den germanischen Völkerschaften sich verbreitete, brauche ich nicht erst Beweise dafür beizubringen, dass solche und ähnliche Ausdrücke ursprünglich auf die Fussbekleidung sich bezogen. Schon Isidor (*Origg.* XIX. 34) führt in dem Abschnitt *de calceamentis* die „*osas*" an, freilich mit der wunderlichen Ableitung: *ab osso primum factas.* Mit Rücksicht auf die bekannte Stelle bei Gregor von Tours (*De vitis patrum. c.* 20): *denique dato sponsae annulo, porrigit osculum, praebet calceamentum*, meint J. Grimm (Rechtsalterth. S. 155) ganz richtig, der Bräutigam habe in frühern Zeiten der Braut seinen eigenen Schuh gebracht; sobald sie ihn an den Fuss gelegt hatte, wurde sie als seiner Gewalt unterworfen betrachtet. Später kam dann die Sitte auf, der Braut ein Paar neue Schuhe darzubringen, auf deren Beschaffung auch jetzt noch in Süddeutschland selbst arme Brautleute ein ganz besonderes Gewicht legen. Die Schuhe unserer Voreltern bestanden aus einem Stück ungegerbten Leders, das mit Riemen unter dem Fusse zusammengehalten ward, die durch Löcher längs des Fussblattes gezogen wurden. Wahrscheinlich schon von der alten Gothenzeit her bediente man sich in Spanien der Schuhe, um je nach dem Stoff und der Form derselben die Standesunterschiede anschaulich zu machen. In einem Preisverzeichniss, das der Erzbischof Diego Gelmirez i. J. 1133 der Bürgerschaft von Santiago ertheilte, wird bestimmt: *De calceamentis. Socos optimos cabrino sine fraude* (tadellos), *non amplius VIII nummis; osas bonas, non amplius II solidis; zapatones mulierum optimos, XII nummis non amplius; zapatones bonos bobinos pro ad barreganes, non amplius V nummis.* Die Socken wird man von der männlichen Fussbekleidung (Gamaschen), die Hosen von den männlichen Beinkleidern zu verstehen haben, wogegen Zapatones nur Frauenschuhe ausdrückten. Die *Barragana* durfte zur Unterscheidung von der ordentlichen Ehefrau nur gemeine rindslederne Schuhe tragen, was an die aus der menschlichen Gesellschaft verstossenen *Cagots* erinnert, denen sogar gesetzlich eine bestimmte Fussbekleidung vorgeschrieben war (*Matthaei Parisiensis Additamenta. Londini*, 1619. *p.* 248. 258). Es könnte freilich recht wohl auch eine Bekleidung aus Barchent hinter der Barragana zu suchen sein, in welchem Falle Hammer-Purgstall (Ueber die arabischen Wörter im Spanischen. Sitzungsberichte der Wiener Akademie der Wissenschaften. Philos. histor. Klasse. Bd. XIV. S. 87) es dem in solchen Dingen wohl erfahrenen Dozy mit Recht verdacht hat, dass er in seinem Wörterbuch der arabischen Kleider das zu Grunde liegende arabische *berekan* unerwähnt mit 300 Solidi gebüsst; für einen auf ihrer Gemarkung Erschlagenen, dessen Mörder unentdeckt bleibt, hat die Gemeinde nicht aufzukommen: sie mag den Leichnam unangefochten begraben; lässt sich ein *Merino (Sayon)* blicken, so kann Jeder ihn niedermachen, wofür er bloss einen *Arienzo*, also eine bloss nominelle Kleinigkeit als Abfindung für den Friedensbruch, zu bezahlen hat. Keiner, der wegen Mordes belangt ist, weigere sich, nach städtischem Rechte gerichtet zu werden [145]; wird Jemand wegen eines Mordes bei der Bürgerschaft (*concejo*) klagbar, so hat diese für einen Hausgenossen oder den Sohn eines solchen nicht zu haften, sondern der Kläger muss den Thäter namentlich bezeichnen [146]). Verunglückt ein Bewohner durch Feuer, Wasser,

lasse, während sich doch bei Freytag (I. 13) fünf verschiedene Formen davon aufgeführt finden. Das Wort ist nicht nur in alle romanischen Sprachen, sondern auch ins Deutsche (*barragán, barkân, barchent*) übergegangen und bedeutet im Arabischen (*barrakân*) ein Kleid aus Kamelshaaren. Wie dem aber auch sein mag, so viel betrachte ich als ausgemacht, dass die *osas* auch in Spanien zuerst die männliche Fussbekleidung bedeuteten, die der Bräutigam der Braut darbrachte, und Vieles spricht dafür, dass die verheirathete Frau dadurch das Recht erlangte, höheres, somit stiefelähnliches Fusszeug zu tragen. F. Cerdá (*Memorias históricas de Alonso VIII. p.* 224) bemerkt ausdrücklich, *osas* bedeute noch heut zu Tage in Asturien eine Art Stiefel oder hoher Schuhe (*un género de botines ó calzado alto*) für Erwachsene, und in Portugal tragen die verheiratheten Weiber wirkliche Mannsstiefel. Auch erinnert Floranes in seiner handschriftlichen Geschichte der Stadt Toro an den „Pantoffel der Königin" (*el chapin de la reina*), eine Art Nadelgeldsteuer, die von der feudalrechtlichen Verpflichtung der Dienstleute, das Fräulein ausstatten zu helfen, herrührt. Wenn es in vielen *Fueros*, zumal im spanischen Westen, von den in den Stand der Ehe tretenden Weibspersonen heisst: *dant osas quinque solidos*, so scheint es manchmal, es sei darunter die von der Braut, zum Danke für die ihr vom Bräutigam dargebrachten Stiefelschuhe, ihrerseits darzubringende Mitgift zu verstehen, und daraus könnte dann im Verlauf der Zeit die an den Schutzherrn für die Ertheilung der Heirathserlaubniss zu entrichtende Abgabe entstanden sein. Alfons VIII. schenkte dem Bischof von Burgos den Ertrag der Steuer von dem ganzen Bisthum, Alfons der Weise aber schaffte sie auf den berühmten Cortes von Valladolid (1258) ganz ab: *que ninguno por razon de bodas fuese osado á dar ni tomar calzas, pena de cient maravedis.*

145) *Que se deslinde con su fuero. Delindere* = *elitigare, extra litem ponere. Linde* = Markstein.

146) *Et si algun demandar á concejo de estas villas omecillo, non responda*

den Einsturz einer Mauer u. s. w. [147]), so braucht für ihn keine Busse bezahlt zu werden. Kommt ein auf dem Gebiete ansässiger Baron, oder einer seiner Leute nach der Stadt und geräth mit einem Bürger in Streit, so kann er nichts wegen Ehrenkränkung fordern [148]). Von der Hinterlassenschaft eines Hagestolz, sei er geistlich oder weltlich, hat der Herr als Hagestolzensteuer nicht mehr zu beanspruchen als fünf Solidi und eine Meaja [149]). Kommt Jemand Pfändens halber nach der Stadt

---

por vecino et fijo de vecino, é demanda aquel ficiere por nombre: d. h. er hat sich nur an den Schuldigen selbst, sonst an Niemand zu halten.

[147]) *Corrontero* dürfte wohl dasselbe sein was *corratorium: profluens aquae cursus.* Im *Fuero* von *Ndjera* wird das Herabstürzen von einem Felsen (*penna*) aufgeführt.

[148]) *E si señor de la villa vinier ó su criazon, e con ome de la villa vuelta volviere, el señor non haya deshonra. Vuelta,* entsprechend dem französischen *volte*, soll zunächst Ohrfeige bedeuten, könnte jedoch, ähnlich dem deutschen Worte: Wirbel, von den Kreisbewegungen bei Raufhändeln herzuleiten sein. *Unusquisque vestrum, sive infançon, sive villano, qui voltam habuerit intus villam, habeant unum forum, extra villam habeant sua omnia (Fuero de Palenzuela).*

[149]) Die Abgabe, als Belastung aller ehe- und kinderlosen Mannsbilder, hiess *Maneria* oder *Mañería*, und ging, sogar mit demselben Betrage, den *Osas* zur Seite. Im Neuspanischen heisst *maña* so viel als Handfertigkeit, Geschicklichkeit, wovon *mañero*, fleissig; dagegen versichert Terreros y Pando (*Diccionario Castellano.* 1786): „*mañero antiguamente substituto para pagar por otro,*" und Salvá im *Nuevo Diccionario* setzt dafür *manero* = *subrogatus debitor.* Dass wer für einen Andern Schulden bezahlt, als Bürge Verpflichtungen des wirklichen Schuldners übernimmt, vor Andern rührig und fleissig sein muss, enthält wenigstens keinen logischen Widerspruch: für die etymologische Ableitung ist wenig oder gar nichts damit gewonnen. Zunächst könnte man auf den Gedanken gerathen, der Kinderlose sei dafür gleichsam in Strafe genommen, als Bürge für die Schuld der von ihm nicht in die Welt gesetzten Kinder verantwortlich gemacht worden, weil er die Arbeits- und Steuerkräfte des Patrons nicht steigerte. *Maña* mit *manus*, im Sinne von Hantirung, Handfleiss, zusammenzubringen, oder *mañero* von einem Solchen zu verstehen, der nur mit seinen eigenen Händen und für sich selbst arbeitet, ist aus sprachlichen Gründen des doppelten n wegen bedenklich, obschon gerade in den ältesten Urkunden meist *manero* und *manería* vorkommt; *manerium* (franz. *manoir*, Wohnstätte) gäbe nur einen gewaltsamen Sinn, wenn man an den Zustand des Fürsich- oder Alleinhausens, an einen Eigenbrötler dabei denken wollte, wesshalb ich der Ableitung von „Mann" den Vorzug geben möchte, ohne dass darum die *mañería* gleichbedeutend zu

und man stellt ihm nach Forderung und Recht Bürgen (*fiadores)*, er aber will sie nicht annehmen, so kann ihm das Pfand ungestraft wieder abgenommen werden. Die Bürgerschaft hat weder auf dem Lande, noch auf den Märkten von Castilien das *Portazgo* zu entrichten. Endlich sollen die Einwohner Melgar's in den königlichen Städten [150]) unbelastet sein.

---

sein braucht mit *mannwerch*. Der Begriff des Einzeln- oder Alleinseins schlägt jedenfalls vor: es ist der Mann, der nicht zugleich als Oberhaupt einer Familie erscheint. Das alte Recht (L. W. V. 7, 13 u. 14) hatte das Verfügungsrecht der Freigelassenen, die keine rechtmässigen Kinder hinterliessen, eingeschränkt; nach der maurischen Eroberung legte man auf die kinderlosen Hintersassen eine Jahresabgabe, womit sich indess die Barone bald nicht mehr begnügten und jedem ihrer Leute, der ohne rechtmässige Kinder starb, mochte er Mann oder Frau sein, verwehrten zu testiren, um nach seinem Tode die ganze Hinterlassenschaft an sich zu nehmen. So war es in Burgos bis zum Jahre 1073, wo Alfons VI. die *mañería* als eine *pessima consuetudo* aufhob. *Quoniam si vir et femina sine filiis moriebantur, tota hereditas atque possessio sine aliquo herede vel halemosina, que pro dominorum suorum remedio daretur, ab integro ad palacium rapiebatur. Quod si vir, viva uxore, aut uxor, vivo viro suo, mortua esset et multos post se filios reliquisset, postquam filios suos . . . ab hoc seculo migrassent . . . ad regale palacium rapiebatur. — — Ut villa et castellum de Burgos melius populetur . . . volo ut ab isto die et deinceps tota mannaria sit in Burgos ablata. — — Et de tota sua hereditate vel possessione faciant quod sue placuerit voluntati, sive relinquant parentibus suis, aut extraneis, aut dent pro animarum suarum remedio, vel quod facere voluerint, ipsi, et filii eorum, vel nepotes, seu omnis posteritas eorum.* In den vom Abte von Sahagun i. J. 1110 bewilligten *Fueros* werden *mannaria* und *nuptio* gleichfalls aufgehoben. — Die Jahresabgabe, die der Kinderlose zu entrichten hatte, betrug in den Städten 5 Solidi und eine Kleinigkeit. Dass in den *Fueros* von Melgar die *mañería* auf 5 Solidi und eine Meaja, in dem *Fuero* von Balbas auf *quinque solidos et unum obolum* festgesetzt wird, während für die *osas* überall in runder Summe 5 Thaler zu bezahlen waren, erkläre ich mir daher, dass durch den an sich nichtssagenden Zuschlag bei der Mannerie, als einer Männerabgabe, die Ehre des männlichen Geschlechts, dessen Vorrang vor dem Weibervolke gewahrt werden sollte. Es läuft ungefähr auf dasselbe hinaus, wenn für den erschlagenen Königsbeamten, der sich innerhalb des Gemeindebannes hat blicken lassen, der Thäter mehr nicht als einen Arienzo Wergeld zu bezahlen hatte.

[150]) *Sean sin premia. Prema* bedeutet *arduitas* und wäre alsdann hier figürlich gebraucht. Auch sonst wird dadurch irgend eine Art Belästigung

Was in den *Fueros* von Melgar de Suso noch zweifelhaft ist, nämlich ob es daselbst einen städtischen Adel gab, wird durch das i. J. 964 vom Grafen Garcia Fernandez von Castilien bewilligte *Fuero* von Castrojeriz [151]) ausser Zweifel gesetzt. *Damus* — heisst es daselbst — *foros bonos ad illos Caballeros ut sint infanzones, et firmitur super infanzones deforas Castro* [152]), *et populetur suas hereditates ad avenientes et escotos, et habeant illos sicut infanzones, et si sue gentes aleves fuerint, deshereditent illas* [153]). — *Et habebunt Caballeros de Castro suas casas de foras cum illas de Castro* (in und ausserhalb der Stadt), *et si occiderit Caballerum de Castro, pectet per illum D. solidos, et facent XII omiferos, et non habeant super nuzo neque maneria* [154]). — *Caballero de Castro, qui non tenuerit prestamo* (Lehn),

---

oder Behelligung ausgedrückt. *Sin premia ni amenaza* (ohne Gewalt und Drohung) heisst es in den *Partidas* (III. 13. 5. VII. 30. 4).

[151]) Miguel de Manuel, *Memorias. Facimus scripturam libertatis sive ingenuitatis ad vos meos fidelissimos varones de Castro Xeriz.*

[152]) Sie haben das Recht, gerichtliches Zeugniss abzulegen (*firmare*) gegen andere Infanzonen.

[153]) Sie können ihre Besitzungen mit angezogenen (*advenedizo*) freien (*escotus* = *forro*) Leuten bevölkern, denen gegenüber sie Infanzonenrecht haben, daher sie denselben für den Fall, dass sie ihre Lehnspflicht brechen (*alevis* = wortbrüchig), die Lehnsgüter abnehmen dürfen.

[154]) Statt *omiferos* lese ich *onriferos* (Würdenträger, Honoratior, in der Bedeutung von *honrado*) und übersetze: sie (die Infanzonen) haben 12 Notabeln zu ernennen, also ein Rathscollegium der Bürgerschaft. Es versteht sich von selbst, dass die Zwölf das Schöffenamt versahen, wofür ein Paragraph in der Stiftungsurkunde des Klosters Covarrubias v. J. 978 (Yepes, *Crónica de la órden de S. Benito. V.* 444) als Belag dienen kann: *Si aliquis homo venerit, qui contra eos voce vel juditio suscitaverit, aut aliqua calumnia petierit, nullus firmet super eos, sed illos dent duodecim homines, et delindent se de quocumque juditio illis petierint.* Noch bestimmter tritt die Zwölfzahl im *Fuero* von *Cáceres* in der Einleitung hervor: *Ideo fecerunt mihi* (*Alfonso*) *pactum et juramentum erecta manu duodecim viri boni, concedentes pro toto concilio per semper esse subditos et obedientes mihi.* — *Nuzo*, gewöhnlich *Nuncio* und gleichbedeutend mit *Luctuosa*, hiess das Recht des Lehnsherrn, beim Tode seines Dienstmanns, falls dieser rechtmässige Erben hinterliess, von der Hinterlassenschaft das schönste Stück Vieh oder eine beliebige Kostbarkeit sich anzueignen. Im deutschen Rechte war das Besthaupt, an seiner Statt das beste Kleid oder Bett, gleichfalls üblich. Von dem wohl-

non vadat in fonsado, nisi dederint ei espensam et sarcano illo Merino [155]), *et habeant segniorem qui benefecerit illos* [156]). — *Et si homicidium contingerit in Castro per illos Caballeros, C. solidos in terra, sive de caballeros, sive de pedones* [157]). — *Et illos Clerigos habeant foros sicut illos caballeros* [158]). — *Et ad illos pedones damus forum, ut firment super caballeros villanos* [159]) *de foras de Castro, et non habeant super se nulla serna, neque nulla facendera, nisi uno die in barbechar* (pflügen), *et alio in seminar, et alio in podar* (die Weinreben beschneiden), *et singulos carros de messe debere ad illam terram.* — *Et varones* (Mannen, Bürger) *de Castro non dent portazgo, ni montazgo, ni tramam* [160]),

habenden Geistlichen bezog der Bischof die *Luctuosa*, daher in den *Fueros* von Astorga (1087) verordnet wird: *Post obitum vero suum mulum, vel mulam, vel equum, vel cifum argenteum det suo Episcopo.*

155) *Sarcano* (in einer Handschrift der Madrider National-Bibliothek, Q. 21, *sartino*) ist aller Wahrscheinlichkeit nach dasselbe was *sarcia* = *fardajo* (Brodbeutel = *talega* in den *Partidas*), so dass der *Merino* des Grafen dem Ritter, der in keinem Lehnsverhältniss stand, Ausrüstung und Zehrung bei dem jedesmaligen Aufgebot zu vergüten hatte. Der Lehnsmann hatte sich an den Lehnsherrn, nach dem Vorgang des *Bucellarius*, wegen der durch den Heerdienst verursachten Kosten zu halten, wesshalb beim Tode des Dienstmanns Streitross und Waffen dem Herrn zufielen. An der Sache selbst würde sich nichts ändern, wenn man *sarcano* lieber durch *sarcana, sarca, saraca (genus pallei)*, oder durch *sarcia (ξάρτια) = sarties* deuten wollte.

156) Die Behetrie war ganz und gar unabhängig von dem Oberhoheitsrecht des Grafen und seiner Stellvertretung durch den *Merino*.

157) Was heisst: *in terra?* Wohl so viel, dass der Ritterbürtige für den an einem Bürger, gleichviel ob höhern oder niederern Standes, begangenen Mord an den Herrn des Landes, sonach als *Fredum*, 100 Solidi zu entrichten hatte.

158) Der erste Fall völliger Rechtsgleichheit der Ritterbürtigen und der Geistlichen, während nach altem Recht nur die Bischöfe adelige Auszeichnung genossen.

159) *Cavallero villano* bedeutet jeden Gemeinfreien, der in der Landwehr zu Pferde dient, ohne darum Infanzonenrecht zu geniessen. Diesem niedern Militäradel gegenüber sollten die als Fusssoldaten (*pedones*) dienenden Bürger von Castrojeriz gerichtliches Zeugniss abzulegen befugt sein.

160) *Trama* wird bei Ducange erklärt: *minutioris ponderis species.* Vielleicht hängt das Wort im Texte mit *Transmissum* zusammen: *pensitatio, quae exsolvitur ab iis, qui trans locum aliquem merces vehunt.* S. Rosa über-

et non habeant super se neque manneriam, neque fonsadera, neque nulla alia facendera. — Et si illo Comite tenuerit arcato [161]), *faciant se tres pedones in uno, et det uno illo asino, et vadant illos duos. — Et si homines de Castro matarent Judeo, tantum pectet pro illo quomodo pro christiano, et libores similiter hominem villarum* [162]).

Dass die Bürgerschaft von Castrojeriz nicht verfehlte, diese und ferner hinzugekommene Gerechtsame, worunter namentlich die Befugniss, zur Wiedererlangung ihrer gepfändeten Habe selbst die Paläste der Grafen und Fürsten nicht zu verschonen, gegen Jedermann mannhaft zu vertheidigen, erhellt aus den spätern Bestätigungen des alten *Fuero,* wo die Heldenthaten der Gemeinde besonders aufgezählt sind. Als bezeichnend für jene Zeit, will ich mir nicht versagen, Einiges davon mitzutheilen. *In diebus illis* (unter D. Sanchez von Navarra) *venit Didaco Perez et pignoravit nostro ganato, et missit se in villa Silos, et fuimus post illo* (hinter ihm her), *et dirrumpimus illa villa et suos palacios, et occiderunt ibi quindecim homines, et fecimus ibi magnum dampnum, et traximus nostra pignora inde per forza. Migravit a seculo Sanctius rex, et surrexerunt homines de Castro, et occiderunt iiii saiones in palacio de Rex in mercatello, et LX judeos, et illos alios prendamus totos, et traximus illos de suas casas et de suas hereditates, et fecerunt populare ad Castrello.* Dieselben gewaltthätigen Auftritte wiederholten sich zum öfteren unter D. Fernando von Castilien, der den unseligen Einfall hatte, das Reich unter seine Kinder zu theilen. *In tempore illo venit Merino de illa infante domna Urraca, et accepit ipsa pignora, et missit illa in palatio de illa infante in villa Icinaz, et fuimus post illa, et rumpimus villa et palatio, et bibimus illo vino quantum potuimus, et illud quod non potuimus bibere, dedimus*

setzt *trama* durch *chaga* (Wunde), Abscess, Beule: *hoje engano, falacia,* so dass allgemein an Belastung gedacht werden könnte.

[161]) *Arcato* so viel als *Fonsado, Juncta, Apellido* (Aufgebot). Drei Fusssoldaten thun sich zusammen und einer davon stellt den Packesel für die beiden andern, wofür er zu Hause bleiben darf.

[162]) Für erlittene Schläge muss dem Juden die gleiche Busse bezahlt werden wie dem Bauer.

de manu per terra. Et venit illa infante cum querimonia ad illo rege suo germano, et confirmavit nostro foro. — — *Alia vice fuimus cum salvator mudarra post uno Pedrero ad Melgarejo, et abscondit se in palatio de Gustio Rodriguez, et fregimus illo palatio, suo filio ibi stante, et reperuimus illum, et aduximus illos petreros ad illa ponte de Fitero, et fecimus illos saltum facere in aqua, et interfecti sunt ibi.* Im Jahre 1299 liess die Geistlichkeit von Castrojeriz, ausschliesslich zu ihrem Besten, das städtische *Fuero* ins Castilianische übersetzen und von Ferdinand IV. bestätigen, wobei kaum noch von etwas Anderem als von den Infanzonen-Gerechtsamen des Clerus die Rede ist.

Wie gross oder klein die Anzahl solcher Lokalrechte sein mochte, so musste auf der einen Seite die wachsende Vervielfältigung derselben und auf der andern Seite das Unzureichende des ohnediess schwer verständlichen altgothischen Landrechts schon frühzeitig den Wunsch rege machen, die den veränderten Lebensverhältnissen angepassten Grundzüge eines neuen Landesgesetzes, so weit dieses als der allgemeine Ertrag der Lokalrechte von dem Westgothen-Rechte abwich, durch die zuständige Gesetzgebung in eine angemessene Form bringen zu lassen. Diess geschah durch das Concil von Leon (1020), eine gemischte Reichsversammlung, deren Beschlüsse unter dem Namen: *Decreta Adefonsi Regis et Geloirae Reginae* [163]) bekannt sind und bis zum Erscheinen der *Partidas* die wichtigste Stelle in der spanischen Rechtsgeschichte einnehmen. Mit gesetzlichen Bestimmungen versorgt werden nach einander die Kirche, die Krone und die Hauptstadt, alles das nach Inhalt und Form im engsten Anschluss an das alte canonische und bürgerliche Recht.

Sub era MLVIII. Kal. Augusti in presentia Regis Domini Adefonsi et uxoris ejus Geloirae Reginae convenimus apud Legionem in ipsa sede Beatae Mariae onnes Pontifices, Abbates et Optimates Regni Hispaniae, et jussu ipsius Regis talia decreta decrevimus, quae firmiter teneantur futuris temporibus.

---

[163]) Für die Herstellung des Textes bediente ich mich der Sammlung der Madrider Akademie, die eine Handschrift des Juan Bautista Perez zu Rathe zog, und der Copie im *Liber Testamentorum* bei Muñoz.

I.

In primis igitur censuimus, ut in omnibus conciliis, quae deinceps celebrabuntur, causae Eclesiae prius judicentur, judiciumque rectum absque falsitate consequantur.

II.

Praecepimus etiam, ut quidquid testamentis concessum et roboratum in tempore Eclesia tenuerit, firmiter possideat. Si vero aliquis inquietare voluerit illud quod concessum est testamentis, quidquid fuerit testamentum in concilium adducatur, et a veridicis hominibus utrum verum sit exquiratur; et si verum inventum fuerit testamentum, nullum super eum agatur judicium, sed quod in eo continetur scriptum, quiete possideat Eclesia in perpetuum. Si vero Eclesia aliquid jure tenuerit, et inde testamentum non habuerit, firment ipsum jus cultores Eclesiae juramento, ac deinde possideat perenni aevo, nec parent trecennium [164]) *juri habito seu testamento, Deo etenim fraudem facit qui per triennium rem Eclesiae rescendit.*

III.

Decrevimus etiam, ut nullus contineat seu contendat episcopis abbates suarum diocesseon, sive monachos, abatissas, sanctimoniales, refugannos (flüchtig), *sed onnes permaneant sub ditione sui episcopi.*

IV.

Mandavimus adhuc, ut nullus audeat aliquid rapere ab Eclesia; verum si aliquid infra coemeterium per rapinam sumpserit, sacrilegium solvat, et quidquid inde abstulerit, ut rapinam reddat; si autem extra coemeterium injuste abstulerit rem Eclesiae, reddat eam et calumniam cultoribus ipsius Eclesiae, more terrae.

V.

Item decrevimus, ut si forte aliquis hominem Eclesiae occiderit, et per se ipsam Eclesia justitiam adipisci non potuerit, concedat majorino (Regis) vocem judicii dividatque per medium calumniam homicidii [165]).

---

[164]) Der Einwand der Verjährung kann nicht entgegengehalten werden.
[165]) Die Kirche theilt mit dem *Mojorinus* die Busse.

VI.

Judicato ergo Eclesiae judicio adeptaque justitia, agatur causa Regis, deinde causa populorum.

VII.

Decrevimus iterum, ut nullus emat haereditatem servi Eclesiae, seu Regis vel cujuslibet hominis: qui autem emerit, perdat eam et pretium.

VIII.

Item mandavimus, ut homicidia et rausos omnium ingenuorum hominum Regi integra reddantur [166]).

IX.

Praecepimus etiam, ut nullus nobilis, sive aliquis de benefactoria emat solare aut ortum alicujus junioris, nisi solummodo mediam haereditatem de foris; et in ipsa medietate, quam emerit, non faciat populationem husque in tertiam villam. Junior vero qui transierit de una mandatione in aliam et emerit haereditatem alterius junioris, si habitaverit in eam, possideat eam integram; et si noluerit in ea habitare, mutet se in villam ingenuam husque in tertiam mandationem, et habeat medietatem praefatae haereditatis, excepto solare et horto.

So erheblich dieser Paragraph für das spanische Beneficialwesen des 11. Jahrhunderts, so schwierig ist die Textkritik. Zunächst vergegenwärtige man sich, dass hier, überhaupt von c. 5—20, nach der unzweideutigen Versicherung des 6. Paragraphen, nur von den königlichen oder Kronrechten, somit ausschliesslich von Leuten der Krone die Rede ist. So oft der Ausdruck *Mandatio* vorkommt, soll er nichts Anderes bedeuten als Kronlehn, und der *Junior* [167]) nimmt die Stellung des

---

[166]) Unbeschadet des Wergeldes.

[167]) Derselbe heisst in dem castilianischen Texte, dessen Alter sich nicht mit Sicherheit bestimmen lässt, jedoch in keinem Falle über das 13. Jahrhundert hinaufgerückt werden darf: *mancebo forero*, was sich am schicklichsten durch „Freipächter" übersetzen lässt. *Mancebo* ist das romanisirte *mancipium*, noch bis ins Mittelalter hinein Sklav, jedoch mehr und mehr im Unterschied von *servus* so viel als Geselle, und darum am geeignetsten, den Begriff des *Junior* auszudrücken. Zuerst bildete man aus *mancipium* das harte *mancepo* und später erst das weiche. *Mancipium, qui armas non portare, fossatum non faciet, neque pectet fossatera* (*Esp. Sagr.* XXXV. 416).

auf einem Kronlehn ansässigen Freipächters ein. Auf welchem Wege er zu einem solchen geworden, ob durch königliche Gnade oder weil er oder seine Vorfahren sich mit ihrem Gute in königlichen Lehnschutz begaben, kommt nicht in Betracht: genug, weder ein Baron, noch auch der Dienstmann eines Barons (*aliquis de benefactoria*) konnte von einem solchen königlichen Pachthof käuflich mehr an sich bringen als die Hälfte der Feldmark, mit Ausschluss von Haus und Garten. Die andere Hälfte nebst Haus und Garten fiel an die Krone zurück, wenn der Pächter das Gut nicht länger bewirthschaften mochte. Lange nicht so deutlich ist die Bestimmung, dass der Käufer der halben Feldmark „*non faciat populationem husque in tertiam villam.*" Man hat wohl an die altgothische *Tertia Romanorum* gedacht und Muñoz (p. 131) vermuthet, dem neuen Besitzer sei bloss gestattet gewesen, in die etwa leer stehenden Gehöfte eigene Leute zu setzen. Der *tertia villa* einen solchen Sinn unterzulegen, geht wohl schwerlich an: warum will man nicht lieber sich an den Wortsinn halten und das Verbot so verstehen, dass der Käufer aus den erstandenen Gehöften oder Dekanien die Insassen, sonach kleine Leute, Colonen und Bauern, nicht willkürlich austreiben durfte, sondern jedesmal nur bei dem dritten Gehöfte? Unter drei Dekanien waren zwei in der Art unveräusserlich, dass die Insassen nicht daraus vertrieben werden durften. Das ganze Verhältniss würde sich so gestalten, dass die *medietas* der ursprünglichen *Tertia Romanorum* gleichkäme, wie Eichhorn nicht ganz dasselbe, aber etwas Aehnliches von den Langobarden nachgewiesen hat. Die westgothische *Tertia* wäre so zu Stande gekommen, dass man zunächst das Gut des Romanen in zwei Hälften theilte: einmal Haus und Wirthschaftsgebäude sammt dem Garten, und sodann die dazu gehörige Feldmark. Letztere wurde abermals getheilt und die eine Hälfte davon behielt der Romane, so dass eine Dreitheilung herauskommt, von der sich annehmen lässt, dass durchschnittlich jedes Drittel einen annähernd gleichen Werth hatte, Haus und Garten sonach der Hälfte der Feldmark gleich kam. Derselbe Massstab wurde für den *Solariego* oder Freipächter des zweiten Reiches beibehalten: zwei Drittel des von ihm bewirthschafteten Hofguts gehörten der Krone, über das eine Drittel, ganz gleich der *Tertia Romanorum*, hatte der *Solariego* freies Verfügungsrecht. Wer diese *Medietas* erstand, war jedoch wiederum durch die verhängnissvolle Dreizahl gebunden: in zwei Vorwerken musste er die bisherigen Insassen belassen und nur das dritte Vorwerk gehörte ihm so ganz und gar zu eigen, dass er die Inhaber, falls es ihm gutdünkte, daraus vertreiben konnte. Von dem Erlös seiner Halben konnte der *Solariego* sich ein anderes königliches Pachtgut kaufen, wovon er selbstverständlich gleichfalls nur die *Medietas* zu bezahlen hatte, für die andere Hälfte nebst Haus und Garten übernahm er die Abgaben, die sein Vorgänger an die Krone zu entrichten gehabt hatte. Um die Dreizahl voll zu machen, war nur ein zweimaliger Wechsel gestattet: wer auf der dritten *Mandatio* sass, durfte sich nicht nochmals verändern, so wünschenswerth es auch für ihn sein mochte. Es hat viel für sich, dass wenn die *Medietas* von Liegenschaften (*raiz* = *radix*) gebraucht wird, eben die *Tertia*, somit bloss die Hälfte der Feldmark, darunter zu verstehen ist; wenigstens stösst man noch bis ins 13. Jahrhundert auf den Ausdruck „*Tertia*" in der Bedeutung von *Labor*, Ackerland (*tierra de labranza*). So in einer Schenkung aus dem Jahre 1145: *In Laviana tertie de Villaviride, et tertias de salices integras;* und i. J. 1273: *De la tercia ó tierra de heredamiento.* Warum sollte damit nicht die *Medietas* gemeint sein, über die der *Solariego* Verfügungsrecht hatte! Uebrigens vergleiche man L. W. X. 1. 15 und das Oben S. 111 darüber Bemerkte, wobei ganz besonders auffällt, dass die castilianische Uebersetzung den Ausdruck „*tertia*" des alten Rechtes in dem spätern Sinne deutete. Sollte etwa das falsch verstandene Wort Anlass zu der für den *Solariego* so günstigen Einrichtung gegeben haben? Die neuerdings von Landau behauptete Dreitheilung der germanischen Gauverfassung kommt dabei selbstredend nicht in Betracht, aber wahrscheinlich ist es immerhin, dass die Drei- und Zweifelderwirthschaft den Westgothen schon von ihren Ursitzen her nicht unbekannt war.

X.

Et qui acceperit mulierem de mandatione et fecerit ibi nuptias, serviat pro ipsa haereditate mulieris et habeat illam. Si autem noluerit ibi morari, perdat ipsam haereditatem. Si vero in haereditate ingenua nuptias fecerit, habeat haereditatem mulieris integram.

XI.

Item decrevimus, quod si aliquis habitans in mandatione asseruerit, se nec juniorem, nec filium junioris esse, majorinus Regis ipsius mandationis per tres bonos homines ex progenie inquietati, habitantes in ipsa mandatione, confirmet jurejurando eum juniorem et junioris filium esse; quod si juratum fuerit, moretur in ipsa haereditate junior, et habeat illam serviendo pro ea. Si vero in ea habitare noluerit, vaddat liber, ubi voluerit, cum cavallo et atondo (Sattelzeug) *suo, demissa integra haereditate et bonorum suorum medietate* [168]).

XII.

Mandavimus iterum, ut cujus pater aut mater soliti fuerunt laborare haereditates Regis aut reddere fiscalia tributa, sic et ipse faciat.

XIII.

Praecepimus adhuc, ut homo, qui est de benefactoria, cum omnibus bonis et haereditatibus suis eat liber quoquumque voluerit [169]).

XIV.

Et qui injuriaverit aut occiderit saionem Regis, solvat quingentos solidos.

XV.

Et qui fregerit sigillum Regis, reddat C solidos; et quantum abstraxerit de sub sigillo, solvat ut rapinam, si juratum fuerit ex parte Regis; medium autem calunniae Regi, aliud autem

---

168) Der Paragraph hat das Auffallende, dass der *Junior* darin ganz und gar wie der *Bucellarius* des alten Rechts (L. W. V. 3. 3) behandelt wird, theilweise im Widerspruch mit § 9. Es konnte zur Strafe dafür geschehen, dass er sein Lehnsverhältniss ableugnete und es zur Untersuchung kommen liess, wesshalb er der *Medietas* verlustig ging.

169) Die Behetrie drückt hier lediglich das allgemeine Schutzverhältniss aus, in das sich Jemand begiebt und das er aufgeben kann, ohne von seinem Eigenthum seinem bisherigen *Benefactor* etwas abzutreten.

medium domino haereditatis. Et si jurare noluerit ex parte Regis, criminatus habeat licentiam jurandi, et quantum juraverit, tantum ut rapinam reddat.

XVI.

Item, si aliquis saio pignuram fecerit in mandamento alterius saionis, persolvat calumniam, quemadmodum si non esset saio; quia vox ejus et dominium non valent nisi in suo mandamento.

XVII.

Illi etiam, qui soliti fuerunt ire in fosatum cum Rege, cum comitibus, cum majorinis, eant semper solito more.

XVIII.

Mandavimus iterum, ut in Legione, seu omnibus caeteris civitatibus et per omnes alfozes (Landschaft, Distrikt, arab. *el-fahss*) *habeantur judices electi a Rege, qui judicent causas totius populi.*

XIX.

Et qui aliquem pignoraverit, nisi prius domino illius conquaestus fuerit, absque judicio reddat in duplum quantum pignoraverit; et si prius facta quaerimonia aliquem pignoraverit et aliquid ex pignura occiderit, plane absque judicio reddat in duplum; et si facta fuerit quaerela ante judices de suspectione, ille, quem suspectum habuerit, defendat se juramento et aqua calida per manus bonorum hominum [170]*: et si quaerimonia vera fuerit, et non per suspectionem, perquirant eam veridici homines, et si non poterit inveniri vera exquisitio, parentur testimonia ex utraque parte talium hominum, qui viderunt et audierunt; et qui convictus fuerit, solvat more terrae illud, unde quaerimonia facta fuerit. Si autem aliquis testium falsum testificasse probatus fuerit, reddat pro falsitate Regi LX solidos, et illi, ex quo falsum protulit testimonium, quidquid suo testimonio perdidit, reddat integrum; domusque illius falsi testis destruantur a fundamentis, et deinceps a nullis recipiatur in testimoniis.*

---

[170]) Man könnte darunter *fidejussores* verstehen, indess steht es besser in Einklang mit dem sonst üblichen Gerichtsverfahren, dass angesehene Personen damit gemeint sind, in deren Gegenwart der Eid abgelegt und die Kesselprobe vorgenommen wird. *cf.* c. 40.

Dieses ganze Königsrecht, das überall auf den gesunden Grundsätzen des alten Landrechts ruht, überrascht in einem Zeitalter roher Gewaltthätigkeit und wahrhaft wohlthuend nimmt sich die Bestimmung aus, dass im ganzen Lande das Recht allein durch königliche Richter gesprochen werde. Eid und Gottesurtheil sollen nur dann in Anwendung kommen, wenn durch gerichtliche Untersuchung und Zeugenaussage der Beweis nicht geführt werden kann, wie es denn den unverdorbenen und nüchternen Sinn der spanischen Communen verräth, dass sie in ihren *Fueros* immer wieder dieses Gerichtsverfahren gewährleisten liessen [171]). Mit c. 20 beginnen die *Fueros* der Stadt Leon, die erst unter Leovigild gothisch geworden und von dem unglücklichen Befehle Witiza's, die Befestigungen der spanischen Städte niederzureissen, verschont geblieben war. Kurze Zeit im Besitze der Mohammedaner und von den Christen wiedererobert, machte Ordoño I. Leon zum Mittelpunkte des gegen die Ungläubigen sich organisirenden Widerstands, und es ist nicht zu viel gesagt, dass Leon nach dem Untergang der ersten Gothenherrschaft bis zur Wiedereroberung Toledo's die eigentliche Hauptstadt des christlichen Spaniens war. In sehr lebhaften Farben schildert die Blüthezeit Leons der Bischof D. Francisco Frugillo in dem Vorwort zu einem Messbuche: *In generali vastatione haec civitas fuit terror et interitus hostium, propugnaculum et praesidium fidelium, ubi christiani ex tot aerumnis refecti et magnis cladibus recreati horribiles barbarorum impetus represserunt, copias instructissimas, rebus secundis elatas, eructantes sermonibus suis christiani nominis eversionem, fortiter et feliciter dissiparunt, donec ipsi Sarraceni, fidelium viribus fracti, ex his omnibus provinciis expulsi sunt, quas in poenam nostrorum scelerum armis victricibus occupaverant.* Nichtsdesto-

---

171) Foral de Pombal: *Si quis ab aliquo aliquid quaesierit ante Justitias et Commendatorem domus, respondeat per directum . . . omnes intentiones nostri Majordomi sint per inquisitionem de illis rebus, ubi potuerit habere exquisam directam.* Foral do Zezere (1174): *Omnes intentiones tam nostri Mordomi quam nostrorum hominum sint per inquisitionem bonorum hominum de illis rebus, unde potuerit habere esquisam, et non per judicium.*

weniger ward die durch ihre mächtigen Römerthürme so gut als uneinnehmbare Stadt 996 von Almansur ausgehungert und bis auf den Grund zerstört. Dem Greuel folgte die Strafe auf dem Fusse: wenn auch die von christlichen Chronisten mit behaglicher Breite ausgemalte Niederlage Almansur's bei Calatañazor ein Mährchen und erwiesen ist [172]), dass der berühmte Feldherr nicht nur nicht geschlagen wurde, sondern umgekehrt dem Grafen Sancho Garcez eine tüchtige Schlappe beibrachte, so steht doch so viel fest, dass Almansur bald darauf in Medinaceli starb und Leon fortan im ungestörten Besitz der Christen blieb.

In den 20 Jahren, die seit dem schweren Unfall bis zur Abhaltung des Concils verflossen waren, konnte die städtische Bevölkerung von ihren Leiden sich unmöglich ganz erholt haben; es musste daher Allen daran liegen, der hart heimgesuchten Hauptstadt des Reichs durch gesetzliche Begünstigungen unter die Arme zu greifen. Eine freisinnige Gemeindeverfassung bot sich hierzu als geeignetstes Auskunftsmittel dar, und die Gesetzgeber machten kein Hehl daraus, dass diess ihre Absicht war.

XX.

Constituimus adhuc, ut Legionensis civitas, quae depopulata fuit a Sarracenis in diebus patris mei Veremundi Regis, repopuletur per hos foros subscriptos, et nunquam violentur isti fori in perpetuum. Mandavimus igitur, ut nullus junior, cuparius, alvendarius [173]), *adveniens Legionem ad morandum, non inde abstrahatur.*

XXI.

Item praecepimus, ut servus incognitus similiter inde non abstrahatur, nec alicui detur.

---

[172]) P. de Gayangos, *Mohammedan Dynasties. I.* 197.

[173]) *Cuparius* = *doliorum artifex*, Küfer. *Alvendarius* dürfte von *albenda* = *benda, bande, fascia* abzuleiten sein, jedoch nicht in der Bedeutung von Banner, sondern von Reif, da *banda* noch im heutigen Spanisch das eiserne Band um die Räder ausdrückt. *Alvendarius* wäre dann so viel als Bändler, Radmacher, oder auch Kübler, Böttcher.

XXII.

Servus vero, qui per veridicos homines servus probatus fuerit, tam de christianis quam de agarenis, sine aliqua contentione detur domino suo.

XXIII.

Clericus vel Laicus non det ulli homini raussum [174]), *fosataria, aut manneria.*

XXIV.

Si quis homicidium fecerit, et fugere poterit de civitate aut de sua domo, et husque ad novem dies captus non fuerit, veniat securus ad domum suam, et vigilet se a suis inimicis, et nihil sagioni, vel alicui homini pro homicidio, quod fecit, persolvat; et si infra novem dies captus fuerit, et habuerit unde integrum homicidium reddere possit, reddat illud; et si non habuerit unde reddat, accipiat sagio aut dominus ejus medietatem substantiae suae de mobili, altera vero medietas remaneat uxori ejus et filiis, vel propinquis, cum casis et integra hereditate.

XXV.

Qui habuerit cassam in solare alieno, et non habuerit caballum, vel asinum, det semel in anno domino soli decem panes frumenti, et mediam canatellam vini, et unum lumbum bonum, et habeat dominum qualemcumque voluerit [175]), *et non vendat suam domum* (nämlich der Eigenthümer), *nec exigat laborem suum coactus; sed si voluerit ipse sua sponte vendere domum suam, duo christiani et duo judei aprecientur laborem illius, et si voluerit dominus soli dare definitum precium, det etiam et suo alboroc: et si noluerit, vendat dominus laboris laborem suum cui voluerit* [176]).

---

[174]) Es ist diess natürlich nicht so zu verstehen, dass jegliche Vergewaltigung und Entführung unbestraft bleiben sollte: nur der König hatte keinen Straf-, d. h. Geldanspruch.

[175]) d. h. wenn er an den Grundeigenthümer eine Rente bezahlt, kann er zum Patron nehmen wen er will. Die Behetrie in dem Sinne war ein durchaus freies Verhältniss zwischen Herrn und Vasallen.

[176]) Wie noch heut zu Tage in Irland hatte der Pächter die Wohnung selbst herzustellen und das von ihm bebaute Land (*labor*) einzufriedigen (A. Helfferich, Skizzen aus Irland. S. 83). Haus sowohl als Ackerland

XXVI.

Si vero miles in Legione in solo alterius casam habuerit, bis in anno eat cum domino soli ad junctam. Ita diço, ut eadem die ad domum suam possit reverti, et habeat dominum qualemcumque voluerit, et faciat de domo sua, sicut supra scriptum est, et ulli domino non det nuntium.

XXVII.

Qui autem equum non habuerit, et asinos habuerit, bis etiam in anno det domino soli asinos suos, sic tamen ut eadem die possit reverti ad domum suam; et dominus soli det illi et asinis suis victum; et habeat dominum qualemcumque voluerit, et faciat de domo sua, sicut supra scriptum est.

XXVIII.

Onnes homines habitantes infra subscritos terminos per Sanctam Martam, per Quintanellas de via de Ceia, per Centum fontes, per Villam auream, per Villam felicem, per illas Millieras, et per Cascantes, et per Villam vellite, et per villar Mazarrafe, et per vallem de Ardone, et per sanctum Julianum, propter contentiones, quas habuerint contra Legionenses, ad Legionem veniant accipere et facere judicium, et in tempore belli et guerrae veniant ad Legionem vigilare illos muros civitatis, et restaurare illos sicut cives Legionis, et non dent portaticum de onnibus causis, quas ibi vendiderint.

XXIX.

Onnes habitantes intra muros et extra praedictae urbis semper habeant et teneant unum forum, et veniant in prima die quadragesimae ad capitulum Sanctae Mariae de Regula, et constituant mensuras panis, et vini, et carnis, et pretium laborantium, qualiter onnis civitas teneat justitiam in illo anno. Et si aliquis praeceptum illud praeterierit, quinque solidos monetae regiae suo majorino det.

---

waren seine Arbeit, die ihm beim Verkauf vergütet werden musste. Der Grundeigenthümer hatte bloss das Vorkaufsrecht, und musste sogar den „*Alboroque*" *(pot-de-vin)* bezahlen, eine bestimmte Zuschlagssumme, die den Kauf erst gültig machte. *Alboroque es robra que confirma la compra* (Berganza). In den Ostländern sagte man „*Botilla*," eine Art *Alcabala* (Verkaufssteuer). Zuaznavar, *Ensayo sobre la legislacion de Navarra. I.* 244.

XXX.

Omnes vinatarii [177]) *ibi commorantes bis in anno dent suos asinos majorino Regis, ut possint ipsa die ad domum suam redire; et dent illis et asinis suis victum abunde, et per unumquemque annum ipsi vinatarii semel in anno dent sex denarios majorino Regis.*

XXXI.

Si quis mensuram panis et vini minoraverit, quinque solidos persolvat majorino Regis.

XXXII.

Quicumque civariam [178]) *suam ad mercatum detulerit, et maquilas* (Mahlmetze) *Regis furatus fuerit, reddat eas in duplo.*

XXXIII.

Omnis morator civitatis vendat civariam suam in domo sua per rectam mensuram sine calumnia.

XXXIV.

Panatariae, quae pondus panis falsaverint, in prima vice flagelentur [179]), *in secunda vero V solidos persolvant majorino Regis.*

XXXV.

Omnes carnizarii, cum consensu concilii, carnem porcinam, ircinam, arietinam, bacunam per pensum vendant, et dent prandium concilio una cum Zavazoures [180]).

---

[177]) *Vinatarius*, woraus das jetzige *Vinatero*, bedeutet Weinhändler und nicht Winzer (*Vinagiero*). Da heut zu Tage bei Leon kein Wein gepflanzt wird, gilt vielleicht das Nämliche von damals. Doch nahmen es bekanntlich im Mittelalter die Kehlen mit dem Weine nicht sehr genau, was die zahlreichen Weinpflanzungen jener Zeit an der Ostsee beweisen. Aus c. 89 lässt sich schliessen, dass im 11. Jahrhundert auch bei Leon Wein wuchs.

[178]) *Civada, Cebada* = Gerste. *Civeria, Cibera* = eine Wagenlast Getreide. *Civerium, civaderia* = *mensura frumentaria*.

[179]) In den Urkunden wenigstens geschieht seit der maurischen Eroberung der Peitschenstrafe seltener Erwähnung, als man nach dem Westgothen-Rechte glauben sollte *Et post parte Episcopo D solidos componat, et centum flagella suscipiat* (i. J. 957). — *Pariemus ipsius sedis Dos Dos solidos, et insuper in dorsum nostrum CC flagellas infigere* (1025. *Argote. III. Doc.* 7).

[180]) Andere Handschriften lesen: *zaunorres, zavazoulyes*, der castilianische

XXXVI.

Siquis vulneraverit aliquem, et vulneratus dederit vocem sagioni Regis, ille, qui plagam fecerit, persolvat sagioni canatellam vini, et componat se cum vulnerato; et si sagioni vocem non dederit, nihil illi persolvat, sed tantum componat se cum illo vulnerato.

XXXVII.

Nulla mulier ducatur in vita ad fingendum panem Regis, nisi fuerit ancilla ejus [181]).

XXXVIII.

Ad hortum alicujus hominis non vadat majorinus, vel sagio, invito domino horti, ut inde aliquid abstrahat, nisi fuerit servus Regis.

XXXIX.

Qui vinatarius non fuerit per forum, vendat vinum suum in domo sua, sicut voluerit per veram mensuram, et nihil inde habeat sagio Regis.

XL.

Homo habitans in Legione et infra praedictos terminos pro ulla calumnia non det fidiatorem nisi in V solidos monetae urbis; et faciat juramentum et aquam calidam per manum bonorum sacerdotum [182]), *vel inquisitionem per veridicos inquisitores,*

Text *çabaçogues* (*al. cevacogues*). Ich verstehe darunter die heutigen *Cebadores*, Viehmäster.

[181]) Im *Fuero* von Logroño (1095) steht: *Et iterum habeat Rex in ista villa furno suo, et ipsi de hac villa coquant in eo panem suum, et de unaquaque fornata donent porcionem Regi I panem.* Ebendaselbst wurde mit Rücksicht auf den königlichen Mahlbann bestimmt: *Si aliquis populator fecerit molendinum in illa terra de domino Rege, accipiat illo anno primo toto ipse qui fecerit illo molino, et non partat cum Rege in illo primo anno; et dehac in antea accipiat Rex tota sua medietate, et mitat totas suas misiones per medietate. Et ille populator, qui fecerit illo molino per sua mano, mitat illo molinero. Et si aliquis populator fecerit molendinum in sua hereditate, ut habeat salvum et liberum, et non det partem ad Rex, neque ad principem terrae.*

[182]) In späteren *Fueros* findet sich die Procedur ausführlich beschrieben, z. B. in der *Franquiza de Alarcon* (Burriel'sche Sammlung auf der Madrider National-Bibliothek): *Como callienten el fierro. El juez y el clerigo callienten el fierro, e demientre que ellos callientaren el fierro, non se*

si ambabus placuerit partibus; sed si accusatus fuerit fecisse jam furtum, aut per traditionem homicidium, aut aliam proditionem, et inde fuerit convictus, qui talis inventus fuerit, defendat se per juramentum et litem [183]) *cum armis.*

XLI.

Et mandavimus, ut majorinus vel sagio, aut dominus soli, vel aliquis senior non intrent in domum alicujus hominis in Legione conmorantis pro ulla calunnia, nec portas auferant a domo illius [184]).

XLII.

Mulier in Legione non capiatur, nec judicetur, nec infidietur absente viro suo.

XLIII.

Onnes macellarii de Legione per unumquemque annum in

---

allegue ninguno al fuego que faga algun mal fecho. E aquella que a de tomar el fierro, primero sea escodriñada e catada, que non tenga algun mal fecho. Despues lave sus manos et tome el fierro. Despues que el fierro oviere tomado, el juez cubrale las manos luego con çera, e sobre la çera pongal estopa o lino; despues atel bien la mano con paño. Aquesto fecho, adugala el juez assu casa, e despues de III dias, si la mano fuera quemada, ella o sufra la pena, que es aqui judgada.

[183]) *Lis* (*bellum, lid*), ich meine: der Zweikampf als Gottesurtheil war sonach schon zu Anfang des 11. Jahrhunderts im Königreich Leon gebräuchlich, und so sehr die Communen sich sträuben mochten, sich den Eid und noch weit mehr den Zweikampf als ordentliches Beweismittel aufnöthigen zu lassen, so widerstrebend sie sich dazu verstanden, so vermochten sie gleichwohl nicht völlig davon Umgang zu nehmen. Wenn es im Foral von Castello-Branco (1213) heisst: *Si homines de Castello-Branco habuerint judicium cum hominibus de alia terra, non currat inter illos firma, sed currat per esquisa aut recto*, so hat man unter „*firma*" nicht mit dem portugiesischen Erklärer den gerichtlichen Zweikampf, sondern den gerichtlichen Eid zu verstehen; dagegen las ich in einer Urkunde von Coimbra: *Si aliquis dixerit occidisse maurum, et ille se testaverit, quia non sum factor hujus criminis, alius vero dixerit, quia tu fuisti, et inter omnes exquirere veritatem non poterint, et defendere se voluerint per unas armas secundum hoc Judicium; et si factor fuerit, mittant illum in potestate Regis.*

[184]) Es beruht diess auf derselben Vorstellung, dass so wie das adelige Freigut (*coto*) durch ein beliebiges äusseres Merkzeichen jedem Unberufenen verschlossen sei, so die Hausthüre die Unverletzlichkeit der Bürgerwohnung andeute. *My house is my castle.*

tempore vindemiae dent sagioni singulos ugres (*odre*, Schlauch) *et singulas arreldas* (Vierpfund-Gewicht) *de sevo* (Fett, Talg).

XLIV.

Panatariae dent singulos argentos (dineros) sagioni Regis per unamquamque hebdomadam.

XLV.

Piscatum maris et fluminis, et carnes, quae adducuntur ad Legionem ad vendendum, non capiantur per vim in aliquo loco a sagione, vel ab ullo homine, et qui per vim fecerit, persolvat concilio quinque solidos, et concilium det illi centum flagella in camissa, ducens illum per plateam civitatis per funem ad collum ejus, ita et de caeteris omnibus rebus, quae Legioni ad vendendum venerint.

XLVI.

Qui mercatum publicum, quod quarta feria antiquitus agitur, perturbaverit cum nudis gladiis, scilicet ensibus et lanceis, LX solidos monetae urbis persolvat sagioni Regis.

XLVII.

Qui in die praedicti mercati a mane husque ad vesperam aliquem pignoraverit, nisi debitorem aut fidiatorem suum, et istos extra mercatum, pectet LX solidos sagioni Regis, et duplet pignuram illi quem pignoraverit; et si sagio aut majorinus ipsa die pignuram fecerint, aut per vim aliquid alicui abstulerint, flagelet eos concilium, sicut supra scriptum est, centum flagelis, et persolvat concilio quinque solidos, et nemo sit ausus, ipsa die contradicere sagioni directum, quod Regi pertinet[185]).

XLVIII.

Quisquis ex nostra progenie vel extranea hanc nostram constitutionem sciens frangere tentaverit, fracta manu, pede et cervice, et evulsis oculis, fusis intestinis, percussus lepra, una cum gladio anathematis in aeterna damnatione cum diabolo et angelis ejus luat penas[186]).

---

[185]) Es soll am Markttage dem Gerichtsboten Niemand die Gebühren, die er im Namen des Königs zu fordern berechtigt ist, verweigern.

[186]) Gemeiniglich klingen die spanischen Verwünschungsformeln schreckhaft.

Wie sich leicht denken lässt, wurden die Beschlüsse der Leoner Reichsversammlung massgebend für das ganze Königreich: je entschiedener aber das Zeitbewusstsein den feudalistischen Anschauungen sich zuwandte, desto fühlbarer machte sich das Bedürfniss ergänzender Zusätze. Dergleichen finden sich in der Bestätigung der *Fueros* von Leon und Carrion durch die Königin Urraca (1109) [187]), welche verordnete: *Cavalleiro, si de terra exierit et ad Mauros fuerit, exito sive salito, ut sua mulier non perdet sua haereditate, non suas medias comparationes, neque suo habere, neque suas arras, quae habuerit pro fide sine enganno: et Cavalleiro si in sua corte, aut in suo lecto morierit, aut in sua terra, si habuerit caballum, ut det eum in nuntio, et si non habuerit caballum et habuerit lorigam, det eam in nuntio: et si non habuerit Kaballum, neque lorigam, det in nuntio C solidos: et Cavalleiro, qui ad Mauros non fuerit, quod non perdat sua haereditate, et Caballeiro, qui in fossatum mortuus fuerit, quod non donet nuntium, et Caballeiro in ipso anno, quod mulier accepit et vota fecerit, usque annum completum, ad fossatum non vadat, neque fossataria non pectet.* War man erst einmal so weit, so konnte es nicht an Veranlassungen fehlen, den neuen Modus der Gesetzgebung auszudehnen, mit dem Inhalt zugleich den Kreis der Geltung zu erweitern. D. Fernando, der den Mohammedanern beständig auf dem Nacken sass, berief in der Absicht 1050 eine Reichsversammlung nach Coyanza, in der Nähe von Oviedo gelegen, um mehrere zweifelhafte Punkte gesetzlich festzustellen. Nur wenige Canones brauchen hier eingerückt zu werden.

Septimo quoque titulo admonemus, ut omnes comites seu majorini regales populum sibi subditum per justitiam regant, paupperes injuste non oprimant, in juditio testimonium nisi illorum praesentium, qui viderunt aut audierunt, non accipiant. Quod si testes falsi convicti fuerint, illud suplicium accipiant, quod in Libro Judicum de falsis testibus est constitutum.

---

[187]) Den wunderlichen Namen, der auch *Uurraca* und *Burraca* geschrieben wird, leite ich von dem arabischen *Berrak*, glänzend, ab. Das Reitpferd Mohammeds, womit er die nächtliche Himmelfahrt unternahm, hiess *el-Berrak*.

Octavo vero titulo mandamus, ut in Legione et in suis terminis, et in Gallaecia, et in Asturiis, et in Portugalle tale sit judicium semper, quale est constitutum in Decretis Adelphonsi Regis (Concil von Leon) *pro homicidio, pro rauso, pro sagione, aut pro omnibus calumniis suis; tale vero judicium sit Castella, quale fuit in diebus avi nostri Sanctii Ducis.*

Nono quoque titulo praecipimus, ut tricennium non includat ecclesiasticas veritates: sed unaquaeque Ecclesia, sicut Canones praecipiunt, et sicut Lex Gothica mandat, omni tempore suas veritates recuperet et possideat.

Decimo vero titulo decrevimus, ut ille, qui laboraverit vineas aut terras in contentione positas, colligat fruges: et postea habeant judicium super radicem, et si victus fuerit laborator, reddat fruges domino haereditatis.

Duodecimo quoque titulo praecipimus, ut si quilibet homo pro qualicumque culpa ad Ecclesiam confugerit, non sit ausus eum aliquis inde violenter abstrahere, nec percutere, nec persequi infra dextros Ecclesiae, qui sunt triginta passus: sed sublato mortis periculo et corporis deturpatione, faciat quod Lex Gothica jubet. Qui aliter fecerit, anathema sit et solvat Episcopo mille solidos purissimi argenti.

Sonach war in Coyanza das alte Recht mit den auf dem Leoner Concil beschlossenen Aenderungen und Zusätzen zum Landesgesetz nicht allein für Leon und Asturien, sondern auch für Galizien und Portugal erklärt: Castilien dagegen, dessen Grafen schon frühzeitig ihre Herrschaft erblich und nahezu souverän zu machen gewusst hatten, sollte im Besitze seines eigenen, durch die Versammlung von Coyanza bestätigten Gewohnheitsrechts belassen werden. Unter diesen Umständen konnte es nicht fehlen, dass die Leoner Beschlüsse, wichtig für die Rechtspflege wie sie waren, auf die eine oder die andere Weise einen Bestandtheil des allgemeinen Landrechts bildeten: schon darum fand ich es der Aufzeichnung werth, als mir auf der Madrider National-Bibliothek ein aus der Hinterlassenschaft des Grafen Miranda stammender Band *Fueros* unter die Hände kam, worunter unter dem Namen „*Fuero Juzgo de Leon*" die *Decreta Adefonsi Regis et Geroilae Reginae.* Dass die Bezeichnung auf die Canónes dės Leoner Concils ausschliesslich angewendet wurde, ist kaum wahrscheinlich, da das *Forum Judicum* nach wie vor zu Recht bestand; um so mehr empfiehlt sich die Annahme, dass die besagten Canones dem zu Leon aufbewahrten Landesgesetz-Buch einverleibt wurden, und dass das Westgothen-Recht zusammen mit den Alfonsischen Decreten und vielleicht noch andern auf Reichsversammlungen beschlossenen Gesetzen als *Fuero Juzgo de Leon* bekannt war.

Von der Zähigkeit, womit die Spanier ehedem an ihren wohlerworbenen Gerechtsamen festhielten, legt nichts einen schlagenderen Beweis ab als die muzarabische *Hermandad* von Toledo, deren Mitglieder sich zu Schutz und Trutz gegen jegliche Schädigung und namentlich zur Abwehr der „*golfines*" verbanden. Als i. J. 1744 D. Juan de Huarte, Advokat der königlichen Räthe, eine Beschwerdeschrift gegen die Zulässigkeit der von den Toledanischen Muzarabern beanspruchten Privilegien verfasste, ermangelten die in ihren Vorrechten bedrohten Bundesbrüder nicht, bei der königlichen Kammer von Castilien eine ausführliche Schutzschrift einzureichen, worin sie nachwiesen, dass der erste Freibrief ihnen bereits i. J. 1101 bewilligt worden sei. Der Orden zählte damals 53 Mitglieder aus den angesehensten Häusern der Stadt; alljährlich wurde der Bundesvorsteher durchs Loos erwählt, desgleichen der *Quadrillero mayor*, der *Tenedor del Sello*, der *Contador*, *Fiscal*, *Defensor de pobres*. In dem zu Toledo aufbewahrten Aktenstücke steht als Randbemerkung: *Y si entre los Mozarabes se originase sobre negocio, que se ofrezca, discordia ó pleyto, este ha de substanciarse conforme á lo determinado en el Libro de los Jueces, que por especial privilegio estaba siempre en poder de un Canónigo de Leon, y á el se acudia, quando se ofrecia alguna duda sobre la intelligencia de las leyes.* Ein Canonicus in Leon hatte in streitigen Rechtsfällen nach dem daselbst in Verwahrsam befindlichen Codex des Landesgesetzes zu entscheiden. Die zwischen den Communen von Leon und Galizien einerseits und von Castilien andrerseits aufgerichtete *Hermandad* nahm in ihren Bundesbrief die Bestimmung auf, dass es Jedem frei stehen sollte, von einem königlichen Richterspruch Berufung an das *Libro Juzgo de Leon* [188]) einzulegen. Wenn die Richter von Leon „*Jueces del Libro y del Foro*" hiessen, so wird darunter zu verstehen sein, dass sie bei ihren Erkenntnissen ausser dem alten Gesetzbuch (*Liber*) auch die neueren *Fueros* zu Grunde zu legen hatten, der spätere Name „*Forum Judicum*" sonach durch Zusammenziehung entstand. Die richterliche Behörde selbst anbelangend, so waren es städtische Richter unter dem Vorsitz eines Canonicus, die in allen Rechtsstreitigkeiten, wobei kein blutiges Verbrechen in Frage stand, folglich als Civilsenat, in zweiter Instanz erkannten. Zuerst wurde der Spruch des ersten Richters geprüft, worauf das Tribunal sich nach S. Isidro el Real begab, um aus dem dortigen *Libro Juzgo* den Entscheid zu schöpfen. Der Vater des heiligen Ferdinand änderte zuerst an dem hundertjährigen Herkommen, indem er das Gesetzbuch aus S. Isidro wegnehmen und einem von ihm bestellten Canonicus einhändigen liess. Ein steinerner Pfeiler an dem Haupteingang der Kathedrale von Leon, beim Volke *Nuestra Señora la Blanca* geheissen, trägt am Sockel die Aufschrift „*Locus appelationis*," damit anzeigend, dass diejenigen, so bei einem ersten richterlichen Erkenntniss sich nicht beruhigten, zur Berufung sich bei der Säule einzufinden hätten. Zugleich war in Leon eine der drei angesehensten Schwurkirchen [189]) (*Iglesias Juradoras*) des Reichs; in Burgos leistete man in Santagudea (Agueda) den Schwur auf einen Verschluss, der „*Cerrojo del Cid*" hiess, seitdem der *Campeador* den König Alfons VI. darauf hatte schwören lassen, dass er an der Ermordung seines Bruders Sancho unschuldig sei. In Avila stand der „*bujo* (Schrein) *de S. Vicente*" in gleichen Ehren.

---

[188]) Der berühmte Rodrigo Diaz de Bibar (*Cid*) setzte seiner Gemahlin Ximena die Morgengabe mit der Bemerkung aus: *Et sunt quidem istas arras tibi uxor mea Scemena factas in foro de Legione* (Risco, *Hist. de Rodrigo Diaz*), womit nichts Anderes gemeint sein kann, als das Westgothen-Recht.

[189]) *Era* 11. *Nov.* 1110, *D. Alonso* (*VI.*): *Haec autem lex juramenti et hujus aquae calidae, quae in terra Legionensi confidenda est, non aliquo in loco peragatur, ut in ipsa urbe in sede Sanctae Dei genitricis Mariae, quae caput retinet ejusdem urbis.*

Unter Alfons dem Weisen kam es über das eigenmächtig abgeänderte Herkommen zu höchst verdriesslichen Auftritten [190]). Nach und nach war das Leoner Gericht in der Art zusammengesetzt, dass von Seiten des Königs, der Geistlichkeit, des Adels, der Communen je ein Richter in dem Berufungssenate sass: an ihre Stelle berief Alfons der Weise, der sich wie Jacob I. von England weit besser auf das Bücherschreiben als auf das Regieren verstand, einen besoldeten königlichen Richter, was die Stände so ruhig nicht hinnahmen. Den diessfallsigen Beschwerden der Geistlichkeit schenkte der gelehrte Herr ein geneigtes Ohr: mit dem Adel aber und den Städten, die gegen die Einheitsbestrebungen der Krone ihre imposanten *Hermandades* schlossen, wollte er sich nicht abfinden. Dagegen hielt Sancho IV. zwei Jahre nach seines Vaters Tod (1286) es für das Gerathenste, den frühern Rechtsbrauch wiederherzustellen [191]).

---

190) Der Vorfall wird in einer Urkunde, die um das Jahr 1264 verfasst sein dürfte, so geschildert: *Otrosi se querellan, que la Iglesia de Leon ovo costumbre desde el tiempo que ome se puede acordar, de poner un Juiz en la villa Canoligo, ó persona que julgaba los preitos de la villa, se non preitos de sangre, é que emplaciaba para ante si como los Juices de la villa; é esto fu antiguamente por aquesta razon. Leon era villa, á que venian muchos preitos por querella é por apelacion, é fu ordenado que oviere y quatro Juices, uno de parte del Rey, que guardase los sos derechos, é otro Canoligo, ó persona de la Iglesia, que guardase el derecho de las ordenes, é otro caballero que guardase el derecho de los fios dalgo, é otro cibdadano de la villa, que gardase los derechos de la villa. En este estado duró fara que este Rey nuestro Señor que agora es tovo por bien de toller los Juices del foro é de poner un Juiz, á quien diesen cierta soldada cada año, asi como fizo en las otras cibdades de su terra, é el obispo depois ganó sobre esto muchas cartas del Rey, que el julgado quanto á la Iglesia fue tornado en aquel estado en que solia seer, é el concejo non quiso nada facer por ellas.*

191) Sancho urtheilte darüber sehr verständig: *Los Reis que fueron ante de mí acostumbraron á dar el Libro Juzgo á una persona ó canonigo de la Iglesian de Leon, é si algunos se agraviaban de las sentencias que daban en corte del Rey, é se alzaban ende del Libro Juzgo, havia consejo con los Jueses de la villa, é con otros omes bonos; é si fallaba que la sentencia era dada conoscidamente contra la Ley del Libro, corregiala segund que la ley mandaba. E otrosi fallé por verdat, que havia un Juis persona, ó canonigo de la Iglesia, que jusgaba los pleitos leigales de la villa con los ostros Juises, ó en su cabo, é que los alcaldes*

Wie man im Uebrigen auch den Hof in Leon ansehen mag, einleuchten muss es, dass die zum Westgothen-Gesetz neu hinzugekommenen Rechtsbildungen hierbei hauptsächlich berücksichtigt und sicherlich als Novellen in dem Gesetzbuch von S. Isidro nachgetragen wurden[192]. Einen wichtigen Bestandtheil bildeten die alten und die neuen Canones, die gleiche Berücksichtigung mit dem bürgerlichen Gesetze beanspruchten, und zu einer canonischen Einstreuung, die weiter oben aus einem gerichtlichen Erkenntniss d. J. 1075 angeführt wurde, ohne dass die Quelle, der sie entnommen ist, sich aufzeigen liesse, gesellt sich ganz aus derselben Zeit (1083) ein ähnliches Citat, das sich für eine Stelle des Gothenrechts ausgiebt[193]), ohne gleichwohl darin zu stehen. Marina zwar meint, es werde eben keine vollständige Handschrift des Westgothen-Rechts auf uns gekommen sein: um wie viel wahrscheinlicher ist es dagegen, dass auf den Concilien, von denen manches ganz unbezeugt blieb, oder auch durch das Organ des königlichen Hofgerichts solche und ähnliche Verfügungen getroffen wurden. Die Umwandlung liegt offen zu Tage bei der auf den Meineid gesetzten Strafe. Chindaswind hatte L. W. II. 4. 6 den meineidigen Zeugen dazu verurtheilt, dass er die auf dem Spiele stehende Summe bezahlen und des Rechts der Zeugenschaft verlustig gehen sollte: gebrach es ihm an den nöthigen Mitteln, so gerieth er in die Sklaverei dessen, den er durch seinen Meineid beeinträchtigen wollte. Drei der besten Handschriften, darunter die Leoner, enthalten ein weiteres darauf bezügliches anonymes Gesetz (*De his qui animas suas perjurio necant*), in

---

emplazaban para antel, asi como para ante los otros Juices de la villa. Unterzeichnet ist die Urkunde in erster Stelle: *Don Mahomat Aboadille, Rey de Granada, vasallo del Rey.*

[192]) Risco erwähnt einer gothischen Handschrift des *Fuero Juzgo de S. Isidro* (*Esp. Sagr.* XXXVII. 76).

[193]) *Esp. Sagr.* XXXVIII. *App.* 20. *Sicut scriptum est in Libro Judico in titulo per leges gothicas, ubi dicit: Nam si filii ex concubina nati fuerint, nullam partem habeant in hereditate patris sui, nisi pater eorum, vel filii legitimi ipsius patris, vel libera noveroa, vel etiam progenies supradicti patris, quidquid eis per cartulam concessionis, seu per veridicos testes dederint, possideant illud in perpetuum.*

den beiden Texten der Madrider Ausgabe unter VI. 5. 21, jedoch richtiger nach *Cod. Card.* in einer Anmerkung zu II. 4. 6, wonach der Schuldige mit 100 Stockprügeln, Ehrlosigkeit und dem Verlust des vierten Theils seines Vermögens bestraft werden sollte. Das Leoner Concil (c. 19) änderte das alte Recht dahin ab, dass der Meineidige nicht bloss dem Geschädigten die streitige Summe ausbezahlen und infam gemacht, sondern überdiess um 60 Solidi an den König und mit Niederreissung seines Hauses gebüsst werden sollte. Wie man den Beschluss des Concils von Coyanza (c. 7) [194]) damit in Einklang bringen soll, ist freilich schwer zu sagen: es mochte eine allgemeine Einschärfung der auf den Meineid gesetzten Strafen beabsichtigt sein, als Gegengewicht für einen eingerissenen leichteren Strafmodus, der, wie es scheint, dem bezeichneten Verbrechen beängstigenden Vorschub leistete. Hinwiederum fehlt es nicht an Beispielen, wo der castilianische Text mancherlei Varianten an die Hand giebt, die anders gar nicht erklärt werden können, als dass rechtmässige, durch die zuständige Behörde beschlossene Abänderungen dabei berücksichtigt wurden. Zwar Lindenbrog's VI. 2. 5, im Grunde bloss eine Wiederholung, beziehungsweise Verschärfung der nächstvorangehenden Gesetze, findet sich in den castilianischen Handschriften Spaniens ebensowenig als in den lateinischen und im Codex Vaticanus, wohl aber unter II. 5. 18 [195]) ein verwandtes, mit Concilienbeschlüssen übereinstimmendes Gesetz. Weit erheblicher ist III. 1. 5 [196])

---

[194]) *Testes falsi illud suplicium accipiant, quod in libro judicum de falsis testibus est constitutum.*

[195]) *Ley nueva. Que nengun omne non se ose juramentar contral rey ni contra otri.* Der Hauptsache nach übereinstimmend mit II. 1. 7 (*De non criminando principe, nec maledicendo illi*).

[196]) *De las arras que son dadas. — Si algun esposo muriere por ventura fechas las esposaias, y el beso dado, é las arras dadas, estonze la esposa que finca deve aver la meetad de todas las cosas quel diera el esposo, y el otra meetad deven aver los herederos del esposo quales que quiere que devan aver su buena. E si el beso non era dado, y el esposo muriere, la manceba non deve aver nada daquellas cosas. E si el esposo recibe alguna cosa quel dé la esposa, é muriere la esposa, si quier sea dado el beso, si quier non, tod aquello deve seer tornado á los herederos de la esposa.*

der castilianischen Ausgabe, wodurch der Braut für den Fall, dass der Bräutigam stirbt, nachdem er sie geküsst, die Hälfte alles dessen, was der Verstorbene ihr geschenkt, zuerkannt wird; gab er den Kuss nicht, muss sie Alles zurückerstatten, wie auch der Bräutigam im ähnlichen Falle. Receswind soll das Gesetz erlassen haben, das in keiner einzigen lateinischen Handschrift aufgefunden werden konnte, dagegen mit der *Lex Romana* (L. 5. C. Th. III. 5) genau zusammenstimmt und zugleich mittelbar sich anlehnt an ein in mehreren castilianischen Handschriften unter II. 5. 18 enthaltenes Gesetz (*De las arras é las mandas de los varones é de las mugieres*), welch letzteres hinwiederum mit einem nur im *Cod. Card.* und bei Lindenbrog sich vorfindenden Gesetze, II. 5. 10 (*Antiqua X. Fls. Rcds. R. De superfluis scripturis confectis*), Einiges gemein hat. Ueberhaupt erlitten unter dem Einfluss des canonischen Rechts eine Menge Paragraphen des alten Eherechts mehr oder weniger erhebliche Einschränkungen, worunter namentlich das aus der Leoner Handschrift in die Uebersetzung aufgenommene, zwischen IV. 2. 13 u. 14 eingeschaltete Gesetz in Betreff der väterlichen Vormundschaft [197]. Verschiedene Beschlüsse alter, zumeist Toledanischer Concilien, welche in einzelnen castilianischen Handschriften beigefügt wurden, z. B. hinter II. 4. 8 und VI. 1. 1, kommen als unerheblich hier nicht in Betracht: dagegen ist die III. 3. 2 in Pupillen-Angelegenheiten von 50 Jahren auf 15 herabgesetzte Frist nicht ganz gleichgültig. Ein kleiner Zusatz am Schlusse des **ersten** Buchs in der Leoner Handschrift, der die königlichen Uebertreter des kirchlichen und bürgerlichen Gesetzes mit dem Strafgerichte Gottes bedroht, lässt den Eifer eines Instanz-Gerichtes für die Handhabung von Recht und Gesetz durchblicken.

Zusätze und Nachträge zu dem Gesetzbuch mussten sich schon desshalb als ungenügend erweisen, weil der Bildungsprocess neuer Gewohnheitsrechte seinen unbehinderten Fortgang

[197]) *Item ut post mortem matris filii in potestate patris maneant tuendi, etiam si novercam pater superduxerit; et quid de rebus filiorum conveniat pater juxta superiorem legem.*

hatte. Die Grafschaft Castilien namentlich bewahrte in politischer Beziehung ihre Selbständigkeit: wie König Ferdinand auf dem Tage vom Coyanza den Castilianern den Rechtsbrauch seines Ahns, des Herzogs Sanctius, bestätigte, so hat später Alfons VI. das merkwürdige *Fuero* von Nájera gutgeheissen unter Berufung auf denselben Don Sancho [198]). Daraus hat Burriel [199]) mit dem einer bessern Sache werthen Aufwand von Scharfsinn und Gelehrsamkeit die Folgerung gezogen, Sancho, Graf von Castilien, habe ums Jahr Eintausend für sein Land ein Gesetzbuch verfasst, welches unter dem Namen „*Fuero Viejo de Castilla*" auf uns kam. Aso und Manuel, die Herausgeber des *Fuero Viejo,* Masdeu und überhaupt alle Rechtshistoriker bis auf Pidal [200]) sind der Meinung Burriel's beigetreten, während ein einziger Blick in das *Fuero Viejo* genügt, um zu begreifen, dass eine derartige Gesetzsammlung in der ersten Hälfte des elften Jahrhunderts gar nicht entstanden sein kann. Einmal ist dasselbe castilianisch abgefasst und Velasco [201]) hat für seine dreiste Behauptung, es sei ursprünglich wirklich lateinisch gewesen, auch nicht den Schatten eines Beweises beigebracht; dann aber ist der Inhalt des Gesetzbuchs so vorherrschend Infanzonenrecht, so ganz und gar zum Vortheil der *Hijos d'algo*, *Cavalleros* und *Ricosomes*, dass bei der Abfassung der Feudalismus die Zustände, wie sie auf dem Leoner Mischconcil sich abspiegeln, längst hinter sich gelassen haben muss. Wenn in dem *Fuero Viejo* die monstrose Bestimmung [202]) vorkommt, der Lehnsherr könne unbedingt über Leib

---

[198]) *Quod hec civitas cum omnibus in ea habitantibus, et cum toto quod ad eandem civitatem pertinebat, in tali fuero steterat in tempore avi mei Sancii regis.*

[199]) A. Burriel, *Informe de la Imperial Ciudad de Toledo sobre igualicion de pesos y medidos. p.* 265.

[200]) Pidal, *Ensayo sobre el Fuero Viejo.* In der *Revista de Madrid. III.* 495.

[201]) Velasco, *Sobre el derecho y leyes de España.* c. 6.

[202]) *Lib. I. tit.* 7. *l.* 1.: *Esto es fuero de Castiella, que á todo solariego puede el señor tomarle el cuerpo, ó todo quanto en el mundo ovier: é el non puede por esto decir á fuero ante ninguno.* Zahlreiche Urkunden aus dem Bereiche der zu Castilien gehörenden Landschaften bezeugen aus-

und Habe seines Dienstmanns verfügen, so setzt diess eine Abhängigkeit, oder vielmehr Dienstbarkeit der Hintersassen voraus, die selbst durch die Partidas (IV. 25. 3) aufs entschiedenste in dem Satze widerlegt wird: *El solariego tanto quiere decir como home que es poblado en suelo de otri: et este atal puede salir quando quisiere de la heredat con todas las cosas muebles que hi hobiere: mas non puede enagenar aquel solar, nin demandar la mejoria que hi hobiere fecha, mas debe fincar al Señor cuyo es. Pero si á la sazon que el solariego pobló aquel logar, rescibió algunos maravedis del Señor, ó ficieron algunas posturas* (Verabredungen, Positionen) *de suo uno, deben ser guardadas entre ellos en la guisa que fueren puestas; et en tales solariegos como estos non ha el Rey otro derecho ninguno, sinon tan solamiente moneda.* Und wie kann man sich nur einbilden, Don Sancho habe ein nach Büchern, Titeln, Capiteln abgetheiltes Gesetzbuch zuwege gebracht, während die sehr erleuchtete Regierung des benachbarten Königreichs Leon sich mit wenigen Paragraphen einer gemischten Reichsversammlung begnügte und damit schon sehr viel that! Endlich widerspricht nicht minder nachdrücklich die Thatsache, dass Sancho, in Ermangelung männlicher Nachkommen, Castilien an seinen Eidam, D. Sancho den ältern, König von Navarra, durch Erbgang gelangen liess, der in der Person des Grafen Fernando einen

---

drücklich, dass dem *Solariego*, der sein Lehnsverhältniss aufzugeben beabsichtigte, neun Tage gegönnt wurden, um Alles, was ihm zu eigen gehörte, fortzuschaffen oder zu verkaufen. *Si discedere quesierit, habeat spatium novem dierum ut levet que sua sunt: tectum aut domum aut levet aut vendat populatori illius loci* (1160. *Fuero de Sahagun*). *Qui non populaverint eos (solares), sicut dictum est et secundum quod usque ad unum annum, perdant solares suos per ubicumque fuerint, ita quod numquam ipse nec aliquis de successione sua eos repetere possit nec debeat* (1181. *Fuero de Palencia*). *Si aliquis pro ira, vel pro rixa Domini sui voluerit recedere de villas, levet omnia sua mobilia usque ad novem dies; domum suam si voluerit vendere, vendat Domino suo, si comparare voluerit. Si noluerit, vendat alii, qui sit vasallus, et simile forum faciat* (1197. *Fueros de Pazuelas*). Uebereinstimmend heisst es in der Lehnsordnung von Vega: *Et el que quissiere dessasseñorarse del nuestro sseñorio, que tanga la campana, é que aya nueve dias á que venda el ssolar é á que lieve lo ssuyo.*

Stellvertreter über Castilien setzte und das freisinnige *Fuero* von *Nájera* theils bestätigte, theils erweiterte.

Soll damit gesagt sein, Graf Sancho habe überhaupt keine Gesetze für Castilien erlassen? Keineswegs! Lucas von Tuy berichtet über ihn, er sei der Erste gewesen, *qui dedit bonos foros et mores in tota Castella*, und D. Rodrigo (*Lib. V. c.* 9) setzt ergänzend hinzu: *militibus, qui et tributa solvere et militare cum principe tenebantur, contulit libertates, videlicet ut nec ad tributum aliquod teneantur, nec sine stipendiis militare cogantur.* Schon früher hatte Sancho Garcia die *Fueros* von Brañosera genehmigt und i. J. 955 bewilligte Graf Fernan Gonzalez einen Freibrief an die Gemeinde von S. Zadornin, Berbeja und Barrio, warum hätte D. Sancho nicht ein Gleiches thun können, ohne darum ein neues Gesetzbuch zusammentragen und ausarbeiten zu lassen! Im andern Falle wäre es ganz undenkbar, dass in Castilien gerade ebenso wie in den andern spanischen Ländern das Westgothen-Recht nach wie vor in Geltung blieb.

III.

Eine ausgiebige Wendung nahmen die bestehenden Rechtszustände unter **Alfons** VI. Sein Aufenthalt an einem mohammedanischen Hofe, seine Vermählung mit einer französischen und einer maurischen Prinzessin, die Wiedervereinigung ausgedehnter christlicher Ländergebiete mit dem Reiche und die Erweiterung der Grenzen durch glückliche Eroberungen, endlich die Anstrengungen, welche das Papstthum auch in Spanien machte, um ein gleichmässiges und einheitliches Kirchenregiment herzustellen — diese und noch andere Umstände erzeugten einen Umschwung in der ganzen Weltanschauung der spanischen Christenheit und hatten zunächst die Folge, dass das **Landrecht** eine Zeit lang ernstlich in die längst überwundenen **persönlichen**, oder **Blut-Rechte** zu zersplittern drohte. Jeder wollte sein eigenes *Fuero* haben und Alfons zeigte sich in Ertheilung von Sondergerechtsamen so freigebig, dass Juden, Araber, Muzaraber, **Franken**, Castilianer hin und wieder mit eigenen Rechten beschert wurden. Für die Geschichte des **römischen** Rechts im Mittelalter scheinen sich auf den ersten Anblick neue Gesichtspunkte in der übereinstimmenden Bemerkung zweier durchaus glaubwürdigen Quellen [203]) darzubieten,

---

[203]) In der auf Veranlassung des Bischofs **Diego Pelagius** (1070 — 1088) von Compostella durch **französische** Geistliche verfassten „*Historia Compostellana*" (*Lib. I. c.* 2) wird gesagt: *In hoc tempore apud Hispanos Lex Toletana obliterata est, et Lex Romana recepta.* Uebereinstimmend bemerkt die **Chronik von Burgos** zum Jahre 1073: *Intravit Romana Lex in Hispania.* Noch unzweideutiger drücken sich die Verfasser der Geschichte von Compostella (*Lib. II. c.* 1) in dem Satze aus:

die *Lex Romana* sei um dieselbe Zeit in Spanien eingeführt worden, und es fehlt nicht an spanischen und portugiesischen Gelehrten, die sich einer solchen süssen Täuschung überliessen, ohne gleichwohl auch nur eine Andeutung zu versuchen, auf welchem Wege das römische Recht nach der pyrenäischen Halbinsel gelangte und durch den Richterstand gehandhabt wurde. Die Sache verhält sich einfach so, dass unter der *Lex Romana* der gallicanisch-römische Kirchenritus zu verstehen ist, da Alfons auf Anstiften seiner Gemahlin und der durch sie ins Land gezogenen französischen Geistlichen den nach Toledo benannten muzarabischen Ritus abschaffte und durch jenen ersetzte.

Um so durchgreifender war die Wirkung der mit freigebiger Hand ausgetheilten Municipalrechte, deren bedeutendstes das von D. Sancho el Mayor, König von Navarra, bewilligte und von Alfons VI. bestätigte *Fuero* von *Nájera*. Zwischen Logroño und Burgos gelegen unter schwer zugänglichen Felsenhöhlen, in deren einer der heilige Millan gegen 40 Jahre gelebt haben soll, bot die Stadt einen ungemein günstigen Stützpunkt gegen die Ungläubigen dar. Nach der Thronbesteigung Alfonsens fanden sich der Senior (Lehnsherr) *Didacus Alvarez* mit seinem Schwiegersohne, dem Königsgrafen *Lupus* von *Nájera*, beim Könige ein und trugen ihm das Oberhoheitsrecht über die Stadt unter der Bedingung an, dass er die städtischen *Fueros* gewährleiste. Diess geschah, und zwar in sehr ausgedehntem Sinne.

Per homicidium de inffancione, vel de scapulato, aut de judeo [204]*), non debent aliud dare plebs de Naiera, nisi CCL solidos sine saionia.*

Nullus equidem Hispanorum episcopus sanctae Romanae ecclesiae, matri nostrae, servitii aut obedientiae quidquam tunc (vor Alfons VI.) *reddebat, Hispania Toletanam, non Romanam legem recipiebat.*

[204]) Dass der Jude nunmehr Infanzonenrecht und „*benefit of clergy*" genoss, erklärt sich dadurch, dass den christlichen Bevölkerungen viel daran liegen musste, reiche und thätige Israeliten den Mauren abspenstig zu machen und an sich zu locken. Anderwärts suchte man den Juden durch gemischte Schiedsgerichte zu ihrem Rechte zu verhelfen, z. B. in dem *Fuero* von Cuenca: *Si judaeus et christianus super aliquo disceptaverint,*

Per homicidium de homine villano non debent dare nisi C solidos sine saionia.

Si homo malus inventus fuerit mortuus inter plebem de Naiera et occiderit eum plebs naiarensis, et fuerit inffancion, non pectabunt proinde nisi CCL solidos sine saionia; si fuerit villanus C solidos sine saionia.

Si homo fuerit occisus in illo camino pro qualibet causa, proinde plebs naiarensis nullum debent homicidium.

Si in die Jovis, qui est mercati dies in Nagera, fuerit homo occisus, vel inventus mortuus, proinde non debent dare homicidium.

Si inffancion occiderit hominem et fugerit, proinde non debent dare homicidium plebs de Nagera.

Pro homine, qui fuerit inventus occisus et non habuerit livores, non debent pectare homicidium.

Si aliquis homo occiderit hominem et illum homicidam potuerint habere, vel accipere usque in septem dies, ipsum dent ad judicem, i. e. ad vicarium Regis, quia non debent amplius homicidium.

Si aliquis homo inventus fuerit in furto et mortem acceperit, proinde non debent homicidium.

Si aliquis homo se despennaverit de penna [205]), *aut de ponte, aut si in aqua mortuus inventus fuerit, proinde non debent pectare homicidium.*

Si homo inventus fuerit mortuus in hereditate de inffancione, aut de monasterio, non debent proinde homicidium.

Si aliquis homo percusserit judeum, quales livores fecerit, tales pariat ad integritatem quomodo de inffancione, aut de scapulato.

Qui percusserit villanum et fecerit livores in loco discoperto,

---

faciant duos alcaldes (Schiedsrichter) *vecinos, quorum unus sit christianus et alter judaeus. Si alicui disceptantium sententia illorum non placuerit, appellet ad quatuor alcaldes vicinos, quorum duo sint christiani et duo judaei: in illis quatuor judicium eorum finiatur. Quicumque ab istis quatuor appellaverit, causam se sciat amissurum. Isti alcaldes caveant, ne aliud judicent eis quam forum Conchae.*

[205]) Sich von einem Felsen herabstürzt.

pro unoquoque livore debet pectare quinque solidos; in loco coperto II solidos et dimidium. Si fuerint clamantes pro ossibus extractis, pro unoquoque osse extracto II solidos et dimidium usque ad medium homicidium.

Si percussus fuerit inffancion, pro unoquoque extracto V solidos usque ad dimidium homicidium.

Qui fregerit vel extraxerit oculum alii, si villano minus quam medietatem homicidii, si inffancion medietatem homicidii.

Pro manu amputata medietatem homicidii, pro pede amputato similiter.

Homines de Nagara non habent fuerum dare asinos, nec azemilas, neque ullam bestiam pro ad fonssado, nisi ad suos vicinos quando fuerint in fonssado.

Quando plebs de Nagara fuerit in fonssado, tres homines prendant bestiam de quarto homine, in qua portent suas sarcinas, et ille homo, cujus fuerit illa bestia, non vadat in fonssado, nec pariat fonssadam.

Plebs de Nagara non debent ire in fonssado, nisi una vice in anno ad litem campalem.

Villano, qui non fuerit in fonssado, non debet nisi duos solidos et medium.

Si inffancion de Nagara non fuerit in fonssado, habet calupniam X solidos, et pro fuero pectabit exinde medietatem.

Inffancion de Nagara non debet aliud facere, nisi tantummodo una vice in anno ire in fonssado cum Rege.

Homo de Nagara, sive inffancion, sive villano, si in tempore guerre aliquid ganaverit, non debet quintam [206]).

Et in casa de inffansione de Nagara non debet ullus posadero pausare (sich einquartiren).

---

[206]) Der Gebrauch, von der im Kriege gemachten Beute den fünften Theil an den Feldhauptmann, beziehungsweise König, abzugeben, haben die Spanier von den Arabern sich angeeignet, welche das Fünftel dem Staatsschatze oder dem Chalifen zusprachen (J. v. Hammer, Ueber die Länderverwaltung unter dem Chalifate. S. 115. 118). Aller Wahrscheinlichkeit nach stammt die bei der Besteurung übliche Fünfzahl aus derselben Quelle, und bei der *Mañeria* und den *Huesas* kann geradezu an eine Art Beuteantheil gedacht werden.

Infancion de Nagara non debet in homicidio pectare, nec ullam premiam habere.

Clericus de Nagara non debet ire in fonssado, nec fonssaderam pectare, et nullus posadero debet in sua casa aposare, nec ullam premiam habere.

Et in domo vidue, aut virginis, nemo sit ausus hospicium accipere, neque viduam, neque virginem forciare.

Vidua de Nagara, que non habet filium, non debet ullam fossaderam, et si habet filium, qui possit ire in apellido, vel in fonssado, et non fuerit ille, aut homo suus pro illo, pectet fonssaderam.

Conductor [207]) *nunquam pectet fonssaderam.*

Homo de Nagara, si comparat domum vel domos, juxta domos suas comparet et adunet ad domos suas, et proinde non pectet nisi unam fonssaderam; et si comparaverit domos in duobus, aut tribus, aut pluribus locis, et miserit ibi suum panem, et suum vinum, aut sua pecora, proinde non dabit ullam causam.

Et si comparaverit homo de Nagara in villis hereditates, terras, vineas aut quamcumque hereditatem, semper habeat illa sine ullo malo fuero et sine botilla (= alboroque).

Homo de Nagara in sua hereditate faciat et edificet molen-

---

[207]) Kriegshauptmann, der das städtische Aufgebot nach dem Sammelplatz zu führen hatte und dafür natürlich sich nicht durch die Entrichtung der Kriegssteuer abfinden konnte. Der Auszug geschah hinter dem Gemeindebanner, was im *Fuero* von Zamora in den Worten ausgesprochen wird: *Yuices que fueron en Zamora per fuero, lieben la seña de concejo.* Das *Fuero* von Plasencia befahl, dem Wehrpflichtigen, der sich an einem der Hauptleute vergreifen sollte, die rechte Hand abzuhauen. Es ist darum ganz in der Ordnung, dass das *Fuero* von Cuenca bestimmte: *Quicumque casam in civitate populatam non tenuerit, et equum per annum praecedentem, non sit judex.* Im Ganzen waren die Verfasser der *Fueros* ungemein erfinderisch im Capitel der Strafen: von einem Felsen, oder einer Mauer herabstürzen, steinigen, verbrennen, entmannen, lebendig unter der Leiche des Ermordeten begraben, in den Block spannen bis Einer Hungers stirbt, den Kopf scheren oder rasiren, die Ohren, die Nase, die Zunge, den Bart abschneiden, die Augen, oder gar die Zähne ausreissen — solche und ähnliche Strafen sind nicht selten auf Vergehen gesetzt, die nach heutigen Begriffen kaum strafwürdig erscheinen.

dinos, furnos, turcularia, aut quodcumque voluerit, sine ulla occasione [208]).

Et si ad hominem de Nagara necesitas evenerit, vendat quod voluerit, domos, terras, vineas, hereditates, hortos, furnos, molendinos, aut quamlibet hereditatem suis vicinis sine ulla occasione.

Et si aliquis in nocte equum aut aliam bestiam invenerit in messe sua, et potuerit eam occidere, proinde non pectet calupniam, neque ipsam bestiam.

Qui occiderit caballum non volendo, si de inffancione fuerit caballus mortuus, debet C solidos, si de villano L solidos.

Qui bobem occiderit, pectet XXV solidos; qui asinum, XII solidos et medium.

Qui maurum occiderit, XII solidos et medium, nisi pro eo, qui factum habuerit pactum pro sua redemptione [209]).

Et si homo de Nagara, vir aut mulier, filium non habuerit, det hereditatem suam et omnem sustanciam suam mobilem aut inmobilem, quantamcumque possiderit, cuicumque voluerit, nisi ad inffancionem: et villano non potest hereditare inffancionem in morte [210]).

Et fuerum emendi vel vendendi panem et vinum, vel pisces et omnia victualia, semper posidebunt plebs de Nagara.

Si homo de Nagara litem comisserit inter suos vicinos, calupniam pariat Regi LX solidos, et exinde medietatem [*pro fuero*]; *et si calidam, aut ferrum comisserit* [211]), *similiter pariat LX solidos, et exinde medietatem pro fuero.*

Si Rex aut Dominator terre venerit, suus homo, vel alius homo non sit ausus, bovem alienum, vel vaccam, aut porcum, aut

---

[208]) Mühle, Backofen und Kelter gehörten zuweilen zum Königsbann. Denselben Gedanken drückt der 7. Artikel der Charte von Die in Frankreich (1218) aus: *Et etiam quilibet habitat in dicta civitate et suburbiis ejusdem, potest et debet turres, furna et molendina facere, seu edificare et reparare . . . quotiescumque ei placuerit, et quandocumque ei placuerit, dum in suo faciat, seu edificet.*

[209]) Bei einem Solchen ist die Busse höher nach Massgabe der stipulirten Auslösungssumme.

[210]) Schon der verschieden vertheilten Steuerlast wegen musste die Trennung zwischen Rittergütern und Bauergütern aufrecht erhalten bleiben.

[211]) Bei der Probe unterliegt.

arietem, aut ovem, aut gallinam, aut aliquid victuale accipere, neque virum, aut feminam forciare[212]) *sine suo precio; et si tanta necessitas fuerit Regi aut Dominatori terre, vadat sagio per pauperculas mulieres, et ubi inveneril gallinas, accipiat, et pro unaquaque gallina det ei pellem arietis.*

Et si in tempore estatis necessitas et inopia aque fuerit, pergant omnes hereditarii, qui sunt in illo rivo, qui currit per mediam civitatem, qui vocitatur Merdanix, et disrumpant totas illas presas (Bewässerungsgräben), *que fuerint de super, pro fuero*[213]), *ut habeant habundanciam aque omnes hereditarii ad molendinos [et] ad rigandos hortos.*

Et si aliquis homo ipsam presam de Merdanix disrumperit, habet calupniam LX solidos et exinde pectabit medietatem.

Et si illas presas, que sunt in Najarella[214]), *aliquis disrumperit, pectabit II solidos et medium.*

Et si in tempore rigandi vineas[215]) *aliquis homo evacuaverit aquam alienam et misserit in aliquo labore suo scienter, et probatum ei fuerit, pectabit II solidos et medium.*

Et si serraverit illam silam[216]) *de toto, in totum pectabit XXX solidos, et illi, cui fuerit aqua, dapnum dupplatum.*

---

[212]) Heisst hier bloss, es dürfen die Leute des Königs keinem Bewohner für den Bedarf ihres Herrn etwas mit Gewalt abnehmen, ohne den verlangten Preis dafür zu bezahlen.

[213]) Wie es in ihrem Rechte steht.

[214]) Klein-Nájera, eine unterhalb gelegene Vorstadt.

[215]) Das alte Recht (X. 1. 6) weiss ausser den Weinbergen auch noch von *oliveta* und *pomaria*, die in den Urkunden immer seltener vorkommen, was ein rasches Abnehmen der Baumzucht vermuthen lässt. Wein wächst gegenwärtig bei Nájera ebenso wenig als bei Leon.

[216]) Muñoz (I. 291) vermuthet *silvam*, was keinen Sinn geben würde; vielmehr ist *sila* dasselbe was das heutige *silo* in der Bedeutung von Wassergewölbe. Festus: *Silus appellatur naso sursum versus repando, unde galeae quoque silae dicebantur.* Das Wort (*silo, siloa, ciloa, zuloa, chuloa, cilla*, Loch) stammt aus dem Baskischen (Heyse, Fremdwörterbuch. 1853). Nachträglich will ich noch erwähnen, dass *era (ara)* in der Bedeutung von „Art und Weise" (Mahn, Denkmäler der Baskischen Sprache. Einl. XX) möglicher Weise gleichfalls aus dem Iberischen sich ableiten liesse. Die spanische *Era* wäre so viel als spanische Weise, die Jahre zu berechnen. Ideler's (Handbuch der Chronologie. II. 430)

In quocumque loco inter terminos de alfoz homines de Nagara vineas habuerint, quandocumque voluerint, vindemient sine calupnia et sine coto[217]).

Plebs de Nagara debent in illo castello operari in illo açor de foras cum sua porta, et nichil aliud[218]).

---

etymologischer Versuch, *era* auf *jera* (Jahr) des *Ulfilas* zurückzuführen, ist ganz unstatthaft.

[217]) Erlaubnissschein, eigentlich Freibrief.

[218]) *açor* = Habicht, figürlich: Dieb; hier vermuthlich ein befestigtes Vorwerk, von dem aus der Falkenblick der daselbst befindlichen Wächter auf die feindliche Grenze gerichtet war. In jener Zeit der Algaraden musste man die Grenzbewohner gegen feindliche Ueberfälle nach Kräften sicher zu stellen suchen, und insbesondere dafür sorgen, dass bei der Fällung und Einbringung des nöthigen Holzbedarfs das Leben und die Freiheit der Arbeiter keiner ernstlichen Gefahr ausgesetzt wurden. Zu dem Behufe wurde an geeigneter Stelle ein Vorwerk errichtet, zu dessen Herstellung nicht nur die Bürgerschaft verpflichtet war, sondern auch überdiess den fünften Theil des gefällten Holzes an den König, beziehungsweise seine städtischen Beamten, abzuliefern hatte. Es war jedesmal ein bewaffneter Auszug, mit Aexten nicht bloss, sondern auch mit Schwertern. In einer Anzahl westlicher *Fueros* (*Soure*, *Thomar*, *Villa de Ceá*, *Alcanede*) wird darauf angespielt: *De Azaria et toda illa Cavalgada, in qua non fuerit Rex, nobis Vam partem, vobis IVor partes, absque ulla Alcaidaria*, d. h. ohne ausserdem von der bei dieser Gelegenheit vielleicht den Saracenen abgenommenen Beute etwas abgeben zu müssen; oder: *de Azarias et Guardias Vam nobis date, sine ulla offretione.* Damit stimmt das *Fuero* von Daroca: *Concilium non eat invitum in exercitum, nisi cum solo Rege, et si forte abierit in fosado cum Rege, vel cum quolibet alio, non dent azaguariam.* Man hat das Wort von *aza, azza, hacha, acha (machado) hache*, Axt in Verbindung gebracht, und wenn in einer Urkunde (1203) von *azoreira* die Rede ist, so kann es daselbst Holzschlag bedeuten. Man hat wohl geglaubt, in Spanien habe man in den ersten Jahrhunderten nach der maurischen Eroberung keine Burgen und Castelle gebaut: in offenen Landschaften, denen es an bequem gelegenen Stellen und an Baumaterial gebrach, wurden allerdings keine Befestigungen angelegt; wo dagegen das Terrain günstig war, liess man sich den Vortheil nicht entschlüpfen. Von einer im 11. Jahrhundert errichteten Burg Honestum, die Alfons VII. später neu aufbauen liess, wird bemerkt (*Hist. Compost. Lib. II. c.* 23), sie sei aufgeführt worden: *sine calcis linimento ex minutis lapidibus, trabibus interpositis.* Der Adel hatte ohnediess überall seine festen Schlösser, über die ein *castellarius, castellanus* gesetzt war. Isidor (*Origg. Lib. IX. c.* 4) erwähnt allerdings aus seiner Zeit die alten Römerburgen als grosse Seltenheiten, doch schon im 9. Jahrhundert hiess *Compostella* „*Villa de Burgo*", und im 12. Jahr-

Et si homo de Nagara habuerit talem necessitatem, quod non potuerit ibi habitare, et fuerit in aliqua villa sub imperio Regis, teneat domos suas, terras, vineas et quamcumque hereditatem habuerit, et laboret in illo azore de illo castello cum suis vicinis.

Et si contigerit ad hominem de Nagara homicidium, aut furtum, aut aliqua calupnia mala, et potuerit fidejussores dare, non debet esse missus in presione; et si non potuerit fidejussores dare, non debet esse missus in carcere, sed tantum in palacio Regis.

Et si dederit fidejussores et non potuerit judicium complere (sich auf gerichtlichem Wege rechtfertigen), *ipsi fidejussores nichil aliud debent dare, nisi tantum suum pedem de illo malefactore, et ipsemet malefactor debet mittere suum pedem in cepo et ferire tribus vicibus in clavilla* [219]).

Et si fidejussores non potuerunt habere pedem de illo malefactore, et malefactor fuerit inffancion, nihil aliud dent nisi CCL solidos sine saionia, et de villano C solidos sine saionia.

Si inffancion rixaverit cum homine de Nagara de las puertas de las barras ad intus (noch innerhalb der Thore des Weichbildes), *non habet majorem calupniam ipse inffancion quam burgensis de Nagara, nec majorem desondram* (al. *saioniam*).

Inffanciones de Nagara, qui sunt hereditarii in Nagara, debent accipere in exitus [220]) *tantum unus inffancion quantum duo burgenses, et debent isti inffanciones ponere unum militem, qui teneat annupdam ubi homines de Nagara necesse habuerint, cum caballo, cum omnibus armis ligneis et ferreis.*

Et si furtum factum fuerit in villa de Nagara, et suspectam habuerit, quod ipsum furtum (das Gestolene) *sit in ipsa villa, vadat* (der Bestolene) *cum saione ad palacium Regis, et saione secum accedente et apellitum tribus vicibus dante scrutetur pala-*

---

hundert verbreitete sich der Name allgemein. Mit *azorare*, abzuleiten von dem arabischen *esraar*, in der Bedeutung von *stimulare*, dürfte *açor* nicht zusammenhängen.

[219]) Die Bürgen sind zu weiter nichts verpflichtet, als denjenigen, für den sie Bürgschaft geleistet, handfest zu machen, worauf der Uebelthäter seinen Fuss in den Block zu stecken und dreimal mit dem Pflocke (*clavija*) zu klopfen hat, als Zeichen für den Büttel, sich seiner zu versichern.

[220]) Als Entschädigung beim Aufgebot.

cium Regis, deinde omnes illas casas, quascumque voluerint, sine ulla calupnia; et de calupniis[221]), *que facte fuerint in Nagara, non debent pectare nisi medietas pro fuero sine saionia.*

Et si aliquis homo de foris de Nagara demandaverit ad hominem de Nagara aliquam rem, non debet exire ad medianetum[222]), *nisi ad portam de illo ponte.*

Homo de Nagara, quocumque vadat sub imperio Regis (auf königlichem Gebiete) *pro qualicumque negociacione, et aliquid comparaverit, non debet ullum portaticum.*

Et nullus homo sit ausus homini de Nagara tollere sua ligna, nisi dando ei tantum quantum unus de suis vicinis.

Et si aliquis homo fugerit ad Nagaram pro homicidio, aut pro qualicumque re, nisi pro furto, et aliquis suus inimicus incalciaverit (auf den Fersen sitzt) *eum pro occidere, aut distorpare intra corsseras*[223]) *de Nagara, scilicet de arenales* (Sandplatz) *ad intus, et de parrale* (Weinberg) *Regis ad intus, et de valle antiquo insursum, et de illa cruce de Sancta Eugenia in*

---

[221]) Dass die Busse bald oder zum Theil dem Geschädigten, bald oder zum Theil dem Könige gehörte, ungerechnet die Gebühren für den Büttel, unterliegt nicht dem mindesten Zweifel: wem aber fiel die *medietas pro fuero* zu? Es könnte ebenso wohl an die Bürgerschaft, als an den Grafen oder den Patron gedacht werden. Wenn weiter unten gesagt ist, die Bürgerschaft habe alljährlich zwei Büttel *pro fuero* zu bestellen, so schliesse ich daraus, dass mit der *medietas pro fuero* die Gerichtskosten überhaupt bestritten wurden. Wenigstens besagt das *Fuero* von Calatayud (1131): *Et homine, qui non sit de Calatàyud, si mataverit hominem de Calatayud, aut prendiderit, vel discabalgaverit, pectet M moravitos, tertia pars ad Regem, et tertia ad concilium, et tertia ad queroloso.*

[222]) *Medianetum* wird bei Ducange durch *Judicium per mediatores* erklärt, was sich mit dem spanischen *medianero* (Mittelsmann), *mediania* (Maass) wohl vertrüge; der Zusammenhang erheischt jedoch hier sowohl als in andern spanischen Urkunden die Ableitung von *medius*, in der Mitte befindlich, so dass *medianetum* die Grenzscheide zweier Gebiete bedeutet. Wird ein Bewohner von Nájera von einem Auswärtigen belangt, so braucht er nicht, wie es üblich, diesem bis auf die Grenzscheide entgegenzukommen, sondern bloss bis zu dem angegebenen Punkte. Damit stimmt genau das *Fuero* von Arguedas (1092): *Et non salgades con nengunos hombres á medianedo sino á vuestra puerta.*

[223]) *Corseria: via in moeniis ad hostes propulsandos accommodata, per quam tuto curritur ab una turri ad aliam (Ducan.).*

intus, propter desonorem, quam facit Deo, et monasterio Sancte Marie, et Regibus, qui ibi jacent, pectet ad partem Regis mille libras auri.

Et homines de Nagara non debent herbaticum de Sancti Martini de Zahara ad intus, et de Sancta Pola ad intus usque in Ebro, in sursum usque ad Anguidanos non debent herbaticum, nec montaticum in montibus, qui sunt in circuitu de Nagara, neque in defessis (*dehesa*, Weide), *nisi tantum in illo soto* (Gehölz) *de Maiarrex.*

Et si ganatum de Nagara exierit pasturare de istos terminos suprascriptos in antea, tantum vadat quod per noctem possit reverti infra terminos suprascriptos.

Eine Menge Grenzbestimmungen und andere Verordnungen wegen des Weidegangs übergehe ich als unerheblich.

Et si aliquis homo pro qualicumque re, excepto furto, se misserit in casa de qualicumque vicino de Nagara, non debet esse incalciatus de illa gulta (guerta) [224]) *ad intus; et quicumque incalciaverit eum in casa de inffancion, debet CCL solidos, in casa de villano C solidos.*

Homo morator de Tyrone in huc, et de porto de Picos in huc (si) venerit ad mercatum, non debet thelonem dare nisi de almude (*almud:* Getreidemass) *de tritico unum denarium; et si in villa dederit, non debet dare in ponte, nisi de illo tantum, de quo non debet in villa.*

Qui aliquam querimoniam aut rancuram ante alcaldes misserit, et infra annum et diem illam non demandaverit, postea non respondeat.

Pro homine, qui infectum [225]) *ceciderit et inde mortuus fuerit, non debet plebs de Nagara homicidium.*

Si homo occiderit hominem et in Sanctam Mariam se misserit, proinde non debet plebs de Nagara homicidium.

---

[224]) *Gulta:* Gülte, Schuld.

[225]) *Infectus: lepra vel peste affectus.* Die Unglücklichen wurden als Auswürflinge der menschlichen Gesellschaft behandelt.

Si homo de illo senniorio [226]), *quod tenuerit Nagaram, occiderit hominem, proinde plebs de Nagara non debet homicidium.*

Et homines de Nagara non debent excusadiam [227]), *vel pectum dare, nisi laborare tantum in illo azore de illo castello de foris cum sua porta, sicut supra dictum est.*

Et illi excusati de Tricio, et de Arençana, et de Orchanos, et de Alesanco, et de Torreziella, et de Zaffra, et de omnibus villis, que ad Nagaram pertinent, non debent dare pectum, nisi cum illo almude et cum illis mensuris, que fuerunt in tempore et in diebus Garssiani Regis.

Similiter et ceteri cum ipsa mensura pectent, quod debent de pane et vino.

Et concilium de Nagara debent dare pro fuero duos saiones unoquoque anno, et ipsi saiones debent accipere de illa emenda de illo mercado quartam partem de illa cibera.

Similiter alcaldes [228]) *debent habere in unoquoque die de mercado de illa emenda unam quartam de sale, et unum urceum, et unam ollam, et unam terrazam* (Henkelkrug), *et suum pedium* (*pedido:* Sportel = *pedagium*) *in omnibus villis de suo judicato, scilicet in unoquoque jugo bovum unam quartam de tritico, de homicidiis decimam partem.*

Et quecumque res occiderit hominem, si plebs de Nagara potuerit illam rem habere usque in septem dies, dando illam rem cum sua delinda (Lossagebrief) *non debent aliud homicidium.*

Quod qui curtaverit pollicem manus, debet pro calupnia L solidos, pro curtamento digiti XL solidos, pro medio digito XXX

---

226) Mit Rücksicht auf den Edelmann, zu welchem Nájera im Verhältniss der Behetrie stand.

227) *Excusadia,* Entschuldigung, Abgabe. *Excusati: qui ab oneribus publicis excusantur et soli glebae serviunt.*

228) Unter der Maurenherrschaft war der Alcalde Gemeindevorsteher und Richter in einer Person. Die Communen behielten die Einrichtung in soweit bei, als sie die gesammte Polizeiverwaltung in die Hände der Alcalden legten. Selbst der Königsrichter, in der Eigenschaft eines *judex terrae,* war zugleich Verwaltungsbeamter, für einen kleinern Distrikt dasselbe was der Graf für einen grössern. In den *Fueros* von *Sepulveda, Plasencia* und *Baëza* werden Richter und Alcalden mit einer Strafe von 100 Goldstücken bedroht, wenn sie sich nicht streng an das Gesetz halten.

solidos, pro modico digito XX solidos, pro auriculari, i. e. minimo digito X solidos.

Qui excornaverit bovem omnino, scilicet de masculino et de femenino, pectet sex jugatas et III solidos. Qui excornat boven de solo femenino, III jugatas et XVIII denarios.

Pro enguera [229]) *de bestia caballar pro nocte sex denarios, et pro die III denarios, pro enguera de asno medictatem.*

Qui occiderit quadrupedem, vel volatilem, vel altilem [230]), *qui cum sua matre sit et lactet, tale pectet, quod sine matre bene se possit captenere.*

Qui alienam arborem curtaverit, talem arborem det domino arboris curtate, ut eam defrutet quousque sua arbor sit creata et fructifera.

Qui ramum curtaverit, pro unoquoque ramo II solidos et medium, pro truncato V solidos; de iis omnibus prescriptis si clamantes fuerint, ad palacium debent habere suas calupnias et alias non [231]).

Et omnis inffancion, qui sit diviserus [232]) *de Nagara, nisi qui fuerit conductor, non debet quintam.*

In vetato de conceio (abgeschlossenes Gemeindeland) *si fuerit captus bos, aut vacca, aut bestia caballaris, debet pro fuero unum carabitum vini in die, et duos in nocte; et si fuerit ganatum de ovibus, aut de porcis, debent matare masculum, nisi fuerit concerratus* (zusammengesperrt) *aut conjugatus, unum in die et duos in nocte.*

---

229) *Fuero* von Osca (1247): *Debet dare* 60 *sol. pignorator pro calonia, pignus reddere, et engueras tales quales judicat forus.* Ich vermuthe, dass *enguera* dasselbe ist was das anderwärts vorkommende *engaria* = *angaria.* Auch an die *gulta* oder *guerta* (Gülte) des *Fuero* von Nájera kann erinnert werden.

230) *Altilis:* gemästetes Federvieh. *Volatilis: avium genus in cortile rusticis nutritum.*

231) Die Klage musste an den im königlichen Palaste residirenden Grafen eingereicht werden. Hin und wieder wird in den *Fueros* verordnet, dass ausser dem königlichen und bischöflichen kein Palast in der Stadt richtet werden dürfe.

232) Wer zur lehnsherrlichen Familie gehörte, brauchte von der im Kriege gemachten Beute nicht den Fünften an den König abzugeben, ausser wenn er Kriegshauptmann war.

Quod si ganatum fuerit radium [233]) *aut erraticum, non debet matari, sed pectet dapnum.*

Zum Schlusse bedroht Alfons Jeden, der das *Fuero* verletzen sollte, mit einer Busse von 1000 Pfund Gold an die Krone und doppeltem Schadenersatz. Da ist es nun ganz besonders merkwürdig, dass derselbe Monarch dem französischen Benediktiner D. Bernardo, Abt des Klosters Sahagun und nachmaligem Primas von Spanien, für die von ihm gegründete und meist mit Ausländern bevölkerte Stadt Sahagun ein *Fuero* [234]) zustellte, das allen spanischen Rechtsbegriffen zuwider ganz und gar den schroffen und barschen Charakter des französischen Feudalrechts trug. Wenige Paragraphen schon rechtfertigen die Behauptung: *Parietem qui ante mutaverit, vel vallum fecerit, quingenos dabit solidos, et quod fecit emendabit. — Nullus habeat ibi furno vel patella, sed ubi fuerit invento, frangitur, et det Abbati quinque solidos. Ita fiat de mensura cibaria et de cunctis omnibus falsis mensuris. — Si in manu alicujus vel in domo invenerint ramum de saltu, det qinque solidos. Si ad radicem succiderit, capiant eum, et faciat Abbas quod vult de eo. — De suspecta intrabunt in domum et scrutabunt omnia, ut arbores, et vinee, et pratos herbe habeant suum robur ad opus monasterii. — Quum monachi suum vinum vendere voluerint, alius in villa non vendat. — Pannos, pisces recentes, et ligna ad furna necessaria nullus emat quando monachi emere voluerint. Qui fecerit, perdat quod comparavit et det quinque solidos. — Homicida cognitus dabit centum solidos, et tertia pars sit condonata pro Rege. Si negaverit, juret quia non fecit, et ad torna* [235]) *litiget, et si ceci-*

---

[233]) Abzuleiten von *radius* in der Bedeutung von *sulcus*, somit das zum Ackerbau verwendete Vieh; *ganatum erraticum*: das sich verlaufen hat.

[234]) *Escalona, Historia del monasterio de Sahagun. p.* 482.

[235]) *Torna* = *lid*, *batalla*, in der Bedeutung von Turnier, war in Castilien sonst nicht gebräuchlich, dagegen in Aragonien, wo das *Fuero* von Arguedas (1092) bestimmte: *et por ningun pleito, que hayan los hombres de Arguedas con otro, no ayan torna.* In den „*Usos ó Costumbres de Lerida*" (1228) handelt ein ganzes Capitel: *de tornis.* Auch in einem spätern *Fuero* von Sahagun a. d. J. 1152 wird bestimmt: *ibi non sit torna*, was von den französischen Mönchen des Klosters herrühren könnte.

derit, pectet centum solidos, et sexaginta solidos de campo, et quod alter expendit in armis, et operariis, et expensis. — Homicidium de nocte factum si negaverit, si acusatus fuerit, litiget cum illo, qui dixerit, quod ego vidi, et si ceciderit, pectet centum solidos, et quod alter expendit in armis, et operariis, et expensis.

So unbillige und drückende Gesetze konnten nicht verfehlen, Unzufriedenheit und Auflehnungen unter der Bürgerschaft, die sich vorzugsweise auf Gewerbfleiss und Handel verlegte [236]), zu erwecken, wesshalb schon kurz nach seiner Entstehung das *Fuero* durch ein anderes ersetzt werden musste. Ungewöhnlich für Spanien war ganz besonders auch die Bestimmung: *Venditor domus det solidum unum, emtor duos denarios*, während die untern Klassen in Frankreich in der Regel damit belastet waren [237]). Eine hervorragende Stelle unter den spanischen Municipalrechten nimmt das *Fuero* von Cuenca ein, das aber nicht, wie Marina vermuthet, eine Sammlung castilianischer *Fueros* enthielt, vielmehr schon vor der Wiedereroberung Cuenca's der Gemeinde Feruel durch Alonso II. von Aragonien gewährt worden war, und nachher, durch Alfons VIII. wesentlich erweitert, auf Cuenca und eine Menge anderer Städte überging. An Steuern hatte der Bürger nur so viel zu entrichten, als zur Erhaltung der Stadtmauern erforderlich war, und dazu musste Jeder ohne Ausnahme beitragen. Christen, Mauren und Juden hatten ein und dasselbe Recht mit einander gemein: beging ein Fremder einen Mord, so galt er für vogelfrei, ohne dass er in einer Kirche, einem Palast, einem Kloster ein Asyl fand. Der Dieb wurde um den doppelten Werth des Gestolenen gebüsst und musste 1000 Maravedis dem Könige bezahlen. Im Unver-

---

236) *Quoniam oportet de vestris artibus et mercaturis vivere, et ire per diversas terras.*

237) In der Charte von Vienne wird verordnet: *In primis, quod quicumque habens Vienne domum non solvat leydam vendendo vel emendo. — Item, habitatores Viennenses non solvant pedagium* (*Ordonnances des rois de France. VII.* 430. A. Thierry, *Essai sur l'histoire de la formation et des progrès du Tiers Etat.* 1858. p. 285). In Aragonien hiess die *Leyda — Lezda*, die D. Ramiro el Monge (i. J. 1134) den Bewohnern von Jaca zum Danke dafür erliess: *quia vos primi elegistis me in Regem* (*Memor. de la R. Acad. de Madrid. III.* 582).

mögensfalle jagte man ihn aus der Stadt. Wer den Feind eines Bürgers in sein Haus aufnahm, zahlte 100 Maravedis. Nur wenn der König persönlich commandirte, musste der Bürger sich zur Fahne stellen [238]). Wer zur Messzeit [239]) Jemand umbrachte, wurde lebendig unter der Leiche des Ermordeten begraben. Der Gebrauch der öffentlichen Bäder war genau geregelt: die Vornehmen, die Armen, die Juden hatten ihre besondern Tage. War die Braut Vollbürgerin, hatte der Bräutigam ihr 20 Maravedis als Morgengabe zu reichen, war sie aus der Vorstadt, die Hälfte. Wer seine Braut verstiess, nachdem er sie geküsst, zahlte 100 Maravedis und galt als Feind der Verstossenen. Keiner durfte sein Kind enterben und war der Vater für die Aufführung, aber nicht für die Schulden des Sohnes verantwortlich. Der Vergewaltiger einer verheiratheten Frau wurde verbrannt, flüchtete er, so fiel sein ganzes Vermögen dem beleidigten Ehemann anheim. Sollte ihr jedoch Glauben geschenkt werden, so musste die Geschändete mit aufgerissenem Gesichte sich innerhalb der ersten drei Tage nach begangener That vor dem Richter stellen. Läugnete der Angeschuldigte, so konnte die Klägerin ihn zwingen, sich entweder mit 12 Eideshelfern durch den Schwur, oder durch Zweikampf zu reinigen. Unterlag er, so galt er als ihr Feind und hatte 300 Dukaten zu zahlen. Der Mann konnte die ehebrecherische Frau und ihren Mitschuldigen auf der Stelle tödten. An Ordensgeistliche durfte ein Grundstück weder verschenkt, noch verkauft werden, und wer in einen Orden sich aufnehmen liess, durfte nicht mehr als den fünften Theil seiner Fahrniss mitnehmen; was er ausserdem besass, fiel an die Erben.

Eine immer fühlbarer werdende Lücke des alten Gesetzbuchs, nämlich das unausgefüllt gebliebene Capitel der Injurien, suchten schon die ältesten *Fueros*, wie die von Alarcon, Peralta

---

238) *Dominus vadat in exercitum et nullus alius pro eo. Sed si dominus domus senex fuerit, mittat loco suo filium, aut sobrinum potentem de domo sua, qui non sit mercenarius. Mercenarii enim nequeunt excusare dominos suos a profectu exercitus.*

239) Sie dauerte 14 Tage.

und Uclés, zu ergänzen, zum Theil sehr ausführlich, und auch das Communalrecht von Cuenca [240]) tráf darauf abzielende Fürsorge. Es liess sich darum erwarten, dass solche Bevölkerungen, denen kein eigenes *Fuero* zu Statten kam, nöthigenfalls durch das noch immer zu Recht bestehende Landesgesetz gegen Beleidigungen geschützt werden würden, die in frühern Zeiten ungeahndet blieben. Es ist darum auch gewiss nichts Zufälliges, dass die in S. Isidro zu Leon aufbewahrte Handschrift am Schlusse von L. W. XII. 2. Novellen nachträgt, die ausserdem nur noch in einer einzigen lateinischen, dagegen in mehreren castilianischen Handschriften Aufnahme gefunden haben, und neben der Bestrafung von wörtlichen Beleidigungen die Vornahme der Kesselprobe und das Münzwesen reguliren. Der ganze Titel lautet:

I. Titulus de conviciis et verbis odiose dictis.

1) *Si quis violentus homo contra hominem aliquis ad aliquem dixerit marcosum (Cod. Esc. 2. macrosum) capite vel cervice, et ille non habuerit, cui dixerit criminator, extensus ante judicem L flagella suscipiat.*

2) *Si quis genebrosum vel gotrosum (cotrosum) dixerit, et ille non habuerit, cui dixerit, dictor criminis extensus ante judicem CL flagella suscipiat.*

3) *Si quis vigosum (uvigosum) dixerit, i. e. taoposum (tauposum), vel disturpatum, et ille non habuerit, dictor criminis extensus ante judicem XXX flagella suscipiat.*

---

240) *De eo, qui anum in facie posuerit.* — *De eo, qui cum ovo, butello, aut encumere alium percusserit.* — *De eo, qui immundum quid alicui comedere fecerit.* — *De eo, qui cantilenam malam fecerit.* — *De paloper anum* und dergleichen mehr. *Fuero* von Peralta: *gafo*, *forncorno*, *cornuto*, *sodomitico*. *Fuero* von Uclés: *fodido in culo*, *cornudo*, *gafo*, *puta*, *rocina (rocinante)*, später mit dem Beisatze: *aut nomen castellano que non est dicendum* (Handschrift im Besitze von P. de Gayangos). Eine Erläuterung bedarf allein der Ausdruck „*gafo*," der dasselbe bedeuten soll was die *Caffos* in den *Fueros* von Navarra und die *Hagotes* in Biscaya (Zamacola, *Historia de las Naciones Bascas. I.* 248. *III.* 213), somit einen jener Auswürflinge, die anderwärts unter der Benennung von *Cagots*, *Caqueux*, *Oiseliers*, *Chuetas*, *Vaqueros* (Asturien) eine traurige Berühmtheit erlangt haben. In den *Fueros* von Navarra ist aber überall nur von *gafo* die Rede, was so viel heisst als „aussätzig."

4) *Si quis circumcisum dixerit, vel disturpatum, et ille non habuerit, dictor criminis extensus publiee CL flagella suscipiat.*

5) *Qui ponderosum dixerit, et ille non habuerit, dictor criminis extensus publice CL flagella suscipiat.*

6) *De his, qui se in gladiis alienis impulerint.*

Si quis lanceam, vel quodlibet gladium in manu sua tenens dum non sperans, et aliquis in eodem gladio inciderit sine voluntate ejus, qui gladium in manu sua tenuit, dum sacramento se expiaverit, non inde (in se) conscium fuisse, vulneratus suae imputet culpae; quid enim culpae ejus poterit aestimari, qui nesciens hoc factum gladium in manu sua tenuit.

7) *De contumelio ingenuorum.*

Si quis aliquem hominem ingenuum pedibus traxerit sine culpa, aut subgitaverit, aut capillos capitis abstraxerit, si nullus livor apparuerit, pro singulis objectionibus, quae superius continentur, coactus a judice quinque solidos reddat, cui injuriam fecerit. Et si non habuerit, unde componat, districtus a judice quinquaginta flagella suscipiat.

8) *Fls. Egiga Rex. Antiqua.* Folgt hier L. W. X. 2. 4 [241]), in dem *Cod. Esc.* 2. vermehrt durch das im *Cod. Card.* II. 5. zwischen 9 und 10 stehende Gesetz.

Qualiter examinatio debeat fieri, hic ordo servabitur. In lib. XII. titulo tertio, sententia octava decima de mensura et ordine examinationem Kalde.

I.

Tres uncias semis [242]), *atque pueritia innocens tota manu sana, et totum corpus absque macula lapides tres manu dextra in caldaria mittat et postea ejiciat. Et si formidolosus lapidem non ejecerit, et bis aut tertio pro uno negotio manum miserit, aut supra mensuram caluerit aqua, omnino examinatio invalida erit. Et qui presserit (praesumpserit) mensurae pondere taxatum negotium reparaverit valituram inter omnia ac censura plenum robur obtineat. Haec est in quinquayesimo canone de coercitione prin-*

---

[241]) Ein Gesetz Receswind's, wozu X. 2. 7, ein Gesetz Egica's, kommt.

[242]) Ob damit die Summe, um deren willen die Probe bestanden werden muss, gemeint ist, wage ich nicht zu entscheiden.

cipum et episcoporum auctorica regula [243]). *Mancipium dum quindecim annos habuerit, mittat manum in calda: usque in XVII. annum ipsa est pueritia.*

II.

De pondere et mensura.

Auri libra I. LXX. II. solidos auri: uncia una VI. solidos: statera auri I. III. solidos: dragma I. XII. argenteos. tremisse I. quinque argenteos: seliqua I. argenteum et tertia pars argentei. Baldres faciunt argencontabli [244]).

Alle die Zusätze, ganz besonders auch der das Münzwesen [245]) betreffende, konnten im Grunde beim Landrecht gar nicht entbehrt werden, am allerwenigsten von dem Instanzgerichte. Nur freilich hielten die Novellen nicht gleichen Schritt

---

[243]) Die krause Verwirrung dieses und des vorangehenden Satzes ist schwer zu enträthseln. Fast sollte ich meinen, der Text wäre so zu verbessern: *Et qui praesumpserit, mensurae pondere taxatum negotium reparare, sit valiturum inter omnia, ac censura plenum robur obtineat,* d. h. wenn Jemand sich herausnehmen sollte, einen nach Maass und Gewicht abgeschätzten Handel umzustossen und die Entscheidung durch die Kesselprobe zu beanspruchen, so ist er mit seiner Forderung abzuweisen und der Handel behält seine volle Gültigkeit. Welcher Canon gemeint ist, wüsste ich nicht zu sagen. Im übrigen sollte man vermuthen, der Beklagte hätte die Kesselprobe nicht selbst zu bestehen gehabt, sondern für sich durch einen jungen Menschen bestehen lassen, wie es bei dem Zweikampf auf Stock und Schild gleichfalls geschah.

[244]) In der römischen Kaiserzeit, als die Sesterz-Rechnung nicht mehr üblich war, rechnete man nach *aurei solidi, semisses, tremisses* und *siliquae aureae* (De la Malle, *Économie politique des Romains*). Man hat es zu bedauern, dass im Obigen die Zahlenangaben für die *Baldres* ausgefallen, wenigstens unverständlich sind, ausserdem aber ist es kaum glaublich, dass während der Gothenherrschaft die angeführten Münzen allgemein im Gebrauche waren.

[245]) Nach der Eroberung wurde das Geld ausserordentlich rar und es geschah wohl zuweilen, dass Grundstücke gegen Fahrniss oder Kostbarkeiten vertauscht wurden (Marina, *Ensayo. c.* 72). Bald kamen vorzugsweise maurische Münzen, so *doblas moriscas, metcales, maravedises*, ausserdem auch (südfranzösische) *florines* in Gebrauch; später dann die *sueldos merguliens*es [*Maugio, Melgueil* bei *Montpellier*], sowie die *moneda turonense*, wie schon die Namen andeuten, aus einer Zeit, wo der französische Einfluss überhand nahm, und überhaupt vorzugsweise im Osten der Halbinsel.

mit den *Fueros;* zumal seitdem Alfons VII. (*el Emperador*) von Castilien und sein Namens- und Blutsverwandter, Alfons I. von Aragonien mit dem Beinamen des Streitbaren (*el Batallador*), unter sich und mit Alfons VI. in Ertheilung freisinniger Gemeindeverfassungen wetteiferten. Dem Bürger blieb es unverwehrt, sich durch den Erwerb eines Pferdes zum Ritter [246]) zu machen, oder, falls es im Dienste des Königs geschah, eine Ritterburg zu erwerben [247]). Am meisten musste es den Communen darum zu thun sein, die Rechtspflege immer vollständiger in ihre Hand zu bekommen, was schon frühzeitig in Betreff der Polizei und der niedern Gerichtsbarkeit der Fall war. Zwar hatte der Königsgraf sein eigenes Dienstpersonal; musste er ja doch die Oberhoheitsrechte, die richterlichen, militärischen und finanziellen Befugnisse der Krone wahren, und viele *Fueros* untersagen den Bürgern die Annahme irgend eines königlichen Dienstverhältnisses [248]). Die Bürgerschaft ihrerseits hatte ihre eigenen

---

246) *Fuero de Cáceres:* Wer ein Pferd, das keinen Schwanzriemen trägt (Zugpferd), im Werthe von mindestens 15 *Maravedis* und im eigenen Stalle besitzt, hat zur Ausbesserung der Thürme und Mauern, und überhaupt nichts zu steuern. In Hafenstädten rechnete man zu den Lastthieren solche Pferde, die Sardinen und Kaufmannsgüter zu tragen hatten. Um den Begriff eines Streitrosses vollständig zu machen, gehörte zu dem Sattelzeug auch noch angemessene Bewaffnung. In Molina verpflichtete der Besitz von zwei Paar Ochsen und 100 Schaafen zur Haltung eines Reitpferdes. Wer einen Reitersmann vom Pferde riss, wurde nach dem *Fuero* von Cuenca mit der Infanzonen-Busse von 500 Dukaten gebüsst.

247) *Et ad vicino, cui pignoraverint per comprare cavallo, videat concilio sua bona, et si habuerit ad comprare compret* (*Fuero* von Calatayud. 1131). *Homo de Casseda, si potuerit castellum amparare ad salvetatem de Rege, habeat semper eum* (*Fuero* von Caseda. 1129).

248) Das von Königin Urraca stammende *Fuero* von Palenzuela besagt darüber: *Nullus homo de Palençuela sit celariero, neque aerero, neque portero, neque merino, si ipse voluerit.* Der *celariero* ist gleichbedeutend mit dem lateinischen *cellerarius* und abzuleiten von *cellarium* (*cella, cubiculum*), bezeichnet somit einen Kammerdiener, wie *portero* (*portarius*) den Pförtner, Thürstcher. In den *Partidas* (II. 9. 14) erscheint das Thüramt bereits als Reichswürde. Den *aerero* verstehe ich von dem Aufseher über den Schatz (*aes*, als Geld und Geschirr). In dem *Fuero* von Logroño (1095), das auf die meisten Communen der *Rioja* und der *Provincias Vascongadas* überging, wurde es umgekehrt dem jeweiligen

Sajonen, sowie eigene Schöffen und Alcalden, denen gegen eine Entschädigung aus der Accise die Verwaltung der städtischen Angelegenheiten, vornehmlich Markt- und Gerichtswesen, oblag. Hatte Anfangs der königliche Graf oder Merino in allen Fragen der höhern Justiz zu entscheiden, so hörte diess von Alfons VI. an immer mehr auf und die Gerichtsbarkeit ging ungeschmälert auf das Rathscollegium über, wobei es nicht verwundern kann, dass im Einzelnen die Rechtspflege sehr verschieden organisirt war. Wenn ich recht sehe, gingen die Communen von Aragonien mit ihrem zur Nacheiferung anspornenden Beispiel voran, wobei ihnen die Eigenthümlichkeit ihres Landes und ihrer Geschichte ungemein zu Statten kam. Alfons III. von Asturien hatte die Pyrenäenländer aufgegeben und sie den mit dem französischen Königshause verwandten Grafen von Bigorre überlassen, die ihr Hoflager zuerst in Pamplona aufschlugen und später nach *Nájera* verlegten, nachdem Sancho der Aeltere den Asturiern die *Provincias Vascongadas* abgenommen hatte. In Çaragoça suchten die Mauren sich mit derselben Hartnäckigkeit zu behaupten wie in *Córdova,* waren aber nicht im Stande, die abgehärteten Gebirgssöhne in ihrer Nähe ganz zu unterjochen, und als die Christenkönige die Herrschaft der Ungläubigen immer weiter zurückdrängten, mussten sie aus nahe liegenden Gründen darauf bedacht sein, die Communalfreiheiten zu stärken. Das berühmteste dieser *Fueros* ist das von Jaca [249]), von D. Ramirez i. J. 1064 ertheilt, das D. Alonso II.

Herrn der Stadt zur Pflicht gemacht, seinen *Merino*, *Alcalde* und *Sayon* nur aus den Einheimischen zu bestellen: *Senior*, *qui subjugaverit ipsa villa, et mandaverit omnes omines, non mitat alio merino, nisi populator istius villae, similiter mitat alcaldes, similiter saione.*

249) Es wird darin unter Anderem festgesetzt: *Si aliquis*, *vel miles*, *vel burgensis*, *aut rusticus, percusserit aliquem*, *et non ante me, nec in palatio meo, quamvis ego sim in Jacca*, *non pariet calonia*, *nisi secundum forum, quod habetis, quando non sum in villa. — Ubicumque aliquid comparare vel acceptare potueritis in Jaccam*, *vel foras Jaccam hereditatem de ullo homine*, *habeatis eam liberam et ingenuam sine ullo malo cisso* (In der 1293 zu Valladolid geschlossenen Hermandad der Communen ist die Rede von *sisa et otros pechos*, die jene zu entrichten sich weigerten Auch *scisa* kommt vor, wohl als Abkürzung von *assisa* Ziese, Accise). — *Quod non faciatis bellum duelum inter vos*, *nisi ambobus placuerit*,

(1187) mit den Worten bestätigte: *Scio quod in Castella, in Navarra et in aliis terris solent venire Jaccam per bonas consuetudines et fueros addiscendos, et ad loca sua transferendos.* Schon nachdem der mittlere Ebro wieder unter christliche Botmässigkeit gekommen war, liess Alfons I. es seine nächste Sorge sein, den dortigen Bevölkerungen durch Freibriefe unter die Arme zu greifen: viele Ortschaften wurden dadurch i. J. 1117 einem und demselben Rechtsverbande einverleibt, und zwar auf der Grundlage des mythischen *Fuero* von Sobrarbe [250]), das Anlass gab zu der wunderlichen Behauptung, die Gothen hätten i. J. 819 in den natürlichen Festungen Sobrarbe's sich zusammengefunden und hier das Recht, das diesen Namen trägt, aufgesetzt [251]); während es in Wahrheit nichts anderes ist, als eine

---

neque cum hominibus de foris, nisi voluntate hominibus Jacce. — Quod nullus ex vobis sedeat captus, dando fidanzas de vestro pede. — Quod omnes homines vadant ad molendum in molendinis ubi voluerint, exceptis Judeis et qui panem tantum vendicionis faciunt. — Si aliquis homo est captus pro avere, quod debeat, ille, qui voluerit capere illum hominem, cum meo merino capiat, et in palacio meo mittat, et meus carcerarius servet eum, et tribus diebus transactis ille, qui cepit eum, det ei quotidie unam obulatam panis, et si noluerit facere, meus carcerarius ejiciat eum foris (Huesca, *Teatro histórico de las Iglesias del Reino de Aragon. VIII.* 440).

250) *Dono et concedo vobis illos bonos foros de Superarbe, ut habeant eos sicut meliores infanzones totius regni mei, et sint liberi et soluti ab omni servitio, pedatico, usatico, petitione, vel aliqua alia subjugatione mei et omnis generis mei in perpetuum, excepta hoste, vel lite campali, vel obsidione alicujus castri mei, vel me injuste obsidiantibus adversariis meis, quod sint ibi mecum cum pane trium dierum et expensis.*

251) Selbst Briz Martinez (*Historia de S. Juan de la Peña.* 154) will uns belehren, die *Leyes de Sobrarbe* seien i. J. 840 zu Stande gekommen, und schon damals habe es geheissen: *Jura dicere, Regi nefas esto, nisi adhibito subditorum consilio. Bellum agredi, pacem inire, inducias agere, remve aliam magni momenti pertractare caveto Rex, praeterquam seniorum anuente consensu. Ne quid autem damni detrimentive leges aut libertates nostrae patiantur, judex quidam medius* — der *Justicia* — *adesto, ad quem a Rege provocare, si aliquem leserit, injuriasque arcere, si quas forsan reipublicae intulerit, jus fasque esto.* Die erste Urkunde, die des *Justicia* erwähnt, ist aus der Zeit Alonso's VII., *el Emperador: Mandavit ille Rex Petro Ximenez, qui erat tunc temporis justitia.* Die früheste Versammlung aragonesischer Cortes, von der wir Kunde haben, wurde 1071 in Jaca abgehalten.

Sammlung älterer Infanzonen-Rechte, deren im Verlauf der Zeit auch einzelne Communen Aragoniens theilhaftig wurden. Unter dem Schutze dieser Rechte wuchs ein stolzes Geschlecht von Männern gross, die ihren unbändigen Freiheitssinn nach so harten Trübsalen noch immer nicht verläugnen. Denselben Geist athmet in hohem Grade das *Fuero* von Arguedas (1092): Hutung, Jagd und Holzschlag hatten die Bürger frei; unangebautes Land (*hyermos = eremos*) konnte Jeder urbar machen (*presenes*), ging jedoch seines Anspruchs darauf verlustig, wenn er das Feld zehn Jahre lang brach liegen liess (*albares, tierras blancas*), was nach heutigem Rechte auf drei Jahre herabgesetzt ist. Infanzonen und Bauern konnten sich ohne alle Einschränkung gegenseitig ihre Güter abkaufen, und war der Bauer im Stande, sich Kriegsross und Waffen anzuschaffen, hatte er keine weitere Verpflichtung gegen den Herrn (*non faga ningun deudo á seynor*). Wer keine eigene Feuerstätte besass, war steuerfrei (*ningun poblador, no encendiendo por si fuego, non faga ningun deudo*).

Ungeachtet der uneingeschränkten Lage, in der sich die Communen in Aragonien befanden, standen wo nicht alle, so doch viele unter einem königlichen Richter, dem eine Anzahl Schöffen zugetheilt sein mussten [252]). Dagegen machte Alfons der Streitbare in dem 1131 erlassenen *Fuero* von Calatayud das nicht unwesentliche Zugeständniss: *Et concilio de Calatayud, quod habeant judicem, qualem ipsi voluerint* [253]). König Sancho

---

252) *Fuero de Jaca: Et quod merinus meus non accipiat caloniam de ullo homine Jacce, nisi per laudamentum de sex melioribus vicinis Jaccensibus. Fuero de Escalona* (1130): *In primis, ut eligatis ex nobilissimis, sapientissimis vestris quatuor, qui semper sint una cum judice ad examinandum judicia populorum. Et judeus, nec maurus non sit judex super christianos.*

253) Am wenigsten hatten Mauren und Juden Ursache, sich über das Stadtrecht zu beklagen, das sie fast auf gleichem Fusse mit den Christen behandelte: *Et christianos, et mauros, et judeos comprent unus de alio, ubi voluerint et potuerint. — Et christiano juret ad judeo et ad mauro super cruce* (*de fuste aut de petra*). *Et judeo juret ad christiano in carta sua atora* (*Thora*) *tenendo. Et mauro, qui voluerit jurare ad christiano, dicat: Alamin catzamo et talat teleta* (*al-min acsamo tseletsa*).

von Navarra, der Sohn Alfons VII., ertheilte i. J. 1157 der Bürgerschaft von Logroño die Vollmacht: *quod semel in anno mutent alcat per sua manu, et seniorem, qui dominaverit illa villa* (Muñoz. I. 342). Damit hatten sich die Communen als politischer Stand neben Adel und Geistlichkeit constituirt, und als Alfons IX. i. J. 1188 in Leon die *Fueros* seiner Unterthanen beschwor, Angesichts des Erzbischofs, der Bischöfe und Grossen seines Reichs, erscheint zum ersten Male in den Protokollen der Zusatz: *et electorum civium ex singulis civitatibus* [254]).

Je enger nun aber die Maschen in dem Netze städtischer Freibriefe, das sich über das ganze Land ausbreitete, wurden, desto erklärlicher war der Eifer des Adels, seine Gerechtsame nicht schmälern zu lassen. Von Alfons VII. wird berichtet, er habe lehnrechtliche Urtheilssprüche in Gesetzesform bringen und in der königlichen Kämmerei niederlegen lassen [255]). Einiges, wenn auch nicht gerade Durchgreifendes geschah in dieser Richtung fortwährend auf den Reichsversammlungen, und von den durch die Cortes von Nájera i. J. 1138 gefassten Beschlüssen sind mehrere, obschon in veränderter Gestalt, in das weit spätere *Ordenamiento de Alcalá* übergegangen. So crass, wie es im *Fuero Viejo* ausgedrückt ist, kann das Lehnrecht sich nicht

---

254) Uebereinstimmend wird von den 1208 in Leon versammelten Cortes bemerkt: *Convenientibus apud Legionem regiam civitatem una nobiscum venerabilium episcoporum caetu reverendo, et totius regni primatuum et baronum glorioso collegio, civium multitudine destinatorum a singulis civitatibus considente.* Für uns Deutsche merkwürdig ist es, dass in demselben Jahre 1188, wo Alfons IX. die *Fueros* des Königreichs Leon beschwor, Alfons VIII. von Castilien, als es sich um die Heirath seiner Tochter Berenguela mit Conrad von Schwaben handelte, in den Heirathscontract die Bestimmung aufnehmen liess, dass, wenn er vor der Ankunft des Prinzen sterben würde, Barone, Granden, Gouverneure, Städte, der Grossmeister von Calatrava und der Comendador von Uclés dem Prinzen Braut und Reich übergeben sollten. Unter den Städten, die unterzeichneten, befanden sich auch mehrere kleinere Ortschaften, die somit auf den Reichsversammlungen gleichfalls vertreten waren (Mondejar, *Memorias del Rey D. Alonso VIII.* c. 57).

255) Cantos Benitez, *Escrutio de monedas.* c. 51. Darunter das Verbot *de todo enagenamiento de heredad á mano muerta.*

ausgebildet haben, da das *Ordenamiento* (*tit.* 32. *l.* 13, in Betreff der *Solariegos* verordnete: *Ningunt señor, que fuere de aldea ó de solarès oviese solariegos, non les pueda tomar el solar á ellos, nin á suos fijos, nin á sus nietos, nin aquellos, que de su generacion vinieren, pagandoles los solariegos aquello que deben pagar de su derecho.* Drückender freilich war die fernere Verordnung, dass wenn ein Hintersasse seinen Hof aufgab, um nach einem *Abadengo, Realengo* oder einer andern Behetrie überzusiedeln, er nichts von seiner Habe mitnehmen durfte, den einen Fall ausgenommen, dass er einen andern *Solar* seines bisherigen Lehnsherrn übernahm. Auch *Alonso el Noble* trug sich mit dem Gedanken, die Fülle der ausserhalb des alten Gesetzbuchs entstandenen Gewohnheitsrechte zu sammeln: wenigstens stellte er an die i. J. 1212 in Burgos vereinigten Stände ein solches Ansinnen [256]). Aus dem Umstand, dass die 1351 zu Valladolid tagenden Cortes ihren Fürsten darum angingen, den geistlichen und städtischen Besitzern von Pachthöfen die Verpflichtung aufzuerlegen, dieselben innerhalb einer dreijährigen Frist an Bauern zu verkaufen, geht dann allerdings zur Genüge hervor, dass der spanische Feudalismus mittlerweile beängstigende Fortschritte gemacht hatte. Fünf Jahre später entstand das *Fuero Viejo* [257]).

Neue Umstände traten hinzu, welche dem Entstehen von Particular-Rechten weitern Vorschub leisteten. Zumal im Westen des Landes fanden französische Rechtsbegriffe allerwärts

---

256) Es sollten zusammengestellt werden *todos los buenos fueros, costumbres y fazañas.*

257) Die Herausgeber unterliessen es unverzeihlicher Weise, die Quelle zu nennen, der sie ihren Text entnahmen. In der Burriel'schen Sammlung stiess ich auf eine aus der Hinterlassenschaft des Ministers Carvajal stammende Handschrift des 16. Jahrhunderts, deren Aso und Manuel sich offenbar bedient haben müssen. Allein Carvajal hatte sich aus Paris eine ältere Handschrift zu verschaffen gewusst, die unter dem Titel: „*Ordenamiento que fizo el Rey D. Alfonso en las Cortes de Leon*" eine andere Eintheilung nicht nur, sondern auch ausserdem erhebliche Abweichungen von jener ersten Handschrift enthielt. Ein weiteres „*Fuero antiguo de Castilla*", das dem Fernan Perez de Guzman gehört zu haben scheint, lässt die feudalistischen Uebertreibungen des *Fuero Viejo* gleichfalls weg.

Eingang, seitdem Alfons VI. zwei französische Prinzen, die Gemahle seiner beiden Töchter, als Grafen über Galizien und Portugal gesetzt hatte, wo dieselben hinlänglich Gelegenheit fanden, an der Spitze ihrer kriegslustigen Landsleute zu neuen Eroberungen auszuziehen. Man weiss, dass auf diesem Wege die vielen französischen Ausdrücke in den galizischen und portugiesischen Dialekt kamen [258]), und hoffe ich anderswo den Beweis zu führen, dass die lyrische Dichtung Spaniens, im Unterschied von der einheimischen Romanzenpoesie, aus derselben Quelle stammt. Mit dem Rechte kann es kaum anders gegangen sein; wo fränkische Colonien sich ansiedelten, bewilligte man ihnen ein *Fuero Franco* [259]), und nicht allein das: die vielen Südfranzosen verschafften zugleich dem in ihrer Heimath noch immer gangbaren römischen Recht in ihrem neuen Vaterlande Eingang, oder sie frischten wenigstens daselbst das Bewusstsein auf, dass dem canonischen Rechte das altrömische zu Grunde liege. So wird man es zu verstehen haben, wenn in einer Schenkungsurkunde von D. Affonso Henriques gesagt ist: *Ego Infans Adefonsus secundum auctoritatem donationum Legum Romanorum, atque Francorum, seu Gothorum* [260]). In der Umgebung des Prinzen befand sich ein geborner Franzose und ungemein gelehrt in beiden Rechten, D. João Peculiar o Ovilheiro, der zuerst *Mestre Escola* in Coimbra, später Bischof von Porto und i. J. 1138 zur erzbischöflichen Würde von Braga erhoben wurde [261]). Ebenfalls Ausländer von Geburt war Mestre Alberto, dessen Name auf vielen Urkunden vorkommt, und der in der Eigenschaft eines *Justiça da Monarchia* (Reichsjustiziar) die schriftliche Abfassung der *Foraes* zu besorgen hatte [262]). D. Sancho I. berief in seinen Rath den Mestre

---

[258]) D. Francisco de S. Luiz, *Glossario das palavras e frases da lingua franceza, que se tem introduzido na locução portugueza moderna* (*Mem. de Litt. Port. IX. par.* 1).

[259]) Eine Sammlung der in Spanien und Portugal vorhandenen „*Fueros Francos*" wird von mir demnächst im Drucke erscheinen.

[260]) Santa Rosa, *Elucidario. II.* 67.

[261]) Rodrigo da Cunha, *Hist. Eccl. de Braga. Part. II. c.* 14.

[262]) Brito, *Monarch. Lusit. p.* 304. Die Bezeichnung „*Mestre,*" im Unterschied vom „*Fulano das Leis*", soll einen gelehrten Juristen anzeigen.

Vicente[263]), Decan von Lisabon, und beschied den ICtus Leonardo aus Mailand in keiner andern Absicht zu sich, als um einen gelehrten Romanisten in seiner Nähe zu haben. Gregor VII. hatte gerade auf der pyrenäischen Halbinsel seine kirchlichen Grundsätze mit so viel Erfolg durchzusetzen gewusst, dass schon darum die dortigen Fürsten darauf sinnen mussten, erfahrene Canonisten an sich zu ziehen. Sancho's Nachfolger Affonso II. wusste die Kenntnisse der von seinem Vater überkommenen Räthe dadurch zu verwerthen, dass er den D. Leonardo an Innocenz III. nach Rom sandte, weil Sancho dem Papste die Vollstreckung seines Testamentes übertragen hatte und Affonso darüber mit seinen Schwestern in Streit gerathen war. Nicht minder nützlich erwies sich dem Könige Meister Vicente bei der Vereinbarung mit den Prinzessinnen, sowie in der weit bedenklicheren Streitsache mit D. Estevaô Soares, Erzbischof von Braga[264]). In solchen Umgebungen und sicherlich auf das Anstiften solcher Räthe hielt Affonso II. (i. J. 1211) die Cortes von Coimbra, eine Reichsversammlung, die einerseits den königlichen Beamten einschärfte, die Geistlichen in ihren Besitzrechten zu schützen, andererseits die feierliche Erklärung abgab, dass das Oberrichteramt unzertrennlich mit der Krone verbunden, die Richter bloss Stellvertreter des Königs in Ausübung seiner richterlichen Functionen seien[265]). Um seiner eigenen leidenschaftlichen Natur einen heilsamen Zügel anzulegen, liess Sancho verordnen, dass wenn er etwa in augenblicklicher Aufwallung Jemand zum Tode oder zum Verlust eines Gliedes sollte verurtheilen lassen, der Spruch erst nach Verfluss von 20 Tagen vollstreckt werden dürfe, wofern der-

---

263) Gewiss eine und dieselbe Person mit jenem Vicente, den Johannes Andreä unter den Glossatoren aufführt und dessen Antonio Agustin (*Antiquae Decretalium Collectiones. Paris*, 1621) gedenkt.

264) In den portugiesischen Urkunden jener Zeit wimmelt es von *Magistri*, darunter ein *Magister Pelagius*, *Cantor Portugallensis*. An einen wirklichen Sänger hat man schwerlich zu denken, wohl aber an einen königlichen Kaplan, der das Amt eines Cabinetsraths versah. *Primiclerus et Cantor major in palatio suo* (D. Fernando's I.) heisst ein gewisser Juan in einer Urkunde des Jahres 1053 (*Esp. Sagr.* XXXVIII. *App.* 16).

265) *Livro das Leis e Posturas* (Ordonnanzen). Im Staats-Archive zu Lisabon.

selbe mittlerweile nicht zurückgenommen worden. Der Justinianische Codex setzte eine Frist von 30 Tagen fest (L. 20. C. IX. 47.), die das Gratianische Decret auf 20 Tage herabsetzte. Ein Abkommen mit der Geistlichkeit war es, dass bei Anklagen wegen Misshandlung, Beleidigung und Ausforderung die Cleriker von ihren Bischöfen, bei Civilprocessen von den weltlichen Tribunalen gerichtet werden sollten. Unter Affonso III. werden wiederholt die Digesten erwähnt, und zwar neben den *Consuetudines*, die im Verlauf der Zeit Gesetzeskraft erlangt hatten. Unter König Diniz wurde der Gebrauch des römischen Rechts allgemein und aus einer Bulle des Papstes Nicolaus IV. (12. Aug. 1290) ist ersichtlich, dass auf den Hochschulen Portugals, deren erste in Lisabon gegründet wurde, die Studirenden des bürgerlichen Rechts nach bestandenem Examen den Grad von Licentiaten erlangten. In den Statuten der Universität Coimbra (15. Febr. 1309) wird namentlich hervorgehoben: *Praeterea ad Rempublicam melius gubernandam in praedicto nostro studio esse volumus in Legibus professorem, ut rectores et judices nostri regni consilio peritorum dirimere valeant subtiles et arduas quaestiones.* Die Besoldungen der Rechtslehrer waren sehr namhaft: einem Erlasse des Jahres 1323 zufolge erhielt der Lehrer des bürgerlichen Rechts 600 Pfund, der Canonist 500 Pfund, der Mediciner 200, der Grammatiker 200, der Logiker und Dialektiker 100 u. s. w. In Bologna blühete der Portugiese Johannes de Deo: wenn er sich *Compostellanus natione* nennt, so hat diess seinen Grund darin, dass er als Lisaboner Canonicus, wenn nicht überhaupt als Portugiese, seine Abhängigkeit von dem erzbischöflichen Stuhle in Compostella ausdrücklich anerkennen wollte. Noch i. J. 1170 ermahnte der Cardinal-Legat Hyacinth die Geistlichkeit von Lisabon, dem Erzbischof von S. Jago Folge zu leisten: *Nullus qualibet subreptionis astutia, seu violentia praeponatur, nisi quem canonici ibidem secundum Deum elegerint, a Compostellano episcopo consecrandum.* Das schwere Unrecht gegen Braga fand jedoch bei der portugiesischen Geistlichkeit wenig Beifall.

Eine darauf bezügliche Einwirkung Portugals auf Castilien lässt sich nicht abweisen, obschon bei Mittel-Spanien noch ganz andere Erwägungen sich einstellen als im Westen und Osten der Halbinsel. Als Cordova, Sevilla, Murcia nach einander zurückerobert waren und Ferdinand III. (der Heilige) durch Erbgang auch die Königreiche Castilien und Leon vereinigt hatte, genügte die bestehende Rechtsverfassung dem mächtig angewachsenen Reichskörper um so weniger, weil unter die Botmässigkeit des Königs, abgesehen von den Mauren, die seine Unterthanen wurden, Hunderttausende von Muzarabern kamen, die unter dem Joche vielhundertjähriger Knechtschaft dem Gothen-Rechte immer mehr entfremdet worden waren. Man braucht indessen gar nicht so weit zu gehen, um zu begreifen, wie ein wohlwollender und einsichtsvoller Monarch auf den Gedanken gerathen musste, der schädlichen Zersplitterung der nationalen Kräfte ein Ende zu machen. Wie in Deutschland, Frankreich, Italien, England, so war auch in Spanien das 12. Jahrhundert unausgesetzt in fieberhafter Erregung; zwar nicht aus Anlass der Kreuzzüge, da die Spanier schon seit Jahrhunderten im eigenen Lande die Ungläubigen zu bekämpfen hatten, statt dessen aber doppelt und dreifach in Folge der innern Zwistigkeiten, Anfechtungen und Unordnungen aller Art, die das pestartig um sich greifende Faustrecht ohne Unterlass hervorrief. Schon unter der Königin Urraca, der Tochter und Nachfolgerin Alfons VI., brachen die traurigsten Zerwürfnisse aus, und wenn Alfons VII. dem Unwesen in etwas steuerte und die Communen kräftigte, so verschlimmerte er zuletzt doch wieder die Lage durch den unverzeihlichen Fehler, das Reich zwischen seinen beiden Söhnen Sancho und Fernando zu theilen und damit dem übermüthigen und völlig zuchtlosen Adel, den *Ponces*, *Haros*, *Azagras*, *Castros* und *Laras*, in die Hände zu arbeiten. Die Verwirrung war grenzenlos, alle christlichen Könige der Halbinsel lagen sich in den Haaren und da in der Stunde der Noth Jeder den Andern im Stiche liess, um für sich selbst zu sorgen, erlitten die Castilier bei Alarcon durch die Araber jene schreckliche Niederlage, die den Sieger, wenn er seinen Vortheil zu benutzen verstanden hätte, zum Herrn von ganz Spanien gemacht haben würde. Alfons IX. von Leon glaubte der innern Zerrüttung seines Reiches nicht anders steuern zu können, als dadurch, dass er, wie Lucas von Tuy erzählt, die Räuber und Rebellen von den Thürmen herabstürzen, ins Meer oder in siedendes Wasser werfen, hängen, peinigen und foltern liess. Die Hauptsache war gleichwohl durch Alfons VIII. von Castilien gethan: dieselben Franzosen, die unter dem Wütherich Montfort die Ketzerei der Albigenser in Blut und Asche erstickt, einen der gesegnetsten Landstriche in eine Einöde verwandelt hatten, eilten in dem kritischen Augenblick über die Pyrenäen und halfen den glorreichen Tag von *Las Navas de Tolosa* erkämpfen, von dem der spanische Mohammedanismus sich nie wieder erholte. Wird die Anzahl der Hilfe leistenden Franzosen auch übertrieben auf 60,000 Mann angegeben, so ist nicht weniger gewiss, dass der nordfranzösische Einfluss in Castilien sich von da an festsetzte, während Alfons VI. zunächst nur die kirchliche Propaganda des Mutterhauses von Cluny, der burgundischen Heimath seiner Gemahlin zuliebe, in seinen Staaten begünstigt hatte. Nicht allein die hierarchischen, auch die wissenschaftlichen und architektonischen Ideen fanden damals aus der weltberühmten Abteikirche in Burgund ihren Weg über die Pyrenäen: jetzt aber theilte sich dem Lande ein frischer Hauch jener gewaltigen Gedankenströmung mit, die in Paris ihren Mittelpunkt, in der Scholastik und Gothik ihre wirksamsten und grossartigsten Schöpfungen aufzuweisen hatte. Und recht als ob alle einflussreichen Nationen jener denkwürdigen Periode sich ein Stelldichein in Castilien hätten geben wollen, vermählte sich Alfons VIII. mit Eleanor von England, während um die aus dieser Ehe entsprossene Infantin Berenguela Kaiser Friedrich's I. Sohn Conrad warb, und in Burgos von Alfons zwar den Ritterschlag, aber nicht die Tochter erlangte. Eine gesunde Politik erheischte ein anderes und nationaleres Ehebündniss. Aber immerhin war die Bahn gebrochen: die abendländische Bildung fand gastliche Aufnahme an den Hofhaltungen von Burgos und Leon, und Alfons IX. verschmähete es nicht, sich selbst in der Troubadourpoesie zu versuchen.

Die sehr flüchtige Berührung des castilischen Königshauses mit den erlauchten Hohenstaufen lebte von neuem und in nachhaltigerer Weise auf, wie Ferdinands des Heiligen Mutter, Berenguela, für ihren Sohn um Beatrix, die Tochter des i. J. 1208 ermordeten römischen Königs Philipp von Schwaben, werben liess. Philipp war der jüngste Bruder jenes Conrad, der seiner Zeit um Berenguela selbst gefreit hatte, und gewiss geschah es nicht ohne Absicht, dass diese den Bischof Maurizio von Burgos (1219) als Brautwerber nach Deutschland sandte. Dass D. Maurizio von Geburt nicht Spanier, sondern aller Wahrscheinlichkeit nach Engländer war, ist für mich schon darum ausgemacht, weil ich weder in gleichzeitigen, noch in früheren castilischen Urkunden dem Namen Moritz begegnete. Wie D. Maurizio sich des ihm gewordenen ehrenvollen Auftrags entledigte, wird nirgends gesagt, wohl aber hat eine sinnige Vergleichung architektonischer Formen unsern geschätzten Kunsthistoriker Guhl [266]) auf die Vermuthung geleitet, dass der Dom von Burgos, den König Ferdinand „zum Danke für die beschwerliche Reise und für die Bemühungen D. Maurizio's um seine geliebte Gattin Doña Beatriz", wie es in der Stiftungsurkunde heisst, i. J. 1221 in Angriff nehmen liess, eine auffallende Aehnlichkeit mit dem Dome von Magdeburg hat, sowohl was die Façadenbildung als den Chorabschluss, und überhaupt die Verbindung gothischer Construction mit den Motiven des romanischen und Uebergangsstyles anbelangt [267]). D. Maurizio hatte zu einem persönlichen Besuche in Magdeburg, selbst wenn die Elbe-Stadt nicht auf seinem Wege lag, in seiner Namensverwandtschaft mit dem Magdeburger Stadtheiligen eine dringende Veranlassung. Wäre man aber nur einmal dahin gelangt, einen annehmbaren Beweis zu führen, dass der Bischof von Burgos den Plan des zur Zeit seiner Anwesenheit in Deutschland schon merklich im Bau vorgeschrittenen Domes

---

[266]) Architektonische Studien in Spanien. I. Burgos. In der „Zeitschrift für Bauwesen," Jahrgang 1858.

[267]) Ueber den französischen Einfluss, den der treffliche Schnaase (Kunstgeschichte. V. 470) bei der Erbauung des Magdeburger, und in noch höherem Maasse des Kölner Domes voraussetzt, habe ich ein Laien-Urtheil gewagt in der Abhandlung: „Zur Geschichte christlicher Kunst" (Morgenblatt. 1858. S. 352).

von Magdeburg in seine Heimath zurückgebracht hat, so würde nichts im Wege stehen, den später von König Ferdinand angelegten Gesetz-Spiegel (*Espéculo*), wenigstens den Namen und die Idee dazu, auf denselben Ursprung zurückzuführen [268]). Liesse sich die frühere Ansicht halten, dass der Sachsen-Spiegel i. J. 1215 entstand, so würden die Zeitangaben vortrefflich zusammenstimmen; wäre jedoch der Sachsen-Spiegel auch erst nach dem Jahre 1220 gesammelt, so könnte der Name „Spiegel" doch schon früher im Gebrauche gewesen, oder bei dem einmal zwischen Deutschland und Spanien eingeleiteten Verkehre später dahin gelangt sein. Wollte Herr v. Daniels meine Vermuthung zu Gunsten seiner Theorie geltend machen, insofern es allerdings näher lag, bei der Brautwerbung um eine schwäbische Prinzessin den Schwaben-Spiegel aufzutreiben, so muss ich es mir schon gefallen lassen, wenn ich gleich der Meinung nicht beipflichten kann.

Wie es sich auch damit verhalten haben mag: Beziehungen zu Deutschland waren eingeleitet und in den spanischen Mittelreichen stellte sich das Verlangen nach Ordnung und Vereinbarung der Rechtsverhältnisse von neuem und um so dringender ein, als Ferdinand, der aus den Händen seiner Mutter Berenguela zuerst die Krone von Castilien empfing, später seinem Vater, Alfons IX., auch auf dem Throne von Leon nachfolgte. Ferdinand's Vater ebensowohl als sein mütterlicher Grossvater (Alfons VIII.), so schlecht sie in andern Dingen zusammenstimmten, hatten mit einander wenigstens den Eifer gemein, der herrschenden Unordnung auf dem Wege der Gesetzgebung zu steuern. Alfons IX. hielt eine besonders wichtige Reichsversammlung zu Benavente (1202), zumeist in der Absicht, die Gerechtsame und Belastungen, die an Grund und Boden hafteten, somit den Begriff des *Realengo, Abadengo, Señorio,* endlich

---

268) Das „*Speculum quadruplex*" Vincent's von Beauvais könnte freilich ebenso leicht als Vorbild gedient haben, wie für den Dom von Burgos ein französisches Muster. Das „*Speculum juris*" von *Durantis* fällt in eine spätere Zeit. Spiegel bedeutete damals jede Art Darstellung zum Zwecke der Belehrung (Zöpfl, deutsche Rechtsgeschichte. 3. Aufl. S. 128).

der Ordensgüter, festzustellen und gegenseitig abzugrenzen, damit den Eingriffen in die Rechte der Krone gewehrt würde [269]). Diess hielt ihn freilich nicht ab, auf den Cortes von Leon (1208) die Geistlichkeit seines Reiches mit Gunstbezeugungen zu überschütten; zu den Steuerexemptionen kam die weitere und bedenkliche Begünstigung: *Illud nihilo minus decrevimus adnectendum, ne causae, quas sacri canones ecclesiastico noscuntur examini reservasse, in majorini nostri, vel cujuscumque forensis judicis auditorium cogantur inferri, actorque forum rei sequatur, sicut jus tam civile quam canonicum attestatur* [270]). An Nachgiebigkeit gegen die clerikalen Forderungen liess es Alfons VIII. ebenso wenig fehlen, da beide Monarchen eines Gegengewichtes gegen das von Jahr zu Jahr steigende Unabhängigkeitsgefühl des Adels und der Communen im höchsten Grade benöthigt waren, und Ferdinand, der beide Kronen nunmehr endgültig verschmolz, zeigte dieselbe Fügsamkeit gegen die Wünsche der Kirche, wie er ein gehorsamer Sohn, treuer Gatte und liebevoller Vater war. Die günstige Lage, in der sich sein Vater

[269]) Marina (*Ensayo.* c. 95) beruft sich dafür auf eine Urkunde v. J. 1229, des Inhalts: *De cetero vero nolo, imo prohibeo, quod realengum meum vel haereditates de junioribus realengis aliquo modo in regno Legionis sine consensu regio expresso accipiatis sive adquiratis. . . Libere ematis et quolibet titulo adquiratis de haereditatibus nobilium, sive de haereditatibus de filiis de algo, et de hominibus de benefacturia, et de clericis, et de aliis ordinibus, et de haereditatibus realengis civium et burgensium, quae datae non fuerunt eis ad populationem vel ad forum.* Ergänzend kommt das *Fuero* von Cáceres hinzu: *Mandavit et otorgavit concilio de Caceres, quod vicinus de Caceres vel de suo termino, qui dedisset, vel vendidisset, aut empeñasset, vel quolibet modo aliquam haereditatem, terram, vineam, campum, casas, vel plateas, vel hortos, molendinos, vel breviter aliquam radicem aliquibus fratribus, consilium accipiat et quantum habuerit, et istud quod mandaret: et mitant totum in pro de concilio . . . Sin autem mandare voluerit fratribus, mandet eis de suo habere moble, et radicem non . . . De Caceres cum omnibus suis pertinentiis totis illis populatoribus, qui illam voluerint populare, exceptis ordinibus et cuculatis et saeculo abrenuntiantibus: nam quemadmodum istis ordo prohibet, haereditatem vobis dare, vendere, vel pignori obligare, vobis quoque forum et consuetudo prohibeat cum eis hoc idem.*

[270]) Allerdings geschah diess erst, nachdem Papst Cölestin III. durch eine Bulle, d. d. 31. October 1196, den Erzbischof von Toledo aufgefordert hatte, den König von Leon zu excommuniciren (Burriel'sche Sammlung).

befand, hat Alfons der Weise im „*Setenerio*" höchst anschaulich in die Worte zusammengefasst: *De las mercedes que fizo Dios al Rey D. Fernando en razon de los regnos por ayuntamiento, por heredamiento, por conquista, por linage, por vasallos, por pleytos, por paz. En heredamiento de los regnos de España le fizo tan grant mercet, que aquello, que perdiéron los otros reyes por mal seso et por mal conseyo, onde nasciéron muchas guerras, et muchos destruimientos de las tierras et muertes de homes, ayuntó los Dios en uno, porque los heredase él en paz. Ca de parte del padre heredó á Leon, et Gallizia, et Asturias, et aun el regno de Badayoz, que fué antiguamente muy honrada cosa. Et de parte de la madre heredó á Castiella, et Toledo, et Extremadura, et Alava, et Guipuzcoa, que tolléron los reyes de Castiella á los de Navarra, porque les negaron señoríos. Por conquista ganó el regno de Córdoba, et de Jahen, et de Sevilla con muchas huestes et buenas, que fizo en ganarlo; ca fué él hi con su cuerpo ... Por su linage ganó el regno de Murcia, et señalamiente por su fijo el mayor D. Alonso, et fizol haber el de Jahen, et otrosí el de Algarbe, et ayudol á ganar la cibdat de Sevilla, et lo mas de todo el regno.*

Zunächst fragte es sich: wie wollte man es mit den volkreichen Städten Andalusiens, mit Sevilla und Cordova, sowie mit Murcia halten? Das lateinische Westgothen-Recht würden die Muzaraber nicht verstanden haben, blosse *Fueros* aber genügten darum nicht, weil diese da, wo sie zu Recht bestanden, das alte Gesetzbuch keineswegs ausser Gebrauch setzten, vielmehr bloss ergänzen und für gewisse Rechtsverhältnisse abändern sollten. Ein *Fuero* ohne das alte Recht, selbst wenn die Anwendung des letztern in engen Schranken eingeschlossen blieb, war somit unthunlich, weil in Widerspruch mit den Grundgesetzen des Landes. Ferdinand hoffte desshalb alle Unbequemlichkeiten am sichersten dadurch zu vermeiden, dass er, zunächst für Cordova, das Westgothen-Recht ins Castilianische übersetzen, ausserdem aber durch ein besonderes *Fuero*, das nicht entbehrt werden konnte, ergänzen liess. In dem neuen Gewande sollte der *Liber Judicum* fortan *Fuero de Córdova* heissen [271]), und dass die Muzaraber des Südens einer Uebertragung bedurften, zeigt deutlich, dass die unter maurischer Herrschaft stehenden Christen längst das alte Gesetzbuch, sei es gezwungen, sei es freiwillig, aufgegeben haben mussten. Hört man Burriel, so wäre D. Fernando's Befehl gar nicht mehr bei seinen Lebzeiten, sondern erst unter Alfons X. zur Ausführung gekommen, weil in einer auf dem Stadtarchive zu Murcia aufbewahrten Handschrift des castilianischen *Fuero Juzgo* von der Hand desselben Abschreibers ein Fragment des *Ordinamiento* von Toledo (1254) enthalten ist, und Marina [272]) fügt sich dem nicht sehr stichhaltigen Grunde. Die Zielpunkte, die Alfons der Weise seiner gesetzgeberischen Thätigkeit steckte, sein unablässiges Bemühen, ein neues und zeitgemässes Landrecht an die Stelle des mehr als durchlöcherten Westgothen-Rechts zu setzen, sprechen zu laut gegen die Vermuthung, der nämliche Monarch habe eine Uebersetzung des alten Gesetzbuchs veranstalten lassen. Umgekehrt hat Ferdinand, der den grossen Städten ihre *Fueros* bestätigte, theils welche gab, kaum

---

[271]) Der spanische Text des speciellen *Fuero* von Córdova lässt allerdings eine andere Deutung zu, denn es heisst daselbst: *Aún establesco é mando, que el Libro Juzgo, el qual yo daré á los de Córdova, sea transladado en romance.* Daraus hat man schliessen wollen, nicht das *Forum Judicum*, sondern einfach das Stadtrecht von Córdova sei damit gemeint; der lateinische Text jedoch widerspricht dem: *Item statuo et mando, quod Liber Judicum, quod ego missi Cordubam, translatetur in vulgarem et vocetur Forum de Corduba.* Eher könnte man annehmen, die früheste spanische Uebersetzung sei in dem Idiom abgefasst gewesen, wie es damals im Süden der Halbinsel gesprochen wurde.

[272]) *Ensayo histórico-crítico sobre el origen y progresos de las lenguas, señaladamente del Romance castellano.* In den *Memorias de la Real Academia de la Historia. IV.* 29. Schon darum ist die Annahme verdächtig, weil wir von Ferdinand wissen, dass auf seinen Befehl mehrere *Fueros*, z. B. die von Melgar de Suso, aus dem Lateinischen ins Castilianische übersetzt wurden. Auch hierbei würde es der Mühe lohnen, die besondern Merkmale der zum ersten Male in Anwendung kommenden Volkssprache zu prüfen, wie denn das Romanische in den *Fueros* von Melgar wesentlich abweicht von dem castilianischen *Fuero Juzgo*, und unfehlbar auf einen mehr nördlichen Landstrich hinweist. Die Reichtags-Beschlüsse von Leon und Coyanza dürften um dieselbe Zeit übertragen worden sein.

umhin können, den Erfolg dadurch zu sichern, dass er das alte Gesetzbuch von neuem zu Ehren brachte. Nichts natürlicher als die Weisung des *Fuero* von Cordova: *Concedo itaque vobis, ut omnia judicia vestra secundum Librum Judicum sint judicata, coram decem ex nobilissimis illorum et sapientissimis, qui sedeant cum alcaldibus civitatis ad examinanda judicia populorum.* Gleichwohl ging in dem eroberten Süden die Verschmelzung der Muzaraber und der zugewanderten Castilier ausserordentlich langsam von Statten, und noch i. J. 1419 richtete die Bürgerschaft von Talavera an den Erzbischof von Toledo, Sancho de Roxas, das dringende Gesuch, den Bescheid D. Sancho's IV. (d. d. Burgos, 6. März 1328) zu bestätigen: *para que en Talavera no hubiese separacion de Muzarabes y Castellanos, y todos se juzgasen por el Fuero del libro judgo de Leon* (Burriel'sche Sammlung). Der Bischof willfahrte der Bitte: *sean todos unos llamados de Talavera sin departimiento ningun*, und die Alcalden, von denen bisher der eine über die Muzaraber, der andere über die Castilier gesetzt gewesen war, sollten sich fortan in die Gerichtsbarkeit der Stadt und des Landes theilen. Je häufiger in Folge des veränderten Rechtsgangs Streitigkeiten solcher Art sein mochten, desto weniger konnten schon der grossen Entfernungen wegen die Berufungsinstanz von Leon und das Hofgericht für ausreichend befunden werden, wesshalb Ferdinand über jede Provinz einen *Merino* oder *Adelantado mayor* setzte [873]), an den appellirt werden konnte, und von dessen Amt und Befugnissen es in den *Partidas* (II. 9. 22) heisst: *Otrosi el puede oir las alzadas, que ficiesen los omes de los juicios, que diesen los alcaldes de las villas contra ellos, de que se tuviesen por agraviados aquellos, que el Rey oiria si en la tierra fuese ... E para facer esto bien, é asi como conviene, debe haber consigo omes sabidores de fuero é de derecho, que le ayuden á librar los pleitos, é con quien haya consejo sobre las cosas dubdosas. E estos les debe dar el Rey, porque sean atales, como dijimcos, que deben ser los que judgan en su corte.*

Der *Adelantado mayor* stand sonach an der Spitze eines

---

[873]) Salazar de Castro, *Historia de la casa de Lara. p.* 482.

vom Könige ernannten und besoldeten Richtercollegiums, welches in Berufungs-Angelegenheiten das frühere Hofgericht ersetzte. Um nun aber, was gleichfalls gebieterisch geboten war, auch die Stadtrichter und überhaupt das städtische Verwaltungs-Personal in eine unabhängige Lage zu bringen, erhielten dieselben Anweisungen auf feste Renten [274]), wodurch den Gemeinden selbst sehr bedeutende Liegenschaften zuwuchsen, auf deren Entäusserung gegenwärtig die spanische Regierung sinnen soll. Ein ernster und wichtiger Schritt war gethan, um das seitherige ganz ungenügende Beamtenwesen in Uebereinstimmung zu bringen mit dem immer reicher und mannigfaltiger sich gestaltenden Staatsleben; ein Schritt, der den spanischen Communen nicht wenig zu Statten kam. Ihre innern Zustände organisirten sich und klärten sich in Folge dessen zusehends ab, was das *Fuero* von Cordova verständlich genug durch die Anordnung zu erkennen giebt: *quod judex, et alcaldes, et majordomus, et scriptor mutentur annuatim, et alcaldes sint quatur.* Die Beamten sollten von der *Collatio* (Bürgerversammlung) aus den *viris bonis* in der Art gewählt werden, *ut sortem jaceant, quis sit judex, et quis majordomus, et quis scriptor, et quis alcaldus, et si forte, super quem sors cecidit et quod sit scriptor, nesciret scribere, ponat alium loco sui, qui sit conveniens ad istud oficium* [275]).

---

[274]) Salazar de Mendoza, *Origen de las dignidades seglares de Castilla. Lib. III. c.* 6. Mondejar, *Memorias históricas de D. Alonso el Sabio. Lib. V. c.* 2.

[275]) Eine ausführliche Schilderung des Wahlactes enthalten die i. J. 1330 abgeänderten *Fueros* von Tudela. *Item, que en la villa de Tudela haya ocho jurados, los cuales sean escogidos de los meyores é de los mas sábios hombres de la villa, como ancianament solian ser, é non por parroquias; et estos que se camien cada un anno, ó sean ainnales; et aquellos dichos jurados pongan cada un anno por bailés de los terminos de Tudela hombres buenos é raigados. Item, que hayan los dichos jurados setze conseyeros de los mellores é mas sábios hombres de la villa, et este número de los setze conseyeros que sea perpétuo en esta forma: que cuando al cabo del año saldrán los ocho jurados, sobre lur sagrament esleiran por jurados de los setze conseyeros los ocho, et los otros ocho conseyeros, que fincarán, que sean jurados al otro año en seguient; et los setze conseyeros, quando al primer anno saldrán los ocho de su*

Dass die richterliche Stellung des *Adelantado* oder *Merino mayor* nicht unbenutzt blieb, dafür bürgt die Eingabe [276]) einiger Syndici des Raths von Murcia an den Ober-Alcalden von Sevilla, worin die Betreffenden Aufschluss über gewisse Stellen des Westgothen-Rechts erbaten: ein klarer Beweis, dass in Murcia das alte Recht erst wieder eingeführt worden war. Man hat es zu bedauern, dass die Gesetze nur nach ihrem Inhalt und nicht zugleich nach ihrer Buch-, Titel- und Capitelzahl aufgeführt sind. Die erste Anfrage bezieht sich auf L. W. II. 1. 28 (*De data episcopis potestate distringendi judices nequiter judicantes*) und wird dahin beantwortet, dass nicht der Bischof dergleichen Beschwerden zu entscheiden habe, sondern der *Alcalde mayor* oder *Adelantado*, und zwar im Wege der Berufung

compañeros jurados, que en logar de aqueillos esleirán sobre lur sagrament ocho hombres buenos de los meyores é mas sábios de la villa, et despues cada un anno por esta manera, porque el número de los setze conseyeros remanga perpétuo: et estos conseyeros que juren, asi como los jurados, de catar los dreitos del señor Rey é del pueblo de la villa. Item, que non sea fecho concello en Tudela si non una vez en el anno al cambiar de los oficiales, et cuando se hobiere de facer concello, que lo fagan saber al justicia ó al su lugartenient, segun es usado é acostumbrado; salvando si non fuere por el mantenimiento é justicia de las aguas, ó por mandamiento del señor Rey, ó de sus oficiales, ó por otro granado negocio del concello de Tudela ó de su Albara: et que la campana non sea repicada si non por los dichos casos, so pena de cuerpos é de bienes daqueillos que lo ficiesen por otro movimiento de malicia, si non fuere por fuego, ó por apellida, ó por otra cosa razonable. Ernannte die Commune nicht die hinlängliche Anzahl Beamten, so that es der König für sie, indem er den Alcalden auf Lebenszeit bezeichnete. Versah dieser sein Amt schlecht, so wurde er abgesetzt und nach Gebühr bestraft, worauf die Bürger einen neuen Gemeindevorsteher zu wählen hatten. Dass es selbst in Aragonien der Bürgerschaft untersagt war, sich mehr als einmal des Jahres, und zwar Behufs Ernennung ihrer Beamten, ausserdem aber nur in ausserordentlichen Fällen, z. B. bei Streitigkeiten über Berieselung, zu versammeln, muss auffallen.

276) Burriel entdeckte dieselbe in der bereits genannten Handschrift des *Fuero Juzgo* von Murcia: *Estas son las preguntas que don Remon del Poyo et Johan de Meya et Marin de Agreda, mandadores del concejo de Murcia, en nombre del concejo sobredicho ficieron á don Diag Alfon, alcalde mayor por el rei en Sevilla, sobre algunas leyes del Fuero.* Marina, *Teoría de las Cortes. III.* 13.

(*en manera de alzada*). Sodann wird gefragt, wie es mit L. W. II. 1. 17 (*De his qui admoniti judicis epistola vel sigillo ad judicium venire contemnunt*) in Betreff der unbotmässigen Geistlichen zu halten sei, und der *Adelantado* erwidert, die Geistlichen seien in keine höhere Geldstrafe zu nehmen als die Laien, im Uebrigen haben sie sich zu der anberaumten Frist einzufinden, wofern sie die Gerichtsbarkeit des Alcalden nicht ablehnen. L. W. V. 5. 8 (*De reddendis usuris*) und 9 (*De usuris frugum*) werden so ausgelegt, dass nur der Christ 3 *Siliquas* vom *Solidus* an Zinsen nehmen dürfe, der Jude dagegen 4; L. W. VI. 5. 11 (*Si homo voluntarie occidat hominem*) ist dahin zu deuten, dass der Mörder (*el que mata por su grado et non por ocasion*) sich nicht durch eine Geldbusse loskaufen könne, sondern hinzurichten sei, es wäre denn, dass der Verunglückte im Kampfe ums Leben gekommen, in welchem Falle der Thäter für einen Feind der Verwandtschaft des Erschlagenen erklärt werde und die Geldbusse an den *Alguazil* zu entrichten habe; wer den Andern im Zweikampf (*tornando*) umbringt, geht frei aus. Die wiederholt im Gesetzbuch angeordnete Prügelstrafe wird näher dahin formulirt, dass bei angesehenen Leuten (*honrados*) nach dem Ermessen des Richters (*á albedrío del juzgador*) eine andere Strafe zu substituiren und selbst der gemeine Mann mit Geld zu büssen sei, wenn er die Mittel dazu besitze. Ueber den Betrag entscheidet gleichfalls der Richter. Wenn im Gesetzbuch von Pfunden und Unzen Gold, von *Maravedís* und *Sueldos* die Rede, so sei das Verhältniss von 4 zu 1 der Kriegsmünze [277]). Sklave ist wer keinen freien Willen hat. Bei Criminalverbrechen ist Berufung gestattet, ausser in solchen Fällen, wo das Gesetz sie ausdrücklich verbietet. Was ist bei wörtlichen Beleidigungen zu thun [278])?

---

[277]) *A razon de cuatro por uno de la moneda de la guerra.* Die Kriegsmünze kann nichts Anderes bedeuten als eine nach der Wiedereroberung eingeführte Conventionsmünze, wodurch der Werth der maurischen Geldstücke regulirt wurde.

[278]) *Otrosí le preguntaron, porque en ningun lugar del Fuero non face ende mencion, si alguno dice á otro traidor, ó gafo, ó fududincui, ó cornudo, ó herege; ó á muger de su marido puta? qué pena ha ende de haber seyendo probado que lo dijo?*

Bei einer adeligen (*que ha honra de caballero*) Person beträgt die Strafe 500 *Solidi*, bei einer gemeinen 12 *Maravedís*, im Verhältniss von 4 zu 1 der Kriegsmünze. Die Berufung soll Jedem gestattet sein, der darum nachsucht; wenn aber der Sachwalter (*vocero*) sie ungeschickt oder böswillig einlegt (*se alza mal ó maliciosamente*), so hat er die Kosten zu bezahlen und nicht sein „Principal"; thut der Prozessirende (*principal*) selbst es, so kommt er auch für die Kosten auf. Wer innerhalb oder ausserhalb der Stadt gegen einen Andern das Messer zieht, ohne damit zu stechen (*et non fuere con él*), zahlt die auf Beleidigungen (*deshonras*) gesetzte Busse. Jeder, der einer ersten gerichtlichen Vorladung nicht Folge leistet, wird um 3 *Maravedís* und das Drittel [279]) gebüsst, bei der zweiten Vorladung um 30 *Maravedís*, das dritte Mal wird dem Kläger die in Frage stehende Summe zuerkannt [280]). Von der Geldbusse gebührt die eine Hälfte dem Richter, die andere dem Kläger, ausser dem Drittel, das der Büttel (*peon*) bei der ersten Vorladung für seine eigene Mühe pfändet. Wer sich zu einem Andern Arges versehen zu müssen glaubt (*se teme dotro*), hat dem Alcalden oder Alguazil davon Anzeige zu machen, damit dieser dem Bezeichneten das Versprechen abnimmt, in Wort, That und Rath Frieden halten zu wollen [281]); weigert er sich dessen, so ist er festzunehmen und gefangen zu setzen, bis er das Versprechen leistet. Nach dem in Sevilla üblichen Herkommen bindet ein solches Versprechen auf 60 Jahre. In Betreff der gerichtlichen Beweisauflage soll es so gehalten werden, dass nach der ersten mündlichen Verhandlung, wenn eine Partei den Zeugenbeweis ansagt, drei Termine von je 3 zu 3 Tagen angesetzt werden, und ausserdem noch ein vierter, wenn die Zeugen

---

[279]) Chindaswind (L. W. II. 1. 24) hatte den Richtern streng verboten, das Drittel (*tertia pars*) des Streitobjekts zu beanspruchen, und dasselbe auf den zwanzigsten Dukaten ermässigt.

[280]) So übersetze ich die Worte *mandan asentar*, letzteres in dem heute noch üblichen Sinne: den Gläubiger in den Besitz der Güter des Schuldners setzen. Es wäre sonach ein Contumacial-Urtheil. Vielleicht könnte man „festsetzen," oder „festnehmen," mit Rücksicht auf die Person des Vorgeladenen, darunter verstehen.

[281]) *Que lo asegure de dicho, et de fecho, et de consejo.*

landesüblich beschwören können, dass keine böswillige Absicht dem Gesuche zu Grunde liegt.

In den eroberten Provinzen war die Einsetzung eines königlichen *Adelantado* ebenso dringend geboten, als leicht durchzusetzen: anders in Leon, wo Alfons X. aus Anlass einer vom Magistrat gegen das Capitel erhobenen Beschwerde nichts Besseres zu thun wusste, als, nach Entfernung der städtischen Richter, auch den rechtsgelehrten Canonicus zu beseitigen und an seine Stelle einen königlichen Beamten zu setzen. Auf Widerstand wird schon D. Fernando gestossen sein: allein er wusste sich zu mässigen, obschon sein Hof an Glanz alle seine Vorgänger weit überragte und es überhaupt nicht an Versuchungen fehlte, das Königthum von allerlei lästigen Einschränkungen zu befreien. Die heitere Pracht, die anmuthigen Lustbarkeiten der maurischen Hofhaltungen gewannen immer mehr die Oberhand in den Umgebungen des Thrones von Leon und Castilien: Dichtung und Wissenschaft übten an den rauhen Söhnen des Nordens zuerst ihre sittigende Gewalt, seitdem arabische und jüdische Dichter und Gelehrte in den Dienst des christlichen Königs getreten waren und mit dem Interesse für ihre Sprache auch den Gebrauch und die Ausbildung der neulateinischen Idiome geweckt und belebt hatten. Frankreich und Deutschland gingen ebenso wenig leer aus: fast gleichzeitig mit dem Bischof Maurizius von Burgos haben die Bischöfe von Toledo, Astorga, Orense, Tuy, Zamora und andere an ihren Kathedralen nach nordischen Vorbildern, und zum Theil wenigstens mit Hilfe nordischer Werkmeister, gebaut — wie hätte es anders sein können, als dass Rechtsbildung und Gesetzgebung an sich gleichfalls den fremden Einfluss verspürten! König Ferdinand fing damit an, dass er bei den von ihm erlassenen *Fueros* sich der geistlichen und weltlichen Grossen seines Reichs möglichst entledigte: sie wurden weder um ihre Meinung befragt, noch ihre Unterschrift verlangt, wenn der Monarch keine Lust dazu hatte. Dagegen fehlen die Unterschriften der Mutter, der Gemahlin und der Söhne Ferdinand's fast nie [282]). Dass das der

282) In einem der Stadt Burgos gewährten Freibrief aus dem Jahre 1227, wo

Krongewalt günstige römische Recht, dessen sich gerade damals Kaiser Friedrich II. mit Erfolg zu bedienen wusste, bei der sich nur erst vorbereitenden Veränderung mitwirkte, wird nicht bestritten werden können, obschon positive Beläge nicht beizubringen sind. Jener spanische Mönch, Petrus de Grannon, der ein Werk über römisches und gothisches Recht um das Jahr 1000 geschrieben haben soll [283]), mag wohl die zu seiner Zeit vorhandenen Weltchroniken in lateinische Verse gebracht haben: von dem *Breviarium Alaricianum* hat er zuverlässig keine Kenntniss gehabt. Wie zweifelhaft die Frage über die Zeit der Einführung des römischen Rechts in Spanien ist und wohl auch bleiben wird, sieht man an dem Beispiel zweier portugiesischen Gelehrten, von denen der Eine [284]) behauptet, Spuren römischen Rechts lassen sich bis zu dem Zeitpunkte zurückverfolgen, wo Portugal ein selbständiger Staat wurde, der Andere [285]) eine Veränderung wie in dem Beamtenwesen und

---

Ferdinand noch nicht zugleich König von Leon war, folgen die fürstlichen Namen so auf einander: *Ego Ferdinandus Rex Castellae et Toleti, una cum uxore mea regina Beatriz, et cum filiis meis Alfonso, et Federico, et Ferrando, ex assensu et beneplacito dominae Berengariae Reginae, genitricis meae.* Der Name Friedrich erscheint hier zum ersten Male in spanischen Urkunden: der Prinz wurde nach seinem deutschen Urgrossvater Barbarossa getauft.

283) v. Savigny. II. 81. Die Vermuthung Türk's, *Grañons „Leges Gothorum et Regum"* könnten im *Codex Aemilianus* (*Emilianensis*) enthalten sein, habe ich nach genauer Durchsicht der Handschrift als irrig befunden. Auch unter den aus S. Millan in die Bibliothek der Madrider Akademie gewanderten Handschriften vermisst man den *Grañon.*

284) Anast. de Figueiredo, *Sobre qual foi a Epoca certa da introducçaõ do direito de Justiniano em Portugal. Mem. de Litt. Port. I*, 258.

285) Anton. de Villa-Nova Portugal, *Qual seja a epocha fixa da introducçaõ do direito Romano em Portugal. Mem. de Litt. Port. V.* 377. Das Verbot D. Affonso's III. gegen die Gesetze, welche der an der Spitze der Dominikaner in Portugal stehende F. Soeiro Gomes zur Abwehr der albigensischen Ketzerei einführen wollte, hat mit dem römischen Rechte nichts zu schaffen, denn die Worte: *sunt contra illum librum, qui dicit, quod non recipiamus novam legem in Regno nostro*, beziehen sich keineswegs auf die *Cortes* von Lamego, sondern einfach auf das Westgothen-Recht und den bekannten Erlass Chindaswind's oder Receswind's (L. W. II. 1. 8). Herculano (*Histor. de Port. II.* 237. 461) deutet den *„Liber legum"* von den i. J. 1220 durch Kaiser Friedrich II. und Papst Honorius III. erlassenen Ketzergesetzen.

der Verwaltung, so auch in der Rechtspflege erst unter João I. bemerken will. **Bernardus Compostellanus** und die Erzählung von **Albericus**, dessen Liebe zum Schmaus und Trunk **spanische** Scholaren in Bologna missbrauchten, um ihn im Zustand der Trunkenheit zur Bürgschaft zu verleiten, bekunden wenigstens den Eifer, womit Spanier die italienischen Rechtschulen besuchten [286]). Ausgezeichnet durch seine Frömmigkeit, war Ferdinand der Heilige dennoch weit entfernt, von den Bischöfen Alles zu dulden; er wusste die Oberhoheitsrechte der Krone auch ihnen gegenüber zu wahren, wobei ihm seine „*Maestres*" wacker zur Hand gingen. Damit war nur erst der Grund gelegt zu einem weit belangreicheren Plane, womit D. Fernando sich trug: die ganze Verfassung des Landes, die in eine Menge territorialer Rechte auseinander fiel, sollte umgestaltet und in einen einheitlichen Guss gebracht werden. Zu dem Behufe berief der König 12 weise Männer, zum Theil aus andern Ländern [287]), zu sich an seinen Hof, um Berathung über das neue Gesetzbuch zu pflegen. Es scheint jedoch, dass der **Spiegel** (*espejo*), auf den es, vielleicht nach deutschem Muster, abgesehen war, und in dem König und Prinzen sich besehen sollten, zwar rasch zu einem Handbuch orientalischer Spruchweisheit anwuchs, mit der Gesetzgebung und Staatsverwaltung dagegen sich nur nebenbei befasste, so dass der Gedanke nahe liegt, die Weisen, die Ferdinand aus den Staaten fremder Kö-

---

286) Die Bibliothek des *Escurial* verwahrt zahlreiche Handschriften berühmter Legisten, insbesondere Bernardo's.

287) Der Vorgang wird in der Schrift von der „*Nobleza y Amistad*" (*Memorias de S. Fernando. II.* 188) so erzählt: *El muy alto, é muy noble, poderoso é bienaventurado Señor D. Fernando de Castilla é de Leon. Los doce sábios, que la Vuestra Merced mandó, que viniésemos de los vuestros reinos, é de los reyes, vuestros amados hermanos, para os dar consejo en lo espiritual é temporal, para salud é descargo de la vuestra ánima, é de la vuestra esclarecida é justa conciencia, é en lo temporal para os decir é declarar lo que nos paresce en todas las cosas que todo príncipe é regidor de regno debe haber en sí, y de como debe obrar en aquello que á él mismo pertenesce: et otrosí, de como debe regir, é castigar, é mandar, é conocer á los de su reino, para que vos é los nobles señores infantes, vuestros fijos tengais esta nuestra escriptura para la estudiar, é mirar en ella como en* **espejo**.

nige um sich versammelte, seien zum Theil arabische Gelehrte gewesen. Man höre nur, wie in dem „*Espejo de todos los derechos*" die zehn Weisen über den Begriff der Redlichkeit (*Lealtanza*) sich ausliessen. „Da sprach der erste Weise: Redlichkeit ist eine feste Mauer und Zuwachs an Gewinn. Und es sagte der zweite Weise: Redlichkeit ist eine ewige Behausung und ein schöner Name. Der dritte Weise sagte: Redlichkeit ist ein kräftiger Baum, dessen Aeste in den Himmel, dessen Wurzeln in die Tiefe reichen. Der vierte sagte: Redlichkeit ist ein schöner Wiesengrund, der nie vertrocknet. Der fünfte Weise sagte: Redlichkeit ist ein weites Herz und ein edler Wille. Der sechste Weise sagte: Redlichkeit ist sicher gelebt und geehrt gestorben. Der siebente Weise sagte: Redlichkeit ist der Lustgarten des Weisen, das Grab des Schlechten." Am weitesten holte der zehnte Weise aus: „Redlichkeit ist geistliches Leben, weltliches Lob, feuerfester Geldschrank, Wurzel alles Guten, Vernichtung alles Schlechten, Vervollkommnung des Verstandes, richtiges Urtheil, lauteres Geheimniss, reicher Blumengarten, Buch alles Wissens, Rittersaal."

König Ferdinand war verständig genug, seine Weisen nach Hause zu schicken und ihre Sprüche und Gemeinplätze für sich zu behalten. Merkwürdig bleibt es immerhin und eine für das 13. Jahrhundert einzige Erscheinung, dass auf der pyrenäischen Halbinsel das fortan unbestrittene Uebergewicht der christlichen Waffen über die mohammedanischen und der friedliche Verkehr, in den die beiden Weltanschauungen zu einander traten, hauptsächlich durch arabischen Einfluss eine moralische Atmosphäre erzeugten, deren ästhetisirende Mischung dem mittelalterlichen Christenthum ebenso sehr widersprach als dem derb realistischen Sinn der spanischen Christenheit. Es war darum auch in der eingeschlagenen Richtung nicht viel zu erübrigen: wenigstens wäre der Wirklichkeit mit schönen Gefühlen nur dann beizukommen gewesen, wenn die Krone nicht nur den guten Willen, sondern auch die Macht zum Octroyiren besass. Es fehlte dem gesetzgeberischen Eifer an einem gesunden praktischen Kern, und selbst seine ausgesprochenen Talente, seine reiche geistige Bildung schlugen Alfons dem Weisen und dem

Lande zum Unglück aus, weil es an einer besonnenen und verständigen Beurtheilung des Thatsächlichen fehlte. Was hätte Alfons darum geben können, wenn ihm rechtskundige Berather zur Seite standen wie dem Kaiser Friedrich II., der in gewissem Betracht zwar auch einem Phantom nachjagte, nur gerade keinem spanischen. Die Legisten, die der gelehrte, aber nichts weniger als weise Monarch von seinem Vater ererbte, und deren ausgezeichnetster seine Erziehung geleitet hatte, moralisirten viel zu viel, statt dass sie politisirten; und dann waren es allerdings hauptsächlich Geistliche, wie Gonzalo García Gudiel, zuletzt Erzbischof von Toledo, Gonzalo Diaz de Toledo ó Palomeque, endlich Juan, Abt von Santander, die zum Theil schon zu Lebzeiten Ferdinand's in die Gesetzgebung sich zu mischen hatten. Unter den drei *Maestres*, Fernando Martinez, Roldan und Jácome oder Jacobo Ruiz, mit dem Beinamen *de las leyes*, schrieb Letzterer für Alfons, als dieser noch Kronprinz war und auf sein Begehren, die „*Flores de las leyes*," eine Anweisung darüber, wie der Monarch die Gerechtigkeit handhaben soll. „Es geziemt Euch, Herr, heisst es in den „Gesetzes-Blüthen," zur Wahrung Eurer Würde, wenn Ihr Recht sprechet, an einem wohlanständigen Orte Platz zu nehmen, wo die Prozessirenden Euch sehen können; neben Euch dürft Ihr Niemand dulden ausser den Alcalden und Rechtsgelehrten (*sabios*), welche die Parteien zu vernehmen haben. Euch zu Füssen sitzen die Schreiber, vor Euch stehen Büttel und Waibel, um Eure Befehle selbst zu vollstrecken, oder vollstrecken zu lassen.“ Meister Jácome hatte den römischen Prätor, wenn er Recht sprach, vor Augen, und was seine Schrift an Rechtsstoff enthält, ist durchweg dem römischen Rechte nachgebildet, wesshalb unter den oftgenannten „Weisen" Kenner des römischen und canonischen Rechts zu verstehen sind. Dafür, dass der Spanier nicht mehr nach Italien zu reisen brauchte, war gesorgt: in Palencia hatte man den Anfang mit einer Universität gemacht, auf der vorzugsweise Theologie gelehrt und Lehrer sowohl als Schüler fünf Jahre lang in dem Genusse der geistlichen Präbenden, falls sie welche hatten, belassen wurden [288]). Schon zwei Jahre nach seiner Thronbesteigung, nämlich 1254, gründete Alfons X. die Universität Salamanca, auf der die Rechtsgelehrsamkeit den Reigen führte [289]). Die Studenten wurden zugleich von allen Abgaben befreit [290]) und

---

[288]) Ein i. J. 1228 in Valladolid gehaltenes Concil traf die darauf bezügliche Verordnung (*Esp. Sagr.* XXXVI. 218), die in die *Partidas* (I. 5. 37) überging. Alfons X. erlaubte den Geistlichen an derselben Stelle, heidnische Bücher zu lesen.

[289]) Das „*Seminario erudito*" enthält in seinem 18. Bande von Pedro Chacon eine „*Historia de la Universidad de Salamanca,*" worin das Lehrerpersonal nach seinen Besoldungen aufgezählt wird, und zwar aus der königlichen Stiftungsurkunde:

De los maestros. Mando é tengo por bien que haya un maestro en leyes, é yo le dé quinientos maravedís de salario, por el anno: é que haya un bachiller lejista.

Otrosí, mando que haya un maestro en decretos, é yo le dé trescientos maravedís cada año.

Otrosí, mando que haya dos maestros en decretales, é yo que les dé quinientos maravedís cada año.

Otrosí, tengo por bien que haya dos maestros en fisica, é yo que les dé doscientos maravedis cada año.

Otrosi, que haya dos maestros en lógica, é yo que les dé doscientos maravedis cada año.

Otrosi, mando que haya dos maestros en gramática, é yo que les dé doscientos maravedis cada año.

Otrosi, mando é tengo por bien que haya un estacionario (Bibliothekar), *é yo que le dé cien maravedis cada año: é el tenga todos los ejemplares buenos é correctos.*

Otrosi, mando é tengo por bien que haya un maestro de órgano, é yo que le dé cincuenta maravedis cada año.

Otrosi, mando que haya un capellan, é yo que le dé cincuenta maravedis cada año.

Otrosi, tengo por bien que el dean de Salamanca, é Arnal de Sanz, que yo fago conservadores del estudio, que hayan cada año doscientos maravedis por su trabajo; é pongo otros doscientos que tenga Arnal, é el dean sobredicho para hacer despensas en las cosas que fueren menester al estudio.

Estos maravedis sobredichos son por todo dos mil maravedis. E mando que los sobredichos conservadores resciban é tengan estos maravedis sobredichos, é que los dispendan en pro del estudio, ansi com yo mandé é sobre dicho es, é que den cuenta dellos cada año á mi, ó á quien mandaré. Die *Partidas* (II. 31. 3) bringen darüber ein besonderes Gesetz.

[290]) Kein Hauseigner durfte von den Studenten in Salamanca mehr als 17 *Maravedis* Miethe fordern.

der auf der Einfuhr von Büchern lastende Zoll aufgehoben. Im engsten Zusammenhang mit seinen gelehrten Bemühungen stehen Alfonsens legislative Arbeiten, die er lediglich als die Fortsetzung des von seinem Vater begonnenen Werkes angesehen wissen wollte. Ferdinand's Gesetzbuch sollte der heiligen Siebenzahl und der siebentheiligen Digesten wegen aus sieben Abschnitten bestehen, von denen bei seinem Tode jedoch nur ein Bruchstück des ersten Abschnitts fertig war; Alfons gab dasselbe unter dem Namen *„Setenario"* heraus und äusserte sich darüber in dem Vorwort eines Langen und Breiten — einmal was seinen Vater überhaupt bestimmt habe, sich an ein so weit aussehendes Unternehmen zu wagen, und dann dass er bei seinem Scheiden es ihm, dem Sohne, auf die Seele gebunden, die gelehrte Arbeit (*de grant sabor*) zu Ende zu führen. So unbedingt Alfonsens Vertrauen zu seiner eigenen und seiner Räthe Weisheit war, so fand er es dennoch nicht gerathen, unverweilt mit einem neuen Landesgesetze hervorzutreten; er begnügte sich daher vorerst mit einer kleineren Compilation, die er unter dem Namen *„Fuero Real"* mehreren Städten, unter diesen Soria, Alarcon, Segovia, Burgos, Valladolid, Aguilar de Campo, octroyirte [291]). Schon darüber entstanden Irrungen und mancherlei Verdriesslichkeiten, zunächst von Seiten des Adels, dem man so gar übel nicht nehmen konnte, dass er argwöh-

[291]) Ueber sein Verhältniss zu den bestehenden Rechtszuständen hat sich Alfons im *„Espéculo"* (*Espejo*) folgendermassen ausgesprochen: *Fuero Despana antiguamiente en tiempo de los godos fué todo uno. Mas quando moros gandron la tierra, perdiéronse aquellos libros en que eran escriptos los fueros. E despues que los cristianos la fuéron cobrando, asi como la iban conquiriendo tomaban de aquellos fueros algunas cosas segunt se acordaban, los unos de una guisa, é los otros de otra. E por esta razon vino el departimiento de los fueros en las tierras. E como quier que el entendimiento fuese todo uno, porque los homes non podian seer ciertos de como lo usdron antiguamiente; lo uno porque habie grant sazon que perdieran los fueros, é lo altro por la grant guerra en que fuéron siempre, usaban de los fueros cada uno en el logar do era segunt su entendimiento é su voluntad (Espejo. V. 5. 1).* Ein so gelehrter Herr zu sein und von der Geschichte des alten Westgothen-Rechts schlechterdings gar nichts zu verstehen! Damit entschuldigt sich einigermassen der unglückliche Codificationsversuch.

nisch auf das offenkundige Bemühen der Krone und ihrer Räthe hinblickte, ohne Zuziehung der Stände den bestehenden Rechtszustand von Grund aus umzugestalten. Zwar so lange Alfons sich damit begnügte, sein neues Königsrecht einzelnen Städten zu octroyiren, liess sich, wenn die Communen es sich gefallen liessen, dagegen nichts einwenden, da das Recht des Monarchen zur Ertheilung städtischer *Fueros* nie bestritten war; dennoch verstiess die Regierung auch dabei gegen das Herkommen insofern, als sie sich nicht mehr für verpflichtet hielt, wenn auch nur der Form wegen eine grössere oder kleinere Anzahl von Magnaten die *Fueros* mitunterzeichnen zu lassen. Noch weit unangenehmer empfand es der Adel, dass die Städte dafür, dass sie das Königsrecht annahmen, nicht bloss mit Bewilligung, sondern auf den ausdrücklichen Wunsch und im Interesse der Regierung, dasselbe auf adelige Güter und deren Insassen auszudehnen sich erlaubten. Hierin erblickte der Adel einen offenbaren Eingriff in seine wohlverbrieften Rechte, während Adel und Städte in der Abneigung gegen die königlichen *Adelantados* und gegen die Zusammensetzung des Hofgerichts aus lauter rechtskundigen Kronbeamten zusammenstimmten [292]). Die Beseitigung des bisherigen Instanzgerichts in Leon und die Einsetzung eines königlichen *Adelantado* war nicht einmal der Geistlichkeit genehm, die sich zu den am Hofe nach Belieben schaltenden und waltenden Legisten und Decretalisten alles Guten versehen durfte. An Zunder, die Zwietracht zu nähren, fehlte es sonach keineswegs und das Misstrauen musste sich fortwährend steigern, als man Jahre lang die Kronjuristen mit Ausarbeitung eines neuen Gesetzbuchs beschäftigt sah. Es war

---

[292]) So ist es zu verstehen, wenn D. Gaspar Ibañez (*Memorias históricas del Rei D. Alonso el Sabio. p.* 295) die Beschwerden der Grossen dahin formulirt: *que las villas a quien dava el Rei diferentes fueros u privilegios, los extendian por fuerza, a que se observassen en los lugares de los hijos-dalgo i de sus vasallos; que trahia el Rei en su corte Alcaldes de Castilla que juzgassen a los hijos-dalgo; que los hacian grandes agravios los merinos, corregidores i pesquisidores.* Nach siebenzehnjährigem Bestehen musste das *Fuero Real* zurückgenommen werden, hörte aber darum nicht auf, an einzelnen Orten gesetzliche Geltung zu behaupten.

offenbar: der König wollte bei seinem *Fuero Real* nicht stehen bleiben, es drängte ihn, mit den Particularrechten reinen Tisch zu machen. Die zweitnächste Stufe war der „*Espejo de todos los derechos,*" womit, sozusagen, die Vorstudien beendigt waren und an die Ausarbeitung des Haupt- und Grundwerks geschritten werden konnte.

Die anfängliche Benennung des wunderlichen Codex als „*Libro de las Leyes*" machte schon frühzeitig der andern: „*Siete Partidas*" (sieben Abtheilungen) Platz, verständlicher, wenn auch nicht gerade geschmackvoller als der Septenar. Ich muss es mir versagen, hier näher auf den Inhalt der *Siete Partidas* einzugehen, glaube aber, dass es für die Geschichte des römischen Rechts im Mittelalter kaum eine dankbarere Aufgabe geben dürfte, als dieselben sorgfältig in ihre Bestandtheile zu zerlegen. Dem Könige selbst gehört der Hauptsache nach der eigentlich gelehrte Stoff, oder richtiger Balast, an, jene endlosen Excurse und unnützen Abschweifungen, die das Buch schon für das Lesen ungeniessbar machen und den praktischen Gebrauch unendlich erschweren mussten, wenn auch nicht geläugnet werden soll, dass es für die Culturgeschichte Spaniens und insbesondere für die Verpflanzung maurischer Anschauungen und Gebräuche auf christlichen Boden eine ganz unerschöpfliche Fundgrube bildet. Nur freilich verdienen die gelehrten Bemerkungen, sobald sie sich nicht auf gleichzeitige Zustände beziehen, nichts weniger als unbedingtes Vertrauen, da Alfonsens dichterische Begabung es mit der Wahrheit so genau nicht nimmt und die gemeine Wirklichkeit sehr fühlbar idealisirt. Am auffallendsten, aber darum nicht weniger unbesonnen war der durch die *Partidas* anerkannte glänzende Sieg des Ultramontanismus: der sehr kirchlich gesinnte Alfons VIII., der mit Begünstigungen seiner Geistlichkeit nicht geizte, war weit entfernt, die Steuerfreiheit der letztern anzuerkennen [293]); sein

[293]) Im *Fuero* von Toledo verordnete er: *Quod omnes villae, quae sunt in termino Toleti, et aldeae, sive sint meae, sive de apoteca mea, sive domini archiepiscopi Toletani, sive ecclesiae sanctae Mariae . . . facenderam faciant cum civitate Toleti sicut faciunt cives illius civitatis.*

Enkel dagegen ging so weit, dass er dem Papste in seinen Ländern das Recht einräumte, jeden Geistlichen ab- und einen Andern an seine Stelle zu setzen, zu jeder Zeit General-Concilien einzuberufen, alle kirchlichen Pfründen zu vergeben, jede Berufung anzunehmen, endlich, um das Maass voll zu machen, sogar alle weltlichen Eidgenossenschaften aufzulösen, damit die Betreffenden keinen Schaden an ihrer Seele nehmen [294]). Die ganze erste *Partida* beschäftigt sich ausschliesslich mit kirchlichen Angelegenheiten. Die zweite handelt von den königlichen Prärogativen und der neuen Beamten-Hierarchie [295]), und erinnert an die klägliche Bewerbung Alfonsens um die deutsche Kaiserkrone insofern, als der Unterschied zwischen einem Kaiser und einem König darein gesetzt wird, dass der König Städte und Burgen beliebig an den Nächsten Besten erblich vergeben könne, der Kaiser aber nicht [296]). Ein so unbedingt ausgesprochenes Entäusserungsrecht hatte die Krone nicht, wennschon das Herkommen die Grenzlinie nicht genau zog; gänzlich verfehlt aber ist der Vergleich, zu dem der missverstandene Ari-

---

294) *Part.* I. 5. 5: *Non puede ninguno librar los pleitos de las alzadas que los omes ficieren al papa . . . E ha de poder otrosi de soltar las juras que los omes ficiesen, porque non caigan en perjuro por ellas, que sea á daño de sus almas.* Wie man sich leicht denken kann, machten dem Gesetzgeber die *Hermandades* überhaupt viel zu schaffen, denn nicht allein Adel und Communen thaten sich zusammen, sondern man weiss sogar von einem Aufstand der Bauerschaften, aus dem Anfang des 12. Jahrhunderts, der mit der französischen Jacquerie die grösste Aehnlichkeit hatte (Escalona, *Historia de Sahagun. App. I.*). Durch das *Ordenamiento* von Valladolid (1258) verbot Alfons alle Brüderschaften und Eidgenossenschaften, ausser den Wohlthätigkeitsvereinen, insbesondere die Ausübung des Richteramtes durch andere als gesetzlich dazu bestellte Richter. An einer andern Stelle der *Partidas* (II. 1. 10) ist umgekehrt ausführlich davon die Rede, warum der Despotismus keine freien Genossenschaften dulde.

295) Als königliche Beamte werden aufgezählt: 1) *Adelantados mayores, que son puestos por mano del Rey en las Comarcas (praeses provinciae)*; 2) *Merinos mayores*; 3) die von den *Adelantados* und den *Merinos mayores* eingesetzten *Merinos*; 4) *Almojarifes* oder königliche Steuerbeamte.

296) *Part.* II. 1. 8: *El Rey puede dar villa, ó castillo de su reino por heredamiento á quien quisiere, lo que non puede facer el Emperador.*

stoteles herangezogen wurde: das Königreich sei ein Garten, der König der Herr des Gartens, das Volk die Bäume, die Beamten die Gärtner, Adelige und Ritter die Wächter, Gesetze, Gerechtsame und Richter der Zaun, damit Niemand eindringen und Schaden thun könne [297]). Bei der dritten *Partida*, welche das gesammte Gerichtswesen zum Gegenstande hat, schöpften die Compilatoren zumeist aus dem *Corpus Juris* und den *Decretalen*, nur leider nicht mit der gehörigen Umsicht und Auswahl, so dass einzelne Materien, z. B. die Lehre von den Forderungen, die Meister Jacobo (*Summa. I.* 11. 1) mit grosser Klarheit streng nach Justinianischem Rechte behandelte, mit unglaublicher Mangelhaftigkeit und Verworrenheit abgehandelt sind. Zu gleicher Zeit liess man das Advokaten- [298]) und Schreiberwesen ungebührlich anwachsen, wodurch die eigentliche Natur des germanischen Processes durchaus alterirt wurde. Nur die Einrichtung der mitberathenden Schöffen (*consejeros*) ist beibehalten, und zwar so, dass die Parteien (*partes*) schriftlich den Einen oder den Andern ablehnen konnten. Die Schöffen hatten ihr Urtheil wiederum schriftlich an die Richter abzugeben, die danach endgültig entschieden, wenn sie das Urtheil richtig (*bueno*) befanden. Berufung konnte von jedem richterlichen Erkenntniss eingelegt werden, mit Ausnahme des vom *Adelantado mayor* des Hofgerichts gefällten, das nur durch königliche Gnade sich abändern liess. Je nach der Summe, um die gestritten wurde, theilte sich das Hofgericht als Obertribunal in zwei Senate. Die vierte *Partida* handelt vom Eherecht und in sachgemässer Verbindung damit von den verschiedenen Dienstverhältnissen, und zwar mit vornehmer Beiseitesetzung alles Einheimischen und Herkömmlichen, und andererseits doch wiederum ohne gründliche Verarbeitung der bald dem römischen, bald

---

297) *Part.* II. 10. 3.

298) Marina (*Ensayo. c.* 385) und Sempere (*Historia del Derecho Español.* 1847. *p.* 268) sind im Irrthum, wenn sie glauben, es habe in Spanien vor dem 12. Jahrhundert keine Advokaten gegeben. Schon das alte Recht (L. W. II. 1. 17. II. 3. 3) erwähnt die *assertores*, die das ganze Mittelalter hindurch nicht verschwinden, bis im 12. Jahrhundert die Bezeichnung „*advocatus*" dafür gebräuchlich wird.

dem canonischen Rechte entnommenen Regeln und Grundsätze. Man empfindet hier besonders unangenehm das Ungenügende solcher gelehrten Sammelwerke in dem gänzlichen Unvermögen, einen Rechtsbegriff abzugrenzen, überhaupt das ganze Gewicht der Gründe, die v. Savigny gegen das preussische Landrecht vorgebracht und in den Satz zusammengefasst hat, es mangle demselben die scharfe individuelle Auffassung der Begriffe, und von den praktischen Regeln lasse sich behaupten, dass die meisten Bestimmungen weder die Höhe allgemeiner leitender Grundsätze, noch die Anschauung des Individuellen erreichen. Der spanische Salomo hat aber ausserdem den Vorwurf grenzenloser Abgeschmacktheit auf sich geladen, wenn er sich damit nicht begnügt, dem Vater das Verpfänden und Verkaufen seiner Kinder zu gestatten, sondern sogar denjenigen für straflos erklärt, der lieber seinen Sohn aufspeist, als dass er die ihm von seinem Herrn anvertraute Burg wegen Mangels an Lebensmitteln übergiebt [299]). Und was soll man erst dazu sagen, dass Amtstitel wie: *proconsul, praefectus urbis, praefectus orientis, quaestor, princeps agentium in rebus, magister sacri scrinii libellorum* wieder aus dem Grabe gezerrt werden! Dagegen ist das Erbrecht in der fünften und sechsten *Partida* sehr sorgfältig nach römischem Muster bearbeitet und zeugt der Abschnitt von einer umfassenden Kenntniss der Glossatoren. Daran freilich darf man sich nicht stossen, dass der Vater jede beliebige Person als Erben soll einsetzen können [300]), und dass die Erbansprüche auf eine nicht testamentarisch geordnete Hinterlassenschaft das eine Mal so, das andere Mal anders geregelt werden. Die siebente *Partida* umfasst das Criminalrecht und man kann es nur loben, dass der Gesetzgeber auf die Abschaffung grausamer Strafen Bedacht nahm [301]): indessen reimte es damit schlecht, dass der

---

[299]) *Part.* IV. 17. 8: *podrie comer al fijo sin malestanza.*

[300]) *Part.* VI. 15. 13.

[301]) *Part.* VII. 31. 6: *Algunas maneras son de penas que las non deben dar á ningunt home por yerro que haya fecho, asi como señalar á alguno en la cara quemándole con fierro caliente* (am Kopfe brandmarken), *nin cortandol las narices, nin sacandol los ojos. Porque la cara del home fizo Dios á su semejanza. Que los judgadores non deben mandar*

Richter den zum Tode Verurtheilten hängen, verbrennen und den wilden Thieren vorwerfen lassen konnte, sowie dass die Söhne eines Hochverräthers ihr väterliches Erbe verloren und Zeitlebens infam blieben. Auf Falschmünzerei und Fälschung eines päpstlichen oder königlichen Siegels stand gleichfalls der Tod. Selbst die Strafe des Culleus, mit Hund, Hahn, Schlange und Affe, wird erneuert — ein handgreiflicher Scherz, da es in Castilien und Leon zuverlässig keine Affen gab. Der falsche Zeuge in Criminalsachen hat das Leben verwirkt; der Brandstifter niedrigen Standes wird ins Feuer gestürzt, wenn aber die Folter von neuem eingeführt wird, so ist das kein Zurückgehen auf das alte Westgothen-Recht und den besonnenen Gebrauch, der dasselbe für die Erpressung eines Bekenntnisses von der Folter zu machen befahl, vielmehr wiederum bloss sklavische Nachahmung der Glossatoren, da es dem Könige Alfons und den Rechtsgelehrten, die ihn umgaben, umgekehrt darum zu thun war, das *Forum Judicum* als gar nicht vorhanden anzusehen und absichtlich und rücksichtslos alle die bedenklichen Uebelstände herbeizuführen, die gewaltsame Einführung eines Fremdrechts für eine Nation überall im Gefolge haben wird. Die Westgothen-Könige, zumal der spätern Zeit, hatten nichts Arges darin gefunden, wo es ihnen zweckdienlich schien, aus römischen Quellen zu schöpfen; sie thaten es aber in der Regel unter Wahrung der Grundzüge germanischer Rechtsverfassung: jetzt dagegen sollte das Germanische bis auf den letzten Rest ausgestossen und ohne innere, ja selbst äussere Vermittelung ein fremdes Recht an seine Stelle gesetzt werden. Um dieselbe Zeit haben in Deutschland die Kaiser (Friedrich I., II., Heinrich VII.) die Einrückung ihrer neuen Gesetze in den Justinianischen Codex verordnet und das römische Recht wurde auch im nördlichen Deutschland des Kaisers Recht: allein die Anwendung beschränkte sich hier vorerst auf seltene, ausser-

---

apedrear á ningun home, nin crucificar, nin despeñar (herabstürzen wie vom Trapejischen Felsen). Der Maure, der sich mit einer christlichen Jungfrau vermischte, sollte dennoch gesteinigt (VII. 25. 10), dem Gotteslästerer beim dritten Male die Zunge abgeschnitten werden (VII. 28. 4).

ordentliche Fälle und der *usus modernus* bildete sich erst allmälig, indem die Juristen die verdrängte deutsche und die aufgenommene römische Rechtsordnung, in Verbindung mit den Forderungen des Christenthums, gleichmässig auf sich einwirken liessen und an eine übereilte Codification überhaupt nicht gedacht wurde.

In einer Beziehung freilich hat selbst der gelehrte König Alfons seiner Zeit und ihren vorherrschenden Stimmungen und Neigungen Rechnung tragen müssen: wie wäre es möglich gewesen, dass ein Monarch, der sich mit Glück im religiösen Minneliede versuchte und ausführlich über die nobeln Passionen der Jagd und des Spieles schrieb, sich dem ganz West-Europa beherrschenden Geiste des Ritterthums hätte entziehen können, an einem Hofe, wo das deutsche, das englische, das französische und selbst das maurische Ritterthum, untermischt mit südfranzösischen Troubadours und Albigenser Ketzern, sich die Hand boten! Nichts nimmt sich wunderlicher und widerwärtiger in den *Partidas* aus, als die endlosen Erörterungen über Ritterwesen [302]) und feudalistische Anschauungen, in denen man nur zu deutlich die eigene Feder des Königs erkennt — eine fantastische Welt der Ehre, der Treue, der Gewalt neben der trockenen Brauchbarkeit und dem verstandesmässigen Kriticismus des römischen Rechts. Die siebente *Partida* erörtert mit

[302]) An *Donquijotismen* ist kein Mangel, so wenn *Part.* II. 21. 22 von den Freundinnen (*amigas*) die Rede ist, denen die Ritter, wenn sie zum Strausse ausziehen, ihre Herzen zurückzulassen hätten. Ueber die Einrichtung der Burgen in Kriegszeiten hat Alfons eine eigene Abhandlung verfasst: *De como se ha de guarnecer y proveer un castello en tiempo de guerra, ó cuando se teme la invasion de un enemigo.* In einem lateinischen Texte (*Escurial*) der noch ungedruckten Abhandlung liest man: *Item, sint ibi Romancia, et Libri Gestorum, videlicet Alexandri, Karoli, et Rotlandi, et Oliverii, et Verdinio, et de Antellmo lo Danter, et de Otonell, et de Bethon, et de Comes de Mantull, et libri magnorum et nobilium bellorum, et preliorum, que facta sunt in Hispania.* Die Madrider National-Bibliothek verwahrt einen Stoss Papiere von *A. de Morales*, worunter ein Bittgesuch an Philipp II., die Ritterbücher zu verbieten: *los libros que dicen Milesios, Amadis y sus semejantes, Celestina y los de su vando.*

ungebührlicher Weitschweifigkeit den Zweikampf und was dazu gehört *(rieptos, lides, desafiamientos, treguas, seguranzas)*; in der zweiten *Partida* findet sich das Majoratswesen abgehandelt, wozu später (*Part.* V. 5. 44) die Errichtung von Fideicommissen kommt. Dass der spanische Adel nicht erst auf die *Partidas* gewartet haben wird, um Majorate und Fideicommisse zu errichten, lässt sich denken, wiewohl Zeugnisse vorliegen, dass mehrere der angesehensten Geschlechter, so die Grafen von Belmonte und Monforte, und D. Gonzalo Ibañez de Aguilar, aus dem Hause Medinaceli, gerade damals ihre Güter zu Majoraten machten [303]). Wenn die Gewaltigen sich eine gesetzliche Anerkennung des blossen Herkommens recht gerne gefallen liessen, so war diess noch immer kein Grund für sie, die adelige Gerichtsbarkeit, soweit sie dieselbe missbräuchlich sich anmassten oder als Beisitzer des Hofgerichts im Namen des Königs ausübten, ganz und gar in die Hände königlicher Beamten übergeben zu lassen. Von dieser Seite erfuhr Alfons den hartnäckigsten Widerstand, und um so gefährlicher darum, weil derselbe durch die längst bestehenden *Hermandades* zu einheitlichem und nachdrücklichem Handeln wohl vorbereitet und organisirt war. Man hat wohl behauptet, das System der spanischen Verbrüderungen sei die Frucht der Alfonsinischen Rechtsstürmerei gewesen: nach sorgfältiger Durchforschung der einschlagenden Quellen habe ich mich überzeugt, dass die Sache weit älteren Ursprungs ist und von der Kirche ausging. Im Jahre 1248 schloss die *Clerecia* von Toledo mit der von Talavera Brüderschaft: *porque los enemigos de la fé de Jesuchristo, los Judios, et los Moros, et los hereges non se puedan vengar de nos.* Auch mit den Hauptkirchen von Pamplona, Oviedo, Siguenza, dem Hospital von Roncesvalles, dem Calatrava-Orden vereinigte das Capitel von Toledo sich zu einem Freundschaftsbund; i. J. 1295 gelobten sich der Erzbischof von Toledo und die Communen der

303) Salazar de Mendoza, *Origen de las dignidades de Castilla. Lib.* III. c. 7. Alfons entblödet sich nicht, den Gebrauch durch einen Ausspruch Christi zu rechtfertigen: *segund nuestro Señor Jesuchristo dijo, que todo reino partido seria estragado.*

Eidgenossenschaft von Estremadura, dass, unbeschadet der zwischen ihnen bestehenden Verbrüderung, die Communen sich nicht um etwaige Zerwürfnisse des Erzbischofs mit seinen Vasallen von Alcalá, Briguega und Talamanca zu kümmern hätten [304]). Den frühesten Bundesbrief fand ich in der Burriel'schen Sammlung — eine *Carta de Hermandad* [305]) vom Jahre 1116; ihre grosse politische Bedeutung erlangten die Eidgenossenschaften jedoch erst unter Alfons X., dessen Sohn D. Sancho die *Infantes, Prelados, Ricos-hombres* und *Señores* von Castilien, Leon und Galizien zwangen, ihren Beschwerden gegen seinen Vater gerecht zu werden. Die *Hermandad* nahm das Kloster Sahagun unter ihren Schutz [306]). Einige Jahre später schlossen die *Concejos* von Leon und Galizien auf einer Cortes-Versammlung zu Valladolid (1295) einen Bundesvertrag des Inhalts: die Communen, Angesichts der Bedrückungen die sie von der Krone zu erdulden haben, verpflichten sich, dem Könige die *Justicia, Marteniega, Moneda, Yantar* und *Fonsadera* auch fernerhin zu belassen; sollten jedoch Richter, Alcalden und Merinos rechts- und gesetzwidrig verfahren, so hat der Geschädigte sofort dem Rathe davon Anzeige zu machen, damit dieser bei dem Könige Beschwerde führt. Dem Adel und der Geistlichkeit wird es

---

304) Die kirchlichen Verbrüderungen reichten bis ins Ausland: im J. 1480 erneuerte das Capitel von Toledo seinen Freundschaftsbund mit dem Capitel von Tours: *quod omnes dignitates, canonici et beneficiati cujuscumque harum ecclesiarum Toletane aut Turonensis sint participes bonorum omnium spiritualium et temporalium Toletani Turonensis, Turonenses Toletani ecclesiarum universi universorum et singuli singulorum* (Kirchen-Archiv in Toledo).

305) *Ordinem Fraternitatis nostrae censuimus ita inter nos observandum esse, ut in omnibus mensibus Kalendarum quo adunati ad capitulum simul habeamus colloquium questionum nostrarum. Et si aliquis fratrum nostrorum in aliquo fratrem suum laesus fuerit, querimonia audiatur ab omnibus, et absque defensione cujuscumque partis equaliter vel caritative determinetur inter eos. Et nullus nostrorum fratrum pro aliqua querimonia fratri sui audeat interpellare judice vel saione, omnino abjiciatur, nec ultra recipiatur. Unusquisque nostrorum proferat unum denarium, unde augmentum habeat nostra fraternitas. Prepositum inter nos electum ab omnibus honoretur et obediatur. Pro comprehenso fideijussores demus.*

306) Escalona. *p.* 618.

ein für alle Mal untersagt, einem Bürger, ohne vorangegangenes richterliches Erkenntniss, etwas zu nehmen: wer es thut, muss es sich gefallen lassen, dass die Communen sich an sein Eigenthum halten [307]). Wer von einem Adeligen bedroht oder herausgefordert wird, mache dem Rathe Anzeige, der einschreitet, damit Recht Recht bleibe, und rechtschaffene Männer anweist, die Sache zu untersuchen und dem Bürger nöthigenfalls Beistand zu leisten. Wenn es nicht anders sein kann, dürfen sie dem Störenfried getrost ans Leben greifen, das derselbe unter allen Umständen verwirkt, wenn er einen Bürger umbringt. Auch kein Beamter soll auf königlichen Befehl einem Bürger etwas anhaben, es wäre denn in Kraft eines richterlichen Erkenntnisses. Wer unrechtmässiger Weise Steuern eintreibt, macht sich vogelfrei. Um die gemeinschaftlichen Angelegenheiten zu berathen, schickt jede Commune alljährlich zwei Abgeordnete zu einer General-Versammlung nach Leon, und diese hat dafür zu sorgen, dass die Königsbeamten den Bundesvertrag beschwören. Schwebt eine Commune in Gefahr, so benachrichtigt sie die andern brieflich davon. Spätestens fünf Tage nach Empfang des Schreibens haben diese ihr Aufgebot in Marsch zu setzen, und damit unterwegs keine Zögerung entsteht, wird anbefohlen, dass die Mannschaften täglich nicht unter fünf Meilen zurückzulegen haben.

Die spanischen Rechtshistoriker haben sich nicht darüber einigen können, ob die *Partidas* bei ihrem Erscheinen förmlich publicirt wurden und Gesetzeskraft erlangten. Abgesehen davon, dass nirgends einer Publication Erwähnung geschieht, ist der ganze Streit durchaus unerheblich desswegen, weil Alfons in Sevilla in der Verbannung starb, nachdem sein eigener Sohn, Sancho el Bravo, an der Spitze des unzufriedenen Adels ihn entthront hatte. Wäre das neue Gesetzbuch auch publicirt gewesen, so würde Sancho die Publication wieder ausser Kraft gesetzt haben, da ihm der Widerstand gegen dasselbe zum Thron verholfen hatte. Aus leicht erklärlichen Gründen be-

[307]) *Que le deriban las casas, et le corten las viñas, et las huertas, et todo lo al que le fallaren.*

stand seine ganze Politik darin, die Anordnungen seines Vorgängers rückgängig zu machen und, soweit es thunlich schien, den frühern Stand der Dinge wiederherzustellen. Er begann damit, dass er den Professoren von Salamanca die Besoldungen zurückbehielt und die junge Lehranstalt möglichst verkommen liess. Legisten bedurfte das Land vorläufig nicht mehr. Der Bischof Pedro von Salamanca wandte sich desshalb i. J. 1312 beschwerend an Papst Clemens V., dem er die unberechenbaren Nachtheile einer solchen Vernachlässigung und Unterbrechung der Universitätsstudien vorstellte, und nachdem der Papst durch den Erzbischof von Santiago den Sachverhalt hatte feststellen lassen, beauftragte er ihn, durch ein Provinzial-Concil ein Neuntel des Kirchenzehnten der Universität Salamanca zuzuwenden [308]). In Erwiderung der päpstlichen Gnade verzichtete die Stadt zu Gunsten des Stuhles Petri auf das Recht, ihren Bischof zu wählen [309]). Die Universität blühete unter den Fittichen der Kirche rasch auf: immer mehr neue Lehrstühle wurden gestiftet, i. J. 1380 allein neun, darunter drei für Theologie. Der Cardinal von Aragonien, D. Pedro de Luna, dem Salamanca den Zuwachs zu danken hatte, ging, als er Papst Benedict XIII. war, noch viel weiter: 1401 [310]) gab er seiner Lieblings-Universität neue Statuten, vermehrte ihre Einkünfte und brachte die Zahl der Professoren auf 25, nämlich 6 für canonisches Recht, 4 für römisches, 3 für Theologie, 2 für Medi-

---

[308]) *Fraternitati tuae*, schrieb der Papst an den Erzbischof, *per apostolica scripta mandamus, quatenus tu, qui loci metropolitanus existis, quique circa asignationem tertiae partis tertiae decimarum hujusmodi pro salariis magistrorum et doctorum ipsorum faciendam poteris vacare commodius, in tuo concilio provinciali, de consilio suffraganeorum, qui concilio ipso convenerint, vel majoris partis eorum, tertiam partem de hujusmodi tertia predictarum decimarum civitatis et diocesis Salmantinae in salaria magistrorum, quos in decretis, decretalibus, legibus, medicina, logicalibus, grammaticalibus et musica regere, vel docere pro tempore in dicta civitate contigerit, convertendam* (Aguirre. V. 334). Die Universität war also mittlerweile durch eine medicinische Facultät vermehrt worden.

[309]) Gil Gonzalez Dávila, *Historia de Salamanca. Lib.* III. c. 4.

[310]) So Chacon; v. Savigny nennt das Jahr 1422 als dasjenige, wo Salamanca Statuten erhielt, was neben der durch Benedict XIII. (1394—1409) veranstalteten Reform recht wohl bestehen könnte.

ein, 2 für Logik, 1 für Astrologie, 1 für Musik, 1 für Hebräisch, Chaldäisch und Arabisch, 1 für Beredtsamkeit, 2 für Grammatik. Im J. 1569 zählte man nicht weniger als 70 Lehrstühle.

Nach denselben Grundsätzen verfuhr D. Sancho, als er den Vorstellungen der Stände nachgab und den *Adelantado* von dem Leoner Tribunal entfernte. Nur ein einziges Mal bestätigte Sancho eine Verordnung seines Vaters, eine solche nämlich, die gegen die Gültigkeit der *Partidas* sprach [311]). Diese behielten gleichwohl die Bedeutung eines subsidiären Gewohnheitsrechts und kamen, zumal seitdem es einen gelehrten Juristenstand gab, vielfach in Anwendung. In dem *Ordenamiento* von Alcalá (1348) gab Alfons XI. die Anweisung, dass solche Processe, welche nach dem *Ordenamiento* und den *Fueros* nicht sollten entschieden werden können, fortan nach den bisher nicht publicirten *Partidas* erledigt würden [312]). Weder hat D. Sancho von Castilien das *Fuero Viejo* verfasst, noch waren die *Partidas* vor dem *Ordenamiento* von Alcalá Landesgesetz.

---

311) Alfons X. hatte bei einer Streitigkeit, die zwischen der muzarabischen und castilischen Bevölkerung von Talavera über die Frage ausbrach, ob Verbrechen nach gothischem oder castilischem Rechte zu richten seien, im J. 1254, also ganz im Anfang seiner Regierung, zu Gunsten des *Forum Judicum* entschieden, was Sancho 1282 bestätigte und einige Jahre später dahin erläuterte: *Et que hayan todos el fuero del Libro Juzgo de Leon, é que se juzguen por él.*

312) *Los pleitos é contiendas, que se non pudieren librar por las leyes deste nuestro libro, é por los dichos fueros, mandamos que se libren por las leys contenidas en los libros de las Siete Partidas, que el rey Don Alfonso nuestro bisabuelo mandó ordenar, como quier que fasta aqui non se falla que sean publicadas por mandato del rey, nin fueron avidas por leys; pero mandámoslas requirir, é concertar, é enmendar en algunas cosas que complian.*

IV.

Ueber die geographische Entwickelung und Ausbreitung des Feudalismus sind die Untersuchungen und Feststellungen noch immer mangelhaft: im Ganzen aber wird man sich dahin zu verständigen haben, dass, ähnlich der scholastischen Wissenschaft und dem gothischen Baustyl, auch das Lehnwesen sich am frühesten in jenen gesegneten und thatenreichen Gegenden entwickelte, deren Haupt- und Mittelpunkt Paris war.

Die Frage ist hierorts nur insofern von einigem Werthe, als damit angedeutet werden soll, welchen Weg das Feudalsystem nahm, um nach Spanien zu gelangen. Alle Radien laufen von Frankreich aus und liegen am dichtesten beisammen in dem nordöstlichen Ausschnitt der pyrenäischen Halbinsel, für den der herrliche Gebirgszug zu keiner Zeit einen absperrenden Riegel zwischen Süden und Norden gebildet hat. Um von den Basken gar nicht zu reden, die sich gleichmässig auf beiden Abhängen vertheilt haben und vollständig mit dem Körper der Pyrenäen verwachsen sind, auch die übrigen Bevölkerungselemente verschlingen sich in den anmuthigen Thalgründen so in einander, dass man sie nicht scheiden kann, ohne das Zusammengehörende gewaltsam zu zerreissen. Die Wege waren daher von selbst gebahnt, auf welchen französisches Wesen in Spanien einzog, und dazu gehören namentlich auch die feudalen Einrichtungen.

Allen Bedrängnissen zum Trotz, womit die Monarchie im eigentlichen Spanien fortwährend zu kämpfen hatte, liess sich dieselbe doch niemals ihren Schwerpunkt verrücken, ihre Oberhoheitsrechte gewaltsam zerstückeln, und es verdient in der That

Beachtung, wie sehr in den *Partidas* die Grundzüge des Feudalismus in den Hintergrund treten und überall nur die Lehnspflicht gegen den König als die Hauptsache hervorgekehrt wird. Die auf der Reichsversammlung von Leon (1020) gefassten Beschlüsse blieben nach wie vor maassgebend, wie denn überhaupt die Urkunden über die Natur und Eigenthümlichkeit des adeligen *Señorío* (Herrenrecht) den Forscher gänzlich im Stiche lassen und von eigenen Lehnshöfen nirgends die Rede ist. Die zweite *Partida* macht sich viel zu schaffen mit den Heerfahrten, von deren Erträgen zuerst die Gefangenen auszuwechseln sind, worauf ausser den vornehmen Kriegsgefangenen und ihren Familien, den eroberten Städten, Burgen und Festen der fünfte Theil der Beute für den König auszuscheiden ist, die Hälfte, wenn er die Zehrung (*talegas*) liefert. Dann erst theilen sich die andern Kriegsgenossen in den Rest. Ausserdem weiss Alfons allerdings auch noch von andern als von königlichen Vasallen, nur fasst er das Abhängigkeitsverhältniss in durchaus liberalem Sinne; so zwar dass in seinen frühern Werken dem Vasallen gestattet wird, unter Beobachtung einiger unwesentlichen Förmlichkeiten, in jedem beliebigen Augenblick aus seinem Dienstverhältniss auszuscheiden [313]). Die vierte *Partida* (*tit.* 25) zählt fünf Weisen von Vasallenthum auf: die Unterthanen als Vasallen des Königs; diejenigen, so von den *Señores* Beneficien (*bienhechos*) empfangen haben; die *Solariegos* als abhängig von den *Señores* durch die *Behetria* oder *Devisa* [314]); der Sohn im Gehorsam des Vaters, endlich der Sklav im Dienste des Herrn. Auch die Formeln und Gebräuche bei Eingehung der Lehnspflicht werden ausführlich beschrieben und der Begriff des Feudums (IV. 26. 6) dahin bestimmt, dass die Töchter nicht erben können, die Söhne dagegen gemeinschaftlich, oder in Er-

---

[313]) *Opusculos Legales.* II. 97. D. Rodrigo (*De reb. Hisp. Lib. VII. c.* 21. 33) erwähnt mehrere Fälle, wo Barone ihre Lehne an Ferdinand den Heiligen zurückgaben und zu seinen Feinden übergingen.

[314]) *Devisa,* wovon der *Diviserus* im *Fuero* von Nájera, bedeutet das gemeinschaftliche Herrenrecht der Söhne in dem unter sie vertheilten väterlichen Erbgute.

mangelung von Söhnen, die Söhne der Söhne. Weiter aber als bis zu den Enkeln vererbt sich das Lehn nicht, sondern fällt an den Herrn zurück. Ein Gebrechlicher, ein Mönch oder ein Geistlicher, der die Dienstpflicht nicht erfüllen kann, erbt das Lehn nicht; bei einem Königreich, einer *Comarca* oder Grafschaft, überhaupt bei einer königlichen Würde erben Sohn und Enkel nur in dem Falle, wenn ihr Vorfahr unter der ausdrücklichen Bedingung belehnt wurde [315]). In Navarra, Aragonien und Catalonien hatte sich der Feudalismus weit eher als in Castilien und Leon festgesetzt, und Llorente [316]) zählt allein über 150 Arten Herrenrechte auf, wodurch freilich die dunkle Geschichte dieser Länder noch wenig aufgeklärt wird. Der heilige Eulogius bereiste im J. 848 unangefochten das Land und die blühenden Klöster von Navarra, und rühmte das Glück, unter christlichen Fürsten zu stehen, während er in Cordova unter arabischem Joche seufze. Nachdem Alfons III. von Asturien die Pyrenäenländer aufgegeben hatte, kamen diese an die mit dem französischen Königshause verwandten Grafen von Bigorre und Sancho der Aeltere nahm den Asturiern die *Provincias Vascongadas* ab [317]). Er hat die Hauptstadt des Reiches von Pamplona nach Nájera verlegt. In Aragonien hatte die bevorrechtete Selbständigkeit des Adels die Wirkung, dass die Communen, von den Königen begünstigt, frühzeitig Infanzonen-Rechte erlangten [318]) und sich ihre Verfassung durch das s. g.

---

[315]) Ganz anders freilich lauten die Begünstigungen des Adels im *Fuero Viejo:* Nur für Verrath und Treubruch trifft den *hidalgo* die Todesstrafe, alle andern Verbrechen büsst er mit Geld oder zeitwieriger Verbannung; die Entehrung einer Frau, Verwundung oder Ausplünderung eines Knappen kostet ihn bloss 500 Solidi; beleidigt ein *hidalgo* den andern, so kümmert sich das Gesetz nicht darum, selbst wenn es bis zum Morde kam: der Beleidigte und seine Verwandtschaft lassen dem Beleidiger eine Ausforderung zugehen und wenn dieser innerhalb dreier Tage sich mit ihnen nicht ausgeglichen hat, können sie ihn ausrauben, ja umbringen. Wer dagegen den Hund eines Edelmannes umbringt, zahlt 100 Solidi.

[316]) *Noticias históricas de las tres provincias vascongadas. P. II. c.* 10.

[317]) J. M. de Zuaznavar, *Ensayo sobre la legislacion de Navarra. I.* 175.

[318]) Nachdem Alonso I. die Mauren aus Çaragoça verjagt hatte (1118), ertheilte er der Stadt ein *Fuero* mit dem Vermerk: *Dono vobis fueros bonos, quales vos mihi demandastis, quomodo habent illos bonos in-*

„Privilegio de los veinte" [319]) bestätigen liessen. Da Aragonien bald darauf (1137) mit Catalonien unter einen und denselben Herrscher zu stehen kam, verflossen auch die beiderseitigen Rechtssphären mehr und mehr in einander, ohne gleichwohl völlig zu verschmelzen. Catalonien kam in eine ausserordentliche Lage wegen seiner Beziehungen zum Frankenreiche, d. h. als *Marca Hispanica*: seine Grafen waren fränkische Markgrafen, bis unter Philipp August von Frankreich (1213) das längst locker gewordene Band sich gänzlich löste. Noch bis ins zwölfte Jahrhundert sind die catalonischen Schriftstücke nach den Regierungsjahren der Frankenkönige datirt. Dessenungeachtet ist gerade hier das Altgothische mit besonderer Zähigkeit haften geblieben und die Annahme, dass die Araber die catalonischen Ausläufer der Pyrenäen nie ganz und bleibend in ihre Gewalt bekamen, wird durch die Aufzeichnung in einer alten Handschrift bestätigt: *ab incarnatione autem Dni Ihu Xpi usque in presentem primum Quintilani principis, annum qui est era LXX quarta (DCCLXXIV) sunt anni DCCXXXVI.* Hiernach scheint es, dass 25 Jahre nach der Schlacht am Guadalete ein gothischer Chintila sich als unabhängiger Fürst behauptete, wofern nicht, was allerdings annehmbarer sein dürfte, statt 736 zu lesen ist 636, in welchem Jahre der Gothenkönig Chintila wirklich den Thron bestieg. Noch in verhältnissmässig später Zeit galt es als ausgemacht, dass Peralada bei Dampuries nie unter saracenischer Herrschaft stand [320]). Wie dem auch sein

---

fançones de Aragone. Qui non tenet honore de senyore, quod vadat ad lite campale, et a sitio de castellum cum pane de tres dies; et nullus infancione, qui ibi non quesierit ire, non habet super illum nullam caloniam, nisi quod vetet Rex de terra suos mercatos, quod non ibi comparet, nec vendat: et suos alcales quod non illum judicent (Hispan. Illust. IV. 566).

[319]) Molino, *Repertorium fororum et observantiarum regni Aragonum. fol.* 265. *Adhuc autem mando vobis, quod juretis totos istos fueros illos meliores viginti homines, quod vos ipsi elegeritis inter vos; et vos ipsi viginti, qui prius juraveritis, quod faciatis jurare totos illos alios, salva mea fidelitate . . . Similiter mando vobis, quod habeatis vestros judicios inter vos ipsos vicinalmente et directamente ante meam justitiam, qui fuerit ibi per me.*

[320]) Als die Franzosen zur Zeit D. Pedro's in Catalonien einfielen, wurde die

mag: Barcelona wurde bereits im J. 801 den Mauren wieder entrissen [321]), worauf die fränkischen Herrscher nicht müde wurden, der Einwohnerschaft ihre volle Gunst zufliessen zu lassen. Unter Carl dem Grossen hiess Catalonien bald Gotia (Gocia), bald Septimania [322]), und Ludwig der Fromme schlug alle Länder, die zwischen dem Llobregat und der Rhone-Mündung lagen, in ein Reich zusammen, zu dessen Hauptstadt er Barcelona machte; ja, die Grafen von Barcelona führten den Titel: „Herzoge von Septimanien und Markgrafen von Gothien" auch nachdem Carl der Kahle die Reichsprovinzen diesseits und jenseits der Pyrenäen im J. 865 [323]) von einander getrennt hatte, indem er an den Grafen Bernhard die *Gotia Gallica* und an Wifred die *Gotia Hispanica* verlieh. Nur in einer einzigen lateinischen Urkunde aus dem vierten Regierungsjahre Carls kommt der Name „*Cathalonia*" vor [324]). Dass in

---

Stadt von den einheimischen Almugavers aus reinem Muthwillen niedergebrannt. Muntaner (*Chronica*. c. CXXV) bemerkt dazu: *E fo gran tala, que la pus antiga vila era Peralada que del temps de Carles magnes e de Rolla ença no fo de Sarrahins; ans es veritat, quel monestir de senct Quirch feu Carles magnes.* Muntaner stammte selbst aus Peralada und will mit andern Bewohnern nur darum als ächter Landsknecht in die weite Welt gezogen sein, weil er bei dem Brande all das Seinige einbüsste.

[321]) Ueber das Jahr, in welchem Barcelona in die Hände der Ungläubigen fiel, schwanken die Nachrichten zwischen 713—719. Wahrscheinlich war es das Jahr 717.

[322]) Baluze hat in den „Capitularien" (J. 1118) und in der „*Marca Hispanica*" (329. 447) aus einer Menge Urkunden nachgewiesen, dass die spanische Mark und Septimanien damals gleicherweise Gotia hiessen, was um so natürlicher war, als Tausende von Gothen, um nicht den Mauren gehorchen zu müssen, sich unter fränkischer Botmässigkeit das eine Mal jenseits, das andere Mal diesseits der Pyrenäen niederliessen, wesshalb Carl der Kahle im J. 844 den in Septimanien angesiedelten Spaniern ihr eigenes Recht bestätigte.

[323]) Nicht 849, wie es in der „*Marca Hispanica*" heisst (*Memorias de la Real Academia de Buenas Letras de Barcelona. App.*).

[324]) Wie freundlich Carl der Kahle gegen Barcelona gesinnt war, erhellt aus einem im J. 877 verfassten Sendschreiben desselben: *Karolus, Dei omnipotentis misericordia Imperator Augustus, omnibus Barchionensibus, peculiaribus nostris, salutem. Sciatis, quoniam superno munere congrua prosperitate salvemus. Apud vos quoque ut et ipsum maneat, valde desideramus. Plurimas autem vobis grates referimus eo quod in nostram*

Gothien das gothische Recht fortbestanden haben wird, ist etwas was sich im Grunde von selbst versteht [325]), so dass ich mich darauf beschränke, aus den zahllosen Belagstellen die wichtigste, ein im J. 863 gefälltes richterliches Erkenntniss des Grafen Salomon, wörtlich einzuschalten: *Judices perquisierunt in libro gothorum, et inserunt in libro quarto, titulo secundo, era nona decima ubi dicit: omnis ingenuus vir atque femina, sive nobilis, sive inferior, qui filii, vel nepotes, aut pronepotes non reliquerit, faciendi de rebus suis quod voluerit indubitanter licentiam habeat.* Es ist diess nicht c. 19, sondern c. 20 (L. W. IV. 2) der Ausgaben, somit ein weiterer Beweis, dass damals sehr verschiedene Abschriften des Westgothen-Rechts im Umlauf waren.

---

fidelitatem semper omnimodis tenditis. Venit denique Judas Hebreus fidelis noster ad nos, et de vestra fidelitate multa nobis designavit. Unde vestrae fidelitati condignam remunerationem, et decens premium referre parati sumus. De vestrae igitur fidelitatis assiduitate nullo modo retardetis, sed in ea, prout melius scitis et potestis, in omnibus tendentes permaneatis, sicut hactenus factum habetis. Valete! Von Carls eigener Hand die Nachschrift: *Et sciatis vos, quia per fidelem meum Judam condirigo ad Frodoynum episcopum libras decem de argento ad suam ecclesiam reparare.* Mit gutem Beispiel war schon Ludwig der Fromme vorangegangen: als seine raublustigen Beamten den vor den Mauren geflohenen Spaniern (*hostolenses*) die ihnen im Frankenlande auf 30 Jahre bewilligten Ländereien (*adprisiones*) wieder abnehmen wollten, überliess Ludwig (816) sie ihnen erblich und befahl Abschriften der Schenkungsurkunde in Narbonne, Carcassonne, Béziers, Rociliona, Ampurias, Girona und Barcelona aufzubewahren. Nicht selten ist in den Urkunden die Ausdrucksweise: *quae nos traximus de eremo primi homines sub ditione Francorum.*

[325]) In der Burriel-Sammlung stiess ich auf eine darauf bezügliche Blumenlese: Juan Lucas Corte, *De usu et autoritate Legis Gothicae, sive Libri Legum Gothorum, vulgo Fuero Juzgo, in Cathalonia, sive Gothia et Septimania, sive Provincia Narbonensi.* Am ausgiebigsten erweist sich der *Discurso histórico sobre el origen y sucesion del reyno pirenaico* (*Mem. de la R. Acad. de Mad. IV. App.* 3). Villanueva (IX.) erwähnt einer prachtvollen Abschrift des *Forum Judicum* vom Jahre 1010, mit den Schlussworten: *cujus libri explicatio die Kalendas Septembres anno XV regnante Roberto rege Francorum in Francia.* Auch in Valencia fand ich auf der dortigen Universitäts-Bibliothek eine Handschrift des Westgothen-Rechts aus dem 11. Jahrhundert, mit vorausgeschickter Angabe der spanischen Bischofssitze: *Incipiunt noticiae civitatum vel sedium pontificum yspaniae. Prima provincia in gallia narbona.*

Schon seiner Beziehungen zum Frankenreiche wegen war Catalonien dem übrigen christlichen Spanien, so weit es seine Selbständigkeit erhalten oder erkämpft hatte, voraus und bereits Graf Wifred musste darauf bedacht sein, durch *Fueros* eine immer fühlbarer werdende Lücke des alten Rechtes auszufüllen. Den zuverlässigsten Einblick in die damaligen Rechtszustände Cataloniens gewährt die vom Grafen Borrell (d. d. 23. April 986) erlassene *Carta de poblacion* der Commune Cardona, die ich ihrem ganzen Inhalt nach mittheile [326]).

Regnante in perpetuum Dn̄o nostro Ihu Xpo, sexta etate mundi, in sexto miliario seculi, era millesima vigesima quarta, anno trabea incarnationis Dni nostri Ihu Xpi D.C.C.C.C.LXXX.VI., resurrectionis dominicae nobis celebranda est II. nonas Aprilis, luna XX, Deo auxiliante, et sacro divino eloquio nobis confortante, et sub jussione magno imperio nostro Leudovico rege obediente, filio Leutarii regis anno I eo regnante, et misericordia Dni postulante: Ego Borrellus gratia Dei comes et marchio facio preceptum et securitatem atque liberationem in castro vocitato Cardona, vel suis agacenciis, et ad omnes abitatores ejus, seu et posteritatis et proienies eorum, de omne rerum facultatis eorum, quidquid ad usum omnium pertinet, seu aulodes illorum, ut de ab hodierno die, et tempora supra memorata jure quieto ordine teneant, et possideant, et hic securiter et in perpetuum feliciter, sine aliqua dubitatione vel inquietacione de nullo omine. Quia quando in primis construxit avius meus Wifredus comis et marchio bone memorie, et edificavit istum castrum Cardona, cum suis terminibus, precepit in suo precepto et suo verbo .... memorialem, ut omnes gentes, omnes abitatores, qui ibidem stare veniebant, aut cum illorum bona ad hec currebant, et hic vivere volebant, jure quieto tenuissent et possedissent perpetualiter. Et si aliquis malignus omo, aut superbia inflatus, aut scandalum cumulatus, aliquid tulisset vel diripuisset de sua facultate de illos abitatores omines, ille qui perdidisset, in duplum prendidisset de suam facultatem de illum malignum ominem, qui hoc malum fecisset; et si unum asinum

[326]) Villanueva, *Viaje literario.* VIII. 276.

perdidisset, ille qui perdidit, duos meliores prendidisset; et de aliis modis in omnibus rebus sic in duplum precepit custodiri vel defendere; et si unam alapam quamvis unus ex ipsis de abitatores ejus percussus fuisset de ullum malignum hominem, duas peiores reddidisset sine dubitatione, et postea nullam calumniam pertimesceret in nullum judicium. Similiter et de aliis plagis, vel vulneribus, atque injuriis, teneri et custodiri jussit in duplum [327]). *Et sic perdonavit ad omnes abitatores istius loci supra nominati illam quartam partem de illo toloneo, ut inter eos divisissent, sicut et faciunt ab hodierno die; et nullum censum non fecissent, nec abuissent, nec dedissent, nisi debitum sancte Dei ecclesie, quod est veram primiciam, et veram decimam, et fidelem offercionem, et sanctum sacrificium. Et si servus aut ancilla venisset inter eos, aut aliquis homo cum alienam uxorem aut sponsa, aut latro injeniosus, aut aliquis falsator vel criminosus, securus stetissit inter omnes alios abitatores sine aliqua dubitatione* [328]). *Nam de aliis modis vel culpis in omnibus precepit legem et directam justitiam inter eos cum judices custodire ad eum, in cujus potestatem eos commendavit vel concessit patrono* [329]). *Et similiter p . . . . . precepit frater meus Miro comes bone memorie digitis suis litteras roboravit et signum suum in suo nomine subter stillo confirmavit, sicut audivit roborata et confirmata ab avo nostro jam*

---

[327]) Das zweifache Wiedervergeltungsrecht findet sich anderswo nicht und zeugt von grosser Rohheit der damaligen Zustände.

[328]) Es ist diess keineswegs das einzige, wohl aber, so viel mir bekannt, das früheste schriftliche Beispiel eines fast unbedingten Asylrechts, das neuangelegten Städten um so bereitwilliger gewährt wurde, je ausgesetzter dieselben maurischen Einfällen waren. Das Beispiel der ewigen Roma und ihrer Gründung war für die Spanier nicht verloren. Im Ganzen lagen in Catalonien nach altdeutschem Brauch die Höfe mehr noch als im übrigen Spanien abgesondert. So die Bauerhöfe (*labradores, pagesos*) bei Gurb, die über eine grosse Fläche zerstreut sind, mitten innen Kirche, Pfarrhaus und Arztwohnung. Das Majoratsrecht erstreckt sich in Catalonien auf alle Stände.

[329]) Bis hierher ist das *Fuero* bloss eine Bestätigung der schon vom Markgrafen Wifred den ersten Ansiedlern von Cardona gewährten *Carta*. Wiederholungen und Widersprüche im Folgenden haben darum nichts Auffallendes. Was bei einer im Werden begriffenen Gemeinde unverfänglich erschienen war, hätte später zu schreienden Missbräuchen führen müssen.

supra nominato Wifredo, cui Dnus ei centuplum retribuat, amen. Et ego Borrellus comes et marchio, et filios meos Reimundo, et Ermengode comites, simul in unum, cum omni regimine parentorum nostrorum, seu omnium fidelium nostrorum, omnes unanimes, et uno corde, et bona concordia in melius statuimus, et in melius confirmamus, et sic precipimus custodiri, ut et ab hodierno die et tempore omnis homo, qui ibidem vivere vellet, vel abitare desiderat in hoc loco destinatum, vel in suis terminibus quod abuit ab inicio, et quod hodie abet, et quod abere debet, et quod cum Dei adjutorio abitatores ejus adquirere potuerint in omnibus locis, sive in christianis sive in paganis, sive in eremo, quam incultum, vel in desertis locis, jure quieto teneant et possideant, sicut jam supra diximus, sine aliqua inquietatione, vel funccione, vel redivicione (redhibitione), et sine aliqua dubitacione de nullum ominem sinceriter et securiter in perpetuum. Precepimus, et ordinamus, et statuimus in melius, ut si quis malignus homo aut superbia inflatus, aut scandalum cumulatus, ad aliquem ominem, qui hic venire vellet, vel vivere in loco isto, postquam directos gressos abuerit iter profectus ad veniendum (wenn er geraden Weges kam), *aliquis malignus homo insurgerit contra eum sine sua negligencia, et tullerit ei de suam facultatem, ille qui perdidit, sepcies tantum apreendat de suam facultatem de illum malignum ominem, qui hoc malum fecit, et omnes abitatores loci istius adjuvent eum. Et si unum asinum, septem asinos meliores apreendere faciat, et postea nullam calumniam pertimescat in nullum judicium. Similiter et de aliis modis in alapis, in plagis, vel vulneribus, vel aliis injuriis, vel de omnibus rebus in sepcies tantum precepimus custodiri vel defendere, et postea in nullum judicium nullam calumniam pertimescat. Et sic perdonamus ad omnes abitatores loci istius, et ad illos qui venturi sunt et erunt, illam quartam partem de illo toloneo, sicut fuit ab inicio, et est hodie in presente, sic fiat perpetualiter, exceptus istos denarios, et ipsas ceras, et ipsa decima de illo toloneo donare facimus ad domum Sancti Vincentii, sicut fecerunt parentes nostri ex toto, et in hebdomada duas somatas salis et necessaria ligna. Et vos nullam redibicionem, vel funcionem, sive censum alicui faciatis, nisi sancte ecclesie, i. e. vera primicia, et veram decimam, et fi-*

delem sacrificium, et dilectam offercionem a Deo, et ad ecclesias proprias; et faciatis ipsa oppera ad ipso castro, i. e. turres, et muros, et superpositos, et valles in profundum ad fodiendum, in ipsa septimana diem unum, propter vestras animas ad salvandum, sive pro paganis, quam pro malis Xpianis. Et si vobis major necessitas fuerit, omnes vos imperabitis per vestram bonam voluntatem, sicut videritis, quomodo opus est vobis, ut vos defendatis contra inimicis vestris. Et si vos per vestram bonam voluntatem aliquem bonum servicium feceritis ad seniorem vestrum, aut ad amicum vestrum, et visitaveritis eum cum aliquid de vestra bona, aut receperitis eos in vestras domos, sicut fuit semper bona consuetudo ab inicio a bonis ominibus ad faciendum, id est, erit semper in antea, aut aliquod servicium per vestra bona voluntate feceritis, aut in suorum necesitatibus aliquid adjuvaveritis: hoc non computetur nullus homo per nullum censum nec per nullum malum exemplum, nec per nullum malum vicium [330]. *Quod si tamen aliquis malignus homo, aut senior malignus, aut amicus malignus hoc per censum computare voluerit, aut malum censum per aliquem malum injenium adcrescere voluerit, ut in exemplo malo sit, nullatenus possit hoc facere, sed aspiciat occulis suis in ista scripta, et auribus suis audiat, et corde suo intelligat, et evacuet ei mala presumpcio sua, ut non sit alienus de regno Dei. Et si tantum Deum timens non fuerit, et in sua malicia voluerit permanere, et ista mala de corde suo evacuare noluerit, alienus sit de regno Dei, et pro temporali dapno non moratur componere in species tantum quantum per malum censum, aut malum vicium computaverit, et postea non hoc possit vindicare quod malum voluit facere vel adcrescere. Et*

---

[330]) Das Seniorat oder die Behetrie begründete somit nur ein durchaus freies Schutzverhältniss, wofür der Patron an seine Schutzbefohlenen auch nicht die geringsten Ansprüche sollte machen können. Was sie ihm Gutes erwiesen, war ein reiner Liebesdienst, woraus unter keinerlei Umständen für die Zukunft eine Verpflichtung gefolgert werden durfte. Allein gerade die fürsorgliche Abwehr eines möglichen Missbrauchs beweist, dass dergleichen feudalistische Ansprüche an der Tagesordnung waren.

si aliquis fur aut latro ingeniosus, aut criminosus falsator, aut aliquis malignus adulter cum aliena uxore, aut sponsa venerit inter vos, isti malefici secundum legem judicabuntur; quia non est bonum malignis abitare cum bonis. Et stabitis in dilectione Dei in legem directam et justitiam rectam, in quantum possitis secundum canonem et leges Gotorum. Et abeatis inter eos omni tempore negotium rectum, et mercatum perfectum, et moneta una et sine mutacione, et sine aliqua falsitate; ut qualis fuerit prima, talis sit omni tempore, ut semper abeat firmitatem. Et de istis criminosis ominibus, quod superius diximus, post peractam legem qui inde evaserint, non permittimus eos stare inter vos in ecclesia, nec in vestro concilio, in nulla societate, nisi antea pervenerint ad rectam confessionem et tenuerint veram penitentiam. Et dono vobis patrono Ermemiro vicescomite, et posteritati eorum, ut in cujuscumque voce vos advocaverit, sequimini eum, ubicumque ille voluerit, in omnibus. Et ipso die Jovis semper sit vestrum de illa sale in omni tempore, sicut fuit ab inicio. Et si aliquandocumque aliquis malignus omo contra vos in ira surrexerit ad expugnandum aut preliandum contra vos, et vos omnes surgite contra eum ad interficiendum eum, et debellandum in quantum possitis cum Dei adjutorio. Si quis autem ex vobis minime fecerit, aut retrorsum facere voluerit, alienus sit inter vos omnes abitatores a vestro consilio, et ad liminem sancte Dei ecclesie precepimus excommunicari in ecclesiis vestris, et perdet omnem substantiam suam, quantum ibidem abuerit. Et si quis vult inter vos major fieri, sit sicut junior; nam patrono vestro et omnibus ministris ejus in omnibus precepimus custodiri et honorificari sicut decet. Et in omnibus ostibus meis primi insurgite, in quantum possitis ad debellandum et expugnandum omnes adversarios nostros. Si quis vero quamlibet potestas, aut regis imperio vel principum, seu omo cupidus vel malicia ductus pro aliqua occasione vel longo tempore prolongando post nos, qui hoc factum nostrum et pactum convellere temptaverit vel infringere, hoc commendamus et per indesecabilem Trinitatem commonimus, ut quisquis ille fuerit, qui ipsius terre vel provincie principatum obtinuerit, aut pontifex ordinatus extiterit, vel judex fuerit et zelum Dei abuerit, et paradisi gaudia frui desideraverit, statim surgat et sententiam istam, quomodo nos confirmamus, adfirmare contempnat (contendat), et in perpetuum stare discernat. Qui hoc fecerit, in cunctis fulgeat ante Dominum, sicut in sacris legibus continetur, ubi dicitur: Fulgebunt justi sicut sol in regno patris eorum. Et qui inrumpere conaberit aliquis malignus transgresor legibus, quod una et universalis perpetim stare jubet ecclesia, et nos omnes simul in unum statuimus canonicam sententiam et predicacionem apostolicam, cum omne verbum divinum evangelicum feriri se sciat, et ereditatem celestem caruisse se agnoscat. Facta commemoracio, sive preceptum, vel confirmacio, sive indiguli agnicio, quem nullus interpolare audeat, vel mutilare, vel cum socordia conetur exturbare abhinc et deinceps, quod est in capud hunc preceptum in ordine porrectum, sicut scriptum est et constitutum in tempore hoc, mense Aprilis die VIII. Kal. Maii, luna. X., C. IIII. P.C.T. VII^a., ciclus giri solaris postquam ingressi sunt fiunt XV. et antequam egrediantur ad capud abemus A. XIII.[331]*, anno isto obiit Leutarius rex, qui regnavit annos XXX. et menses X. post obitum ejus anno I. ingrediente, regnante filio ejus Leudevico rege.*

Die nahen Beziehungen zu Frankreich, verbunden mit der günstigen Lage an einem schon im frühesten Mittelalter durch Schifffahrt und Handel belebten Meere, kamen der politischen

---

[331]) Die astronomischen Angaben in solcher Ausführlichkeit kommen in den spanischen Urkunden sonst nicht vor und bezeugen ihrerseits den vorgeschrittenen Bildungszustand Cataloniens. Ideler (Handbuch der Chronologie. II. 374) erwähnt nach Baluze (*Capitul.* II. 630) eine verwandte Urkunde aus dem gleichfalls catalonischen *Roda*: *Anno Trabeationis* (= *Incarnationis*) *Domini nostri Jesu Christi millesimo XVII, aera millesima quinquagesima quinta, indictione XV, concurrente I, epacta XX* (= 1017 n. C. G.), und danach wäre, wie mich mein Freund Dr. Bruhns belehrte, obige Stelle zu übersetzen: Am 23. April, bei einem 10 Tage alten Monde, *concurrente* IIII (die occidentalische Bezeichnung des Sonntagsbuchstaben C, welcher dem Jahre 986 entspricht. Ideler II. 252), *post Casimiri (Calixti) Tumulum septima die* (d. h. am siebenten Tage nach Casimir's oder Calixtus Tod, die nach dem Kalender auf den 16. April fallen), der Sonnencirkel war XV, bis zu seinem Ende noch XIII Jahre (was wiederum dem Jahr 986 entspricht). Beda ging im Abendlande mit dieser Rechenmethode voran und lieferte eine Ostertafel auf 532 Jahre.

Entwickelung der spanischen Mark wohl zu Statten; allein so wenig die Grafen von Barcelona durch das auswärtige Oberhoheitsrecht sich eingeschränkt fanden, so hatte ihre Stellung dennoch das Nachtheilige, dass mit derselben wohl die Mängel, nicht aber zugleich auch die Vortheile der regierenden Herren jener Zeit verknüpft waren. Abhängig in dem Maasse, dass sie keine eigentliche Unterthanentreue beanspruchen konnten, fühlten sie sich doch selbständig genug, um ihr Land nicht nur zu vererben, sondern auch unter ihren Nachkommen zu vertheilen [332]), und begingen im Kleinen denselben Fehler, den ihre regierenden Zeitgenossen im Grossen begingen — sie schwächten das Ganze durch Zersplitterung. Festes Zusammenhalten aller vorhandenen Kräfte war aber um so dringender geboten, weil die Ungläubigen ihre Eroberungsgelüste keineswegs aufgegeben hatten, vielmehr von Valencia und Çaragoça aus fortwährend mit Einfällen drohten; davon gar nicht zu reden, dass ge-

[332]) Nach dem in London erfolgten Tode Villanueva's liess die Madrider Akademie durch D. Manuel Lopez Santaello die Herausgabe der noch übrigen Bände des „*Viaje Literario*" besorgen. In der Einleitung zum 11. Bande beklagte es der Herausgeber, dass ausser andern handschriftlichen Arbeiten Villanueva's auch dessen „*Memorias sobre los Condes de Urgel*" verloren gegangen seien, deren in dem „*Catalogo de libros de D. Vicente Salvá*" (*Londres*, 1829. no. 4198) Erwähnung geschieht. Ich fand sie im Besitze eines Sohnes von D. Salvá in Valencia, der die kostbarste Sammlung altspanischer Drucke aufzuweisen hat. Der catalonische Patriotismus, der dem spanischen nichts nachgiebt, kann sich in den Gedanken nicht finden, dass die spanische Mark nicht von jeher selbständig gewesen, und hatte Masdeu im Widerspruch mit den beglaubigten Thatsachen (Villanueva. XIX. 47) es rundweg geleugnet, dass die catalonischen Bischöfe, so lange Tarragona in den Händen der Ungläubigen war, sich dem Erzbischof von Narbonne unterwarfen, so wollte neuerdings D. Próspero de Bofarull y Mascaró (*Los Condes de Barcelona.* 1836) das Souveränitätsrecht der Frankenkönige über die spanische Mark nicht zugeben. Und doch sind die Beweise dafür überall zur Hand (Jean de Gazanyola, *Histoire du Roussillon.* 1857. *p.* 510); noch im J. 1180 verbot ein Concil von Tarragona den Gebrauch der spanischen Aera und die Rechnung nach Regierungsjahren der Frankenkönige, aber erst König Jaime I. vermochte in einem Vertrage mit dem Könige von Frankreich diesen dazu, auf sein Oberhoheitsrecht förmlich zu verzichten.

legentlich (859) auch die Normannen auf ihren Raubzügen an der Küste landeten. Der eben genannte Graf Borrell hatte höchst verdriessliche Händel mit dem Cid, dem es nicht darauf ankam, der Beute wegen mit den Mohammedanern gemeinschaftliche Sache zu machen, und Gerbert (Papst Sylvester II.), der den Grafen im J. 970 nach Rom begleitet hatte, erzählt (*Epp.* 71) wie Borrell nach seiner im J. 985 bei Barcelona erlittenen Niederlage den König Ludwig V. von Frankreich als seinen Lehnsherrn um Hilfe anging, die er aber erst durch Hugo Capet im J. 988 zugesagt bekam (*Epp.* 112). Bald nach der erwähnten Niederlage wurde das *Fuero* von Cardena erneuert, ohne allen Zweifel weil die Ansiedelung gerade damals zerstört worden war. In solchen Fällen geschah es oft genug, dass Jedem, der sich an einem solchen Orte niederliess, Straflosigkeit für begangene Verbrechen zugesichert wurde. Einem derartigen Mischungsprocess der Bevölkerungselemente entsprach der unaufhaltsame Bildungstrieb der Rechtsgewohnheiten, der in diesen Grenzländern nicht bloss Gothisches und Fränkisches durch einander arbeitete, sondern überdiess reichliche Bestandtheile römischen Rechtes [333]), die sich unmittelbar, also nicht erst durch die Fürsorge der Geistlichkeit, erhalten hatten. In Septimanien hatte das Chindaswindische Verbot des römischen Rechts zuverlässig nie ganz zur Ausführung kommen können, und es ist nicht zu weit hergeholt, die Empörung des Herzogs Paulus unter König Wamba damit in Verbindung zu bringen. Unter Merowingern und Karolingern nahm sodann das fränkische (salische) Recht neben dem römischen und gothischen über-

---

[333]) Man weiss von Gerichtsversammlungen (*Plaids*) in Alsonne (i. J. 918) und in Narbonne (933), auf denen die gothische Bevölkerung (*Gothi*) durch 4, die romanische (*Romani*) und fränkische (*Salici*), jede durch 8 Richter (*judices*) vertreten waren (Vaissette, *Histoire de Languedoc.* II. 51). Gleichwohl ginge man zu weit, wollte man, so oft in diesen Gegenden von den *Leges romanae* die Rede ist, an die Pandekten denken (Bayle Mouillard, *Etudes sur l'histoire du droit en Auvergne*). Es ist wahr, Carl der Kahle, die Bischöfe des Concils von Troyes (878) und namentlich Hinkmar kannten die Justinianische Sammlung, aber nichts bürgt dafür, dass sie in weiteren Kreisen bekannt und gebraucht wurde. Für die spanische Mark wenigstens fehlen alle Anzeichen.

hand, was sich jedenfalls auch über die spanische Mark erstreckte, ohne dass desshalb das Gothenrecht aufhörte, nach wie vor die Grundlage der allgemeinen Rechtsordnung zu bilden. Der Aufschwung des Seehandels von Barcelona, der lebhafte Verkehr mit den südfranzösischen und italienischen Handelsplätzen mochte von dorther fremden Einrichtungen und Gebräuchen fortwährend Eingang in Catalonien verschaffen und ganz besonders der Fortpflanzung und Bereicherung römischer Rechtsanschauungen Vorschub leisten, was mit wirksamem Nachdruck damals geschah, als Papst Gregor VII. sein Augenmerk auf Spanien zu richten anfing. Catalonien war wo nicht das erste, so doch eines der ersten Länder, in welchem der Gottesfriede [334]) ausgerufen wurde, und zwar nicht bloss unter Beihilfe, sondern auf Anregung der Geistlichkeit, was die Wirksamkeit solcher Erlasse auf die Unterthanen kirchlicher Würdenträger einschränkte. Es kam nunmehr darauf an, die Summe der neuen Rechtsbildungen, wie sie durch das Herkommen sich festgesetzt, durch die dazu befugten Factoren der Gesetzgebung als Landesgesetz bestätigen zu lassen. Diess geschah in den *Usatici*

---

[334]) Semichon, *La paix et la trève de Dieu.* Kluckhohn, Geschichte des Gottesfriedens (S. 89). Der schrecklichen Verwilderung eines Zeitalters, dessen sittliche und gesellschaftliche Bande eine Zeit lang völlig gelöst schienen, wurde von Vich und Gerona aus mit Erfolg entgegengearbeitet. *Villanum autem, aut villanam ullus homo non apprehendat, neque vestimenta sua eis tollat, neque vulneret, neque debilitet, neque occidat, et ullus non tollat eis vomerem vel ligonem. Mulos et mulas, qui inventi fuerint sub jugo in aratione, ponimus in eadem observatione. Messes ullius hominis nemo ardeat, neque olivas incidat, nisi propter suam culpam, quam praedicti villanus sive villana habeant factam, et non distringat eos nisi per solum directum. Quicumque enim hanc pacem alicui infregerit, et illi cui eam infregerit infra quindecim dies in simplum non emendaverit, si dies quindecim transierint, in duplum ei componat, et ex ipsa duplatione medietatem habeat episcopus, et medietatem canonica Ausonensis sedes . . . Si quis intra praedictam treguam aliquod malum alicui fecerit, in duplum ei componat, et postea praejudicium (per judicium) aquae frigidae treguam Domini in sede Ausonensi emendet . . . Si quis hominem occiderit, ex consensu omnium christianorum diffinitum est, ut omnibus diebus vitae suae exilio dampnetur* (Marca Hispanisa. App. *CCLXIX.* Villanueva. VI. 211).

Barchionenses [335]), jenes Gewohnheitsrecht von Barcelona, dem nicht Spanien, sondern das ganze damalige Europa aus dem 11. Jahrhundert weder nach Inhalt noch Form etwas Aehnliches an die Seite zu setzen hat [336]), und das allein schon den verhältnissmässig hohen Bildungszustand Cataloniens bezeugen würde. Graf Raymund Berenguer, der Alte, ermuntert durch den päpstlichen Legaten Hugo Candidus, als Organ des allvermögenden Cardinals Hildebrand, hatte es sich schon früher angelegen sein lassen, eine neue Gesetzsammlung zu veranstalten [337]), die im J. 1068 in Barcelona zum Abschluss kam. Ein ganz unfruchtbarer Streit entspann sich darüber, ob die *Usatici* das Werk des Cardinal-Legaten Hugo seien, wie Baronius, Mariana und Andere vorgaben, und nicht vielmehr ein rein bürgerlicher Act, was Florez (*Esp. Sagr.* XXIX. 234) und Bofarull behaupten: es verhält sich damit genau ebenso wie mit der Frage, ob die Concilien von Toledo, Leon und Coyanza bloss kirchliche, oder bloss weltliche Versammlungen waren. Die *Usatici* entstanden durch den regierenden Grafen, die adelige und die geistliche Bank auf einer Cortesversammlung, wobei es nichts verschlägt, dass die kirchlichen Würdenträger vorzugsweise Bildung und guten Willen besassen, das Recht zu stärken und das Unrecht zu kränken. Die Elemente, aus denen der Codex besteht, sind das Westgothen-Recht, auf dessen Autorität sich die Gesetzgeber berufen (c. 3), dann aber das in der Hauptsache aus Frankreich stammende Feudalrecht und endlich das römische Recht, das auf Italien zurückweist. Davon waren die beschliessenden Cortes überzeugt, dass sie das gothische Gesetzbuch nicht zu beseitigen, sondern lediglich zu

---

335) S. Anhang *A.*

336) *Art de verifier les dates.* Paris, 1818. III. 82.

337) Eine Handschrift des *Escurial* enthält vom Jahre 1064 eine solche Vereinbarung: *D. Ramon Berenguer, el Viejo, y su mujer Doña Almodis con la asistencia y consentimiento de los obispos y magnates hicieron unas constituciones de paz y treuga (Coleccion de Córtes de los antiguos Reinos de España. Catalogo.* 1855*).* Jene Cortesbeschlüsse wurden vier Jahre später nicht bloss in Barcelona bestätigt (Bofarull. II. 2), sondern auch in Vich (Villanueva. VI. *App.* 36).

ergänzen berufen und befugt waren, was ja auch in Leon und Castilien ebenso gehalten wurde; nur dass im eigentlichen Spanien weder der Feudalismus so entschieden in den Vordergrund trat, noch auch das römische Recht schon damals in demselben Maasse zur Geltung kommen konnte [338]). Was an den *Usatici* zunächst auffällt, das ist der weit gezogene und doch zugleich genau abgegrenzte Kreis der fürstlichen Gewalt und der daran geknüpften Regalien. Sismondi hat den vier Doctoren, welche auf dem Roncalischen Reichstag (1158) ein Verzeichniss der kaiserlichen Regalien zu verfertigen hatten, den Vorwurf knechtischer Gesinnung gemacht, was v. Savigny (IV. 174) in Betreff der Landstrassen, Flüsse und Häfen mit dem gewichtigen Einwand abfertigt, dass diese nach römischem Recht gar nicht Regalien seien. Gleichwohl wird man zugeben müssen, dass wenn auch nicht der Buchstabe, so doch der Geist des wiedererwachten römischen Rechts das Seinige dazu beigetragen hat, neu aber waren die Beschlüsse von Roncaglia so wenig, dass schon 90 Jahre früher die *Usatici* ganz dieselben Grundsätze aufstellten. Damit nicht zufrieden, in c. 60 und 62 Häfen und Landstrassen (*camini et stratae per terram et mare*) den Regalien (*de potestate*) beizuzählen, fügen sie dazu überdiess Flüsse, Quellen, Wiesen- und Waidegründe, Wälder, Hölen (*guarrica* = *guarida*), Felsen; freilich nicht mit den an den Aloden haftenden Herrenrechten (*non ut habeant per alodium, nec teneant in dominio*), vielmehr zur unbehinderten und unentgeltlichen Benutzung für Alle (*ad imperamentum cuncto-*

---

[338]) Giraud (*Essai sur l'histoire du droit français au moyen âge. I.* 134) findet gleichfalls die „*Coutumes de Barcelone fortement imprégnées de droit romain*"; meint er aber, der darin häufig vorkommende Ausdruck „*potestas*" beziehe sich auf die *seigneurs bas-justiciers* und hänge mit dem *Podesta* der italienischen Municipien zusammen, so ist er im Irrthum. *Potestas*, häufig mit dem Zusatz *terrae*, bedeutet auf der pyrenäischen Halbinsel den Regenten und seine Stellvertreter, die Grafen, die als *Alter Ego* vorgestellt wurden. Wenn daher in den *Usatici* (c. 62) gesagt wird, die Land- und Wasserstrassen seien *de potestate*, so sind damit nicht die Barone gemeint, sondern der Regent und seine Stellvertreter. Den Unterschied zwischen *potestas* und *imperium* kennt man in Spanien nicht.

rum, et sine aliquo constituto servicio), so zwar dass wer auf seinem Lehn oder Alod einen Felsen hat, darauf und daneben weder eine Festung oder Burg, noch auch eine Kirche oder ein Kloster ohne die Genehmigung des Fürsten errichten darf (c. 73). Man könnte versucht sein, dabei an einen unmittelbaren Einfluss römischer Rechtsideen zu denken, da eine Chronik von Barcelona [339]) die Anmerkung enthält:

Anno Dni MLXXI inducta est Lex Romana in Ispaniam.

Es ist damit jedoch nichts anderes gemeint als die Einführung des römischen Cultus, und die Angabe des Chronisten dürfte entweder der Chronik von Burgos, oder der *Historia Compostellana* entnommen sein. Um so erfreulicher ist der Schutz, den die *Usatici* dem Handelsverkehr angedeihen lassen, und so wenig sich daraus ein wirkliches See- und Handelsrecht ableiten lässt, so sind wenigstens die Grundzüge zu einem solchen durch c. 60. 61. 62. 66. 72. 74. und ganz besonders in dem Schlussparagraphen mit sicherer Hand hingezeichnet. Bereits Ludwig der Kahle schenkte (i. J. 878) dem Bischof von Barcelona „*tertiam partem telonii de suburbio loci ipsius, tam de mari quam omni mercatione, et de eremis terrae, et de portatico, et de moneta*" (Capmany. *Mem. I. P.* 2. *p.* 21); ja schon das Gothen-Gesetz enthält einen Titel (L. W. XI. 3): *De transmarinis negotiatoribus*, wenigstens mit der einen, für die fremden Handelsleute günstigen Verordnung, dass Processe, die sie unter sich haben, nicht nach gothischem, sondern nach ihrem einheimischen Rechte entschieden werden sollten (*suis legibus audiantur apud telonarios suos*), nachdem ihre Consuln beide Theile verhört. Nicht weniger erheblich ist es, dass (VII. 2. 18) das alte Gesetz von einem Strandrecht nichts wissen will, vielmehr

339) Eine Abschrift der Chronik fand ich unter den Papieren Villanueva's auf der Bibliothek der Madrider Akademie, und überzeugte mich bei dieser Gelegenheit, dass die unter den spanischen Gelehrten verbreitete Meinung, Villanueva habe eine besondere „*Colleccion diplomática*" und einen „*Tratado de los ritos de la iglesia española*" hinterlassen, insofern grundlos ist, als die genannten Papiere blosse Bruchstücke eines Werkes über den spanischen Ritus und ausserdem Urkunden enthalten, von denen die meisten in den Anhängen zum „*Viaje*" abgedruckt sind.

Jeden, der von einem gestrandeten Schiffe etwas entwendet, als Dieb bestraft. Andererseits wird es (VIII. 4. 27) dem Landreisenden gestattet, mit seinem Zugvieh auf nicht geschlossenen [340]) Weideplätzen zwei Tage lang zu rasten und für die Ochsen die nöthigen Zweige zu brechen. Dass das *Consolato del mare (Llibre de Consolat)* nicht, wie sein Uebersetzer Boucher behauptete, um das Jahr 900 in Barcelona verfasst wurde, bedarf keiner ernstlichen Widerlegung: die Compilation entstand aber jedenfalls in Catalonien als eine Zusammenstellung derjenigen Rechtsbräuche, die in dem durch seine Handelsthätigkeit längst berühmten Becken des Mittelmeers von Valencia bis Pisa, in Barcelona ebensowohl als in Montpellier, Marseille und Genua, im Verlauf der Zeit entstanden waren. Die Rôles von Oléron [341]) mögen eher entstanden sein, als das Consulat, ohne dass man darum im Busen von Gascogne früher ein Seerecht hatte als im Golf von Genua. Auch liegt kein triftiger Grund für Forcarini's (*Letteratura Veneta. Lib. I.*) und Canciani's (*Capitulare nauticum pro emporio veneto*) Versicherung vor, das Seerecht von Barcelona sei den Venetianern, Genuesern und Pisanern abgeborgt, um so weniger als die Provence, wie an geistiger so auch an materieller Entwickelung, den benachbarten Küstenlandschaften entschieden vorausgeeilt war. Benjamin von Tudela, der im J. 1159 [342]) Barcelona sah, schildert den dortigen Schifffahrtsverkehr in sehr lebhaften Farben [343]): selbst aus Alexandrien und Palästina fehlte es nicht an Handelsleuten, ohne dass gleichwohl der Handel daselbst mit dem von Montpellier auch nur im Entferntesten sich hätte messen können. Erst im darauf folgenden Jahrhundert preist Gerhard Riquier aus Narbonne [344]) Catalonien als das gebildetste

[340]) Auch später geschah das Abschliessen durch Erdaufwürfe (*arcae*, wohl von der Aehnlichkeit mit einer Kiste), die um die Zeit der Ernte und Weinlese erneuert wurden.

[341]) Mac Pherson, *Annals of commerce. I.* 410. Pardessus, *Collection de lois maritimes. I.* 304. *II.* 19.

[342]) Asher, *Rabbi Benjamin of Tudela. II. p. XI.*

[343]) באים אליה בסחורה תגרים מכל־מקום מארץ יון ופישה וגינואה וסיסיליא וארץ אלכסנדריא של מצרים ומארץ ישראל וכל גבוליה :

[344]) *Histoire littéraire des Troubadours. III.* 304.

und blühendste Land seiner Zeit, und dennoch dürfte selbst unter Jaime I. kein geschriebener Codex des dortigen Seerechts existirt haben [345]).

Was ausserdem in den *Usatici* eine Einwirkung des römischen Rechts vermuthen lässt, tritt zu offen und in so verschiedenen Wendungen zu Tage, dass jedes nähere Eingehen überflüssig wird. Der Geistlichkeit, unter Führung des päpstlichen Legaten, muss ihre Betheiligung um so höher angerechnet werden, weil es das einzige Mittel war, die sehr fühlbaren Härten und Schroffheiten des Lehnrechts erträglicher zu machen; um so mehr als der Clerus selbst nur zu sehr in das zügellose Ritterwesen hineingezogen war. Auf einem gleichzeitig (1068) mit dem Reichstage von Barcelona in Gerona gehaltenen Concil wurden die niedern Geistlichen vom Presbyter an bis zum Unterdiacon bei Verlust ihrer Pfründen aufgefordert, ihre Waffen abzulegen und sich von ihren Frauen zu trennen: zehn Jahre später (1078) beschloss eine andere in Gerona gehaltene Kirchenversammlung, die Söhne von Geistlichen sollten die Pfründen ihrer Väter nicht erben können *(nullo modo posideant)*, kein Cleriker Haupthaar und Bart wachsen lassen und die Juden *(execranda infidelium judeorum saevicia)*, die geistliche Güter erwarben, wenigstens den Zehnten entrichten. Mit dem wachsenden Ansehen des Feudalismus kamen die Gottesurtheile, zumal der Zweikampf, immer mehr in Aufnahme, und ein ebenfalls im J. 1068 in Vich versammeltes Concil bestimmte darüber: *Quod expient se per judicium aquae frigidae in sede S. Petri .... omnes vero probationes et expiationes, quae judicabuntur querelatoribus et redirectoribus pacis et treugae Domini, fiant per judicium aquae frigidae.* Die kalte Wasserprobe, als das ungefährlichste Gottesurtheil, erhielt darum den Beifall der Kirche: ein guter Schwimmer und Taucher konnte sie mit aller Sicherheit bestehen, und ist es überhaupt irrig, bei den Vorsichtsmassregeln [346]), die getroffen wurden, die Gottesurtheile,

---

[345]) Capmany. II. 367. Meyer, *Historia legum maritimarum medii aevi.* § 8.

[346]) Ein „*For de Jaca*", im Besitze des Herrn P. de Gayangos, stellt gleich am Eingang das Verfahren mit dem glühenden Eisen technisch fest: *Et*

wenn man vom Zweikampf absieht, so zu verstehen, als ob die Leute nur in den seltensten Fällen und gleichsam durch ein Wunder ihre Unschuld hätten erweisen können. Auch Viele von denen, die sich der Kesselprobe und der Berührung des glühenden Eisens unterzogen, nahmen in dem Sinne, wie das Gesetz es erheischte um die Schuld zu beweisen, keinen Schaden, weil eine bloss versengte Oberhaut innerhalb der Frist, während welcher der Arm verbunden blieb, entweder völlig oder doch in so weit heilte, dass, so lange keine Eiterung eintrat, die besichtigenden Schöffen mit gutem Gewissen ihr Nichtschuldig aussprechen konnten. Grund genug, warum der Ankläger sich wohl gehütet haben wird, dem Verklagten ohne weiteres den Gottesbeweis zuzuschieben. Ein grosses Verdienst der *Usatici* besteht aber allerdings darin, dass sie von der Beweiskraft des Gottesurtheils einen sehr mässigen Gebrauch machen, und wird die Madrider Handschrift, die ich zu Grunde legte, schon darum allen andern vorzuziehen sein, weil sie c. 113 den gerichtlichen Beweis auf Eidschwur, Zweikampf und Inquisitionsverfahren [347]) beschränkt, wogegen in den andern Handschriften die Kessel- und die Kaltwasser-Probe beigefügt werden. Die Frau, welche ihr Ehemann im Verdacht des Ehebruchs hat, muss sich nicht bloss durch Eidschwur reinigen,

---

que dev levar lo ferre, dev portar denant la justicia las duas partz de un cobde de drap de lin, abque sigil la justicia la man dreyta; et aquel qui accusa, dev donar sarments secxs, o altra leyna abque sia calfat lo ferre, d. h. der Beklagte hat dem Richter das leinene Tuch zu liefern, womit nach der Procedur die Hand verbunden und versiegelt wird, der Ankläger dagegen beschafft trockenes Reisig oder Holz, um das Eisen zu glühen. Dem *Fuero* von Alarcon zufolge haben der Richter und der Geistliche das Eisen zu glühen, und während es geschieht, Jedermann ferne zu halten. Wer die Probe besteht, wird vorher genau untersucht und muss sich die Hände waschen. Nach der Berührung wird die Hand in Wachs, sodann in Werg oder Leinen gehüllt und mit einem Tuch umbunden. Der Richter führt den, der die Probe bestanden hat, nach Hause und nimmt nach Verfluss von drei Tagen den Verband ab, um die Wirkung wahrzunehmen.

[347]) So erkläre ich das *per judicem.* Es wäre allerdings möglich, dass durch ein Versehen des Abschreibers die Schlussworte: *judicium aque calide sive frigide* wegblieben.

sondern auch durch Gottesurtheil: die Bäuerin hat eigenhändig die Kesselprobe zu bestehen, die Ritterbürtige einen Ritter, die Bürgersfrau einen Fusskämpfer zum Zweikampf zu stellen (c. 112). Zum Zweikampf *(bellum, lid)* [348]) war in Catalonien Jedermann verpflichtet, nur schlug der gemeine Mann sich nicht auf blanke Waffen, sondern mit Stock und Schild *(Escudo y Baston)* — eine Kampfweise, die in Leon und Castilien zu den Seltenheiten gehörte. Eine Verordnung, mittelst der Alfons VI. in Leon den Rechtsgang bei Streitigkeiten zwischen Juden und Christen regelte, schreibt unter Anderem vor: *In nullo tempore non firmet nullus Judaeus super nullum Christianum pro nulla causa: sed si fuerit exquisitum per certa exquisitione de illos majores de illa terra, aut de ipsis melioribus de schola Regis, vel de Legionensi episcopo, aut de Astoricensi, sive in illo abbate Sancti Facundi (Sahagun), aut per bastonarios equales, ut talis sedeat ipse de illo Judaeo, qualis et ipse, qui ei dederit ille Christianus: et si ipse Christianus homo per se quaesierit litem illam facere, alium similem ei reddat ille Judaeus, ut equales sedeant & &* (*Esp. Sagr.* XXXV. 411). In Castilien bestimmte das *Fuero* von Palenzuela: *Homo de Palençuela non habet forum de lidiar cum scuto aut cum baston, nec cum ferro, nec cum calida.*

Ganz gewöhnlich dagegen war die Art Zweikampf in Catalonien, Aragonien und Navarra, wo viele *Fueros* ausführlich davon handeln [349]). Wer dazu in dem durch das Gesetz angegebenen Falle zu schreiten beabsichtigte, hatte dem Alcalden Anzeige zu machen und Bürgschaft zu leisten, dass er bei dem Entscheid sich beruhigen und seinen Gegner erwarten werde.

---

[348]) Die französische Keltomanie geht so weit, dass sie „*lice*" für ein celtisches Wort hält, das sich in dem Kampfrufe „*Lis! Lis! Lis!*" in der Bretagne erhalten haben soll! In der Nacht auf Allerseelen wird ein Kampf mit Stöcken veranstaltet, wobei die Fechtenden den Ruf hören lassen (La Villemarqué, *Contes bretons.* II. 287. H. Martin, *Hist. de France.* III. 377).

[349]) In England war der Zweikampf auf Schild und Stock gleichfalls nicht unbekannt (Blackstone. III. 338). Eine seltene, zu Anfang dieses Jahrhunderts gedruckte Broschüre: *Préjugé vaincu, ou Dissertation sur la Ladrerie, par* Minvielle d'Accous, versetzt einen tödtlich endenden Zweikampf „*au bâton*" in ein Pyrenäenthal.

Der Alcalde benachrichtigte hiervon den Ausgeforderten und bestimmte eine Frist, bis zu welcher der Ausgeforderte drei Burschen, die zu dem Behufe gemiethet wurden, zu stellen hatte. Nunmehr wurde auch dem Ausforderer ein Termin von zehn Tagen gesetzt, um seinerseits drei Kämpfer zu stellen. Fand sich zum anberaumten Zeitpunkt kein Gegner ein, so wurde der Termin ein zweites, im Nothfall ein drittes Mal erneuert, doch nur gegen Erlegung einer Geldbusse von 10 Solidi. Erschien am 30. Tage bis zu Sonnenuntergang Niemand auf dem Kampfplatze, so gab der Ausforderer sich damit für besiegt. Brachte er dagegen die drei Burschen vor den Alcalden, so liess der Geforderte dieselben sich entkleiden, auf einen Tisch steigen und von seinen Beiständen mit einem Riemen der Länge nach, so wie an Schultern, Lenden und Armen messen. Dasselbe that der Gegenpart, und diejenigen von beiden Seiten, deren Körperbildung sich am nächsten kam, wurden für den Kampf bestimmt. Den Abend vor dem verhängnissvollen Tage hatten sie, mit ihren aus Weiden geflochtenen Schilden, mit Stöcken und Prügeln bewaffnet, in der Kirche Wache zu halten. Bei Sonnenaufgang wurden sie durch die beiderseitigen Kampfhelfer nach dem Platze geleitet: man steckte das Feld ab, dessen Grenze von Keinem überschritten werden durfte, ohne für besiegt zu gelten. Während des Kampfes durfte nichts gesprochen werden, und wenn vom Aufgang bis zum Niedergang der Sonne Keiner den Andern besiegt hatte, so trennten die Beistände das Paar, mussten es aber am folgenden Tage bei Sonnenaufgang wieder zur selben Stelle begleiten, und zwar mit denselben Waffen, die sie Abends zuvor abgelegt. Der besiegte Bursche, gleichwohl ob todt oder lebendig, gehörte dem König oder seinem Stellvertreter, der ihn verkaufen konnte *(perque el se vendi per diner)*. Siegte der Kämpe des Ausforderers, so erhielt Letzterer den ganzen Betrag der Busse und noch überdiess die Gerichtskosten erstattet; unterlag er, so musste er 1000 *Sueldos*, 1000 *Dineros* und 1000 *Meallas* an den Geforderten ausbezahlen. In einem Codex der *Fueros* von Navarra wird aus dem 14. Jahrhundert ein solcher Fall erzählt. *Bataílla de labradores: Anno Domini* 1344, *viernes primero en-*

pues de sant Urban (28. Mai) *lidiaron en Pamplona .. por la muerte ... et fueron esquezados, et avian escudos de vergas, et los bastones cada* 5 *palmas en luengo, et vestidos de baldres* (Lederhandschuhe) *como fojas de acero, et cofia* (Kopfbedeckung) *de baldres, et todos descalzos, et movieron los reptadores, é labrador avian por fielles; et el campo era redondo, como la era* (Tenne), *et avia* 30 *pasos de un cabo al otro, el ron vinieron captenedores.* Bei Rechtsstreitigkeiten über Mein und Dein war der Adelige, der allein zu Pferd mit blanken Waffen kämpfen durfte, insofern begünstigt, als er in Gegenwart des Königs und der Magnaten bloss eine eidliche Versicherung zu geben brauchte, wogegen der gemeine Mann ausser dem Eid sich der Probe des glühenden Eisens zu unterziehen hatte. Der Bürger einer Commune konnte gegen einen Infanzon dasselbe gerichtliche Zeugniss ablegen wie ein Lehnsmann gegen einen andern. Wollte ein königlicher Lehnsmann gerichtliche Klage erheben, so musste er zuvor die Sporen ablegen, sodann beschwören, dass er sich bei dem richterlichen Erkenntniss beruhigen wolle, und nun erst konnte die Verhandlung vor sich gehen.

Ausserdem werden in den *Usatici* feudalistische Missbräuche erwähnt, von denen das übrige Spanien, wenigstens grossentheils, verschont blieb: c. 69 und 109 ist von *exorquiae*, c. 110, 111 und 112 von *cuguciae* die Rede, die einer Erläuterung bedürfen. Am Schlusse des catalonisch geschriebenen und von ihm selbst herausgegebenen ersten Bandes der „*Crónica Universal del Principat de Cathalunya*" (*Barcelona*, 1609) [350]) kommt *Pujades* auf drückende Gebräuche zu sprechen, die aus der Maurenzeit in Catalonien bestanden haben sollen, und zum Theil erst in Folge eines Bauernaufstandes durch ein schiedsrichter-

---

[350]) Die castilianisch verfasste Fortsetzung des schätzbaren Werkes liess Peter de Marca, als er in der Eigenschaft eines Regierungscommissars von Ludwig XIV. nach Catalonien gesandt wurde, wie so viele andere Urkunden sich schenken, d. h. er bat um Etwas was man ihm nicht abzuschlagen wagte, und so lag die Handschrift in der Pariser Bibliothek bis zum Jahre 1829 unbenutzt, als spanische Gelehrte die Erlaubniss erhielten, eine Abschrift davon zu nehmen, die unter dem Titel: *Crónica Universal del Principado de Cataluña*" im Druck erschien.

liches Erkenntniss (*d. d. Guadelupe*, 21 *Abril* 1486) Ferdinands des Katholischen für immer beseitigt wurden. Als solche werden genannt: die *Remença (personal)*, oder Hörigkeit; die *Intestia*, dasselbe was die *Nuncio* und *Luctuosa*, die Verpflichtung des Hörigen, wenn er ohne Testament starb, den dritten Theil seines Vermögens dem Herrn zu hinterlassen, wie Solsona vermuthet, oder nach Pujades ein Drittel, falls er Weib und Kinder hinterliess, die Hälfte, wenn er weib- und kinderlos verstarb; die *Exorquia* oder *Xorquia*, entsprechend der *Mañeria*, als das Recht des Fürsten, die Alode der Magnaten, Ritter und Bürger, die kinderlos verstarben, mit Ausschluss der beweglichen Habe an sich zu ziehen, während der bäuerliche Exarch dem Herrn (*senior*) so viel hinterliess, als die Kinder bekommen haben würden, wenn welche da waren. Auch die Erlaubniss zum Heirathen musste der Hörige mit dem *quint tribut* erkaufen. Am meisten verwundert sich Pujades über die *Arcia*, das *jus primae noctis*, oder richtiger über das späte Verbot dieser Schandbarkeit, die er in seiner derben Weise mit den Worten schildert: *Ni tampocho pugan la primera nit, que los pages pren muller, dormir ab ella: e en senyal de senyoria, la nit de las bodas, apres que la muller sera colgada en lo llit, passar sobre la dita muller.*

Woher er es wissen will, dass dergleichen Bedrückungen [351]) zumeist der armen Leute von den Arabern stammen, sagt Pujades nicht und ist die Geschichte des europäischen Feudalismus vorweg seiner Ansicht nicht günstig. Unmöglich ist es gleichwohl nicht, dass die maurischen Eroberer auf die eine oder die andere Weise die Hände dabei im Spiel hatten: die Clientel (*mauldt*) zumal war ihnen nicht unbekannt, obschon wir nicht näher davon unterrichtet sind, wie sich das Verhältniss bei ihnen gestaltet hatte; und so könnte auch die *Arcia* von den Arabern aus dem Morgenlande nach Europa verpflanzt worden sein, wo sie, zur Ehre des arischen Menschenthums und der christlichen Moral sei es gesagt, niemals so feste Wurzeln

---

[351]) Es sind die „*mali fori*", von denen es so häufig in den Communalrechten heisst: *perdono vobis istos malos foros.*

schlagen konnte wie die übrigen Ausgeburten des Feudalismus. Um aber mit dem catalonischen Feudalrecht ins Reine zu kommen und in Betreff eines etwaigen Zusammenhangs mit der maurischen Eroberung klar zu sehen, wird es nöthig sein etymologisch [352]) zu Werke zu gehen. Mit der *Cugucia* [353]) der *Usatici* hat es keine Schwierigkeit: es ist die Hahnreisteuer, indem Ehebrecher und Ehebrecherin die eine Hälfte ihres Vermögens an den Senior, die andere an den beleidigten Ehegatten einbüssten, vorausgesetzt dass der Mann die Frau nicht dazu zwang, in welchem Falle sie frei ausging und sich überdiess von ihm scheiden konnte ohne Verlust ihres Eingebrachten und ihrer Morgengabe. Die *Intestia* [354]) kann ihren römischen Ursprung nicht verleugnen, und auch dagegen wird sich schwerlich etwas Gegründetes einwenden lassen, dass *exorquia* [355]) mit *heres* zusammenhängt und *exorchus* so viel bedeutet als *sanshoir*. Weit grössere Schwierigkeiten macht die *Remença*, da es mehr als gewagt wäre, die anderwärts vorkommende *Remessa* herbeizuziehen, aus der die kaufmännische „*Rimesse*" gebildet wurde [356]). Ich wäre darum nicht abgeneigt, der Ableitung von der semitischen Wurzel רמס (zertreten, niedertreten) den Vorzug zu geben, ohne die Bedenken, die im Wege stehen, zu übersehen. Das eingeschobene *n* zwar braucht nicht allzu hoch angeschlagen zu werden, da umgekehrt die *Arcia*

---

352) Leider lassen castilianische und catalonische Wörterbücher den, der sich an sie wendet, vollkommen im Stiche: selbst Esteve y Belvitges (*Diccionario catalan-castellano-latino.* 1833) und Antoni Figuera (*Diccionari Mallorqui-Castella.* 1840) enthalten nicht das Mindeste zur Aufklärung der dunklen Frage.

353) *Cugus: cocu, coucou, cuguç* (*cornut.* cat.).

354) L. W. V. 7. 14. *Intestatio, Intestia: bona mobilia, seu catalla intestatorum, quae ad dominos pertinebant (Duc.).*

355) Nicht zu denken hat man an die *axorcas*, die Viterbo beschreibt: *pulseiras de prata, á maneira de argolas, que as mulheres no Oriente e Africa trazem nos braços e pes por cima do calcunhar.*

356) *Remessa (recrescentia): silva caedua, quae recrescit et in qua remittuntur arbores ad propagationem.* Weiterhin in der Bedeutung von *revenuta. Remesa: salar del banquer pera la transportació del diner.* (Lacavalleria et Dulach, *Gazophylacium catalano-latinum*).

hin und wieder *„Arsina"* [357]) geschrieben wurde, wodurch die Möglichkeit geboten ist, mit der *Arcia* an eine besondere Art weiblicher Bekleidung oder weiblichen Kopfputzes anzuknüpfen [358]). Nur freilich wäre damit für den feudalistischen Sinn des Wortes nicht viel erreicht und hier bietet das Semitische ganz unstreitig eine weit schicklichere Ableitung dar. Die Wurzel ארס = ארש, *desponsare*, verloben, freien, kommt gewöhnlich nur in der Verbindung mit Frau und Jungfrau vor; und wenn sich davon im Hebräischen ein weibliches Substantiv nicht findet, so trifft man dagegen im Chaldäischen das Femininum אֲרְסָה, Fessel, Band, was mit dem Stammbegriffe gut zusammengeht. Ob dabei an das *vinculum virginitatis* gedacht werden darf, wage ich nicht zu entscheiden; wohl aber könnte recht wohl auch an das hebräische עֶרֶשׂ gedacht werden, das ebenso im Syrischen, Chaldäischen und Arabischen „Bette", „Lager" bedeutet.

Ist eine dieser Ableitungen zulässig, so fragt es sich, ob bei den Arabern, beziehungsweise Mohammedanern, das *jus primae noctis* herkömmlich war, ohne dass darum die Unsitte zu Recht bestanden haben müsste. Bei der durchaus mangelhaften Kenntniss, die wir vom mohammedanischen Rechte haben, kann es nicht auffallen, dass in den darauf Bezug habenden Schriften die Sache mit keiner Sylbe erwähnt, oder auch nur angedeutet wird: die brutalste Gewalt allein konnte sich ein solches, das sittliche Gefühl im Tiefsten verletzendes Recht überhaupt anmassen [359]). Um so grösser ist der Gewinn, dass im Talmud Babli Ketuboth (3 b.) eine Stelle vorkommt, die einen sichern Fingerzeig darbietet. Sie lautet:

אָמַר רַבָּה דְּאָמְרִי בְּתוּלָה הַנִּשֵּׂאת בְּיוֹם הָרְבִיעִי תִּבָּעֵל לְטַפְסַר תְּחִילָּה׃

---

[357]) Diess ist der Fall in einer Urkunde des Grafen Roger von Foix aus dem Jahre 1250: *Enfranquimus omnes homines de valle de Meranges et eorum proles in perpetuum de exorquia, intestia,* ***arsina****, cugucia.*

[358]) ***Arsineum*** (von *arsina* = *incendium*)*: vestis mulieris rubei coloris et ardentis.* ***Arsinum*** soll die griechische Mode bedeuten, das Haar zu scheiteln und in zwei Zöpfe zu flechten.

[359]) Weder Hammer-Purgstall, noch Worms, oder der *Précis de jurisprudence musulmane* (in der *Exploration scientifique de l'Algérie. T. XI svv.*), noch auch und namentlich N. von Tornauw, in der

„Rabba sagte: Es ist die Meinung, dass eine Jungfrau, welche sich an einem Mittwoch [360]) vermält, in der Brautnacht vom Taphsar beschlafen wird." Da nun Rabba ums Jahr 320 n. C. G. unter dem persischeu Könige Schabur (Sapor) lebte, der die Juden, auch die babylonischen, stark bedrückte, liegt nichts näher, als dass an ein persisches Satrapenrecht gedacht werden muss. Der טפסר kommt Jerem. 51. 27. Nahum 3. 17. vor und findet sich bei Buxtorf durch *princeps* übersetzt. Es ist der persisch-türkische Tephtar (טפסר = טפטר), oder durch Lautverschiebung aus Satrap (טפסר = סטרפ) entstanden.

Von den Persern würden Araber und Türken das Vorrecht sich angeeignet und den von ihnen geknechteten Völkern aufgenöthigt haben, womit es gut zusammenreimt, dass ein jüdischer Reisender [361]) unserer Tage in Kurdistan auf die eben erst beseitigten Ueberreste jenes persischen Satrapen-Despotismus stiess. Dort musste bis vor wenigen Jahren die Braut eines Nestorianers oder Israeliten, bevor sie in das Haus ihres Mannes einzog, sich dem Herrn, dem sie angehörte, hingeben, wie denn das Herrenrecht in eine Geldabgabe nicht früher verwandelt wurde, bis ein Mädchen nach verzweifeltem Widerstand ihren Ehrenräuber getödtet hatte. Es steht sonach nichts im Wege, in Folge der maurischen Eroberung gerade diese drük-

---

trefflichen Schrift: „das Moslemische Recht," wissen etwas davon, woraus jedenfalls nicht mehr gefolgert werden darf, als dass der Unfug in den mohammedanischen Ländern jetzt nicht mehr vorkommt, oder nur stillschweigend geduldet wird. Bei der Verheirathung eines Sklaven mit einer Sklavin bemerkt der *Précis* (II. 386): *il est permis au maître de s'opposer à la cohabitation des conjoints*, *jusqu'à ce qu'il ait touché le don nuptial.*

[360]) Der ganze Abschnitt handelt davon, dass die Jungfrau am Mittwoch, die Wittwe am Donnerstag Hochzeit macht. Der Rabba empfiehlt, sich am Mittwoch zu vermählen, trotz des Eingriffs in die ehelichen Rechte, wozu ein Commentator bemerkt, mit einer Donnerstagsfrau könnte es ja ebenso getrieben werden. Er übersah, dass es gerade auf die *primitiae* ankam.

[361]) Der Moldauer Benjamin in der Reisebeschreibung: „Acht Jahre in Asien und Afrika (1846—1855)." Derselbe gab vor einiger Zeit in Paris eine französisch verfasste Schrift heraus: „*Cinq années de voyage en Orient* (1846—1851)," die nicht im Buchhandel erschien (Berliner Zeitschr. für Allg. Erdkunde. N. F. IV. 2. S. 149).

kendste Weise der Leibeigenschaft nach der pyrenäischen Halbinsel gelangen zu lassen, um so weniger als die Araber das *Jus primae noctis* bis auf Scharahbil [362]), den Vorgänger der Königin von Saba, zurückführen, was gar nicht denkbar wäre, wenn der Missbrauch nicht weit und breit bei ihnen bestand. Dazu kommt, dass der Unfug bei den Syrern gleichfalls schon in frühern Zeiten Eingang gefunden haben muss, da der Aufstand der Hasmonäer (Makkabäer) gegen die Syrer durch denselben, was geschichtlich feststeht, hervorgerufen wurde. Dass das Wort „*arcia*" nur in Catalonien vorkommt, könnte seinen Grund darin haben, dass an den Südabhängen der Pyrenäen das Feudalsystem überhaupt ohne Vergleich tiefere Wurzeln schlug als im mittleren und westlichen Spanien. Auch in den nördlichen Pyrenäenthälern des Bearner Landes, die ehedem Sprache und Recht mit den Cataloniern gemein hatten, erhielt sich das *jus primae noctis* mit haarsträubender Zähigkeit fast ebenso lange als in Kurdistan, weil der schiedsrichterliche Spruch Ferdinands des Katholischen so weit nicht reichte. Ist es doch in den abgelegenen Gebirgswinkeln noch nicht einmal gelungen, die Erinnerung an das Auswurfsgeschlecht der Cagots [363]) völlig zu beseitigen, und so wie das belangreichste Volkslied auf diese Unglücklichen, die *Noucéte* der *Margalidéte* von *Gourrigues* [364]), seinen Schauplatz in Pau hat, finden sich in dem Archive des Obergerichts von Pau ganze Aktenstösse aufgeschichtet, welche Beschwerden gegen das landesübliche *jus primae noctis* enthalten. Noch im J. 1538 machte ein Baron von Louvie, in den Bergen von Ossau, Anspruch auf die Jungfrauschaft [365]) meh-

---

362) Weil, Biblische Legenden der Mohammedaner. S. 253.

363) Fr. Michel, *Histoire des races maudites. I.* 294 *svv.*

364) Michel. II. 124 *svv.*

365) *Item, que quant auguns de tals maisous qui part dessus seran declarades se mariden, daban que conexen lors molhers, son tenguts de las presentar per la prumère neyt a nostre dit senhor do Lobie per en far à son plaisir, autrement lor balhor contribut. — Item, si ben cascun enfant que engendren, lo sen tenguts portar certane somme de diners, et si advien que lo prumer nascut sie enfant mascle, es franc per ço qui pourra star engendrat de las obras deudit senhor de Lobie en ladite prumere neyt de sons susdits plasers. — Item, temps passé les dits*

rerer Häuser in dem Dorfe Aas, wozu der berühmte Badeort Eaux-Bonnes gehört. Ein Herr von Baudéau, bei Bagnères-de-Bigorre, blieb taub gegen die flehentliche Bitte einer Braut, ihre Ehre nicht anzutasten, worauf das Mädchen in der Kapelle von Notre-Dame-de-Boursip der Mutter Gottes [366]) die schönste *génisse* (Färse) ihrer Herde gelobte, wenn sie vor der Entehrung sie schützen wollte. Am Hochzeitstage stirbt der Herr eines jähen Todes und noch bis zum Jahre 1789 wurde das Gelübde in Form einer Rente entrichtet [367]).

In Castilien und den damit zusammenhängenden Ländern hatte man für die *arcia* wenigstens einen eigenen Ausdruck: „*pleito burdelo*"; es liegt jedoch auf der Hand, dass der mit *bordel* [368]) gleichbedeutende Name im Munde des stolzen Castilianers durchaus verächtlich, ja gemein klang, wesshalb ich Anstand nehme, ihn im Deutschen wiederzugeben. Offenbar kannte man in Castilien dieses Herrenrecht nur dem Namen nach und besann sich darum ganz und gar nicht, an den Fremden das zu rügen, wovon man sich selbst frei wusste. Nichts liegt mir ferner, als damit behaupten zu wollen, das *jus primae noctis* sei einfach Erfindung des persischen Satrapenthums, schon darum weil in der nordischen Dichtung Züge vorkommen, die daraus ein Vorrecht der Götter machen, um nicht etwa nach Art der

---

soubmis étaient en telle subjection que les prédécesseurs dudit dénombrant avoient droit toutes fois et quantes qu'ils prenoient femme en mariage, de coucher avec l'épouse la nuit la plus prochaine des nopces, que les soubmis sont tenus et obligés, chaque fois qu'il se fait de nopces dans le dit lieu, de lui porter une poule, un chapon, une épaule de mouton, deux pains ou un gasteau, et trois escuelles d'une sorte de bouillie, vulgairement bibarou (Bascle de Lagrèze, *Essai sur le droit du seigneur. Paris*, 1855).

366) Andere berühmte Marien-Kapellen in den französischen Pyrenäen sind die von Sarrance, Layguelade und Betharram (Ernest de Garay, *Les Légendes des Pyrénées.* 1857).

367) Boutaric (*Traité de droits seigneuriaux. p.* 650) bemerkt, in Klagefällen hätten die französischen Gerichte jedes Mal gegen die Privilegirten entschieden.

368) *bordel* und *burdel*, sowie *borde* und *burdo* kommen als Adjectiva vor (Cobarruvias, *Tesoro de la Lengua Castellana.* 1601. *Diccionario de la Lengua Castellana. Por la R. Academia Española.* 1726).

gewöhnlichen Heroen-Sage den göttlichen Ursprung gewisser Gechlechter oder Völkerschaften anzudeuten, sondern den menschlichen Ständen das Siegel einer höheren Weihe aufzudrücken. Nach dem Rîgsmâl-Liede der Edda wandert der Gott Heimdallr unter dem Namen Rîgr zu den drei Ständen und legt sich jedesmal mitten ins Bett zwischen die Ehepaare. Die Kinder, welche die Ehefrau gebiert, treten an die Spitze der kommenden Geschlechter und die Stände sind damit ein unmittelbarer Ausfluss göttlicher Allmacht [369]). Das war höchst sinnig erdacht, jedoch keineswegs geeignet, der nachmaligen Unsitte irgendwie Vorschub zu leisten. Wie es sich damit aber auch verhalten haben mag: die gemeinen Leute in Catalonien wurden durch die Einführung der *Usatici* zwar gegen grobe Willkürlichkeiten einigermassen geschützt, bedrückt blieben sie nach wie vor.

Die Communen allein verstanden es, sich nachdrücklich des willkürlichen Herrendienstes zu erwehren, und zwar nach Maassgabe ihrer Entfernung vom Maurenlande. Fast tarifmässig wurden Gefahr und Unsicherheit nach Aussen durch entsprechende Freiheiten und Gerechtsame nach Innen aufgewogen. In dem vom Grafen Ramon Berenguer im J. 1142 erlassenen *Fuero* von Daroca wird dieses Umstandes besonders gedacht und dürfte das *Fuero* überhaupt das gehalt- und darum lehrreichste von ganz Spanien sein [370]). Kein irgend nambaftes Rechtsverhältniss ist übergangen und die bis in die kleinsten Verordnungen nachzuweisende Uebereinstimmung mit dem castilianischen

---

[369]) J. Grimm, Deutsche Mythologie. 2. Ausg. S. 214. Grimm hatte die Gefälligkeit, mich auf eine einschlagende celtische Stelle aufmerksam zu machen, enthalten in „*The battle of Gabhre fought a.* 283, *for the first time edited from an original irish MS. by Nicholas O'Kearney. Dublin*, 1853. *p.* 137." *They (the Fenians) despatched messengers to Cairbre, to remind him, to pay the tribut, viz. twenty ungas of gold, or the right of cohabiting with the princess the night previous to her mariage.* Das celtische *leapta* ist *belonging to a bed.* In den Weisthümern (I. 43) ist die Oefnung von Maur (1543) beachtenswerth: *vnnd so die hochzit vergat, so sol der brütgam den meyger by sim wyb lassen liegen die ersten nacht, oder er sol sy lösen mit Vβ iiij* ₰

[370]) S. Anhang *B.*

Rechte sehr natürlich dadurch motivirt, dass Daroca hart an der Grenze beider Castilien lag. Im Ganzen aber haben sich die Hinterländer Cataloniens zu dieser ihrer geistigen und politischen Vormauer weit eher empfangend verhalten als gebend, was von dem Studium und der Anwendung des römischen Rechtes vielleicht in höherem Grade gilt als von der einheimischen Rechtsbildung. Seitdem die Grafen von Barcelona auch Könige von Aragonien geworden und die lebhaften Beziehungen der beiden Länder zu Italien eingeleitet waren [371]), drohte dem Westgothen-Rechte von Seiten des aus dem Grabe erstandenen römischen Rechts ernstliche Gefahr. Zurita [372]) übertreibt nicht wenn er versichert, dass bis zur Gründung der Universität Lerida (im J. 1300) Jeder, der auf wissenschaftliche Bildung Anspruch machen wollte, auf einer italienischen Universität studirt haben musste. In Bologna waren die Juristen aus Catalonien und Aragonien überaus zahlreich und Tiraboschi [373]) führt mehrere davon aus der Zahl der Professoren mit Namen an. Man kennt einen Petrus Hispanus (Savigny. III. 633), den Canonisten Garsias, der 1280 den ersten festen Gehalt bezogen haben soll [374]), Gosaldus (Ansaldo, Gonzalo), den ersten Rector von Padua (Savigny. III. 277), und Raymund von Pennaforte war sogar Beichtvater des heldenmüthigen Königs D. Jaime I. Was die jungen Catalonier und Aragonier in Italien gelernt hatten, das suchten sie in ihrer Heimath zur Geltung zu bringen; aber alle ihre Bemühungen hatten, wenn auch einen jeweiligen, so doch keinen dauernden Erfolg, und konnten einen solchen nicht haben, weil die Communalfreiheit einerseits und die feudalistische Grundlage der *Usatici* andererseits im Wege standen. Einen lehrreichen Wink in Betreff der Verwerthung

---

[371]) Ueber die allgemeinen Bildungszustände Cataloniens in jener Zeit kann man vergleichen A. Helfferich, Raymund Lull und die Anfänge der catalonischen Literatur. Berlin, 1858 (Springer).

[372]) *Anales de Aragon. Lib. I. c.* 44.

[373]) *Storia della Letteratura italiana. T. IV. p.* 41.

[374]) In Wahrheit war es Guido de Suzaria, mit dem die Scholaren von Bologna schon Jahres zuvor einen darauf abzielenden Vertrag geschlossen hatten (Savigny. III. 240).

verschieden gearteter Rechtselemente geben die *Constitutiones Illerdenses* vom Jahre 1228, in denen unverkennbar ein wissenschaftliches Bewusstsein zu Tage tritt. Es steht daselbst die gelehrte Erläuterung: *Majori parte Usaticorum utimur, sed Usaticis, quae locuntur de Intestatis, et Exorquiis, et Cucuciis non utimur, et quibusdam aliis* [375]). *Goticis vero legibus paucissimis utimur, ut illis quae loquuntur de testamentis post mortem scribendis, et aliis forte quibusdam. Legibus quidem romanis pluribus utimur, pluribus non, ut cotidianis tractatibus causarum liquere potest. In his autem omnibus iste ordo servatur: quod consuetudines nostras scriptas et non scriptas, cotos et bannos praeferimus omnes, et primo utimur illis. Post hoc vero servamus cartas nostras et privilegia principum, postea Usaticos, consequenter Leges Gotas, ultimo vero loco Leges Romanas.*

Ein durch seine Folgerichtigkeit ausgezeichneter Denker kann so etwas nicht geschrieben haben: die Constitutionen selbst sind darum keineswegs in weniger freisinnigem Geiste abgefasst. Es ist das erste Mal, dass man bei einer spanischen Commune dem Namen „*Consul*" begegnet, wie mir scheint ein untrüglicher Beweis, dass die spanischen Communen im Allgemeinen aus dem Städtewesen des alten Westgothen-Reichs und der durch die arabische Eroberung veränderten Lage des neuen Reichs hervorgingen, dass aber in den östlichen Ländern sich späterhin die Einwirkung municipaler Ideen aus Italien und Südfrankreich bemerklich macht. Das Consulat ist in Spanien nicht aus einheimischem Boden entsprungen: auch in Catalonien wusste man früher nicht anders, als dass Richter und Alcalden mit verhältnissmässig eingeschränkten Befugnissen der Bürgerschaft vorstanden, bei der überhaupt der in den vorzugsweise deutschen Ländern entscheidende Begriff der Gilde vorherrschte. Wie man weiss, hatte das Beispiel der lombardischen und toskanischen Städte und ihrer freien Verfassungen bald auch in der Provence Anklang gefunden. Den Titel „Consul" entlehnte man von den Städten des Exarchats, jedoch nicht in der Be-

[375]) Die Commune hatte damit die drückendsten Ausgeburten des Feudalismus abgeschüttelt.

deutung von blossen Gemeinderäthen, sondern als die vollziehende Behörde wirklicher Republiken, sowohl was die richterlichen als die militärischen Angelegenheiten betraf. Die Zahl der Consuln schwankte zwischen 5 bis 24, in der Regel waren es 12, denen gewöhnlich zwei Rathscollegien zur Seite standen, das eine wenig zahlreich und mit den laufenden Geschäften betraut, das andere von 80 bis zu 300 Mitgliedern nur für bestimmte Verwaltungsgegenstände eingesetzt, und über allen die Bürgerschaft.

Vermuthlich hatten die innigen Beziehungen Cataloniens zu der Provence die Folge gehabt, dass die Einrichtung des Consulats die seither eingehaltene Pyrenäen-Linie überschritt. In Lerida begnügte die Bürgerschaft sich mit 4 auf ein Jahr gewählten Consuln, von deren Amtsthätigkeit gesagt ist: *possunt de concilio communi cotos sive bannos ponere, minuere vel augere,* was man von dem allgemeinen Verordnungsrechte zu verstehen hat. Ausserdem sollen die Gemeindeangehörigen mit fiscalischen Belastungen und sonstigen Ansprüchen verschont werden: *consiliarii sint liberi ab omni leuda, pedagio, mensuratico, passatico, portatico, penso, usatico, consuetudine, novis, veteribus statutis et statuendis.* Damit ist der Grundsatz unbeschränkter Selbstregierung ausgesprochen und werden Barone und königliche Beamte (*Senior, Castellanus, Vicarius, Bayulus*) ernstlich verwarnt, sich jeder Art Gewaltthätigkeit gegen die Bürgerschaft zu enthalten; ja sogar der Antheil, der nach altem Herkommen dem Kriegsherrn an der Beute zustand, soll von dem Bürger fortan nicht mehr eingefordert werden [376]. Für gewisse Vergehen sind die angeordneten Strafarten neu und ungewöhnlich: Mann und Frau, die ehebrecherischen Umgang pflegen, werden nackt durch die Strassen gepeitscht, ohne an Ehre und Geld weiter Schaden zu nehmen; Spieltische sollen nur an öffentlichen Plätzen aufgestellt und Kleider nicht als Einsatz angenommen werden dürfen [377]. Die Leidenschaft des

---

376) *Quilibet in guerra potest capere suum guerrarium, et tenere ubicumque vult, et compellere redimere, et sibi totam redemptionem habere.*

377) *Nullus teneat tritxeriam nisi in via majori, alias det X solidos.* — Ore-

Spielens muss vorzugsweise in Catalonien eine bedenkliche Verbreitung erlangt haben, und zwar zumeist unter den betrügerischen Händen gewinnsüchtiger Bänkelsänger. Von den ungeschriebenen Rechtsgewohnheiten (*consuetudines non scriptae*) nenne ich Beispiels halber: *Si centum dentur in dotem, quinquaginta est sponsalicium, et sic de aliis summis. Possidet autem sponsalicium mulier in tota vita sua. Mortuo viro uxor debet habere victualia per annum integrum de bonis viri, si dos consistat in pecunia numerata. Si vero consistat in possessionibus rerum immobilium, statim post mortem recuperet eas cum rebus sibi pro sponsalicio obligatis, et ex tunc non alitur de bonis mariti. Fructus vero rerum pro dote et sponsalicio obligatarum lucratur uxor quamdiu possidet res praedictas, donec ei dos et sponsalicium sit solutum. Liberis intervenientibus si filia familias constante matrimonio decesserit, non redit dos ad socerum, sed gener retinet eam.*

Neben und beziehungsweise über den Particular-Rechten erfreute sich das Landrecht einiger Nachhilfe: denn einmal wurden zu den *Usatici* allerlei Nachträge [378]) und Erläuterungen gefügt [379]), und ausserdem kamen die zwischen der Krone und

---

ditor ad ludum non mutuet super vestes alicujus, sin autem, sine pecunia vestes reddat.

378) Lehrreich ist der catalonische Münzfuss (*Giraud.* c. 141): *Solidus aureus habet octo argenteos. Argenteus valet dimidium morabatinum. Uncia valet XIV argenteos. Libra quoque auri habet XXI solidum. Viginti unum solidorum sunt XII uncie. Solidus quoque valet IIII morabatinos. Uncia vero VII morabatinos. Libra namque LXXXIIII morabatinos. C solidi valent CCCC morabatinos. CCC solidi valent MCC morabatinos. Tres manchusi auri valencie valent unum morabatinum. Ternus dicitur pars tercia solidi.* Etwas abweichend, weil aus einer spätern Zeit, in der catalonischen Uebersetzung: *Sou de or ha vuyt argents. Unça quatorze. Liura de or vingt y un sous. Lo sou val quatre morabatins. La unça set morabatins. La liura val settante quatre morabatins. Cent liuras de or de Valencia han enfi dos milia e cent sous de or, qui valent vuyt milia e quatre cents morabatins. Cent unças de or de Valencia valen dos cents morabatins. E quatre mancusos e miy de aquell or valen un morabati. E set mancusos de aquell mateix or fan una unça, qui val dos morabatins (Constitutions de Catalunya. Barcelona,* 1588. I. 531).

379) Weil die catalonischen Rechtshistoriker diess ausser Acht liessen und

den Ständen auf den Reichstagen vereinbarten Constitutionen hinzu, deren Zahl und Bedeutung seit D. Jaime I., dem eigentlichen Begründer der aragonisch-catalonischen Macht, sich beträchtlich vermehrten. Dieselben waren bald lateinisch, bald catalonisch abgefasst und wurden unter dem Titel: *„Fori Veteres"* zuerst in Valencia gedruckt [380]). Auf Befehl D. Fernando's I. von Aragonien wurden im J. 1413 die Usatici, Constitutionen und Verordnungen (*stil de la governatio*) ins Catalonische übertragen, von Andern in Bücher und Titel eingetheilt, da aber fortwährend und zuletzt noch unter Kaiser Carl V. die Gesetze sich mehrten, beschlossen die Cortes im J. 1553 eine neue Redaction, die 1588 in Barcelona in drei Bänden gedruckt wurde.

Die Errichtung einer eigenen catalonischen Universität in Lerida durch D. Jaime II. von Aragonien änderte nichts an dem Gange der Rechtsbildung: nicht einmal der Versuch einer Codifikation im Geiste des römischen Rechts wurde gemacht und Alles blieb beim Alten. Die Stiftungsurkunde wurde vom 1—5. September 1300 ausgestellt und enthält die *„Carta ordinationis et immunitatis studii generalis Ilerdensis"*, neben andern minder erheblichen, folgende Bestimmungen:

Inprimis volumus, ac ipsi eidem studio perpetuo indulgemus, quod Universitas scolarium forensium, qui non sunt de civitate Ilerdae, clerici vel laici in utroque jure studentes duntaxat, ha-

---

sich der Mühe überhoben glaubten, der ältesten Gestalt, in der die *Usatici* verfasst und auch noch vorhanden waren, nachzuforschen, musste es ihnen begegnen, ihrem Gesetzbuche Widersprüche anzudichten, von denen dasselbe frei ist. So versichert unter den vielen Commentatoren der *Usatici* (*F. Torres Amat, Diccionario critico de los escritores catalanes.* p. 717) noch der jüngste, *D. P. Nolasco Vives y Cebrid* (*Traduccion al Castellano de los Usages y demas derechos de Cataluña. Barcelona*, 1832), *tit.* 6 *de paz y tregua* könne unmöglich von Berenguer I., sondern allein von Ramon Berenguer III. herrühren, weil er das Datum des zehnten Regierungsjahres König Ludwig's von Frankreich (nach Campillo Louis VI.) trage. Das Nämliche gilt von andern Titeln, jedoch keineswegs in den frühesten lateinischen, sondern lediglich in den späteren catalonischen Texten.

[380]) Herr Salvá, der Sohn, besitzt ein Exemplar der seltenen Ausgabe, dem der schön ausgestattete Probebogen einer beabsichtigten neuen Ausgabe, die niemals erschien, angehängt ist.

beant potestatem annis singulis sibi eligendi et creandi rectorem, consiliarios, ac generalem bedellum et banchirios, prout sibi ad utilitatem ejusdem studii videbitur expedire. Ita quod ipse rector et consiliarii similiter sint forenses, quod quidem cancellariae officium volumus esse perpetuum. Nec propterea quia canonico Ilerdensi debemus (vel volumus) ipsum comittere sive concedere, dignitas personatus officium vel beneficium ecclesiasticum ullatenus censeatur. Qui etiam cancellarius per nos taliter institutus tali subscriptione utatur: Nos talis cancellarius studii Ilerdensis auctoritate apostolica et domini nostri Domini . . . . . Regis Aragonum, quibus fungimur, in hac parte tali negotio nostram auctoritatem impertimur.

Der erste Rector Pedro de Cabrera, Archidiaconus der Hauptkirche von Lerida, veröffentlichte bei seinem Amtsantritt die von dem Rector der Kirche von Tamarit, Pedro de Valls, und dem in Lerida bürgerlich ansässigen Rechtsgelehrten Bernard Bonet ausgearbeiteten Statuten. Zum zweiten Rector wurde Berenguer de Sarria, Archidiacon von Valencia, erwählt. Der Wahlact selbst erfolgte in der Art, dass die Studierenden beider Rechte sich in der Martins-Kirche versammelten, worauf jede Nation einen Stellvertreter kürte und die Stellvertreter mit Stimmenmehrheit den Rector wählten, jedes Jahr aus einer andern Nation. Um jedoch Rivalitäten vorzubeugen, erhielten schon von der Mitte des 14. Jahrhunderts an nur geborene Catalonier oder Aragonier das Rectorat. *Si rector inutilis, imbecillis vel prorsus ignarus fuerit, minus provide vel per ignorantiam, quod semper praesumi debet, asumptus, de communi totius Universitatis consilio, aut cedat alius subrogatus in locum ejus, aut committat in omnibus alicui viro provido vices suas, aut si ad alterum istorum induci non potest, sibi coadjutor idoneus societur.*

De electione cancellarii studii.

Cancellarius studii debet esse perpetuus juxta statutum Domini Regis; cumque vacaverit ejus officium, non est ad idem Universitatis electio, sed ipsius potius Domini Regis provisio expectanda.

De electione doctorum et magistrorum.

Doctores sive magistri juris utriusque, medicinae vel artium ad commune civitatis salarium hic lecturi debent per paciarios civitatis Ilerdae et sufficientes et idonei in sua facultate haberi. Consilio tamen rectoris et consiliariorum suorum debent eligi et perquiri.

Inprimis constituimus, statuimus et ordinamus, ut deinceps omnes tam doctorum majorum cathedrae, quam bacalaureorum ut vocant minores cathedrulae non aliter provideri conferrive possint, quam competitoribus ad oppositionem admissis ac suam doctrinam publica aliqua lectione testantibus, ac tandem scholasticis secreta suffragia de illorum praestantia ferentibus.

Publicae cathedrarum lectiones postridie festum Divi Lucae incipiant et sine intermissione deinceps habeantur ad usque vigiliam Assumptionis b. Mariae. Septem juris canonici professores ab ineunte anno, a Maio scilicet usque ad praedictum festum Assumptionis, ita mutuo conveniant, ut quatuor ex his Sextum, tres vero Clementinas exponant. Juris porro civilis lectores primo anno Digestum vetus usque ad finem Martii, et inde Infortiatum [381]) *praelegendum suscipiant. Altero vero anno Codicem usque ad Martii finem et inde Digestum novum. Institutiones Justiniani toto anno quotidie hora per rectorem et consilium assignanda exponantur.*

Item statuimus et ordinamus, quod lectores omnes singulis lectionibus singulas horas tribuant, in interpretando tantum non in dictando [382]) *occupati.*

Item statuimus, quod scholastici omnes honestis tantum vestibus induantur, h. e. superno vel pallio talari, quod manteum [383]) *vocant, vel altero aliquanto breviori, quod ferreolum* [384]), *sed us-*

---

381) Eine Abtheilung der Digesten. s. Selden (*Praef. ad Angl. script.*) und Savigny.

382) Man ersieht daraus, was es mit der Behauptung auf sich hat, erst die Jesuiten hätten in ihren Lehrvorträgen das Dictiren eingeführt.

383) *Manteus* ist die ächt spanische Bezeichnung für Mantel und kommt so noch in dem Canon eines Concils von Valencia im J. 1565 vor.

384) *Ferreolum* bedeutet ein in Eisen gebundenes Trinkgefäss (Pertz. Leg. I. 180); *ferreolus* = Ferkel. Die Form des erstern wird Veranlassung gegeben haben, den Schnitt eines Kurzmantels darnach zu benennen.

que ad dimidiam tibiam demisso, aut certe pallia oblonga manicata, qualem Tholosates (Tolosa) scholastici et domi et foris gestare consueverunt. Pileo autem caput tegant quadrato, non illo valde cornuto, quali nuper abuti coeperunt, sed modeste prominenti, qualis sacerdotibus permitti solet.

Lectoribus autem sua stipendia ternis partibus ternisque anni temporibus persolvantur, ut prima scilicet pars ad Januarii finem, altera ad finem Aprilis, tertia ad festum Assumptionis, cum a legendo cessabitur, illis reddantur.

Duabus primis cathedris juris civilis et canonici centum viginti librae singulis. Aliis duabus cathedris juris civilis et duabus item juris canonici singulis centum librae. Tribus cathedris theologiae centum sexaginta librae: primae videlicet sexaginta et duarum reliquarum singulis quinquaginta librae, nam alia theologiae cathedra suum stipendium seorsum habet constitutum. Duabus dialecticae et philosophiae cathedris octoginta librae singulis. Duabus grammaticae cathedris centum librae singulis.

In singulis scholis possunt doctores pro libitu quos sibi voluit bedellos eligere, et electos repellere vel mutare, sine praejudicio quolibet generalis.

Von Lerida aus verbreiteten sich wissenschaftliche Lehranstalten in Barcelona, Tortosa, Gerona, Vich und Solsona; zu einer Verdrängung der einheimischen Rechtsbildung durch das römische Recht kam es dessenungeachtet weder in Catalonien, noch in Aragonien, obschon unter den Aragoniern [385]) die Wagschaale eine Zeit lang dieselben Schwankungen erfuhr, wie bei den Castilianern unter Alfons X. Schon im J. 1247 hatte König Jaime I. den Bischof von Huesca, D. Vidal de Canellas, mit der Ausarbeitung eines Gesetzbuchs beauftragt, doch erst 1283 kam unter D. Pedro III. das *Privilegio General* zu Stande, das in einzelnen Abschnitten unzweifelhaft römischen Geist athmet [386]). Der Widerstand der Stände war hartnäckig:

---

385) Es ist ausgemacht, dass Frankenau mit seinen „*Sacra Themidis Hispanae Arcana*" an D. Juan Lucas Córtes, beziehungsweise dessen hinterlassenen Papieren, ein nicht zu entschuldigendes Plagiat beging.

386) Man ersieht diess zur Genüge schon aus den Ueberschriften der einzelnen Titel: *De sacrosanctis Ecclesiis. De pignoribus. De postulando.*

sie wollten der Krone weder die Befugniss einräumen, das römische Recht einzuführen, noch auch das Gothen-Recht beizubehalten, sondern verlangten in allen weltlichen Angelegenheiten nur nach den örtlichen Constitutionen gerichtet zu werden [387]). Selbst als Advokaten verbaten sie sich die Legisten [388]): allein der Widerspruch war auf die Dauer nicht durchzusetzen, weil die in denselben Zeitraum fallende Umgestaltung der Staatsgesellschaft in allen von Germanen eroberten Ländern mit den alten Volksrechten und den hinzugekommenen lokalen Rechtsordnungen sich nicht begnügen, auf die ausgleichende, vermittelnde Beihilfe des römischen Rechts nicht verzichten konnte. Arembaix, Tochter des Grafen Armengol von Urgel, liess in einem Rechtsstreite mit D. Guerard de Cabrera im J. 1228 ihren Gegner vor Gericht laden; derselbe weigerte sich jedoch persönlich zu erscheinen, mit der Einrede, er fürchte ganz und gar nicht seine Grafschaft zu verlieren, da sein Advokat Lassa

---

De negotiis gestis. De edendo. De satisdando. De mutuis petitionibus. De verborum significatione. De lege Aquilia. Si quadrupes pauperem fecisse dicatur & &. Die Grundlage des *Privilegio General* bildeten die auf den Cortes von Huesca (Osca) im J. 1247 zwischen D. Jaime I. und den Ständen von Aragonien vereinbarten Gesetze.

387) D. Jaime musste unter dem 29. März 1251 das Verbot einschärfen: *Ne leges romanae vel gothicae, decreta vel decretales in causis secularibus recipiantur aut allegentur; sed fiant in omni causa seculari allegationes secundum approbatas constitutiones illius loci, in quo causa agitur* (Marca Hispanica, *p.* 1388). Zurita bemerkt darüber: *Quejdbanse que habiendo los ricos-hombres de juzgar los pleitos como era costumbre antigua, por los fueros, los determinaba el rey por el derecho comun y decretos; y eran gobernadas las leyes del reino á su albedrio, habiendo sido establecidas para que ellas reyiesen, y pretendian que ya que el rey hubiese de poner justicia en el reino, le pusiese caballero hijo-dalgo, y le nombrase con consejo de los ricos-hombres .... Quanto á lo que se querellaban que tenia en su consejo legistas, decia que no tenian de se agraviarse por esto, pues no juzgaban sino por fuero; y que tales reis tenia, que era necesario que residiesen en su corte personas sabias que tuviesen noticia, así del derecho civil y canónico, como del foral, porque en todas sus tierras no se juzgaba por fuero; y así convenia que en su consejo se hallasen personas que pudiesen administrar derecho y justicia á todos sus subditos.*

388) *Vetuit autem, ne advocati legistae admittantur in causis secularibus* (Marca. *l. c.*).

den Process in Bologna gründlich studiert habe. Nach der Eroberung Valencia's (1238) wurden zwei Rechtsgelehrte mit der Vertheilung der den Mauren abgenommenen Ländereien beauftragt, worüber der Adel sich beschwerte, weil ein so hochwichtiges Geschäft nur von den angesehensten Magnaten abgemacht werden könne. Der König gab nach und ernannte eine aus zwei Bischöfen und zwei Baronen bestehende Commission, die in kürzester Frist die Angelegenheit so gründlich verwirrte, dass man wieder zu den beiden Juristen seine Zuflucht nehmen musste, die dann auch zu allgemeiner Zufriedenheit die Vertheilung erledigten.

Auch hier bestätigt es sich, dass die Einführung des römischen Rechts nichts Zufälliges, vielmehr einfach in den Bedürfnissen des Zeitalters begründet war. Ich meine damit keineswegs, das römische Recht habe in Aragonien irgendwie das einheimische Recht verdrängt: es diente nur dazu, dem im Verlauf der Zeit auf der Grundlage des Westgothen-Rechts entstandenen Gewohnheitsrechte die meist beschränkten, auf allgemeine Verhältnisse nicht anwendbaren Formen abzustreifen. Wenn aber diese Wirkung zumeist nur die Form und Ausdrucksweise betraf, so zwar dass jetzt sogar die Emphyteuse herübergenommen wurde, so musste nothwendig mit der Form auch der Inhalt ein wesentlich anderer werden. Die Stände mochten sich noch so sehr dagegen sträuben, dass die herkömmlichen und beschworenen Gesetze ausser Kraft gesetzt würden; die geschulten Juristen wussten schon bei der Redaction der neuen Constitutionen den römischen Rechtsbegriffen Geltung zu verschaffen, die, je leiser sie auftrat, um so nachhaltiger wirkte. Es setzten sich an die *Fueros* von Huesca (1247) fortwährend neue Rechtsbildungen an, theils um fühlbar gewordene Lücken in der Gesetzgebung auszufüllen, theils und namentlich, um die unbrauchbar gewordenen alten Gesetze durch neue, den Verhältnissen angepasste zu ersetzen. Waren die catalonischen Constitutionen zum Theil lateinisch, zum Theil catalonisch abgefasst, so bediente man sich in Aragonien bis ins 15. Jahrhundert meist der lateinischen und ausserdem der mundartig verunreinigten castilianischen Sprache [389]). Die *Fori, Privilegia, Libertates, Usus et Consuetudines Regni Aragonum* werden durchweg mit dem gehörigen Nachdruck betont, und noch im J. 1300 verpflichtete sich der König jeden Freitag oder Sonntag eine öffentliche Gerichtssitzung zu halten, die Parteien anzuhören und Beschwerden in Empfang zu nehmen. Ein halbes Jahrhundert später (1348) musste D. Pedro II. geloben, stets zwei Barone (*milites*) und zwei Rechtsgelehrte (*jurisperiti*) um seine Person zu haben, ausser dem von Alters her gebräuchlichen *Justicia*, welche Recht zu sprechen hatten. Nachher machte das sich fortwährend anhäufende Gesetz-Material eine zweckmässige Zusammenstellung der zu Recht bestehenden Gesetze nöthig, wesshalb auf Befehl der vier Bänke des Reichtags im J. 1576 eine Sammlung der *Fueros* und *Observancias* gedruckt [390]) und 1585 durch ein umfangreiches „*Compendium*" erläutert wurde. Die catalonischen Rechte erschienen gesammelt erst im J. 1588.

---

[389]) In den „*Fueros y Observancias*" des Königreichs Aragonien begegnet nur ein einziger catalonischer Text, eine *Ordinatio Curiae Regiae* zu einem Gesetze Peter's II. (1381) *de alguaziriis*. Es ist somit ein Irrthum, wenn Viele der Ansicht sind, das Castilianische sei erst später in Aragonien eingeführt worden (A. Helfferich, Raymund Lull und die Anfänge der catalonischen Literatur. Berlin, 1858. S. 46).

[390]) Zu Anfang stehen die „*Fori Aragonum*," in neun Bücher vertheilt, und nachträglich die „*Fori editi in Curiis Generalibus apud villam Montisoni.*" Sodann in zweiter Reihe, gleichfalls in neun Büchern, die ‚*Observantiae Consuetudinesque scriptae regni Aragonum in usu communiter habitae.*" Schliesslich die „*Fori quibus in judiciis nec extra ad praesens non utimur, propter illorum correctionem et aliquorum temporis lapsu extinctionem.*"

Anhang.

A.

Das Gewohnheitsrecht von Barcelona findet sich in den Handschriften nicht gleichmässig benannt, immer aber ist die Bezeichnung „*Usatici*" die gewöhnliche, gleichviel ob in der *Marca Hispanica* (*p.* 456) dafür gesetzt wird: *Usalia de curialibus usibus*, oder ob der Anonymus von Ripoll (*Gesta comitum Barchionensium*) von den *jura* redet, „*quae Barchionae Usaticos nuncupamus.*" Eine Handschrift des lateinischen Textes verwahrt der *Escurial*, eine zweite fand ich auf der *Colombina* in Sevilla in einem Bande *Leges Fori Aragoniae*. Ducange giebt zahlreiche Beläge aus den *Usatici*, die zum ersten Male 1534 in Barcelona gedruckt wurden (Capmany, *Memorias históricas sobre la marina, comercio y artes de Barcelona. T. II. Coleccion diplomatica*); neuerdings hat Giraud (*Essai sur l'hist. du droit franç. II.* 465) dieselben nach zwei Handschriften der Pariser Bibliothek veröffentiicht, die unfehlbar Peter de Marca von seiner catalonischen Mission mit nach Hause brachte. Die Capitelzahlen stimmen nicht mit den Angaben bei Ducange, und enthält die eine der Pariser Handschriften (No. 4673) viele Zusätze, von denen die andere (No. 4671) nichts weiss. Der nachstehende Text ist einer Handschrift [1]) auf der Bibliothek der Madrider

[1]) Es ist ein Papiercodex des XIII. Ihr., der ausser den *Usatici*, die zu Anfang stehen, noch mancherlei catalonische Constitutionen enthält. Die Araber hatten die Papierfabrikation frühzeitig in Spanien eingeführt und war namentlich das Papier von Toledo und Valencia (Xativa) gesucht. Es hiess *pergamino de drapo* oder *paño*, im Gegensatz zum *pergamino de cuero*. In einer Urkunde vom J. 1224 ist von *papel y tinta* die Rede. Um die Mitte des 13. Jahrhunderts war in Aragonien das Papier besteuert und in Regesten D. Jaime's I. kommt zum Jahre 1272 die Verordnung vor: *Item dat perpetuo sarracenis xativ.* (*Xativa*), *quod de qualibet rasma* (arab.) *papiri regi tres denarios.*

Akademie entnommen und dürfte insofern den Vorzug vor den Pariser Handschriften verdienen, als er durchaus frei ist von Zusätzen und Einschaltungen, selbst die Capiteleintheilung noch nicht kennt. Der Vollständigkeit wegen habe ich die abweichenden Lesarten, sowie die Capitelzahlen Giraud's in Klammern beigefügt.

Incipiunt Usatici Barch. qualiter ante Usaticos judicare solebant [2]).

(1.) *Antequam Usatici fuissent, missi solebant judices judicare, ut tanta malefacta fuissent omni tempore emendata, set [si] non potuerunt [potuerint] esse neclecta, per sacramenta vel [et] per batalliam [batayam], vel per aquam frigidam sive calidam, ita dicendo: Juro ego ille tibi illi, quod hec malefacta, que tibi feci [habeo facta] sic ea tibi feci ad meum directum, et in tuo neclecto, quod [ego] tibi illa emendare non debeo, per deum [dominum] et per hec sancta quatuor Evangelia [et hec sancta]; et inde stetisse [stet] ad batalliam [bellum] vel ad unum ex supradictis judiciis, scilicet aque frigide, vel calide.*

(2.) *Homicidium [homicidia] vel cuguciam [cugucia], quod [que] non possunt neclecta [neglectari], fuissent [sint] secundum leges et mores judicata et emendata, seu vindicata.*

Incipit prologus de Usaticis.

(3.) *Cum dompno Raymundo bng [dominus Raymundus Berengarii], velus comes et marchio barch atque Ispanie subjugator, hunc [habuit] honorem et vidit et cognovit, quod in omnibus causis et negociis ipsius patrie leges gotice non possent observari, vel etiam [et] vidit multas querimonias et placita, quae ipsae leges specialiter non judicabant, laudo [laude] et consilio suorum proborum hominum una cum prudentissima ac sapientissima conjuge sua Adalmode [Adalmodi] constituit et misit Usaticos, cum quibus fuissent omnes querimonie et malefacta in eis inserta distincte [districte] et placitate atque ordinate, seu etiam emendate vel judicate [vindicate]. Hoc ergo [hec enim] fecit comes auctoritate libri Judicis, qui dicitur [dicit]: Sane adiscendi* [3]) *[adjiciende] leges [legis], si justa novitas causarum exhigerit, principalis electio licentia[m] habebit, et potestas regia discrecione [potestatis regie discretione] tractetur, qualiter eorum [exortum] negocium legibus inseratur. Et sola [sola vero] potestas regia erit in omnibus libera qualecumque [qualemcunque]*

---

[2]) *Incipiunt Usatici Barchinone Patrie.* Alle andern Ueberschriften fehlen bei Giraud.

[3]) *Adjiciendi* heisst es im Westgothen-Gesetz II. 1. 12. Am Schluss des Satzes lauten die Worte etwas anders.

jusserit in placitis inserere penam; et Usatici, quo [quos] misit, incipiunt ita: Incipiunt usalia de curialibus.

(4.) *Hec sunt usalia de curialibus usibus [usalibus], quos constituunt [constituerunt] tenere in eorum patria omni tempore dopns Raymundus Barchn vetus comes et Adalmu[o]dis ejus conjux, assencione ac clamore [aclamatione] illorum terrae magnatum, videlicet Poncii vicecomitis Cardon*[4]*, et Udalardi vicecomitis Barchn, nec non Gondebardi de Bisaura [Bigora], et Mironis Guilaberti, et Alamadi [Alamagni] de Cervi[e]lione, et Bernardi Amati Claris Montis [Clarimontis], et Raymundi Montis Cathni [Montiscataniti]*[5]*, et Amati Oneus [Eneas], et Guillmi de Queralto [Guillermi Bernardi de Carult], et Arnaldi Myrois [Mironis de Tost et Ugonis Dalmacii Cervarie, et Arnaldi mirenis] Sancti Martini, et Guillmi dapifferi [Dapiferi], et Gaufridi Bastois [Bastonis], et Renardi Guillmi, et Guilaberti [Guiberti] Guitardi, et Umberti de Rpis Acinis [Guiberti de Ipsis Accutis], et Guillmi Marches [Marche], et Lonefilii [Bonifilii] Marchi, atque Guillmi Borretr [Borelli] judicis [judicum].*

(5.) *Ut qui interfecerit vicecomitem, vel vulneraverit, sive in aligno [aliquo] desonoraverit, emendet eum sicut duos comitores, et comitorem sicut unos [duos] vasuassores.*

De vasuassoribus.

De vasuassoribus [vasvassore], qui quinque milites habent [habet], per [pro] mortem ejus emendentur LX uncie auri cogti [cocti], et per [pro] plagam XXX; et si plures habuerint [habuerit] milites, crescant in compositione [crescat compositio] secundum numerum militum.

De militibus.

Militem vero qui interfecerit, donet in composicionem XII uncias auri; qui vero vulneraverit, tam [tantum] pro una plaga quam pro multis emendet ei uncias VI.

(6.) *Si quis se miserit in aguayt, et considerata mente requisierit militem, et cum fuste cederit eum, et per capillos traxerit eum, qr [quia] magnum dedecus est, emendet eum per mortem. — Si autem aliter quis quolibet ictu indignans cederit militem cum pugno, vel calce, sive cum petra, vel fuste*[6]*, si sine sanguine erit, dentur ei tres uncie. — Si vero sanguis exierit, de corpore IIIIor, de capite Ve, de facie VI. Si autem*

---

[4]) *Poncii vicecomitis Gerunde et Reymundi vicecomitis Cardone.* G.

[5]) *Muntehada* in der catalonischen Uebersetzung.

[6]) *Si aliquis colibet ictu indignans in contradictione cederit militem, idem cum pugno, palma, vel calce, sive cum petra vel fuste.* G.

inciderit in membris suis, ita ut debilis appareat, emendetur [emendet] per mortem. — Si vero fuerit captus, et in ferris, vel in escaza missus, per [pro] mediam mortem sit emendata[us] requisitus et cessus, vel vulneratus, sive in taviga [tavecca] missus, vel per [pro] redemptionem[e] districtus sit per mortem emendatus. — Si solummodo captus et custoditus, et nullam calumpniam, vel contumeliam passus, nec longo tempore retentus, emendetur per aliscaram et [vel] per homiaticum [hominiaticum], aut per talionem, si videtur sibi esse militis [similis]. Et si major est ille qui ceperit, quam qui captus fuit, habeat [liberet] ei militem de suo valore, qui faciat ei aliscaram et hominaticum, aut recipiat talionem.

(7.) *Miles qui habuit [habuerit] duos milites aut [ad] homines locatos de suo honore, et tenuit [tenuerit] unum de familia sua, tota illa compositio supradicta sit ei, vel pro eo facta in duplo.*

(8.) *Guayta et encaum [encalz] [7]) de cavallerio et assalt de castello [emendet] per hommiaticum [hominiaticum] et per aliscaram, sicut visum fuit judicanti, qui judicavit causam illam.*

(9.) *Filius militis emendetur ut pater usque a [ad] triginta annos; deinde ut rusticus, si non erit miles.*

De dimissione cavallerie.

Miles vero, qui [si] cavellariam dimittit [- at], dum eam tenere possit, nullo modo judicetur, nec emendetur sicut miles; cavalleriam satis dimittit, qui cavallum et arma non habet, nec forum [feuum] de milite tenet, et in hostes et cavalcadas [cavalcatos] non vadit, neque ad placitos et corts [curias] sicut miles, nisi senectus eum detenerit [detinuerit].

De civibus et burgensibus.

(10.) *Cives aut [autem vel] burgenses sint inter se placitati atque judicati [atque emendati] sic [sicut] miles [milites]; ad potestatem vero sint emendati sicut vasuassores.*

De judeis.

(11.) *Judei cessi vel vulnerati, capti vel debilitati, sive interfecti, ad voluntatem potestatis sint emendati.*

De baiulo interfecto.

(12.) *Baiulus vero interfectus, vel debilitatus, sive cessus, vel captus, si nobilis est et panem frumenti comedit cotidie, et equitat, emendetur sicut miles; ignobilis vero baiulus hujus composicionis medietatem habeat.*

---

[7]) *encaui* (catal.).

De rustico interfecto.

(13.) *Rusticus interfectus, vel alius homo, qui nullam habet dignitatem, preterquam christianus est, emendetur per VI uncias auri, plaga [plagas] quoque uncias ij.*

(14.) *Debilitates [debilitatio] et cedis*[8]) *emendetur per legem secundum [VIII] solidos denariorum. Capcio vero, postquam habuit [habuerit ei] quis [quid] emendatum malum, quod ei fecit, quando illum apprehendit, sit emendatu[a]m ita, ut de suo aver [donet ei tantum ut faciat ejurare per hominem de suo valore], quod per contumeliam et desonorem, quam ei fecit, amplius ei emendare non debet si ipsa die, qua captus fuerit, vel in crastinum erit dimissus: Qui [sin] autem et plus erit retentus et in escaça, vel ferris missus, sive in tavega, vel in quocumque vinculo, aut in custodia detentus, per singulos dies et noctes singulas VI solidos accipiat in composicione; pro legatis [ligatis] manibus, vel pedibus X solidi ei dentur.*

De percussione facie.

(15.) *Si aliquis aliquem percusserit in facie, pro alapa quinque solidos, pro pugno, vel calce, sive cum petra, vel fuste, X solidos; et si sanguis inde exierit, viginti solidos. Si per capillos quis acceperit aliquem cum una manu, det ei quinque solidos, et si cum duabus, decem, et si ceciderit in terra, solidos quindecim. Qui vero per barbam, viginti, per decavalcacionem solidos viginti [XL].*

De percussione in corpore.

(17.) *Si quis aliquem quolibet [ictu] indignans in corpore percusserit parte [fehlt], per singulas percussiones, quae non appareant [pareant], unum solidum. De illis, quae apparuerint, II solidos per unamquamque; et si sanguis inde exierit, solidos Ve. Pro osse fracto in corpore, vel in capite [fehlt] solidos L. Si feriendo, aut aliquem iratus trahendo, de ore, vel naribus fecerit sanguinem exire, XX ei donet in composicione.*

De illo qui a capcione recesserit, seu exierit sine licencia.

(16.) *Captus a Curia et missus in castro propter justiciam, non exeat inde sine licencia; quod si presumpserit, nisi forte mori timuerit, dampnum invasionis habebit XXX solidos, quos Curia[e] dabit, et reversus in castro emendet calupniam [culpam] quam habuit, sicut Curia judicavit.*

---

[8]) *Toliment de membre e batiment.*

De illo qui alium impulierit.

(18.) *Si quis impulerit aliquem cum una manu, solidum unum; cum duabus, ij; si ceciderit in terra*[m], *solidos III ei donet.*

Si quis ad aliquem spuerit in facie.

(19.) *Si quis alicui* [*ad aliquem*] *spuerit in faciem, emendet* [*ei*] *solidos viginti, aut stet ei ad talionem.*

De criminali follia.

(20.) *Si quis alicui* [*ad aliquem*] *criminalem folliam dixerit, et eam illi probare noluerit, vel non potuerit, aut juret illi per sacramentum, quam* [*quod*] *illam foliam per iram dixerit, et non per* [*pro*] *veritatem*[e], *quam inde sciret, aut emendet ei tantum quantum, si vera fuisset, per illam foliam perdere deberet* [*perderet*].

De emenda sarracenorum captivorum.

(21.) *Malefacta in sarracenis captivis emendentur ut servorum dominis suis, eorum vero mors secundum valorem illorum. Ideo dixit* [*dico*], *qr sunt multi, qui sunt ex magna redempcione, et quidam vero artiffices* [9]) [*artificiosi*] *ex diversis generibus magni precii artificum* [*in diverso generso genere magisteriorum periti*].

De emenda mulieris.

(22.) *Unaquaque mulier sit emendata secundum valorem patris, vel matris. Et si virum habet, vel habuit, secundum valorem viri sui emendetur* [10]).

De firmacione directi.

(23.) *Omnes homines debent firmare* [*formare*] *decretum* [*directum*] *senioribus suis, ubicumque seniores illorum eis mandaverint, in suo; ad potestatem vero* [*quoque*] *vicecomites et comitores sui per unumquodque* [*castrum*] *cum* [*ex*] *honore suo per centum uncias auri Valenciae; miles per decem, per unamquamque cavaleriam terre, et per castrum cum emperamento* [*ademprامento*] *ejus* [*et*] *per alias X, per los feuos* [*feuuos*] *minores secundum eorum valorem, per hominaticum; namque per* [*pro*] *mediam*[*a*] *cavalleriam*[*a*] *terre et hoc quid* [*quod*] *ad fidem pertinebit. Rusticus vero per Ve solidos* [11]).

---

[9]) Schon das Westgothische Gesetzbuch (VI. 1. 4) nahm auf den Sklaven, der ein Handwerk vorstand, Rücksicht. Die Worte von *Ideo* bis zum Schlusse stehen in der Pariser Handschrift No. 4771. am Rande, und G. hält dieselben für eine Glosse. Sie stehen jedoch im catalonischen Texte.

[10]) *Unaqueque mulier sit emendata secundum valorem viri sui; et si virum non habuit, nec habet, secundum valorem patris sui vel fratris.* G.

[11]) *Rusticus namque per V solidos format directum accrescendo.* G.

Ad quot dies placitum emendetur.

(24.) *Placitum vero mandetur, tam magnatibus quam militibus, primum ad decem dies; deinde de octo in octo mandetur. Ad rusticos namque in quarto die vel in quinto est introducta consuetudo, de tribus in tribus ad rusticos*[12]).

(25.) *Placitare vero debent cum comite vicecomites, comitores et vasuassores* [*sui*], *nec non et milites, ubicumque eis mandaverit* [*int*] *infra suum comitatum. Sed si ad sua ipsa die reverti non potuerint, debent eis dare conductum. Similiter debet esse inter vicecomites*[*em*], *et comites* [*comitores*], *et vasuassores, et alios milites, ut unusquisque placitet cum seniore suo, cujus solidus est* [*sit*], *vel de quo habuerit* [*habuit*] *majus beneffìcium, infra curtis suae januam, si senior voluerit. Si autem noluerit, mandet ei placitum in suo, ubicumque voluerit, ita ut, si ipsa die in sua reverti non possit, donet ei conductum.*

De placito senioris et vassalli.

(26.) *Placitum judicatum inter vassallum et seniorem, et judicium ex utraque parte* [*utriusque partibus*] *laudatum et auttorgatum* [*autorisatum*], *et in manu senioris bene assecuratum, et* [*ut*] *sit ei secundum* [*factum*] *redigat* [*redirigat*] *senior primum ad hominem suum cuncta, que ei debuerit quocumque modo, et postea recipiat ab homine suo tanta* [*cuncta*], *que ei judicata fuerint.*

De batallia.

(27.) *Batagla* [*bataya*] *judicata, antequam sit jurata, si per milites debet esse facta, per ducentas uncias auri Valenciae sit per pignora firmata. Et si per pedones, sit firmata per centum; propter equos, sive in armis*[13]), *et assequatur hoc pro quo bellum factum erit, et omnes missiones, quas per illud bellum fecerit, et diffinitum illud, quod accepit ille qui victus fuerit.*

De comunibus causis.

(28.) *De omnibus namque comunibus causis non plus debet quam IIIIor esse placita. Primum videlicet* [*unum*], *in quo sit directum firmatum per plurios* [*plivios*], *vel per pignora qui*[14]) *erunt* [*convenientes*], *sicut opes fuerit vel necesse, querimoniis ex utrisque partibus auditis. Secundum namque, in quo sunt querimoniae dictae et racionatae, et judicia data a judicibus ex utrisque partibus electis. Tertium quoque, in*

---

[12]) *Ad rusticos namque mandetur placitum in IIII vel in V dies.* G.

[13]) *Propter hoc ut ad illum qui vicerit sit emendatum malum, quod in bello accepit, tam in corpore quam in cavallis, sive in armis.* G

[14]) Die Zeugen und die Pfänder.

quo sint a judicibus querimoniae et judicia retractata [retracta], et si opus fuerit vel necesse, judicia meliorata. Postea sint laudata et auttorigata [auctorizata], et ad laudamentum judicis illorum bona [bene] assecurata per pignora, ut sint facta, et hinc [hic] debent crescere pignora ad laudamentum judicis illorum. Quartum namque, in quo dominus placiti recuperet pignora, et illo ea tenente sint directa facta in [et] judicia completa, sic [sicut] erunt judicata, et [et ex] utrisque partibus auctorizata.

De firmacione directi.

(29.) *Magnates seu milites, si contenderint firmare directum senioribus suis, sicut eis firmare [facere] debuerint, et propter hoc seniores apprehenderint potestatem de suo castro, vel empe[a]raverint eis suum feudum, non debent illis reddere castrum, nec feudum, donec eis habeant factum directum et reditas [redemtas] omnes missiones, quas senior fecerit per [ad] apprehensionem castri, et per custodiam ejus, et per emperamentum feudi. Si autem dederint aliter eis potestatem, non firment eis directum, donec habeant castrum recuperatum, nisi senior habuerit gerram, ad quam castrum opus habeat, aut faricam* [15]) *[staticas] in ipso castro.*

De his qui contradixerint potestatem domino.

(30.) *Si quis contradixerit seniori suo potestatem de suo castro, sicut illi eam dare debet, et inde sustinuerit reptamentum* [16]), *si senior potuerit ipsum castrum apprehendere, licitum sit ei castrum tenere simul cum feuis, quos tenebat per ipsum castrum, donec contemptor habeat ad seniorem emendatas omnes missiones et perdeas [perdedas], quas habuerit factas in apprehensione[m] castri, et in ejus guarda[m], et assecuratum jurando manibus suis per sacramentum [sacramentale scriptum], ut potestas illius [ipsi] castri nullo modo sit ei [eis] amplius contradicta.*

De intestatione nobilium.

(31.) *Si a vicecomitibus usque ad inferiores milites obierit quis intestatus, et sine legali condicione suorum feuorum, erit licitum senioribus suis stabilire suos [illorum] feuos cum quibus voluerint[it] de infantibus defuncti.*

De castellanis sequitur.

(32.) *Castlani in castris, quae tenuerint per seniores suos, non*

---

[15]) *son estar.* (catal.)

[16]) *Reptare* kommt schon im alten Recht vor, z. B. *reptare negotium* L. W. X. 1. 4.

debent subtus illos mittere alios Castlanos, nisi de consensu senioris; set si fecerint, et seniores sciverint, nec contradixerint, castlani illis scientibus et non contradicentibus missi stare debuerint. Si scierint et contradixerint, ejiciant illos inde illi, qui eos ibi miserint.

De feudo impignerato.

(33.) *Si quis suum feuum alicui dederit, vel impigneraverit [oppigneraverit], sive alienaverit sine consensu sui senioris, si senior scierit et contradixerit, imperare [emparare] ipsum feuum [non] poterit, quandocumque voluerit. Si scierit [et non contradixerit], non imperare [emparare] feuum poterit, set servicium ipsius feudi poterit petere cui voluerit, scilicet tam a donatore quam a receptore. Et si contradictum ei fuerit servicium ipsius feui, erit ei licitum imperare feudum, et tenere in dominium[o], donec servicium perditum sit ei in duplo emendatum et bene assecuratum, ut [quod] amplius non sit ei contradictum.*

De his qui nolunt ire ad exercitum.

(34.) *Qui fallerit hostes vel cavalcade[a]s seniori suo, cui ea[o]s facere debuerit, aut emendet [ei] eas in duplo, si senior voluerit, aut emendet ei totum dampnum, et missiones et perdeas [perdedas], quas senior per illius fallimentum fecerit. Similiter et milites, si in hostes vel [in] cavalcadas, sive in servicio dominorum suorum aliquid perdiderint, emendent illis seniores illorum, sicut averare poterint.*

Qui seniori suo fallerit.

(35.) *Qui viderit, seniorem suum necesse habere, et fallerit ei [eumdem] de juramento [juvamine] et de servicio, quod ei debuerit facere, et propter hoc fecerit eum redimere, redemptionem illam nullo modo debet assequi, vel habere.*

Quomodo serviatur dominis.

Set si senior voluerit, ut suus homo addat ei in servicium, crescat et ille ei in beneficium. Sin autem, habeat homo hoc quod solidus est habere [quod solitus est], et serviat ad seniorem ut convenerit ei servire.

De dominio et homnatico.

(36.) *Qui solidus est de seniore, obtime debet illi servire [vel] secundum suum posse, et [vel] secundum illorum convencionem, et senior debet eum habere contra cunctos, et nullus contra eum; propterea nullus debet facere solidanciam nisi ad unum solum [solvere] seniorem, nisi concesserit ei senior, cujus [cui] primum solidus fuerit*

Qui in bello dominum dimiserit.

(37.) *Qui seniorem suum in bello vivum relinquerit, dum eum adjuvare poterit, aut malo ingenio ei de pugna deffecerit, perdere debet omnia quae per illum habuerit.*

De diffidamento senioris.

(38.) *Qui ira ductus seniorem diffidaverit, vel ei suum feuum relinquere [reliquerit], imperet [imparet] ei senior suus cuncta quae per eum habuerit, et teneat tantum donec in suum hominaticum revertatur, et firmet ei directum, et emendet illi per [cum] sacramentum[o] desonorem quem illi fecerit, et postea recuperet feuum quem [quod] relinquit [reliquerit].*

De despectu senioris.

(39.) *Qui seniorem suum despexerit, et per superbiam eum pensabiliter diffidaverit, perdere debuerit in perpetuum cuncta quae per illum habuerit, et ei reddere si aliquid de suo mobili habuerit, quae nemini non servivit* [17]).

De occisione senioris.

(40.) *Qui se sciente seniorem suum ad [a] manu vel a lingua* [18]) *occiderit [cecidit], vel filium ejus legitimum, aut adulteraverit uxorem ejus, vel tollerit ei suum castrum, et non reddiderit ei sine peioramento; aut fecerit ei malum, quod non poterit [possit ei] redigere [redirigere nec emendare], per unum ex his, si probatus vel convictus fuerit, debet venire in manum[u] domini sui cum omnibus quae per eum habuerit, ad faciendam suam voluntatem, quia maxima bausia est.*

De bausia quae potest redigi.

(41.) *De aliis namque bausiis et malefactis, quae possunt redigi [redirigi] vel emendari, firmet homo directum seniori suo, sicut mos est istius patriae, et faciat eum ei [illi] sicut ille ei judicatum [judicare] fecerit* [19]).

, Qui principes, magnates et milites possunt dare honorem sibi juste venturum.

(79.) *Possunt eciam principes, magnates et milites dare cui voluerint illorum honorem, ad [fehlt] illum scilicet, quem spectant [expectabant] sibi juste venire, et a peracione [in apertionem] post mortem alicujus possessoris; sed postea non possunt mutare suam voluntatem, si adquisitor jam erat homo illorum manibus commendatus, aut propter illud donum ad hominem illum receperint, quia homo [hoc] erit eis [ei] talis tenendo. Ut [quod] si senior hunc honorem ei non dedisse nega-*

---

[17]) *quod ei servitum non habuit.* G.

[18]) Mit eigener Hand, oder durch einen Andern, dem er den Auftrag gegeben.

[19]) Von hier an weicht die Reihenfolge der Capitel in der Madrider Handschrift von dem Texte Giraud's ganz und gar ab.

verit, sufficisset [sufficiet] et avaramentum, sicuti faceret, si jam hunc seniorem tenuisset, quia multociens hoc donum invenitur esse in abscondo factum; propterea sepe dicti principes ad talem dominum [donum] dederint[unt] omni tempore ava[e]ramentum.

De judicio in curia dato.

(80.) *Judicium in curia datum, vel datum a judice de curia electo, ab omnibus sit acceptum et omni tempore secutum; et nullus aliquo ingenio, vel arte ausus sit recusare. Quod si [Et qui contra] fecerit, vel facere voluerit, persona sua cum omnibus, quae videtur habere, veniat in manu[um] principis ad suam voluntatem faciendam [facere]; qui enim curiae recusat, curiam falsat, et qui curiam falsat, principem dampnat, et qui principem vult dampnare, punitus et dampnatus sit omni tempore, ipse et cuncta sua progenies; et [quia] demens est et sine sensu, qui sapientiae et scientiae curiae vult resistere, vel contrastare, in qua sunt principes, episcopi, abbates, comites, vicecomites, commitores, vasuassores, philosophi et sapientes, atque judices.*

De Judiciis et Usaticis sequitur.

(81.) *Judicia curiae et usatici gratis debent accepti esse et seq[c uti, quia non sunt missi nisi per sanctitatem [pro severitate] legis; quia omnes possunt placitare, sed compositione[em] juxta leges non omnes possunt implere; quia leges judicant, homicidium esse compositum in CCC [MCCC] solidis[os] aureis, qui valent ij mill CCC [CCCC] solidos[orum] plate fine. Evulsionem auris, oculi [avulsionem etiam oculi] C, abscisionem vero manus C; pro pede C, et sic per cetera [pro cuncta] membra. Judicant nempe omnes homines equaliter, nichil vero judicant inter vassallum et seniorem, qui [quia] in legibus non invenitur hominaticum; et ideo [idcirco] facienda sunt quae sunt secundum usaticum, aut erunt facta, constituuntur [constituerunt] prelati [prelaudati] principes secundum usaticum esse judicata, et ubi non sufficerent usatici, reverterentur ad leges et ad principis arbitrium, ejusdemque judicium atque curie.*

De aguait per treugam domini facta.

(83.) *Si quis per treugam domini se miserit in aguayt, vel stabilierit aguayt infra honorem vel terminum castri adversarii sui, et cum ipso aguayt in crastinum per foras treugam fori fecerit, ita debent [debet] emendare, sicut fecerint [faceret], si per treugam domini fecisset.*

De perjuriis sequitur.

(85.) *Precipimus, ut perjuria caveantur, nec admitantur testes ad juramentum, antequam discuciatur [discuciantur]. Et si aliter discuti non possunt, separentur ad invicem, et singulariter inquirantur; et non liceat acusatori testes eligere absente acusatore [causatore] suo. Et om-*

nino nullus nisi jejunus ad sacramentum, vel ad testimonium admittatur [adducatur]. Et ille qui ad testimonium adducitur, si refutatur, dicat ipse, qui eum refutat, vel probet eum quare recipere noluerit; et de ipso pago, non de altero testes eligantur, nisi forte longius extra comitatum causa sit inquirenda. Et si quis convictus fuerit perjurii[rius], manum perdat, aut centum solidos redimat.

De testibus sequitur.

(86.) *Et testes, antequam de causa interrogentur, sacramento constringantur, ut jurent se nihil aliud nisi rei veritatem esse dicturos. Hoc etiam jubemus, ut honestioribus[es] magisque[quam] vilioribus[es] testibus[es] ad fidem pocius admittantur; unius autem testimonium, quamvis [quantum libet] splendida et idonea videatur esse persona, nullatenus audiendum.*

De pena sacrilegii diachoni et subdiachoni.

(82.) *Quicumque subdiaconum [subdiachonem] occiderit, CCC solidos componat; qui diachonu[e]m vero, CCCC [solidos]; qui presbyterum, DC [solidos]; qui monachum, CCCC solidos culpabilis judicetur; qui episcopum, DCCCC solidos [solidorum].*

De injusta appellacione.

(87.) *Si quando cujuscumque injusta appellacio comprobatur, sumptus, quos pro [per] appellacione[tionem] adversarius[um] suus[um] compulit sustinere, non in simplum, sed in quadruplum ei reformare cogatur. Duo vel tres idonei testes ad omnia probanda negocia sufficiant; unius testimonium legibus et canonibus improbatur.*

De IIIIor personis in judicio necessariis persistentibus.

(88.) *Nullus unquam presumat acusator simul esse, et judex, et testis, quum in omni judicio quatuor necesse est semper adesse: judex electus [i. e. judices electos], acusatores idonei[os], deffensores congrui[os], atque testes legitimi[os]. Judices autem debent uti equitate, acusatores intencionem[e] ad ampliandam [amplificandam] causam, deffensores extimacionem [extenuatione] ad minuendam causam; testes debent probare veritatem.*

Acusatores, seu de acusatoribus sequitur.

(89.) *Acusatores et testes esse non possunt, qui ante externum [extremum. al. sternum] diem, aut nudius tercius inimci fuerint, ne irati nocentem [nocere] cupiant, ne lesi se ulcisci [velint]. Inoffenso [inoffensus] igitur [ergo] acusatorum et testium effectus querendus est, et non suspectus.*

Idonei testes non videntur esse, quibus imperari potest, ut testes fiant.

Quod acasatio sine scriptura fiat.

(90.) *Per scriptum [scripturam] nullius accusatio suscipiatur, set propria voce acuset, si legitima et condigna acusatoris fiat persona, presente videlicet eo, quem acusare desiderat, quia nullus absens aut acusari potest aut acusare.*

Quod domini alodiorum possunt ipsa alodia dare ecclesiae vel monasterio.

(145.) *Precipimus [tamen], ut si quis alodiarius, miles vel rusticus, alodium suum [dare vel] vendere voluerit ecclesiae vel monasterio, aut alicui [dare], licenciam habeat salvis bajulis nobilium; et quantum habet in proprietate alodii, tam [tantum habeat] in hominibus ibi habitantibus, vel inde exeuntibus.*

(146.) *Statuerunt eciam jam dicti principes, si dominus bajulo suo propter fatigacionem directi bajuliam suam empe[a]raverit, et bajulus eam aliquo modo desempe[a]raverit, bajuliam perdat, et desonorem, sicut [si cum] domino suo in aliquo [alio] suo honore remanserit, ad suam mercedem ei emendet; et de suis expletis si tamen [tantumdem] furatus fuerit, et probare eum in aliquo judicio potuerit, per decem [IX] vices emendet, et deinceps per eam [non] transeat cum voluntate domini sui [nisi voluntas fuerit domini sui].*

(148.) *Si quis [vel] testamentum vel cartam firmatam de aliqua contencione in placito hostenderit, [et] de alia [altera] parte neque per testes [ydoneos], neque per firmas scripturas convincere [evincere] potuerit, judex dicat, quod rectum ei judicetur; et [alias] servet unicuique suum directum.*

De vidua honestate vivere.

(147.) *Vidua si honeste et caste post mortem viri sui in suo honore bene nutriendo filios suos vixerit, habeat substanciam viri sui, quamdiu steterit sine marito. Si se adultraverit et cubile viri sui violaverit, amitat honorem (suum) et totum avere viri sui; et veniat in potestate filiorum, si in etate fuerint, vel illorum propinquorum. Ita tamen ut non perdat suum, si in praesenti apparuerint[rit] (avere); nec sponsalicium amitat, quamdiu vixerit, et postea reddat [redeat] ad filios vel propinquos.*

De bausia impignerata.

(149.) *Si quis bajuliam vel honorem domini sui impignaverit [impignoraverit] sine suo consensu, empe[a]rare potuerit per directum, quandocumque voluerit. Si vero scierit et non contradixerit, non empe[a]ret eam [eas], sed firmet bajulus ei [in] directum secundum valorem bajuliae* vel honoris, et sit emendatum[us], quia cum ejus consilio non fecerat, despectui illum habens.

(150.) Si senior fatigaverit se necessitate compulsus de aliqua re in bajulo, vel in suo homine, suum tenente in suo servicio, vel aliquo suo [alio suo] juvamine, semel, bis (, vel) iterum, et postea retractando [recusandò] negaverit ei suum servicium, vel adjutorium secundum suum posse, firmet ei directum et [vel] coactus primum servitium, quodque suum [quod quesivit] duplum emendet, et suum juvamentum amplius ei non neget.

(151.) Si quis acceperit alienum hominem, ei reddente [redebente] alquem [aliquod] censum pro defensione more solito, non debet eum mantenere senior de suis viribus [suo seniori de juribus suis].

(84.) Stabilierunt [etiam] super[ra]dicti principes, quod adversarius quilibet suum adversarium in placito speret [sperare debet] usque ad horam diei terciam; deinde vero si vult accipiat pigne[o]ra, et teneat ipsum [istud] fallimentum per fatigamentum directi, si ille adversarius, qui ad placitum fallerit, non habuerit es [esse] sine engan. Et si es [esse] habuerit, placitum causidico suo non demandaverint[it]. Non tamen ita erit inter homines et illorum seniores: satis videtur esse congruum, sperare homines seniores suos usque ad nonum.

(57.) Castrum antiqui dicebant opidum loco altissimo situm, quia casam altam, cui pluralis numerus castellum.

(58.) De aliis numque bauziis et malefactis, quae possunt redirigi, vel emendari, firmet homo directum seniori suo, sicut mos est istius patrie, et faciat cum illi, sicut ille judicare fecerit.

De potestate danda et firmacione directi.

(42.) Potestatem de suo castro et firmamentum de directo nullo modo contradicat homo seniori suo, [et] sicut [ei] dare debet potestatem et facere directum, [quia] quamdiu contradixerit, bauziator suus erit. Et si per [propter] hoc malum praehenderit [prendiderit], nullo modo emendetur ei; et si senior in hoc dampnum habuerit, aut missionem fecerit, emendetur [evincetur] ei ab homine suo.

De his qui reptantur a seniore.

(43.) Si quis in curiam[a] a seniore suo reptatus fuerit de bauzia contra [coram] principe, debet se de illa expiare per judicium, vel [per] laudamentum ipsius curiae. Quod si facere contempserit, princeps debet eum inde distringere.

De injusta reptacione.

(44.) Similiter et si senior voluerit militem suum injuste affligere, vel honorem ejus tollere, potestas debet eum inde defendere et manum[u]tenere.

(45.) *Et si [quis] a potestate fuerit reptatus, debet se in manu sua mittere, et per judicium ipsius curiae redigere [redirigere] et emendare dampnum, et malum atque [aut] desonorem quod [quem] ei factum habuerit, aut expiare debet se de bausia per sacramentum, et per batalliam ad suum parem, qui de genere et de honore sit de suo valore, cum dampno et prodo [perdedo], quod per hoc debet habere dampnum [fehlt]; [.] et da produm ideo [Dampnum et perdedum idcirco] dicimus [dicit], ut tantum accipiat si vincit, quantum perdiderit si vinceretur*

Quod similiter sit inter magnates.

(46.) *Similiter sit inter magnates et eorum milites, excepto quod batayla non sit in eorum manibus facta, set tamen in manibus fideis ab utraque parte electi.*

De malo quod fecerit quis ad dominum suum.

(47.) *Cunctum malum quod fecerit homo ad seniorem suum sine fatigacione directi, vel senior ad hominem suum sine fatigacione directi, et sine alicujus damnero [acuydamento], debet esse utrique [ex utraque parte] redirectum.*

Quod fidelitatem potestatis jurent omnes.

(48.) *Omnes homines a vicecomitibus usque ad inferiores milites, eorum honorem tenentes [habentes], debent ad potestatem jurare fidelitatem, et suum honorem per sacramentum scriptum, illi videlicet de quibus potestas voluerit.*

De sacramento faciendo.

(49.) *Sacramentum sit omni tempore juratum super altare consecratum, vel super sanctum Evangelium, et ille qui juraverit in omni sacramento debet mittere, segio [suo] sciente, excepto[us in bauzia et in tradicione, per deum et hec sancta.*

De juracione sequitur sic.

(50.) *Omnes homines, tam milites quam rustici, jurent senioribus suis, sicut ipsi[eis] indicare [judicare] eis fecerint, juste in placitis [sive in plateis]. Seniores autem hominibus suis nequaquam [nunquam].*

(51.) *Judei jurent christianis, christiani vero illis nunquam.*

De sacramentis rusticorum.

(52.) *Sacramenta rustici, qui tenent [teneat] mansum et laborat [laboret] cum pare bovum, sunt credenda usque ad VII solidos plane.*

(53.) *De aliis namque rusticis, qui dicuntur batallarii [bacallarii]* [20], *credantur [sacramenta] usque ad IIII mancosos auri Valenciae. Dein quicquis [quidquid] jurent, per examen calde[a]rie demonstret[ent].*

---

[20]) Kuhbauern.

De sene milite.

(54.) *Senex miles qui non potuerit se defendere per semet ipsum, vel pauper qui non potest se preparare de bello, credatur per sacramentum usque ad quinque uncias auri Valencie.*

De hominibus qui debent jurare.

(55.) *Ii [alii] quoque milites a viginti annis usque ad sexaginta quisquis [quidquid] jurent; unde perjuri sint appellati, manibus propriis defendant ad illorum parem.*

De sacramento burgensium.

(56.) *Sacramenta burgensium credantur ut militum usque ad qninque uncias, et deinde quisquis [quidquid] jurent per bellum deffendant, scilicet per pedonem.*

De feudis quos tenuerint milites.

(57.) *Feuos quos tenuerint milites, si seniores eorum negaverint non eos illi [illis] dedisse, averent illos* [fehlt] *per sacramentum et per bataylLam, et habeant illos. Illos autem [scilicet], quos tenuerint et clamaverint, aut probent per testes, vel per scripturas, eos a senioribus eorum adquisivisse, aut dimitant eos.*

De jactu lanceae sequitur.

(58.) *Si quis alicui homini jactaverit lanceam, vel sagitam, seu aliquod armorum genus, si cum in aliquo leserit, emendet ei malum quod fecerit. Quod [et] si illum consequi non potuerit, pro sola presumpcione, quia jactaverit ei, aut stet [illi] ad talionem sub ipso eodem pavore, aut emendet ei malum sicut medietatem unius plaguae; et si aliquem armata manu requisierit, vel leserit, si non vulneraverit, set tantum scutum, vel vestimentum sua inciderit, vel in terra descendere vel cadere fecerit, similiter emendet ei per mediam plagam.*

Qui occiderit desuper sedente equum vel animal.

(59.) *Si quis occiderit equum vel aliud quodlibet animal, homine super eo [supra] sedente [insedente], vel manu eum tenente animal*[21]), *emendet in [ei] duplo et* [fehlt] *desonorem equitantis cum sacramento.*

De securitate navium barchn.

(60.) *Omnes quippe naves brchnam venientes vel [inde] recedentes per omnes dies et noctes sint in pace et treuga [et] sub defensione principis Barchnsis, a capite de crucibus usque ad portum Salodii [Salochi]; et si aliquis in aliquo eis malefecerit, per mandatum [mandamentum] principis sit ei [illis] directum [redirectum] in duplo, et principi suum desonorem in duplo cum sacramento.*

---

[21]) Der Zusatz fehlt bei G.

Infra quos terminos homines sunt securi.

(61.) *Item statuunt [statuerunt], ut omnes homines nobiles et ignobiles, quamvis grave [graves] sint inimici, omni tempore sint securi per omnes dies et noctes, et habeant sinceram treugam et veram pacem a monte Cathno [Catani]* [22]) *usque ad Castrum Felix [Fidelis], et ad collum [a colle] de Finestrellis [usque ad collem de Gavarra, et a colle de Carolla et de Valle Vitriaria] usque in [infra] mare duodecim legues [leugas]. Et si aliquis hoc preceptum transierit [transcenderit] in aliquo, malum et desonorum quod fecerit emendet [emendetur] in duplo, et pro violacione banni [bandi] componat ad principem centum uncias auri.*

De caminis et stratis.

(62.) *Camini et stratae per terram et mare sunt de potestate, et per illius [illorum] defensionem debent esse in pace et treuga per omnes dies et noctes, ita ut omnes homines, tam milites quam pedites, tam mercerii quam negociatores per illos euntes, vel redeuntes vadant et revertantur securi et quieti, et sine ullo pavore, cum omnibus illorum rebus. Et si quis illos requisierit, cederit, vel vulneraverit, aut desonoraverit in aliquo, aut abstulerit eis aliquis [aliquid] de illorum rebus, malum et desonorem, quos illis fecerit in corpore, emendet eis in duplo secundum illorum valorem, et quod abstulerat restituat eis in undecuplum, et insuper donet ad potestatem tantum de suo avere vel honore, et [ut] jusjurando [jurejurando] dicat super sanctum altare, quod per [pro] desonorem[e] quem ibi [ei] fecerit amplius non debet ei emendare.*

De fide et veritate sequitur.

(64.) *Quoniam per iniquum principem, et sine veritate, et sine justicia perit omni tempore terra et habitatores ejus, propterea nos sepedicti principes R^us^ et A^is^ concilio et auxilio nostrorum nobilium virorum decernimus atque mandamus, ut omnes principes, qui in hoc principatu sunt nobis successuri, habeant omni tempore sinceram et perfectam fidem, et veram locucionem, ita ut omnes homines, nobiles et ignobiles, reges et principes, magnates et milites, (et) rustici et pageses [pagenses], mercerii et negociatores, peregrini et camina tenentes, amici et inimici, christiani et sarraceni, judei et heretici, possunt[int] se [illis] fidare et credere (in illis) non solum illorum personas, set eciam civitates et castella, honorem et avere, et uxorem, et filios, et cuncta que habuerint, sine timore et absque ulla mala suspicione; et omnes homines, nobiles et ignobiles, magnates et milites, pedites ac marinarii, cursarii et monetarii,*

[22]) *Muntgat.*

in illorum terra stantes vel aliunde devenientes, adjuvent [ad juvandum] predictos principes, eorum fidem et locutionem tenere, et custodire, et gubernare per rectam fidem, sine engan [et malo ingenio] et sine malo consilio, in omnibus videlicet causis, tam in magnis quam in parvis, et inter cetera firmiter custodiatur ab eis pax et securitas, quam principes dederint Ispaniae et sarracenis, tam per terram quam per mare.

Quod treuga observetur.

(63.) *Constituunt [-erunt] etiam sepedicti [supradicti] principes, et preceperunt, ut omnes homines [in] eorum patria degentes faciant omni tempore pacem et treugam [et guerram], per mare et per terram, sarracenis secundum illorum precepta [mandamentum].*

Simili modo quod treuga observetur.

(65.) *Simili modo firmissime [firmiter] observetur treuga et securitas, quam precepit principes [princeps] inter inimicos teneri, quamvis ipsi inimici eandem treugam non auctorizaverint. Et emperamentum, quod fecerit princeps per se, vel suum nuncium, vel per suum sagionem, vel per suum sigillum, nemo sit ausus ei desempe[a]rare, nisi primum fatigaverit se de directo in principe [apud principem], ad consuetudinem ipsius curie.*

De non falsanda moneta, et pace et treuga.

(66.) *Moneta autem tam auri quam argenti ita diligenter sit servata [observata], ut nullo modo crescat in here [ere], nec minue[a]tur in auro, vel argento, vel [etiam] penso. Qui vero hec omnia, vel unum ex his, scilicet pacem et treugam, empe[a]ramentum vel monetam [ac] fregerit, aut violaverit, sive falsaverit, quia tale malum est et tale dedecus, quod non [nemo] poterit redigere [redirigere vel emendare] ad principem, ita stabiliendo precipimus, ut persone eorum cum [omni] honore et avere veniant in manu principis ad faciendam suam voluntatem, secundum consilium et laudamentum ipsius curiae, qr fides et justicia, et pax et veritas principis, quibus omne regnum gubernatur, et regnum et plus quam regnum valent; igitur nullus ex[s]timare potest vel debet alius [alio] quolibet precio redigi vel emendari [precio vel emenda]. Qui [quia] hec supradicta fregerit, et emendare vel redigere principi non poterit, nisi superius statuimus, veniat in manu sua[23]).*

De transgressione sacramenti ad seniorem.

(67.) *Item statuimus, ut si quis seniori suo juraverit aliquis[d] quod tenere noluerint [non curet], dampnum, quod seniori suo per transgres-*

---

[23]) *Emendare vel redirigere ad principem, nisi ut supra statuimus venire in manu sua.* G.

sionem sacramenti evenerit, emendet ei in duplo; si per hec [hoc] poterit esse salvus de sacramento, deinde et sacramentum teneat, et cuncta, quae seniori suo jurando convenierat, faciat et attendat; sin autem et perjurus esse videtur, inde aut manum perdat, aut centum solidos redimat, aut quartam partem facultatum suarum amitat per furcam [profuturam], et [in] manum ejus cujus perjurus [effectus] est, et postea non testificetur in placito, nec credatur per sacramentum.

Juvamentum principis et de obsessione potestatis.

(68.) *Princeps namque, si quodlibet [colibet] casu obsessus fuerit, vel ipse idem suos inimicos obsessos tenuerit, vel audierit quemlibet regem, vel principem contra se venire ad bellum [bellandum], et terram suam ad sucurrendum sibi moverit [monuerit] tam per letteras quam per nuncios, vel per consuetudines, quibus solet amoneri[e] terra[am], videlicet per fars [farones], omnes homines, tam milites quam pedites, qui habeant etatem et posse pugnandi, statim, ut hec audierint vel viderint, quam citius poterint ei sucurrant. Et si quis ei fallerit de juvamine, quod in hoc sibi facere poterit, perdere debet in perpetuum cuncta que per illum habet. Et qui honorem per illum non habet [tenuit], nec tenet [fehlt], emendet ei fallimentum et desonorem quem ei fecerit cum avere, et sacramento, (et) manibus propriis jurando, quoniam nemo debet fallere ad principem ad tantum opus vel necessitatem.*

De exorquiis nobilium et rebus eorum.

(69.) *Item statuunt siquidem principes praedicti, ut exorquiae [exorchie], nobilium videlicet et magnatum, tam militum quam burgensium, omni tempore in principum potestatem deveniant, videlicet omnia illorum alodia, quod [qr quidem] principi placuit, legis habet vigorem. De mobilibus vero illorum faciant ipsi exorqui [exorchi] quodcumque voluerint, tam parentibus quam ecclesiis, sive pro illorum animabus ea tribuant.*

De comuniis que fiunt in cavalcades.

(70.) *Comuniae et conveniencie, quas invite [invicem] milites et pedites fecerint, in cavalcades[tas] vel in venaciones ire volentes, firmiter teneantur ab eis; qui eas audierint [et autorizaverint; qui eas vero audierint], et tacuerint, et non contradixerint, ita habeant perdum [probatum] et dampnum, quemadmodum inter illos fuerit convenium [conventatum].*

Quod nullus aguaytet vel encalset & &.

(71.) *Et bonum usaticum et bene ab omnibus [nominibus] illorum autorizatum statuerunt sepedicti principes, ut omnes homines, seniores habentes, nullo ingenio vel ratione, neque per disidamentum [diffidamen-*

tum], neque per acuydamentum, neque per illorum feuum illis relictum aguaytent [guaytent] personas eorum, [nec encalcent,] neque requirant, nec vulnerent, nec capiant, neque captos retineant. Si vero, quod absit, hoc aliquis seniori suo fecerit, veniat in manum illius tamdiu stare captus, donec habeat illius [illi] emendatum malum et dedecus, quod ei factum habuerit, secundum judicium principis et ejus curie, videlizet illum malum, quod in persona eis fecerit.

De potestatis jure, quod strate et vie sint de potestate.

(72.) *Strate et vie publice, aque currentes et fontes vivi, prata et pascua, silve et guarrice, et rupes in hac patria fundate sunt de potestatibus, non ut habeant per alodium, nec teneant in dominio, sed ut sint omni tempore ad imp[e]ramentum cunctorum [cuncto] illorum populorum [populo] sine ullius contrarietatis obstaculo, et sine aliquo constituto servicio.*

(73.) *Rochas namque habeant potestates in tali dominio, ut quicumque [utcunque] eas habuerint in suo feuo, vel in suo alodio, non condirigant super eas, nec juxta eas fortitudinem aliquam, nec castrum, nec ecclesiam, nec monasterium sine licencia et consilio principis. Quod si fecerit aliquis, qui suum honorem habeat juratum principi, perjurus erit in hoc, sine aliqua intermissione dominus dimitat condireccionem.*

De sequiis molendinorum barchn.

(74.) *Sequiam [sechiam] aquae molendinorum, que fluit ad Barchinonam, mandamus esse intactam omni tempore, et qui eam presumptive fregerit, componat principi C uncias auri Valenciae, et per unamquamque vicem; et qui in absconso ad rigandum hoc fecerit, componat principi per singulas vices trinas uncias [auri] predicti.*

Qui retraxerit legem sarraceno.

(75.) *Si quis judeo vel sarraceno babtizatis retraxerit eorum legem, vel appellaverit eos translatos [tressallids], vel renegats, vel si quis infra menia nostra vel burgos prius [primus] eduxerit [traxerit] gladium contra alterum, vel appellaverit aliquem Cuguz [chuguz], propter bannum emendet ad principem viginti uncias auri Valenciae; et si ibi aliquis [aliquod] malum audierit vel acceperit, nullo modo [ei] emendatum [sit]. Et ille postea stet adversario ad directum et justiciam.*

Ad potestatem venientes vel recedentes.

(91.) *Auctoritate et rogatu omnium illorum (nobilium) virorum constituerunt sepedicti principes R. et A., ut omnes homines, tam nobiles quam ignobiles, ad potestatem[es] venientes, vel cum eis stantes, sive ab eis recedentes, habuissent omni tempore, per omnes dies et noctes pacem et treugam, et fuissent securi ab omnibus illorum inimicis, simul cum omnium* [*omni*] *illorum honore et avere, et cum omnibus hominibus eorum, honorem tenentibus, vel in illorum honore permanentibus, sive in eorum servicio laborantibus, cum cunctis, que habuerint vel possederint, usque quo in domibus suis reversi sint. Et si aliquis eis nocuerit, vel aliquod dampnum, vel forefaciam* [*forifacturam*] *eis fecerit, ipsa die teneat se per acuydatam* [*aquindatum. al. acuydatum*] *a potestate. Et si per hoc aliquod malum perdiderit, nullo modo ei emendatum sit. Et ille qui precepta principum transcenderit, et ad illos qui in hac defensione sunt positi, vel ad res illorum aliquod malum aliquo ingenio fecerit,* [*et*] *(cuncta mala que fecerit), cuncta que rapuerit,* [*et*] *cuncta que tulerit, in undecuplo eis restituat, quibus violenciam* [*violentus*] *fecerit* [*fuerit*], *per districcionem potestatis, et postea emendet ad potestatem desonorem, quem ei fecerit, cum avere et sacramento, manibus propriis jurando.*

Si persone querelancium ad amiciciam devenerint et ad fidem.

(92.) *Constituerunt eciam, ut factis invicem querimoniis, si personae eorum, inter quos causa erit, postea ad hominaticum, vel ad sacramentum fidelitatis, seu eciam ad amiciciam per fidem comprehensam ad* [*de*]-*venerint, preffate* [*probatue*] *querimonie, si sibi* [*ibi*] *non fuerint retente, sint perempniter invalide et deputentur infirme* [*in fine*].

Quod magnatibus non liceat impios punire.

(93.) [*Ex*] *Magnatibus vero, videlizet vicecomitibus, comitibus* [*comitoribus*], *vasuassoribus, nullus presumat deinceps ullo modo punire impios,* [*i. e. pendere per*] *justiciam, nec castrum contra principem noviter edifficare, (nec jam edifficatum contra principem stabilire), nec fortitudinem tenere obsessam, nec debellare cum ingeniis, quae rustici dicunt fundibilia* [*fimbula*] *grossa* [*et gossa*] *et gara* [*gata*], *quia magnum dedecus erit potestatibus; quod si* [*et qui fecerit*] *statim, ut requisitus fuerit a principe, castrum relinquat, vel destruat, et fortitudinem ei reddat sine pejoramento, si captam illam habuerit; et cuncta malefacta, que ibi fecerit, emendet in duplo, cui fecerit, per illius districtum; et si milites, vel alios homines ibi prehendiderit* [*perdiderit*], *solutos illos ei reddat. Postea vero emendet illi desonorem, quem ei in hoc fecerit, cum avere et honore per sacramentum, manibus propriis jurando, quod amplius ei emendare non debet.*

(94.) *Quia justiciam facere de malefactoribus datum est solummodo potestatibus, scilicet de homicidiis, de adulteriis, de veneficiis* [*cis*], *de latronibus, de raptoribus, de bausatoribus, et de aliis (hominibus), (ut faciant ea de illis,) sicut eis visum fuerit: trunchare pedes et manus, trahere occulos, tenere captos in carcere longo tempore. Ad ultimum vero, si opus fuerit, eorum corpora pendere.*

(95.) *Mulieribus eciam [autem] trunchare nares, et labia [labra], et aures, et mamillas; et si nocte fuerint [necesse fuerit], in ignem cremare. Et qui [quia] terra sine justicia non potest vivere, ideo datur potestatibus justiciam facere, et sicut datum est eis justiciam facere, sic licitum erit eis, cui placuerit dimitere et perdonare.*

De malefactis.

(98.) *Omnia malefacta, que sint per treugam domini facta, omni tempore sint in duplo emendata, exceptis illis [ad illos] qui sunt a pace et treuga domini ejecti.*

Treuga data ab utraque parte sit servata.

(99.) *Treuga data tam inter amicos quam inter inimicos sine engan sit observata et custodita. Si vero, quod absit, in aliquo fuerit fracta, in duplum [simplum] sit directa [redirecta].*

Quam partem consequatur senior de hominibus interfectis.

(102.) *De omnibus hominibus, exceptis militibus, scilicet et [de] burgensibus, et de bajulis atque rusticis constituerunt sepedicti principes, habere de esmenda terciam partem seniores eorum, in quorum honore steterint, quando interfecti fuerint, vel quando aliquod malum, vel contumeliam in corpore, vel in honore, sive in avere prendiderint, si eorum seniores valde eos adjuverint inde [inadjuverint]; ita tamen, ut a quibus acceperint composicionem, sine engan faciant illis difinicionem laude et consilio proborum hominum, vel eciam istius patriae judicum, vel potestatum.*

De illis qui maleficiis justiciam renuerunt.

(103.) *Si quis aliquod malum acceperit, et antequam eum vindicet, justiciam inde [exinde] quesierit, si malefactor eam inde illi facere promiserit, et ille renuens justiciam [recipere,] postea aliquod malum proinde fecerit, primum emendet malum quod perpetraverit, et postea accipiat (exinde) a malefactore illo justiciam, quam inde ei facere debuerit. Quod si malefactor justiciam contenderit, si aliquod malum propterea prendiderit, nullo modo ei sit emendatum.*

Qualiter potestates confirmaverunt pacem et treugam.

(96.) *Item statuerunt prefati principes, ut potestates confirment omni tempore, et teneant pacem et treugam domini, et faciant eam firmari et teneri ab illorum [illis] terre magnatibus, seu militibus, nec non et ab omnibus hominibus in eorum patria degentibus. Et si aliquis in aliquo pacem et treugam domini fregerit, redigere ad judicium episcoporum suorum debet.*

Si quis pro homine suo promiserit justiciam sequitur.

(104.) *Si quis homines habuerint[it], qui non suo precepto vel consensu aliquod malum alicui fecerint, et ille propter eos et de illis justiciam facere promiserit, et firmare, ut eam faciat, voluerit, si ille, qui malum prendiderit, justiciam recipere noluerit, et postea exinde aliquod malum alicui fecerit, primum redigat [redirigat], sicut juste judicatum fuerit, malum quod fecit. Postea recipiat per seniorem suum [seniores] justiciam de hominibus suis, sicut ille eis facere debuerit. Quia sicut malum, quod factum est, per fatigacionem directi nullatenus debet esse emendatum, ita illud, quod factum fuerit super perferimentum directi, nullatenus debet remanere, ut non sit directum [ei redirectum].*

Si quis vocaverit alium ad justiciam.

(105.) *Si quis contra alium aliquam querelam habuerit, et ad justiciam faciendam eum vocaverit, ille autem nec timore Dei, nec judicis jussu, nec propinquorum vel amicorum commonitus[u] justiciam querelatori facere voluerit [noluerit], querelator autem ira comotus res ejus mobiles rapuerit, immobiles invaserit, domos concremaverit, messes, et vineas, et arbores devastaverit, postea [que] reus aliquo tempore ad justiciam venerit, quicquid [dampni] ad querelatorem fecerit, vel lucrum, quod posset de rebus suis cepisse, primum ei [et] restituat, et postea querelator res, quas ex bonis ejus possidet, ei reddat; consumpta vero, si aliquid lucri ad presens habet tempus [tantum], restauret, et postea reus justiciam faciat querelatori, sicut facere debet et decet.*

De homicidio probato.

(100.) *Si quis de homicidio probatus fuerit vel convictus, veniat in manu[um] proximorum defuncti et senioris eorum, si noluerint[it] directum facere, aut non potuerint[it] facere ad illorum voluntatem sine morte.*

Quibus liceat acusare homicidas.

(101.) *De composicione [omnium] hominum interfectorum eorum propinqui sive filii, quibus ad capiendam hereditatem legitima successio competit, acusare reum vel homicidam potuerint, et indubitanter persequi habeat[ant] potestatem. Quod si fecerit [fecerint], habeant composicionem homicidii, sicut judicatum fuerit [a] reis vel homicidis facere, secundum legem et secundum mores istius patriae.*

De bajulis ut sequitur.

(106.) *De bajulis [bajuliis], qualescumque sint, respondere debent [bajuli] dominis [senioribus] suis (de eorum) directis, per calde[a]riam eciam sine judicis [judiciis]. Bajulias vero nullus bajulus concedat heredibus suis sine consensu senioris.*

De rusticis.

(107.) *Rusticus si desemperaverit hoc, quod ei recte emperatum fuerit, pro sola presumcione det quinque solidos, et si rem inde traxerit, restituat illi in duplo, salvo suo jure [jure suo seniori]. Miles vero quod desemperaverit, restituat [in] simplum cum sacramento.*

De corrupcione virginis et non virginis.

(108.) *Si quis virginem violenter corrumperit, aut ducat eam (in) uxorem, si illa et parentes ejus voluerint, et dederint ei suum exovar, aut donet ei maritum de suo valore.*

Non virginem si quis violenter adulteraverit et impregnaverit, similiter faciat.

De exorquiis ut sequitur.

(109.) *De rebus et facultatibus, de exorquiis [exorchis] pagensibus, illis ab hoc seculo de[dis]cessis, eorum seniores habeant partem illam, quam debent habere, insimul filii, si ibi remansissent ab exorchis procreati.*

De rebus cuguciorum sequitur.

(110.) *Similiter de rebus et possessoribus [possessionibus] cucutorum [cuguciarum], si earum maritis nolentibus erit facta cucucia, ipsi et eo[a]rum seniores equa porcione habeant partem totam adulteratam [adulterancium] conjugum. Si vero, quod absit, maritis volentibus, vel precipientibus, vel assencientibus fuerit facta ipsa cucucia, illorum tantum jus et justiciam habeant integriter illorum seniores.*

De ea[24]) *que fit jussu mariti.*

(111.) *Si autem mulieres non grata voluntate, set metu, vel precepto mariti hoc peregerint, inmunes sint a maritis et a senioribus, et absque ulla [aliqua] amissione propriorum bonorum. Et si eisdem mulieribus placuerit, seperent se a maritis, ita tamen quod non amitat [amittant] dotem suam, nec sponsalicium[ia].*

Qualiter mariti possunt reputare uxores.

(112.) *Mariti uxores suas reptare possunt de adulterio eciam per suspicionem, et ille debent se expiare inde [per illarum] avagant, per sacramentum, et per batayllam, si ibi erunt manifesta indicia, vel signa competencia. Uxores militum (per sacramentum), et desuper per militem*[25]); *uxores civium, et burgensium, et nobilium bajulorum per pedonem; uxores rusticorum manibus propriis per calde[a]riam. Si vicerit uxor, retineat eam vir suus honorifice, et emendet ei omnes missiones,*

---

24) *scilicet cucucia.*

25) Der für sie den Zweikampf zu bestehen hat.

quas fecerint (omnes) amici ejus in ipso placito, et in ipsa bataylla, et malum de ipso batayllar; si autem convicta [victa] fuerit, veniat in manu sui mariti cum cunctis que habuerit.

De judiciis ut sequitur.

(113.) *Vere judex aliter non erit, nisi hoc, quod judicaverit, ad verum traxerit per sacramentum, et per batayllam, et [vel] per judicem [judicium aque calide sive frigide].*

De jure sanctorum et potestatum.

(114.) *Hoc quod juris est sanctorum, vel potestatum, aut castrorum terminatorum, nemo potest ei [eis] impedire, nec pro suo jure defendere, nec retinere, nec eciam longinqua CC annorum possessione.*

De tutoribus sequitur.

(115.) *Tutores vel bajuli respondeant, si voluerint, pro pupillis. Sin autem, expectandum est, usque quo pupilli sint talis etatis, i. e. viginti annorum, ut placitare possint cum querelantibus; sed si potuerint probare, se esse fatigatos de directo in patres [patre] eorum, ilico debent tutores pro pupillis respondere et placitare absque ulla prolongacione, ita tamen, ut, cum decesserit pater, statim veniant homines sui ante filium ejus, et fiant sui homines manibus propriis commendati, et accipiant per manum illius castella et feuos, quos tenebant per donum patris ejus, eciamsi parvulus est, et donet [donent ei] potestatem de dictis castris. Deinde veniant cum eo ad seniorem, pro [per] cujus manu[um] debet habere suum honorem, et comendent eum illi, et faciant ei accipere per manum suam honorem, quem pater ejus tenebat per eum. Et illi cum tutore [, et tutor cum illis] serviant ad seniorem ita ut non perdat pupillus suum honorem; et sint homines tutoris, salva fidelitate senioris; ita nempe, ut si tutor voluerit honorem illius pejorare, vel super usualem [usualiter] terminum (, videlicet XX annos,) tenere, adjuvent illi [inde] ad seniorem illorum sine engan. Interim vero tutor teneat infantes[em] et honorem eorum [ejus], et nutriat illos[um] bene et honoriffice; et ad suum tempus faciat eum militem, sicut decet, et reddat illi suum honorem. Sin autem et puella est, det ei maritum, laude et consilio proborum hominum, et similiter reddat ei suum honorem sine diminucione. Rustici quoque recuperent a tutore illorum honorem et mobile ad quindecim annos.*

De sarracenis sequitur.

(116.) *Sarracenos[is] in fuga positos[is] quicumque [eos] invenerit et tenuerit [retinuerit], antequam transeant Lupricatum*[26]*, reddat eos* a-

---

[26]) Der Fluss Llobregat, die Grenze Cataloniens.

minis suis, et pro mercede sua habeat de unoquoque singulos mancussos; de Lupricato[u] usque ad Franculinum[27]) *habeat tres mancusos (et medium); deinde unam unciam [auri], et fferros, et vestimenta.*

De rustico si invenerit bonas sequitur.

(117.) *Rusticus vero si invenerit (bonas,) aurum vel argentum, quod vulgo dicitur bonus [bonats], aut equum, aut mulum, aut sarracenum, aut ancipitrem [accipitrem vel storium], statim denunciet domino suo, et demostret, et reddat, et accipiat qualem mercedem inde ei senior dare voluerit.*

Rusticus si malum acceperit hec est rubrica.

(118.) *Rusticus namque [etiam] cum acceperit malum in corpore, vel dampnum de avere, vel de honore, nullo modo audeat vindicare, vel [nec] diffinire, sed statim ut prendiderit [prehendiderit], clamet ad dominum, vel [et] simul cum eo accipiat inde justiciam, vel directum, et faciat inde [in] finem ad illius preceptum.*

De composicione arborum incisarum sequitur.

(119.) *Solidos de composicione arborum incisarum aliquocies precipimus esse aureos, sicut lex*[28]) *jubet, aliquocies ex driis [denariis]. Quia sicut omnes arbores non habent similem valorem, ita non debent habere equalem composicionem, et hoc [ideo] concedimus in arbitrio judicis, crescere vel minuere hanc composicionem secundum valorem arboris, et secundum dampnum illarum et desonorem domini.*

De bajulia vel guardia.

(120.) *In bajulia vel guardia, inde [undi] quis habuerit hominaticum, vel censum, si (hoc) secundum suum posse bene custodierit et deffenderit, habere ibi debet stac[ch]amentum et moderatum adempramentum, scilicet de erbis et de paleis, de ortibus [ortis] et de fructibus arborum, et nullo ingenio debet (ei) inde malum exire. Quod si fecerit, emendet ei dominus alodii, et insuper adjuvet eum, si per hanc bajuliam vel guardam habuerit placitum vel guerram. De bajulia vel guarda, unde non habuerit homiaticum, vel censum, non habebit stacamentum, sed alius habebit totum.*

Si quis fatigatum se dixerit de justicia.

(121.) *Si quis dixerit, se fatigatum esse de justicia in principem, vel in episcopum, aut dominum suum, seu in adversarium suum de directo, aut opposuerit ei [esse] de pace et treuga domini erectam [ejectum],*

---

[27]) *Francoli.*

[28]) L. W. VIII. 3. 1. Hiernach scheint es, dass man unter dem *Solides* des alten Gesetzbuchs einen Dukaten verstand.

aut dixerit, seniorem suum habere diffidatum, vel acuydatum [aquindatum], si hoc probare nequiverit, emendet [ei] omnia maleficia [facta], que pro hac occasione [per hanc occasionem] fecerit, posteaque faciat querimoniam, querat justiciam, petat directum ita publice pluribusque vicibus, ut non possit ei negatum esse.

De acuydacione potestatum.

(122.) *Omnes homines, postquam acuindaverint [aquindaverint] potestates, teneant eis paces[m] et treugas[m] per triginta dies, et potestates ad vicecomites [vel comitores] per quindecim, et ad vasuassores et alios milites per decem dies.*

Quod christiani sarracenis arma non vendant.

(123.) *Christiani non vendant arma sarracenis, nisi ex consensu principis; quod si fecerint, arma, que [armaque] vendiderint, recuperent, quamvis eis grave sit. Et nisi hoc fecerint, centum uncias auri potestati persolvant.*

Milites [Similiter] componant, si cibum eis vendiderint, contradicente principe; eademque [eamdem quoque] composicione[m] faciat [dabunt], qui [si] fecerit[int] scire sarracenis cavalcadas [cavalcatam] vel ardimentum potestatis, vel discoprierint [discooperuerint] eum de consilio suo, vel de secretis suis, emendato malo quod inde exierit.

Quod potestates curiam teneant.

(124.) *Alium namque supradicti principes nobilem, et honestum, et utilem miserunt usaticum, quem illi tenuerunt, et successoribus eorum tenere in perpetuum mandaverunt: scilicet ut teneant[rent] curiam, et magnam familiam, et fecissent conductum, et darent se[o]llatas, et fecissent [facerent] emendas, et tenerent justiciam, et judicassent [rent] per directum, et manutenerent opressum, et occurrerent obsesso. Et quando vellent edere, facerent tornare [cornare], aut [ut] nobiles et ignobiles venissent [rent] prandere, et ibi distribuerent pallias [pallas], quas habeant [rent] in magnatibus, et in eorum familia, et sibi [ibi] mandarent hostes, cum quibus irent ad destruendam Ispaniam, et ibi facerent novellos milites.*

Si quis dominum suum acuydaverit.

(125.) *Item constituunt sepedicti principes, quod si aliquis per semet ipsum, vel per suum nuncium voluerit acuydare [aquindare], vel diffidare suum seniorem, securus possit facere, securus dum venerit, securus dum steterit, (securus) usque [usque quo] ad domum suam sit reversus. (Interim vero si steterit*[29]*) dampnum senioris sui, vetet eum si potuerit.*

---

[29]) *sabra* (catal.) = *scierit.*

Quod si vetare nequiverit, ilico notifficet domino suo, et nisi fecerit, dampnum malefactoribus habebit[30].

Qualiter in causis judiciorum judicentur.

(126.) *Statuerunt eciam, quod si parentes cum filiis, aut filii cum parentibus contencionem vel placitum habuerint, parentes sint judicati ut seniores, et filii sicut homines manibus propriis comendati.*

Quod pater cogat filios suos &c &c.

(127.) *Quod si filii senioribus patris sui aliquid fori[s]fecerint, pater cogat filios suos, ut illam fore[i]facturam (ipsius) senioribus redigant [redirigant] et emendent, aut ipsi[e] emendent illis [pro eis]; quod si facere noluerint, exheredet filios suos omnino, et de manu teneat sine engan.*

Si quis de castro patris sui malum fecerit.

(128.) *Item statuerunt, quod si aliquis filius magnatum terre, quam majorum quam minorum, fecerit aliquod malum alicui hominum[i] ex castro patris sui, vel ex honore ejus, aut cum hominibus suis, ipse cogat filios[um] et homines suam terram tenentes redirigere malum quod fecerunt, aut ipse pro illis rogat [redirigat]. Quod si filius adhuc ex aliis locis, non ex honore paterno, vel castro, neque cum hominibus patris aliquod malum [alicui] fecerit, non redeat in paternum castrum, vel honorem, neque pater vel mater impendat [aut] ei aliquod beneficium, nec protegant eum in aliquo. Quod si fecerint, emendent malum, quod filius perpetraverit, et homines, quos secum deduxerit.*

Si placitum fuerit inter christianos et judeos.

(129.) *Statuerunt equidem prelibati [prefati] principes, ut si contencio evenerit, aut placita surrexerint inter christianos et judeos, sufficiant ex utraque parte duo testes ad comprobanda[m] eorum negocia [nequiciam], videlicet unus christianus et alius judeus; ita tamen ut si probaverint pro christianis, testifficent ambo, et juret judeus; et si probaverint (pro) judeis, similiter ambo testifficent, et juret christianus.*

Ut inde postquam eum salutaverit.

(130.) *Statuunt eciam preffixi [prefati] principes, et cognoverunt esse bonam fidem, ut omnes homines, postquam quemlibet habuerint salutatum vel osculatum, nullo ingenio aliquid ipsa die ei [eis] forisfaciant. Si vero, quod absit, fecerint, sine aliquo interdicto illam forfaturram [forisfacturam], cui factam habuerint, redige[a]nt et emendent*

De illo qui cum alio hospitatus fuerit.

(131.) *Similiter nempe instituerunt, ac bonum causimentum esse*

---

[30]) *Dan de malfaytor no haura = damnum de malefactore non habebit.*

laudaverunt, ut si quis cum alio hospitaverit vel comederit, septem diebus sequentibus ab illius dampno omnino se abstineat, neque [ut] per aliquod ingenium aliquam forifacturam nullo modo ei faciat, neque per seniorem suum, (neque per amicum,) neque per semetipsum; quod si evenerit, quod si [ut] fecerit, redigat [redirigat] cui fecerit, et emendet sine engan.

De illo qui cum alio ierit.

(132.) *Constituunt igitur, ut si quis cum aliquo ierit, vel fuerit, sive in via, aut in domo, sive in agro, seu in aliquo quolibet loco, si aliquis eum requisierit, vel aliquid de suo ei tollere voluerit, adjuvet eum, prout [in] melius potuerit, sine engan contra cunctos homines, eciam contra seniores[m] suos[um], et nullam ex hoc pertimescat calupniam. Et senior suus nullo modo possit eum reptare inde in aliquo de hominatico, neque de sacramento transgresso, nisi antea ab ipso seniore suo, sive ab amico amonitus fuerit, ut eum non guidasset, nec cum illo abisset.*

De pace et treuga.

(133.) *Denique sepedicti principes apud Barchnam comorantes in ecclesia Sanctae Crucis, Sancte matris [Sancteque] Eulalie, una cum consilio et auxilio episcoporum suorum, videlicet B. [H.] Barchn., et G. [W.] Ausonensis, et B. Gerundensis, nec non abbatum, et diversi ordinis clericorum et religiosorum, assencione et clamacione illorum terre magnatum ceterorumque christianorum Deum timentium confirmaverunt pacem et treugam Domini, et statuunt [statuerunt] illam teneri in eorum patria omni tempore. Et si ullo modo fracta fuerit, redirigere et emendare cogatur ita, sicut scriptum habuerint, ullo tempore*[31]*), in unaquaque sede, vel in unoquoque episcopatu illorum terrae [tempore].*

(96.) *Laudaverunt eciam [ottorgaverunt] et autorizaverunt sepedicti principes R. et A. cum eorum magnatibus, ut ecclesias et clericos cum omni eorum directo [et omnia eorum directa], atque justicias, sive etiam treugas fractas, et sacrilegia in eorum episcopatu fracta [facta] requirant, et placitent, et distringant, et judicent episcopi in eorum capitulis, vel in sinodis, [seu etiam in conciliis] vel in comunitatibus.*

(97.) *Constituunt eciam sepedicti principes et precipiant, vel omnes honores in eorum patria degentes fecissent omni tempore pacem et treugam, per mare et per terram, sarracenis, secundum illorum precepta*[32]*).*

---

[31]) *Emendare quemadmodum scriptum habebatur illo tempore.* G.

[32]) *Item statuerunt prelibati principes, ut potestates confirment omni tempore, et teneant pacem et treugam domini, et faciant eam confirmari et*

De fidejussoribus.

(134.) Si ille, qui placitum [plivium] fecerit, fidem quam convenerit portare contempserit, liceat illi, cui mentitus fuerit, eum distringere et pignerare [oppignorare] in treuga et pace per omnes dies; ita tamen ut moderatum faciat districtum, aut competens [tenter] faciat [capiat] pignus, quia non est justum, capere magna pigne[o]ra pro modicis debitis. Si ille vero, qui placitum [plivium] fecerit, fidem portaverit et de suo debitum persolverit, ille, qui eum in placitum [plivium] misit et (eidem) noluerit ejicere, in duplo ei persolvere cogatur totum dampnum, quod ei per illum placitum [ipsum plivium] evenerit.

De illis qui in lite respondent dominis.

(135.) Si quis seniorem suum despexerit, et ei viliter responderit, et de reptamento, quod [ei] fecerit, cum desmentitus fuerit, si malum inde ibi acceperit, nullo modo ei emendatum sit, si senior ex hoc verum dixerit. Sin autem et senior mentitus fuerit, emendet ad hominem suum malum et desonorem, quod [quem] ille et sui ibi [inibi ei] fecerint.

De milite reptato sequitur.

(136.) Miles vero, postquam fuerit de seniore suo de baus[d]ia reptatus, non debet ei respondere de aliis querimoniis, donec ex reptamento se sit expiatus [expiaverit], nisi senior antea dimiserit ei reptamentum.

De majoribus cum minoribus.

(137.) Constituunt sepedicti principes, ut si majores cum minoribus (tantum) causam habuerint, et sacramenta inter eos judicata fuerint, jurent majores minoribus per semet ipsos, si minores habere potuerint illorum quoequales, qui pro eis jurent; aut [sin autem] jurent minores majoribus, et majores donent eis illorum consimiles, qui hoc jurent illis, quod (illi) eis jurare debent.

Si hoc totum illis deffuerit, ex utraque parte sacramenta fiant per singulos homines, qui sint christiani et homines illorum manibus propriis comendati. Hoc constituunt nempe de comunibus placitis, in quibus nullus habeat [habet] senioraticum vel dominacionem.

De intestatis sequitur.

(138.) De intestatis ab hoc seculo decessis, si relinquerint uxores aut [ac] filios, tertiam partem assequantur seniores illorum in facultatibus. Si relinquerint filios, et non uxores[em], asequantur medietatem

---

teneri ab illorum die magnatibus, nec non et ab omnibus hominibus in eorum patria degentibus; et si aliquis in aliquo pacem et treugam domini fregerit, redirigat ad judicium episcoporum ejus. G.

preffati seniores. Si uxores, et non filios, habeant medietatem seniores jam dicti, aliam medietatem parentes defuncti. Quod si parentes desunt, senioribus detur [totum], observatis tamen ad uxores suis directis in omnibus locis. Ita sit de uxoribus intestatis, quemadmodum dicitur superius de viris.

De illis qui vadunt ad potestatem.

(76.) *Voluntate [auctoritate] et rogatu cunctorum illorum nobilium et magnatum constituunt sepedicti principes R. et A., qualiter omne donum stet inconvulsum perempniter [perhenniter,] ac firmum, adjicientes, ut si quis castrum suum, vel honorem, vel aliquam possessionem voluerit dare filio suo, vel filiae, seu nepoti suo, vel nepti, tali vero racione, ut cuncta quae dediderit [dederit] cunctis diebus vite sue teneat, et post obitum ejus cui donaverat remaneat, talem convenit adhibere firmitatem, que [quod inde] postmodum voluntatem suam nullatenus possit mutare: hoc scilicet, ut recipiat eum ad hominem manibus comendatum, aut donet ei potestatem de castro, aut comendet ei castlanum castri et eos, qui honorem quem dederit habuerint per eum, aut faciat jam dictum castrum ad [et] honorem ei adquirere de seniore, per cujus manum illum dictum [ille idem] castrum vel honorem habuerit. Quod si hec omnia fecerit, set [seu] eciam unum ex his predictis, deinde voluntatem suam mutare non poterit, si illa justa[e] fuerit facta donatio, aut nulla alia impedierit ratio; nam leges et jura concedunt, patrem benefacere filio suo, vel nepoti, donando [dando ei] vel meliorando eum de suo honore. Et est usum hoc facere aliquando in presenti [presencia], aliquando in absconso, ob timorem ceterorum filiorum suorum, sive seniorum, vel etiam parentum et amicorum. Ea propter prelibati principes, et omnis eorum curia sana intentione laudaverunt [et laudando constituerunt] hujus [modi] prelaxatam tenere donationem, videlicet hominaticum, potestatem castri, aut comendacionem castlani, aut adquisicionem de seniore talem in omnibus firmitatem obtinere, quod deinceps ulla fraudulentia callididatis subverti, vel aliquo ingenio non possit mutari. Hoc quoque modo et ordine possit pater, vel avus meliorare filium suum, vel filiam, vel etiam nepotem suum, vel neptem.*

De exheredatione.

(77.) *Exheredare autem possunt predicti genitores filios suos [vel filias], vel nepotes, sive neptes, si illi tam presumptuosi extiterint, ut patrem aut matrem, avum vel aviam graviter percusserint, vel desonestaverint, vel de crimine eos in judicio acusaverint, aut si filii effician-*

tur baudi[a]tores, vel filie maritis se jungere noluerint, set turpiter vivere [viverint], aut filii se sarracenos fecerint, et penitere noluerint; tales si quidem manifeste conjuncti [convicti] ad hereditatem [ab hereditate] supradictorum, si idem avus vel avia, pater vel mater voluerint, sunt repellendi.

Si quis filium suum exheredare voluerit.

(78.) *Si quis filium suum, vel filiam suam, seu nepotem suum, sive neptem exheredare voluerit, nominatim illum exheredet, et culpam, per quam exheredet, dicat, et alium in loco suo instituat, et ea culpa exheredacionis ab eo, qui instituitur heres, vera[am] esse probetur. Si unum ex his deffuerit [deficerit], exheredare filium suum vel filiam, nepotem vel neptem nullo modo poterit, et si presumpserit, irritum erit et nil valebit.*

De consuetudine legis.

(139.) *Unaque[a]que gens propriam sibi legem ex consuetudine elegit; longua enim consuetudo pro lege habetur [suscipitur]. Lex autem [juris est] spes [species]; mos autem longa consuetudo de moribus tracta tantundem. Consuetudo autem est jus quoddam moribus institutum, quod pro lege suscipitur. Nam (igitur) quod rex vel imperator edicit, constitutio vel edictum vocatur. Omne jus et legibus et moribus constat; mos autem est vetustate probata consuetudo. Institutio equitatis duplex est, nunc in legibus, [nunc] in moribus* [32]).

(140.) *Privilegiata [Privilegia] autem sunt leges privatorum, quasi private leges; nam privilegium inde dictum est, quod in privato feratur.*

Pater contra filium, e converso testes non possunt.

(167.) *Pater contra filium, filius contra patrem, etiam si utraque [utriusque] consentit[ciunt], testes esse non possunt. Similiter alter pro altero testis esse non potest, quia in re propria reprobatum est domesticum [testimonium]. In alia vero nichil nocet, ex una domo plures testes alieno adhibere[i] negocio. In re propria testis aut judex aliquis esse non potest. De re filii, si unquam [utique] consentiant litigatores, pater [potest] esse judex, et similiter filius de re patris: altero vero inhito [invito] judicium ejus probabile non est.*

Affirmantis est probare.

(168.) *Affirmantis est probare, non negantis, et hoc per omnia currit in excepcione [et] ceteris similibus. Sacramentum non est probatio, sed in defectu probacionis datur reo vel actori, quem judex certiorem esse cognovit, et quem magis juramentum timere prospexit. Probatio*

---

[32]) Entnommen aus *Isid. Origg. Lib. V. c.* 2. 3 u. 10.

fit aut testibus, aut cartis, aut argumentis, vel judiciis verisimilibus. Igitur sacramentum non est probatio.

Si quis hedifficaverit in alieno solo.

(169.) *Si quis in alieno solo sua materia domum edificaverit, illius sit domus, cujus et solum est. Sed tamen si bona fide edifficaverit, scilicet solum suum esse credens, domum tenere* [*retinere*] *poterit, donec pretium materiae et merces fabrorum recuperet* [*recipiat*]. *Si non* [*vero*] *mala fide sciens in alieno contra domini voluntatem edifficat, animo* [*animum*] *donandi videtur habere. Set si conductionis jure et voluntate fit* [*si*] *sine culpa domini et nulla* [*ulla*] *necessitate urgente, domum deserat, nec pretium materie, nec merces fabrorum recuperet. Si vero culpa domini, aut necessitate rerum coactus domum deserat, veluti propter regionis famem, aut propter guerram, aut propter impressionem alicujus potentis, tunc materie pretium dominus ei reddere cogitur, compenssato si quid procedere* [*pro mercede*] *domus debet. Quecumque diximus de eo, qui bona fide, vel mala fide edifficat, eadem* [*et*] *omnia intelligenda sint de eo qui seminat, aut plantet, aut silvam infructuosam extirpat.*

Quod sacramentum calumpniae prestetur in omnibus causis, et quod ab interlocutoria non appeletur.

(144.) *Quoniam ex conquestione subjectorum nostrorum frequenter querelam suscepimus, quod sepe in judiciis calumpniose agitur et excipitur, interdum vero ab interlocutoria appellatur, et ex hoc lis longius protrahitur et diutius suspenditur, ita quod vix aut nunquam finaliter poterit concludi; volentes huic fraudi seu malicie regali antidoto recurrere* [*occurrere*], *et finem litibus cupientes imponere, ne* [*nec*] *partes laboribus et expensis indebite fatigentur, de consilio et approbacione Nobilium, Magnatum et* [*etiam*] *Civitatensium*[33] *nostrorum, qui tunc temporis in curia adherant nobiscum, taliter duximus statuendum, quod decreto* [*de cetero*] *in omnibus causis prestetur sacramentum de calumpnia ab actore et reo, et quod nullatenus ab interloqutoria sententia appella*[*e*]*tur, nisi a manifesto gravamine, vel nisi in se evidentem*[*r*] *contineat errorem, seu contra jus fuerit pronunciatum; in quibus casibus infra triduum cognoscatur de sententia supradicta, et fine debito corrigatur. Sic enim lites non solum, set et calumpniatores minuentur.*

Quod testes cogantur sequitur.

Item provida deliberacione statuimus, quod quilibet judex ordina-

---

[33]) Der Ausdruck scheint auf eine spätere Zeit hinzuweisen.

rius testes nominatos cogat ad prehibendum testimonium verum [veritatis, ...], cum ob deffectum testium sepe veritas occulletur.

Quod viatores et advene expediantur.

Item inviolabili observatione precipimus, firmiter custodimus [diri], quod cum contigerit, viatorem aliquem vel advenam cum aliquo subditorum nostrorum causam habere, cito et absque mora causa ipsa [ista] debito fine terminetur. Iniquum enim esset, si hujus personae, quae periculis[um] viarum et fluminum fortune [sustinere] se et sua frequenter exponunt, longiorem moram contra propriae voluntatis arbitrium in aliquo loco facere videantur.

B.

Fuero de Daroca.

(1142.)

Sub Christi nomine et ejus divina clementia, videlicet Patris, et Filii, et Spiritus sancti, Amen. Ego Raimundus, comes Barchilonensis et princeps Aragoniae, atque dominus Caesaraugustanae civitatis et Darocae, quae est in estremo sarracenorum, facio hanc cartam et confirmationem ad varones et populatores de Daroca, et do illis in foro, ut sint liberi et ingenui, et habeant suas domos solutas, et omnia sua, ubicumque habuerint, et non petent [pectent] portazgo, nec montazgo in ullis terris, nec in ullis partibus.

Si quis autem estraneus vicino Darocae aliquid abstulerit, reddat illi suam rem duplicatam, et M solidos regi.

Si dominus Darocae, vel quilibet alius miles hominem percuserit Darocae, ipse percusor intret in manus clamantis, nisi solus rex.

Volumus etiam, ut nemo alicui respondeat sine clamante.

Statuimus quoque, ut rex, aut dominus villae nihil de calumniis accipiat nisi DC et LX solidos et sursum, sed omnes calumniae DCLX sol. et eo amplius dividantur in tribus partibus, et tertia pars sit regis, tertia vero concilii, et tertia clamantis.

Item, famuli vicinorum Darocae, scilicet pastores, juverii, ortolani, nemini serviant nisi Deo et dominis suis.

Item, concilium Darocae non eat invitum in exercitum, nisi cum solo rege, et si forte abierit in fonsado cum rege, vel cum quolibet alio, non dent azaguariam.

Item, quia, ut predictum est, concedimus hominibus Darocae, ut domos suas liberas habeant et ingenuas, nolumus, ut de cetero miles vel quilibet alius in domum alicujus per vim introheat, nec ibi recipiat ut hospes sine voluntate domini domus; si aliter ingresus fuerit, auxilio concilii, vel vicinorum, sine calumnia inde ejiciatur. Ceterum quum ex adventu regis talis necesitas evenit, mandato judicis vel alcaldium congrua recipiantur.

Praeterea si quis alium occiderit, vel aliud malum fecerit, et integrum [ingressus?] fuerit domum alicujus vicini, si voluerit daro caplevatorem ille vel dominus domus, pro illo non disrumpatur domus, et qui disruperit petet M solidos domino domus. Si vero fidancias dare noluerit, malefactor sine calumnia capiatur.

Si quis aliquam querelam habuerit de aliquo, petat ab eo fidancias coram judice, et si dare noluerit, capiat eum sine calumnia. Si vero adeo pauper fuerit et debilis, ut eum non possit capere, judex adjuvet illum, ita ut eum capere possit et mittere in vinculis, ubicumque voluerit; quod nisi fecerit judex, restituat ei totum malefactum.

Volumus quoque, ut nemo datis fidejussoribus, vel praeparatis, capiatur, nisi fuerit inimicus manifestus, vel latro, quia qui cepit CCC solidos pectet.

Si autem dominus villae aliquem ceperit super fidantias, vel aliquod malum fecerit, concilium adjuvet illum, ita ut omnia sua recuperet, et directum pro malefactore juxta arbitrium concilii recipiat.

Milites vel pedites Darocae, qui habuerit [abierint?] in fonsado, vel in cavalgada, non dent quintam nisi regi, vel domino Darocae, et hoc de captivis tantum, et de ganado, et de pannis sericis, quos nondum tisera tetigit, et si ceperint regem, dent illum regi.

Statuimus etiam, ut homines Darocae non eant ad regem nisi pro tribus causis tantum, nec rex, nec ejus curia judicet nisi has tres causas, scilicet homicidium, iñcerramentum domorum et vim illatam mulieribus.

Si quis autem conquestus fuerit de alio super hereditatem, et qui tenuerit eam intrare [jurare?] voluerit, quod pater suus reliquit illi magnam et paratam, sine mala voce absolvatur et postea nihil addatur in contrarium.

Si quis conquestus fuerit de hereditate, ille, qui tenuerit hereditatem, juret, quod plus est de medio anno, quod illam comparavit, et mittat in sacramento, quod illam sine fraude comparavit die [diu oder *quo die?*], *et dicat pro quanto, et jam paccavi illam, et dicat de quo, et absolvatur, et postea nihil possit addi.*

Si servus alicujus vicini, vel quilibet estraneus exierit de domo alicujus vicini de illa, scilicet domo, ubi ipse habitat cum uxore et filiis, et fecerit aliquod malum, et postea reversus fuerit in domum illam, dominus domus aut respondeat pro malefactore, aut restituat malefactum. Pro alia domo, vel pro cabanya non respondeat.

Si quis in Darocam populare venerit, et inimici ejus venerint post eum, aut colligant eum, aut ejiciatur de villa.

Si quis percuserit aliquem, LX solidos pectet. Si autem fregerit dentem, aut absciderit digitum, vel abstulerit membrum aliquod aequipollens istis, C solidos pectet pro unoquoque membro. Ceterum si oculum fregerit, aut manum vel pedem abstulerit, D solidos pectet. Si negaverit reus et probari non poterit, faciat bellum, aut juret cum duodecim vicinis; hoc autem fiat ad voluntatem actoris. Si litem fecerit et victus fuerit, pectet D solidos.

Si qua concubina habuerit filium ab aliquo, faciat illum credere patri, dum vixerit; quod nisi fecerit, non hereditet in rebus patris.

Nulla concubina teneat bona filiorum suorum, donec filii sint adulti, sed propinquiores patris teneant illos cum omnibus suis, data tamen prius cautione coram judice, vel alcaldibus, de bonis puerorum integre servandis.

Si quis vir, habens legitimam uxorem, genuerit filium vel filiam ex alia adultera, ille filius non sit haeres cum aliis, nec hereditet in rebus patris. Pater vero, si voluerit, possit illi dare usque ad C solidos: hoc idem faciat de muliere conjugata.

Item, si vir, relicta uxore legitima, fugerit cum alia, non possit amplius aliquid ab ea de posesionibus, vel de aliis rebus postulare, scilicet relicta mulier cum filiis omnia in pace possideat. Hoc idem fiat de muliere conjugata, si dimiserit virum et cum alio fugerit.

Si quis cum vetitis armis alium in domum clauserit, in qua habitat, feriendo per parietes aut portas, cum petris vel armis, pro unoquoque clauso pectet CCC solidos. Illud idem fiat, si aliquis alium de domo, in qua moratur, violenter expulerit.

Si quis autem instinctu diaboli aliquem occiderit, si constiterit de homicidio, pectet homicidium, scilicet CCCC moravetinos et CCC solidos, et exeat homicida, et non recipiatur amplius in Daroca, nec in suo termino sine voluntate parentum propinquorum occisi. Si quis autem illum in domum suam receperit, antequam colligatur, et testificatus ibi fuerit [seine Anwesenheit wird durch Zeugen festgestellt], *pectet CCC solidos.*

De homicidio vero facto in populato loco judex et alcaldes perquirant veritatem bona fide, et cognita veritate judicent; si negaverit reus et probari non poterit, juret cum duodecim vicinis et salvetur.

Si quis autem alium occiderit, vel aliquod malum fecerit et fugerit, alcaldes dent illi spatium novem dierum in concilio ut veniat et satisfaciat juxta forum Darocae, et interim sint omnia sua salva. Si autem ad nonum diem sibi praefixum non venerit, sit deinceps homicida vel malefactor, et omnia sua sint incorrupta.

Si quis per vim mulierem aliquam habuerit, aut invitam subegerit, pectet homicidium et exeat homicida: si probari non poterit, voluntate actoris aut faciat bellum, aut juret cum duodecim vicinis.

Item, si quis invitis parentibus mulierem aliquam rapuerit, alcaldes dent illi spatium XXX dierum in concilio ut veniat et satisfaciat juxta forum Darocae; et si usque ad XXX dies non venerit, sit deinceps inimicus concilii, et omnia sua sint incorrupta; et si venerit usque ad dictos XXX dies, mulier illa in medio loco constituatur, et si exierit ad parentes, raptor pectet homicidium et exeat homicida. Si autem ad raptorem exierit, absolvatur raptor: illa vero nihil amplius hereditet in facultatibus suorum parentum.

Item, si quis juvenis habuerit parentes adhuc vivos, et illis invitis et prohibentibus uxorem duxerit, non hereditet in rebus parentum suorum: hoc idem fiat de puella emparentata, si ita fecerit.

Judex, andadores, saiones ad pignorandum intrent in omnes domos Darocae, praeter domum regis, et episcopi, et domini villae.

Christiani, judaei, sarraceni unum et idem forum habeant de ictibus et calumniis.

Nemo vicinorum Darocae contra voluntatem concilii efficiatur archidiaconus, non archipresbyter, non justicia, non merinus: si autem efectus fuerit, ipse lapidibus lapidetur, et domus ejus funditus subvertatur.

Omnis testis respondeat ad reptum et salvet se per litem, et si victus fuerit, pectet rem duplicatam, et non amplius in testimonium recipiatur.

Si quis vicinum suum de furto sibi facto suspectum habuerit, si in villa fuerit cum judice, si in aldeis cum duobus vicinis, si voluerit actor, excrutetur domus rei, praenominata tamen re quam perdiderat coram judice, aut vicinis, et si invenerit ibi rem praedictam, dominus domus pectet illam cum novenis; si autem non invenerit ibi praenominatam rem, nunquam amplius possit illum super hoc accusare, nec ad judicium adducere.

Item, si aliquis alium de furto suspectum habuerit, usque ad X solidos juret reus solus, de X solidis in antea juret et litiget; si victus fuerit, pectet rem cum novenis; si autem vicerit, absolvatur. Verum tamen si reus dixerit, se non esse validum ad pugnandum, ostendat mi-

litem, aut peditem, qui illum salvet, et mittat in sacramento, se non esse validum, dicta tamen prius alcaldibus infirmitate; si vero actor litem facere noluerit, juret ille reus cum XII vicinis.

Item, qui litem facturus est, caveat, ne adducat militem vel peditem de palacio, nec qui sit potentissimus robore, non ferrarium, non hizquierdo (einer der links ist), *nec nano* (zwerghaft), *nec qui jam litem aliam fecerit; nam qui adduxerit hujusmodi, cadat de causa. Pugnabit autem cum iis armis, scilicet cum clipeo, et lancea, et ense, lorica quoque, et galea, et ocreis, et nemo illorum feriat alium cum petra, donec eum prostratum teneat in terra; nam si antea illum cum petra percusserit, cadat.*

Si miles pugnaverit, teneat duos enses, et nemo illorum interficiat alterius equum; et si occiderit, pectet pro illo quantumcumque prius fuerit apreciatus. Pugnet autem, si necesse fuerit, tribus diebus.

Lis autem ita fiat: alcaydes dent actori et reo spatium ter novem dierum, et actor adducat quinque pedites; et si quis istorum quinque par fuerit reo, pugnet cum illo; si autem in his tribus plazis (Termin) *non poterit illi dare parem, si ibi fuerit aliquis minor de his quinque, qui velit pugnare cum reo, petat illum et pugnet cum eo. Nemo tamen pugnantium transgrediatur metas ab alcaldibus sibi praefixas; nam qui prius transierit, cadat.*

Omnes parentes hereditent suos filios et e converso, exceptis adulterinis filiis, quos praediximus non debere hereditare.

Clerici Darocae et aldearum suarum non cogantur ire in exercitum, nec in apellitum, nec tenere equos, nec aliquod servile facere, sed sint semper in omnibus liberi et ingenui.

Item, si aliquis clericus promotus fuerit ad diaconum, vel sacerdotium, quando evangelium de novo, vel missam cantare voluerit, det sociis suis die sabbato decem solidos pro pitanza et non amplius, die vero dominica accipiat totum offerendum, et reficiat illos splendide, et deinde nihil possint ab eo invito amplius postulare.

Ecclesiae Darocae ita dividant suas decimas: episcopus et ecclesia habeant dimidiam partem decimarum, scilicet de pane, et vino, et agnis, et non de aliis; et clerici habeant totam aliam decimam cum primitiis. Hoc est dictum de ecclesiis villae.

Si quis vicinus Darocae fuerit captivus in terra paganorum, et a suis vicinis tenuerit alium captivum sarracenorum in Daroca, pro quo christianus possit exire, parentes captivi reddant domino sarraceni tantum, pro quanto traxit illum de almoneda, et suum panem, et XII d. pro carceragio, et det illum pro captivo christiano. Si autem captivus christianus pro illo exire nequiverit, dominus ejus recuperet eum, si voluerit, reddito pretio.

Hereditas regis et illius ganatum idem forum habeant, quod et aliae habent haereditates et ganatum.

Si vicinus Darocae aliquod castellum ceperit, semper illud habeat et omnis ejus posteritas, servata regni utilitate et fidelitate regis.

Item, si rex alicui vicino haereditatem, vel aliud quodlibet donum dederit, ille et sui posteri habeant illud liberum et ingenuum.

Judex, alcaldes, scriba, almotacaf, janitor villae, andadores, saiones, defensarius, vinitores et ceteri hujusmodi mutantur voluntate et arbitrio concilii VIII. die S. Paschae, et mutentur annuatim eodem die.

Si quis habuerit metum de alio, det illi fidancias de salvo arbitrio judicis; et si dare noluerit, exeat de villa usque ad tertium diem, et de cetero sit totius concilii inimicus et diffidatur.

Si vero aliquis super fidancias de salvo alium occiderit, pectet M moravetinos et CCC solidos, et exeat homicida. Si autem salvum dederit illi super fidancias, et percusserit illum, pectet CCCC morabetinos et CCC solidos, si probari poterit; et si probari non poterit, juret cum duodecim vicinis et absolvatur. Et si percusor voluerit reptare testes alterius, duplet et reptet. Si autem super fidancias salvum dederit illi, et non percusserit, aut pectet CCC solidos, aut juret cum XII vicinis.

Item, unusquisque faciat scribere suas fidancias scribae concilii, et judex teneat omnes fidancias scriptas, ita ut, si interrogatus fuerit, possit verum testificari, et fidanciae de salvo annuatim cum novo judice renoventur; et qui non fecerit scribere et renovare suas fidancias, sicut praedictum est, non illi prosint, nec reo noceant.

Si bestia alicujus, vel canis, vel quodlibet animal occiderit aliquem, dominus ejus non pectet homicidium, nec aliam calumniam, sed perdat bestiam, si inquisitum fuerit, dum illam habuerit.

Si quis tesaurum invenerit, habeat et teneat illum in pace.

Si quis cum aliis partiri debuerit, et in regno fuerit, et post obitum illius, pro quo hereditare debet, usque ad medium annum partiri non venerit, nemo ei amplius de partitione respondeat, si fuerit captivus, quando exierit; si autem in peregrinatione fuerit, per annum expectetur, et postea non ei respondeat.

Si quis metum habuerit, quod domus vel paries alterius corruat, et damnum illi faciat, ostendat illam domino domus coram testibus, et si postea damnum aliquod illi fecerit, restituat ei totum damnum. Si hominem occiderit, pectet homicidium, et si prius non ostenderit illi, nihil malefacti ei reficiat.

Volumus etiam, ut in unoquoque anno cum novo judice eligantur tres fideles viri, et cum aliquis voluerit vendere aliquam possesionem, faciat illam currere (beschreiten) *uni istorum trium per tres dies Jovis, et qui postea eam comparavit, nemini de ea postmodum respondere teneatur.*

Hoc etiam de omnibus orphanis generaliter statuimus, ut cum utroque parente caruerint, propinquiores parentes eorum illos teneant et sua, datis fidejussoribus coram judice et alcaldibus, ut bona illorum non alienent, nec minuant, sed illis omnia integre custodiantur.

Si mulier aliqua fugerit virum suum, capiat illam sine calumnia ubicumque eam invenerit, et qui eam defenderit, vel illi abstulerit, pectet CCC solidos.

Si quis invenerit bestiam, vel aliquod animal in vinea sua, aut in messe, sive in orto, seu in quolibet loco, ubi damnum sibi faciat, adducat illud ad corral sine calumnia, et teneat donec dominus ejus det illi pignus vel fidantiam de pecto.

Si autem pro pignore, aut pro fidantia reddere noluerit, et ibi transnoctaverit, pectet pro illa prima nocte quinque solidos, deinde pro unaquaque nocte XXX solidos.

Si autem aliquis bestiam vel bovem alterius aliter ceperit, invito domino suo, pectet quotidie quinque solidos.

Si quis sepulturam alterius aperuerit, relinquat illam et pectet quinque solidos. Si quis domum vel aream cum messe, vel pallar alterius succenderit, pectet malefactum cum novenis; et si ibi captus fuerit suspendatur. Si probari non poterit, voluntate actoris litiget, aut juret cum XII vicinis.

Si quis defessam vel exido intraverit, dimittat illam cum XXX solidis; si autem aliam haereditatem intraverit, dimittat illam qualem invenerit, sive laboratam, sive seminatam.

Si quis de nocte vineam, hortum, mesem, vel quoslibet fructus alterius depredatus fuerit, pectet CCC solidos; si probari non poterit, jure cum XII vicinis. Die vero quinque pectet: sciendum tamen, quod omnia hujusmodi damna cum viniteribus, vel cum custodibus constitutis sive cum duobus vicinis testificantur.

Si aliqua mulier culpata fuerit de furto, pro tanto quanto ubi debet litem facere, juret cum XII mulieribus.

Item, si quis noluerit credere filium concubinae, ipsa aut producat padrinos missos a patre, aut capiat ferrum de more, et credatur ei.

Item, si quae concubina, mortuo amasio suo, praegnans remanserit capiat ferrum, et credatur ei.

Si quis vir aut mulier obierit, et filium post se reliquerit, si filius post mortem parentis vixerit per novem dies et postea obierit, ille parens, qui supervixerit, haereditet illum. Si vero filius post mortem parentis obierit ante novem dies, non haereditet parens vivus illum, sed haereditas ad radicem revertatur.

Quoniam omnibus vim vi repellere licet, si quis percusus fuerit prius ab aliquo, et postea eadem hora eodemque loco percusorem suum percuserit, nullam columniam pectet: caveat tamen, ne percussorem interficiat. Si enim interfecerit, pectet homicidium et exeat homicida.

Si quis vineam alterius absciderit, aut eradicaverit, aut de nocte excuterit, pro unaquaque vite pectet quinque solidos, pro ramo vitis XII denarios; si arborem fructum afferentem ad radicem absciderit, pectet XXX solidos, pro ramo quinque solidos, pro salice quinque solidos, pro ramo salicis XII denarios.

Si quis vicinorum villae habuerit querimoniam de alio, pignoret eum in domo sua cum saione, vel cum vicino suae collationis; et si reus abstulerit illi pignus, vel aliquis alius de familia sua, pignoret illum eodem die cum judice annali, et pectet illi quinque solidos, et judici VII (XII?) denarios et obulum; et si eodem die non pignoraverit illum cum judice, non respondeat illi amplius pro illa calumnia.

Si autem judici similiter abstulerit pignus, eat concilium et pignoret illum, et pectet XXX solidos.

Item, omnia pignora, quae judex, vel andador pignoraverit, non solvantur, donec reus plane satisfaciat. Pignus vero, quod sayon, aut vicinus pignoraverit, habeant forum corum alcaldibus infra hebdomadam, et si judicium non placuerit alicui parti, appellet ad diem veneris. Si appellaverit reus, jaceat ibi pignus; si autem actor appellaverit, solvatur pignus et reddatur reo. Et si non reddiderit ei pignus, sicut moris est, pro unaquaque nocte pectet quinque solidos.

Item, si judicium in die veneris alicui dictum non placuerit, eat ad concilium, et arbitrio concilii contentio terminetur.

De aldeanis quoque statuimus, ut si aliquis de aldea[34]*) quaerimoniam habuerit, ostendat ei signum judicis ad forum Darocae; et si in villa ostenderit illi signum judicis, alio sequenti die veniat ad placitum ad horam tercium, ubi judex tenet placita. Si autem extra villam ostenderit ei signum judicis, quarto die veniat, et dato pignore actori satisfaciat illi. Si autem super illud pignus reus satisfacere noluerit, ostendat illi signum ad alium diem, ut adducat illi pignus de quinque soli-*

---

[34]) Es sollte offenbar heissen: *si aliquis vicinus Darocae cum alio de aldea.*

dis, et alio die de decem solidis, et sic duplicetur quotidie, donec satisfaciat.

Item, si quis ad signum judicis sibi ostensum non venerit, quinque solidos pectet, nisi justa et rationalis excusatio praetendatur, scilicet de appellito (Aufgebot), *de infirmitate, de re perdita et ceteris hujusmodi. Videat tamen, ut infra spatium quatuor dierum adducat judicem, et pignoret illum pro calumnia, scilicet decem solidos; similiter, qui signum ostendit alteri et non venerit, pectet illi quinque solidos.*

Si quis alium in concilio ementietur, duos morabatinos pectet.

Si quis sterilis obierit, et non habuerit propinquos parentes in Daroca, qui illum haereditent, omnia sua mittantur in refectionem murorum.

Si ganatum alienum jacuerit in termino Darocae, de una nocte in antea accipiant de singulis gregibus duos arietes, et de triginta vaccas unam: et dimidia pars sit regis, dimidia vero concilii.

Si quis fuerit caplebator alicujus rei, et reus fugerit dato caplebatore, caplebator quaerat illum, et det illum ad directum usque ad tres novem dies ab alcaldibus sibi dates; et si non adduxerit illum ad praefixum diem, ipse se faciat dominum judicii, et compleat directum loco ipsius rei.

Item, si quis habuerit querelam de filio, vel de servo alterius, adducat illum ad directum usque ad tertium diem; et si non adduxerit, pignoret illum, et jaceat pignus, donec adducat illum ad directum.

Si arbor alicujus ex parte solis adeo prope fuerit, ut umbra ejus malefaciat in vinea, vel in orto, vel in qualibet haereditate alterius, abscidatur arbor, nisi fuerit de quiñon (den beiden Grenznachbarn gemeinschaftlich).

Quicumque habuerit haereditatem, ita claudat suam frontariam, ut per illius haereditatem nullum damnum eveniat suis vicinis ab aquis, vel a bestiis; et si non clauserit, pignoret eum, donec claudat, cum quinque solidis. Si autem voluerit dominus haereditatis, desamparet et relinquat illam, et postea non respondeat pro illa.

Item, qui habuerit haereditatem in frontera de defesa (Waide), *vel de exido* (der zum Dreschen bestimmte Platz am Ausgang der Stadt), *ita claudat suam fronteram, ut bestia trabata* (verlaufen) *non possit intrare; quod si (non) fecerit, nullam habeat calumniam pro bestiis, vel pro aliis pecudibus.*

Nullus possit relinquere uni filio magis quam aliis, sed post mortem parentum coaequentur et dividant. Avus possit relinquere suo nepoti, si voluerit, de mobili sex morabatinos pro sua anima. Maritus et uxor, si non habuerint filios, possint se ad invicem recipere in medieta-

tem, si voluerint. Hoc autem fiat in collatione sua die subatto post vesperas, vel die dominica post missam.

Item, nemo filios habens possit adoptare alium sine voluntate filiorum suorum.

Si quis autem habuerit filium prodigum, vel lusorem, vel ebriosum, aut latronem, vel hujusmodi, desafillet (neusp. *desafijar* = nicht ferner als Sohn anerkennen) *illum, si voluerit, in concilio: et si non receperit illum postea, non respondeat pro illo.*

Si quis percuserit patrem suum aut matrem, abscindatur ei manus.

Si quis autem habuerit patrem vel matrem adeo pauperes et debiles, ut non possint sufficere sibi necessaria victui, cogatur a concilio dare illis victum et vestitum, convenienter pro posse suo.

Omnes clerici Darocae idem forum habeant in vineis, in hortis, in haereditatibus, in pascuis et molendinis, et in aquis, et in omnibus hujusmodi, quod et universus habet populus Darocae.

Praeterea, prout superius dictum est, sint liberi et ingenui, et non cogantur respondere alicui, vel satisfacere pro ecclesiasticis rebus, nisi in praesentia episcopi, vel in praesentia sanctae ecclesiae praelatorum.

Ab introitu quadragesimae usque ad peractas octavas pasquae nemo juret civiliter.

Item, a festo sanctae crucis Maii quousque panis (Getreide) *colligatur, et ex quo panem colligere ceperint, non habeat placitos, nisi pro germanitate, et pro calumniis, vel pallare, vel area, vel aquis. Hoc idem statuimus in vindemiis.*

Zusätze und Berichtigungen.

S. 12. Anm. 9. A. de Morales, der seiner Vaterstadt Cordova Zeitlebens mit rührender Anhänglichkeit zugethan blieb, besass eine, wie ich fürchte verloren gegangene Goldmünze, die auf der einen Seite ein jugendliches Bildniss mit der Umschrift: *Ermenegildi* zeigte, auf der andern eine geflügelte Victoria und die Devise: *Regem Devita* (Morales, *De Cordubae urbis origine, situ et antiquitate*. In Lorenzana, *Collectio S. S. Patrum Ecclesiae Toletanae. T. II. p.* 619). Die Devise ist augenscheinlich dem Briefe des Apostels Paulus an Titus entnommen, wo es *c.* III. 10 heisst: *Haereticum hominem post primam et secundam correptionem devita.* So etwas kann sicherlich nur im Kopfe Leanders gewachsen sein.

S. 28. Anm. 25. Nur einen kleinen Bruchtheil von Isidors Einleitungen zum Alten und Neuen Testamente hat Arevalo in seiner übrigens schätzbaren Gesammtausgabe desselben veröffentlicht (*S. Isidori Hispalensis Opera. Prooemia. V.* 190—219).

S. 39. Anm. 41, Linie 3 von unten ist statt „Beibriefe" zu lesen „Freibriefe." Das dort Bemerkte ist natürlich nicht so zu verstehen, als ob die unmittelbar von der römischen Kirche abhängigen Grundholden um so viel besser daran gewesen wären als die der westgothischen Clerisei angehörigen Leute. Um dieselbe Zeit schrieb Papst Gregor I. an den Subdiacon von Sicilien, er höre dass die kirchlichen Colonen daselbst von gewissenlosen Verwaltern ausgesogen würden: nicht genug, dass man sie am Fruchtmass und Pachtschilling benachtheilige; dass man sie vor der Ernte bezahlen lasse, wodurch sie den Wucherern in die Hände fielen — auch für die Erlaubniss zum Heirathen müssten sie mehr als den herkömmlichen Dukaten entrichten, und den Anverwandten verstorbener Grundholden entziehe man die ihnen gebührende Erbschaft. Ebenso würden Hörige, die sich vergangen, anstatt an ihrer

Person, an ihrem Vermögen gebüsst, und wenn ein Pächter einem Leibeigenen unrechtmässig etwas abgenommen, so würde der Raub ihm zwar abgefordert, aber nicht dem Geschädigten zurückerstattet (*Gregorii Epistolae. I.* 44). Von da war es denn doch nur ein kleiner Schritt bis zu Carls des Grossen Capitular vom Jahre 811: *Dicunt etiam, quod quicumque proprium suum episcopo, abbati, vel comiti, aut judici, vel centenario dare noluerit, occasiones quaerunt super illum pauperum, quomodo eum condempnare possint, et illum semper in hostem faciant ire, usque dum pauper factus, nolens volens suum proprium tradat aut vendat; alii vero qui traditum habent, absque ullius inquietudine domi resideant* (Pertz, *Leges. I.* 168).

S. 55, unten, ist *Tertia Romanorum* zu verändern in *Sors Gothorum.*

S. 66. Anm. 81. Morales fand dieselbe Bezeichnung auf zwei Goldmünzen: *Testimonio sunt aurei nummi Gothici duo, quos ego habeo, diversis satis typis percussos. Reccesvinthi regis Gothorum sunt, et altera parte cum regis ipsius facie inscriptum habent RECCESVINTHUS REX. In aversa vero parte scriptum in orbem est: CORDOBA. PATRITIA (Coll. Patr. Tolet II.* 611*).*

S. 187. Es liesse sich denken, dass, wenn der Mönch von Silos in seiner Chronik von König Veremundus II. berichtet: *Leges a Bambano principe conditas firmavit*, er dabei das Landwehrgesetz Wamba's vor Augen hatte.

S. 164. Kaum wird der Annahme auszuweichen sein, dass Receswind bei dem von ihm veranstalteten Concil das gleichfalls mit besonderer Sorgfalt und Feierlichkeit begangene *Toletanum III.* vor Augen hatte, wo bereits gesagt ist: *Susceptus est autem ab omnibus Dei sacerdotibus offerente rege sacrosanctae fidei tomus; et pronuntiante notario clara voce recensitus est ita.* Von dem Notar ist auf den spätern Reichsversammlungen nicht weiter die Rede, wohl aber von dem *Comes Notariorum*, als welcher das 8. Concil Paulus, also ein Romane, unterzeichnete. Man sollte fast meinen, Receswind habe es eigens darauf abgesehen gehabt, den schwachen byzantinischen Anstrich des Reccaredischen Concils zu vervollständigen.

S. 203. Nahezu wörtlich mit L. W. I. 2. 4 u. 5 stimmen *Isid. Origg. Lib. V.* 20 u. 21. zusammen.

S. 233. Eine stehende Leibwache errichtete zuerst Hakem I. Aschbach (Geschichte der Ommaijaden. II. 362) lässt sie zumeist aus Slavoniern oder Illyriern gebildet sein, welche sehr theuer theils in Alexandrien, dem damaligen Sklavenmarkt der Welt, theils von den Venetianern gekauft wurden. Bischof Agobard von Lyon zog die Juden seines Sprengels dafür zur Strafe, dass sie christliche Sklaven an spanische Saracenen verkauften, und als ihm sein Verfahren von den kaiserlichen Behörden untersagt wurde, verfasste er mehrere Schriften gegen den Hochmuth und Aberglauben der Hebräer (Gallandi, *Bibl. Patr. XIII.* 417). Carl der Kahle hatte einen eigenen Hofjuden (S. 388. Anm. 324). In der Lebensbeschreibung Adelberts von Prag wird erzählt, die Böhmen erlaubten aus schmutziger Gewinnsucht den Juden Menschenhandel mit christlichen Gefangenen und Sklaven (Pertz, *Script.* IV. 584).

S. 249. Das westgothische Gerichtswesen stimmte nicht bloss in den Grundzügen mit dem italienischen zusammen (Muratori, *Diss.* 31.), selbst die Einzelnheiten finden sich wieder in einer Urkunde der Abtei Monte-Cassino aus dem Anfang des 11. Jahrhunderts (L. Tosti, *Storia della badia di Monte-Cassino. I.* 258).

S. 328. Anm. 206. Auch das maurische Kriegsheer war für gewöhnlich in fünf Haufen abgetheilt.

S. 338. Von Cluny aus wurde das ganze spanische Mönchswesen reformirt, wie um dieselbe Zeit auch das deutsche (Stälin, Wirtembergische Geschichte. II. 685. Wattenbach, Deutschlands Geschichtsquellen im Mittelalter. S. 240).

S. 403. Ausgemacht ist, dass der durch Hildebrand angebahnte lebhafte Verkehr des päpstlichen Stuhles mit den Höfen und Kirchen der pyrenäischen Halbinsel auch dem römischen Recht daselbst Eingang verschaffte. Unter ihrem berühmten Abte Desiderius, nachmals Papst Victor III., schrieben die Mönche auf Monte-Cassino unter Anderem die Institutionen und Novellen Justinian's ab (Giannoni, *Storia civ. del Reg. di Napoli*).

FSC
www.fsc.org
MIX
Papier | Fördert gute Waldnutzung
FSC® C083411

Kolibri 360 GmbH
Ferdinand-Jühlke-Straße 7
99095 Erfurt, Deutschland
produktsicherheit@kolibri360.de